海洋石油工程股份有限公司

Offshore Oil Engineering Co., Ltd.

海洋石油工程股份有限公司是中国海洋石油集团有限公司控股的上市公司，是国内唯一集海洋油气开发工程设计、采购、建造和海上安装、调试、维修以及液化天然气、海上风电、炼化工程等于一体的大型工程总承包公司，也是亚太地区规模最大、实力最强的海洋油气工程总承包商之一。公司总部位于天津滨海新区。2002年2月，公司在上海证券交易所上市（股票简称：海油工程；股票代码：600583）。

公司现有员工逾9000人，形成了全方位、多层次、宽领域的适应工程总承包的专业团队；拥有国际一流的资质水平，建立了与国际接轨的运作程序和管理标准。公司总体设计水平已与世界先进的设计水平接轨；在天津塘沽、山东青岛、广东珠海等地拥有大型海洋工程制造基地，场地总面积近400万平方米，形成了跨越南北、功能互补、覆盖深浅水、面向全世界的场地布局；拥有3级动力定位深水铺管船、7500吨起重船等19艘船舶组成的专业化海上施工船队，海上安装与铺管能力在亚洲处于领先地位。

经过40多年的建设和发展，公司明确了“建设中国特色世界一流海洋能源工程公司”的愿景和“以设计为龙头的EPCI总包能力建设为唯一核心，以经营管理能力和技术引领能力建设为两个基础，以国际化、深水化、新产业化为三个发展方向，以人才、市场、成本、风控、信息化建设为五个抓手” 的发展策略，在巩固提升传统海洋工程能力

基础上，抓住全球油气行业发展大趋势，以持续投入研发费用、提升研发能力践行“技术驱动”，以严控成本、效率提升、数字化赋能不断保障“成本领先”，不断拓展能源工程一体化服务能力，培育形成了LNG工程、深水工程、FPSO工程、海上风电等产业和能力，不断提升能源工程一体化服务质量，拓展综合能力和发展空间。

公司以EPCI总承包或者分包的方式承揽工程合同，参与海洋油气田工程、LNG工程、FPSO工程、海上风电等项目建设，为客户提供“交钥匙”工程，先后为中国海油、康菲、壳牌、沙特阿美、巴国油、Technip、MODEC、Fluor等众多中外业主提供了优质产品和服务，业务涉足20多个国家和地区。

世界最大海上液化天然气接收站项目
——香港海上液化天然气接收站项目

恩平20-4钻采平台海上安装

我国首个“双百”深远海风电项目
——“海油观澜号”项目

渤海首个千亿方大气田——渤中19-6气田Ⅰ期开发项目

彩虹集团新能源股份有限公司

CAIHONG GROUP NEW ENERGY COMPANY LIMITED

彩虹集团新能源股份有限公司（以下简称彩虹新能源）是彩虹集团有限公司旗下控股子公司，于2004年12月20日在香港联交所主板上市（股票代码：HK0438），2012年12月整体并入中国电子信息产业集团有限公司。彩虹新能源曾是中国首家生产量最大、配套能力最强的彩色显像管生产企业，在电子信息产业重要产品技术领域相继创造出了中国第一只彩色显像管、第一套彩色玻壳、第一只彩色投影管、第一块等离子显示屏等多项“中国第一”，为我国显示器件产业的振兴和发展做出了重要贡献。近年来，彩虹新能源积极推进企业战略转型，专业从事新能源光伏玻璃的研发、生产和销售，在陕西咸阳、陕西延安、安徽合肥、江西上饶等全国多个城市和地区建立了产业基地和生产工厂，已形成以光伏玻璃生产为中心，集玻璃窑炉设计、薄型化产品研发、自动化工艺连线、智能制造于一体的新业态技术领先型产业集群，现有职工2700余人，总资产达88亿元。

党委书记、执行董事、总经理 马志斌

彩虹新能源拥有10年以上大吨位光伏玻璃窑炉建设、生产、运营经验，以环保节能为特色的全氧燃烧技术引领了中国大型全氧燃烧玻璃窑炉的技术发展，处于国际领先水

陕西咸阳基地

陕西延安基地

安徽合肥基地

江西上饶基地

平。公司是国内优秀的光伏玻璃供应商之一，在业内享有良好的商业信誉和品牌形象，其光伏玻璃产品销售范围覆盖全国。公司与国内众多厂商建立了稳固的上下游合作关系，是晶科能源、晶澳科技、隆基股份、阿特斯、协鑫集成等头部光伏组件厂商的重要供应商及战略合作伙伴。

彩虹新能源时刻关注光伏玻璃行业动态，根据行业政策和技术发展方向及时对公司既有核心技术及各项产品进行迭代升级，在大尺寸、超薄、高透光伏玻璃产品，核心装备、新型材料等开发方面取得了显著突破。公司所属四家企业均为高新技术企业。近年来，公司获得多项省部级以上科技成果奖，承担多项省级关键产业链“揭榜挂帅”项目，取得光伏玻璃核心专利174项。公司及所属企业先后获得“中央企业先进集体”“中国加工玻璃30强企业”“陕西省知识产权示范企业”“陕西省制造业单项冠军企业”“陕西省质量标杆企业”“国家专精特新小巨人”等荣誉称号。

产线1

产线2

北京华航无线电测量研究所

Beijing Huahang Radio Measurement Research Institute

北京华航无线电测量研究所于1986年成立，是当前国内集研究、设计、生产、试验、保障于一体，从事精确制导设备研制生产的骨干专业研究所，其从事制导研制的历史可追溯到20世纪60年代。北京华航无线电测量研究所承担了我国载人航天工程神舟系列飞船、探月工程设备配套任务，近百项科技成果获国家级和省部级以上奖励。北京华航无线电测量研究所荣获航天“有重大贡献企事业单位”称号，是国家认定的“信息与通信工程”“控制科学与工程”硕士学位授予点。

目前，北京华航无线电测量研究所按照“两城三地”的总体区域布局，以强军惠民为发展使命，以“多维智能目标识别、多源信息融合导航、雷达高分辨前视成像”为核心技术发展方向，拥有多专业融合的数字化、自动化生产线，在“安防与信息、石油与地质、智能传感器”三大民用领域培育核心竞争力产品，广泛应用于安防、信息技术、石油化工、管道检测、市政道路、物联网和传感器等行业，为防务领域提供智慧解决方案。

DF-17
DF-17
DF-17
ZL107

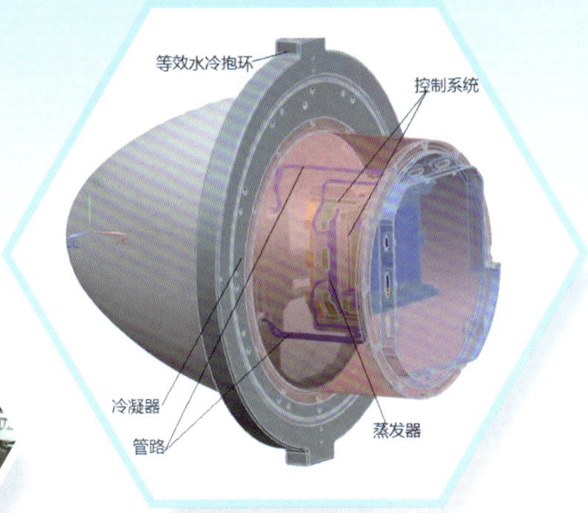
等效水冷抱环
控制系统
冷凝器
管路
蒸发器

测量研究所

共产党员服务队开展变压器现场检测

国网四川省电力公司电力科学研究院

State Grid Sichuan Electric Power Company Electric Power Science Research Institute

国网四川省电力公司电力科学研究院（以下简称国网四川电科院）成立于1952年，前身是西南电业管理局中心试验室，曾为全国六大电力试研院所之一。国家电网公司“三集五大”体系改革后，国网四川电科院成为国网四川省电力公司最主要的技术支撑机构之一，主要负责四川电网技术支撑、科技创新、高端人才培养、成果转化等工作，拥有中电建协电力工程调试特级资格证书、AAA级信用企业证书和四川省能监办一级承装（修、试）电力设施许可证。

国网四川电科院设有六个职能部门、七个中心和一个代管产业单位，现有全民职工273人，其中博士60人、硕士133人、高级职称189人（正高级32人），建有省公司院士（专家）工作站、博士后工作站、研究生工作站。研究生工作站被国务院学位办、教育部、人社部评为首批“全国示范性全日制工程硕士专业学位研究生联合培养实践基地”（国网系统唯一，全国仅28家）。博士后工作站在2022年经全国博士后管理委员会办公室批准成为国网首个具有独立招收资格的博士后工作站。院士（专家）工作站在2022年获评“四川省优秀院士（专家）工作站”。“十四五”以来，国网四川电科院获省部级科技奖50项，申请发明专利689项，授权发明专利394项，发表论文204篇、论著6部。

国网四川电科院深入贯彻“强电网、保内供、稳外送”工作思路，发挥人才和技术优势，坚持科技创新和标准引领，为四川电网安全稳定运行提供坚强支撑；圆满完成成都大运会重要场馆供电方案审查、用电隐患排查、电力负荷特性测试等工作，获评“国网大运保电先进集体”；承担四川电网技术监督和事故缺陷分析工作，近年来发现并处置±800kV金沙江换流站套管击穿等多起重大隐患，受到国网公司领导肯定。国网四川电科院完成复奉、锦苏等特高压工程换流站调试，牵头川渝特高压甘孜、天府南、成都

春厂坝抽水蓄能电站——国内首台投入工程运行的全功率变速抽水蓄能机组

中小型变速抽水蓄能运行控制及多能互补技术验证实验室

东三座变电站试验调试，圆满完成国内首套电网侧构网型SVG系统调试；率先建成智能运检管控体系，常态支撑山火、覆冰、地震、地灾等灾害监测预警；初步建成大电网数字孪生平台，提升新型电力系统仿真分析支撑能力，协助解决柯拉光伏高频振荡问题，助力新能源并网消纳。国网四川电科院以“优秀”成绩完成省公司牵头的首个国家重点研发计划项目“分布式光伏与梯级小水电互补联合发电技术及应用示范”，投运世界首例梯级水光蓄互补联合发电系统示范工程，入选联合国工业发展组织年度报告，填补多项国际国内技术空白。国网四川电科院研制了世界首台环保型电流互感器并挂网应用，攻克了配网超高阻接地故障检测难题，国际上首次将故障识别能力提升至100千欧姆级别，成为继山东、浙江之后国网第3家实现IEC、ISO、ITU三大国际标准立项全覆盖的省级电科院。目前，国网四川电科院累计发布IEEE国际标准5项、CIGRE技术报告3份，在编国际标准16项，获批成立1个IEC项目委员会和1个IEC标准评估组，国际标准工作在省级电科院持续保持领先，荣获IEEE标准管理特别贡献奖和标准编制突出贡献奖，入选国网公司服务共建“一带一路”10周年国际标准类精选案例。

大电网数字孪生实验室

成都市智慧环保用电监测平台

四川电网自然灾害监测预警平台

广西华磊新材料有限公司

Guangxi Hualei New Materials Co., Ltd.

广西华磊新材料有限公司是于2015年12月30日注册成立的合资公司，由中铝广西投资发展有限公司、广西百色工业投资发展集团有限公司和广西平果市城市建设投资有限责任公司分别按40%、40%、20%的比例持股，注册资本248,044万元，总投资概算61亿元。

公司电解铝技术从“广西走到全国，国内走到国际”大舞台，创造了“五个第一”的铝行业传奇，实现电解槽从160kA、280kA、320kA、500kA到超大型发展，首次将电解槽技术输出到印度、越南、尼日利亚、印度尼西亚等国家，开辟了电解槽技术输出的先例，引领世界电解槽技术的发展。

公司经营范围：有色金属冶炼；热力发电和蒸汽；区域电网服务。公司主要产品为熔融态铝、煤电、蒸汽；主要用户群体为铝加工企业。目前，平果工业园共计有涉铝加工企业39家，年产能达40万吨。为了满足工业园涉铝加工企业的需求，公司率先在行业实现“0铸锭+0公里+双向节能+顾客产品个性化+产业链协同”的创新经营管理模式，截至2023年底，公司实现工业总产值377.22亿元、利润21.35亿元，上缴税费6.51亿元，实现利税快速增长，为“百色铝工业二次创业”及绿色发展起到了不可替代的作用。同时，公司发挥百色地区铝产业优势，构建完善了铝-电联产工业链和配套产业链，使新安镇一跃成为自治区级铝产业创新小镇。

公司在承接吸收中国铝业使命、愿景、价值观的基础上，秉承“励精图治、创新求强”的企业精神和“真抓、实干、严管、创一流”的工作作风，积极推进以绿色生态、安全健康、成本、质量、诚信为主要内容的专项文化创建活动，坚持高质量发展作为统领全面工作的重要方针和必须长期坚持的重要原则，把公司建设成国内一流、国际领先的铝电一体化企业。企业文化经历了萌芽、传承、成型、提升四个阶段，确立了公司的使命、愿景和价值观及文化体系，积淀了深厚的企业文化底蕴。公司始终践行“成就员工　惠泽客户　贡献中铝　造福社会”的使命，实施“匠心品质　精益求精”质量管理理念，举旗定向，培根铸魂，高标准推进企业文化软实力建设，凝聚华磊企业DNA。公司经过多年的沉淀，着力打造实施“纵横双向、十字交叉”为核心的创新质量管理模式，

雄伟的广西华磊工厂外观

电解铝厂外观

朝气蓬勃的广西华磊员工

明亮整齐干净的工厂

实现公司近三年多项指标跃居中铝集团首位。

公司通过“纵横双向、十字交叉”管理法的创新应用，在未改变原有设计的基础上，破解了电解槽早期破损的发展瓶颈，各项经济指标实现了新的突破，原铝液99.85%以上率在中铝股份2022年劳动竞赛中获得第一名。该质量管理模式在2023年被国务院国资委商业科技质量中心评为“优秀实践案例”。

亮闪闪的产品

近年来，公司先后获得推动中小城市高质量发展特别贡献企业、广西制造业企业100强第32名、广西质量提升示范企业、广西工业企业质量管理标杆、广西质量管理卓越企业、自治区级“健康企业”、自治区级“清洁生产企业”、中铝集团先进集体、第四届百色市市长质量奖、广西质量提升示范企业、第六届广西壮族自治区主席质量奖提名奖、国家级绿色工厂、工信部重点行业能效 “领跑者”、中铝股份“质量管理奖”等50多项荣誉。

广西华磊办公楼

远眺广西华磊工厂

国能粤电台山发电有限公司

Guoneng Yuedian Taishan Power Generation Co., Ltd.

国能粤电台山发电有限公司（以下简称台山电厂）成立于2001年3月28日，管理权隶属于国家能源集团广东电力有限公司，由中国神华能源股份有限公司、广东电力发展股份有限公司分别持股80%、20%。台山电厂位于广东省江门台山市铜鼓湾，是装机容量世界第十、全国第四、广东第一的大型燃煤电厂。这里三面环山，南面临海，西部沿海高速、新台高速交汇通过，交通便利，靠近珠三角地区电力负荷中心。

台山电厂在运火电装机容量515万千瓦，光伏装机容量1.97万千瓦，正筹建40万千瓦海上风电、120万千瓦抽水蓄能和三期两台百万千瓦超临界煤电机组，同步开发光伏、储能等新能源项目，依托国能氢能（低碳）研究中心开展氢能研究及应用，致力打造千万千瓦级“风光水火储及耦合制氢应用”多能互补综合能源科技示范基地。

台山电厂自成立以来，始终坚持党的领导，以质量效益为中心，努力打造安全高效、清洁低碳的一流电力企业，取得了较好的经营业绩，实现了国有资产保值增值。截至2024年5月底，台山电厂累计发电4121.74亿千瓦·时，缴纳各类税费195.05亿元，先后十二次被评为“A级纳税人”。历年来，台山电厂先后获得全国“五一劳动奖状”“全国电力行业优秀企业”“全国文明单位”“全国电力行业用户满意企业”“全国安全文化建设示范企业”“全国模范职工之家”“全国青年文明号”“全国‘安康杯’竞赛优胜企业”“中电联AAA级信用企业”等73项省部级及以上荣誉称号。一期工程获得中国建筑工程“鲁班奖”和“中国电力行业优质工程”。多台机组在全国电力行业竞赛中获得“金牌机组”“A级机组”“中电联可靠性优胜机组”称号。

进入新发展阶段，台山电厂坚持以习近平新时代中国特色社会主义思想为指引，深入贯彻党的二十大精神和中央经济工作会议精神，深入践行“社会主义是干出来的”伟

国能台山电厂7台机组全景

台山电厂电化学储能电站二期

台山电厂光伏发电项目

台山电厂码头

大号召，落实“四个革命、一个合作”能源安全新战略，坚持稳中求进、以进促稳、先立后破，全面贯彻国家能源集团“一个目标、三个作用、六个担当”发展战略，深入落实广东公司“1235”工作部署，在国家能源集团党组和广东公司党委的坚强领导下，长期坚持高大远深、艰苦奋斗，坚决守住政治廉洁、安全环保、法律合规“三大底线”，着力打造出党的建设高度、价值创造高度、科技创新高度、转型发展高度、改革治理高度、人才培养高度“六大高度”核心理念，深入探索干部“245”培养模型，打造堪当重任的干部铁军，奋力谱写中国式现代化台山电厂实践新篇章，为广东电力发展股份有限公司奋力建设一流清洁低碳能源科技领先企业；为集团公司加快建设世界一流清洁低碳能源科技领军企业和一流国有资本投资公司；为以中国式现代化全面推进强国建设、民族复兴伟业作出新的更大贡献！

台山电厂航拍全景

国能大渡河金川水电建设有限公司

CHN ENERGY DADU RIVER JINCHUAN HYDROPOWER CONSTRUCTION CO.,LTD.

国能大渡河金川水电建设有限公司（以下简称金川公司）隶属于国能大渡河流域水电开发有限公司，是国家能源投资集团有限责任公司的三级公司，于2004年12月开始筹备，于2009年8月在四川省阿坝藏族羌族自治州金川县注册成立，全面负责大渡河金川水电站工程的开发建设和运营管理，设置有9个管理部门，劳动定员75人，形成了高效协同的管理体系。

大渡河金川水电站是国家能源集团“四重一要”重点工程，位于四川省阿坝藏族羌族自治州金川县、马尔康市境内的大渡河上游河段，2018年12月获得四川省发展和改革委员会核准开工建设，核准总投资120.65亿元，2021年11月主河床截流，2023年9月大坝全面填筑。大渡河金川水电站总装机容量860兆瓦，枢纽工程主要由面板堆石坝、左岸地下厂房、右岸溢洪道和泄洪放空洞等建筑物组成，最大坝高112米，年平均发电量34.86亿千瓦·时，年利用小时数4053小时。该工程具有复杂地质条件国内罕见、深厚覆盖层建坝难度大、仿生态鱼道亚洲之最三大特点。

金川公司积极开展技术和管理创新工作，先后获得省部级、行业级科技奖项15项，授权知识产权46项，参编行业标准2项，发表论文70余篇，发布QC成果25项，管理创新成果3项。其中，《金川水电站BIM设计与数字化应用》荣获“智水杯”全国水工程BIM应用

大赛金奖、《大渡河金川水电站“智慧工程”建设管理成果》荣获中国电力建设企业协会一等成果、《复杂条件大型水工隧洞开裂破坏机理与控制关键技术》荣获中国岩石力学与工程学会科学技术进步奖一等奖。金川公司先后荣获全国“最美工会”、四川省“五一劳动奖状”和“工人先锋号”、集团“党员示范岗”和“青年突击队”、大渡河公司先进党委、“五四”红旗团委等荣誉称号。

金川公司深入贯彻党的二十大精神，扎实开展学习贯彻习近平新时代中国特色社会主义思想主题教育，深入落实集团公司“一个目标、三个作用、六个担当”发展战略和“41663”总体工作方针，基于“大党建”管理模式，积极推进大团队、大监督、大竞赛、大文化、大融合建设，抓好高质量人才队伍建设，加快工程建设步伐，履行央企社会责任，促进地方经济发展，为集团公司清洁能源建设贡献金川力量！

大渡河金川水电站枢纽工程各建筑物综合效果图

上游围堰绿网覆盖

砂石混凝土系统

北方华锦化学工业集团有限公司

North Huajin Chemical Industry Group Co., Ltd.

北方华锦化学工业集团有限公司（以下简称华锦集团）是中国兵器工业集团最大的民品工业企业和辽宁省石化行业的重点骨干企业。华锦集团总部位于辽宁省盘锦市，下属企业分布在辽宁省盘锦市和葫芦岛市、新疆阿克苏地区库车县。

华锦集团原为辽宁省属企业，前身是1976年10月建成投产的辽河化肥厂；1997年1月，以辽河化肥厂的经营性资产为股本发起成立辽通化工股份有限公司并在深圳证券交易所上市（股票代码为000059，股票名称为“辽通化工”，2014年3月更名为“华锦股份”）；2006年3月，中国兵器工业集团有限公司和辽宁省政府达成战略合作，注资15亿元重组华锦集团，并投资200亿元建成600万吨/年炼油、50万吨/年乙烯，以及下游深加工等“十一五”重点工程项目。

经过40多年的发展，华锦集团已形成辽宁省盘锦市和葫芦岛市、新疆阿克苏地区库车县三个生产基地，现有石化、化肥、道路沥青及润滑油基础油三大主营业务板块，原油加工能力为830万吨/年，其中，石化板块年炼油能力600万吨、乙烯年产能50万吨；道路沥青及润滑油基础油板块年产沥青100万吨、润滑油基础油90万吨；化肥板块现有尿素年产能132万吨。企业总资产464亿元、在岗员工8400人。近年来，华锦集团在兵器集团党组，省委、省政府，市委、市政府的坚强领导和大力支持下，多措并举降本增效，经济效益稳步增长。“十三五”期间，华锦集团实现销售收入1726亿元、实现利润82亿元、上缴税金183亿元，纳税额位列辽宁省纳税百强企业第12位、盘锦市纳税大户的前两名，连续三年获兵器集团经济效益突出贡献一等奖，为辽宁全方位振兴和盘锦经济发展做出了积极贡献。

华锦集团厂区

华锦集团装置区

华锦集团夜景

华锦集团办公楼

进入“十四五”时期，华锦集团以做实、做优“石油化工、精细化工产业链”为发展目标，牢牢把握国家“一带一路”的新时代发展机遇，以精细化工及原料工程项目建设全面开启高质量发展的新征程。项目建设内容包括1500万吨/年炼油、165万吨/年乙烯、200万吨/年PX等共32套生产装置，以及配套的铁路、厂外原油及业主码头、厂外供电、储运、公用工程及配套辅助设施。项目于2023年3月开工建设，预计2025年9月底机械竣工。建成投产后，该项目将与华锦集团现有基地实现协同联动、一体发展，将总体形成2300万吨/年炼油、215万吨/年乙烯、200万吨/年PX的生产能力，实现年营业收入1500亿元、上缴税金260亿元、实现利润130亿元，成为国家重要的石化和精细化工产业基地。

中建生态环境集团有限公司

China Construction Ecological Environment Group Co., Ltd.

中建生态环境集团有限公司（以下简称中建生态环境集团）成立于2013年12月，是世界500强企业、全球最大的投资建设集团——中建集团旗下的生态环保领域投资、建设、运营专业公司，肩负着为中建集团探索生态环保领域的光荣使命。中建生态环境集团连续三年获评国务院国资委中央企业“双百行动”“标杆”等级，获评国家高新技术企业、北京市“专精特新”企业等认定，连续两年获评“水业最具专业化运营服务企业”。

中建生态环境集团积极践行“两山”理念，响应“双碳”目标，聚焦生态环保、“双碳”业务、创新业务，形成环保专业领域全生命周期一体化综合服务能力。中建生态环境集团坚持提升以“投资+建设+运营”的“投建运”模式实施的生态环保业务“基本盘”，具体包括水务业务、固废业务；持续做好以“运营”牵头的EPC+O、PC+O轻资产项目“补充盘”，为企业发展再添动力；聚焦“双碳”和高端水业务，做强做优环保科技“创新盘”，其中，双碳业务包括低碳综合能源管理、双碳咨询技术服务、双碳产品，创新业务包括高端水、资源化、再生能源。

中建生态环境集团加入中国环境保护产业协会、中国建筑节能协会等20余个行业协会组织，与国家发展改革委国合中心、丰台区水务局、陕西环保集团、南京水务集团、东南大学、哈尔滨工业大学等40余家事业单位、企业、院校签署战略合作协议。

中建生态环境集团以“守护绿水青山，建设美丽中国”为企业使命，锚定京津冀、长三角、长江经济带、粤港澳大湾区、黄河流域等国家重大战略区域，用心打造禁得起时代检验的精品民生项目。其中，坪山河干流综合整治及水质提升工程荣获詹天佑奖（全国首个获詹天佑奖的流域水环境治理项目）、大禹奖（中建首个水利工程奖项）、国家优质工程奖（中建首个获得国优奖的流域水环境项目）、第五届ELA国际景观大奖“年度最佳开放空间景观奖金奖”等奖项。

中建生态环境集团拥有市政公用工程总承包壹级等6项建造资质、水污染防治设计乙级设计资质、分散式和城镇集中式污水处理设施等8项运营关键资质、近零能耗建筑第三方测评机构“双碳”专业资质，检测分析中心获得CNAS实验室认可证书（中建系统首个获得CNAS认证的水环境领域实验室）。中建生态环境集团集成了设计、施工、运营、双碳、检测资质，打造了全生命周期“投、建、运”一体化综合服务能力。作为国内农村生活污水处理细分领域体量最大的央企，中建生态环境集团运营规模持续保持行业前十。中建生态环境集团搭建了行业领先的八大科研平台，运用丰富的产学研资源，为核心技术攻关与产业化应用保驾护航，在中建系统内率先开展“双碳”业务，确立以低碳综合能源服务为主体，“双碳”咨询和低碳数字化产品孵化为两翼的“一体两翼”核心业务模式，获评“中国企业社会责任碳中和年度先锋”。中建生态环境集团还聚焦高端水业务领域，打造核心产品，推动环保科技多元创新。

中建生态环境集团将继续坚定不移地服务国家战略，为建设人与自然和谐共生的中国式现代化贡献中建智慧、中建方案，向着“生态环保行业领先的投资建设运营集团、建筑行业领先的低碳管理综合服务商、中国建筑旗下环保运营业务最专业公司”坚实迈进。

成都京东方第8.6代AMOLED生产线废水处理系统

海口市职工活动中心建筑光伏一体化项目

广东省深圳市坪山河干流综合整治及水质提升工程

江苏省泰兴经济开发区自来水厂及配套设施PPP项目

北京市密云区农村污水治理
第二片区PPP项目

国能神东煤炭集团有限责任公司

Guoneng Shendong Coal Group Co., Ltd.

国能神东煤炭集团有限责任公司是国家能源集团的骨干煤炭生产企业，于1984年开发建设，地处陕、蒙、晋三省（区）能源富集区，主要负责国家能源集团的神府东胜煤田骨干矿井和山西保德煤矿，以及配套项目的生产运营。受国家能源集团委托，公司代管杭锦能源。

公司现有本部部门17个，二级单位61个。13个矿井核定产能1.74亿吨，其中陕西省境内5个，内蒙古自治区境内7个，山西省境内1个，资产规模达1439亿元（含杭锦能源）。公司主营煤炭生产及洗选加工，煤炭产品主要是块煤、特低灰煤和混煤，特征是“三低一高”，是优质动力、化工和冶金用煤，被誉为“城市环保的救星”。

公司累计生产煤炭37.84亿吨，采掘机械化率达100%，资源回采率达80%以上，原煤生产效率最高150吨/工，企业主要指标国内第一。公司累计创造中国企业新纪录百余项，获得授权专利1220项、国家科技进步奖8项，其中《神东现代化矿区建设和生产技术》获国家科技进步奖一等奖。公司先后获得全国“五一劳动奖状”、中华环境奖、全国质量奖、全国文明单位、中央企业先进基层党组织等荣誉。

神东煤炭将全面系统深入贯彻党的二十大精神，扎实开展学习贯彻习近平新时代中国特色社会主义思想主题教育，完整准确全面贯彻新发展理念，加快构建新发展格局，深入落实集团发展战略目标和“41663”总体工作方针，坚定走“安全、高效、绿色、智能”高质量发展之路，在安全管理、质量效益、生态环保、科技创新、人才队伍、品牌塑造、党的建设上创一流，奋力实现质的有效提升和量的稳健增长，为助力国家能源集团建设具有全球竞争力的世界一流清洁低碳能源领军企业做出新的更大贡献！

神东煤炭集团办公楼

神东大柳塔煤矿

环线装车站

神东大柳塔综采五队综采工作面

神东运煤专列驶出

神东补连塔煤矿氧化塘、储煤仓

国家能源集团国源电力有限公司

National Energy Group Guoyuan Electric Power Co., Ltd.

国家能源集团国源电力有限公司（神华神东电力有限责任公司），实行“一个党委、两个公司、一体化运营”管理模式，作为中国最早深耕煤电一体化运营的专业化公司之一，目前是国内煤电一体化规模最大的专业化公司，也是国家能源集团独具特色跨区域煤电一体专业化管理公司。

企业主要经营发电、输电、供（配）电业务；开发自用煤矿、粉煤灰的综合利用；售电；输电、供电、受电电力设施的安装、维修和试验等。核心业务主要分为煤炭生产内供和外销、电力生产供应两大板块。截至2024年6月底，注册资本521.10亿元，资产总额1089.16亿元。现有煤炭产能7400万吨/年，发电装机容量1582.71万千瓦。产业及项目分布于新疆、内蒙古、陕西、山西、黑龙江、四川、宁夏、山东等8个省（市）、自治区，拥有全资及控股企业27家，管理运营10个电厂和8个煤矿（包含7个煤电一体化单位）、3个风电场，共有职工8664人。

近年来，公司获得国家“科技进步奖”2项，行业及省部级科技奖20余项，发布ISO国际标准3项。所属企业荣获中华全国总工会“工人先锋号”“全国模范职工之家”等称号。在履行央企责任、创造社会价值方面的贡献突出，先后荣获2022年金牛奖“责任供应链奖”和2023年“责任犇牛奖”—“责任沟通奖”，有力展现了企业的形象与担当。

府谷电厂航拍全景

煤矿井下

电厂检修现场

公司100兆瓦农光互补光伏发电项目

国能销售集团有限公司

Guoneng Sales Group Co., Ltd.

国能销售集团有限公司（国家能源投资集团煤炭经营分公司）是国家能源集团旗下以煤炭购销为主业的专业化公司，负责国家能源集团65%以上的煤炭销售和外购煤业务，年煤炭采购量超1亿吨、销售量超5亿吨。公司以神东、准能、雁宝等集团自产资源和自有铁路沿线外购资源并举，并以社会港口、海外进口资源为补充，多渠道保障煤炭供应；丰富产品结构，开发了以动力煤、原料煤和焦煤为主体的8类54个煤炭产品系列，满足不同客户需求；依托国家能源集团一体化形成的高效物流体系，实现煤炭精准配送服务；终端用户覆盖29个省（自治区、直辖市），与电力、冶金、化工、建材等各行业的1000多家客户建立了长期稳定的合作关系，煤炭出口到韩国、日本、欧洲等国家和地区，充分发挥煤炭市场“稳定器”和“压舱石”作用。公司始终秉承“质量第一、用户至上”的服务理念，以市场为导向，以生产管控为源头，以洗选提质为核心，强化煤质管理，构建了科学、高效的现代化、系统化、智能化全面质量管控体系，形成了煤炭产品“全生命周期”质量管理模式，是GB/T 19001质量管理、GB/T 24001环境管理、GB/T 45001职业健康安全管理等体系标准认证企业。公司在“2023中国品牌价值评价信息”榜单中，在能源化工领域，以172.98亿元的品牌价值，排第17位。

党委书记、董事长 刘小奇

党委副书记、总经理 杨希刚

公司负责运营管理的“国能e商”平台，服务保障国家能源集团“煤炭、化品、运输”三大主营业务产品线上交易。平台坚持“场景牵引”“业务驱动”理念，重点围绕场景拓展、平台交互、能力提升、模式创新等开展建设，截至目前注册商户近25000家，现货年交易量超过4亿吨，实现超6亿吨煤炭交易全过程在线管控、业务单据100%在线交互、货款收付80%线上操作，促进交易效率提升60%以上，平台日均浏览量约6万次，已成为全国规模最大的以煤为主的大宗商品供应链协同平台，成为国内首个业务场景化、履约可视化、服务一站式的煤炭全流程交易平台，成为增强供应链韧性和稳价保供能力、融入国际国内双循环格局、引领煤炭行业创新发展、建设世界一流企业的重要载体。

面对新形势和新任务，公司将坚持以习近平新时代中国特色社会主义思想为指导，深入学习贯彻党的二十大精神，坚决贯彻落实党中央和国务院的决策部署，全面落实国家能源集团“一个目标、三个作用、六个担当”发展战略，推动自身“一核多元一平台”战略措施落地，统筹抓好“内部与外部”两个市场，协同开发“电力与非电力”两个领域，深入拓展“一体化和非一体化”两条通道，着力提升服务质量和品牌价值，全面提升企业核心竞争力和增强核心功能，为将公司建设成为世界一流综合能源贸易商而不懈奋斗！

石灰石矿矿山生产指挥中心

煤炭资源运抵龙口港

保供煤炭在黄骅港三期完船离港

“海进江”煤炭资源在中转港进行中转过驳作业

质量强基

企业质量管理实践案例甄选（二）

商业科技质量中心 ◎ 编

企业管理出版社
ENTERPRISE MANAGEMENT PUBLISHING HOUSE

图书在版编目（CIP）数据

质量强基：企业质量管理实践案例甄选 . 二 / 商业科技质量中心编 .—北京：企业管理出版社，2024.9.

ISBN 978-7-5164-3129-0

Ⅰ .F279.23

中国国家版本馆 CIP 数据核字第 20247466DM 号

书　　名：质量强基：企业质量管理实践案例甄选 . 二
书　　号：978-7-5164-3129-0
作　　者：商业科技质量中心
特约策划：唐琦林
策　　划：杨慧芳
责任编辑：杨慧芳
出版发行：企业管理出版社
经　　销：新华书店
地　　址：北京市海淀区紫竹院南路 17 号　**邮编**：100048
网　　址：http：//www.emph.cn　**电子信箱**：314819720@qq.com
电　　话：编辑部（010）68420309　发行部（010）68701816
印　　刷：北京亿友数字印刷有限公司
版　　次：2024 年 9 月第 1 版
印　　次：2024 年 9 月第 1 次印刷
开　　本：889mm × 1194mm　1/16
印　　张：25 印张
字　　数：753 千字
定　　价：398.00 元

《质量强基》编委会

序 言

《质量强基：企业质量管理实践案例甄选（一）》问世以来，受到了企业管理者以及各类组织机构的欢迎和重视，其根本原因在于题材明晰、视角新颖、实用性强。案例征集活动秉持推广先进经验、促进企业质量提升行动的初衷和使命，持续推动国资央企通过建立和完善质量管理体系，完整、准确、全面贯彻新发展理念，更好发挥中央企业科技创新、产业控制、安全支撑作用，进而影响和带动各类市场主体持续实施“质量强国”“科技强国”战略，发展新质生产力，推动高质量发展。这是我们今年继续推出本书的动力所在。

党的二十届三中全会擘画了进一步深化改革的时代蓝图，开启了新时代新征程不断开辟中国式现代化的广阔前景。

企业是实施质量强国和科技创新的主体。从质量管理学理论角度，以系统思想作为指导，通过对企业产品与服务全过程质量目标的确定、实施、考核、分析与持续改进，完成企业每个职能部门和每个层次的质量目标，最终实现企业质量管理体系总体质量目标是企业质量提升的出发点和落脚点。中央企业统筹高质量发展和高水平安全，担当好国民经济稳定器、压舱石的重任，必须加强精益管理，扎实做好质量管理体系建设，狠抓企业产品质量、服务质量，提高供应链安全和运行效率，进而推动我国经济实现质的有效提升和量的合理增长，切实提升市场主体和消费者的感知度和获得感。

2023—2024 企业质量管理实践优秀案例征集活动通过案例展示和经验分享，示范推广了一批领先的企业质量管理理念、制度、模式和方法。本书观点鲜明、论据充实、案例材料翔实生动、技术与管理紧密结合，突出质量管理创新的核心，论述深入浅出。

本书无论是对质量管理人员、专业管理人员、技术创新人员、内外部质量审核人员，还是对从事质量体系培训、咨询人员和高校师生都极具参考价值。

潘军　教授级高工，商业科技质量中心副主任、法人代表

目　录

质量管理最佳实践案例

质量管理优秀实践案例

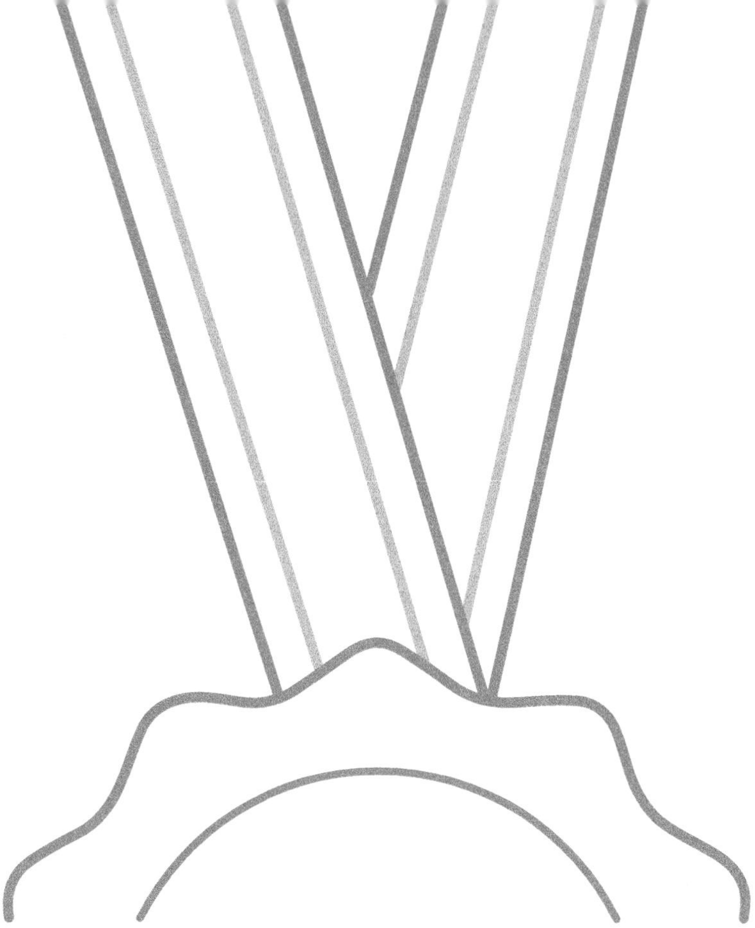

质量管理

最佳实践案例

杭州第19届亚运会“四零双优”网络质量保障管理创新与实践

中国移动通信集团浙江有限公司杭州分公司

一、项目简介

中国移动通信集团（以下简称中国移动）自2019年起正式签约成为杭州亚运会和杭州亚残运会的官方合作伙伴，中国移动通信集团浙江有限公司杭州分公司（以下简称杭州移动）是亚运通信服务保障工作落地实施单位。公司认真学习领会习近平总书记关于办好杭州亚运会的重要指示，始终将做好亚运通信服务保障工作作为深入贯彻落实党的二十大精神的具体实践，认真对照“简约、安全、精彩”的办赛要求，围绕零重大网络事故、零重大安全事件、零重大客户投诉、零负面焦点事件、客户感知优、社会评价优的“四零双优”保障目标，以用户需求为驱动力，以提高网络质量与性能、降低网络建设和维护成本、缩短网络建设周期、提高用户满意度为导向，充分发挥自身客户规模、信息技术、优质服务、丰富应用等一系列优势，科学构建质量、性能、成本综合优越的面向亚运会等大型赛事的网络保障质量管理体系，勇担赋能服务智能亚运的国家队、主力军、排头兵使命。

在亚运会筹办和正式开赛期间，杭州移动牢固树立战时思维、底线思维、极限思维，成立领导小组办公室和开闭幕式专班，建立亚运会运行保障指挥部（赛时指挥中心），经过4年多的精心筹备，40天的连续作战，8000余场赛事保障，建立并严格落实值班值守、每日零报告、每日复盘研判等赛时工作机制，实现了亚运网络高速稳定、安全屏障坚如磐石、创新应用破圈出彩、业务服务彰显形象，圆满完成了亚运会、亚残运会开闭幕式及各项赛事保障任务。

二、杭州移动网络质量管理文化

杭州移动是中国移动浙江有限公司下属市级分公司，以“走在前列，实干担当，励精图治，创新有为”十六个字为工作指引，致力于打造业绩优秀、管理出色、服务优质、行业领先的主导通信运营商，也是杭州第19届亚运官方通信服务合作伙伴。杭州移动始终将服务质量视为企业的生命，保质量就是保安全、保战斗力、保胜利。近年来，杭州移动在网络质量管理的核心课题就是依靠先进技术和科学管理，保证和提升网络保障和服务质量，持续保证网络的高可靠性，实现零重大网络事故、零重大安全事件、零重大客户投诉、零负面焦点事件、客户感知优、社会评价优的网络保障目标。

三、实践内容

杭州移动锚定“四零双优”保障目标（零重大网络事故、零重大安全事件、零重大客户投诉、零负面焦点事件、客户感知优、社会评价优），深入推进网络保障、安全提升、网络服务建设，打造中国移动保障大型国际赛事的示范工程，留下中国移动保障亚运会的亮点和经典，向世界呈现了一场智能、创新、精彩的亚运赛事活动，如图1所示。

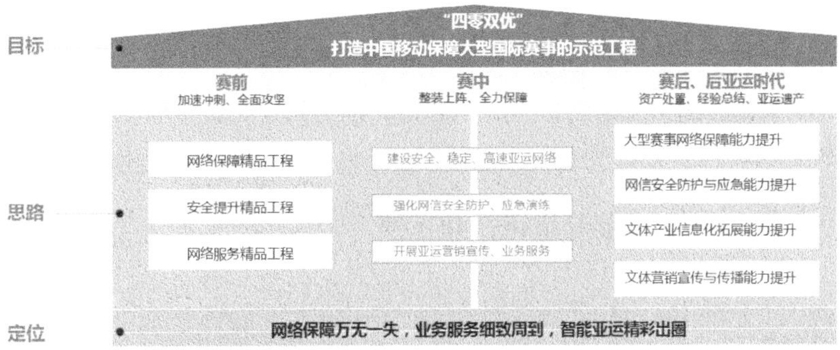

图 1　杭州移动亚运网络保障总体部署

（一）首创超密组网下的弹性自呼吸 5G 网络方案

传统的赛事活动会对网络的容量提出较大的需求，网络业务在时间和空间双维分布具有不均衡特性，受限于频率资源，当出现话务高峰时网络干扰也会大幅抬升。因此，单纯地叠加小区的方案并不能带来网络容量的真正提升，这也是业界无线网络保障的最大难点。

杭州移动立足重大洲际赛事，首创超密组网下的弹性自呼吸网络方案。该方案基于质量信息系统与度量，基于对前期大型赛事保障的记录、数据分析，进行针对性的创新管理优化，结合赛事或者重大活动保障场景无线网络业务需求和潮汐变化，创新应用大数据线性回归分析方案，通过大量现场数据进行精准建模，构建 5 大类不同组网方案的数字模型，获得用户数、干扰、单位容量三维立体架构中最大收益值，可针对亚运不同上座率场景进行方案预测，并在实际中测试数据的不断迭代，已作为方法论推广全国。

弹性自呼吸网络方案则通过构建“双智驱动”的架构，应用 6 项 AI 算法、14 项网元智能特性，通过 5G 时空维度，结合业务和资源的灵活动态调整，实现网络资源效率和用户感知的双提升，如图 2 所示。

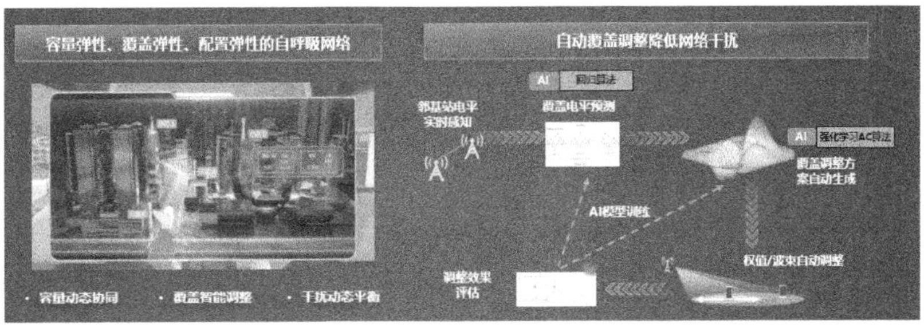

图 2　弹性自呼吸网络大幅提升频谱资源利用率

（二）构建面向大型活动的极简全光 F5G 专网

全光网络拥有高可靠、易升级、安全、绿色等先天优势，完全契合绿色亚运、智慧亚运的理念。杭州是全国双 5G（5G+F5G）第一城，领航新基建，建成天上一张网（5G）、地上一张网（F5G）。

亚运专网承载于 F5G，又衍生于 F5G，亚运专网业务作为专网的一部分，既有安全保障，又绿色环保。杭州移动将建网质量与网络安全一直作为首要任务来抓，为“四零双优”的整体目标添砖加瓦。

亚运 F5G 专网的顶层设计是由杭州移动主导，联合中国移动设计院和设备厂商等多家单位经过多轮头脑风暴，以及场馆实地考察调研，层层研判、多轮会审之后的网络设计。同时充分理解亚组委的要求，打造亚运 F5G 全光网络标杆，构建了从单板、设备、链路、核心、路由、市电、蓄电池、网管、双 5G（5G+F5G）九重保护的高可靠性网络。此外，F5G 还采用了光交叉连接 OXC 技术，极大地降低了站点功耗和空间。既节能减排，又易于维护。亚运 F5G 专网在九重高可靠性的保护模式下，极大地降低了网络失效的概率，最大化地提高了网络可靠性和可维护性等。

亚运 F5G 专网采用目前最先进的全光交叉技术（OXC），既降低了机房空间，又降低了能耗，而且简易的界面和维护操作，极大地降低了维护成本与维护人员的技能要求。

场馆则采用一馆一案机制，为每个场馆量身定制方案，在达到亚组委要求的同时，最大限度地降低了场馆设备配置，节约了成本。

（三）打造基于 AR 的 pRRU 精准寻址可视化系统

在重大活动保障尤其是赛事保障中，最重要的保障对象就是场馆。每个场馆有数量众多的 pRRU 设备。以亚运会场馆为例，41 个场馆有 2799 个 pRRU 设备，当 pRRU 设备出现问题时，只能依靠设计和规划图纸按图索骥的方式去排除故障，过程中难度大、耗时长、效率低、易出错。

为此，杭州移动建立了 ARpRRU 精准寻址系统，通过强大的后台基础数据信息，预置嵌入 CAD 图纸和现场的环境信息，在手机端部署 pRRU 精准寻址系统，故障和排障过程全程可视，能快速定位到 pRRU 的楼层和具体位置，极大提高了排障效率和准确性，如图 3 所示。

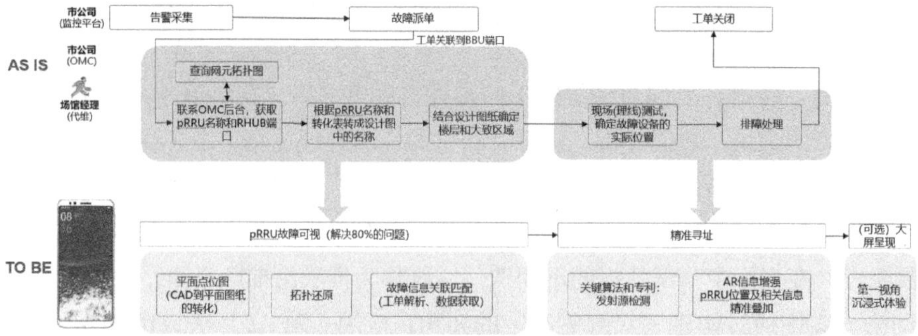

图 3　ARpRRU 精准寻址方案

率先使用通过信号等高线 + 信道模型查找 pRRU 的方法，基于信号等高线和信道模型，对目标进行建模，最终实现手机 APP 端的 pRRU 精准寻址。

（四）搭建基于 3D 数字孪生的重保数智化平台

基于移动自有的 OSS4.0 的保障平台架构，杭州移动构建了以数智化重保平台为核心的三屏联动重保支撑体系，作业流程落到系统承载，利用可视化平台，结合人工智能手段，在作业实施质量、作业数据质量、站点质量等方面综合提升保障质量。其中，各业务打点由小屏落地，流程穿梭由中屏管控，整体结果由大屏呈现。

大屏端（面向指挥）：场景化监控、可视化预警。针对比赛场馆以及机场、景区等场景的分场景进行多维数据监控，包括网络、业务、体验、故障等指标。比赛场馆采用 3D 数字孪生技术和业务关联，实时感知健康状态，如图 4 所示。

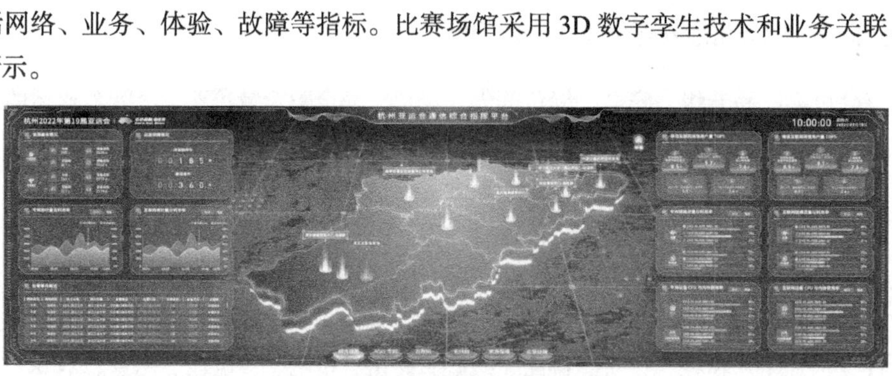

图 4　重保数智化平台大屏

中屏端（面向任务）：专业化支撑、精细化管控；具体包括故障跟踪、任务跟踪、协同指挥、信息通报、人员调度、场馆管理、应急预案、远程支撑，如图 5 所示。

图 5　重保数智化平台中屏

小屏端（面向作业）：数据支撑、任务处理；具体包括人员签到打卡、健康巡检、物资申领、专网布线任务跟踪、故障查询、视频互联、情况汇报等，如图 6 所示。

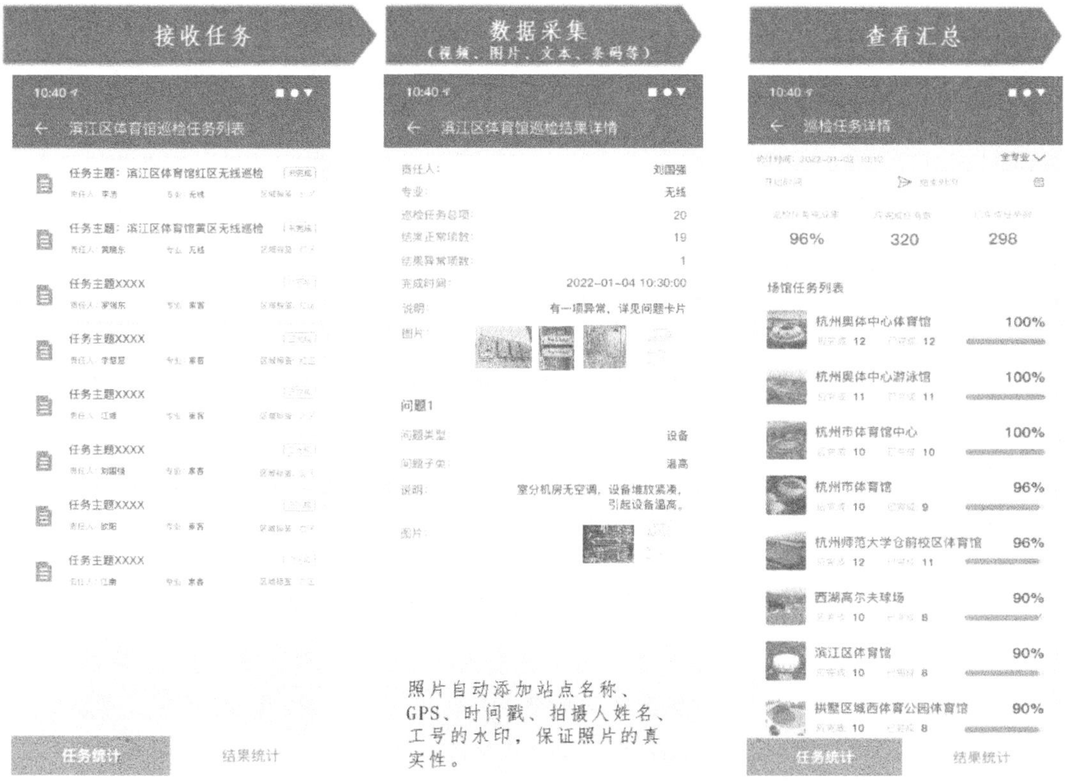

图 6　重保数智化平台小屏

杭州移动基于杭州亚运会重大赛事通信保障场景，秉承科技和智慧理念，创新引入 3D 建模技术对场馆进行数字孪生，汇聚多维数据，全方位、多专业、立体化监控，提供精准灵活的调度和高效闭环，打造“科技亚运、智慧亚运”的新标杆。

（五）开展网络服务精品工程

一是为广大客户提供“心级服务”。畅通国漫业务办理流程，为所有参赛国家及地区开通漫游来访业务。推出亚运专属套餐，组建超 400 人的业务服务专家团队，设置亚运专席及重要客户专属通道，为超 2 万名重要客户开通免催免停服务。打造亚运特色产品，为广大客户提供亚运观赛包、移动云盘、视频彩铃、5G 新通话等各类业务。打造“智能观赛第二现场”，开展多视角、VR 直播等智能观赛，并优选 14 家亚运主题厅，为国际来宾和客户提供8K超高清、裸眼3D、元宇宙数字人等业务互动体验。亚残运会期间，在重保厅店设立亚残服务保障专席，全面布置无障碍设施，提供“入厅、入门、入眼、入座、入心”5项暖心升级服务，彰显移动温度。

二是独家运营杭州亚运官方服务热线1258088。在亚运史上首次实现全网不加区号即可一键便捷直拨功能，为客户提供亚运相关问题的咨询、投诉、建议等服务。赛事期间共设置20个中文专席、4个英文专席、1个手语专席，打造了“看＋听＋说＋按”的新型交互服务模式，为客户提供了打得进、接得好、答得准的暖心贴心服务体验，成为赛事组织部门了解公众需求、展现服务形象的重要窗口。

三是助力亚运宣传发出最强音。在全市累计投放3700余个亚运户外广告位，省、市中国移动通信公司在头部互联网媒体曝光亚运主题宣传近9000万人次，累计发布新闻稿件与视频超2万篇次，在中央媒体发布相关报道超1200篇次，全面传播了亚运文化和精神。在权威机构发布的“亚运品牌传播指数”中，中国移动仅次于央视，排名第二。

（六）筑牢坚若磐石的安全屏障

一是加强赛前网信安全防护，清零风险漏洞。全面梳理223个重保系统并加强防护，累计清退互联网暴露面22239个，整改中高危漏洞9720个，制定各类安全应急预案229份，开展各类安全应急演练318次、超10万人次参与。

二是加大赛时处置力度，确保绝对安全。共投入358名网络安全保障专家（其中全集团调集27位资深安全专家）。亚运会、亚残运会期间，累计拦截重要信息系统攻击14665次，封堵攻击IP2760个，监测处置5G以上DdoS（分布式阻断服务）攻击事件13786次、APT攻击事件超1831万起，拦截处置涉诈IP、域名186.6万个，拦截垃圾短信5231.5万条，配合各地公安机关执行IP溯源49个，未发生任何网络安全事件。

三是主动构建信访维稳和安全生产体系，消除风险隐患。开展多轮信访风险隐患大起底、大排查、大化解行动，累计排查问题隐患24件。加强安全生产隐患排查治理，对通信机房、配电间等高风险区域开展专项检查，累计整改隐患问题253处，确保了内外部环境的和谐稳定。

四、案例实施成效

（一）首创超密弹性自呼吸的4/5G网络，圆满完成亚运开闭幕式网络保障

杭州移动基于DMIMO、多频分层、超大上行、超窄波束赋型天线等新技术手段，打造了开幕式主场馆超密弹性自呼吸的4/5G网络，亚运主场馆内共开通807个4G小区、211个5G小区，可满足十万级观众与演职人员的极限网络需求；针对钱塘江沿江两岸灯光秀区域补强开通181个站点，可满足百万级客户的极限网络需求。亚运会开幕式移动总用户数达7万户，4G上传下载速率达2.1MB/19.1MB，5G上下行速率达22.0MB/135.8MB，闭幕式移动总用户数达6.2万户，4G上传下载平均速率2.9MB/20.5MB，5G上传下载平均速率23.2MB/169.1MB，实现了开闭幕式场内用户“感知流畅、照片秒传、视频无卡顿”的良好体验，得到了工信部，省、市党委和政府，以及亚组委等各级领导的充分肯定与高度赞扬。该方案对无线网络中的超密、弹性自呼吸等创新概念进行了充分的定义，在业界确立了统一的标准，发布5G超密组网弹性自呼吸网络方案白皮书，并作为领先经验在2022年巴塞罗那通信展上进行了全球分享。

（二）打造高速、稳定、安全的亚运公网、专网，赛事期间全程稳定运行

依托全球领先的“5G双千兆”精品网络，利用双向主动探测等新技术为亚运建设了赛事AGIS专网、互联网WiFi、广播电视转播网等十大亚运公网、专网，圆满完成赛时网络保障，各类亚运公网、专网运行平稳，设备退服、业务劣化等状况“零发生”。持续做好交通枢纽、热点景区、商圈等重点区域的网络扩容，加强对

通信枢纽、传输干线、基础业务平台等设施的防护巡查力度，累计巡线光缆近 7.4 万皮长公里、无线站点 6000 站次、机楼超 1100 楼次，累计投入 39 辆应急通信车，为亚运会、亚残运会的成功举办提供了有力支持，如图 7、图 8 所示。

图 7　杭州第 19 届亚洲运动会赛事网络保障圆满完成合影留念

图 8　杭州第 4 届亚洲残疾人运动会网络保障圆满成功合影留念

（三）启用数智化通信保障指挥中心，开创数智化网络保障新范式

引入数字孪生、大模型等数字化技术，在国际上实现了数智化网络保障的多个“首次”：首次开创基于“客户—业务—网络”的全新立体式重大活动事件体系，多层面统筹调度，支撑事件的快速决策和处置，有效缩短全流程闭环周期；首次开创基于数字孪生的“数实融合”智慧保障平台，实现网络保障全流程“一切皆可见”；首次开创基于大模型的“交互式”运维保障新模式，真正做到“聊天式”运维保障，赛会保障期间累计运维交互达 18 万人次，大大提高了运维操作便捷性、提升了保障效率。

（四）打造十大智能场馆标杆，输出智慧场馆建设标准

在亚运会历史上首次批量列装智慧场馆大脑，成功为杭州奥体中心体育场等 10 余个场馆装上“智慧的大脑”，实现场馆三维数字化管理、5G 智能化应用，让场馆更智能，让赛事更流畅，智慧场馆项目荣获全球互联网大赛 5G 应用赛道一等奖。同时，积极贡献智慧场馆建设经验，输出全国首个智慧场馆地方标准《大中型体育场馆智慧化建设和管理规范》（DB33/T2305—2021）。

主要创造人：王文生

参与创造人：杨　征、张　皞、陈旭潇、严子洋、徐　晨

"一核四精双赋能"的哈电精品质量管理模式构建与实施

哈尔滨电机厂有限责任公司

一、企业概况

哈尔滨电机厂有限责任公司（以下简称哈电机公司）始建于 1951 年，是中央管理的国有重要骨干企业——哈尔滨电气集团有限公司的核心子企业。哈电机公司以生产水电、火电、核电、气电、风电、泵类、特种电气等发电装备和配套控制设备为主，提供产品全生命周期和多元化定制服务。哈电机公司超宽负荷高稳定性新一代水轮机研制技术为国际首创，全空冷新型调相机技术国际领先。哈电机公司拥有在岗员工 3384 人，工程技术人员 1000 余人。哈电机公司下属科研机构哈尔滨大电机研究所是我国大电机、水轮机行业技术归口单位（图 1），是行业内水力发电设备国家重点实验室和国家水力发电设备工程技术研究中心等 17 个行业机构和组织的行政挂靠、依托和管理单位。哈电机公司荣获发电装备制造业首枚国家优质产品金牌奖和两枚银牌奖，2016 年，哈电机公司"精细过程、精品结果"的质量管理模式荣获第二届中国质量奖提名奖。哈电机公司已获国家级科技进步奖励 10 项，参与制造的三峡工程荣获 2019 年国家科技进步特等奖，近 10 年获得国家及省部级科技奖励 90 余次，如表 1、表 2 所示。

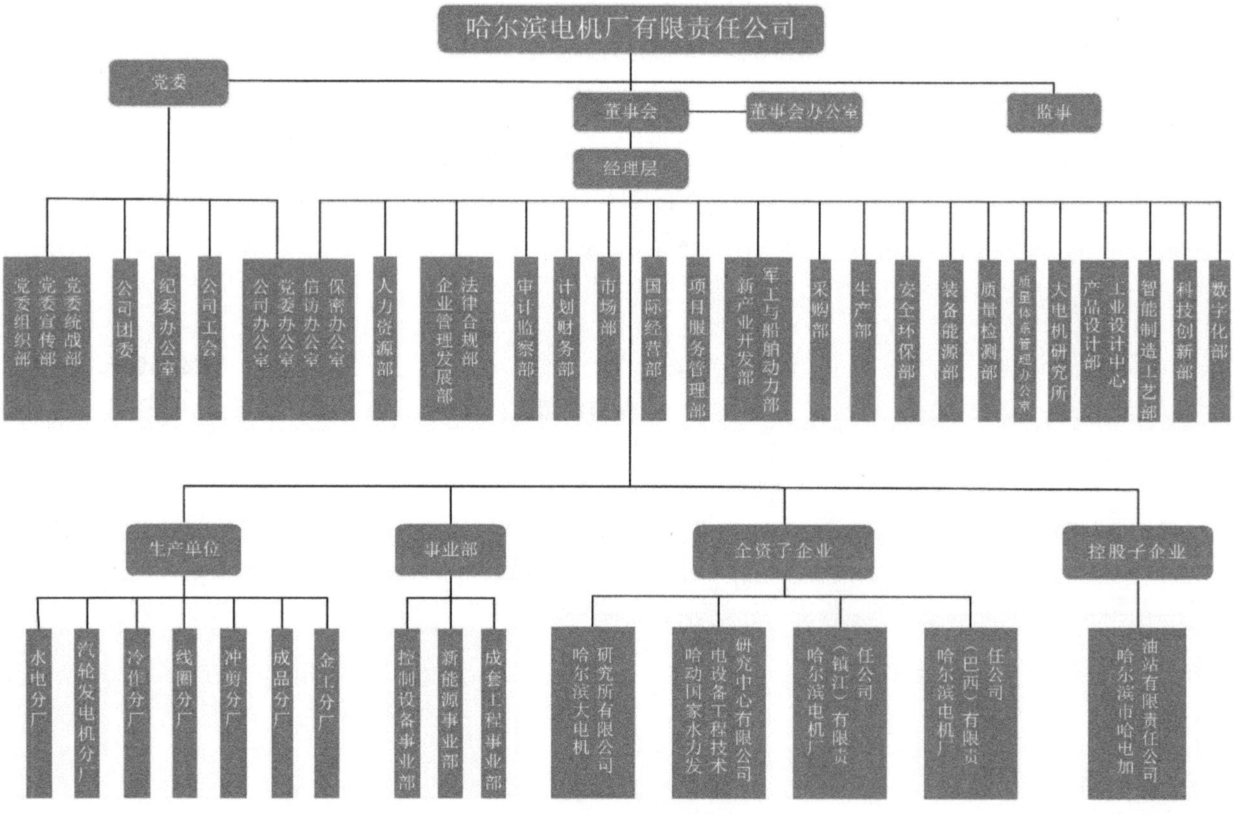

图 1　哈电机公司组织机构图

表 1　哈电机公司近几年获关键技术奖项情况

获奖时间	颁奖单位	奖项	等级	项目名称
2019 年	中华人民共和国国务院	国家科学技术进步奖	特等奖	长江三峡枢纽工程
2020 年	中国机械工业联合会	中国机械工业科学技术奖科技进步奖	特等奖	新一代大容量调相机研发及工程应用
2020 年	中国电力设备管理协会	2019 年全国电力行业设备管理创新成果奖	一等奖	溧阳变幅水头高稳定性抽水蓄能机组关键技术研究与应用
2021 年	中国工程院办公厅中国工程科技知识中心等	中国好设计	金奖	白鹤滩 1000 MW 水轮发电机组

表 2　哈电机公司近年来获质量奖项情况

获奖时间	奖项名称	颁奖单位
2011 年	2009–2010 年度全国质量工作先进单位	国家质量监督检验检疫总局
2014 年	全国机械工业群众性质量管理活动优秀企业	中国机械工业质量管理协会
2016 年	第二届中国质量奖提名奖	国家市场监督管理总局
2016 年	全国机械工业质量奖	中国机械工业质量管理协会
2018 年	国际质量管理小组大会荣获金奖	中国质量协会等 13 个国家与地区标准化协会
2018 年	裴永斌获 2017 年中国质量工匠（全国质量奖个人奖）	中国质量协会
2022 年	中国智能制造优秀场景	中国工业和信息化部
2023 年	黑龙江省质量标杆	黑龙江省工业和信息化厅
2023 年	2023 年全国质量标杆	中国质量协会
2023 年	2023 年实施卓越绩效先进组织	中国质量协会

二、实施背景

哈电机公司的质量管理体系起源于 20 世纪 50 年代，自 1978 年以电机分厂为试点在国内率先开展全面质量管理工作，其期间持续改进完善，于 1994 年通过 ISO9001 体系认证（图 2），目前质量管理体系已通过了 9 个再认证周期。

为全面规范哈电机公司质量管理体系制度文件，哈电机公司策划建立了以质量管理体系要求为基础框架的《制度汇编》，首版《制度汇编》囊括了质量管理制度、质量管理程序在内的 152 章制度和 264 项业务流程。在产品质量管控方面，建立产品质量管理项目经理负责制，质量管控由产品类管理向项目精品质量管理发展，建立“精品”质量管理导向，修订《质量奖惩》，加大精品产品的质量奖励力度，形成了“精细过程、精品结果”的精品管理方法并在重大工程项目中推进实施，并取得显著效果。2014 年 6 月 30 日，溪洛渡水电站最后 1 台机组并网发电、全面投入商业运行，同年 7 月，向家坝水电站 4 台机组全面投入商业运行，机组多项指标超过合同标准，并达到了三峡集团精品机组的标准，达到了世界领先水平，实现了台台创精品的目标。2016 年，哈电机公司“精细过程、精品结果”质量管理模式获得第二届中国质量奖提名奖，如图 3 所示。

2017 年，随着我国经济不断向高质量发展转变，顾客对于精品机组的需求日益提高，国家发电装备行业陆续经历核电产业重启、抽水蓄能产业大发展等新形势，哈电机公司根据发展战略定位，推进产品品质跃升势在必行。哈电机公司建立健全公司质量绩效等级考核机制和质量绩效奖励机制，制定并实施《质量绩效等级考核评价办法》，在薪酬分配中增加质量工资维度；开展产品品质提升工程，推进解决机组可靠性、稳定性以及影响哈电机公司未来发展战略关键因素，建立产品质量风险防范系统要求，全面推进“精品战略”落地实施。为独立自主打造大国重器，哈电机公司也在原有质量管理模式基础上守正创新，在对标一流、服务国家战略、响应用户需求等多项驱动下，逐步优化形成“一核四精双赋能”的精品质量管理模式，通过运行实施，取得了良好效果，并先后获得黑龙江省质量标杆、全国质量标杆、实施卓越绩效先进组织等荣誉。哈电机公司形成质量战略及系列文化理念如下。

质量愿景：创世界一流品牌。

质量战略：追求卓越以精制胜。

质量方针：精益求精、品质第一、服务至上、顾客满意。

质量行为准则：一次把事情做对。

质量文化核心理念：一切以顾客为中心。

图 2　公司 ISO9001 质量体系认证证书（国内首批）

图 3　第二届中国质量奖提名奖证书

三、实施过程

（一）典型经验策划与推进

哈电机公司创新实施了“一核四精双赋能”的系统管理方法，并将其根植、融入于顾客需求感知、产品研发设计、智能制造、销售服务及运行维护等产品全生命周期管控，通过构建研发制造数字化协同平台、供应链生态圈协同管理平台、运维服务智能化协同平台等 3 大数字化平台以及 CAPP、QFD、PLM 等工具平台，层层支撑，确保战略目标的实现，如图 4 所示。

图 4 哈电机公司“一核四精双赋能”精品质量管理模式图

（1）“一核”具体指“聚焦顾客提升质量”，是遵循于“一切以顾客为中心”的哈电特色质量文化的具体展现，并作为“一核四精双赋能”管理模式的核心。

（2）“四精”分别为：精心设计、精益制造、精准服务、精品工程，是“一核四精双赋能”管理模式的运行保障。

① 精心设计：设计是产品质量的灵魂，需要科学论证，从源头把好质量关，哈电机公司采用“两步法”落实落地。

② 精益制造：精益求精，哈电机公司致力于制造全流程至臻至善，运用“‘G-S-P-M-E’5 维保障”实现。

③ 精准服务：实施“一优一全”管理。

④ 精品工程：以服务国家战略、打造重大精品工程为目标，用精细过程保障精品结果。

（3）“双赋能”分别为：数智赋能和党建赋能，是“一核四精双赋能”管理模式的助推器。

（二）实践应用中的典型做法及特色亮点

1. 构建“一切以顾客为中心”的哈电特色的质量文化体系，文化引领质量提升

哈电机公司通过构建可持续性的质量文化建设总体规划，系统总结、提炼质量文化元素，以质量文化理念为着力点，以文化认知和文化实践两个方向为主线，致力于从理念、制度、行为和物质四个层面不断创新丰富哈电特色质量文化理念体系，强化全员对于质量文化理念的认知认同，并在思维方式、行为模式上得到贯彻落实，建立了具有哈电特色的质量文化体系。哈电机公司每年根据五年工作规划（图 5）制定本年度质量文化建设实施方案（图 6），不断丰富新时代质量文化内涵。编制《质量文化手册》（图 7），建立实现产品全过程的质量行为规范，重点关注主导产品的主件、主序和特殊过程，促进了产品实现过程的标准化和规范化（图 8）。深度感知用户走访、招投标、机组安装服务、运行维护等多个阶段中用户提出的普遍性和个性化需求，建立畅通的用户反馈响应渠道机制。每年 3 月 16 日，开展“3·16”质量日宣传教育活动（图 9），评选质量标兵、弘扬工匠精神、宣传精品理念、筑牢质量诚信。9 月份开展“质量月”活动（图 10），制定并实施“质量月”专项活动方案，组织开展系列宣传和质量提升活动，促进全员质量意识提升，营造“人人重视质量、人人追求质量、人人崇尚质量、人人关心质量”的良好质量文化氛围。

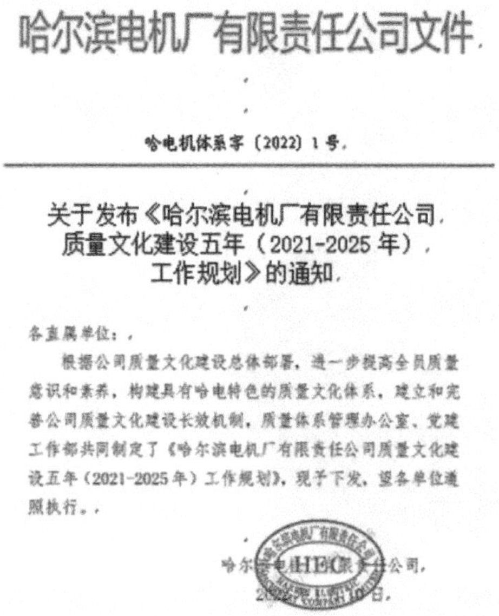

哈尔滨电机厂有限责任公司文件

哈电机体系字〔2022〕1号

关于发布《哈尔滨电机厂有限责任公司质量文化建设五年（2021-2025年）工作规划》的通知

各直属单位：

根据公司质量文化建设总体部署，进一步提高全员质量意识和素养，构建具有哈电特色的质量文化体系，建立和完善公司质量文化建设长效机制，质量体系管理办公室、党建工作部共同制定了《哈尔滨电机厂有限责任公司质量文化建设五年（2021-2025年）工作规划》，现予下发，望各单位遵照执行。

哈尔滨电机厂有限责任公司

2022年 日

图 5　质量文化建设五年工作规划

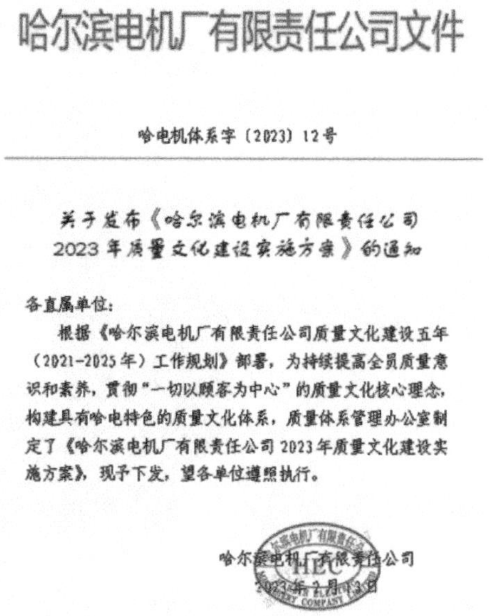

哈尔滨电机厂有限责任公司文件

哈电机体系字〔2023〕12号

关于发布《哈尔滨电机厂有限责任公司2023年质量文化建设实施方案》的通知

各直属单位：

根据《哈尔滨电机厂有限责任公司质量文化建设五年（2021-2025年）工作规划》部署，为持续提高全员质量意识和素养，贯彻“一切以顾客为中心”的质量文化核心理念，构建具有哈电特色的质量文化体系，质量体系管理办公室制定了《哈尔滨电机厂有限责任公司2023年质量文化建设实施方案》，现予下发，望各单位遵照执行。

哈尔滨电机厂有限责任公司

2023年2月13日

图 6　质量文化年度实施方案

图 7 《质量文化手册》及质量“红黑榜”

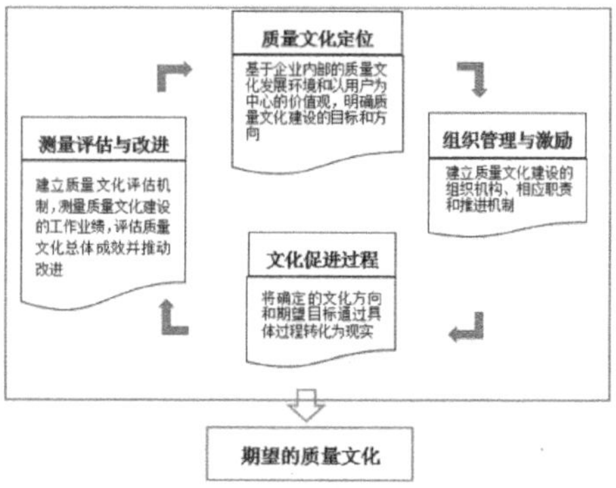

图 8　PDCA 模式工作框架

图 9 “3·16”质量大会图

图 10　质量知识竞赛

2. 加强质量技术领域原创性研究，创新驱动质量提升

哈电机公司对标国际先进企业，应对抽水蓄能大发展、核电项目重启等新形势，发挥中央企业主力军作用，全力推动抽水蓄能可变速机组及进口元器件国产化等关键技术方面突破壁垒。实施材料质量提升关键共性技术研发和应用验证，开展产业链与供应链联合质量攻关，推动新技术、新工艺、新材料的应用，完成大型蓄能机组磁轭锻件材料的研究与应用，提高材料质量稳定性和适用性水平的同时，掌握技术进步和产业发展主动权。推行产品技术“三化”和工艺验证，以 300 兆瓦、600 兆瓦汽轮发电机组和抽水蓄能机组为依托项目，实现产品标准化、系列化和模块化设计，模块化设计思想，促进产品质量管控的规范化和精益化。有效开展工艺验证，加大质量基础设施建设投入，配备工艺试验室及大型焊接操作平台，以及真空钎焊炉、埋弧自动焊接设备、可

程式盐雾试验箱等 20 余台先进设备，开展焊接工艺评定、焊材复检及熔焊、钎焊、表面防护工艺试验研究工作，有效保证产品本质质量。加强产学研合作，充分发挥国家级科技创新平台作用，与上下游企业建立联合研发平台，与高校、科研院所开展前沿性、基础性科研合作。哈电机公司承担或参与国家重大科技项目 20 余项；获国家级科技进步奖励 10 项，其中特等奖 2 项；累计有效发明专利 200 余项；参与制定、修订国际标准 2 项，国家标准 50 余项；“水力发电设备原创技术策源地”获批列入国资委首批技术策源地。

3. 创新开展“三级书记抓质量”特色质量管理工作，党建赋能质量提升

哈电机公司“三级书记抓质量”专项工作（图 11）是由哈电机公司党委书记为第一负责人，带领哈电机公司领导班子成员、各直属单位党组织书记、基层党组织书记齐抓共管提升质量的管理模式。哈电机公司坚持目标引领，确定“三级书记抓质量”工作总目标，贯彻“以顾客为关注焦点”的质量管理基本原则，坚持问题导向，以市场和用户评价的改善为出发点和落脚点，重点解决影响企业与市场、客户之间的整体性、系统性地突出问题，建立公司级书记、班子成员以及直属单位书记、班子成员的目标任务清单。哈电机公司党委设立“三级书记抓质量”办公室，建立例会制度（图 12），对各级目标任务清单完成情况进行验收评价，评价标准包括客户评价是否改善、群众评价是否提高、市场竞争力是否增强等，评价结果作为领导班子及个人业绩评价和薪酬兑现的重要维度之一，2022 年完成目标任务清单 90 余项，有效推动了水电机组运行稳定性能提升、提高核电产品主要部件自主化等关键问题的解决。将质量工作开展情况和表现纳入中层管理人员“日常表现台账”，结合专项调研、领导反馈、部门反馈、监察通报等方式录入日常表现 100 余项，职工反馈 130 项，涉及质量方面日常表现 20 余项，对干部进行精准质量“画像”，有效促进了各级领导人员在质量工作中的作用发挥，形成提升质量的最大合力。

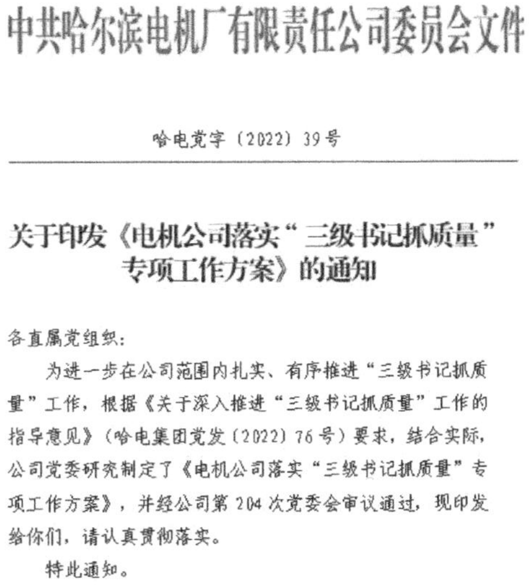
中共哈尔滨电机厂有限责任公司委员会文件

哈电党字〔2022〕39 号

关于印发《电机公司落实“三级书记抓质量”专项工作方案》的通知

各直属党组织：

为进一步在公司范围内扎实、有序推进“三级书记抓质量”工作，根据《关于深入推进“三级书记抓质量”工作的指导意见》（哈电集团党发〔2022〕76 号）要求，结合实际，公司党委研究制定了《电机公司落实“三级书记抓质量”专项工作方案》，并经公司第 204 次党委会审议通过，现印发给你们，请认真贯彻落实。

特此通知。

图 11 “三级书记抓质量”专项工作方案

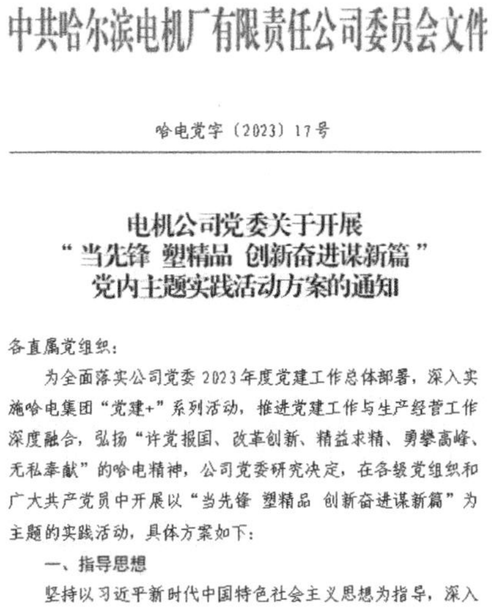
中共哈尔滨电机厂有限责任公司委员会文件

哈电党字〔2023〕17 号

电机公司党委关于开展“当先锋 塑精品 创新奋进谋新篇”党内主题实践活动方案的通知

各直属党组织：

为全面落实公司党委 2023 年度党建工作总体部署，深入实施哈电集团“党建+”系列活动，推进党建工作与生产经营工作深度融合，弘扬“许党报国、改革创新、精益求精、勇攀高峰、无私奉献”的哈电精神，公司党委研究决定，在各级党组织和广大共产党员中开展以“当先锋 塑精品 创新奋进谋新篇”为主题的实践活动，具体方案如下：

一、指导思想

坚持以习近平新时代中国特色社会主义思想为指导，深入

图 12 质量提升党内主题实践活动方案

4. 开展数智化技术研发及制造平台建设，打造数字化质量管控新业态

开展智能制造技术研发及智能工厂建设。通过搭建产品三维设计制造协同平台，实现主要产品三维数字模型及三维协同设计（图 13）；开展线圈、冲片、立体库数字化、智能化制造车间的建设，形成了智能叠片产线、全自动冲压产线和全自动冲片涂漆生产线，提高产品自动化、集成化、智能化制造水平，采用 2D+3D 视觉识别系统保证定位精度与冲片质量检测，良品率提升 20%；推进焊接机器人应用，建立实施智能化的焊机群控管理系统，对焊接过程中焊工状态、燃弧时间、焊接产品信息、实时焊接电流、电压等各项工艺参数实现实时、有效的控制和记录，实现焊接过程产品全数据的集中监控，提高生产制造敏捷度和精益性，推进基础制造工艺与质量管理、数字智能的深度融合，如图 14 ~ 图 17 所示。

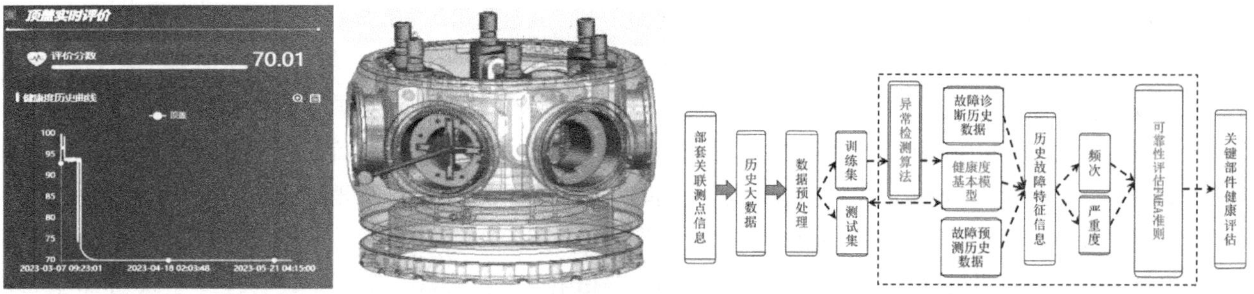

图 13　三维数字化设计、数字化仿真

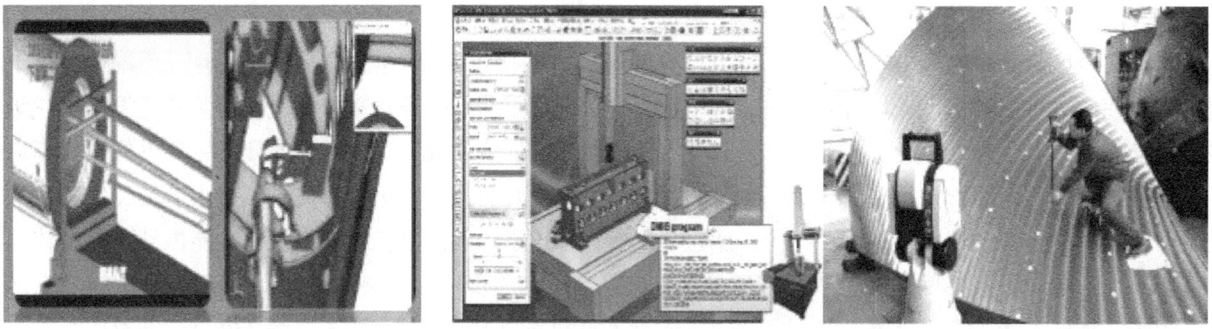

图 14　数字化工艺装配、数字化人因工程、数字化检测

图 15　定子冲片数字化产线、全自动冲压、涂漆生产线

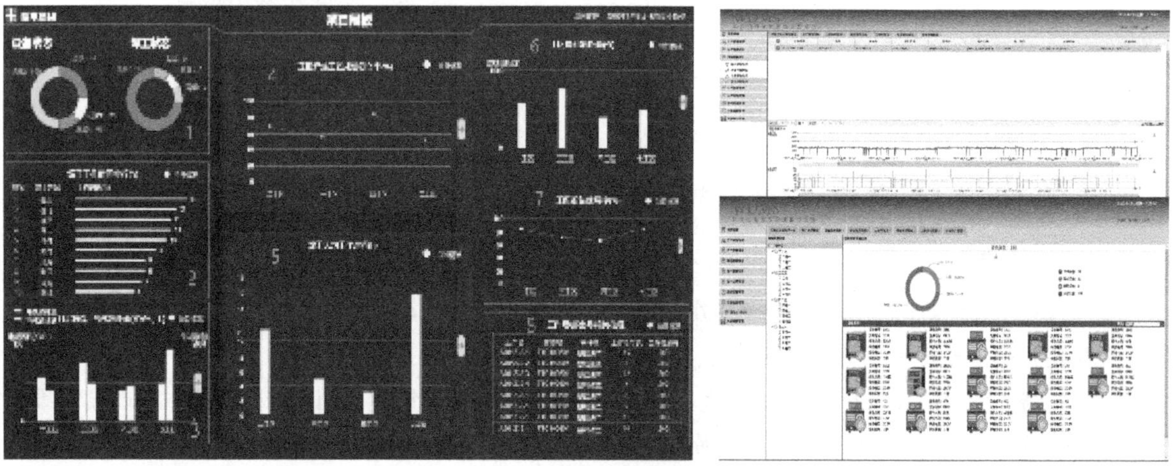

图 16　焊机群控管理系统及显示终端

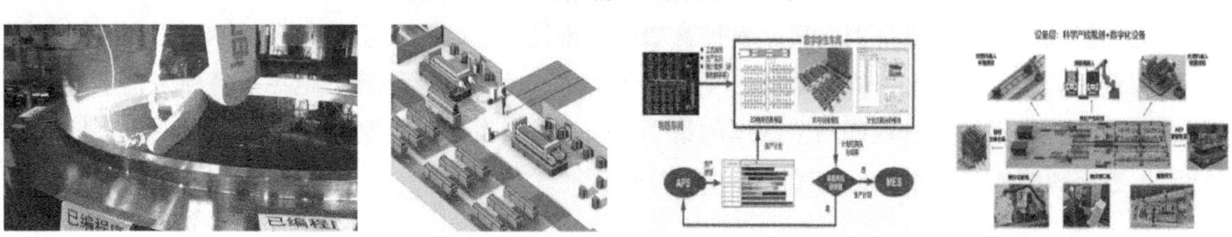

图 17　机器人焊接集中控制、管路焊接智能生产线、磁极装配焊接智能生产线

5. 实现产品全生命周期智慧服务，推动大数据与质量管理融合发展

借助声学和振动测量技术、高性能工业热成像系统、借助感应式位移传感器、超声波传感器、光纤测温、开环霍尔传感器等进行高端检测，基于 FMEA 准则对整机和部件建立健康模型，对健康度进行量化评估，将哈电特色的超级专家知识库与大数据分析、人工智能相结合，建立具有自主知识产权的电站智能运维服务系统，同时，采用三维交互方式，建立与实际机组相对应的虚拟机组并能够展示不同物理场分布情况，提升质量精准化控制和在线实时检测能力，通过实时数据显示机组的实时运行状态、故障与健康状态，并提供故障原因分析和处理措施，提高服务专业化、标准化、智能化水平，如图 18、图 19 所示。

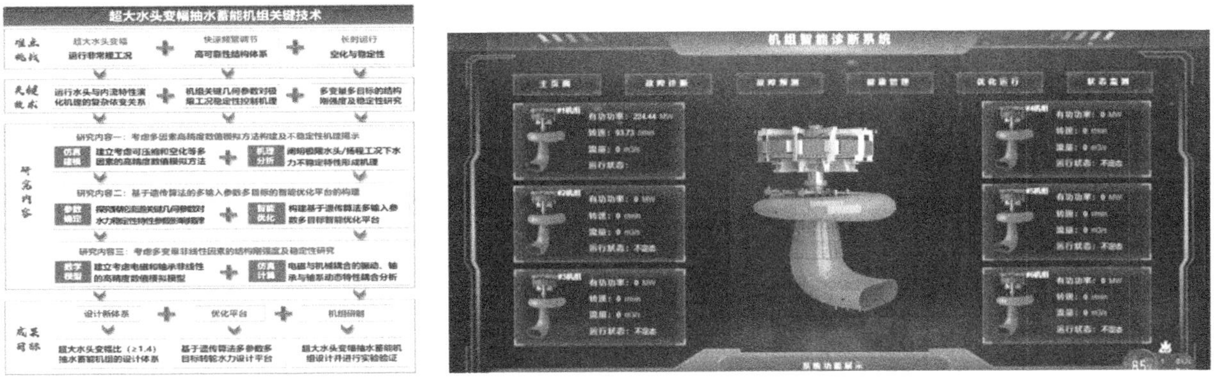

图 18　机组智能诊断技术路线及系统展示图

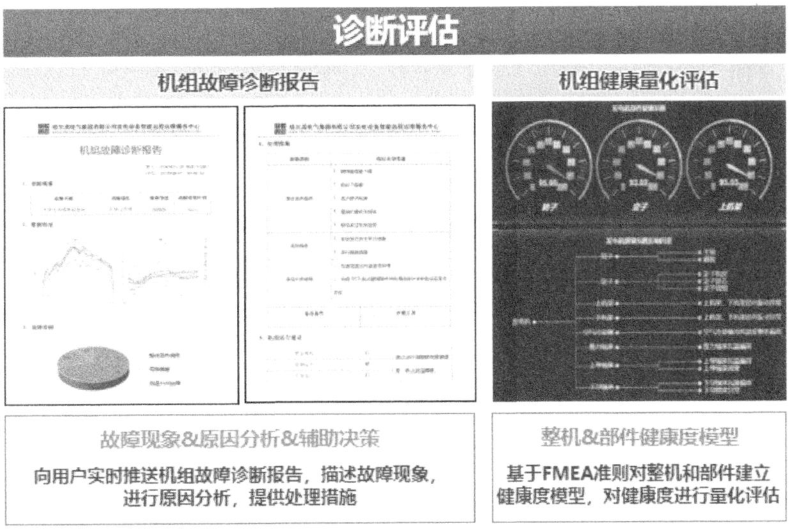

图 19　机组诊断评估信息

四、实施成效

（一）质量竞争力方面

2022 年，哈电机公司研制的白鹤滩最后一台机组顺利并网发电，性能指标优于国家标准要求，顺利实现了白鹤滩（图 20）右岸全部机组按期精品交付。2022 年全年 12 台抽水蓄能机组按期投产发电，实现各水头段机组运行全覆盖。阳江抽（图 21）水蓄能项目，所有调试试验工作全部一次通过，提前半年实现商业运行，综合技术水平国际领先。2023 年紧水滩 2 号机组正式投产发电，转子实现“零配重”，凤滩 3 号机组正式投入商业运行，实现全负荷安全稳定运行。2022 年度精品部实现率 99.63%，一次性加工、焊接、装配精品达标率稳步提高；年度综合顾客满意度达到 97.84%，如表 3 所示。

图 20　白鹤滩水电站
（世界单机容量最大水电机组）

图 21　阳江抽水蓄能机组
（单机 400 兆瓦、国内单机容量最大抽蓄机组）

表 3　近 3 年质量竞争力提升对比表

质量指标	2020 年	2021 年	2022 年	提升水平
设计差错下降率	15.8%	17.4%	19.6%	较稳定
生产效率	1.521149	1.92529	1. 967793	稳定增长
产品一次合格率	99.990%	99.993%	99.995%	稳定且均保持较高水平
投诉率	0	0	0	稳定
顾客满意度	93.15%	95.54%	97.84%	稳定提升

（二）经营效益方面

2022 年哈电机公司全年实现新签合同额同比增长 42.8%，利润总额增长 44%，全员劳动生产率同比提高 25.2%。哈电机公司攻克抽水蓄能行业制高点，获得额定水头世界最高 724 米、单机容量国内最大 425 兆瓦的天台项目；以绝对领先的技术优势，斩获转轮直径世界最大 7.95 米、单机容量亚洲最大 65 兆瓦的银江贯流式水轮发电机组项目，签订世界单机容量最大 50 万千瓦冲击式机组扎拉项目。哈电机公司市场竞争力、盈利能力及社会效益明显增强（图 22、图 23），实现了“以质量促发展、以质量赢市场、以质量增效益”的良性发展局面。

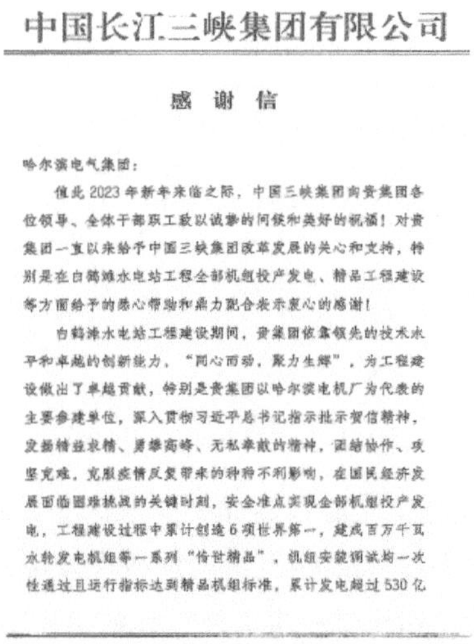

中国长江三峡集团有限公司

感　谢　信

哈尔滨电气集团：

值此 2023 年新年来临之际，中国三峡集团向贵集团各位领导、全体干部职工致以诚挚的问候和美好的祝福！对贵集团一直以来给予中国三峡集团改革发展的关心和支持，特别是在白鹤滩水电站工程全部机组投产发电、精品工程建设等方面给予的悉心帮助和鼎力配合表示衷心的感谢！

白鹤滩水电站工程建设期间，贵集团依靠领先的技术水平和卓越的创新能力，“同心而动，聚力生辉”，为工程建设做出了卓越贡献，特别是贵集团以哈尔滨电机厂为代表的主要参建单位，深入贯彻习近平总书记指示批示贺信精神，发扬精益求精、勇攀高峰、无私奉献的精神，团结协作、攻坚克难，克服疫情反复带来的种种不利影响，在国民经济发展面临困难挑战的关键时刻，安全准点实现全部机组投产发电，工程建设过程中累计创造 6 项世界第一，建成百万千瓦水轮发电机组等一系列“传世精品”，机组安装调试均一次性通过且运行指标达到精品机组标准，累计发电超过 530 亿

图 22　中国长江三峡集团有限公司感谢信

两河口建设管理局文件

两河口机电〔2022〕259 号

感谢信

哈尔滨电机厂有限责任公司：

两河口水电站是国家和四川省的战略能源项目，是我国高原地区装机和投资最大的水电站，是西部大开发优化能源供给侧结构性调整的战略工程，电站的建成对改善四川电网“丰裕枯缺”的结构性矛盾具有不可替代的作用，对四川省“一干多枝”发展战略、对成渝地区双城经济圈建设能源保障具有重要意义。2022 年 3 月，两河口水电站 1 号机组顺利完成 72 小时试运行，免检修、免维护、零缺陷转入商业运行。至此，两河口水电站 6 台机组全部投产发电，实现了工程既定目标，为实现“双碳”目标、保障

—1—

图 23　两河口建设管理局感谢信

（三）品牌认可方面

1. 品牌荣誉

哈电机公司商标为中国驰名商标（图 24），综合竞争实力基本达到世界先进水平，品牌知名度、美誉度、忠诚度持续提升，品牌竞争力、影响力（图 25）显著增强，品牌溢价能力不断提升，品牌拉动产业发展、提升企业价值作用显著，成为电力装备制造领域的世界知名品牌，2023 年，哈电机公司被评为国家创建世界一流专精特新示范企业，如图 26 所示。

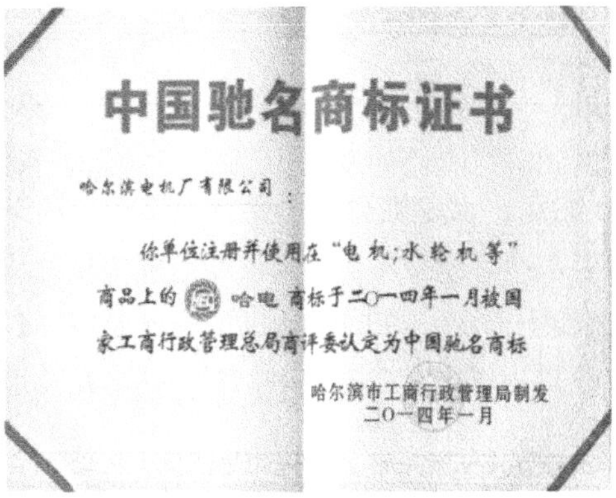

图 24　中国驰名商标证书

图 25　中国电器工业最具影响力品牌荣誉奖牌

图 26　哈电机公司获创建世界一流示范企业和专精特新示范企业称号

近年公司获得众多品牌荣誉，如表 4 所示。

表 4　获奖时间和品牌荣誉

获奖时间	品牌荣誉
1980 年	云峰水电站首台 100 兆瓦水轮发电机组荣获国家优质产品银牌奖
1986 年	葛洲坝 125 兆瓦水轮发电机组荣获国家优质产品金牌奖——我国发电设备首枚金奖
1990 年	太平湾水电站 47.5 兆瓦水轮发电机组荣获国家优质产品银牌奖
2006 年	公司注册的商标哈电被认定为黑龙江省著名商标
2011 年	被国家质量监督检验检疫总局评为 2009—2010 年度全国质量工作先进单位
2014 年	公司 30 万、60 万汽轮发电机组被评为用户满意产品
2014 年	公司注册的哈电商标荣获中国驰名商标称号
2016 年	第二届中国质量奖提名奖

续表

获奖时间	品牌荣誉
2016 年	中国机械工业质量奖
2019 年	依托长江三峡枢纽工程荣获国家科学技术进步奖特等奖
2021 年	被三峡建工集团授予《2021 年度质量工作先进单位》
2021 年	多个产品在年度电力行业火电机组能效水平对标中获得“5A”级最优机组荣誉
2022 年	公司水力发电设备荣获 2023 至 2025 年制造业单项冠军产品

2. 市场占有率

哈电机公司生产制造的水电机组容量从 0.8 兆瓦到 1000 兆瓦，水轮机类型主要有混流式、轴流式、贯流式、冲击式、大泵、水泵水轮机等，水轮发电机冷却方式有半水冷、全空冷等；汽轮发电机产品为从 3 兆瓦至 1100 兆瓦全系列产品。在国内电机厂中常规水电装机容量占比超过 1/2，在国内电机厂中火电装机容量占比超过 1/3；产品出口到 50 多个国家和地区。2022 年度国内水电主机市场占有率达到 60.7%，抽水蓄能市场占有率达到 62%。

五、总结

哈电机公司将以习近平新时代中国特色社会主义思想为指导，立足新发展阶段，完整、准确、全面贯彻新发展理念，构建新发展格局，深入实施质量强国战略，坚持以质取胜的生产经营战略，牢固树立质量第一意识，着力推动公司品牌建设和质量竞争力，打造技术、质量、管理创新策源地，培育形成具有引领力的质量卓越企业。

主要创造人：王　贵

参与创造人：袁美玲、史文卿

以无裂缝大坝建造为理念的特高拱坝质量管理创新与实践

中国三峡建工（集团）有限公司

一、企业及项目概况

中国三峡建工（集团）有限公司是中国长江三峡集团有限公司的二级子企业，由三峡集团最核心的水电开发建设业务发展而来，作为三峡集团大型水电工程开发建设实施主体，全面承接三峡集团国内外水电开发建设业务。三峡建工秉持“为国担当、为民造福”的三峡精神，认真践行国家和集团赋予的历史使命，扎实推进重点工程建设，加快核心业务战略布局。20 多年来，历经三峡、溪洛渡、向家坝、乌东德、白鹤滩、巴基斯坦卡洛特电站等全球大型水电工程建设管理和国内多个抽水蓄能电站开发建设，以及风电站、光伏电站、公共基础设施等工程项目的广泛参与，积累了丰富的项目投资、建设、管理经验。

乌东德水电站总装机容量 10200MW，多年平均年发电量 389.1×10^8 kW·h，装机规模国内第四、世界第七。挡水建筑物为混凝土双曲拱坝，最大坝高 270m，混凝土方量为 267×10^4 m^3。2020 年 6 月 28 日，习近平总书记对金沙江乌东德水电站首批机组投产发电作出重要指示，强调乌东德水电站是实施“西电东送”的国家重大工程，要坚持新发展理念，勇攀科技新高峰，高标准高质量完成后续工程建设任务，努力把乌东德水电站打造成精品工程，如图 1 所示。

图 1　乌东德水电站

二、质量管控难点

乌东德水电站坝址（图 2）特点为“高、陡、深”，整个工程建设核心内容为结构防裂，重点需要解决以下难题：高地震烈度及高泄量条件坝体结构安全设计，高陡深建基面爆破开挖稳定成型和拱肩岩溶斜井基础加固，干热河谷复杂气候条件与高陡坝基超强约束坝体结构防裂，宽高比小、坝段少边界条件影响混凝土连续高效均衡施工。

图 2　坝址区原状

三、质量管理理念

工程建设不仅要保证建设期的质量，还要考虑运行的长久安全。临时的项目管理要落实永久的项目运行，要做到建设质量与长久质量相融合，外在质量与实体质量相统一。因此，质量管理思维与理念也要从简单的质量管理向本质质量转变，在设计源头就考虑需解决的质量问题，从布置上、结构上、方案上入手，使施工、运行简单化、方便化、节约化，提高质量的可靠性、耐久性，最终保证综合效益的实现。

为此，乌东德建设部树立质量全周期、全过程管理的本质质量管理理念，贯穿勘探、设计、施工、运行各个生命周期，落实采购、运输、建设、运维各个过程环节，构建了“无缝大坝筑坝新理念”，其主要内涵如下。

（1）全生命期：强调从设计、施工到运行全过程的方案和措施设计、工程数据采集。

（2）集成化：强调基于管理活动的项目参与各方资源的最优整合，做到产学研用的良性循环，实现各方互利共赢。

（3）精细控制：采取一系列的智能控制技术，全面地搜集、整理、分析、展示、共享各类数据，保障了施工数据的及时性和真实性，促进了精细化施工和管理。

（4）预防为主：依托谨慎、客观、前瞻性的科研成果为上述要求的落实提供了支持，保证了数据的有效性和预见性，为工程质量和安全的预控提供保障。

（5）实时在线：通过集成一体化协同工作平台内智能化监测系统，实现了施工数据的实时、在线采集。

（6）仿真反馈：在施工数据实时、在线采集的基础上，实现全过程、全方位的仿真反演，做到及时预警预报、可知可控。

（7）个性化控制：特高拱坝结构复杂，温度、应力应变分布不均，必须对悬臂高度、通水冷却方案、灌浆时机等采取个性化控制。

无缝大坝建设的质量管理体系包括质量管理制度、质量管理机构、质量例会机制和考核激励等方面，如图 3 所示。

图 3　质量管理体系

四、质量管理创新与实践

（一）创新设计质量管理

乌东德坚持“大质量”管理，自工程筹建之初紧紧抓住“设计”这个“牛鼻子”，创新设计质量管理方式，不断以高标准的设计引领高质量建设。主要做法包括以下几点。

（1）限额设计实现多方共赢：首次在大型水电行业开展限额设计和优化设计考核（图 4、图 5），并按年实施考核和兑现奖励（以投资结余的 15% 作为奖励），鼓励设计单位基于全生命周期价值最大化不断开展最优化设计，推动设计单位不断研究出一系列既保证工程安全，又方便施工、经济实惠的设计方案，实现多方共赢。

（2）白图预审质量控制前移：创新采用“白图预审”管理，由设计单位先出白图送工地预审，参建各方结合现场情况提出优化建议，修改完善后再出施工蓝图。

图 4　设计工作年会

中国三峡建设管理有限公司乌东德工程建设部专题会议纪要

2019 年第 249 期

中国三峡建设管理有限公司乌东德工程建设部　　2019 年 11 月 10 日

乌东德水电站 2019 年限额设计优化设计考核工作专题会议纪要

乌东德水电站 2020 年限额设计、优化设计考核工作专题会议纪要

乌东德水电站 2021 年限额设计考核工作推进专题会议纪要

图 5　年度限额设计考核

（二）精准勘测和匠心设计

良好的拱坝坝基应该岩体完整均一、透水性小并具有足够的抗变形能力和承载能力。拱坝体形设计要充分适应地形地质条件、多孔口布置、大泄量、高地震烈度、快速施工等要求。主要做法包括以下几点。

（1）窄深河谷立体精准勘察：通过勘探布置新思路、“地质信息可视化采集”成套技术、“多源信息集成化管理”平台、长大裂隙搜索程序软件等方法，实现更加精准的地质勘探，如图 6 所示。

（2）建基面选择和优化设计：采用“双U型、斜坡过渡”，河床与两岸拱肩槽建基面间采取弧形轮廓衔接，既减少了开挖工程量，也降低了应力集中，如图7所示。

（3）结构体型选择和优化设计：采用“三步设计”方法，取消坝身导流底孔，横缝及廊道结构形式优化，坝肩不利结构面和岩溶斜井地质缺陷组合加固，坝趾区域增设锚索并结合扩大基础结构设计等方式方法，减小应力集中，降低开裂风险。

图6　现场勘查

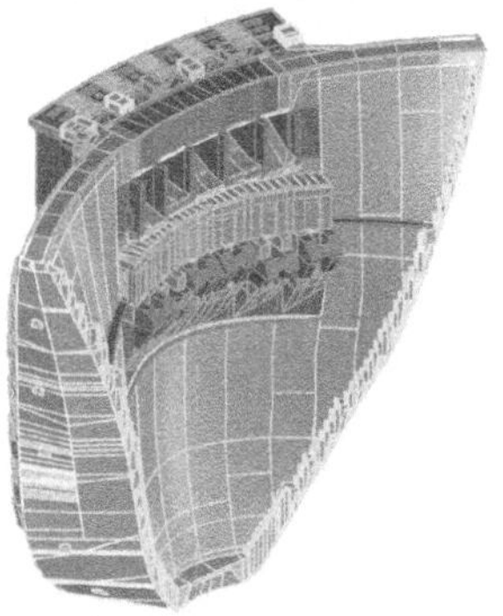

图7　混凝土双曲拱坝

（三）精选高抗裂筑坝材料

混凝土由水泥、砂石骨料、水、外加剂等组成。性能优良的人工骨料、水泥等原材料的稳定供应是保证大体积混凝土具有良好的耐久性及抗裂能力的先决条件。在原材料方面主要做法包括以下几点。

（1）精品骨料选择和保障：全面勘查对比，精选灰岩骨料；制定精品骨料十余项标准，严格控制关键指标；摸索骨料质控规律，改进工艺，提升品质，如图8所示。

（2）低热水泥混凝土筑坝：制定了适应水工特性的低热水泥技术标准；确立了工业化生产全过程控制要点和关键技术参数；研究揭示了低热水泥混凝土配制设计和性能，如图9所示。

（3）提升早期抗裂性材料：掺改性PVA纤维可有效提高混凝土早期抗裂性能；喷洒水分蒸发抑制剂缓解塑形干裂。

图8　砂石骨料料场

图9　低热混凝土筑坝

（四）构建精细爆破管控模式

建基岩体及抗力体的质量是控制拱坝结构变形安全、应力安全、抗滑稳定安全及地震动力安全的关键。为实现建基面成型精准，减少爆破对基础的影响，控制开挖卸荷变形：构建了“一个中心、四个支撑、三个支柱”精细爆破管理体系；建立了“精准预测、精心设计、精密监测、精确评估、精细反馈”管控模式；健全爆破质量管理制度体系，规范质量管理工作，如图 10～图 12 所示。

图 10　现场爆破作业

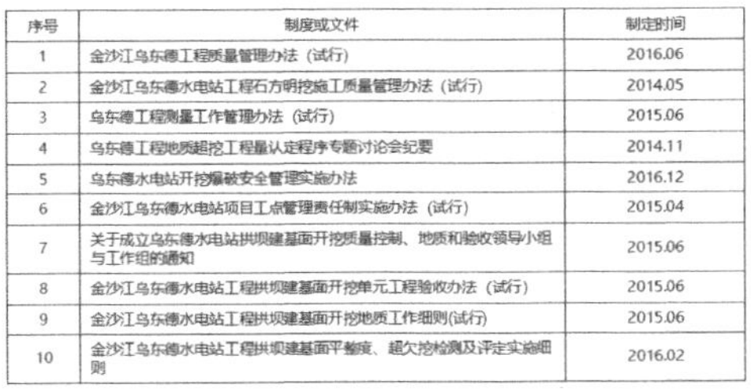

序号	制度或文件	制定时间
1	金沙江乌东德工程质量管理办法（试行）	2016.06
2	金沙江乌东德水电站工程石方明挖施工质量管理办法（试行）	2014.05
3	乌东德工程测量工作管理办法（试行）	2015.06
4	乌东德工程地质超挖工程量认定程序专题讨论会纪要	2014.11
5	乌东德水电站开挖爆破安全管理实施办法	2016.12
6	金沙江乌东德水电站项目工点管理责任制实施办法（试行）	2015.04
7	关于成立乌东德水电站拱坝建基面开挖质量控制、地质和验收领导小组与工作组的通知	2015.06
8	金沙江乌东德水电站工程拱坝建基面开挖单元工程验收办法（试行）	2015.06
9	金沙江乌东德水电站工程拱坝建基面开挖地质工作细则(试行)	2015.06
10	金沙江乌东德水电站工程拱坝建基面平整度、超欠挖检测及评定实施细则	2016.02

图 11　开挖管理制度

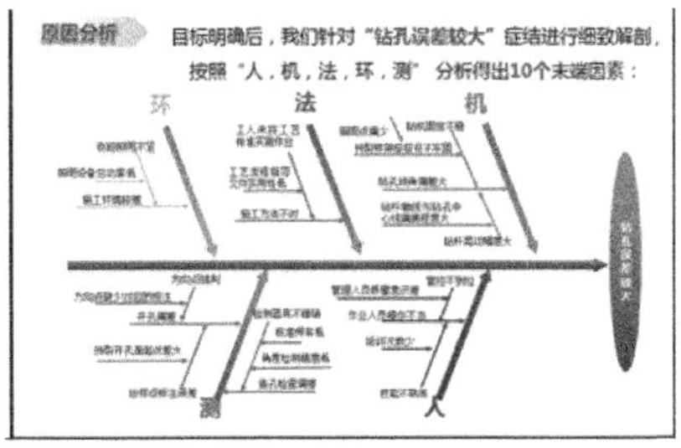

图 12　QC 小组活动

（五）革新无盖重固灌工艺

研究提出了“表封闭、浅加密、深提压、严监控、少引管”的高拱坝全坝基无盖重固结灌浆成套技术，消除无盖重固灌质量管控痛点及有盖重固灌易使坝体开裂难题，高质量开展坝基加固兼顾坝体防裂，如图 13 所示。

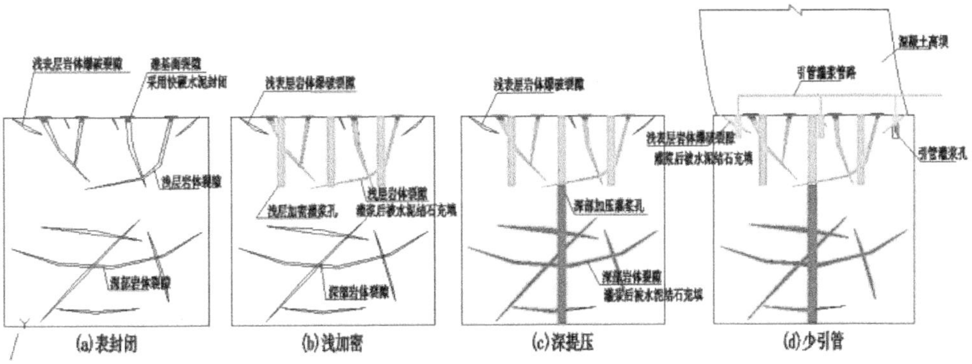

图 13　无盖重固结灌浆

（六）混凝土施工精益管控

若在拌和、运输、平仓、振捣、养护和表面保护等环节未能重视和严格控制，可能导致浇筑块在施工期就产生裂缝。在混凝土施工方面主要做法包括以下几点。

（1）确立“质量优质、本质安全、成本节约、进度受控”的精品工程建设目标（图 14）。

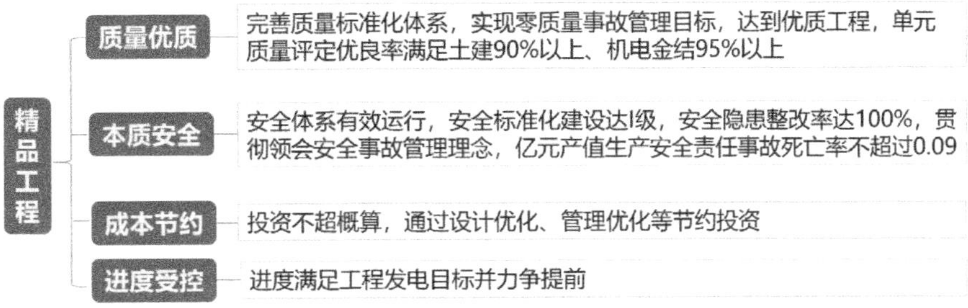

图 14　精品工程建设目标

（2）精谋资源、工艺和技术保障，提早谋划混凝土转序工作。从施工组织、工艺、方案、风险辨识、资源等各个方面提前研究准备（图 15、图 16）。

图 15　大坝首仓备仓

图 16　大坝混凝土开浇

（3）试验引路工艺摸索，验证三大系统运行状态及混凝土施工工艺。主要通过增设大坝混凝土试验仓，开展浇筑工艺试验，摸索确定工艺参数（图 17、图 18）。

图 17　长胶线

图 18　970 拌和系统

（4）打造精益专项工作组，高效处理“急、难、险、重”问题。成立了混凝土浇筑效率提升、温控、灌浆、缆机运行等工作小组（图 19）。

图 19　专项工作组现场工作

（5）制度先行，明确管理职责与要求，让管理工作有章可循。制定并严格执行多项质量管理制度和三峡标准，对工程进行全方位、全过程的质量监督和控制（图 20）。

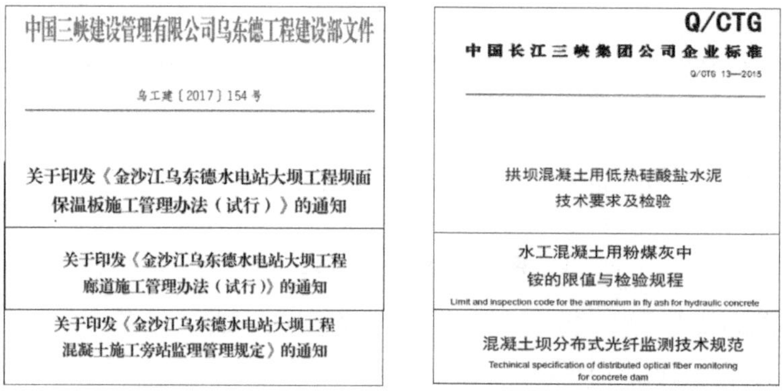

中国三峡建设管理有限公司乌东德工程建设部文件

乌工建〔2017〕154号

关于印发《金沙江乌东德水电站大坝工程坝面保温板施工管理办法（试行）》的通知

关于印发《金沙江乌东德水电站大坝工程廊道施工管理办法（试行）》的通知

关于印发《金沙江乌东德水电站大坝工程混凝土施工旁站监理管理规定》的通知

Q/CTG

中国长江三峡集团公司企业标准

Q/CTG 13—2015

拱坝混凝土用低热硅酸盐水泥技术要求及检验

水工混凝土用粉煤灰中铵的限值与检验规程

Limit and inspection code for the ammonium in fly ash for hydraulic concrete

混凝土坝分布式光纤监测技术规范

Techinical specification of distributed optical fiber monitoring for concrete dam

图 20　质量管理制度

（6）混凝土浇筑“一仓一设计、一仓一总结”，持续不断提升浇筑质量。对仓面设计执行联合审查，特殊部位联合验收，并根据现场实时情况动态调整仓面设计（图 21、图 22）。

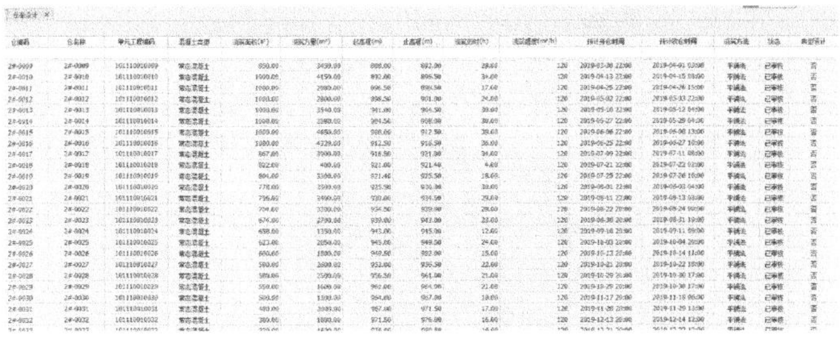

图 21 “一仓一设计”页面

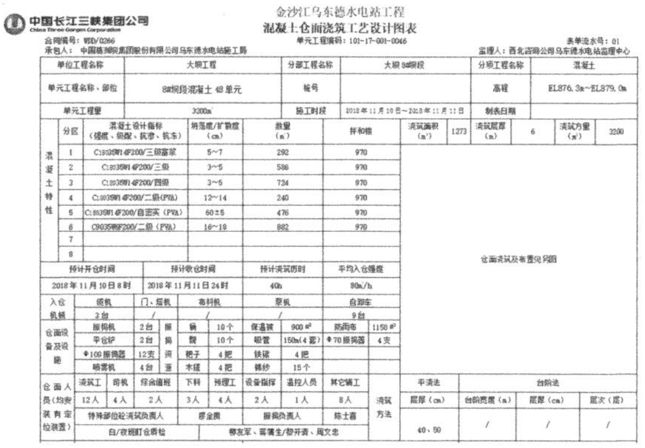

中国长江三峡集团公司 China Three Gorges Corporation

金沙江乌东德水电站工程

混凝土仓面浇筑工艺设计图表

合同编号：WDD/0266　单元工程编码：101-17-001-0046　表单流水号：01

承包人：中国葛洲坝集团股份有限公司乌东德水电站施工局　监理人：西北咨询公司乌东德水电站监理中心

单位工程名称	大坝工程	分部工程名称	大坝8#坝段	分项工程名称	混凝土
单元工程名称、部位	8#坝段混凝土48单元	桩号		高程	EL876.3m~EL879.0m
单元工程量	3200m³	施工时段	2018年11月10日~2018年11月11日	制表日期	

分区	混凝土设计指标（强度、级配、抗渗、抗冻）	坍落度/扩散度（cm）	数量（m³）	拌和楼
1	C18035W14F200/三级富浆	5~7	292	970
2	C18035W14F200/三级	3~5	586	970
3	C18035W14F200/四级	3~5	724	970
4	C18035W14F200/二级(PVA)	12~14	240	970
5	C18035W14F200/自密实（PVA）	60±5	476	970
6	C9035W8F200/二级（PVA）	16~18	882	970
7				
8				

浇筑面积（m²）1273　浇筑层厚（m）6　浇筑方量（m³）3200

预计开仓时间	预计收仓时间	预计浇筑历时	平均入仓强度
2018年11月10日8时	2018年11月11日24时	40h	80m³/h

仓面浇筑及布置见另图

入仓机械	缆机	门、塔机	布料机	泵机	自卸车
	3台	/	/	/	9台

仓面设备及设施：振捣机 2台；平仓铲 2台；Φ100振捣器 12支；喷雾机 4台；锹 10个；耙 10个；耙子 4把；木槌 4把；保温被 900m²；吸管 150m(4套)；铁锹 4把；棉纱 15个；防雨布 1150m²；Φ70振捣器 4支

仓面人员（均安装有定位装置）：浇筑工 12人；司机 4人；综合值班 2人；下料 3人；预埋工 4人；设备指挥 2人；温控人员 1人；其它辅工 8人

特殊部位砼浇筑负责人 廖全贵　振捣负责人 陈士喜

白/夜班盯仓质检　鄢友军、蒋清生/黎开清、周文忠

浇筑方法：平浇法 层厚（cm）40、50；台阶法 台阶宽度（m）/ 层厚（cm）/ 层次（层）/

图 22 混凝土浇筑工艺设计图表

（7）开展创样板、评样板、树样板、学样板、推样板等活动。学习交流、借鉴、固化、推广先进的工艺、工法（图 23、图 24）。

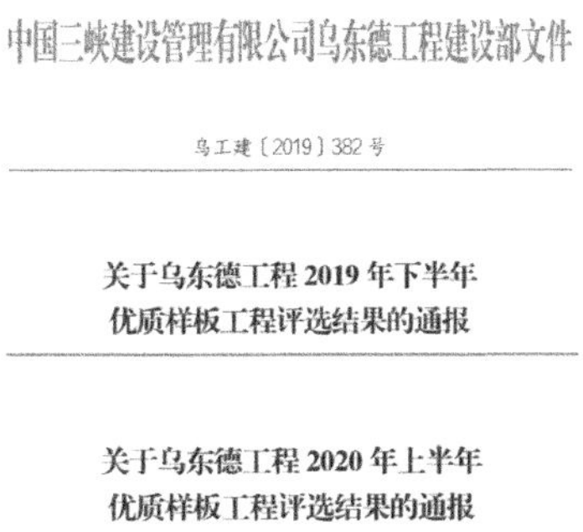

中国三峡建设管理有限公司乌东德工程建设部文件

乌工建〔2019〕382号

关于乌东德工程2019年下半年优质样板工程评选结果的通报

关于乌东德工程2020年上半年优质样板工程评选结果的通报

图 23 优质样板工程评选

图 24 样板仓观摩学习活动

（8）设计面向混凝土施工的标准化流程与配套表格，实现工艺标准化、管理流程化。涵盖了开挖、支护、混凝土、灌浆、金属结构、安全监测、试验检测等专业在内的专业管理流程和 2400 多张标准化表格（图 25）。

（9）提出并实践“一浇、二验、二备”和“纵向动态跳仓”方法。采用间歇期、坝段高差、悬臂高度三者联控联调方法，结合进度仿真分析系统及资源投入情况，合理进行跳仓跳块规划（图 26）。

图 25 大型水电工程项目管理流程与表格

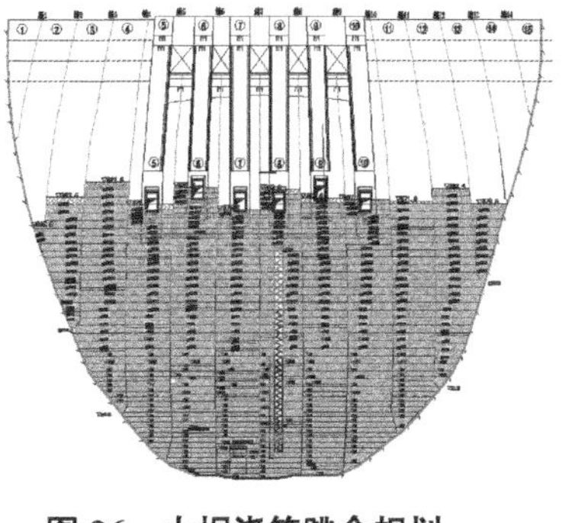

图 26 大坝浇筑跳仓规划

（10）规范特殊情况（恶劣气候、温度异常等）浇筑管理程序，设计并实践预警机制及浇筑过程异常快速反应处理流程。

（七）工艺优化高效过孔口

大坝中孔区域涉及钢衬吊装、弧门及埋件安装、环形锚索施工等，施工难度大且与混凝土交叉，作业干扰大，可能影响间歇期导致仓面混凝土开裂，各坝段高差控制超标等问题，如图 27 所示。

通过全面优化安装程序、施工工艺和方法，加快中孔钢衬、锚索、牛腿等施工进度，减少占用缆机和直线工期，缩短间歇期，确保坝体混凝土的均衡、快速上升，如图 28 所示。

图 27　大坝中孔区域施工

图 28　中孔钢衬吊装

（八）智能化设备实现精细化质量管控

传统的使用人工完成的作业存在效率低、精度低、可靠性低、主观判断错误、成本高等缺点。我们通过将设备、传感器、软件系统进行有机结合，实现智能化自动化运行，解决传统质量管控痛点，实现质量精细化管控，具体做法包括以下几点。

（1）智能灌浆装备 IGC 和管理平台 IGM：自主研发了集灌浆工艺智能控制、自动配浆、压力自动调整、灌浆参数实时感知传输为一体的水泥灌浆智能控制成套装备和可视化数字化分析灌浆管理云平台，实现隐蔽工程灌浆作业智能化、可视化（图 29、图 30）。

图 29　智能灌浆设备

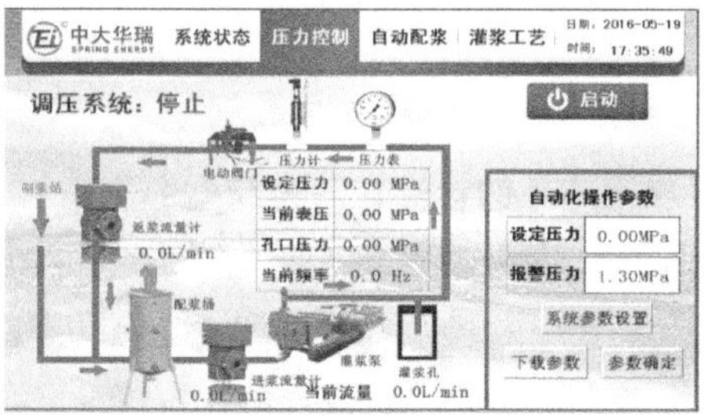

图 30　智能灌浆系统界面

（2）温控智能化防裂装备和控制系统：红外热成像远距离测温实现机口和浇筑温度高精度非接触式实时连续监测；坝体分布式光纤测温全面反映坝体内部温度时空分布；廊道温度－湿度－风速监测，实时在线监测廊道内小气候变化；保温质量视觉 AI 智能巡检方法及预警系统，实现保温被、聚氨酯智能巡视检查；仓面环境智能喷雾恒温装备及系统，实现喷雾机智能运行（图 31）；集成式智能通水装备和控制系统（图 32），实现冷却通水全过程智能控制以及温控信息实时查询。

图 31　智能喷雾设备

图 32　智能通水设备

（3）混凝土浇筑闭环智能管控装备：从拌和到浇筑机械群工作状态智能感知，集成了融合定位模块八类监控终端，实现多作业面连续实时定位；施工全工艺链智能化分析技术，实现一条龙效率精准评价、振捣质量定量化评价及异常环节快速定位；建立缆机非标条件运行准则，规避潜在风险实现其高效运行，如图 33 所示。

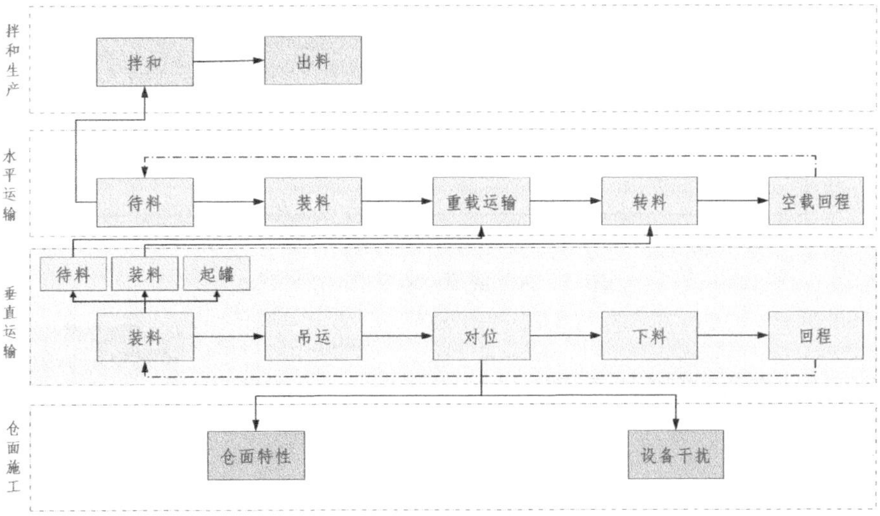

图 33　混凝土浇筑闭环智能管控

（九）数字化转型协同质量管理创新

面对特高拱坝建设环境复杂、条件变化、资源流动、结构转换、性态调整等技术与管理挑战，通过产学研用协同创新现代坝工技术，并与当代通信技术、信息技术及数据技术相结合，开发工程建设全过程数字化、智能化技术，构建智能建造管理平台，使数据传递更加广泛快捷，工程决策更加科学及时，项目管理水平和效率显著提升。主要做法包括以下几点。

（1）BIM 中心及 BIM+ 应用工具：实现大坝工程设计、施工、监测资料与成果的集成管理，形成工程大数据中心，并可以此为基础开展大坝建设过程中的综合进度、质量、安全分析，如图 34 所示。

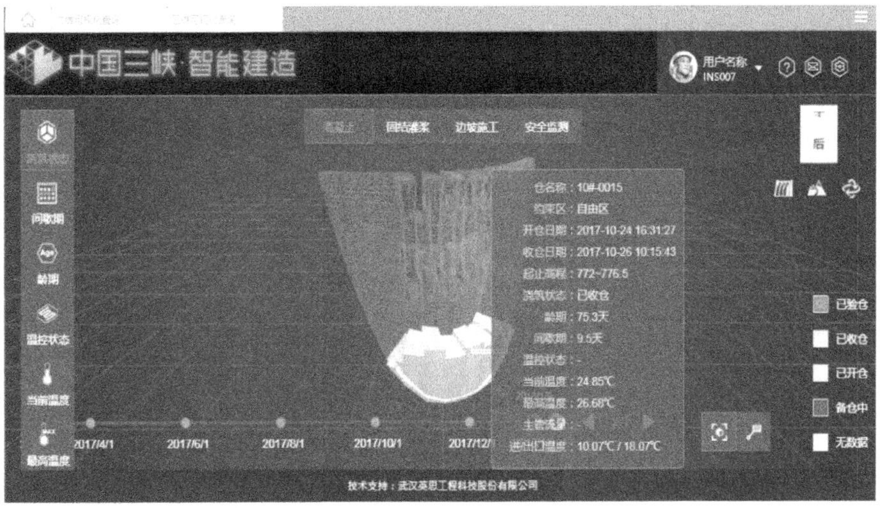

图 34　大坝全景信息模型（DIM）

（2）施工工艺过程数字化管理：从开挖、混凝土浇筑、灌浆等工程技术服务各工序成果进行全面采集、集成分析与展示应用，实现施工工序一条龙分析与管控，如图 35、图 36 所示。

大坝浇筑一条龙效率统计

周 月份 季度 年 时间段 配置

2019年05月 ☐第一周 ☑第二周 ☐第三周 ☐第四周

PDF Word 输出

大坝浇筑一条龙效率统计

(2019.5.13-5.19)

浇筑仓号	缆机配置	开仓时间	收仓时间	浇筑历时(h)	平均单循环用时(min)						平均强度(罐/小时)	备注
					装料	调运	对位	卸料	回程	合计		
3#-0029	1#,2#	2019/05/14 12:54:30	2019/05/15 17:34:33	28.7	1.75	1.54	1.46	0.27	1.52	6.54	9.17	
5#-0052	1#,2#	2019/05/15 20:27:01	2019/05/17 01:32:33	29.1	1.93	1.59	1.66	0.41	1.65	7.24	8.29	
12#-0037	1#,2#	2019/05/13 21:22:36	2019/05/14 12:55:08	15.5	2.23	0.93	1.09	0.24	1.32	5.81	10.33	
14#-0009	1#,2#	2019/05/18 11:17:47	2019/05/19 23:02:44	35.7	2.21	1.09	1.06	0.23	1.4	5.99	10.02	

图 35 大坝浇筑一条龙效率统计表

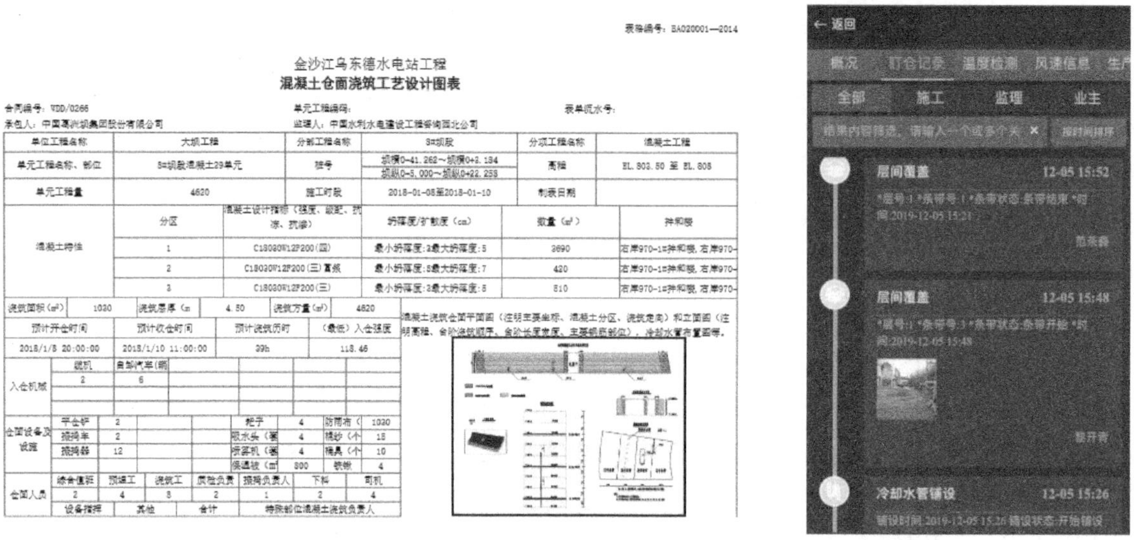

图 36 全过程数字化管理

（3）专业业务数字化管理：构建了标准化建设管理、质量管理、安全监测、试验检测管理、测量管理、监理工作管理等可独立运行的专业化系统，如图 37 所示。

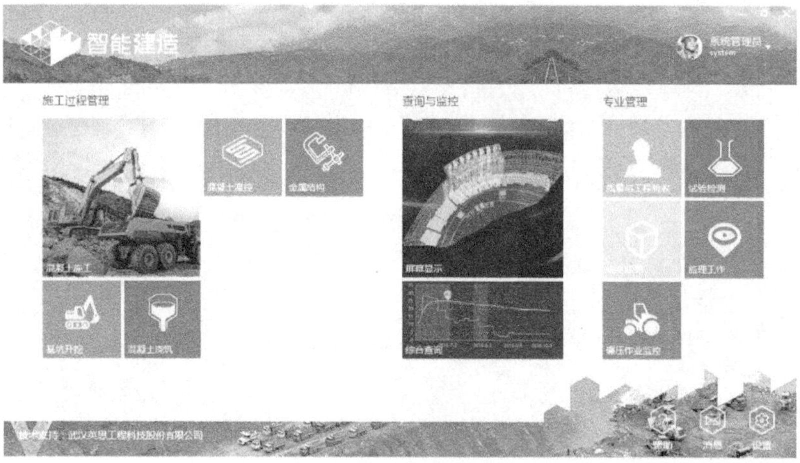

图 37 专业化系统

（4）全生命期孪生仿真分析：多维多要素施工进度仿真（图 38），开展进度对比、分析、预测，并提出纠偏和优化建议。全生命期结构性态孪生仿真（图 39），针对施工及蓄水过程中可能的质量和安全问题，首次系统地提出了 29 项风险因子，制定了相应的防控标准和策略。

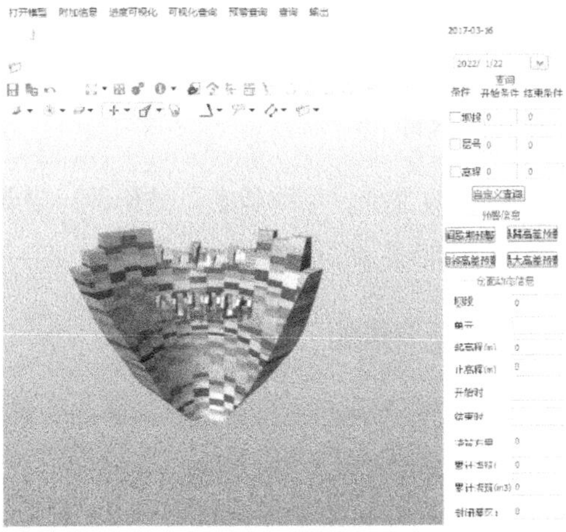

图 38　进度仿真

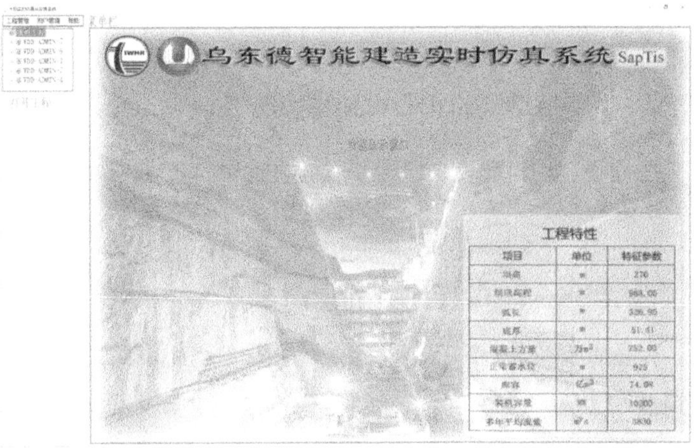

图 39　结构性态仿真

（5）协同工作平台 iDam2.0：是一个产学研用集成协同的共享工作平台，基于平台实现生产科研设计一体化协同管理与决策，实现参加各方协同管理，如图 40 所示。

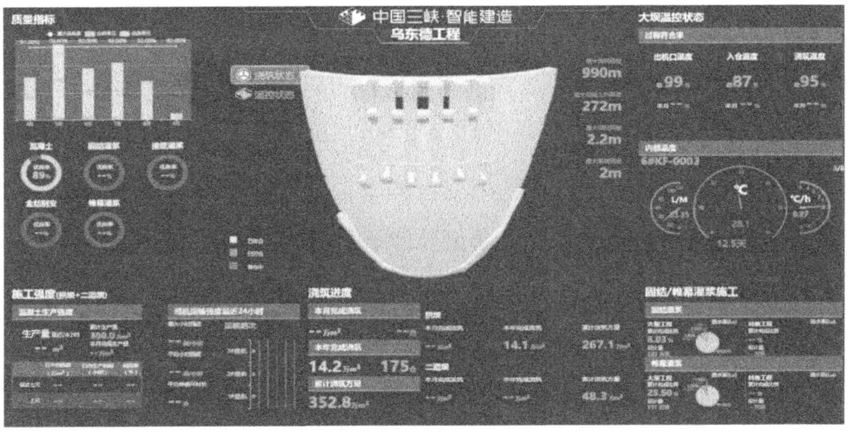

图 40　协同工作平台 iDam2.0

（6）混凝土单元质量数字验评系统：聚焦工程单元（工艺）验收，建立标准化质量参数、表格、流程及验收评定规则，实现单元质量自动评价和关键质量指标统计分析，与人员定位相结合，达到“实地、实据、实时、实物”验收，如图 41 所示。

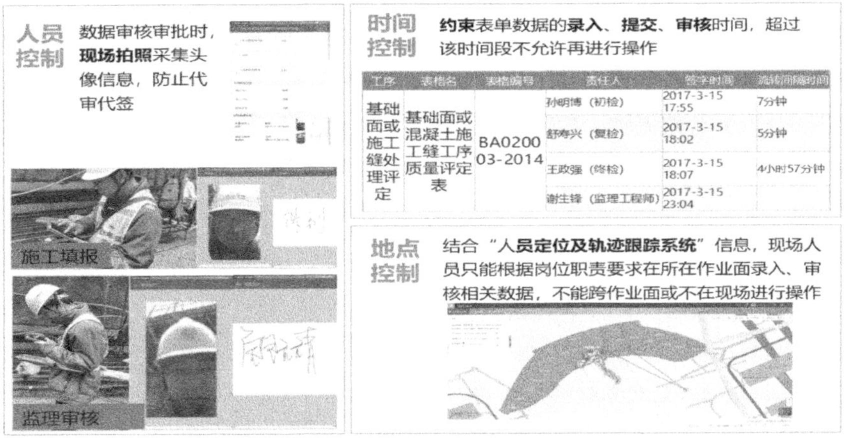

图 41　混凝土单元质量数字验评系统

五、实践成果

（一）精准勘察和匠心设计源头防裂，为无缝大坝建设提供技术支撑

提升了大坝整体安全性能，有效推动了特高拱坝勘察、设计理论体系的进步。仅取消底孔结构设计创新，就节省混凝土 3×10^4 m^3、金结 1100t，简化坝体结构助力高效连续施工，消除孔洞应力集中开裂风险。

（二）低热水泥材料创新提升抗裂安全，化解强约束和复杂结构开裂风险

高品质精品骨料选择、工艺质量保障措施及低热水泥混凝土的应用，使得坝体具有低温升、微膨胀、高抗裂特性等特征。270×10^4 m^3 混凝土（907 仓）最高温度符合率 99.6%，居同类工程之首。出机口温度由 7℃提升至 12℃ ~ 16℃，基础约束区最高温度仍超出 3.11℃，脱离基础约束区域最高温度超出 5.73℃。应用掺 PVA 混凝土和水分蒸发抑制剂，缓解干热、大风情况塑形开裂风险。

（三）问题导向施工工艺改进与创新，化解同类工程基础约束区开裂风险

精细爆破工艺创新，弱化爆破有害效应，降低岩体卸荷松弛，平均超挖 7.1cm，无欠挖，平均平整度 5.51cm，单元优良率 98.2%。厚升层及双向跳仓方法，最大升层达到 6.2m，功效提高 5% ~ 10%，混凝土损耗降低 3.3%。裸岩无盖重固结灌浆，最大灌浆压力 2.5MPa，灌后压水检查和声波测试合格率 100%，基岩 0 ~ 3m 灌后声波值提高率 8% ~ 15%，3m ~ 13m 灌后声波值提高率 3% ~ 5%，表层低波速区占比由 34.46% 降到 3.06%，提高灌浆工效，40d 完成坝基固结灌浆。

（四）核心工艺智能化控制装备创新，精细化控制确保质量消除开裂风险

水泥灌浆智能控制装备，实现灌浆阳光化，用水量降低 20%，水泥损耗量降低 15%，用工减少 20%。智能温控成套装备，降温合格率 97.8% 以上，居同类工程之首；智能喷雾降低仓面温度 10 ~ 16℃，工效提升 3 倍，雾化效果好，无降水积水，高质量维持仓面温度恒定；智能通水，精准实现小梯度慢冷却精准控制，节水 31.3%；浇筑协同管控装备，保证坝体均衡连续施工，大坝提前 2 月全线到顶，创造单台缆机月浇筑最高 6.9×10^4 m^3、月平均最大上升 10.29m、单坝段年最大上升 122m 施工记录；克服雷暴、降雨、强风等不利环境，缆机运行实现“零事故”。

（五）全过程精细化、数字化管理创新，提升管理水平协同闭环管控抗裂

借助精细化管控、现代化管理理念，消除人员、设备、环境、管理等可变因素带来的不确定性，解决工程建设中计划与调度优化、施工干扰等系列关键技术问题，破解多阶段、多专业、多履约主体的流程、工艺和绩效管理等问题，达到工程数据有效流转、参建各方协同管理，满足大坝数字建设、精细管理、坝体防裂需求。

主要创造人：杨　宁
参与创造人：林　星、乔　雨

“双碳”背景下供应商“云体检”机制的构建与应用

国网物资有限公司

设备是电网安全稳定运行的物质基础，国家电网有限公司始终高度重视采购设备质量监督管理，在“双碳”背景下，加快数字化转型，开展供应商“云体检”，着力提升采购设备质量，推动建设“质量强网”。经过多年的创新实践，形成了具有国网特色的供应商“云体检”理论和实践，具体情况如下。

一、基本情况

国网物资有限公司（以下简称国网物资）成立于2012年2月9日，注册资本金10亿元，是国家电网有限公司全资子公司，定位为国家电网有限公司总部集中招标代理平台和重大工程物资供应服务的专业机构，服务国家电网有限公司物资管理，为电网建设、生产运行和经营管理提供招标代理和物资供应服务，国网物资是中国招标投标协会理事单位，先后被评为招标代理机构诚信创优5A级先进单位、招标代理机构信用评价最高级AAA级企业、全国优秀采购代理机构、推动行业发展贡献单位等荣誉称号。

2023年，国网物资加快绿色现代数智供应链建设，提出持续强化供应商资质能力核实，实现核实“三个全覆盖”，对核实工作提出更高要求。国网物资立足“质量强网”战略基点，坚持“质量第一、效益优先”理念，在“双碳”背景下，加快数字化转型，充分运用数字化、网络化、信息化等手段，依托现代智慧供应链“五E一中心”建设成果，全方位开展供应商“云体检”，全力构建供应商全量数据信息库，着力提升设备质量水平，保障电网安全稳定运行。

二、“云体检”体系内涵与目标

（一）核心内涵

供应商“云体检”机制是对供应商的资质、业绩等信息及现场生产情况进行核实确认的一项活动，是加强供应商产品源头质量管控的重要措施。通过数据结构化归集和内部业绩自动获取，基于国家电网有限公司电子商务平台（ECP）对供应商的资质、业绩、生产、试验等情况进行“体检”，生成量化可视的核实结果信息，打造数据化支撑、网络化共享、智能化应用的信息核实新模式。

按照“统一组织、远程异地、在线互动、核后追溯”的工作思路，落实“体检制”要求，供应商“云体检”创新了核实模式，建立“文件核实批次化，现场复查常态化”的工作机制。文件核实采取远程在线核实方式，对全部申请供应商开展在线“体检”。“云体检”主要内容包括供应商的基本信息、财务信息、生产试验设备、产品业绩的证明文件，相关试验报告和证书，以及供应商的生产现场实际情况及其生产能力，如生产制造能力、试验检测能力、原材料管理能力等。

（二）体系目标

通过创新体制机制，优化模式策略，健全标准规范，贯通数据链路等新举措，提高质量源头管控能力，提升设备质量供给水平，实现电网公司和供应商双方管理降本增效，采购设备质量和电网运行安全双提升，实现推动产业链供应链高质量发展的目标。

保障电网安全运行。保障大电网安全是国网物资各项工作的重中之重，设备质量是电网安全的重要物质基础。通过供应商“云体检”，全面了解潜在供应商是否具备生产合格产品的资质能力，在国家电网有限公司系统内信息共享，有效防范供应商虚假投标、骗取中标，以及合同履约过程中的质量风险，持续提升采购设备质量，确保电网安全可靠运行。

提升电网物资效益。供应商在线获取、使用“云体检”结果信息，在投标中可替代大量的相关支持性证明文件，降低供应商投标成本。同时，经信息核实确认的供应商相关信息作为招标采购评标工作的重要参考依据，减少评标环节专家资质业绩文件审核工作量，大幅提高评标工作效率。充分发挥“云体检”作用，有助于提升设备供应效率和运营安全性，实现降本增效。

促进电工装备生态圈互利共赢。电网企业和电工装备制造商就像鸟之两翼、车之双轮，共同承担着质控链生态圈建设责任。通过强化内外协同，推动企业严格落实质量责任、共享质控链数据资源，发挥标杆企业引领作用，带动上下游两端企业发展，持续提高电网装备水平，推进电工装备产业链向中高端迈进，构建电工装备生态圈互利共赢、高质量发展的新格局。

三、“云体检”体系构建

1. 创新“云体检”体制机制，实现全过程闭环管控

供应商“云体检”是基于国家电网有限公司新一代电子商务平台（ECP2.0），依托互联网及云服务，采用远程在线方式，对供应商的资质、业绩、生产、试验等情况进行“深度体检”，全面掌握供应商实际生产制造、试验检测等能力，通过数据结构化归集和内部业绩自动获取，生成量化可视的核实结果信息，打造数据化支撑、网络化共享、智能化应用的信息核实新模式。核实结果信息可直接在 ECP2.0 平台用于招标采购环节供应商投标及评标专家评审工作，核实结果可重复使用，从而减轻供应商投标负担和评审专家评标工作量，提升招标采购工作质效。“云体检”模式是对供应商资质能力信息核实工作的进一步深化，通过电子化、网络化作业，提升专业化、标准化水平，并将绿色低碳、数智制造纳入核实范畴。

国家电网有限公司提出了适用于不同物资特点、不同供应商群体的核实管理策略，总部集中核实突出专业化，配网统一核实强调全面化，零星物资核实注重灵活化，大力提升效率、效益、效能。组织模式上，“云体检”采取线上文件核实和远程现场见证的方式。文件核实中，供应商在 ECP2.0 平台填报相关信息，利用网盘远程提交电子版支撑资料，在线确认核实结果，实现“足不出户”参加核实；专家远程在线对供应商填报的信息和提供的文件进行核实，实现“足不出户”完成核实。现场见证的对象重点聚焦已中标或与招标资格条件接近、中标概率大的活跃供应商，专家通过远程视频连线方式，对供应商厂房、生产及试验设备运行情况、样品抽检结果等进行见证，进一步深入核实供应商生产、试验能力。强化全程追溯，核实后反馈核实结果信息，供应商在线确认、应用，更快捷满足采购业务需求，如图 1 所示。

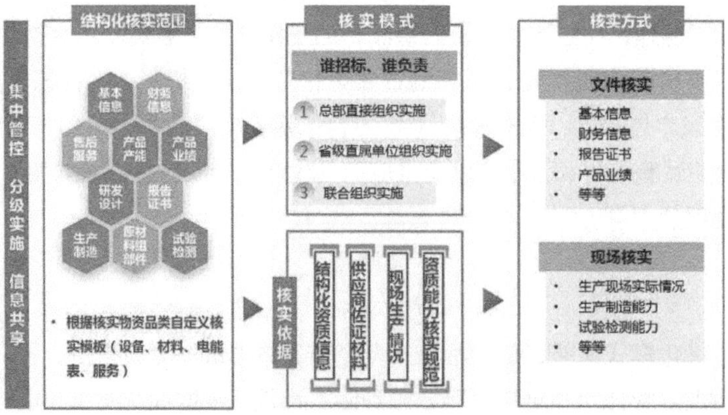

图 1　供应商“云体检”总体架构图

2. 创新“云体检”模式策略，实现全场景分类施策

差异化管理，分类施策。对影响电网安全的重要设备、材料等，如变压器、组合电器、断路器、铁塔等，采取文件核实与现场核实相结合的方式，强化生产制造能力的“体检”；对服务类或非电网类物资，如信息化设备、通信设备、电源工程服务等，采取文件核实方式。

闭环化管理，精准施策。供应商资质能力云体检策略智能优化基于供应商的制造质量水平、抽检合格率、履约能力评价、不良行为处理等各类数据分析结果，制定精准化、差异化、经济性的核实策略，从而提升信息核实效率，获取更加准确可靠的核实结果。在ECP构建信息核实策略优化场景，针对不同供应商的差异化生产要素建立核实策略库，自动调整云体检策略并开展精准化核实，通过闭环反馈不断优化云体检策略。

线上化作业，提质增效。基于ECP平台对供应商的资质、业绩、生产、试验等情况进行“云体检”，生成量化可视的核实结果信息，供应商在线确认，应用核实结果，大幅度减少投标时的重复劳动；同时，也更快捷满足采购业务需求，有效提升核实工作与开评标效率，大幅降低专家劳动强度，提升工作质效。

3. 建立“云体检”标准规范，实现全领域共享共用

标准规范内容量化。针对各品类产品核实工作组织编制《供应商资质能力信息核实规范》，作为信息核实工作标准。编制依据为现行国家标准、行业标准、国家电网有限公司企业技术标准、物资采购标准（或采购技术规范书）等标准化成果。制定了科学合理、标准统一的核实规范与指南，并编纂出版55套供应商资质能力信息核实规范，范围涵盖了35kV及以上输变电设备、材料、营销类产品、信息化设备、通信设备及配网设备、材料，有效提升工作标准化水平。

标准规范系统固化。将《供应商资质能力信息核实规范》相关内容固化到ECP平台中，供应商通过结构化数据模板填写信息，保证了数据结构的一致性。以变压器为例，将《35kV及以上变压器供应商资质能力信息核实规范》各部分内容固化到ECP平台中，形成变压器供应商资质信息模板，模板共分为10大模块、25张子表，包含数智制造、绿色发展等表格。

4. 创建“云体检”数据模型，实现全角度多维画像

数据模板专业化。根据物资类别技术特点、供应商群体重合度，核实组织方式等，按照“宜合则合、宜分则分”的原则，融合供应商重合度较高的设备共用一套信息模板，大幅减少供应商重复录入，减少冗余信息，减轻ECP系统压力。拆分重合度较低的品类，便于专业管理和深化应用。

数据模块级联化。对于不同类别的设备物资，在平台中配置了相应的数据搜集模板并在其中针对性设计了精确量化的数据模型。这些数据模型，是经过严密架构，将部分难以进行评价的关键指标及其重要参数信息固化形成格式统一的小模块，从而将指标客观量化，使其具备了作为评价对象的条件。

模板字段数字化。对于主要字段，通过精细设计，基本均配置了“下拉菜单”或“数字”输入形式，减少了由于“文本”输入引起的数据形态不一的问题。另外，还将部分关键指标及其重要参数信息进行关联，固化形成格式统一的小模块，如“生产设备”指标与“主要技术参数项”和“主要技术参数值”。通过将数据字段数字化，使同类型数据可直接进行横向及纵向对比，大大提高了数据的可利用率。目前已构建完成78类电网物资类及服务类供应商数据信息模型，如图2所示。

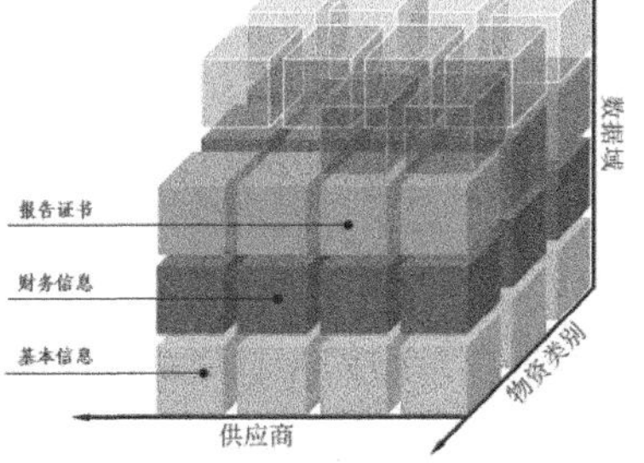

图2 供应商信息模型

5. 贯通“云体检”数据链路，实现全链条自动归集

内部业绩智能获取。在信息核实云体检机制下，供应商可通过资质信息填报工具，根据核实物资范围（物料编码）、业绩属性、合同签订状态、履约状态等信息索引，自动获取国家电网有限公司系统内的供货业绩，包括供应商信息、采购项目信息、采购订单信息等数据，在资质能力信息核实工作中直接应用。国网系统供应商业绩自动获取流程如图 3 所示。

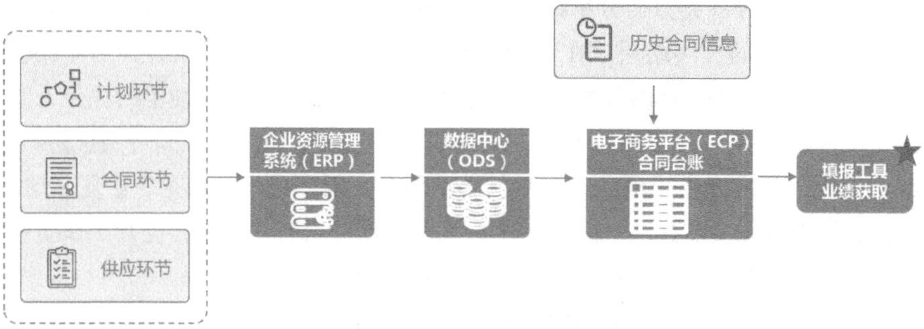

图 3　国网系统供应商业绩自动获取流程图

全链条自动贯通。在 ECP 中，通过合同台账表与 ERP 计划、合同、供应等历史项目信息和订单信息关联，将历史合同数据“迁移”至 ECP 合同模块，最终形成完整的供应商“ECP 合同台账表”。物资管理信息系统产生新的项目、订单等业绩信息时，ECP 系统每天通过定时任务同步新产生的业绩信息，并将原有数据剔除，滚动更新合同台账表。在资质能力信息核实工作中，供应商可自动从“ECP 合同台账表”中获取国家电网有限公司系统内的供货业绩，包括供应商信息、采购项目信息、采购订单信息等数据。

6. 强化“云体检”风险管控，实现全业务风险防控

全面梳理，健全风险防控清单。深入融合风险防控与部门业务工作，辨识风险点 21 个、制定风险管控措施 96 项，建立业务全过程风险防控措施清单，形成全面覆盖对工作人员和专家的风险防控措施，实现风险管控无死角、全覆盖。同时深入总结，提炼典型经验，不断丰富完善风险管控案例库，通过 17 个典型场景，提升人员风险防控能力和应对能力。

全员教育，增强风险防范意识。建立健全廉洁教育学习机制，常态化宣贯《反腐倡廉教育读本》，开展重大节假日前廉洁提醒，开展党风党纪、规章制度、案例警示等学习教育。同时深入学习剖析业务风险管控典型案例，强调风险及应对措施，增强部门员工拒腐防变意识。组织签订《物资从业人员廉洁自律承诺书》，定期开展“一对一”谈心谈话活动，筑牢廉洁从业思想防线，进一步提升人员业务素养，营造“干事、干净”的廉洁氛围。

全程监督，健全风险防控体系。充分发挥人员自律、督察监督、供应商监督、专业监督和社会监督的“五方监督”作用，建立“事前承诺、事中监督、事后反馈、反向评价”的全过程监督防控体系，提出“以公开促公正、以透明保廉洁”的理念，实现全过程、全方位协同监督，构建起风险防控的联防联控网络。建立风险信息收集、定期分析、教育提醒、责任追究、考核评估等配套制度，形成风险管控长效机制，实现风险的可控、能控、在控。

四、“云体检”机制应用成效

1. 经济效益

供应商“云体检”工作降本增效。在“双碳”背景下，国网物资创造性地提出供应商资质能力信息“云体检”的工作模式，实现人员无接触、支撑材料无纸化目标，落实保障供应商一趟都不多跑的工作理念，提升资质核实效率，降低成本投入。预估全公司每年资质核实 25 批次，平均每次缩减成本 88.7 万元，总共节省 2217.5 万元。

助力招标采购效能提升。核实结果在招标采购环节的应用，极大地减轻了资格预审、评标专家工作量，促

进工作效率成倍增长。每年资质核实供应商约为 14000 家次，预估平均投标 5 次，年度招标采购成本可缩减约 4452 万元。

助力采购设备质量提升，减少全生命周期成本。通过供应商“云体检”，对供应商形成有效震慑，督促其聚焦质量，提升产品竞争力，进一步缩减了入网设备全生命周期成本。一是通过供应商关系管理提升了供应商优选率，督促存量供应商提升产品质量水平，辅助提升采购设备质量合格率，可以避免国网物资经济损失。国网物资每年物资采购金额按 4000 亿元计算，综合辅助提升采购产品质量合格率按 0.1 个百分点计算，则每年可为国网物资避免经济损失约 2 亿元。二是高质量的设备具备更长的在网运行寿命，延长设备更换年限，从而缩减物资采购数量，降低运行成本，预估每年可节约设备更换、维护等成本 1 亿元。

2. 环境效益

供应商“云体检”，不设门槛，完全开放，所有供应商均可“足不出户”在线获得核实结果信息，可在投标时重复应用，替代大量的相关支持性证明文件，不仅降低供应商投标成本，也大幅度减少供应商在投标时的重复劳动，在优化营商环境，净化市场环境，推进社会诚信建设等方面发挥了积极作用。同时，经信息核实确认的供应商相关信息作为招标采购评标工作的重要参考依据，减少评标环节专家资质业绩文件审核工作量，降低专家劳动强度，极大地提高了开评标效率。每年组织“体检”供应商一万余家次，节约了供应商人员、差旅、资料印刷等成本，年减少二氧化碳排放约 2300 吨。新模式下年碳排放量相比之前的核实模式降低 20% 及以上。

3. 管理效益

降低供应商参加资质核实成本。通过“云体检”，供应商只需提交电子版档案，节省了大量纸质版资料的打印费，同时，核实资料在线提供，无需安排人员到现场提交纸质版原件，极大地减少了供应商参加核实工作的人力、物力、财力与时间成本。预估年度可为供应商节省成本约 4354 万元。

降低供应商参加招投标成本。核实结果在线应用于招投标环节，可有效降低供应商投标成本。同时，核实发现的问题及时向供应商反馈，降低供应商在招投标过程中的失误率。每年资质核实供应商约 14000 家次，使供应商缩减投标成本和降低失误节约的成本约为 2.98 亿元。

助力供应商管理水平提升。供应商通过参加“云体检”，进行全面、深入“体检”，可同时帮助剖析自身情况，有针对性地完善和提高，加强自身管理，不断改进提升产品质量，提升核心竞争力。每年资质核实供应商约 14000 家次，平均每家次的效益 1 万元，共可为供应商提升效益 1.4 亿元。

4. 社会效益

提升用电质量。设备质量提升后，设备故障率、缺陷率明显降低，检修次数减少、停电次数减少，缩减电网维护成本，避免停电带来的国网物资和社会经济损失。

助力优化营商环境。通过绿色智慧供应链建设，推动链上业务“在线办”“无接触”“一次都不跑”，推行优化营商环境措施，助力中小企业发展，减少全链产品流、信息流、资金流运转成本。

助力产业链升级。充分发挥“链主”企业带动作用，利用国网物资技术优势、创新优势，服务产业链发展，助力链上企业绿色低碳、数字智能转型。通过增加采购标准、核实标准的“绿色”“低碳”要求，促使供应商转变生产理念，提升生态效益。

主要创造人：孙　萌

参与创造人：陈金猛、张婧卿、孔宪国、汪　贝、李　萍

“融融共生”质量管理模式构建与应用

海洋石油工程股份有限公司

质量管理坚持体系化管理，运用过程方法，融合相关业务体系，融合客户要求，持续完善质量管理体系，为项目执行提供基本范式。同时，项目过程资产反哺公司质量管理体系，实现项目维度与组织维度全面质量管理能力的螺旋式提升，保障了项目成功交付。

一、企业概况

（一）业务能力

海洋石油工程股份有限公司（以下简称海洋石油工程公司）是集海洋石油、天然气开发工程和液化天然气工程于一体的大型工程总承包公司，主营业务包括为海洋油气资源开发提供设计、采购、建造和海上安装、调试、维修等专业工程和技术服务，是亚太地区最大的海洋油气工程总承包商之一。

（二）质量管理基本情况

质量战略：质量强企。
质量理念：质量是公司发展基石。
质量方针：质量优先、客户至上、持续改进。
质量文化：一次把事情做对。

（三）质量目标

质量目标分为质量管理目标、实体质量总体目标与过程质量目标，具体各项指标详见表 1 ~ 表 3。

表 1　质量管理目标指标

序号	指标名称	目标	序号	指标名称	目标
1	质量案例收集数量	≥ 1 个 /200 人	3	质量改进活动参与率	≥ 15%
2	项目质量审核完成率	≥ 80%			

表 2　实体质量总体目标指标

序号	指标名称	目标	序号	指标名称	目标
1	设计成果重大缺陷	零	3	质量责任事故	零
2	机械完工验收合格率	100%	4	顾客满意度	≥ 85%

表 3　实体质量过程质量目标指标

序号	指标名称	目标	序号	指标名称	目标
1	设计图纸一次正确率	≥ 98%	6	焊接一次合格率	≥ 98%
2	机械、电器及仪表安装一次合格率	≥ 95%	7	涂装、舾装一次合格率	≥ 95%
3	测量一次合格率	≥ 96%	8	检验一次准确率	≥ 98%
4	海上安装一次合格率	100%	9	物资一次验收合格率	≥ 85%
5	软管 / 锚系铺设一次合格率	100%	10	桩基检测合格率	100%

二、成果内容

（一）质量管理工作开展背景及建设思路

海洋石油工程公司质量管理工作以习近平总书记关于质量发展的重要论述为指导，贯彻落实海洋强国、制造强国、质量强国战略，坚持全员、全要素、全过程、全数据的全面质量管理思想，运用以过程为导向的方法，深入分析公司在国际化、深水化、新产业化发展过程中的质量风险，聚焦公司“工程 + 产品 + 服务”主营业务，融合多专业体系，持续完善全面质量管理体系，持续推动设计采办施工工作的标准化，不断夯实员工保障工作质量的制度基础。

牢固树立质量优先的方针，创新“一次把事情做对”质量文化建设载体，不断丰富公司质量文化内涵，推动员工主动践行一次把事情做对的准则，增强员工质量意识，不断夯实员工保障工作质量的思想基础。

牢固树立客户至上的方针，识别不同客户的要求，通过制定项目质量管理体系以融合客户的要求，按照项目质量管理体系管控设计施工采办业务，提升客户的满意度。

牢固树立持续改进的方针，建立良好实践的推广机制与共性质量问题的改进机制，持续完善质量管理体系，促进项目维度与组织维度质量管理能力的持续提升。

（二）全业务流程开展质量提升，树立海工品牌

1. 融合相关业务体系，提升质量体系质量

以打造适应海洋石油工程公司高质量发展的质量管理体系为目标，公司持续完善质量管理体系建设，2023 年 6 月，完成了 2023 年度质量管理体系的修订发布，新体系充分识别了国家法律法规、行业标准，在确保合法合规的基础上，贯彻落实集团公司质量管理各项要求，满足公司“十四五”规划和三项制度改革需要。

（1）体系框架设计合理，对标 ISO9001 等标准要素，融合特种设备、压力容器、API2B、SMS 等专业标准体系要求，建立客户、工程项目、产品 / 业务体系之间的桥接，开发“一贯到底”的全新执行模式，强化了总部管控。

（2）业务流程实施顺畅，围绕海洋石油工程公司核心价值链业务，深入分析每个环节，识别业务流程 223 个，制定关键控制点 1036 个，针对有特色的 LNG 业务、平台运行维护业务建立分册。

（3）开发“体系随身查”APP 智能化应用，实现了质量管理体系管理信息快速检索，有利于宣传海洋石油工程公司质量文化，有利于员工快速学习了解体系要求。

2. 开发协同设计平台，提升设计图纸质量

协同设计平台实现设计质量全过程管理模式，提升工程设计全流程质量可视化。协同设计平台（一期）建设了全产业链各设计阶段共同使用的数字化设计平台，形成以任务流为驱动、数据流为核心、数字化设计对象为载体的数字化设计新模式，实现了工程设计阶段各专业协同工作，来自专业设计软件的数字设计成果映射提取至自主可控数据平台统一应用，实现了工程设计阶段各专业协同工作及高效的设计业务管理协同应用。2022 年 11 月以来已有五个项目在协同设计平台上进行设计，减少现行各专业之间（以及专业内部）由于沟通不畅或沟通不及时导致的错、漏、碰、缺，实现所有图纸信息元的单一性，实现一处修改其他自动修改，提升了设计效率和设计质量。

3. 开展品类采购管理，提升材料设备质量

海洋石油工程产业链不同于标准化的流水线企业，属于小批量采购，大规模集成总装的需求方拉动的供应链。相关材料、设备等质量要求高，单次采购批次小，供应商改进质量的积极性不高。

为了有效提升供应链质量，海洋石油工程公司制定了品类采购长期协议供应链管理模式，锁定长期优质合作伙伴，实现以量换质，并结合采购的标准化，帮助供应链合作方，共同推进供应链上下游质量提升。自 2019 年起，启动供应链品类采购长期协议工作，截至 2023 年 7 月，公司已经与 700 余家供应商签订了 900 余项品类采购长期协议，覆盖 90% 以上的重要材料和设备，提升了供应链各方的质量提升的积极性。

同时为保障供应商供货质量，研究制定实施了供应链质量管理提升方案，品类长期协议签订后，首先开展设计质量交底，帮助供应商梳理质量薄弱环节，明确质量提升方向，合同执行过程中，定期开展质量审查，监督供应商的质量提升成效，协同解决出现的质量问题。近三年，物资到货质量明显提升，到货物资一次验收质量合格率从 91% 提升至 96%。同时，通过品类建设，提升了供应商国产化研发的积极性，实现了玻璃钢、焊接材料、高精度仪器仪表等多种卡脖子产品的国产化，在保证产业链供应链的韧性和稳定上，取得较大成果。

4. 建设智能制造基地，提升施工过程质量

海洋石油工程公司 2022 年建设的国内首个海洋油气装备智能制造基地正式投产，基地的工艺管线生产线把 RFID（射频识别模块技术）芯片作为管线的信息载体，采用 RFID 和二维码结合的模式，自动生成材料确认单、材料追踪报检单、材料确认报告、材料追踪报告，满足不同场景需求。通过手持终端实现管线信息转移，实现管线预制、涂装、总装环节的精细化管控，解决了传统工艺管线施工过程中的信息丢失、错误等问题，避免了管线材料漏报、错误、颜色涂装错误的问题，提升了管线施工过程质量。

5. 升级传统质控模式，提升陆地完工质量

在珠海场地，打破传统质量管理模式，从人员、管理角度深挖质量管控流程和方法，结合信息化手段实现项目“零尾项”交付，不断提升陆地完工质量。

（1）质量人员管理网格化，将项目施工区域划分为若干个网格，质量人员进行网格化管理，和车间区块生产负责人进行对接，指定每个网格的质量人员，明确分工和责任，做到质量监控无死角。

（2）完工管理数字化，使用国际先进的完工管理软件 McPlus，提前预制项目调试和完工所需要的检验活动和相关报告，并管理施工过程产生的尾项，检验结果实时录入，质量工作内容清晰、明确、共享、高效。

（3）引入先进的质量管理理念——完美交付理念，从经验教训中总结提炼关键质量风险，把历史的经验教训拓展到项目运行过程中的所有环节，涉及设计、采办、施工、质量所有相关人员，建立明确的职责结构，针对潜在的质量风险实施重点管理。

6. 融合客户管控要求，提升客户满意质量

海洋石油工程公司的客户主要来自世界各地的能源公司，公司按地域将客户分为中国海油、欧美地区客户、中东地区客户、南美地区客户，通过客户满意度分析、客户投诉整改报告、管理评审、客户关系维系等方式，运用亲和图等工具，有效分析顾客的需求和期望，各地区的客户要求详见表 4。

表 4　主要客户需求与期望

序号	客户类型	需求与期望
1	中国海油	有力支撑中国海油发展的战略规划及完全融合的使命、愿景、核心价值观； 全面关注公司的 QHSE 管理绩效，通过组织维度、深入运营层面推动公司 QHSE 管理主体责任不断压实，管理绩效不断提升； 通过工程建设上下游一体的系统统筹规划，期望和要求工程按期交付，支撑国家能源安全战略
2	欧美地区	不断培育与客户共通的质量安全文化理念，促进战略合作不断深化； 在项目维度高度重视质量安全绩效，以优异的安全绩效落实“以人为本”的理念，以优秀的产品质量保障工程项目按期交付、无障碍启动； 运用数字化、信息化技术，实现项目维度双方管理的有效对接，提高运营效率，降低运营成本，实现共赢
3	中东地区	项目维度高度重视产品质量，要求以优异的质量过程控制实现工程项目高标准交付； 运用数字化、信息化技术，实现项目维度双方管理的有效对接，提高运营效率，降低运营成本，实现共赢
4	南美地区	具备优异的 EPCI 总包工程服务能力，以大型、深水高端产品保障客户高难度油气田工程开发的顺利实施； 在项目维度非常重视质量绩效，要求以优异的质量过程控制实现工程项目高标准交付； 运用数字化、信息化技术，实现项目维度双方管理的有效对接，提高运营效率，降低运营成本，实现共赢

基于对客户需求和期望的深刻理解，海洋石油工程公司从文化建设、目标管理、制度建设、改进创新等维度不断融合客户的管控要求，构建“卓越工程赋能未来”的使命，逐渐形成与客户共同的质量观、文化观，建立同一个团队同一个目标的执行队伍，2022 年，客户满意度 89.48 分，同比提升 10.26%。

7. 精准管控重大风险，提升海上作业质量

海洋工程与陆地工程最大的区别是需要将陆地完工的工程通过装船拖拉、海上运输、海上安装等流程将海洋石油天然气开采装备安装在设计位置，海上作业是整个工程施工的重大风险所在，在一定程度上决定着项目能否按期投产。

（1）海洋石油工程公司充分识别作业过程的风险，结合海域、船舶、施工特点编制翔实的检查表。如针对海管椭圆度影响海管焊接质量风险，在装船前对海管椭圆度进行测量并做标识和分类，依据相近性原则提前进行分组编号，减少椭圆度对焊接质量的影响。

（2）海洋石油工程公司充分运用现代信息技术，建立针对我国海洋工程主体装备“海洋石油 201”、深水工作级 ROV 等半物理仿真环境，形成海洋工程典型作业如 S 型 /J 型铺管、浮托安装、水下安装维修等作业类型的仿真模拟预演能力，提前识别预判风险。如在“海基一号”钢桩安装作业仿真过程中，结合起重船、作业机构、吊机、吊索等多系统相互耦合问题，建立了吊装系统耦合运动仿真模型及钢桩动力学模型，为钢桩安装仿真提供了双吊合抬钢桩及翻桩时钢桩的六自由度运动状态及双吊耦合系统运动响应实时解算，实现了海上作业方案预演及作业风险点预测，如图 1 所示。

图 1　钢桩作业仿真模拟效果

8. 研发制造国产装备，提升水下产品质量

海洋油气开发与处理设备长期受制于国外厂家，影响项目的工期，海洋石油工程公司持续开展水下产品的研发制造、测试技术，水下产品业绩水深突破 1500 米，水下产品类型拓展至海管终端、跨接管、水下中心管汇、水下电液分配单元、三通橇、水下收发球筒、水下数据仓等整套水下设施。

针对水下产品的制造工艺，海洋石油工程公司相继攻克了 tubing 管的连续自动冷弯技术，找出管线起弯点及弯曲半径；制定吸力锚上部结构反造、翻身的制造工艺，保证了焊接的质量，减小了焊接变形；优化小管径超级双相不锈钢焊接工艺，开发出了“自熔焊 + 填丝焊”新工艺，解决小管径焊缝根部不易控制，焊缝余高不规则的问题；完善了中心管汇总测试流程，综合考虑 FAT（工厂接收测试）、EFAT（扩展工厂接收测试）和 SIT（系统集成测试）的测试内容和测试顺序，保障了中心管汇出厂质量。

9. 精细管控工程项目，提升项目管理质量

结合项目大小、区域、复杂程度，将项目分为四个类型，成立不同类型的项目管理组织，如一类项目设置质量安全（QHSE）部，配置质量安全（QHSE）部经理，配备专职项目质量经理与项目质量工程师，通过项目组织实现高效的局部反馈控制功能。如在深海一号项目组中，设置质量安全部，全面负责管理项目的采办物资质量、施工过程质量、海上安装质量，针对结构物安装阶段，依据 ISO13628-8、13628-9 及 API17H 标准并结合作业经验制定 SIT 程序，对水下生产系统进行了 DUMMYROV 空间检查，保障安装质量。

项目的运行也为海洋石油工程公司完善端部反馈功能提供了改进机会。如国外某项目在建立一次把事情做对的项目团队后，项目的质量安全问题得到了显著减少，海洋石油工程公司充分借鉴项目的良好实践，推广一次把事情做对管理活动，增强员工质量意识。针对某项目出现的尺寸问题，相关人员应用产品质量特性原理，分析产品的尺寸特性，按照双检制原则，确定责任单位与责任人，有效提升了海洋石油工程公司在尺寸方面的管理能力。

三、取得的成效

（一）质量目标指标全部实现

2022 年，海洋石油工程公司累计实施规模以上项目 63 个，未发生一起质量责任事故，总体质量目标指标全部实现，过程质量目标均超额实现，详见表 5，保障了亚洲第一深水导管架平台、首套深水水下多功能管汇系统、首个海上二氧化碳封存示范工程等项目的成功交付。

表 5　过程质量目标实现情况

序号	指标名称	目标（实际）	序号	指标名称	目标（实际）
1	设计图纸一次正确率	≥ 98%（99%）	4	焊接一次合格率	≥ 98%（99%）
2	机械、电器及仪表安装一次合格率	≥ 95%（99%）	5	涂装、舾装一次合格率	≥ 95%（99%）
3	测量一次合格率	≥ 96%（98%）	6	检验一次准确率	≥ 98%（100%）

（二）管理效益显著

全员质量意识显著增强，积极参与质量管理各项活动，仅 2022 年质量月期间全员参与质量培训人均 2 次，2023 年，员工参与质量改进活动覆盖率达 40%。通过承揽的涉外项目，培育了一批懂国际标准的人才，促进了海洋石油工程公司质量管理体系的完善，提升了海洋石油工程公司质量管理能力，助力了海洋石油工程公司 2023 年度获得沙特阿美、卡塔尔国家石油公司的新项目。

（三）社会效益显著

公司通过品类供应链体系建设，培养了国内供应商，推广了国内材料在涉外项目中的应用，推进了材料设备的国产化进程，提升了供应商的供货能力。

四、未来工作展望

（一）落实国家战略，提高做好质量工作的思想自觉

以习近平新时代中国特色社会主义思想为指导，学习贯彻执行习近平总书记关于质量工作的重要论述，牢记质量是企业的立身之本，围绕“质量是公司发展基石”的理念，创新质量文化建设载体和形式，丰富公司质量文化内涵，提高员工做好质量工作的思想自觉。

（二）深化责任落实，增强做好质量工作的责任意识

严格落实质量主体责任，以工程项目和产品的本质安全为根本，坚持一个一个关键过程抓，一类一类产品抓，识别各类产品及各个实现过程中的质量风险，尤其是新材料、新设备、新工艺、新技术应用中的质量风险，从各方的质量行为和工程实体质量控制方面完善管控清单，持续推进质量管理标准化，压紧压实各层级各单位各部门质量责任，持续完善海洋石油工程公司质量管理体系。

（三）完善信息化建设，提升质量管理工作的智能化

按照《海油工程数字化转型顶层设计报告》，围绕建立 QHSE 管理业务体系信息化平台、深入开展与其他数字化系统的数据交互、大力推进 QHSE 管理信息系统应用等方面，加大海洋石油工程公司质量管理数字化引领，提升海洋石油工程公司质量管理效能。

主要创造人：李彦胜

参与创造人：齐金龙、李芳振、刘太顺、高　亮、李　响

基于"零缺陷"管理的指控系统"1+6+7"质量管控模式构建与应用

北京航天晨信科技有限责任公司

一、公司简介

北京航天晨信科技有限责任公司（以下简称晨信公司）隶属于中国航天三江集团公司，是航天领域专业从事指挥通信系统技术研究、产品研发、生产服务的高科技企业。晨信公司从服务一个总体向服务航天系统多个总体拓展。晨信公司建立了预先研究、项目研制、批生产、售后服务完整的产业链，建立了研究师、设计师、工艺师和售后服务工程师全方位技术支持团队。晨信公司于2013年获得GB/T19001质量管理体系认证，于2018年获得GJB9001C—2017质量管理体系认证，并持续保持GB/T19001质量管理体系和GJB9001C质量管理体系，于2019年获得GJB5000A软件研制能力成熟度模型二级评价认证注册资格，于2022年获得GJB5000B软件研制能力成熟度模型三级评价认证注册资格。截至2023年10月底，晨信公司共有朝气蓬勃的研发团队，具有推动专业技术快速发展的动力和潜能。

产品综合集成优化项目是晨信公司的主营业务。在长期的科研生产活动中，晨信公司摸索出了一套基于"零缺陷"管理的指控系统"1+6+7"质量管控模式，将该模式全面应用于该项目质量管理，并取得了良好的成效，提升了公司质量保证能力和经营整体绩效，不断拓展市场并赢得了行业竞争优势。

二、"1+6+7"质量管控模式的内涵与支撑

晨信公司引入以预防为主的"零缺陷"理念，并将"零缺陷"理念、闭环管理与质量保证相融合，创造性地提出了"1+6+7"质量管控模式，包括一套独具航天特色的"零缺陷"质量保证模式、六种有效的质量改进管理措施、七步"零缺陷"质量管理实施步骤。

（一）一套"零缺陷"质量保证模式

"零缺陷"质量保证模式以"零缺陷"理念为框架，以项目全周期运行过程为主线，以质量管理和技术为辅助，基于闭环管理实施全过程精细量化控制，以使产品质量全面受控。从而以更快、更佳、更经济的目标在第一次就符合要求，创建预防为主的、有强壮生命系统的质量可靠组织。

本项目采取四个闭环管理的措施使产品质量全面受控，即技术管理闭环：技术状态闭环、各级接口闭环；质量管理闭环：质量规章落实闭环、质量信息传递闭环、问题归零闭环；过程控制闭环：状态更改控制闭环、过程质量记录闭环；顾客反馈闭环。产品验收合格率为100%，任务目标合格率为100%。"零缺陷"式质量保证模式见图1。

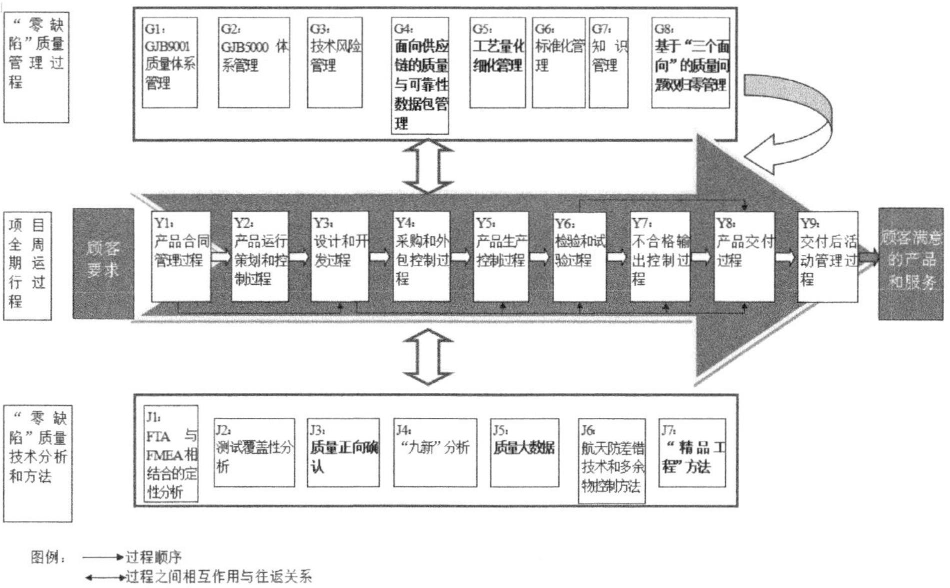

图1 "零缺陷"闭环式质量保证模式

（二）六种质量改进管理措施

本项目以综合集成优化技术为实施对象，通过管理与技术的再造和优化，形成以下六种有效的质量改进管理措施。

1. 深入开展生产策划，加强技术风险管理

从顶层谋划，高度重视技术风险，以产品设计分析入手，做到"三个吃透"，即吃透技术、吃透规律、吃透状态。依据成功数据作为考核判断依据，逐级分析成功保障条件；以产品状态、测试数据、外部环境为参考基准，对本批产品进行对比分析，形成应对措施和处理预案。

2. 强化可靠性设计和分析，提高质量可靠性管理

在可靠性大纲的要求下，开展可靠性大纲实施细则分解工作，采用故障模式FTA与影响分析相结合的定性分析提出设计防范措施，高度关注产品在边界条件、极限条件、饱和条件、联合条件下的使用情况。结合阶段设计评审、下厂验收、出厂评审开展可靠性工作专项检查及可靠性总结工作，保证可靠性工作有效开展。利用质量功能展开技术，自上而下构建产品可靠性分解模型（图2），复核产品可靠性特性是否满足任务要求，并可直观发现问题工序。

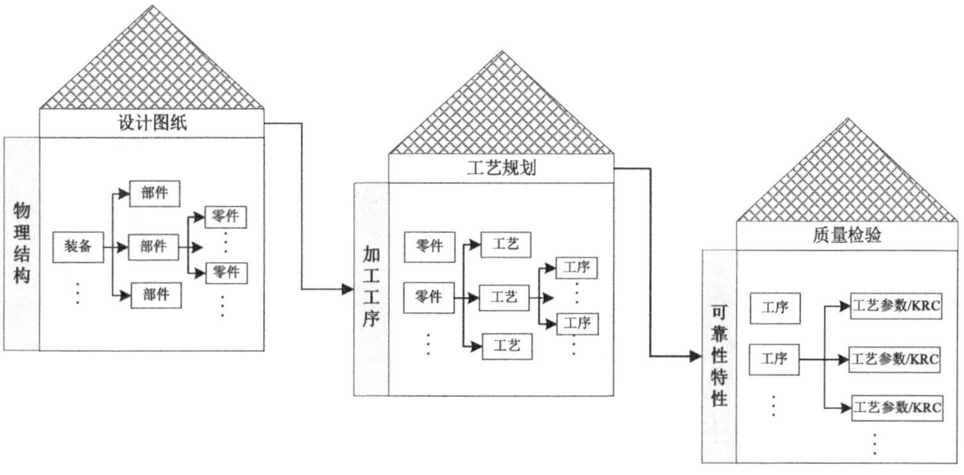

图2 产品可靠性特性分解模型

3. 加强供应链数字化管控，推进质量控制点前移

本项目构建出全级次供应链质量与可靠性数据管理流程，包括供应链总体单位和供应链单位的质量数据包管理流程，实现供应链质量控制重心前移，确保及时发现和解决质量问题。对于外协产品的关键功能、性能指标应通过下厂监制、入厂复验等方式进行充分的测试和验证，对测试验证方法的有效性、充分性应经专业审查，实施全过程质量控制。通过多级次供应链的技术状态管理，在配套单位之间建立有效的故障案例知识共享机制。供应链总体单位质量与可靠性数据包管理流程如图 3 所示。供应链单位质量与可靠性数据包管理流程如图 4 所示。

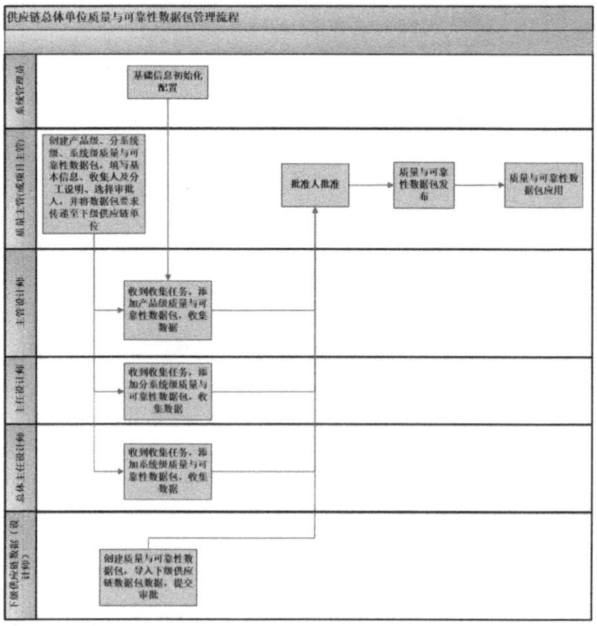

图 3　供应链总体单位质量与可靠性数据包管理流程

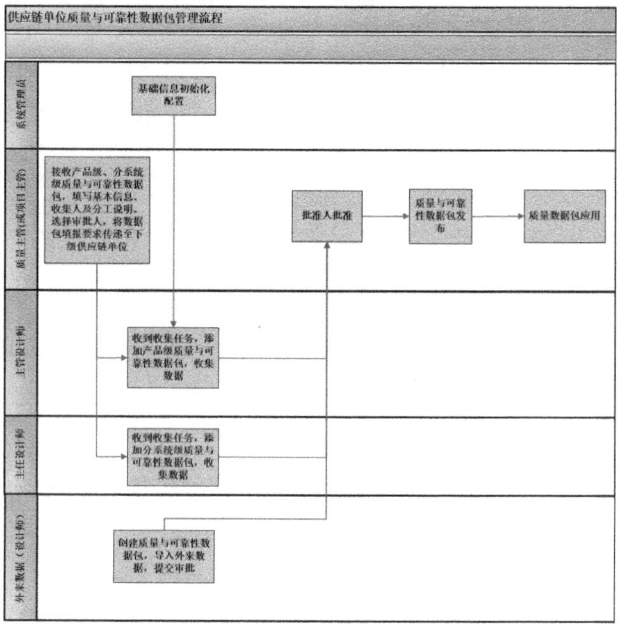

图 4　供应链单位质量与可靠性数据包管理流程

4. 加强工艺量化细化管理，确保产品生产过程受控

项目定期组织开展工艺纪律专项检查，不断提高批生产工艺管理质量。监督外协配套单位开展工艺质量提升工作，采用策划、编制、检查和推广（即 PDCA）的系统管理方法推进外协再流焊接这一关键过程的工艺量化细化工作（图 5），对下游配套单位及生产厂家实现了源头控制和精细化质量过程管理。

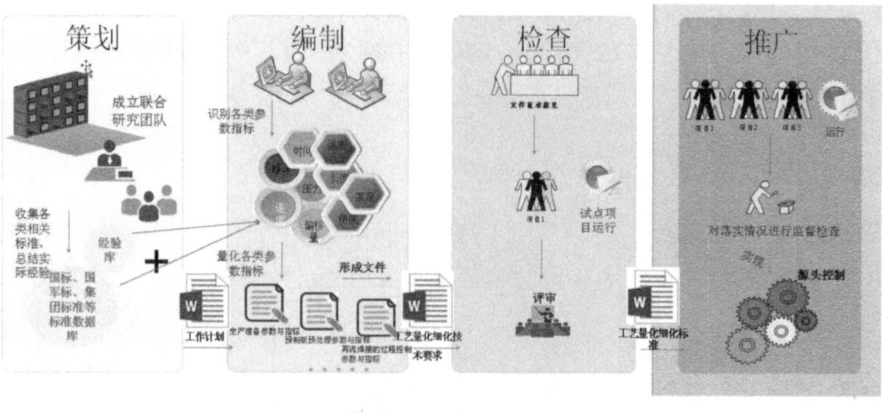

图 5　PDCA 系统推进工艺细化量化方法示意图

5. 建立产品质量问题追溯机制，提高质量数据管理

晨信公司结合质量与可靠性数据包中的各类数据，在信息系统的支持下开展了质量问题追溯、结构化数据分类汇总和成功子样数据包脉络分析等方面的深化应用，成功构建出基于质量与可靠性数据包系统支持下的质量问题追溯流程。基于结构化的数据包具有可追溯性，使得产品零部件组件能够追溯到与其采购、生产、检验、试验、装配和测试活动有关的人员和设备等各类信息，向前能够进一步追溯到元器件和原材料厂家的有关信息，

向后能够追溯到零部件组件在产品上的安装位置信息，质量与可靠性数据包系统质量异常追溯流程如图 6 所示。

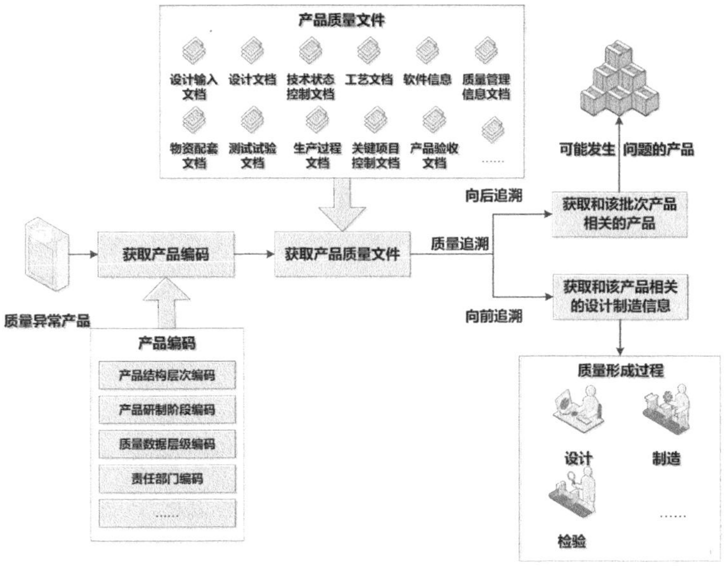

图 6　质量与可靠性数据包系统支持下的质量问题追溯流程

6. 深化“三个面向”质量分析，强化闭环管理

本项目针对质量问题，采用技术、管理双归零，针对重大问题，进一步运用“三个面向”思路深化归零举措，从面向产品、面向流程、面向组织进行质量分析，将问题整改举措落实到管理流程优化、规章制度完善等方面，强化组织推动力。

三、“1+6+7”质量管控模式的实践与成效

（一）七步步骤，强力保障模式落地

为使“零缺陷”质量保证模式有效实施，公司制定了七步管理实施步骤，如图 7 所示。

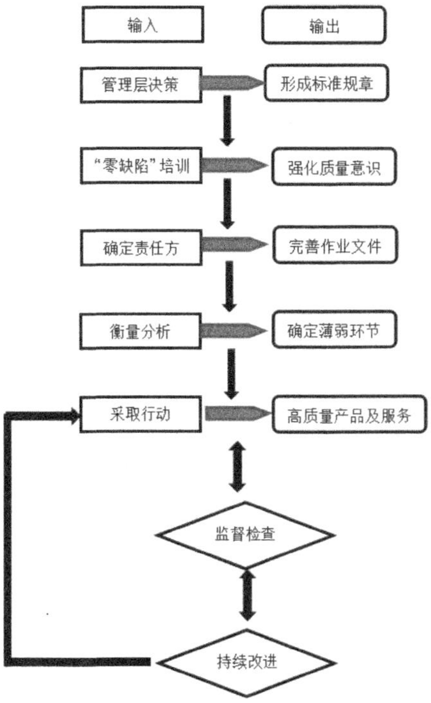

图 7　“零缺陷”闭环式质量保证管理实施步骤

1. 管理层决策

在管理层的决策部署下，将“零缺陷”与质量管理体系相融合，即以质量管理体系要求落地为抓手，以程序文件为依据，以质量体系成熟度评估为载体，结合 GJB9001C、GJB5000B，形成质量管理“零缺陷”工作标准规范。

2. “零缺陷”培训

建立以培训促全员质量意识与能力提升机制，推动相关人员掌握岗位必备的质量管理知识，提升全员质量管控能力和素养，有效控制因人的原因导致的质量问题。建立公司、部门、班组三级质量培训机制，开展 120 余次全员动员与培训、100 余次技术骨干入场培训，通过学习和理解有效引入“零缺陷”理念，强化全员“零缺陷”质量意识，为“一次做对”奠定良好基础。

3. 确定责任方

本项目针对具体产品项目，确定责任部门及配合部门，相关责任方负责完善质量管理体系第三层次文件——作业文件，同时将员工知识、经验固化到指导文件当中，不断积累部门组织级财富，从“基础能力提升”“健全公司质量保证体系”“完善指导文件”“加强外协管控”“优化产品设计”“深化测试覆盖性工作”“优化产品外观防护与布局”“加强售后服务工作”“加强批生产产品出厂质量评审管理”9 个方面制定了 42 项工作措施，促进体系要求的落地实施。

4. 衡量分析

衡量分析为“零缺陷”闭环式质量保证模式中的关键一环，是做好预防风险的重要一步。通过质量成本及风险评估后，在质量管理和质量技术中有效地识别与控制技术风险及快速聚焦和控制关键细节，确定项目周期的关键过程及其薄弱环节，采用责任令及重点计划的形式，明确工作目标节点，严格计划管理，狠抓短线瓶颈，及时化解风险，确保批生产任务进度。

5. 采取行动

晨信公司采取多种形式、开展了一系列协调、管理工作。确定质量控制活动的内容、责任者和资源保障要求，通过产品质量和质量保证方面的策划，确定项目运行流程的关键节点、完成标志和考核方式。每批次生产任务明确后，组织全系统配套单位召开工作会，明确进度、质量等方面要求，做全面的生产启动动员；加强与客户沟通，积极主动向客户汇报任务进展，提请协调存在困难，可多方协调，借助合力，共同推进任务顺利完成；监督检查各单位生产准备情况，提前发现问题、识别风险，及时采取应对措施；强化过程管控，特别是针对短线产品，对外协配套单位采取全级次贯穿式管理，带动全链条工作推进；加强对关键环节和强制检验环节的量化控制和可追溯性管理，特别是关键环节和重要项目要留存客观记录证据，以此反映产品实际质量状态，在批产过程中共经历了 10 余次批抽检检验，且全部检验合格。

6. 监督检查

“零缺陷”质量保证实施工作过程中，按时定期对项目运行情况及质量管理体系落实情况进行监督检查，确保工作不偏离，管理落实到地。针对质量管理体系，长阶段按时通过年度质量管理体系评审和内部审核进行检查，短阶段进行季度、月度、周次公司级、部门级、班组级例会的方式进行检查；在项目运行中，项目队伍定期进行产品例会、进行产品质量评估；组织工艺监督检查工作，对生产现场的作业文件签审、计量器具标较、生产记录填写等逐一检查，定期开展批产工艺总结工作；同时每次参加抽检试验前，开展质量复查和专项审查工作。

7. 持续改进

在项目运行过程中，及时获得监督检查输出结果，充分运用质量大数据平台，以数据统计分析为基础，与项目目标值进行对比，对证实有效的措施，进行标准化，形成工作规范，便于之后执行和推广。

（二）创新驱动，高效推进项目建设

本项目通过多级次供应链的技术状态管理，在配套单位之间建立有效的故障案例知识共享机制，将生产、验收、使用过程中发现的问题及时通报给相关配套单位，及早提醒、预警和发现问题，避免相同问题重复发生，应用后本项目同类质量问题发生概率大幅度降低。

依托“精品工程”方法，持续开展工艺优化改进工作，先后开展了多个批次的质量提升及工艺优化改进措施落实工作。晨信公司编制了《再流焊接工艺文件细化量化控制要求》，将300余种板卡作业文件工艺量化细化程度提高了15%。

晨信公司工艺项目组创新开展了自动化测试研究，研发了一套系统测试工装，通过全员头脑风暴利用因果分析（图8）、树图分析（图9）质量工具，将硬件配置参数、软件安装过程、系统测试内容写入系统测试工装，研发了一套机箱LAN接口自动化测试设备，研发方案见图10，调试人员根据测试项目运行工装调试命令，由测试工装按照预制程序自动执行生产调试项目，替代了人工操作，实现了自动化测试，降低了人员操作风险，产品的检验效率较之前提升400%，质量检测一次性合格率100%。

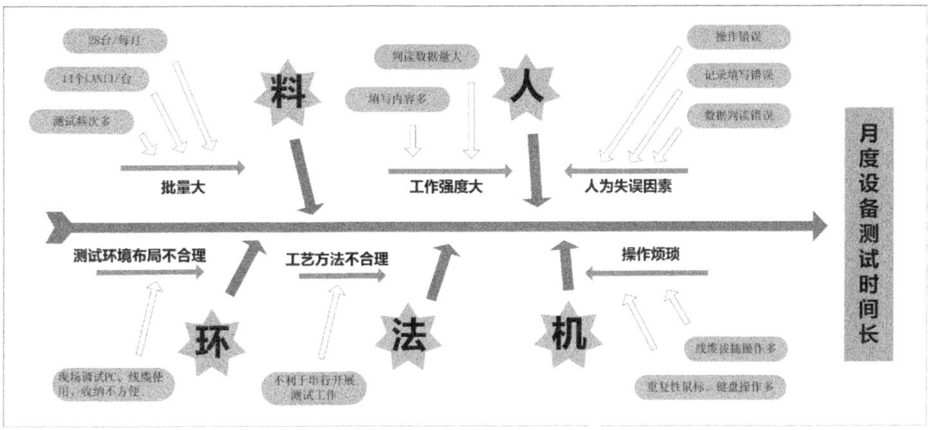

图8　生产问题因果分析

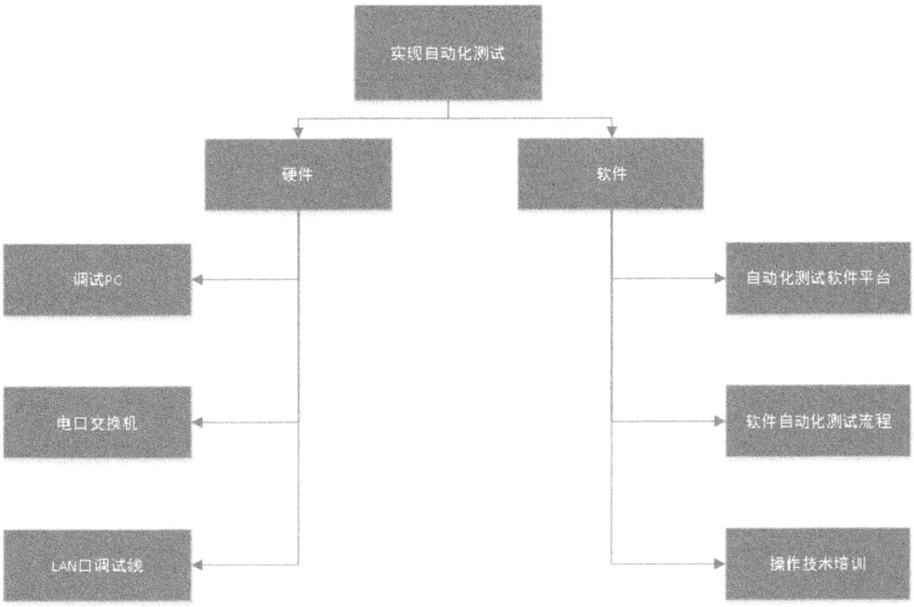

图9　机箱LAN接口自动化测试设备研制分析树图

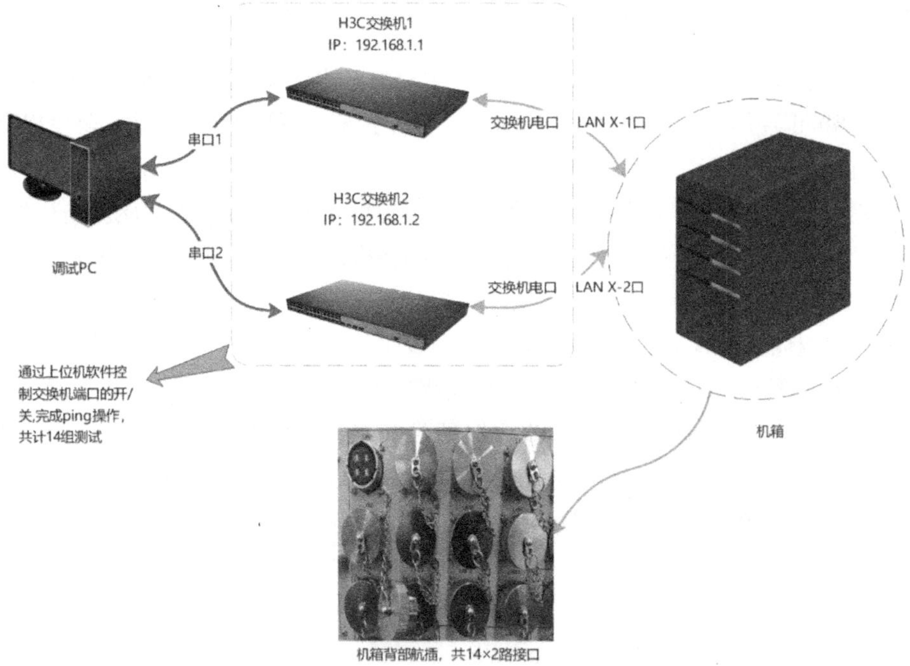

图 10　机箱 LAN 接口自动化测试设备研制示意图

（三）模式争优，助力公司高质量发展

基于“1+6+7”质量管控模式，本项目具备良好的技术发展前景和社会经济效益。相比国内同类产品，产品质量指标全面优于合同约定的各项指标要求，产品质量一致性和工艺稳定性优于同类产品高等水平，综合技术水平居国内领先、国际先进。

本项目获得 2023 年第三届装备质量综合激励、2023 年中国质量协会质量技术奖项目优秀奖、2022 年航天工业优秀质量管理小组、2019 年国防科技进步一等奖；获授权国防专利 7 项、普通专利 2 项、软件著作权 1 项；完成航天国防科技报告 4 篇。

四、结语

晨信公司始终牢记“科技强军、航天报国”的企业使命，深入贯彻落实航天科工集团和航天三江的质量制胜战略要求，秉承“质量是政治、质量是生命、质量是效益”的质量理念，大力弘扬和发展航天质量文化。晨信公司创造性提出指控系统“1+6+7”质量管控模式，以系统工程管理为特征、以系统预防为重点、以精细化定量化过程控制为方法、以用户满意为标准的“零缺陷”系统工程方法，促进晨信公司质量治理能力和型号产品质量水平不断提升。

主要创造人：张晨光

参与创造人：李晓飞、朱　江

基于设备全生命周期质量信息库的成本质量管理

国网物资有限公司

随着我国电力网络规模不断扩大，大量电力设备被用于电网的运行中，这些设备质量存在差异，在日常运行过程中常常引发电网事故，不仅增加了运营成本，还会带来不良的社会影响，甚至可能会造成严重的危害。为深入贯彻“质量强国、质量强网”战略，保证电网的正常高效运行，国网物资有限公司以绿色现代数智供应链建设为中心，以全生命周期质量管理理念为引领，加快质量监督向产品制造质量保证体系评估延伸，推进质量监督管理工作质效提升，高质量完成各项质量监督、供应商管理工作。

基于设备全生命周期质量信息库成本质量管理理念，以实物 ID 为纽带，贯穿设备全生命周期的各个阶段，围绕设备成本、质量和关键参数业务，开展跨专业、跨部门的全业务流程调研，梳理和溯源业务系统关键字段数据，在数据中台构建设备全生命周期质量信息库。通过开展基于质量信息库的设备全生命周期成本、质量问题和设备关键参数分析和评价，对质量与成本、质量与关键参数的关联表现进行研究，并应用于国网物资有限公司成本质量管理中。

一、设备全生命周期质量信息库搭建

目前电网设备质量信息管理在多个部门中分工开展，从驻厂监造、出厂试验、抽检试验、到货验收，到安装调试、运维检修和报废处置，设备在全生命周期过程中产生的质量信息分散在物资、建设、运检等不同部门和业务系统中，设备的基本信息、技术参数、生产过程数据、运行状态数据、维修记录和质量问题记录等数据尚未贯通。随着实物 ID 的推广应用，通过实物 ID 串联项目设计、物资采购、供应履约、建设安装、运维检修、退役回收、成本核算等业务信息，助力设备全生命周期质量信息库落地。

（一）前期调研，形成数据需求报告

围绕设备全生命周期质量开展调研，以变压器为例，针对需求计划、招标采购、合同履约、生产供货、安装调试、运行维护、退役处置等业务阶段，对物资、基建、设备、财务等专业部门开展调研。

广泛收集相关资料，包括技术规范书、采购标准、招投标文件、监造抽检规范数据、交接试验验收细则、设备运行记录等，同时通过现场调研、电话咨询、业务访谈等方式对基建、设备、财务等业务相关部门的数据需求、数据利用率以及数据利用的重点、难点进行调研，重点对数据利用率低、数据关联度差等问题展开需求收集和讨论，形成数据需求报告。

（二）分析数据，编制全生命周期阶段表

根据数据需求报告，围绕变压器编制全生命周期阶段表，并经过基建、设备、财务等业务部门专家研究，确定变压器阶段表字段，包含规划、招标采购等 18 个二级指标、473 个三级指标，其中通用指标 250 项、专用指标 223 项，全面反映设备全生命周期质量信息。

以变压器的全生命周期阶段表为模板，根据组合电器、高压开关柜、电抗器、断路器、电缆分支箱等设备材料的物资特性完成 30 类物资全生命周期阶段表的字段选取设计，支撑设备全生命周期信息库建设。

（三）数据汇聚贯通，搭建全生命周期质量信息库

以阶段表字段和数据为基础，以实物ID为引线，对各阶段数据开展字段溯源，同步改造数据源端业务系统，选取试点设备进行数据治理，实现数据汇聚贯通，完成设备全生命周期质量信息库构建，如图1所示。

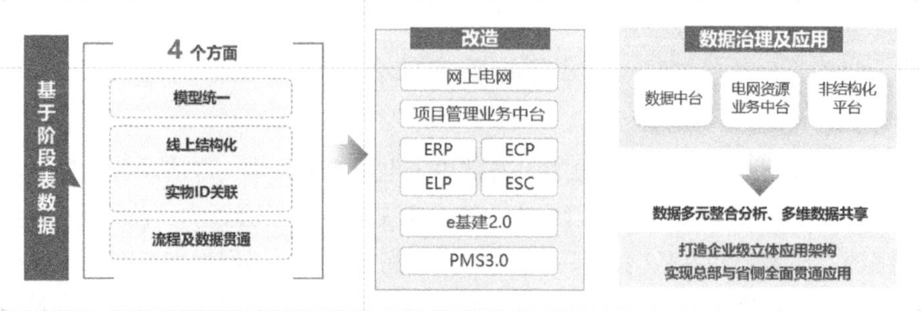

图1 全生命周期质量信息库搭建图

二、设备全生命周期成本归集分析与评价

全生命周期成本（LCC）从电网管理的长期效益出发，全面考虑规划设计、需求计划、招标采购、合同履约、生产供货、安装调试、运行维护，直至报废的全过程成本，主要划分为初始投资成本、运维成本、修理成本、故障成本和报废期成本5个部分。初始投资成本是设备在项目投资建设过程中发生的成本，包括设备购置费、监造成本、抽检成本、安装调试和其他成本；运维成本包含自营巡视、检测、操作成本与专项成本；修理成本主要包括大修项目成本和日常检修成本；故障成本主要包含故障抢修成本和间接损失成本；报废期成本主要考虑设备报废处置收入，按照设备报废时销售价格与资产原值的比例计算。归集费用明细及对应阶段表字段如表1所示。

表1 设备LCC成本归集表

设备周期	周期分项	全生命周期阶段表字段
投入期成本（C1）	设备购置费	合同履约阶段含税单价
	抽检费用	物资抽检阶段抽检费用
	安装调试和其他费用	安装调试阶段安装调试费
运维成本（C2）	巡视费用	运维成本阶段运维成本
	检测费用	
	倒闸费用	
	专项费用	
修理成本（C3）	大修费用	运维成本阶段检修成本
	日常检修费用	
	消缺费用	
故障成本（C4）	故障抢修费用	运维成本阶段故障成本
	间接损失费用	
报废期成本（C5）	报废处置收入	退役处置阶段退役处置费

（一）设备全生命周期成本归集分析

LCC 归集分析方法是以单个设备历史成本归集为基础，采用曲线拟合法对某一类设备进行全生命周期成本估算。主要步骤如下：

第一步，利用平均成本法计算设备各项运行期分项成本；

第二步，计算设备年运行成本、累计运行期成本和 LCC 成本；

第三步，以投运年限 t 为横坐标，以投运 t 年的全生命周期成本（LCCt）为纵坐标，做设备的 LCC 散点图，并运用数据处理软件拟合（多次曲线拟合）绘制运行年限 –LCC 成本曲线图，如图 2 所示。

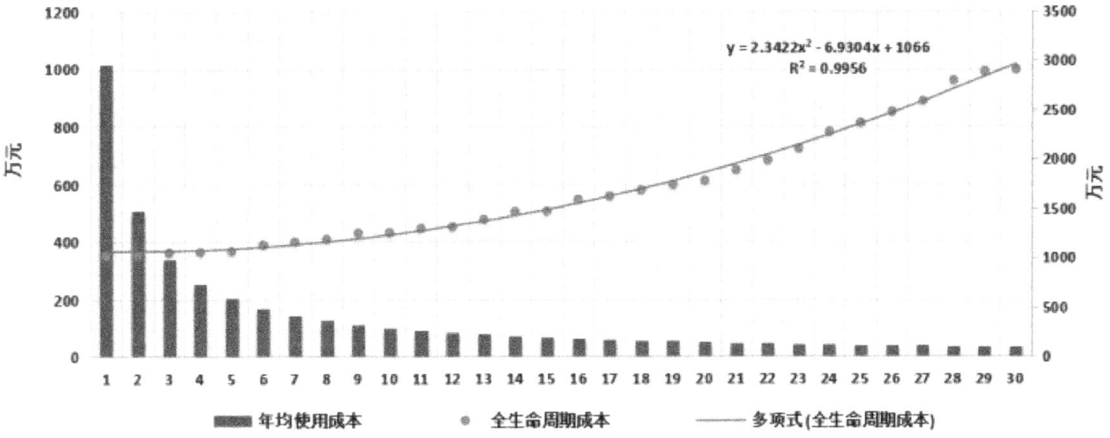

图 2　主变压器成本曲线图

（二）设备全生命周期成本评价

LCC 评价是以拟合曲线作为评价标准，根据被评设备 LCC 偏离标准曲线的程度，设定 95% 置信区间作为 LCC 合理偏离度，将被评设备全生命周期成本 LCC 与置信区间做比较，最终计算设备全生命周期成本评价分值。

三、设备质量问题分析及评价

通过单台设备的实物 ID 汇集各阶段质量问题，统一设置评分规则，形成设备全生命周期质量评价模型，在单台质量评价得分的基础上对供应商供货设备进行量化修正，对供应商各阶段质量问题情况进行综合量化评价。

（一）设备质量问题评价规则说明

设备质量问题可能导致设备参数偏差大、整体性能下降、运行成本增加和安全隐患等。分析设备质量问题的原因，包括设计缺陷、原材料不合格、生产工艺不合理等。当前是基于全生命周期的设备质量信息库开展设备质量问题评价，主要是以抽检、驻厂监造和运行维护环节质量数据为基础，综合考虑质量问题的严重程度、紧急程度、发生频率、发生环节和运行年限等因素，结合专家意见设定评分规则。

（二）设备质量问题评价方法

设备质量评分以实物 ID 贯穿物资的驻厂监造、抽检、运行维护环节，通常包括驻厂监造评分、抽检评分和运行维护评分。根据设定的每项评分的基本扣分值和权重系数，计算出每个部分的质量问题扣分值（基本扣分值 × 权重系数）。单设备质量评价初始分为 100 分，如果发生质量问题，则依次减掉单设备三项合计的质量扣分值，最终得出单设备的总质量评价得分。扣分值如表 2~ 表 4 所示。

表 2　监造质量问题扣分值

监造质量问题等级		权重系数 k1			
		0—1 年	1—3 年	3—6 年	6—10 年
		1	0.8	0.4	0.2
等级	基本扣分值	质量问题应扣分值（基本扣分值 × 权重系数）			
一般质量问题	1	1	0.8	0.4	0.2
重大质量问题	15	15	12	6	3

表 3　抽检不合格样品扣分值

抽检不合格样品等级		权重系数 k2			
		0—1 年	1—3 年	3—6 年	6—10 年
		1	0.8	0.4	0.2
等级	基本扣分值	不合格样品应扣分值（基本扣分值 × 权重系数）			
Ⅰ级	15	15	12	6	3
Ⅱ级	10	10	8	4	2
Ⅲ级	5	5	4	2	1
轻微级	3	3	2.4	1.2	0.6

表 4　运行设备扣分值

运行设备等级		权重系数 k3			
		0—1 年	2—5 年	6—15 年	16—30 年
		1	0.8	0.4	0.2
等级	基本扣分值	问题设备应扣分值（基本扣分值 × 权重系数）			
重大	15	15	12	6	3
严重	10	10	8	4	2
一般	5	5	4	2	1

四、设备关键参数及质量关联分析与综合评价

设备关键参数检测是评估设备运行状态和质量的重要手段。通过对设备抽检的关键参数进行检测和分析，可以发现设备的潜在问题，便于及时进行调整和维修，确保设备质量。同时对设备关键参数检测进行分析，研究与设备质量的相关性，通过设备参数模型构建和科学算法的应用，实现设备关键参数与质量关联综合评价。

（一）设备参数选择

设备参数检测要选择与设备性能和安全相关的关键参数进行检测，关键参数梳理是质量监督业务数据分析与价值挖掘的最基本工作，关键参数选择应以提高评价工作的效度与信度为原则。关键参数应遵循以下规则。

一是常见问题相关参数。若某项参数在监督过程中不合格率明显高于其他参数，则应持续关注该参数变化

情况，深挖该参数反映到产品生产中的问题。

二是上、下位参数。如果某个参数能够反映多处问题，它的变化必然会引起其他参数的变化，则认为参数间存在位阶关系，该参数为上位参数，被引起变化的参数为下位参数。为了便于寻找不同环节参数的关系，若上位参数处于线上远程监造环节，则称之为上游参数；若处于抽检和驻厂监造环节，则称之为下游参数。

三是一般关联参数。如果多个参数之间存在交集，却不存在位阶关系，则认为这些参数为弱关联关系，是否选择它们作为关键参数，应借助大数据分析筛选，根据结果判定。

（二）关键参数分析

关键参数主要从主观赋权和客观赋权两个方面进行数据分析，对采集到的数据进行处理和分析，发现设备存在的问题。

主观赋权采用序关系分析法，先由专家根据经验进行主观赋权，再通过综合监督领域内各专家的经验，对于更能表现产品质量、更具有纵观性、更容易出现不合格情况的参数赋予更高的权值，对于相对一般的参数赋予较低的权值。

客观赋权采用熵值法，熵值法是基于大数据分析的分析方法。利用统计学、信息学中的分析方法，经过对某类产品大量试验数据分析，可以得到不同参数实际情况下的性能表现。对于实际表现较稳定的参数，其离散程度较低，所能反映的信息较少，赋予的权值较低；对于表现波动较大的参数，其离散程度较高，所能反映的信息较多，赋予的权值也较高。

（三）关键参数评分

设备作为一个整体，它在不同环节下所表现出的质量、性能等现象并不是孤立的、单一的，而是彼此关联、相互影响的结果。相关性分析用来观测不同环节中关键参数之间的关联程度，可以测量二者是否有关系以及关系强弱，并进一步探索它们之间的相互影响情况。

由于设备数据级和量纲差别较大，即大数据存在异构、多态的特点，并且带有不同的单位，如果将这些数据级相差过大的数据不做处理直接用于质量评估当中，很容易导致大数据吞噬小数据的情况，而往往有些小数据对设备的真实质量情况起至关重要的作用。因此，打分过程中必须采取一些必要的措施对产品数据进行归一化处理。可以采用基于标准值的归一化打分策略，即关键参数归一化打分、计算设备加权得分和分值标准化。

（四）关键参数与质量关联综合评价

根据设备关键参数和设备质量问题评价得分，对单一设备进行关联评价综合打分。由于不同设备权重不同，需要组织专家进行德尔菲法评价。设质量关键参数评价得分为 A，质量问题评价得分为 B，综合评价得分为 $S=\alpha \cdot A+\beta \cdot B$，其中 α，β 是待定系数。视设备复杂程度，遴选 5~10 名专家，首先独立对 α 和 β 给出推荐值，为保证专家赋权灵活性，初始 α 和 β 不要求总和为 1。接下来，验证专家推荐值的肯德尔（Kendall）一致性指数 U，重复该过程直至一致性指数通过检验，最终计算的总得分为设备关键参数与质量关联综合评价量化分值。

五、设备质量与成本关联表现分析与应用

质量综合评价分为关键参数评价和质量问题评价两方面，通过关键参数和质量关联综合评价，计算得到待评设备的质量和参数的综合评分。LCC 成本评价是按成本分解、费用平摊、曲线拟合和评分规则的顺序展开，介绍如何由历史数据逐步分析、计算、形成 LCC 的评价基准曲线，并依据基准曲线给出待评设备的成本评价分数。质量和成本独立评价后，虽然可以通过卡拉杰克矩阵直接分析单台设备的“性价比”，但为解决不同供应商间由于设备数量不相同，带来的横向对比难题，需要设计一套“成本质量关联表现值”分析方法，实现了

由设备维度向供应商维度合理折算性价比分析与应用。

（一）设备维度关联表现分析

将设备全生命周期成本评价作为经济指标，设备质量数据作为质量指标，将以上两个指标代入卡拉杰克矩阵，分析单台设备成本与设备质量关联关系，如表5所示。

表5　经济和质量指标矩阵分析表

序号	指标情况	卡拉杰克矩阵四象限含义
1	高成本高质量	一般物料：性价比适中的设备，作为第四象限竞争品
2	高成本低质量	限选物料：性价比低劣的物料，在各种应用场景中都需要严格限制选用
3	低成本高质量	优选物料：性价比优秀的物料，在各种应用场景中可以考虑优先选用
4	低成本低质量	一般物料：性价比适中的物料，第一象限设备竞争品

为精准量化分析设备的性价比情况，采取标准化评价策略（Z-Score法），假设n台样本设备的LCC评分为（l_1，l_2，$\cdots l_n$），质量评分为（q_1，q_2，$\cdots q_n$）。样本均值$\bar{l}=\frac{\sum l_i}{n}$，$\bar{q}=\frac{\sum q_i}{n}$，样本标准差$\sigma_l=\sqrt{\frac{\sum(l_i-\bar{l})^2}{n}}$，$\sigma_q=\sqrt{\frac{\sum(q_i-\bar{q})^2}{n}}$。标准化成本评分$\bar{l}_i=\frac{l_i-\bar{l}}{\sigma}$，质量评分$\bar{q}_i=\frac{q_i-\bar{q}}{\sigma}$，且有$\hat{l}_i \sim N(0,1)$和$\hat{q}_i \sim N(0,1)$，以$\mathrm{Exp}(\hat{l}_i+\hat{q}_i)$作为第$i$台设备的“成本质量关联表现值”（即性价比），如表6所示。

表6　设备维度的成本质量关联示例表

供应商名称	设备类型	设备序号	成本评价得分	质量评价得分	标准化—成本评价得分	标准化—质量评价得分	成本质量关联表现值	设备表现值排名
A	500kV 变压器	A–1	98.1	96.8	1.82	1.26	21.80	1
	500kV 变压器	A–2	81.9	87.4	0.96	0.63	4.92	3
B	500kV 变压器	B–1	58.3	67.9	−0.28	−0.69	0.38	16
	500kV 变压器	B–2	61.5	83.2	−0.11	0.35	1.26	7
	500kV 变压器	B–3	77.4	60.3	0.73	−1.20	0.62	14
C	500kV 变压器	C–1	95.5	38.6	1.68	−2.67	0.37	17
	500kV 变压器	C–2	77.9	69.5	0.75	−0.58	1.19	8
D	500kV 变压器	D–1	41.9	56.1	−1.14	−1.48	0.07	20
E	500kV 变压器	E–1	88.5	89.3	1.31	0.76	7.92	2
	500kV 变压器	E–2	57	73.6	−0.35	−0.30	0.52	15
	500kV 变压器	E–3	63.4	71.8	−0.01	−0.42	0.65	13
F	500kV 变压器	F–1	76.8	68.9	0.70	−0.62	1.08	10
	500kV 变压器	F–2	61.5	84	−0.11	0.40	1.33	6
	500kV 变压器	F–3	63.4	75.3	−0.01	−0.19	0.82	12
	500kV 变压器	F–4	51.9	88	−0.62	0.67	1.05	11

续表

供应商名称	设备类型	设备序号	成本评价得分	质量评价得分	标准化—成本评价得分	标准化—质量评价得分	成本质量关联表现值	设备表现值排名
G	500kV 变压器	G–1	38.5	99.7	–1.32	1.46	1.15	9
	500kV 变压器	G–2	24	90.1	–2.09	0.81	0.28	19
	500kV 变压器	G–3	55.9	92.5	–0.41	0.97	1.76	4
H	500kV 变压器	H–1	56.9	90.6	–0.35	0.85	1.64	5
	500kV 变压器	H–2	41.8	78.1	–1.15	0.00	0.32	18

（二）供应商维度关联表现分析

供应商维度的关联表现综合得分，通过汇集该供应商所有设备的“成本质量关联表现值”来实现，由于同一供应商可能生产不同类型设备，为保证供应商之间的横向精准比较，一般按设备类型分组，将同一类型的设备表现值汇集到供应商维度上，如表 7 所示。

表 7　供应商维度的成本质量关联示例表

供应商名称	设备类型	设备序号	成本评价得分	质量评价得分	标准化—成本评价得分	标准化—质量评价得分	供应商维度成本质量表现值	供应商表现值排名
A	500kV 变压器	A–1	98.1	96.8	1.82	1.26	10.36	1
	500kV 变压器	A–2	81.9	87.4	0.96	0.63		
B	500kV 变压器	B–1	58.3	67.9	–0.28	–0.69	0.61	7
	500kV 变压器	B–2	61.5	83.2	–0.11	0.35		
	500kV 变压器	B–3	77.4	60.3	0.73	–1.20		
C	500kV 变压器	C–1	95.5	38.6	1.68	–2.67	0.67	6
	500kV 变压器	C–2	77.9	69.5	0.75	–0.58		
D	500kV 变压器	D–1	41.9	56.1	–1.14	–1.48	0.16	8
E	500kV 变压器	E–1	88.5	89.3	1.31	0.76	1.49	2
	500kV 变压器	E–2	57	73.6	–0.35	–0.30		
	500kV 变压器	E–3	63.4	71.8	–0.01	–0.42		
F	500kV 变压器	F–1	76.8	68.9	0.70	–0.62	1.08	3
	500kV 变压器	F–2	61.5	84	–0.11	0.40		
	500kV 变压器	F–3	63.4	75.3	–0.01	–0.19		
	500kV 变压器	F–4	51.9	88	–0.62	0.67		
G	500kV 变压器	G–1	38.5	99.7	–1.32	1.46	0.79	4
	500kV 变压器	G–2	24	90.1	–2.09	0.81		
	500kV 变压器	G–3	55.9	92.5	–0.41	0.97		
H	500kV 变压器	H–1	56.9	90.6	–0.35	0.85	0.72	5
	500kV 变压器	H–2	41.8	78.1	–1.15	0.00		

（三）关联表现分析成果应用

在电力行业中，基于设备全生命周期质量信息库的成本质量关联分析应用是非常重要的。分析历史性价比数据可以强化招标评审效率，提前排查“高价低质”的问题供应商；分析由于质量差异形成的成本差异，合理统筹质量监督资源配置；关联分析结果表现也可用于影响合同绩效款项的结算。总之，构建设备全生命周期质量信息库，开展设备全生命周期质量与成本关联分析和应用，可以对电网设备的质量和成本进行全面监测和评估，进而提升设备的质量水平，提高企业的运行效率和经济效益。

主要创造人：孙　萌

参与创造人：张敬伟、李　凌、殷商莹、李佳宣、耿　庆

质量管理体系成熟度评价实施路径研究与实践

兖矿能源集团股份有限公司

一、引言

质量管理体系成熟度评价是企业基于系统思维，采用成熟度评价标准，对质量管理体系运行进行全面评价，识别质量管理中的优势和劣势，有重点地开展质量提升行动，促进企业由合规走向卓越。质量管理成熟度的概念，最早是由质量大师克劳士比在其著作《质量免费：确定质量的艺术》一书中提出的质量成熟度方格理论而萌发。人们热衷于建立质量管理成熟度评价模型，如麦肯锡质量等级评价方法，是从管理特征、质量技术应用和质量业绩3个维度对组织的质量管理现状进行评估分析并得出结论；克劳斯比质量成熟度判定方法，从管理层决策、质量管理、问题处理等维度对质量管理水平提出了不确定期、觉醒期、启蒙期、智慧期和确定期5个阶段的不同级别；ISO9004成熟度评价，对质量体系的成熟度、领导力、战略、质量体系、资源及过程水平开展评估，识别组织存在的优势与劣势，找出改进和创新的机遇；卓越绩效模式，从领导、战略、顾客与市场、资源、过程管理、测量分析与改进、结果7个方面识别优势和劣势，对管理成熟度进行评价，通过评价开展管理改进提升活动。

中国质量协会发布的《组织质量管理体系成熟度评价》团体标准（T/CAQ10102—2016）和2022年新修订的《质量管理体系成熟度评价指南》团体标准（T/CAQ10102—2022）受到企业广泛关注，并在机械、煤炭、钢铁、港口、化工、建筑等行业得到了较好的推广应用，质量管理体系成熟度评价工作越来越受到广大企业的关注和认同。本文以兖矿能源集团股份有限公司（以下简称兖矿能源）为案例，探索开展质量管理体系成熟度评价，推动企业卓越发展路径研究。

二、质量管理体系建设及成熟度评价推进路径

（一）质量管理体系建设及成熟度评价历程

兖矿能源在1997年注册成立之初，就积极对接国际资本市场，以ISO国际质量管理体系标准为依据，制定和实施创新性、引领性的企业推进标准，提升了公司质量管理体系建设水平和管控能力。1998年，兖矿能源在全国煤炭行业上市公司中，率先荣获中质协质保中心颁发的ISO9002质量管理体系认证证书；2002年转换为ISO9001质量管理体系认证证书。

2003年，兖矿能源在煤炭行业率先开展质量、环境、职业健康安全三大体系整合，并一次性顺利通过中质协质量保证中心第三方认证。2010年，公司开展了以质量管理体系为基础的全面管理体系一体化整合，整合了环境管理、职业健康安全管理、计量管理、能源管理等相关业务。2018年，兖矿能源又率先开展质量管理体系成熟度评价工作，试点单位于2019年顺利通过中质协质量保证中心的评价和验收，获得业内专家的高度认可。2023年获得中国首个企业ESG管理体系认证证书。

（二）质量管理体系建设和成熟度评价推进方式

兖矿能源积极开展质量管理体系建设和成熟度评价实践，经过多年尝试和创新实践，总结出以“试点先行、

以点带面、全面覆盖”的推进方式，在全公司推行质量管理体系成熟度评价，形成以标杆试点带动全面推行的良好局面。质量管理体系建立和成熟度评价是在继承、提高和系统优化原有质量管理体系的基础上，坚持使用质量管理体系的基础方法 PDCA 循环，推进流程再造和持续改进。兖矿能源以此原则在试点单位首先开展质量管理体系再造。

试点单位质量管理体系再造。2018 年，兖矿能源开展质量提升行动，在试点单位开展质量管理体系成熟度评价。借鉴过程方法、流程管理、体系管理、价值链理论 4 个管理方法，结合试点单位实际和已经建立的质量、环境、职业健康安全 3 个管理体系，通过现状评估、框架模式设计、流程识别梳理、制度整合优化、试运行与调整 5 个阶段的推进实施，完成了包括“体系管理、规划与发展、价值实现过程、管理支持过程、绩效评价、改进与创新”6 大模块和“49 个一级流程、203 个二级流程、668 个三级流程”的质量管理体系升级和再造，实现了质量管理体系文件系统性、层次性、适宜性和可操作性 4 个方面提升。

试点单位质量管理体系成熟度评价结果。2019 年，中国质量协会组成专家组依据质量管理体系成熟度评价准则，对试点单位进行了质量管理体系成熟度第三方评价。7 个一级条款得分率比较均衡，其中有 5 个一级条款获得单项 4 星级，总得分 713.8 分，试点单位整体质量管理体系成熟度处于改进与创新级，即“四星级”。

（三）质量管理体系成熟度评价方式

1. 质量管理体系成熟度评价原则

一是秉承组织战略。确保各项工作与使命、愿景、战略和目标保持一致。基于顾客需要和战略目标，开展质量管理体系成熟度评价，为质量管理体系提升明确方向。面对能源结构变革调整的严峻考验，兖矿能源坚持战略导向，果断调整发展方向，实施产业转型，引领企业保持蓬勃向上的良好发展势头。建立战略管理组织机构，完善管理体系，通过战略分析策划，制定《十四五发展规划》，率先发布双碳目标发展战略。

二是基于系统管理。将相关过程和流程作为一个整体进行评价。聚焦价值贡献，识别出资本运营等 9 个价值创造过程和 16 个支持过程，提升企业价值创造能力。聚焦资本运营提价值：践行“产业运营 + 资本运作”模式，在境内外相继实施 23 次重大资源并购项目，推动发展战略与资本运作深度耦合；聚焦标准管理提优势：持续开展质量管理体系成熟度评价，参与国家、行业协会等 19 项标准制定，加快标准提档升级。打造出特厚煤层回采、煤炭间接液化合成、智能化矿井建设等一批行业领先的技术标准；聚焦品牌建设提形象：实施“一主多元”品牌战略，以产品、技术、管理、文化等子品牌为依托，着力打造“兖矿能源”世界一流企业品牌。经中国质量协会品牌分会评估，2023 年“兖矿能源”品牌价值为 830 亿元，位居行业前列。

三是重视推行机制。实行“项目化、菜单式”管理，构建“334”质量管理体系成熟度评价推进机制，成立 3 个工作组；制定任务、问题、责任“3 项清单”；落实调度、报告、督查、整改“4 项制度”；形成一套极具能源企业特色的质量管理体系成熟度评价模式。

四是依据客观事实。注重将自查自评作为“全面体检”重要手段，以提升质量管理体系成熟度助推管理升级。对照成熟度评价标准要求，常态化开展自查自评，每年组织开展自查诊断，自查结果与兖矿能源年度会、职代会安排的重点工作相结合，查“病症”、开“药方”，持续推动质量管理体系改进提升。

五是促进改进创新。通过质量管理体系成熟度评价，准确查找自身的短板和不足，并按照优先次序采取有针对性的改进和创新措施。注重引入创新工具方法，积极开展群众性创新活动，QC 成果实现国际“质量奥林匹克”最高奖三连冠。近 3 年获得全国优秀质量管理小组 5 个、全国优秀质量信得过班组 22 个，198 项管理创新成果受到省部级以上表彰。

六是注重对标改进。坚持世界眼光、国际标准，主动与中国神华、陕西煤业、嘉能可等国内外先进企业对标，科学设立 7 大类 87 项对标项和对标值，分专业、分层次、分步骤开展对标比高。权属各单位分别确定对标企业、对标项目及对标值，制定改进措施。深入开展“两化融合”“六精六提”“两增三降四提升”等活动，做到相互促进、统筹兼顾。

2. 质量管理体系成熟度评价内容

一是组织环境，主要包括：理解组织及其环境，理解相关方的需求和期望，确定质量管理体系范围、质量管理体系及其过程。

二是领导作用，主要包括：领导作用和承诺、方针；组织的岗位、职责和权限。

三是策划，主要包括：应对风险和机遇的措施，质量目标及其实现的策划，变更的策划。

四是支持，主要包括：资源、能力、意识、沟通，形成文件的相关信息。

五是运行，主要包括：运行策划和控制，产品和服务要求，产品和服务的设计和开发，外部提供的过程、产品和服务的控制，生产和服务的提供，产品和服务的放行，不合格输出的控制。

六是绩效评价，主要包括：监视、测量、分析和评价，内部审核，管理评审。

七是改进，主要包括：不合格和纠正措施，持续改进。

3. 质量管理体系成熟度评价方式

在系统总结试点单位质量管理体系成熟度评价经验的基础上，兖矿能源开创性地将质量管理体系成熟度评价与管理体系内部审核有机结合，以管理体系成熟度评价、质量提升行动考核、专项审核和兖矿能源所属单位互审等方式进行质量、环境、职业健康安全管理体系内部审核，实现质量管理体系成熟度评价与内部审核充分融合，对评价发现的问题和建议项，按照责任、人员、措施、时间“四落实”的要求，进行整改和验证，提升了质量管理体系运行效率和质量管理体系成熟度评价成效。

4. 质量管理体系成熟度评价成效

多年来，兖矿能源高度重视质量管理体系建设和运行工作，始终把贯标认证作为企业与国际管理接轨的重要举措，作为培育兖矿能源管理理念、提升核心竞争力和锻造品牌形象的根本途径，认真贯彻“质量使顾客满意，环境使社会满意，安全使员工满意”的贯标认证工作方针，积极宣贯管理体系认证标准，健全完善与企业发展相适应的、高效的管理体系。兖矿能源及所属主要生产单位均完成了质量、环境、职业健康安全管理体系认证。2022 年，兖矿能源及所属单位按照认证标准和年度目标要求，制定管理方案，明确控制措施，将管理体系目标落实到各个层次、各个岗位，保证了管理体系目标的实现。

产品质量目标。2022 年，原煤产量保持亿吨级规模，产品合格率 100%，顾客满意度 98% 以上，产品退货率为 0。其中 2 号精煤灰分 8.72%，水分 7.7%，硫分 0.47%，发热量 27.75 兆焦耳每千克，万吨含杂率 0.62 千克。化工产品产量 681.3 万吨，产品出厂优等品率 100%。其中甲醇产品达到国际先进标准，被授予“采用国际标准产品标志证书”。

环境目标。2022 年，兖矿能源本部矿井工业产值综合能耗 0.48 吨标准煤 / 万元，各项节能考核指标均较好完成，处于行业领先水平。温室气体排放量（范围 1 及范围 2）1630.47 万吨。颗粒物、二氧化硫、氮氧化物、化学需氧量、氨氮排放量比监管考核指标分别少排放 86.2%、71.3%、50.6%、88.9%、95.7%，危险废弃物合规处置率 100%，主要固体废弃物煤矸石综合利用率 100%。全年未出现重大环境污染事故，未因重大环境保护违法行为受到监管部门处罚。

职业健康安全目标。2022 年，兖矿能源及所属单位开展各类应急演练 1092 次，参加安全培训 24570 人次，矿井风险有效管控率 100%，隐患有效治理率 100%，因工作原因导致员工死亡人数为 0，职业病筛查覆盖率 100%，职业病发生人数为 0。

其他有关指标。2022 年，兖矿能源 A 股股价最高 56.14 元 / 股，市值达到 2272 亿元，实现两年翻两番，兖煤澳洲市值首次突破 500 亿港元大关，A 股、H 股股价涨幅均领跑煤炭上市板块。兖矿能源启动实施第二期股权激励，成为能源行业实施两次股权激励的国有能源上市公司。荣获中国上市公司百强特别贡献奖、第十七届金圆桌奖之最佳董事会、第二十四届中国上市公司金牛投资者关系管理奖等荣誉，成功斩获第七届中国工业大奖，入选沪深 300 和上证 180 成分股，位居财富中国 500 强第 93 位，荣登全球矿业 50 强。兖矿能源劳动合同签订率 100%，劳动用工备案率 100%。走访慰问职工 4650 户，发放慰问金近 360 万元，打造形成“代理儿女”“金秋助学”等一批服务品牌。连续 7 年开展暖心志愿服务进社区活动，捐赠资金 9358.62 万元。兖矿能源是 A+H 股上市公司中首批自愿披露 ESG 报告的公司之一，已连续 15 年披露。2022 年，兖矿能源在 CDP 评级中位列中国煤炭行业第一名，并入选福布斯 2022 中国 ESG50 榜单，荣获全国煤炭工业社会责任报告发布优秀企业奖项。

三、结论

实施质量管理体系成熟度评价不是目的，实现管理和创新能力提升，实现企业与社会、企业与职工等相关方利益共赢，才是质量管理的精髓。兖矿能源必将珍惜取得的成绩，以提高发展质量和效益为中心，以价值贡献为导向，牢固树立创新、协调、绿色、开放、共享的新发展理念，加强管理体系建设，按照管理体系成熟度评价新标准和兖矿能源改革发展需要，创新质量管理体系内部审核方式，在全公司范围内进一步推进质量管理体系成熟度评价，及时整改存在的问题，提升公司和基层单位管理体系健康稳定可持续水平，为公司高质量发展，为质量强国做出新贡献。

主要创造人：黄霄龙
参与创造人：杨继贤

以“35N”质量对标模式打造一流质量企业的管理与实践

云南铝业股份有限公司

一、企业概括

云南铝业股份有限公司（以下简称云铝股份）前身为云南铝厂，始建于1970年，1998年改制上市（股票代码000807），2018年12月正式进入中铝集团，是“国家环境友好企业”、国家“绿色工厂”，连续六届获得“全国文明单位”，多年荣登《财富》中国500强企业榜单，是一家拥有完整铝产业链的绿色低碳企业。

云铝股份制定“依靠科技进步，推动管理创新，争创一流产品，实现顾客满意”的质量方针，以满足顾客要求为核心进行质量管理，通过ISO9001、IATF16949两个质量管理体系认证，建立从供应商的选择、评估，原辅料验收，生产过程控制到成品检验，市场销售等环节的过程质量管理体系文件，运用PDCA进行质量改进，持续提升质量管理水平、产品品质，实施质量控制过程。

在发展历程中，云铝股份牢牢把握质量、技术、品牌等关键要素，强化管理体系运行质量，提升管理成熟度，抓好产品实物质量和质量人才队伍建设，创新质量管理模式，将质量管理关键指标纳入质量对标体系中，逐渐提炼出“35N”质量对标管理模式。

二、质量工作的难点及解决的难题

铝行业受宏观经济走势以及铝行业整体景气程度的变化影响，产品质量尤为重要，同时大宗原辅料存在价格波动风险，特别是氧化铝、阳极炭素、石油焦、金属硅等的价格波动会直接影响到原辅料管控，从而影响到产品质量。通过质量对标提升原材料的控制水平，控制过程建立了原辅材料标准，建立了阳极炭块、工业硅、氟化铝、钛剂等企业质量标准。同时强化过程控制流程，在质量管理过程中，加大资源投入，为质量管理投入了生产、计量、检验分析所需的人员、监视测量设备、技术及工作环境。每年不定期对各实体企业进行质量管理、技术管理检查，针对检查不合格项下达整改通知单，限期整改、持续改进，提高质量过程的管控能力。

三、主要做法

（一）“35N”质量对标管理模式

以质量管理体系为基础，建立实施“35N”一体化对标质量管理模式，打造“3”个一流的质量文化要素，实施由原料到品牌端“5”个关键环节全流程质量对标闭环管理模式，采用六步法开展质量对标管理，分解“N”个指标，如图1所示，导入卓越绩效模式，通过培训及自我评价工作的推进，不断提高全员对全面质量管理的认知，将产品、服务、工作质量延伸到“追求卓越的经营质量”。

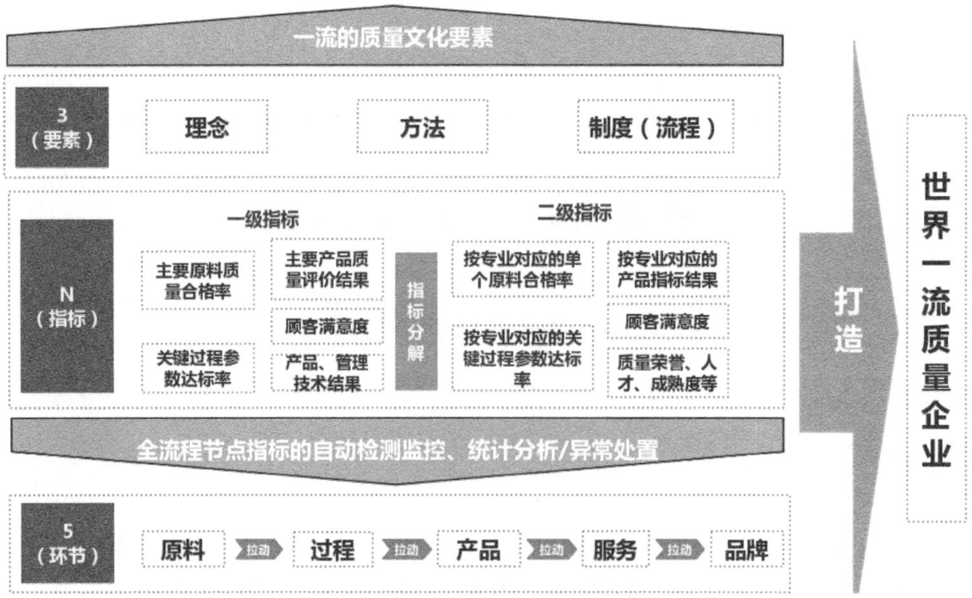

图 1 “35N”质量对标管理模式图

（二）“35N”质量对标管理模式的具体内容

“35N”质量对标管理模式是通过衡量、比较来提升企业竞争地位，主要是以优秀企业的标杆值与本企业进行比较、分析、判断，找出自身与优秀企业存在的差距，制订改进计划和措施，实施改进计划。具体内容包括以下几点。

1. 打造“3”个一流的质量文化要素

“3”个一流的质量文化要素主要是通过“理念”“方法”、“制度（流程）”体现，云铝股份坚持“科技引领质量取胜”的发展理念，从实际出发，从文化制度、理念、行为方法三个方面出发，在价值观、企业形象、员工行为上系统推进，逐步落地。

2. 实施原料到品牌端“5”个关键环节全流程质量对标闭环管理模式

“5”个关键环节，主要包括原料、过程、产品、服务和品牌。从源头开始，倡导全流程的质量管理，扎实做好技术标准化、作业制度化。通过先期的管控，从供应商的选择、评估，原辅料验收使用，再到生产过程的控制，生产合格优质的产品到成品检验，市场销售的环节，精准服务客户，一步步提高客户满意度，形成全流程质量对标闭环管理模式。

3. 采用六步法开展质量对标管理，分解细化“N”个指标

将“低成本、高质量、机制优、效益好”的工作思路和理念渗透到质量管理的各个环节，采用六步法开展质量对标管理，找准短板差距，细化落实措施，全面提升产品质量；坚持高标准选定标杆，对标一流企业，明确一级、二级对标指标，分解细化“N”个指标，做到分层级对标，持续提升质量、品牌竞争力。

（三）案例实施内容

云铝股份从 2018 年以来，坚持开展“对标先进、降本增效”技术质量对标工作，以降低成本、打好质量攻坚战为目标，进行指标分级管控，按层级落实责任。同时，按指标分级管控、压实各级责任的原则，将“对标先进、降本增效”技术质量工作列入各企业的绩效考核体系进行季度考核（图 2），以提高对标的质量。具体对标的内容如下。

1. 对标先进，争创一流

按照氧化铝、电解铝、炭素、铝合金等不同的专业类别对标历史最好的企业，通过与标杆关键指标数据对比，

制定目标，明确差距，制定改进措施，促进云铝股份向标杆看齐。推行的“选标杆—找差距—定目标—定措施—定责任人—定考核”六步法，跟踪督办、滚动循环、闭环管理，取得较好的成绩，持续提升云铝股份的核心竞争力。

2. 加强考核、落实责任

云铝股份为了激励所属各企业积极开展“对标争先”工作，营造赶、超、比、拼的良好氛围，云铝股份先将管控指标对标工作完成情况列入各企业绩效考核，制定了“对标争先专项考核方案”（图 3）并设立指标排名奖、指标进步奖、创标奖等的激励方式，达不到指标目标值的企业惩处分明。同时各所属企业也进行分解落实，精准考核，到岗位、到班组、到个人，环环倒逼，营造“人人学对标，人人懂对标，人人去对标”的文化氛围。

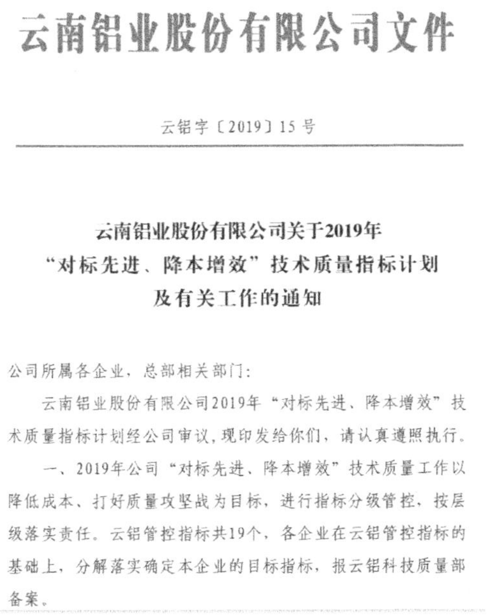

云南铝业股份有限公司文件

云铝字〔2019〕15 号

云南铝业股份有限公司关于2019年
“对标先进、降本增效”技术质量指标计划
及有关工作的通知

公司所属各企业，总部相关部门：

云南铝业股份有限公司2019年“对标先进、降本增效”技术质量指标计划经公司审议，现印发给你们，请认真遵照执行。

一、2019年公司“对标先进、降本增效”技术质量工作以降低成本、打好质量攻坚战为目标，进行指标分级管控，按层级落实责任。云铝管控指标共19个，各企业在云铝管控指标的基础上，分解落实确定本企业的目标指标，报云铝科技质量部备案。

图 2 “对标先进、降本增效”工作通知

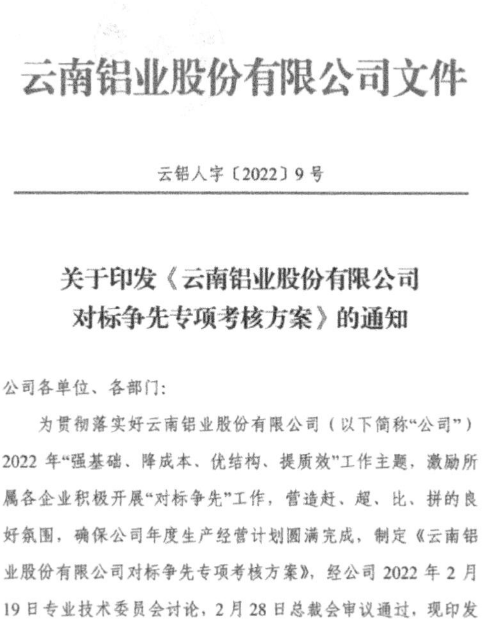

云南铝业股份有限公司文件

云铝人字〔2022〕9 号

关于印发《云南铝业股份有限公司
对标争先专项考核方案》的通知

公司各单位、各部门：

为贯彻落实好云南铝业股份有限公司（以下简称“公司”）2022 年“强基础、降成本、优结构、提质效”工作主题，激励所属各企业积极开展“对标争先”工作，营造赶、超、比、拼的良好氛围，确保公司年度生产经营计划圆满完成，制定《云南铝业股份有限公司对标争先专项考核方案》，经公司 2022 年 2 月 19 日专业技术委员会讨论，2 月 28 日总裁会审议通过，现印发

图 3 对标争先专项考核方案

四、应用成效

对标过程中，云铝股份注重实效，形成“每周汇报、每月排名”的专题例会机制，总结梳理对标过程的各项措施的落实情况，充分发挥对标提升标杆的辐射带动作用，抓实技术质量对标工作，提升质量管理效益。通过质量对标，2020 年累计较 2019 年度降本 20544.15 万元，2021 年累计较上年度降本 1762.54 万元，2022 年累计较上年度降本 21550.96 万元，2023 年截至 7 月份累计较上年度降本 10129.75 万元。

五、典型经验

依据生产需求、相关标准和客户需求，从源头着手，全面实施全流程质量控制，遵循质量管控流程与规定，形成层层有人抓质量、道道工序有人管的局面，把质量管理贯彻落实到生产中的每一个环节。同时，建立一套行之有效的质量管理体系必不可少，在实际生产中通过质量对标，不断细化班组管理、优化质量问题响应机制等方面，最终掌握过程质量控制的能力，全面提高产品实物质量水平。

六、推广价值及可复制性

为了提升云铝股份质量管理水平，满足品牌建设和高质量发展的需要，经过 5 年技术质量对标工作的不断探索，总结提炼“35N”质量对标管理模式，该模式在云铝股份9家实体企业技术质量管理方面推广应用。

2023年，中铝集团开展互动式网格化质量管理模式，云铝股份牵头开展一体化质量对标管理，提炼“3+5+N”质量对标模式，在中铝集团企业推广应用。下一步，按照计划，各企业对照确定的标杆指标，分析原因、制定措施，从源头着手，全面实施全流程质量控制，遵循质量管控流程与规定，形成层层有人抓质量、道道工序有人管的局面，把质量管理贯彻落实到生产中的每一个环节，不断追标创标，为把中铝集团打造成世界一流企业贡献力量。

主要创造人：杨万章

参与创造人：刘惠军、何美欣

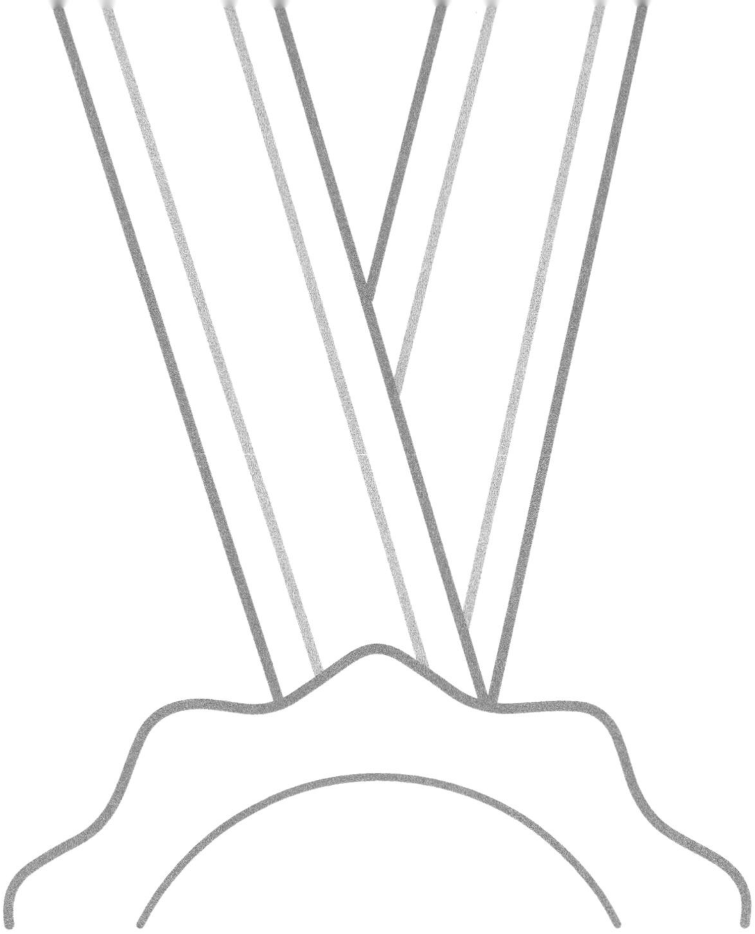

质量管理

优秀实践案例

白鹤滩水电站泄洪洞镜面混凝土质量管理创新与实践

中国三峡建工（集团）有限公司

中国三峡建工（集团）有限公司（以下简称三峡建工）是中国长江三峡集团有限公司的二级子企业，是三峡集团大型水电工程开发建设的实施主体，全面承接三峡集团国内外水电开发建设业务。

三峡建工秉持“为国担当、为民造福”的三峡精神，认真践行国家和集团赋予的历史使命，深入贯彻创新驱动发展战略，建立以企业为主体、市场为导向、产学研深度融合的开放式科技创新体系，扎实推进重点工程建设，加快核心业务战略布局。

二十多年来，历经三峡、溪洛渡、向家坝、乌东德、白鹤滩、巴基斯坦卡洛特电站等全球大型水电工程建设管理，内蒙古呼和浩特、浙江长龙山等抽水蓄能电站开发建设，以及风电、光伏电站、公共基础设施等工程项目的广泛参与，积累了丰富的项目投资、建设、管理经验。

一、项目概况

白鹤滩水电站（图 1）是金沙江下游四个梯级电站的第二级，位于四川省宁南县和云南省巧家县境内，是我国第二大水电站，是实施西电东送、优化我国能源布局和改善电力结构的关键电源点，主要建筑物包括混凝土双曲拱坝、地下引水发电系统和泄洪消能建筑物。泄洪建筑物由坝身 6 个泄洪表孔、7 个泄洪深孔和左岸 3 条泄洪洞组成。白鹤滩水电站的泄洪洞群承担了 12300m^3/s 约 30% 的泄洪任务，具有“高水头（205m）、高流速（55m/s）、高强度（C60）、大断面（15m × 18m）、大坡度（22.6°）、大泄量（单洞 4083m^3/s）”的特点。

白鹤滩工程建设者坚持创新引领，用“体型精准、平整光滑、耐磨防裂、零缺陷”的精品混凝土质量回应挑战。如今，泄洪洞已浇完的混凝土平整光滑，看不到一点瑕疵，过水养护后甚至呈现出镜面效果。镜面混凝土背后，是白鹤滩工程建设者为国内水电工程装备和施工工艺带来的重大革新。

图 1　白鹤滩水电站

二、白鹤滩水电站泄洪洞镜面混凝土质量管控难点分析

泄洪洞流道较长，在高速水流作用下，其抗冲磨、防空蚀等技术难度凸显，国内外因高速水流引起的泄洪洞破坏事例屡见不鲜，在高速水流作用下，由于施工缝、结构缝、表面不平整等缺陷及有害裂缝，是泄洪洞在运行期发生空蚀和冲磨破损的主要原因。受高速水流空化、气蚀影响，泄洪建筑物是电站运行期间最易出现破坏的工程部位，多年来行业内一直在探索水工隧洞高质量混凝土衬砌的可能，却始终未能取得突破。

三、管理目标、理念与方法

总目标：把白鹤滩水电站建设成“世界一流精品工程”。

管理目标：打造“体型精准、平整光滑、抗冲耐磨、无裂无缺”的“水电典范、传世精品”。

管理理念：锚定目标、踔厉奋发；超越自我、永不言败；创新引领、勇攀高峰；真抓实干、合作共赢。

“五精”管理法：精准析源、精明施策、精心组织、精益施工、精细控制。

四、管理机制与体系

白鹤滩工程建设部代表中国三峡建工（集团）有限公司履行工程建设质量管理责任，对白鹤滩水电站工程建设质量实施总管理、总控制。白鹤滩工程建设部组织成立涵盖参建各方的质量管理委员会，组织、督导质量管理工作，构建了业主主导、设计保障、施工负责、监理监管的责任体系（图2），形成上下联动、齐抓共管、全面覆盖的质量管理格局。

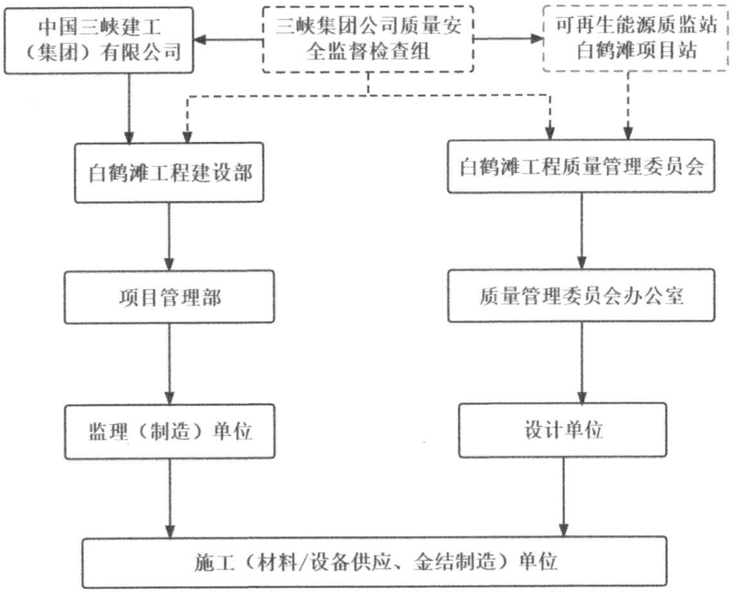

注：实线箭头表示直接管理，虚线箭头表示监督职能

图2　白鹤滩水电站工程项目质量管理体系框图

五、精品工程标准

为顺利建成白鹤滩水电站泄洪洞精品工程，按照“技术先进、经济合理、质量精品”的原则，制定了高于现有行业标准的混凝土精品工程质量标准（表1）。

表 1　泄洪洞混凝土精品工程质量标准

序号	项目	设计 / 规范	控制标准
1	体型	20mm	10mm
2	不平整度	3mm/1.5m	2.5mm/2m
3	内部最高温度	40℃	35℃
4	1m 范围内凹凸值	≤ 2mm	≤ 1.5mm
5	施工缝错台	无升坎、无跌坎	1mm

六、实施过程

（一）制定管理制度

（1）开工准备“五不开”制度。管理人员和作业人员未接受技术交底不开工、接受教育不合格不开工、资源配置不满足施工要求不开工、管理人员质量管理思路不清晰不开工、关键岗位人员未掌握关键质量控制措施及标准不开工。

（2）仓面验收“四不准”制度。安全设施不到位不准验收、工序质量不到位不准验收、入仓手段不到位不准验收、会签程序不到位不准验收。

（3）质量保证“三停工”制度。同一质量问题连续两次整改落实不到位停工；重点部位、关键工序质量控制不到位停工；施工质量下滑严重停工。

（4）仓面验收“三联单”制度。强化事前控制，在混凝土备仓过程中，要求施工单位、监理单位进行过程巡查，发现的问题在“三联单”（初检 / 复检过程验收联、终检过程验收联、监理工程师过程验收联）上明确写出整改要求。根据问题清单，作业队在备仓过程中消化、解决相关问题，从而提高仓面一次验收合格率。对于仓面开仓前验收时仍存在的问题，要求进行分析、研判，查明该问题未提前发现的原因及责任人，促使相关验收人员主动发现问题、主动提高自身业务水平。

（二）制定管理措施

1. 试验先行，样板引路

在泄洪洞工程建设中，研制了大量新型施工装备和创新施工工艺。为了确保施工质量的稳定性，每套装备、每项工艺均要求先在工程实体之外的试验点开展试验，细化、优化后再用于实体工程，要求第一仓混凝土即能够实现精品、形成样板，并以首仓样板为基础全面推广应用，实现仓仓精品。

2. 设置质量红线

高流速泄洪建筑物对混凝土质量缺陷极其敏感，通过建立质量红线管理机制，不断增强参建人员的质量管控意识、最大限度减少施工质量缺陷的发生。

（1）设定原则：应当避免而未避免造成工程永久损伤的行为；未按照明确的工艺标准施工，导致出现不合格且在半年内超过两次；明确禁止但仍违规作业造成质量缺陷；重复出现的质量缺陷累计达到规定次数。

（2）处罚措施：同一质量红线重复触犯，每次处罚金额在上一次基础上按倍数增加；参照“四不放过”原则追究触碰质量红线的责任人，同一责任人累计超过 3 次，调换岗位；对频繁触碰质量红线的作业队伍停工整改，直至清退出场并列入黑名单。

3. 典型质量案例分析

每周由项目业主选择一项现场发生的典型质量问题，作为典型案例，按照质量事故调查的程序，联合参建各方深入分析出现质量问题的直接原因、间接原因及责任人，追根溯源、揭示问题的本质，制定针对性措施进行整改，举一反三，避免同类问题发生。通过每周一案，消除影响施工质量的根本因素，对参建人员起到警示教育作用，提高一线管理人员发现问题、解决问题的能力，并达到每周解决一类问题以及发挥质量管理教育的作用。

4. 全面推行施工标准化

传统的标准化重在工艺流程而忽视工艺细节，特别是工艺的定量化标准，从而造成作业层面的粗放式施工。在泄洪洞工程的建设中，从工艺细节入手，通过理论研究和经验总结确定工艺操作的定量化标准，实现标准化施工。包括制定标准化工艺手册、作业明白卡以及标准化工艺视频等。

在推行标准化工艺时，按照“先固化、后优化、再量化”的原则进行推广应用。首先要按照确定的工艺流程和标准实施，培养工人的劳动习惯和劳动纪律，然后在实施过程中根据实施效果不断优化和调整，最后形成质量稳定、操作简单的成熟工艺量化标准。

5. 全面防范质量风险

一是在各分项工程施工前，由监理工程师组织参建各方根据类似工程经验开展质量风险辨识，形成质量风险辨识清单；再由施工单位总工程师（或质量副经理）牵头按工序分析，设立质量验收停检点，包括症结点、表现形式、检查手段、责任人、产生原因等内容；最后对识别出的风险点逐条制定简单易懂的有效防控措施，明确控制关键点、要因、落实责任人等。二是对于较大的质量风险，由施工单位制定应急预案，由监理单位组织开展应急演练，项目业主予以考评。三是对于在施工过程中仍然出现的已辨识的质量风险，定义为“质量事件”，按照“四不放过”的原则进行处理，甚至划定质量红线。四是对于未能辨识出的质量风险及时完善风险辨识清单并制定措施，举一反三、深入学习。

（三）统一思想，达成目标

建设之初，面对背景迥异、互不相识的参建各方人员，项目业主多次组织务虚会，对建设目标、管理措施和实现路径进行广泛讨论，使参建各方把白鹤滩水电站泄洪洞精品的建设理念入脑入心，成为参建各方的共同目标。

通过达成建设精品工程的共同目标，促使参建各方人员一边自我发现、一边自我实现，在保证工程建设质量的同时主动提升质量。特别是通过目标的统一，提高参建各方“一把手”对工程质量的重视程度，在建设过程中做到了建设方对关键仓位进行全程旁站，监理单位主要负责人在质量稳定前全程指导、监督，施工单位项目班子自首仓混凝土至最后一仓混凝土不间断轮流值班。参建各方以“不建精品誓不还”的决心开展工作，通过一次次挑灯夜战、一场场监督旁站，实现泄洪洞精品工程的建设目标。

（四）严格要求，精细管理

（1）“严”字当头。始终秉持严谨的作风，对工作认真、负责，不允许有“差不多”的思想。事前做好严密的策划，大到邀请行业专家共同研讨重要施工方案，小到每一仓混凝土开仓前技术交底，均要严肃对待。古人云“法乎其上，得乎其中；法乎其中，得乎其下”，通过严格的要求让每一个人养成为自己每一次承诺负责到底的习惯，言必信、行必果。

（2）“慎”重而为。白鹤滩水电站工程是千年大计，不能为后期运行留下隐患，每一次决策均要深思熟虑、慎而为之。面对高速水流气蚀破坏的风险，每一道施工工序、每一个施工细节均要小心谨慎，不留缺陷、不留遗憾。

（3）“细”出精品。在细节上下功夫是解决混凝土施工质量缺陷的关键，要求所有参建人员关注细节，始终用一丝不苟、细上加细的态度对待每一仓混凝土。

（4）做到“三个吃透”。一要吃透本质。参建人员不能机械地去做工作，需要明白其中的因果关系，理解事物背后的根本原因；二要吃透技术。参建人员不仅要知道怎么干，还要弄明白为什么要这么干。特别是一线作业工人，更要掌握工艺的要点及原因，做到有的放矢；三要吃透规律。任何事物都有自身的规律，把握好自然规律，顺势而为方可事半功倍。

（5）落实“三个精准”。一是精准控制施工时间。衬砌混凝土施工必须与其自身凝结规律相适应，各施工工序对时机的把握要求非常严格，必须做到时间的精确控制。例如，在混凝土收面过程中，时间过早会留下印痕，混凝土表面平整度反而较差，时间过晚混凝土可塑性较低，此时不平整度超标也无法通过压抹进行调整，影响施工质量。二是精准控制施工设备。设备的精度决定了成品质量的精度，要求设备的精度优于混凝土的质量控制标准。例如，在泄洪洞边墙混凝土衬砌备仓中，要求做到台车面板每仓必检，面板不平整度不超过1mm/2m靠尺，浇筑过程中利用百分表对台车面板变形进行监控并及时调整，确保衬砌混凝土满足不平整度不超过2mm/2m靠尺。三是精准控制施工细节。“细节决定成败”，要解决衬砌混凝土质量缺陷难题，就是要从细节中找到答案。深入现场，仔细研究每个工序、每道环节的合理性、准确性及可提升性，沉下心从观察到模仿再到指导提升，从混凝土下料、浇筑、振捣、到抹面、养护全过程都做到了精细化。

（6）创新工艺流程。从泄洪洞第一仓混凝土浇筑起，施工团队就坚持精准析源、精明施策、精心组织、精确控制、精益施工的“五精”管理方法，总结出既能满足作业环境，又能达到质量要求的泄洪洞常态混凝土浇筑工艺工法，发明了“施工缝零缺陷施工工艺”“底板五步法收面工艺”等一系列创新型施工工艺。

七、取得的成效

（一）建成世界一流的精品泄洪洞，树立了行业典范

白鹤滩水电站泄洪洞工程的完工，是行业内首次实现水工隧洞衬砌混凝土的无缺陷建造，提高了衬砌混凝土质量标准。建造过程中各项技术均达到世界领先水平，再一次为填补世界水电建设技术空白提供了中国智慧。

白鹤滩泄洪洞全过流面采用低坍落度混凝土施工，衬砌混凝土体型偏差小于6mm、不平整度小于2mm/2m靠尺，彻底消除了混凝土各种质量顽症，建成了“体型精准、平整光滑、无裂无缺、抗冲耐磨”的世界一流的精品泄洪洞（图3、图4），树立了行业典范。

图3　泄洪洞镜面效果

图4　泄洪洞挑流鼻坎效果

泄洪洞已累计泄洪260h（图5），实测最大流速55m/s，为世界之最。在大泄量、高流速、长时间的运行条件下，泄洪洞经受了严峻考验，没有发生气蚀破坏和冲磨破坏，过流面完好无缺，镜面如初（图6），具备长期安全稳定运行的条件。

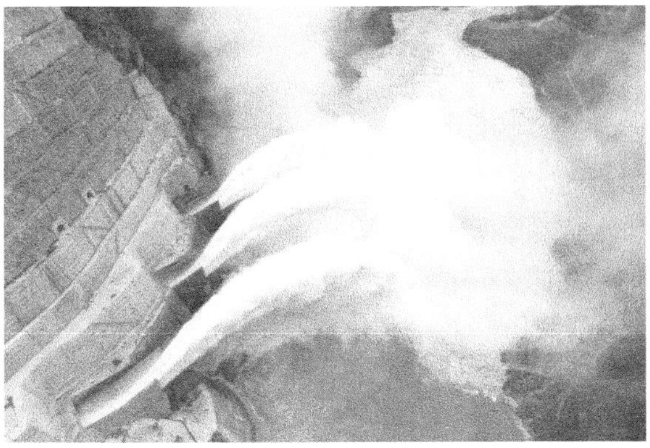

图 5　泄洪洞三孔泄洪

图 6　泄洪后效果

（二）研发新型的抗冲磨材料及系列的施工工艺，推动了行业发展

一是研发应用“两高、两低”（高标号、高掺粉煤灰、低热水泥、低坍落度）的混凝土配合比，提高了混凝土抗冲耐磨能力，为解决温控防裂难题和无缺陷建造奠定了坚实基础。

二是创建了边墙施工缝零缺陷、底板施工缝无缝衔接的成套施工工法，解决了施工缝漏浆、错台、缝面缺损等质量缺陷顽症，实现了全洞段施工缝的“零缺陷”成效。

三是发明一系列镜面混凝土创新工艺，实现衬砌混凝土无缺陷建造，彻底解决了衬砌混凝土施工质量缺陷。

总之，白鹤滩水电站泄洪洞工程首次实现全过流面浇筑低坍落度混凝土，并研发基于薄壁结构衬砌混凝土的智能温控技术，解决了衬砌混凝土“无衬不裂”的世界难题，发明“施工缝无缝衔接工艺”等一系列创新工艺，彻底解决了衬砌混凝土施工质量顽疾，过流面达到了2米靠尺检查不平整度小于3毫米的标准，实现了体型精准、平整光滑、无缺陷，养护状态下呈现镜面映射效果，在业界被誉为“镜面混凝土”，确保了泄洪建筑物运行期安全，成为白鹤滩水电站世界一流精品工程的一张名片。

（三）探索形成精品工程项目管理范式，提升了建设管理水平

在白鹤滩水电站泄洪洞工程的建设中，坚持高质量发展，全面推进典范精品工程建设。坚持“千年大计，质量第一”的质量方针，以“建世界一流精品工程，铸大国重器水电典范”为质量目标，重策划、强过程，勇创新、铸典范，筑牢广大职工精品意识，实践了精品工程的建设理念与要求，增强了参与大国重器建设的自觉性和自豪感。泄洪洞镜面混凝土质量管理创新与实践，创设了工程参建各方思想统一、职责明确、奖罚分明、求真务实的建设管理软环境，为泄洪洞工程的高质量、高标准建造提供了坚实的理论基础和实践经验。

主要创造人：王孝海

参与创造人：杨兴旺、薛　松

航天装备制造企业产品质量精品工程管理

北京航星机器制造有限公司

一、企业概况与项目简介

（一）企业概况

北京航星机器制造有限公司（以下简称航星公司）始建于1949年，是中国航天科工集团第三研究院所属的大型军工科研生产单位，飞航产品总装单位，先后承担了二十余个类型的研制生产任务。公司技术装备先进，在数控精密加工、数字化总装、复杂件铸造与检测、焊接装备与技术、热成形技术、增材制造等专业领域实力雄厚；同时，在安防装备研制生产、智能装备制造、自主可控计算机集成的军民融合产业方面具有优势技术和产品。

航星公司具有完整的质量保证体系和经营管理体系，1991年晋升为国家一级企业，先后通过了军品GJB/Z9001质量体系、职业健康安全管理体系、环境管理体系认证和国家军工科研生产单位一级保密资格认证，先后荣获国家科技进步特等奖、全国思想政治工作优秀企业、航天优秀企业、中国明星企业、全国质量效益型先进企业、航天部和北京市质量管理奖、北京市守信企业等荣誉，获得北京市高新技术企业证书。

航星公司高级工以上技术工人占工人总数的73.8%。先后3人次获得“全国劳动模范”和“五一劳动奖章”，近20人享受政府特殊津贴；13人获得中国航天基金奖，1集体获得中国航天基金奖集体奖；77人获国家、集团和院级技术能手、技能大奖（其中1人获中华技能大奖称号、8人获全国技术能手称号），35人获国防工业“511”高级（优秀）技能人才、集团公司中青年技能接班人、北京市有突出贡献高级技能人才等称号，7人获集团级、院级青年创新型拔尖后备人才和青年创新型优秀后备人才。航星公司是“先进成形技术与装备”“金属成形技术与重型装备”两个全国重点实验室组成单位，是科工集团金属轻量化结构特种成形创新中心、金属成形工艺中心，以及10余个各类技术中心、联合实验室挂靠单位。

（二）项目简介

随着国际形势不断升级，科技不断发展，企业为满足国家的需求，面临了大量技术难度大、生产制造周期短的科研生产任务。企业为保证能够始终贯彻零缺陷的工作要求，通过有效的技术与管理手段提高制造质量，同时强化各环节的检验把关工作，确保参加飞行试验的产品各零部组件100%合格，确保产品总装过程100%合格，确保产品试验数据100%齐套，最终实现以质量创品牌，以品牌争任务、创效益。在项目实施过程中。此次项目实施以“PDCA”循环为推进主要实施思路，以零缺陷指导思想，通过建立推进机构，加强组织领导，强化理论研究、加大保证力度、突出试点引领及强化持续改进等方式开展项目工作，最终形成用以指导重点研制产品精品工程的质量管理体系，切实实现工艺技术零隐患、计划调度零失误、材料器件零瑕疵、设备设施零故障、生产操作零差错、过程记录零遗漏、产品实物零缺陷、试验验证零遗憾，如图1所示。

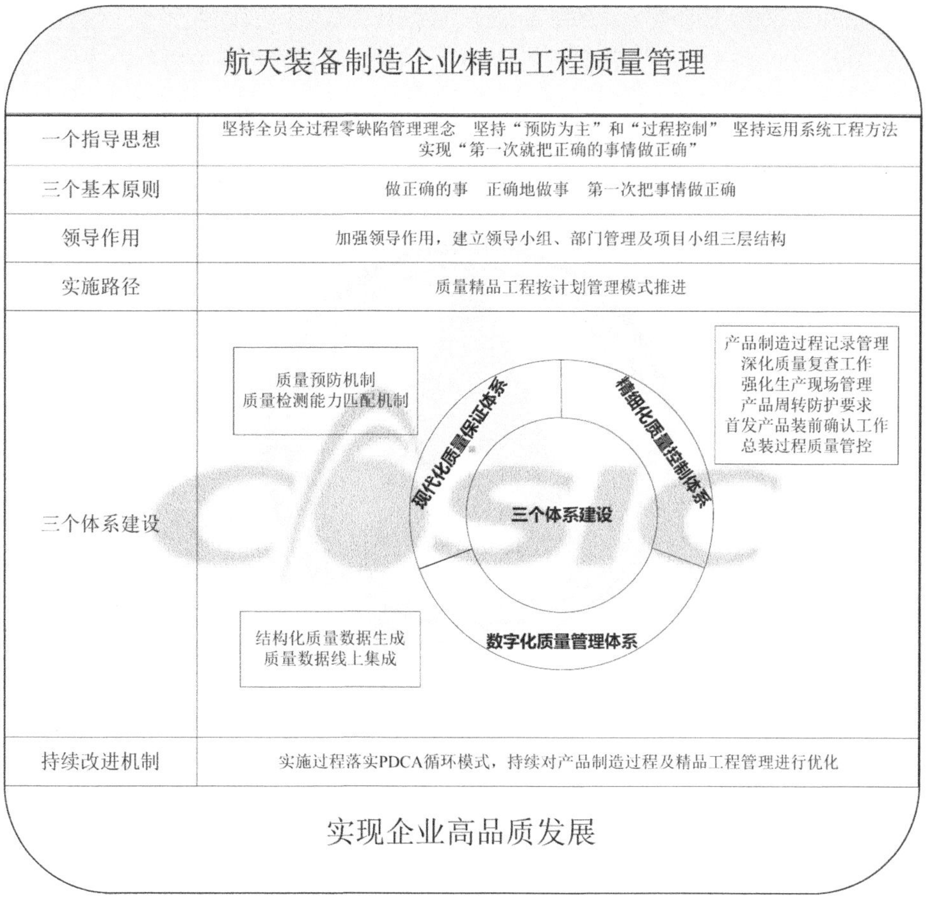

图1　项目主要内容示意图

二、企业质量管理战略

航星公司以习近平新时代中国特色社会主义思想为指导，贯彻落实党中央、国务院、中央军委决策部署，按照集团公司以及三院关于“四三一”的总体思路要求，坚持“质量第一”，深化全员“零缺陷”质量意识，牢固树立“质量是政治、质量是生命、质量是效益”的质量理念，持续优化质量工作机制，构建新时代装备建设质量管理体系，提升质量监督效能，细化量化过程控制，夯实质量基础基石，创新应用质量管理新工具、新方法。严格遵循集团公司提出的四个坚持基本原则，坚持“零缺陷”、坚持体系为基、坚持依规治质、坚持创新引领。以基本建成世界一流飞航总装单位为目标，不断提升单位的质量治理能力和产品质量竞争力，将这两项能力作为企业核心竞争力的支撑和质量表征，将质量表征的要素实现量化评价。最终实现以质量促效益，以质量创品牌。

三、主要做法

（一）加强组织领导，强化精细管理

单位党委领导班子及各部门中层干部，特别是各级质量第一责任人，有着强烈的质量责任意识。一是加强组织领导，抓好统筹协调，形成了责任明确、密切配合、齐抓共管的工作局面，营造了积极向上的治理氛围。二是加强计划管理，将质量工作的各项要求与措施进行分解，并制定相应的工作节点，形成了切实可行的计划，实现了质量工作的提升。

1. 成立组织机构

成立公司精品工程领导小组和精品工程实施项目小组。精品工程领导小组主要负责精品工程的领导与指挥，确定工作方针、目标，对重大事项进行指导和决策；精品工程实施项目小组根据单位内承担产品项目情况进行建设，由项目行政负责人担任领导，负责组织落实领导小组的相关要求，及时向领导小组汇报各项工作的进展情况，负责组织本项目精品工程的实施，负责完成领导小组交办的其他工作。通过领导小组、部门管理及项目小组的三层管理，建立起规范性强、针对性高且具备较高活力的海星型精品工程实施队伍，如图 2 所示。

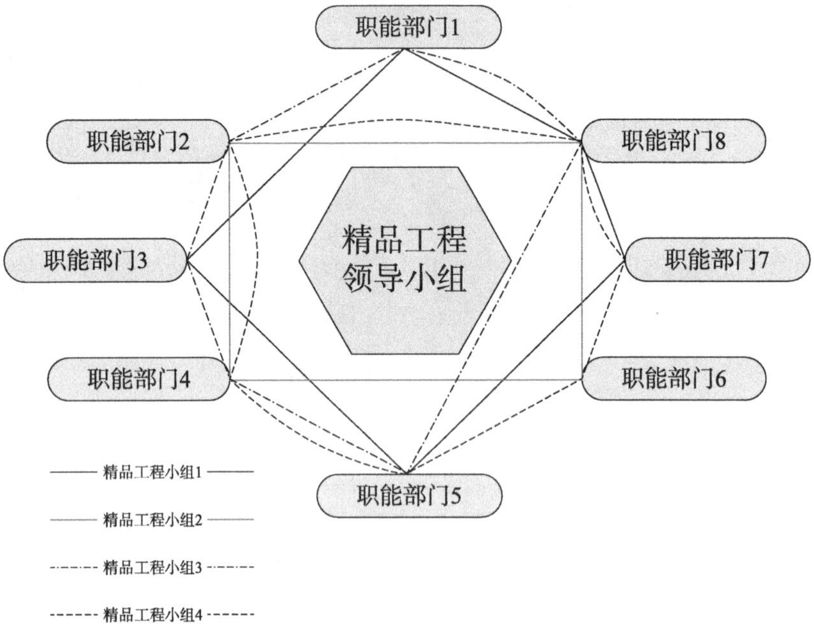

图 2 精品工程实施机构

2. 严格要求，确保质量

企业严格按照精品工程的要求，结合科研生产任务的实际情况，对关重产品进行的质量情况提前开展计划工作，并将质量工作计划纳入科研生产调度计划。除首件鉴定计划、产品复查计划及出单位计划等传统质量计划外，将质量预防中的验证工作纳入计划，同时对工艺能力储备进行估算，确认出加工工艺对设计要求是否有充足的裕度，对于裕度较小的，制订专项计划，同时增加相应的工艺验证产品数量，确保正式产品的制造结果符合使用要求。

（二）建立现代化质量保证体系

1. 产品制造过程质量管控的预防机制

产品制造过程质量管控的预防机制是零缺陷的核心措施，也是企业为达到预期效果重点开展的重要措施。在产品制造准备阶段，由企业工艺主管部门对产品制造过程进行分析，编制下发《关键要素控制清单》，各专业严格按要求落实，在正式投产前进行型号专项工艺纪律检查，检查《关键要素控制清单》落实情况。

在研制产品生产前，将工艺仿真纳入工艺准备流程，关键环节 100% 全覆盖，开展型号装配仿真，实现各关键部件增材制造、机加、焊接仿真后开展工艺准备，从实物工艺验证向虚拟仿真迭代，确保工艺具体可行，正确指导产品生产操作，如图 3 所示。工艺文件内应规范关键产品工艺控制要点，量化工艺要素，提升工艺文件的可操作性和可检验性。

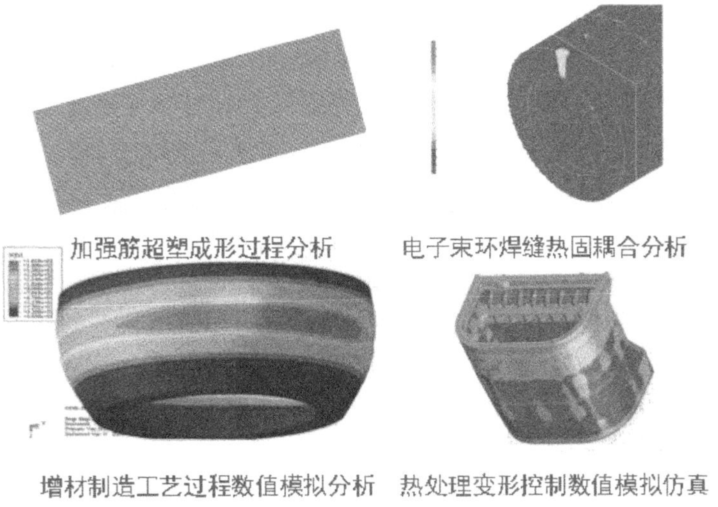

图 3　工艺仿真预防能力

在批产产品首次批产、停产间隔较长时或首次研制生产时，在工艺准备阶段，工艺人员需要向操作人员进行技术交底，操作人员在确认完成工艺要求后开展生产工作。在开始制造产品前，操作人员须检查设备、刀具、工装、射线源及量具等生产用具的完好性。

产品制造验收技术条件及图纸模型内对于需要重点关注的生产环节均明确测量的要求及记录的方式，将需要重点关注的内容按照设计要求明确，结合产品研制过程的风险点，增加需严控内容的记录要求。对于复杂结构件在产品加工之前对尺寸类型进行识别，明确可采取在线检测、试装等方式进行检验的内容，并按照设计文件要求，与设计确认后再实施。验收过程出现问题时，检验人员需第一时间向技术人员反馈，技术质量问题的处理工作由技术、质量组织执行，问题发生后 1 小时内确定处理方案。同时根据产品的检验结果，对加工工艺及生产过程不断进行优化。

2. *产品制造过程质量检验能力匹配机制*

为保证企业制造的产品质量符合要求，需不断加强企业的检测能力。只有掌握能够对产品质量客观评价的技术手段，才可持续对产品制造过程进行优化，逐步实现零缺陷，如图 4 所示。为实现这一目标，先后引入力

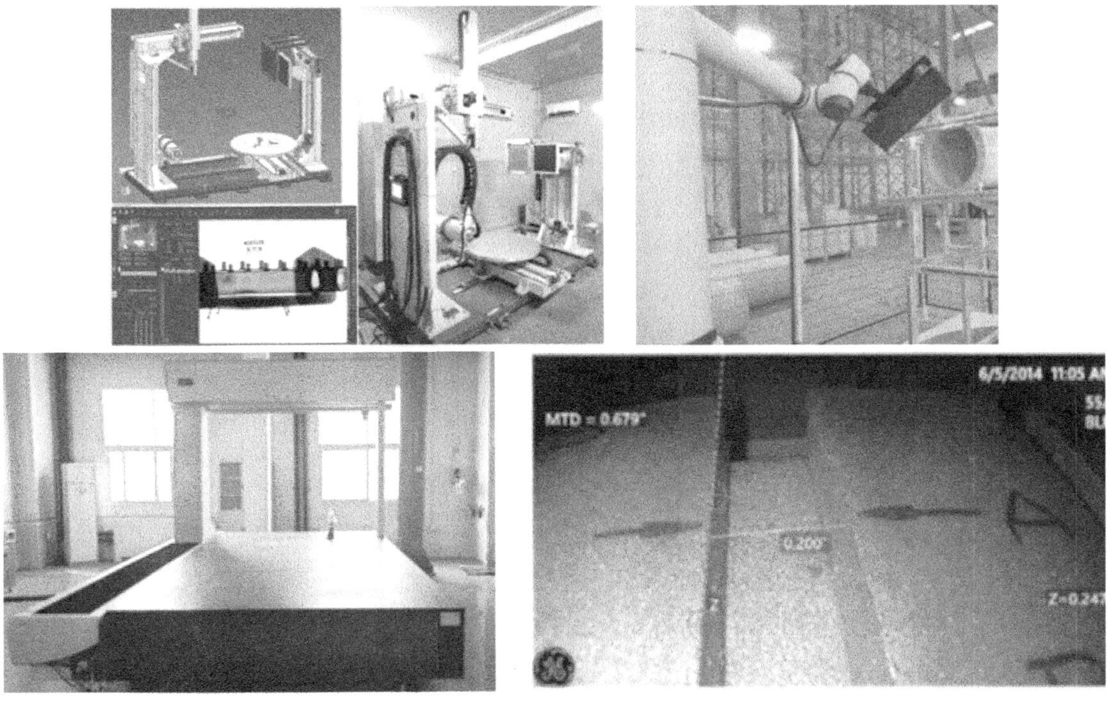

图 4　质量客观评价技术

学拉伸性能自动化检测能力、电装焊点质量图像识别能力、自动化三维扫描检测能力、DR 数字化射线检测能力、CT 切面检测能力、大尺寸零部件空间尺寸检测能力及狭小空间间隙检测能力等检测技术，企业检测能力全面提升。同时，企业创新地实现了以三维扫描为辅，其他测量手段为主的验收模式，即通过对产品的全特征进行三维扫描检测，比对分析检测产品是否存在较大超差内容。对于要求较高的尺寸，根据尺寸要求选择其他精度较高的测量手段进行验证，保证了产品的验收质量。企业不断提高在线检测率，将检验过程融入生产制造流程，逐步实现自动检测工序的特性参数。以在线检测代替人工检测，逐步实现生产制造过程的在线自动采集、汇总及判读，数字化在线检测率逐步提高。同时建立检测数据信息采集网，实现检测数据的动态流动和动态分析。

（三）数字化质量管理体系

航天企业各级单位质量管理系统都具有不合格品审理、质量报告管理、质量试验管理、质量问题上报及体系审核等功能，在宏观质量管理方面，已经建立起一个相对成熟的信息系统管理体系。但对于各类供应链产品的入单位复验质量数据以及自制产品制造过程的质量信息仍大多采用手工纸质记录的方式进行管理，未在相应的信息系统进行数据采集，更缺乏统一的平台进行质量数据的汇总管理及结构化分析。这种现状直接导致了产品质量信息仅作为证据性材料存在。这种质量数据的管理现状导致产品质量数据的可用性低，丢失率大，可分析性差，不利于产品的质量管理。

为实现产品制造过程的质量数据可以进行多维度的统计与波动分析，具有较强的时效性，有效支撑循证决策工作的开展，企业从顶层需求出发，充分利用信息化技术，将质量数据结构化、集成化，建设出统一全面的质量全过程数字化质量管理体系，在一个平台上集中进行质量过程的管理，消除信息孤岛，高效进行质量追溯处理及管理决策。通过信息系统将质量全业务过程的质量复验记录、不合格品处理记录、履历书记录，按照实物 BOM 的呈现方式来形成完整的质量数据包，最终达到通过物料编码 + 编号的唯一识别来开展质量的正向追溯和逆向追踪，如图 5 所示。

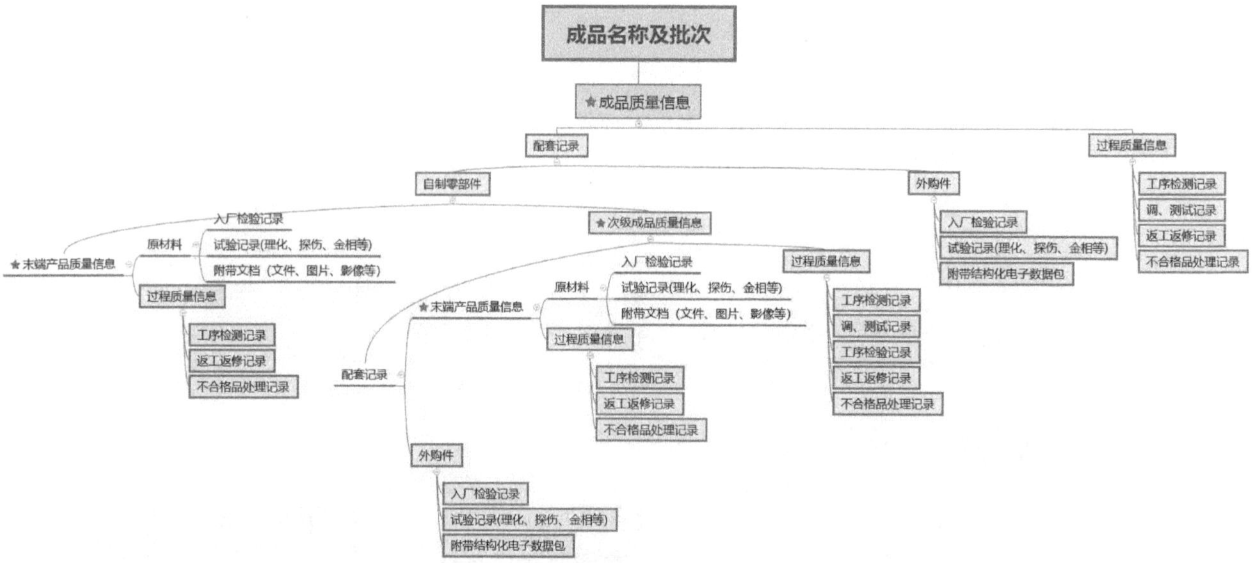

图 5　产品结构化质量数据搭建

产品身份信息与实物的绑定通过挂牌等形式实现，采用二维码的方式存储产品的重点信息，包含产品的订单号、产品编号及个数等。信息系统内可通过产品的订单号获取产品的物料信息，即产品名称及图号的信息，产品全流程使用二维码内的数字信息实现身份绑定，对于有特殊要求的数字编号信息，包含铸件及锻件的炉号、电器控制盒编号及成件编号等信息，通过信息系统内建设对应的标签，将这部分的数字编号与产品身份信息中生成的编号进行绑定，这部分数字编码可作为辅助身份信息使用，产品实物上仅可出现标牌上二维码和身份标识上系统生成的产品编号，从而实现产品身份信息的唯一性及可传递性，同时实现产品身份信息与实物的绑定。

产品的制造涉及焊接、热处理、铸造、增材制造、机械加工及装配等多种加工工艺，每种工艺所产生的质量信息都具有其专业特点。为了实现所有产品质量数据结构化的目标，逐个专业梳理产品质量数据的特点，制定不同的量化方式及采集策略，如机械加工产生的质量数据多为较为直观的尺寸数据，同时要求较为明确，因此直接采取数据录入并进行数据进行区间判断，具体的表现形式如图 6 所示。

检验记录表

产品（令号）：×× 零部件名称：×× 图号：××
检验员：×× 编号：×× ××年 月××日

产品图纸标称值	上限	下限	实测结果	检验结论	检测量仪
10	10.10	9.90	10.02	合格	卡尺 150mm
20	20.10	19.90	20.02	合格	卡尺 150mm
30	30.10	29.90	30.02	合格	卡尺 150mm
15	15.10	14.90	15.02	合格	卡尺 150mm

图 6 机械加工专业样例

铸造焊接等专业对于质量记录的需求占比最重的产品无损检测结果，即通过射线检测等手段来判断加工过程是否存在内外部的缺陷，在论证之前这部分的质量数据多为定性描述，结构化程度低，可分析程度较差，为保证质量管理的需求对这部分的质量数据采集及量化进行了优化，将缺陷类型模块化固定，将缺陷数量作为变量进行控制，将最大缺陷按面积或长度进行填写，最后所有缺陷的综合描述情况使用文字描述。这种方式可实现无损检测部分质量数据的结构化，为 SPC 的自动化分析创造了有利条件，具体的情况如图 7 所示。其余专业均按照可量化、可采集、可分析的思路对产品制造过程的质量信息结构进行优化，确保符合质量数字化应用的需求。

无损检测报告

无损检测日期： 年 月 日（系统读取）   报告号：（手工）

订单号	系统读取	产品代号	系统读取
零件名称	系统读取	生产批次	系统读取
零件图号	系统读取	零件数量	手工
产品编号	扫码引用或手工录入	材料牌号	系统读取
热处理状态	手工	检测标准	手工
检测方法	X光射线检测		

按工艺要求进行检测：

序号	加工方式	缺陷类型	数量	最大缺陷	缺陷描述
	（下拉菜单，可选焊接、增材、铸造等）	（下拉菜单，可选欠铸、沙眼、气孔、疏松、缩孔、夹杂、裂纹、冷隔等）			

图 7 无损结果结构化数据转化

最终通过数据统计分析工具包括 SPC 等，实现自动分析，为质量决策提供支撑。同时可从不同的维度对质量全过程数据以不同呈现方式来展现，从而使质量管理可全面落实并监控执行，达到提前预防，科学决策目的，如图 8 所示。

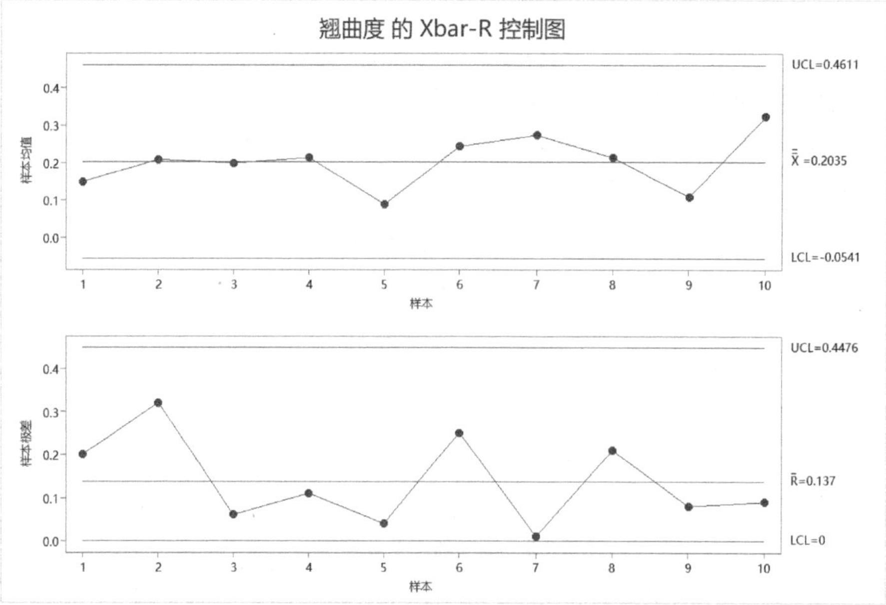

图 8　数据分析样例

（四）精细化质量控制体系

1. 产品制造过程记录管理

严格多媒体记录管控要求，为保证产品总装过程多媒体记录的准确度与可追溯性，以达到精品工程的目标，做到每发产品总装过程均可通过多媒体记录复现，提出明确的要求，通过前几个产品多媒体记录的快速迭代，质量部及时组织多媒体记录审查，形成每个型号产品的拍摄样片库。

2. 产品质量复查落实到生产全过程

企业在产品交付制造完成之后，由质量管理部组织生产过程复查。复查工作包括产品是否符合“五清六分批”（产品批次清、质量状态清、原始记录清、数量清、炉 / 批号清；分批投料、分批加工、分批转工、分批入库、分批装配、分批出单位）的要求。复查生产过程中超差代料情况是否明确（列出具体项目、原因、影响、改进措施、审批手续）。复查生产过程中不合格品审理情况。复查产品的标识和可追溯性，特别是产品履历书中零部件、元器件、标准件、紧固件等批号是否标识记录、可追溯。复查产品生产过程中的“三单”（即设计更改单、技术通知单、现场问题处理单）是否落实到图纸、设计文件、工艺文件和实物产品中。复查生产过程中操作人员是否严格执行工艺文件的规定，并按要求进行生产过程记录。复查检验人员是否严格按照规定进行检验，检验数据是否齐全可追溯，并履行不合格品控制要求，对返修、返工产品是否进行复验。复查产品周转、转运、工序间流转过程和记录是否完整、规范。复查工装管理是否符合要求。复查各成件产品软件版本号是否与总体的输入一致。复查在生产制造过程中使用的设备是否按时计量检定。以舱段装配完成为时间节点进行多媒体记录复查。复查称重水平测量、导通绝缘记录规范性。针对焊缝、紧固件等周期长、风险高的内容紧前开展专项复查，提前释放风险，在产品焊接完成后及时组织型号外专家对焊接工艺、射线底片、多媒体记录等内容进行复核。

3. 生产现场精细管理

产品生产、装配现场严格落实定置管理和多余物管理制度。时刻保持工作场地清洁、整齐，工具、工装及测量仪器均有专人管理清点，每项任务完成前后均对工具、工装等进行清点整理，进入操作单位房，按照要求更换服装，操作人员身上不准携带诸如手链手环等可能产生多余物的饰品。严格控制装配用辅料，剩余部分及时清理出现场，每道工序后均应及时清舱，交付检验，操作人员离开现场，将产品封舱或盖好，以防多余物进入装配区，工作区域严禁无关人员出入。贯彻落实多余物防控要求，在工艺、生产、检验环节均要预防多余物的产生，必须及时进行舱段级产品清舱，避免多余物带入后续环节。

4. 落实产品周转防护要求

企业在产品生产制造过程中使用了大量的热防护材料，具有常温硬度低，划伤、磕碰后容易发生损坏，接触污物、水渍、油渍等易受到污染的特点。在工艺设计阶段，要根据产品特点制定封堵、防护及转运等措施；在粘接、机加、涂覆、装配及存放、周转、运输环节中，要重点进行防护；在对热防护产品加工过程中，要将具体防护的措施落实到位。

企业强化带热防护产品交接转运过程的质量管理，在每个交付环节及开箱环节需采取多媒体记录的方式，同时明确拍照环节、拍照位置、所需张数，并将此项要求落实在技术文件内，确保热防护的产品质量受控。成型后的热防护产品放置在专用包装箱内，在干燥通风的库房 / 单位房内贮存，应视情记录（时间间隔不大于 24 小时）库房的温湿度情况，严禁与油类、碱性以及挥发性物质混放。

5. 首发产品装前确认工作

所有型号首发产品在进入总装前，由质量部牵头组织技术部主管工艺、各承制部门主管工艺及承制专业检验等共同在产品实物现场，对关键特性、关键配合尺寸及技术更改等内容进行再确认，确保产品不带问题进入总装，对于在确认过程中发现的问题登记在册，开展质量问题追责与举一反三工作。

6. 总装过程质量管控

产品总装环节严格执行表格化管理，总装控制表编写完毕后，由编制责任部门组织公司外专家以及设计人员，对总装控制表进行评审。产品进入总装后，质量部组织定期开展表格化落实情况和质量记录符合性监督检查，确保数据实测记录准确完整，签署确认及时有效；对产品装配的关键重要环节实施多媒体影像记录，保证生产过程质量的可追溯性和质量信息的置信度。严格规范总装过程，关键环节严格按照设计要求编制工艺规程，操作过程严格按照工艺规程执行。对于大型试验后的状态检查，工艺人员应与设计人员对接，明确检查要求，编制《试验状态检查控制表》，在工艺文件和控制表中将检查状态、内容、多媒体记录等要求明确在内。

（五）持续完善质量改进机制

加强对产品质量管控的监督与评价机制，按照 PDCA 的解决思路，明确相应的考核指标和方法，建立自我完善和持续改进的机制，持续推进质量工作的监督落实，对精品工程的贯彻实施情况进行考核、表彰和处罚，确保产品目标顺利实现。

四、实践成果

企业通过实施精品工程质量管理模式，增强了以计划推动“零缺陷”的意识，建立了打造精品工程三大质量体系，明确了实施路径，提升了质量效能。

在精品工程实施的过程中，强化了基础管理，提升了质量治理能力和产品质量竞争力，全面提升了产品质量。

（1）精品工程实施的项目大型试验 100% 成功，大型试验故障率为零，产品生产制造过程达到了零缺陷，总装后的产品 100% 合格。

（2）参与竞争的精品工程项目，实现了预期目标。

（3）精品工程项目顾客满意度持续保持在 99% 以上。

主要创造人：岳小宣

参与创造人：秦海平、戴天方、王　军、王春娣

“N+ 质量”管理模式构建与应用

北京同仁堂健康药业股份有限公司

一、企业简介

北京同仁堂健康药业股份有限公司（以下简称同仁堂健康）是同仁堂集团七大二级集团之一。同仁堂健康聚中华养生文化与现代创新科技于一身，集健康产品与健康服务为一体，为用户提供覆盖养生、保健、诊断、治疗的全生命周期的健康管理方案，始终走在大健康产业发展的前列。

作为拥有 354 年历史中医药老字号企业在大健康领域的战略分支，同仁堂健康始终不忘初心，坚持传承精华、守正创新，为实现“集百草而香天下、普健康而惠众生”的企业愿景，一直秉承“同修仁德，济世养生”的理念、“修合无人见，存心有天知”的准则、“炮制虽繁必不敢省人工，品味虽贵必不敢减物力”的古训。在全球范围内建立了 12 大生产基地，产品覆盖滋补养生、营养保健、天然草本、健康饮品等领域。同仁堂健康拥有 1600 余家线下门店，线上业务爆发式增长，持续占领京东、天猫等平台滋补类头部 VIP 商家地位，通过 O2O 链路融合，形成了线上、线下一体化的终端销售网络。

多年来，同仁堂健康坚持“研、产、供、销”的经营模式，拥有国家级工程研究中心及国家 CNAS 实验室等科研平台，承担多项国家“863”计划项目。为持续引领大健康行业高质量发展，同仁堂健康始终践行“一个基础、两个目标”的质量战略，形成了从生态原产地到工业制造、商业零售、产品化落地直至质量品牌建设的全产业链、全生命周期的质量管理模式，构建了强服务、促改进、可溯源、严管控的全新质量管理机制，实现了产品与服务质量双提升。以智能制造 4.0 为核心的“中医药产品智能制造新模式应用”入选工信部智能制造综合标准化与新模式应用项目，树立了中医药智能制造模式标杆。

二、构建“N+ 质量”管理模式

随着大健康产业的蓬勃发展，同仁堂健康呈现出业态多元化、产业融合化、发展个性化等新特征。为全面落实同仁堂集团“十四五”规划的各项要求，大力推进全面质量管理，更好地服务各项业务的发展，同仁堂健康创新性地提出了 360 度全方位的“N+ 质量”管理模式：“N”是指企业现在和未来的所有业务，“N+ 质量”就是要将质量更好地融入业务，成为业务的合伙人、建立战略合作伙伴。

为明确实现路径，同仁堂健康提出了“1224”的战略沙盘（图 1）：即 1 个目标、两个驱动、双向贯通和四条通道。“1”个目标指基于客户价值导向的质量运营目标。“两个”驱动指“零缺陷”和“一个基础，两个目标”双质量战略驱动。“双项贯通”指横纵两条链的全部拉通，纵向是从客户需求到客户满意供、产、销、服自上而下的拉通，横向是前端销售、后端供应通过过程管控和追溯体系实现两套质量能力双对齐。四条通道是以“N+质量”为核心，并联起实现形式、角色定位、创新思路和提升工程而打造的落地路径。

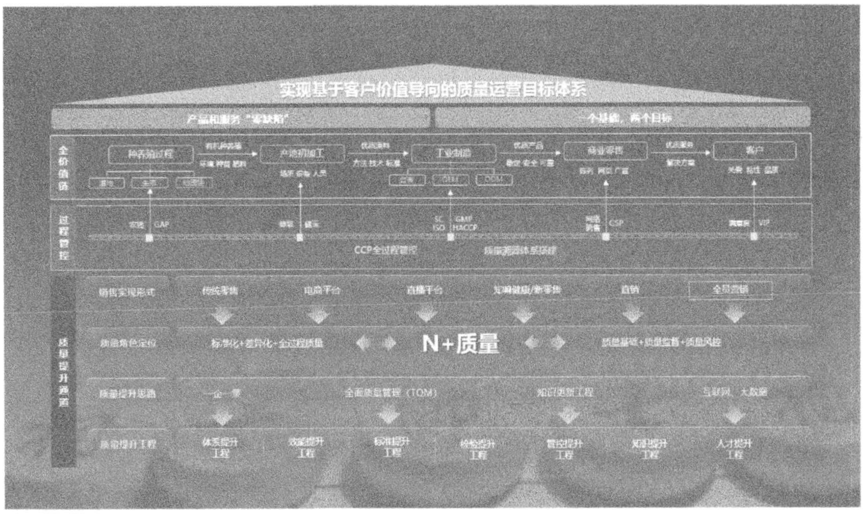

图 1 “1224”的战略沙盘

三、以“五力”为抓手落实具体举措

基于“1224”的战略沙盘，结合洞察大健康产业布局特点和规模发展需求，同仁堂健康从全过程管理、全级次落实、全品类覆盖、全员性参与、全流程溯源五个角度出发，提出以“五个力”为驱动因子，塑强质量硬核能力，保障企业在产业模式、业务创新、组织建设等方面的长足发展（图 2）。

企业的发展壮大离不开“人、财、物”三大要素。首先，企业的战略落地、文化传承、品牌持久都需要“人”来执行，人才建设、人才培养尤为关键，所以“人才力”“学习力”为核心驱动因子之一；其次，如何帮助企业找到效益新的提升点，对“财、物”的增量表现如何起到积极拉动和促进作用，各部门应从组织的整体利益出发，协同一致，组成工作联席机构，因此“整合力”建设势在必行；为提高企业抗风险能力，企业要持续保持高度的质量警觉性，以黄灯常亮的工作方式，加强风险预防，发挥前哨作用，所以“风控力”是为企业保驾护航的必须要素；质量工作不仅是监督、管理，更多的是为各业务部门提供强有力的质量支持，质量需广泛开展目标导向的业务沟通，主动与各业务部门建立协同通道，加强联动，让质量工作更加主动、有为，为业务条线快速发展蓄力，故此精进“服务力”是“N+ 质量”赋能企业全产业链价值增长的核心关键。打造人才力、提升学习力、构建整合力、筑牢风控力、深化服务力，做强做实质量力，打造全新质量生态圈，是全面推进“N+质量”落实落地、见行见效的有力措施。

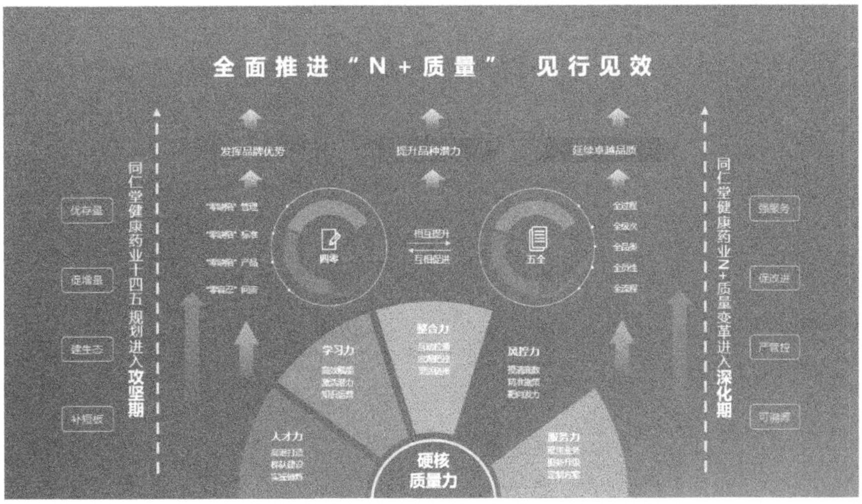

图 2 五力联动图

（一）人才力：发挥人才第一资源作用

如何发挥、调动全体质量人员的工作热忱和积极性，明确质量人员成长路径，同仁堂健康提出人才“三步走”工程，即人才培养、人才转化、人才增值。通过建立质量检查员队伍，推行注册质量经理，强化质量派出等举措形成人才培养强有力支撑；通过“知嘛学府”“学习地图”为人才转化注入力量；通过参与外部学术研讨、座谈交流实现人才增值，为企业增添活力。人才力的打造，使同仁堂健康高精尖质量人员数量占比逐年增长，如图3所示。

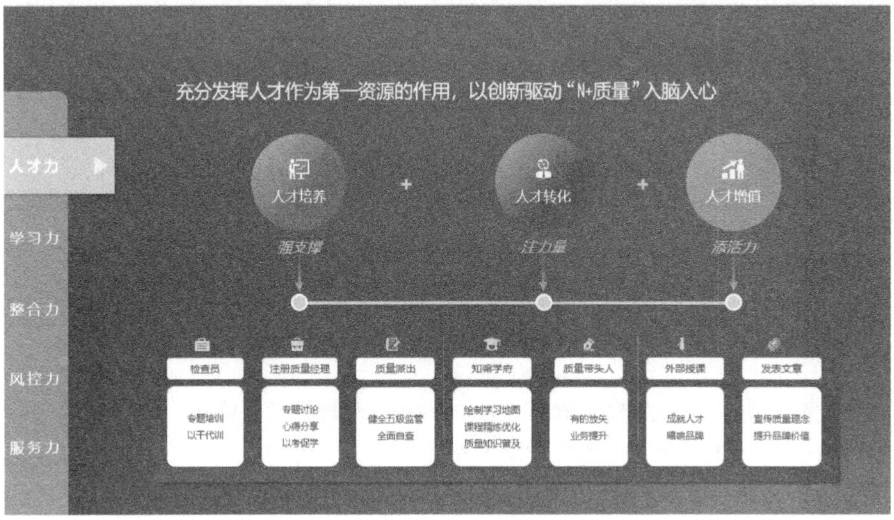

图3 “五力”之人才力

（二）学习力：营造学习型组织生态

同仁堂健康深知企业竞争也是学习力的竞争，为实现知识的广泛、有效传播，提出了健全机制常态学、创新方式深入学、引进资源融合学三板斧行动，构建学习型组织生态。

同仁堂健康创新了培训学习方式，开辟了钉钉云课堂、在线学习平台、闪训授课、微课视频等便捷化学习新通道，并积极与高等院校、行业标杆等优质渠道接洽，灵活采用集中学习、联学共学、轮流领学、以干代训等方式，开展“结对子”“传帮带”等新型教学活动，拓宽全员视野格局、综合提升业务能力，如图4所示。其中创新开发的多个微课教案获得同仁堂健康微课大赛优秀作品奖。

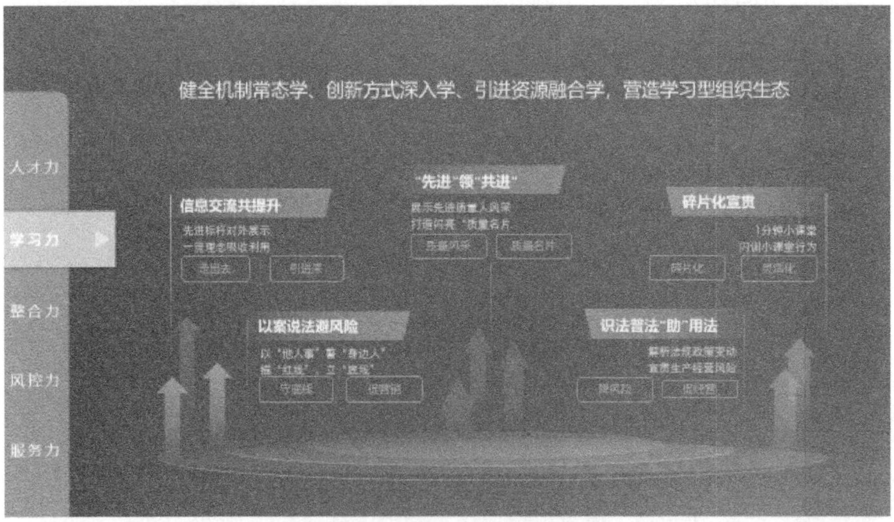

图4 “五力”之学习力

（三）整合力：创建互联互通工作共同体

为了实现从质量中要效益，以质量促发展，同仁堂健康提出建立互联互通工作机制，从企业整体出发，推进质量体系、供应链体系、营销体系等内外部资源力量整合，优化组织职能，通过 QC 小组课题、质量月活动、CNAS 体系认可等质量效益提升举措，不断为企业赢得各种荣誉，提升企业品牌形象，塑强企业软实力。其中多项 QC 小组课题的发布获得全国及地方优秀奖项，别开生面的质量月活动获得同仁堂集团创新项目一等奖，如图 5 所示。

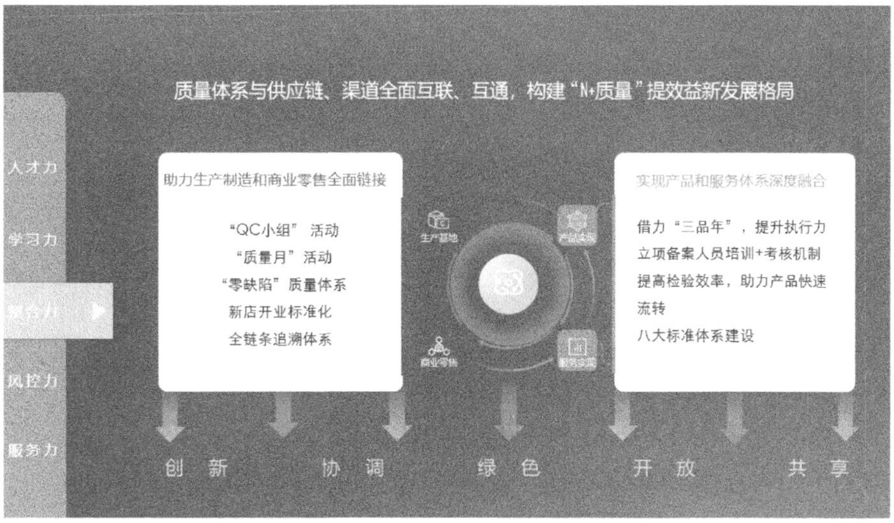

图 5 “五力”之整合力

（四）风控力：打造质量风控护城河

为有效防范化解各类风险，筑牢质量安全防线，同仁堂健康坚持以防为主的理念，增强全系统的风险意识和风险识别能力。通过驻厂办公、联合检查、延伸审计等多种手段，开展全面覆盖式的监督检查，通过质量回头看和质量复盘，开展深层次专项活动，共同推进质量业务双提升。通过一系列行之有效的举措，帮助企业在接诉即办的客诉响应率、解决率、满意率方面 100% 达成。通过建立事前预判、事中处理、事后盘点的舆情应对机制，避免重大舆情的发生，确保质量零事故，如图 6 所示。

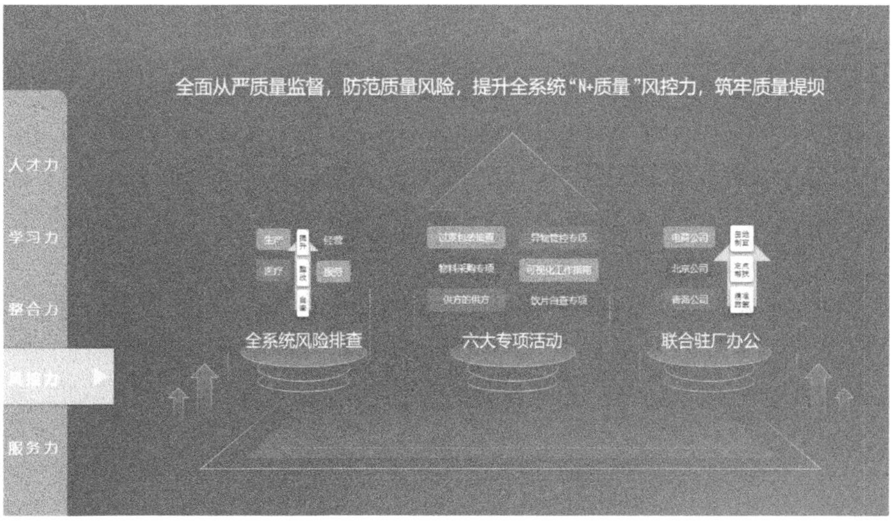

图 6 “五力”之风控力

（五）服务力：精进专业化服务能力

随着大健康产业的蓬勃发展，同仁堂健康呈现出业态多元化、产业融合化、发展个性化等新特征，为使质量快速融入，同仁堂健康提出质量管家式服务模式，如开展质量促业务圆桌座谈会，主动对接业务部门需求，快速响应精准施策；开展质量官直播站、生产经营直通车、场景课堂等特色服务为业务部门提供更加敏捷高效的质量支持。通过一系列主动服务新方式，变被动为主动，变指导为引导、变管理为服务，与各业务部门同频共振，形成合力，带动企业实现质量更好、效益更高、竞争力更强的发展，如图 7 所示。

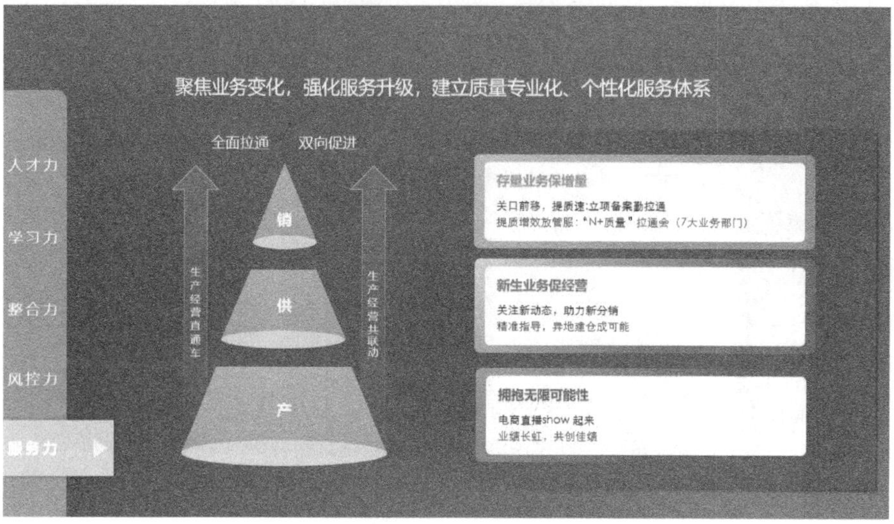

图 7 “五力”之服务力

四、经验启示

“N+ 质量”管理模式，是传承三百余年同仁堂中医药质量文化结合同仁堂健康在大健康领域蓬勃发展的质量经验基础上，提出的重大质量理论创新成果，是一种突破传统质量管理理念的新型质量思维。这种思维突出“促”的特质，即质量促发展、质量促管理、质量促业务。通过“融合”“内嵌”式的链路，将质量触角延伸到全产业链所有场景中，使人人都具有质量意识，能自主进行质量管理。同时质量管理者以管理者和服务者双重身份持续赋能企业各个赛道，助力企业加速发展。

“N+ 质量”提出的“1224”战略沙盘是基于同仁堂健康研、产、供、销一体的模式探索出的，其难点是业务广、层级多，管理难度大。路径的设置，紧扣业务主线，实现纵向价值链及横向服务链与各业务关联的质量网格化矩阵，能够打破只关注部门利益而忽略企业整体价值创造的弊端，各条通道互联互通，相互依存、相互促进。

通过践行“N+ 质量”发展战略，精准实施“五力”因子驱动战术，将战略与战术有机结合。充分运用好管理上的杠杆原理，抓关键抓要点抓环节，以点带面实现质量管理升级。“战略战术相融合，互相驱动促提升”的模式尤其适用于变革期企业的借鉴推广。

同仁堂健康通过人才三步走、学习三板斧、管家式服务模式、共同体的打造等切实可行的小切口管理经验，实现了企业从“零星化”到“系统化”、从“碎片化”到“协同化”的转型，实现了中医药产品的智能工厂集成创新与数字化管理赋能，具备了国家级项目承担能力，树立了中医药智能制造模式标杆，满足了消费者全方位的健康需求。

主要创造人：安　伟

参与创造人：张　玥、杨雪芹、梁　兴

电网企业供应商制造体系评估与应用

国网物资有限公司

国网物资有限公司成立于2012年2月9日，注册资本金10亿元，是国家电网有限公司全资子公司，定位为国家电网有限公司总部集中招标代理平台和重大工程物资供应服务的专业机构，服务国家电网有限公司物资管理，为电网建设、生产运行和经营管理提供招标代理和物资供应服务。公司是中国招标投标协会理事单位，先后被评为招标代理机构诚信创优5A级先进单位、招标代理机构信用评价最高级AAA级企业、全国优秀采购代理机构、推动行业发展贡献单位等荣誉称号。

国网物资有限公司充分发扬"拓荒牛"精神，以敢闯敢试的魄力组织浙江、湖北、山西等多家单位和科研支撑单位，基于公司供应商评价管理现状和未来发展方向，深入研究如何对供应商资质能力、设备生产、检测、运行等多维度制造体系展开综合系统评估，并深化应用于采购招标等环节，力求为完善供应商绩效评价体系提供重要依据。

经过多年的创新实践，形成了具有国网特色的供应商制造体系评估理论，通过供应商制造体系评估与应用的有效实践，推进了设备质量管理从结果管控向设备全生命周期过程管控延伸。

一、实施背景

2023年2月，中共中央、国务院印发《质量强国建设纲要》，明确了质量建设工作的总体要求和任务，掀开了新时代建设质量强国的新篇章。

国家电网有限公司坚持"一体四翼"发展布局，推进公司高质量发展，要求公司上下一定要在思想上深刻领会、工作中全面贯彻、行动上高度协调、实践中务求实效，努力把"一体四翼"发展布局统筹推进落实好。电网物资及工程建设质量是保障电网安全的基石，公司在供应商制造体系评估及深化应用研究项目中发挥着"主心骨"的作用，积极承担强化物资及服务类供应商制造体系质量水平的重要基础工作。

为贯彻党中央、国务院各项决策部署，落实绿色数智供应链建设、提升产业链供应链支撑带动能力，更好地服务公司"一体四翼"发展布局和"双碳"目标、新型电力系统建设等工作要求，国网物资有限公司出台了《绿色现代数智供应链发展行动方案》。方案提出，要优化供应商绩效评价标准和指标体系，将全生命周期成本、绿色低碳、数字化协同等因素纳入绩效评价维度，构建统一的供应链企业绩效评价标准。通过对供应商制造体系进行综合系统评估并深化应用，可以倒逼电工装备企业全面提升制造质量，进而促进电网高质量发展，为公司完善供应商质量控制能力考核评价奠定基础。

二、主要做法

（一）构建指标体系

为了更好地反映不同类别供应商制造体系的核心要素和关键能力，国网物资有限公司基于重要性、全面性、针对性和可行性等原则，对19类总部采购物资和17类配网重点物资/服务供应商制造体系评估进行定制化指标的配置。针对物资类和服务类供应商的差异化特点，分别构建了物资类、服务类供应商制造体系评估三级指标体系库。其中，物资类供应商指标体系包括4项一级指标、19项二级指标、36项三级指标，如图1所示；

服务类供应商指标体系包括 3 项一级指标、8 项二级指标、13 项三级指标，如图 2 所示。

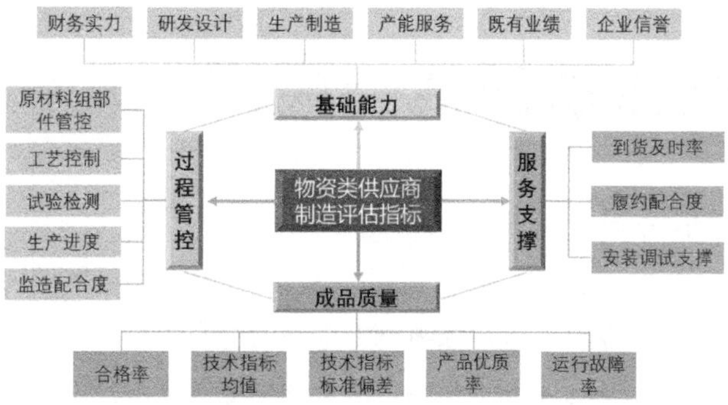

图 1　物资类供应商制造评估指标体系

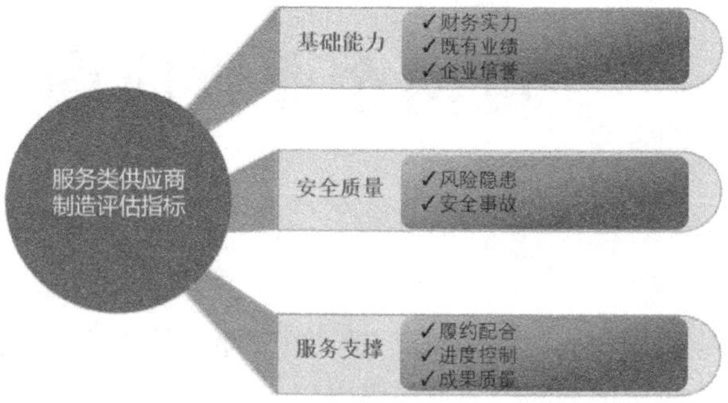

图 2　服务类供应商制造评估指标体系

（二）确定指标权重

经研究决定，针对评估指标权重采用层次分析法（Analytic Hierarchy Process，AHP）进行测算。层级分析法是由美国运筹学家 T.L.Saaty 提出的一种决策方法，是一种定性与定量结合的多目标决策方法。其主要思想为将复杂的问题层层分解成若干层级及若干要素，两两比较要素之间的重要程度，建立一个判断矩阵，通过计算矩阵的特征值以及特征向量，得出不同方案重要性程度的权重。

根据 AHP 层次分析法，分别确定了目标层、准则层和方案层。在供应商制造体系评估指标中，目标层就是决策的目的，即对供应商进行评估并获得结果；准则层是为实现目标所需要考虑的因素，即一级评估指标；方案层就是具体可选择的解决方案，即各指标权重不同的配置比例组合。最后综合所有方案，并对各类指标的重要程度进行两两比较，构建判断矩阵，进而择优确定各级指标的最终权重。

（三）计算指标分值

由于各项评估指标的特点不同，不同分值的计算方法也各有利弊，为了让指标的分值更加客观、合理，故结合各项评估指标的特征采取差异化方法进行分值计算，通过评估这些指标的绩效，可以评价供应商企业的生产能力和质量控制水平。主要有以下 4 种方法。

功效系数法是一种用于评价绩效的方法，即将不同指标的分值按照一定的权重加权求和来计算最终的得分。这种方法可以减少单一标准评价而造成的评价结果偏差，并根据指标实际值在标准范围内所处位置计算评价得分，能够客观反映供应商在同行业中指标相对分值，适用于一些比较重要的，具备可衡量性、可比性、可操作性的指标，如主营收入、净资产收益率、专利授权、流动比率、获奖情况、关键原材料 / 组部件、关键工序、关键试验项目等。

累计扣分法根据指标偏离预期值的程度扣分，比较标准与实际表现，根据偏差大小扣减分数。通常采用反向评分，接近目标值得分高，反之得分低。计分周期内以扣分事件触发，对评估对象累计扣分，适用于供应商信誉、安全事故、生产进度等指标。

区间赋值法通过大于、小于、小于等于、大于等于、等于符号，划分每个区间原始值对应的供应商得分的区间，它通常适合用于连续型指标或具有较大取值范围的指标的分值计算，如资产负债率、人员构成、产能服务等。

直接取值法是指在一个记分周期内，对于比较主观的指标内容，根据履约评价的相应规则，对评估对象采取直接取值的方法计算，常适用于各种类型的指标，尤其是定量指标和可以直接使用数值或比例进行度量的指标，如资产总额、监造配合度、用户满意度等指标。

（四）系统在线部署

供应商制造体系评估依托国网公司 ESC 平台，结合主、配网各类产品的指标计算规则及数据溯源梳理情况，完成物资范围、映射关系、指标体系、计算模型、模型权重、初始值及供应商分级等功能配置，并同步进行供应商制造体系评估结果计算、发布、汇总及展示，实现对全网重要物资 / 服务类供应商评估应用。系统操作主要流程及说明如图 3 所示。

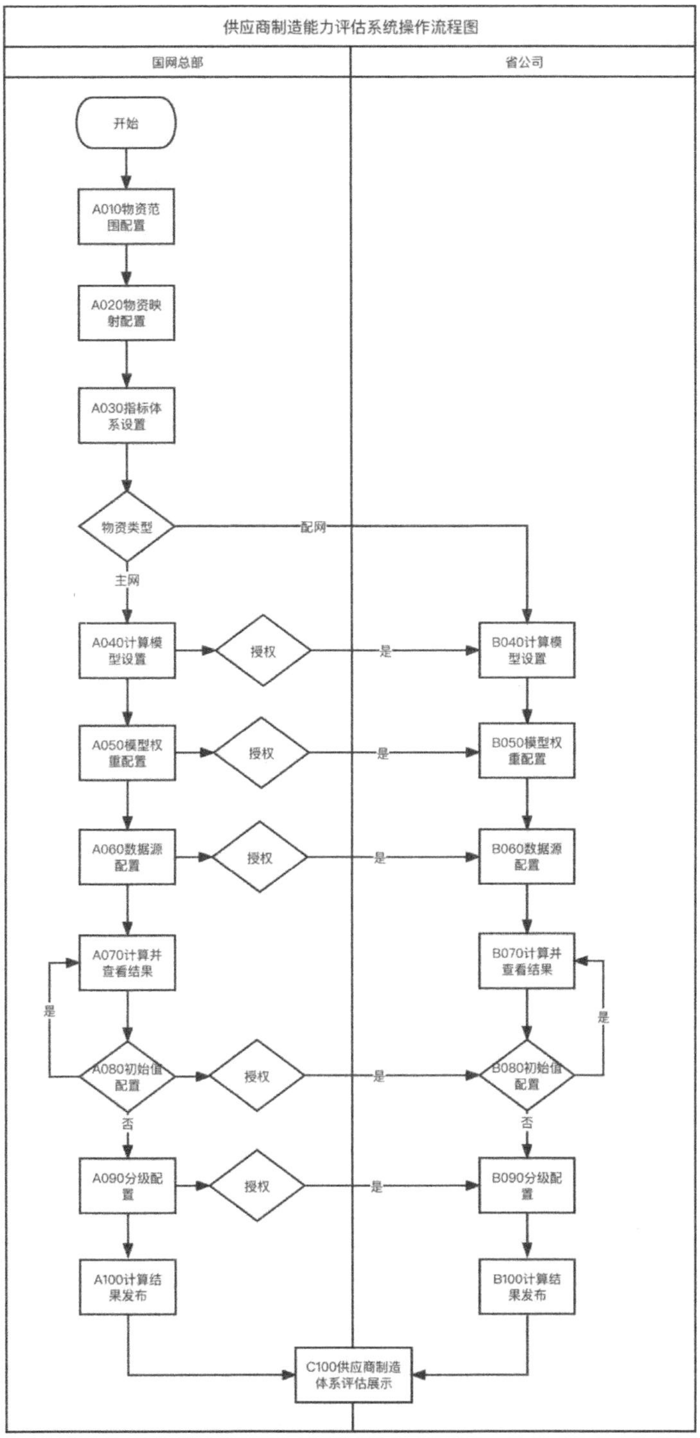

图 3　供应商制造能力评估系统操作流程图

（五）实施应用场景

根据建立的供应商制造评估体系对供应商进行多维综合评估，最终形成供应商制造评估综合得分，这一结果可应用到物资招标采购、质量监督管控、履约风险防控及供应商培育指导等业务，同时将招标、履约、质监等业务数据信息收集、汇总、分析，形成统一的供应商制造评估体系运作机制，可以更好地服务整个供应链高效运转，实现对内服务业务数智化发展，对外服务行业制造水平提升，促进电网物资供应链升级转型及电网物资质量保障体系完善。

1. 应用于招标采购业务

坚持“客观应用、求同存异、不断深化”的原则，将招标详评指标与制造体系评估指标比对，梳理出客观量化的评审指标，同类型指标可直接引用制造评估分项指标分值。针对“商务详评是以投标人为单位进行打分，技术详评模板按照不同物资品类分别制定”的特点，逐步进行融合与调整。一方面按实际需要动态修订招标公告文件，国网各层级招标采购管理部门在发布招标公告前，可以参照供应商制造体系评估指标及标准，对供应商资格预审和招标评审细则进行修订，使招标要求与公司需求相契合。另一方面灵活应用供应商评估指标和得分，在技术详评阶段，招标采购管理部门可以通过梳理比对招标采购技术详评模板评分细则与供应商制造体系指标评估标准，可直接应用供应商制造体系分项指标评估分值的指标，如工装设备、试验能力、厂房、工艺流程、设计专利、综合绩效等指标；在商务详评阶段，基于全网各品类产品评估数据的汇总、计算和结果应用，供应商投标不同品类产品时，各品类产品供应商均可通过制造体系评估得到对应的分值。在分值应用的过程中，首先需要修订招标采购详评模板相应项目评分细则，明确该评分小项评分值来源于制造体系对应评估指标分值，最后将制造体系评估指标分值线性折算为详评小项对应得分。

2. 应用于物资供应及质量监督环节

根据供应商制造评估体系各类指标的关注重点，可将其评价结果嵌入物资供应全链条，以供应履约、质量监督等环节为抓手，进一步提升供应链整体运营效率。

一是供应履约管控。根据制造评估体系履约重点分项指标（财务实力、产能服务、服务支撑等），开展履约能力多维分析，针对供货、质量、法律等不同供应风险，制定差异化、精准化履约管控策略，预防风险，提高供应商管理效率。针对财务风险大、履约困难的供应商，提前制订履约管控计划，密切关注供货进度，及时采取催货、取消合同等必要手段，防控供应商带来的资金和法律风险；针对产品质量好、供货及时、服务优质的供应商在供应商绩效评价阶段给予加分肯定，引导供应商不断提高产品和服务质量。

二是监造质效提升。查看原材料组部件管控、工艺控制、试验检测等关键指标得分及排名情况，设定预警阈值。当上述指标不满足阈值要求时，通过系统进行自动预警，监造人员根据预警信息进行分析考量，可差异化采取“云监造 + 驻场监造”“监造 + 巡检”、供应商约谈等监造手段，强化过程督导，不断提升监造质效。

三是抽检策略优化。基于物资抽检业务关注的试验检测、合格率、优质率等评估指标得分，分析不同供应商产品实际检测参数偏差范围，筛选出数据冗余度小或接近临界值的参数，动态调整抽检策略，适度提高物资抽检比例和检测等级。同时以供应商或物资品类维度分析抽检历史数据，开展“云诊断”，得出每个供应商质控水平发展趋势、每个物资品类整体质量管控水平和趋势，针对历史质控水平和普遍缺陷问题动态调整抽检策略，提升质量监督有效性，切实把好电网物资“入网关”。

3. 应用于供应商培育指导业务

应用供应商制造体系评估结果，通过平台信息共享、个性化定制等手段，针对性开展供应商培育指导，助力供应商找准行业定位，精准发力，提升自身能力，合力推进产业链供应链高质量发展。

一是帮助供应商快速找准短板。通过开展供应商制造体系评估工作，打造供应商管理集成化数据移动展示平台，提升供应商管理可视化水平，直观展示供应商在行业内水平，为供应商管理提供基础数据支撑。根据供应商制造评估体系各维度反馈的结果，帮助供应商快速找准短板，给出针对性建议，促进供应商自主提升制造能力，提升产品质量和供应能力。

二是提供差异化金融服务支持。基于供应商制造体系评估结果，筛选出优质供应商，在招投标、合同履约环节中，降低或减免优质供应商投标保证金、履约保证金缴纳比例，最大限度降低企业资金占用，缓解企业资金流压力；针对优质供应商的订单贷款，缩短申请发放周期，提高供应商短期融资效率，帮助供应商减轻生产经营压力；同时系统内部金融机构也可采用评估体系中财务实力、履约配合度、企业外部信用信息等数据，为供应商金融服务开展提供风险规避指导。

三、取得的成效

供应商制造体系评估模型已在19类主网物资和17类配网物资中推广应用，对供应商进行了多维综合评估，建立了一套完备的供应商制造评估体系与招标采购、质量监督、供应履约及供应商培育指导联动应用机制，取得了良好效果，具有广泛实用性。

1. 提升招标采购评审效率

招标采购阶段应用供应商制造体系评估结果，一方面有效降低了详评打分阶段主观判别因素的占比，客观量化评审要素占比达到了70%以上，降低专家自由裁量权，减少人工评审的差错率，提高了评审工作的效率。另一方面，评标专家遵守统一评标标准，采用数据规范，评审依据更加规范、有效，增强了评审工作的科学性和准确性，评标结果更加客观公正，有助于营造公平、公正、公开的营商环境，提升公司招标采购公信力，促进供应商公平竞争。

2. 提升质量监督及履约供应质效

各网省公司在供应链运营中心（ESC）建立分析模型，汇集国网电子商务平台（ECP）、生产管理系统（PMS）等专业系统数据，构建起包括供应商基础能力、生产过程管控、成品质量、服务支撑在内的供应商精准评价体系。全面比较供应商在资产总额、年度产能、抽检合格率、运行故障率、供货及时性、履约满意度等36个维度的综合表现，完成对供应商的“精准画像”和产品质量的“云诊断”，差异化开展履约风险防控和质量监督工作，物资采购、监造、抽检策略持续优化。

3. 培育指导供应商优质发展

国网公司建立供应商制造评估体系，设置供应商评估指标、评分标准、评审过程，具有前瞻性地进行合格供应商队伍建设，确保合格供应商的素质层次和能力水平符合公司生产经营与未来发展需要。相关专业部门通过加强专业标准共享、现场技术指导等，开展本专业管理范围内的供应商培育与指导工作。给每个供应商进行综合评价，有利于供应商针对性地找准差距，补齐短板，提升综合竞争力，在推进产品质量提升的同时，拉动电工装备产业升级。

四、前景展望

一是在国网公司内部，不断加强供应商资质能力核实与招标采购业务协同联动，确保核实标准与采购标准动态统一，推动评审和资格预审所需信息在核实环节能提供的要做到全覆盖。同时通过动态更新，实现基础数据一致，提升数据应用结构化水平。

二是以国网公司各系统大数据为基础，多维度比对行业内同类产品生产数据，助力排名中下的供应商不断升级生产制造工艺，提高行业竞争力。通过应用供应商产品全生命周期信息回馈、交流协作、专业标准共享、现场技术指导等措施，促进企业资源共享、业务优化和效率提升，提升电力物资智能制造核心竞争力，推动行业高质量发展。

主要创造人：孙　萌

参与创造人：陈金猛、张婧卿、孔宪国、汪　贝、李　萍

项目设备设施分级分类质量管控实施与实践

海洋石油工程股份有限公司

一、简介

海洋石油工程股份有限公司是中国海洋石油集团有限公司控股的上市公司，是国内唯一集海洋油气开发工程设计、采购、建造和海上安装、调试、维修以及液化天然气、海上风电、炼化工程等为一体的大型工程总承包公司，也是亚太地区规模最大、实力最强的海洋油气工程总承包商之一。

海洋石油工程股份有限公司秉承“质量是企业的生命”“以质量求发展”的理念，推行全面质量管理，对海洋石油工程项目建造过程进行全面管理，对产品质量产生、形成和实现的各阶段进行管控，建立了一套项目质量管理方法体系，有针对性地进行质量管理。

根据公司基层基础管理提升工作总体部署，推动质量健康安全环保基层基础能力提升，进一步补短板强弱项，提高工程项目采购物资的质量管理。项目设备分级分类质量管控要求从质量控制（现场质量控制支持服务）、质量管理（静设备驻厂监造、动设备驻厂监造、电仪设备驻厂监造）、技术支持（驻厂监造管理流程编制、物资质量控制方案、项目实施策略编制、编制驻场监造大纲）等方面，做好设备设施分级分类质量管控。

本文从渤中 19–6 项目至陆丰油田群区域工程项目陆丰 14–4、陆丰 15–1、陆丰 8–1 四套平台建造过程中，总结提炼了项目设备设施分级分类质量管控实施与实践中取得的成效。

二、实施背景

质量是企业的立身之本。在现代社会，物资质量管理已经成为各个行业和企业不可或缺的重要环节。

质量管控是指对所使用的各类物资进行全过程的质量控制和管理，以确保物资的质量符合标准设计要求。物资质量管控在企业运营中的重要性日益凸显，关系到企业的生产效率和产品质量，是企业可持续发展的重要保障。

项目设备设施分级分类质量管控，是为了保证项目顺利运行，落实公司精细化管理精神，综合利用公司资源，提供高质量的物资，以满足用户的需求和期望。

只有通过科学的管理方法和有效的措施，企业才能实现物资质量管理的目标，提升企业的核心竞争力。通过对物资的全过程管理，可以保证物资的质量符合技术标准要求，提高企业的竞争力和用户满意度。为了实施有效的物资质量管理，需要制定详细的管理措施，建立从设备选型到物资采购，调试安装，运行监测，维护保养等全生命周期管控体系，从源头上为企业本质安全提供保障。

三、实施与实践

（一）分级评定程序

分级评定程序的制定借鉴参考公司对风险事件矩阵分析法的评估打分原则，包括事件发生的可能性、事件发生的影响类型（人员危害、生产损失和环境危害等）。按照以下分级评定程序开展工作，判断事件发生的可能性和影响程度，并针对采办包的重要程度和发生问题的可能性统筹考虑。

1. 事件发生可能性判定（表 1）

表 1　事件发生可能性

低（1 分）	中（2 分）	高（3 分）
几乎 / 不可能	适中	可能 / 几乎肯定
按照既定的做法和程序，该类事件不会或不可能发生在任何项目中	事件在同类的项目中发生率很低	事件可能会在项目中发生

2. 事件影响严重性判定（表 2）

表 2　事件影响比重和类型

影响类型	低（1 分）	中（2 分）	高（3 分）
对人员的危害	发生急救事件，医疗处置事件或人员工作能力受到影响	丧失工作能力，多重伤害，永久伤害或残疾	1 人或多人死亡
生产损失	没有生产损失	多达 3 天	超过 3 天
环境危害	对自然环境没有影响 / 局部点受影响 / 不需要恢复	施工区域内局部受影响 / 在 1 个月内能恢复	对区域环境有重大危害 / 恢复时间超过 1 月

3. 风险数值判定（表 3）

表 3　风险数值表

可能性	严重性		
	低 /1	中 /2	高 /3
高 /3	3	6	9
中 /2	2	4	6
低 /1	1	2	3

注：数值 = 事件发生可能性 × 事件影响严重性（取影响类型的最高得分）。

4. 物资检验分级

示例：物资等级 = 事件发生可能性（2 中）× 事件影响严重性（3 高）= 数值 6。对应物件检验等级为 I 级（表 4）。

表 4　物资检验等级

等级	颜色	风险数值范围
Ⅰ	红	6–9
Ⅱ	橙	3–4
Ⅲ	黄	2
Ⅳ	蓝	1

（二）物资分类分级清单

固有属性检验等级：依据分级评定程序确定的检验等级。

最终检验等级：在固有属性检验等级的基础上，识别工程项目自身特点、风险等因素以及识别物资供应商生产制造能力、履约情况、长协使用情况等因素确定的检验等级，执行检验工作时使用此检验等级。

（三）检验等级定义

Ⅰ级：对采办物资生产和制造全过程的主要节点进行质量控制和检验。

Ⅱ级：对采办物资生产和制造过程的特殊阶段进行质量控制和检验（如关键节点检验、ITP 中的 H 点检验）和发货前的 FAT 试验、出厂检验，由参与开工会议的各方共同确定物资生产的特殊检验阶段并执行。

Ⅲ级：对采办物资进行 FAT 试验和出厂检验。

Ⅳ级：到货验收。

（四）各级物资最低检验要求

对物资供应商的检验和试验要求是公司采办质量管理和质量控制的最低检验要求（表 5）。

表 5　最低检验要求

序号	最低检验要求描述	物资检验等级			
		Ⅰ	Ⅱ	Ⅲ	Ⅳ
1	审核物资供应商提供的质量控制计划、ITP 等质量文件，并核实是否被批准	√	√	√	√
2	审核分包商的质量控制计划、ITP 等质量文件	√	√（2）	–	–
3	审核材料的理化性能，如果可能最好能见证试验	√	–	–	–
4	审核冶金材料全过程跟踪管理痕迹，确认有无疏漏	√	–	–	–
5	审核材料的无损检验包括合金元素验证（PMI），核实人员资质	√	–	–	–
6	核实材料证书 / 油漆证书	√	√	√	–
7	见证材料检验	√	√	–	–
8	见证尺寸检验	√	√	–	–
9	见证现场焊接检验，人员资质及焊接工艺	√	–	–	–
10	监控设备制造，组装和总装	√	–	–	–
11	见证设备制造，组装和总装的检验	√	√	–	–
12	见证设备制造，组装和总装的试验	√	√	–	–
13	见证设备压力试验	√	√	√	–
14	见证设备车间试车	√	√	√	–
15	见证电气设备的型式试验，模拟动作实验	√	√	–	–
16	见证负载试验	√	√	–	–
17	见证最终外观检验	√	√	√	–
18	见证最后尺寸检验	√	√	√	–
19	见证打砂 / 扫砂处理检验	√	√	√	
20	见证面漆的检验	√	√	√	–

续表

序号	最低检验要求描述	物资检验等级			
		Ⅰ	Ⅱ	Ⅲ	Ⅳ
21	审核供应商的完工文件	√	√	√	√
22	核实包装和标识	√	√	√	–
23	签发最终放行证书	√	√	√	–

备注：

√表示该相关的质量控制活动所需要的等级，强度随如下变化；

（1）所有项目；

（2）重要设备或关键节点，如 ITP 中的 H 点；

（3）出厂检验；

“–”代表此处不需要此项检验；

最低检验要求是为了约束物资供应商及专业检验机构制定，各级物资仍需进行到货验收，故需求单位需按照物资合同、技术文件、验货要点等对物资进行到货验收。

对于Ⅰ、Ⅱ类物资，委派特设项目组进行检验，并要求特设项目组：

① 选派合适人员完成节点监造工作；

② 按时提交监造过程中的日报和 DIDR；

③ 完工后整理提供监造工作的所有技术资料。

（五）工作依据及具体举措

1. 工作依据（包括但不限于以下内容）

技术规格书；需监造的设备清单；未标价的设备采购合同（UPO）；批准的设计、施工图纸（如适用）；批准的检验测试计划（ITP）；批准的检验、试验程序；设计、制造、试验验收涉及的规范、标准等法规文件；批准的制造工艺规程、施工程序；生产进度计划；物资分类、检验要求、不合格产品管理办法严格按照公司的管理办法来执行。

2. 具体举措

编制驻厂监造、大纲；驻场监造大纲审核；到达指定厂家进行驻厂检验工作；根据监造大纲主要控制点检验要求，对产品制造质量进行监控；核查产品有关图纸、技术标准、制造工艺等文件；核查被监造单位生产计划和有关质量、环境、安全体系；核查被监造单位主要供方的资质情况，实际生产能力和质量体系是否符合产品订货合同的要求；核查被监造单位的检验计划和检验、试验要求；核查制造阶段的检验、试验的时间、内容、方法、标准及检测手段；核查产品制造过程中拟采用的重大新技术、新材料、新工艺的鉴定和试验报告，签署意见；查验主要零部件的生产工艺、操作规程和有关人员的上岗资质，以及产品制造和装配场所的环境条件；查验产品用原材料、理化性能试验等的证明文件及检验报告和外协加工件、委托加工材料的质量证明以及被监造单位提交的检验资料；对产品制造过程进行监督和质量抽查，深入生产现场对所监造的产品进行巡回检查，对主要及关键零部件的制造质量和制造工序进行检查与确认；监造人员按被监造单位检验计划和相应标准、规范的要求，监督产品制造过程的检验工作，对检验结果进行确认。发现不符合规定的，应及时通知被监造单位采取措施进行整改，当发现重大质量问题时，立即向被监造单位出具书面停工通知，并及时向业主公司报告；重点加强散泵、UPS、散滤器、燃气滤器、换热器、膜制氮的监控；重点监控油漆、防爆、填料函、满焊、吊耳、接线端子与实物不符、管口方位、底座平整度等专项质量问题；制造过程针对以往设备问题清单，要求厂家逐一排查，签字确认关闭；对于钢板驻场监管，检查出厂前材料外观、规格和标识是否准确，检查材质证实是否正确，对现场出现的质量反馈监督厂家整改及见证试验验证；见证产品装配和整体试验过程；组织编制 FAT 会议纪要并关闭,如问题遗留到现场,派 1 名负责人到现场集中关闭。严格执行设备出厂审批制度；按照日报格式，定期向公司提交监造日志，内容包括：巡检内容、巡检情况、检查项目、所发现的问题、问题的处理、监造产品的生产进度等；按照监造报告的格式，最终形成监造报告。

（六）方案落实

（1）根据业主提供的 CFE 清单,结合《工程项目采办物资检验分类分级推荐做法》和以往项目的工作经验，按照采办包的重要程度和发生问题的可能性统筹考虑，为所有物资分类分级。

（2）要求厂家编制该设备的质量控制计划、检验与试验计划（ITP），依据 ITP，技术规格书、合同及行业的相关标准制定相应的检验大纲、出厂检查表。

（3）组织采办、SQS、设计、厂家参加落实采办工期、技术交底、质量交底。

（4）检验员进行驻场检验时，要进行专业知识技能培训，项目程序文件、设备监造流程宣贯，约谈并督促工厂配合质量控制工作。

四、取得的成效

1. 项目质量管理创新

项目设备分类分级质量管控是项目质量管理的创新实践（表 6）。项目运行采取 PDCA 的管理模式，对采办物资的生产、验收采取分类分级及动态质量管理；对重要物资、关键节点开展重点监督管理。每个平台完工后，对设备验货的问题、调试问题、生产巡检问题、海上设备运行过程中出现的问题进行总结，针对前面项目中已经出现的物资质量问题，后续项目采取提级管理。如渤中 19-6 主钢材为Ⅲ级质量管控，吸取到货验货过程出现的问题经验，在后续项目中主钢材提级为Ⅰ级质量管控物资。

表 6　各项目分类分级质量管控数量统计表

	Ⅰ级	Ⅱ级	Ⅲ级	Ⅳ级	总计
渤中 19-6	5	15	0	2	22
陆丰 14-4	9	20	0	0	29
陆丰 15-1	6	13	0	0	19
陆丰 8-1	9	21	26	72	128

2. 前置风险识别与管控

投入质量人力由渤中 19-6 的 918 人工天增加到陆丰 8-1 的 3146 人工天，项目在平衡成本的同时，增加质量管理人力投入，尤其是Ⅰ级物资驻场监造人力投入。问题遗留至现场的问题比例由渤中 19-6 的 56.57% 降至陆丰 8-1 的 26.16%（图 1）。将问题在出厂前得到最大化解决，减少问题遗留至现场从而减少现场整改时间，降低对现场人力资源、现场建造进度等产生的影响。提前识别与管控风险，采取有效预防措施精准掌控，减少项目质量风险和安全隐患。

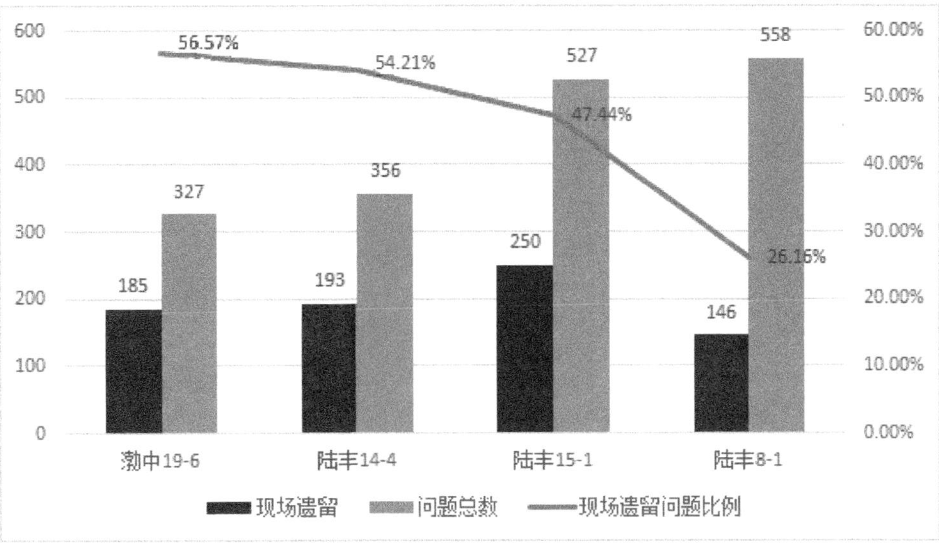

图 1　现场遗留问题数量与比例图

3. 实现了项目本质安全目标

通过分析识别设备不同检验等级，制定分类分级的质量管理标准，确保设备性能和质量符合要求。从渤中19–6 到陆丰 8–1，对质量的管控更加严格。I 级管控物资由 3 个采办包升级 9 个采办包，质量人员全程驻场开展质量监造工作，从根源严格控制产品质量。对于Ⅱ级、Ⅲ级管控物资，组织各方参与设备 FAT 检查，将问题项 75% 在厂内整改，最大程度不将问题遗留至现场。Ⅳ级物资，严格执行到货验收标准和要求。

通过分类分级管控的实施，把安全风险管控和隐患治理作为转变安全生产工作方式、提升企业安全管理水平、预防重特大事故发生的有效抓手，实现了项目的本质安全目标。

主要创造人：阳连丰

参与创造人：黄仁贵、韩术亮

飞航产品"高精绝智实"质量管理模式构建与应用

北京航星机器制造有限公司

一、企业概况

北京航星机器制造有限公司（以下简称航星公司），是集飞航产品研制生产、高端装备制造于一体的大型高科技企业，是全国文明单位、中国明星企业、国家一级企业、国家级双创示范基地，其产品列装于多兵种。承担国家多个工程研制任务，创造了多个飞航产品研制第一，填补了飞航产品领域的多项空白，荣获数百项国家及省部级成果奖励和荣誉。

航星公司履行航天报国使命，掌握核心关键技术20余项，圆满完成飞航产品制造各类"急、难、险、重、新"任务，保障了高端飞航产品的快速研制与迭代，如图1所示。产品和技术获得国家级特等奖、国防一等奖、中质协质量技术奖，获国家、国防专利40余项，型面精度等关键质量技术指标处于国际领先水平。

图1　产品亮相阅兵式及演习训练

航星公司传承工匠精神，培育"雁群"文化，在工程实践中创新性提出"'高精绝智实'质量管理模式"，以及"双想－对策表"法、"ECR–握手协议"法、"基于思维导图的问题表现形式展现和预防"法、5G+智能化产线和柔性化制造单元建设等系列管理技术和方法，模式和方法特色鲜明，具有很强的可复制性和可推广性，广受央视频道、《人民日报》、新华社、《工人日报》、人民网等30余家媒体报道。

二、"高精绝智实"质量管理模式

多年来，航星公司持续奋战在最新一代飞航产品研制任务的前沿。攻克制造难点，突破加工技术，进行数智制造变革，不断提升产品质量、提升加工效率、降低生产成本，助力飞航高端装备的更新迭代、低成本制造与交付，是公司的核心定位和使命之一。航星公司在质量管理发展过程中，结合内外部环境变化，不断与时俱进融入新的理念、方法和要素，创新形成了适应实际的特色质量管理模式和方法。

（一）"高精绝智实"质量管理模式基本内容

"高精绝智实"质量管理模式，以志存高远、头雁领航、执着专注、团结协作、智慧创新的"雁群文化"为引领，以"任务成功、队伍成才、知识成山、荣誉成就"为建设目标，以"四高""四精""两绝""两智""三实"能力为驱动力（四高，指高目标＋高标准＋高境界＋高技能；四精，指精确＋精准＋精益＋精品；两绝，指绝活＋绝技；两智，指智能＋智慧；三实，指实干＋实效＋实绩）。持续开展管理创新和技术创新，持续推动次环“四成”目标的循环实现，持续提升质量保证能力，提升产品质量水平，最终建成世界一流飞航产品研究制造单位，如图 2 所示。

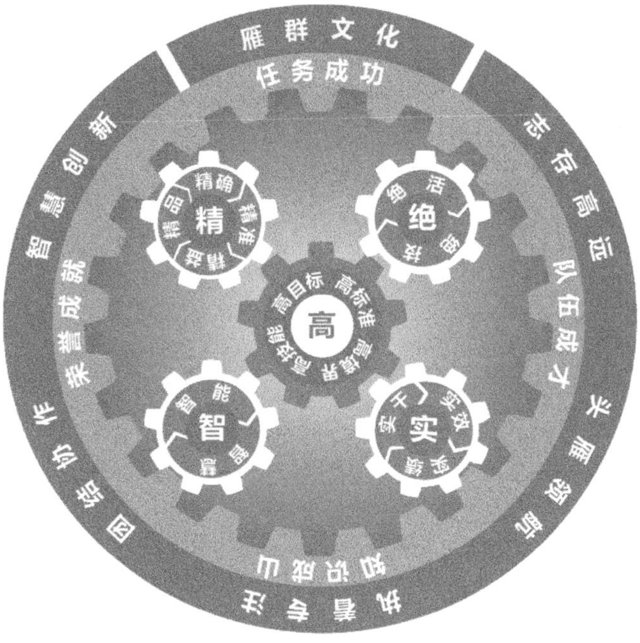

图 2 “高精绝智实”质量管理模式

（二）“高精绝智实”质量管理模式的典型实践

1. 加强文化建设，铸就模式之“魂”

围绕担负的使命，加工产品的特殊性，形成自身特色质量价值体系。包括“质量就是政治”“质量就是生命”“质量就是胜算”的质量价值观；“严、慎、细、实、勤”的作风理念；“高品质、低成本、智能化、自主化”的质量发展理念。

紧跟时代发展、结合内外部环境变化，不断融入工匠精神、智慧创新等要素，形成适应航星公司特点的雁群文化。通过奖惩激励制度，模块化、圆桌式管理；七项机制的引入，将人本思想、“等距离”落地，营造平等、和谐、友爱氛围，持续保持高度的凝聚力与发展活力。在日常工作中定期进行企业精神、理念、文化宣讲活动，打造了《精益求精，匠心筑梦》《弘扬工匠精神，打造匠心品质》等企业特色课程，让航天精神、工匠精神深刻植入组员内心，并转化到行为上。

2. 加强队伍建设，打造模式之“基”

一是构建班组课堂，采用“内外结合双循环”的人才培养模式，形成“理论＋实践＋竞赛”的人员成长路径；二是通过“传帮带”“导师制”“互动学习”等形式，加强日常培训教育，提升员工的素养和技能；三是创建“图书角”“工匠学堂”，鼓励组员认真学习，积极参与各级技能竞赛。

3. 加强制度建设，实现精品工程目标

围绕产品加工前、每一步操作前进行精准的质量预防，对操作过程的每一步进行精准的管控与调整，加工完成后进行精益求精的分析与改进，充分将事前—事中—事后工作做细做实，持续实现精品工程目标。

（1）精确预防

“步进法”精确调整：即在产品临近到位成形时，一刀一测一调整，步步逼近，稳妥保证加工精度。

一是对照《机加过程提醒事项28问》,在加工前对自己发问,做到操作行为风险预防消除；二是对照《“三类”问题风险及防范措施表》，从程序的编制、输入、参数更改，到刀具的选择、装夹、调整，识别各步骤要素风险，最大程度预防“低层次、重复性、人为责任”问题；三是对照《常见风险问题思维导图表》，日常持续温习、确保对加工风险的“知而后预”“知而能预”“全知而全预”，如图3所示。

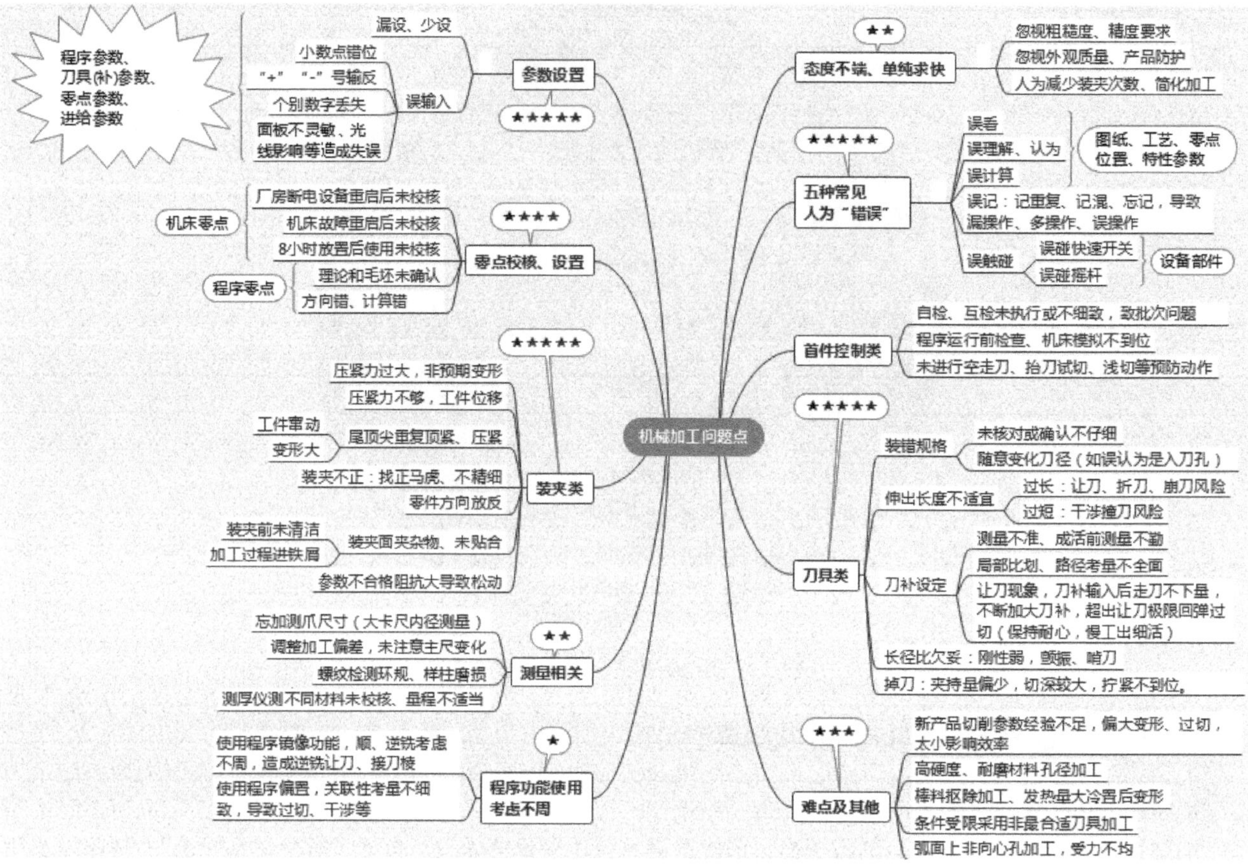

图3 运用思维导图工具对问题表现全局展现和预防

（2）精准管控

“ECR+握手协议”法：进行精准控制与加工协同。利用ECR实现问题的跨部门反馈与有力、快速协调解决。利用“握手协议”法进行“工艺—操作—检验”三者双向充分的沟通交底，实现“工艺—制造—验收”协同。

“五三三”制度：实现对设备运行风险、交接班风险进行精准控制，做到对生产情况掌握的连续性、全面性，防范衔接不当导致质量风险。

“三看三说”：三看是指看工艺、看文实、看清理；三说是指说违章、说差异、说风险。通过三看，做到对工艺方法的准确理解和执行，做到工艺、图纸、质量履历的文实相符，做到工作台面、设备器具的清洁有序。三说重在识别、发现和反馈，及时应对处理风险异常，确保不带隐患加工。

首件试切、浅切法：通过试切、浅切试验性加工技法，确认刀具、刀轨、加工程序的正确性，避免产生不可挽救的不合格风险，对程序仿真、机床模拟有益补充。

（3）精益求精

应用《首件盘点总结表》进行精益改进：首件加工后重视分析总结，不满足于合格，针对加工结果与预想偏差大的特性分析原因、采取措施，以求更稳妥、更完美加工。

应用极限操作法：开展基于个人操作行为习惯的改进，将找正操作精度、去量控制程度提至极限，确保精益求精。

应用质量改进工具进行多方面改进提升：利用七种质量工具，提升加工效率、控制质量难点、降低损耗、提升设备利用率、改进加工方法，实现效益最大化。

应用质量归零方法进行问题根治与防范：正视问题，运用航天“双五条”质量归零法，弄清问题症结、制定措施、完善规章标准，根治存在问题。

4. 加强智能化平台建设，推动制造模式创新

应用在线检测辅助加工基准控制：构建在线测量系统，对零件毛坯进行三维扫描，利用扫描数据建立零件实体模型，与零件设计模型进行最佳拟合，精准确定加工基准。

建设应用 MES 系统：智慧化排产、派工，实现物料、半成品、成品的二维码标识与追溯，运用信息化管理提升工作效率。

建设应用电子质量履历管理：在 MES 系统中开发电子质量履历功能，实现质量检测数据的在线管理，零部件电子质量履历的自动生成，推动现场管理无纸化。

建设应用 MPM 工艺管理系统及集成：实现工艺、三维数模的在线阅览，全方位视图展现，消除纸质工艺、图纸视图展现的局限性，提高便捷性，降低产品特性表达和展现风险。

建设应用智能刀具管理中心：应用刀具管理软件进行刀具智能化管理。数字化刀具预调仪实现加工用刀具的预调，AGV 小车实现刀具的自动配送，刀具磨损检测模块实现刀具的测量校验、磨损评价与预警，提升刀具管控智能化水平。

建设应用 5G+ 智能化自产线建设、柔性化单元建设：实现 AGV 小车自动送料到位，机外预装、预调找正，地轨机器人取料，铣床加工，机内自动清洗，在线测量与数据存储，AGV 运料与入库存储等，大大推动制造过程的智能化、数字化、柔性化水平，如图 4 所示。

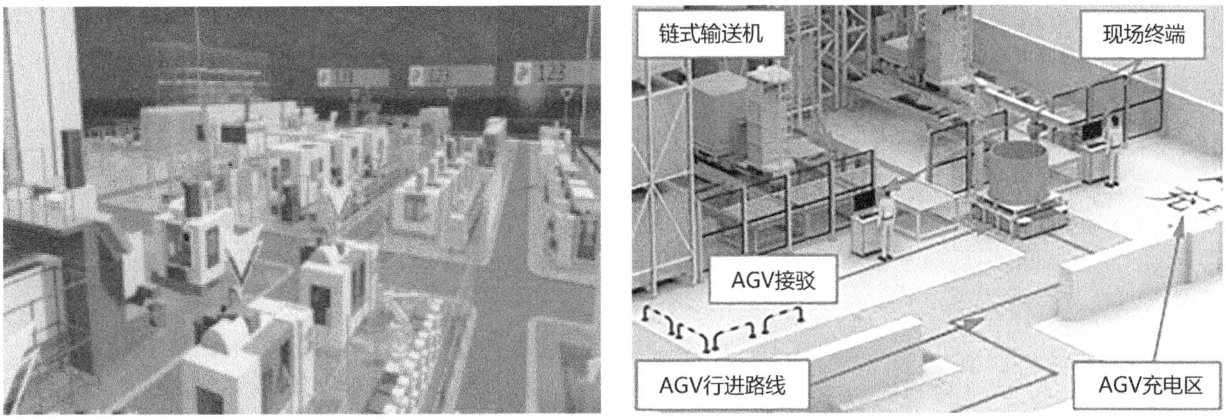

图 4　上下料机器人运转监测及 AGV 小车轨迹监测

三、取得的成效

（一）效率和质量提升带来巨大经济效益

通过技术创新与工艺攻关，大幅提升了效率和质量，一年为企业累计节约成本近千万元，创造产值近 1 亿元。

1. 产品加工效率提升

班组坚持技术改进，提升加工效率，尤其是对贵重、复杂、加工长耗时产品，极大地提高了效益与质量，契合了顾客低成本制造迫切的诉求。典型项目见表 1。

表 1　加工效率提升项目和成效

序号	效率提升改进项目	改进对策	改进成效
1	某异形舱体长内圆弧面加工效率提升	提出了一种全新的高效镗削加工方法，设计制作专用刀具，替代前期的加工方法，实现在快速切削下的稳定加工	纯切削时间由 3 小时降低到 6 分钟，纯切削效率提高 30 倍。节约加工成本 50 万元 / 年
2	舱段开粗加工效率提升	充分发挥刀具刃长优势，机台大扭矩特点，在开粗加工中应用插件制作侧刃加工路径，减少抬刀次数	某底板产品开粗时间由 70 分钟减少到 25 分钟。其他工件开粗平均节省 50%~70%
3	刀具路径优化提升加工效率	分析冗余刀路，减少程序冗余刀路，选用合适的切削刀路进行加工	某上支板后段由 3 小时缩短为 1.5 小时。大部分零件可提高效率 20%
4	单件加工产品效率提升	设计组合装夹工装，一次装夹多个零件，通过设置多个零点实现次加工多个零件	装夹及开关机床门启动程序占比时长由 10% 降低至 2%

2. 产品质量合格率提升

班组在新产品研制加工过程中，屡次攻克制约新产品研制的瓶颈，提前圆满完成加工任务，保证了产品质量，为产品研制试验的顺利进行扫清了障碍。典型项目见表 2。

表 2　质量难点改进项目和成效

序号	质量改进项目	改进对策	改进成效
1	隔热类材料机加脱粘、分层质量难题攻关	自制工装优化装夹，降低切削力影响；由立铣层切改为 T 型铣刀从内外两侧切断式切削，减少单方向的受力	攻克了隔热材料加工脱粘、分层通病难题，加工时间由 7 小时减至 0.5 小时，降低加工成本 92%
2	蒙皮类产品加工精度及装配质量提升	从蒙皮类零件的精确装夹技术、铣削防震技术、蒙皮厚度铣削的在线检测技术、壁厚控制技术等方面开展研究，探索国际先进镜像铣削加工技术应用	替代传统手工修配，实现了精确铣削加工，满足微余量或无余量装配要求。蒙皮轮廓加工精度达到 ±0.15mm，厚度铣削在线检测精度 ±0.03mm；壁厚精度达到 ±0.06mm。实现了高可靠性加工与可互换性装配
3	某超长舱体加工颤振质量问题改进	改造径向自定心工装，采用复合加工新方法进行分形状加工；充分利用设备自身的性能进行转换坐标的多象限加工	解决了加工时变形、颤振质量问题，保证了数米长的零件一次加工成型，提升了产品表面质量 2 个等级
4	某重点产品薄壁舱体变形控制难题	因“材”施“刀”加极压冷却法控制变形	变形难题解决，合格率由 0% 提升至 100%，助力产品快速研制
5	某产品轴套质量攻关	制定了多种试制方案开展关键技术攻关	实现高精度内径尺寸、同轴度、圆柱度等关键尺寸精确控制。合格率由 0% 提升 100%
6	有限条件下非常见螺纹加工与检测	设备辅具和车刀灵活组合，实现内螺纹车刀对大螺距左旋螺纹的铣削加工。自制通止塞规，实现特定螺纹检测	有效保证了螺纹加工质量，满足了研制任务急需
7	大型腔薄壁结构鼓包变形壁厚超差问题改进	薄壁区域粘贴减震橡胶垫、贴铝增强刚性；预留十字筋条，增加零件刚性	合格率由不足 20% 提高到 100%，效率提升 12 倍，成本节省了 91.7%。推广应用至 5 种薄壁零件产品

（二）质量管理模式引领技术革新，市场前景广阔

航星公司通过质量管理模式的深入实施，带动了加工制造技术的创新变革，产生了巨大的创新成果。率先开展大型进口设备国产化升级，打破国外技术垄断，解决了行业先进数控设备应用瓶颈；依托技术创新降本增效、节能减排，引领行业绿色制造。航星公司不断提高加工产品精品水平，使得舱段等关键功能结构件产品型面精度、尺寸精度、重量控制水平逐渐提高，从加工制造的可实现性方面满足并推动了新一代飞航产品的更高速度、更高命中率和更高命中精度，使得新一代飞航产品设计技术指标得以转化为实物加工，为后续装备建设需求奠定了加工基础，市场前景广阔。

（三）质量管理创新为行业发展提供了智慧

航星公司积极推进科技创新，实施“高精绝智实”质量管理模式，大大提高了科研创新能力，在数控加工、总装测试技术、工装模具设计及制造、数控焊接与切割加工、热处理特种加工等方面具备了较为雄厚的技术实力和生产能力。经常性参加国家级、省市级多类型加工技能竞赛，推动了智能制造、数控加工技术的交流与发展，推动了一线技能班组的高质量建设，为行业发展提供了智慧。

主要创造人：王云龙

参与创造人：马剑锋、沈晓成、张云鹏、岳小宣

LNG 储罐焊接全过程质量管理

中海油江苏天然气有限责任公司

一、简介

中海油江苏天然气有限责任公司 LNG 项目（以下简称江苏 LNG）是中国海油落实习近平总书记关于加快推进天然气产供储销体系建设、提高供应保障能力指示批示精神的一项重大基础设施工程，是国家发展改革委下达的石油天然气基础设施重点工程，是国家天然气产供储销及互联互通重点规划项目。一期扩建项目于 2021 年 6 月开工建设，同时建设 6 座世界单罐容积最大的 27 万立方米 LNG 储罐，其中内罐采用 9Ni 钢板焊接制作，总用量约 18000 吨，建成后将成为综合性绿色清洁能源供应基地。LNG 年处理能力可达 600 万吨，可实现减排二氧化碳 2850 万吨，二氧化硫 23.25 万吨，将对保障国家能源安全、加快绿色低碳转型，助力我国实现“碳达峰、碳中和”战略目标，提升长三角乃至华东地区清洁能源的供应保障能力，优化能源结构，保护生态环境，加快长江经济带产业转型和助力，具有十分重要的意义。

随着全球能源结构的转变和环保意识的提高，液化天然气（LNG）作为一种清洁、高效的能源，在能源领域中扮演着越来越重要的角色。LNG 储罐作为液化天然气储存的关键设备，其焊接全过程质量管理对于保证储罐的安全性和可靠性具有至关重要的作用。

LNG 储罐 9Ni 钢焊接是储罐建造过程中的一项重要技术。9Ni 钢是一种含镍量为 8.5% ~ 9.5% 的超低温钢，具有优异的强韧性和低温韧性，但 9Ni 钢的焊接过程相对复杂，需要采取合理的焊接工艺和质量控制措施来确保焊接质量和安全性。

本文主要探讨了 LNG 储罐 9Ni 钢焊接的全过程质量管理，包括质量体系建设、人员及材料管理、焊接前准备、焊接过程控制、焊接无损检测等。通过对这些环节的深入研究，总结出一些有效的 9Ni 钢焊接质量控制方法，以期为相关领域的工程技术人员和管理人员提供参考和借鉴。

二、LNG 储罐焊接全过程质量管理流程

LNG 储罐是液化天然气储存的关键设备，其焊接质量直接影响到天然气的储存和使用效果。优质的焊接工艺和材料选择可以减少储罐的泄漏和损坏，提高储罐生产运营安全及使用寿命。

9Ni 钢是一种耐低温材料，通过探索 9Ni 钢焊接质量控制的方法，加强 LNG 储罐 9Ni 钢焊接全面质量管理，不断提高焊接技术质量标准，提升储罐整体结构的稳定性和安全性，保障天然气的储存和运输安全。

（一）制定质量管理目标

项目创优，创国家优质工程。27 万立方米 LNG 储罐 9Ni 焊接一次合格率目标 98% 以上，力争 98.5% 以上。

（二）建立质量管理体系

项目管理思路：以创优为目标导向，实施全面、全过程、全员参与的质量管理理念。

项目建设模式：总承包。

项目管理体系：成立联合创优党支部，建立由党建引领，建设单位牵头，联合勘察单位、总包单位、监理单位多层多单元质量管理体系。针对总质量目标进行分解，将项目的建设标准和质量总目标分解到各个责任主体，然后由各责任主体单位制订相应质量计划，并编制相应质量控制措施和方案，确保项目质量体系的有效运行。

项目建设过程中，建设单位、监理单位、勘察单位、总承包单位、材料设备供应商等所有参建方均对各自职责范围内质量管理体系运行负责，根据考核管理制度，对质量体系履职行为进行监督管理。

（三）焊接全过程质量管理

1. 材料质量控制

（1）设计阶段

由于27万立方米LNG储罐目前为全球设计罐容最大的全容储罐，其与LNG直接接触的9Ni钢的性能要求对于确保储罐运行至关重要，9Ni钢原材、焊材技术规格书由总包单位设计编制，经建设单位审核后，由第三方图审机构委托韩国KOGAS公司进行复核，9Ni钢相关设计文件审查过程中均未发现关键技术问题，经过层层质量控制及把关，确保了9Ni钢材料及焊材满足设计要求。

（2）生产控制阶段

27万立方米的储罐内罐采用9Ni材质钢板，厚度较22万立方米储罐内罐更厚，壁板厚度范围从5~35.2mm分布，设计对材料的制造要求高，成品钢板须具备优秀的机械性能和工艺性能，钢板制作过程需进行拉伸性能、低温冲击性能、弯曲性能、落锤试验、CTOD试验、止裂试验等一系列力学性能试验，同时外观表面质量、尺寸偏差、无损检测、剩磁量均需满足技术规格书要求，制造难度大，质量控制措施要求严格，如图1、图2所示。

图1 钢板制造钢板尺寸检查

图2 钢板制造超声检测

9Ni钢制造前，江苏LNG对制造厂家进行考察，对厂家的质量管理体系运行、管理制度、机械设备有效性、人员资质、制造原材料、工艺流程及方案等进行了全面了解，并提出质量管理意见和要求。

在9Ni钢板制造过程中，总包单位委托第三方监造单位根据已经编制审核的检验计划对钢板生产全过程进行监督检验，所有检验点需经过第三方监督见证审核合格方可进入下一道工序。建设单位委托第四方监造对第三方监造单位履职情况及制造厂家生产情况进行抽检，多重质量控制确保钢板制造受控。

（3）入场验收阶段

制造厂家和第三方检查单位对9Ni钢板的装车和运输过程质量负责，为确保质量证明文件等满足技术规格书及质量管理要求，江苏LNG要求供货商提前两天发送电子版资料至现场进行审核，提高现场材料验收效率。

钢板运输到项目现场后由总承包单位牵头组织共检。建设单位、监理单位、总包单位根据技术规格书和相关规范对钢板质量证明文件、外观、尺寸、坡口角度、剩磁、漆面、厚度等进行100%逐张联合验收，验收合格后签署共检单，并在钢板上标示合格标记，如图3所示。

由于9Ni钢具有较高的导磁率，钢板磁化超标后将对焊接过程产生较大的磁偏振效应，影响焊接质量，故对钢板的存放要求较高。钢板吊装不能用电磁铁吊运，不应在高压电和高压电气设备附近存放，不应存放于其他可能影响剩磁水平的环境中，交货状态下的磁性残留最大值不应超过50高斯，如图4所示。因此，质量管控措施包括，9Ni 钢板设置单独隔离区，且远离电气设备等，9Ni 钢壁板放置在专用胎具上，用 9Ni 钢垫块以及木方进行隔离，并使用防雨布进行覆盖，安装前检测每张板的剩磁并进行记录。

图 3　到货钢板验收

图 4　钢板存放保护

焊材作为 9Ni 钢焊接的重要原材料，同样作为重点进行管控。焊材的材料进场验收与 9Ni 钢板流程一致，焊材库建立多级库房管理制度，各级焊材库按照规范及设计要求设置相应管理人员及管理制度，如图 5 所示。江苏 LNG 重点加强焊材库烘干领用的过程质量管理。焊材库秉持可视化管理理念，将焊条领用程序、烘干程序、二次回收领用程序、合格焊工清单、焊工台账等上墙张贴，焊材库管理人员通过核查焊工信息，避免焊材错领、冒领问题。焊材库实现分区管理，分合格区、待检区、废品区，焊材的报验、保管、存放、发放、使用按照规程严格执行。江苏 LNG 在巡检、周检的基础上进行专项检查，对焊材库管理提出整改意见，逐步提升管理水平，如图 6 所示。

图 5　焊材库管理制度上墙

图 6　焊材分区摆放

2. 人员管理

对于 9Ni 钢焊接质量人员的管理，江苏 LNG 施行管理人员全面面试考核制度，所有参与质量管理的人员均需经过面试考核，面试得分及笔试得分合格者方可进入管理现场，从源头确保质量管理人员素质，如图 7 所示。

在项目实施过程中，江苏 LNG 对质量管理人员进行动态考核，满足考核标准的人员可继续开展质量管理工作，主要针对方案、ITP、质量管理重点、专业知识等进行考核，考核不合格人员根据规定采取处罚、降级、撤职等措施，以确保质量管理人员的可靠性和有效性。

现场管理采用区域负责制，根据工程标段划分，业主、监理、总包配备相应的区域负责人，对各自负责区域内的质量管理负责。江苏 LNG 由业主单位牵头，编制了区域责任质量奖惩措施，每月开展质量先进个人及班组评选，现场开展焊工技能比武及专项质量竞赛活动，夯实承包商实操和理论基础。

作为 9Ni 钢焊接的直接执行者，焊工的管理尤为关键。为保证焊工管理质量，采用“两交一考”制度，即焊工考试前交底，焊接作业前交底，焊接作业中考核，如图 8 所示。焊工考试前，根据焊接工艺 9Ni 钢焊技术要求，焊接施工方案要求对焊工进行一次交底，确保焊工对相关技术要求，对 9% 钢焊接控制要点了如指掌。焊工考试合格后编制焊工证，焊工证作为焊工在项目上的“身份证”，包含了焊工编号、准焊材质、准焊方法、准焊厚度、准焊位置等关键信息，焊工拿到焊工证施焊前承包商对焊工进行二次交底，确保焊工对焊接要点深度掌握。为提高焊工积极性，项目每月对焊工合格率进行统计，根据项目创优激励细则对优秀焊工进行奖励，实现“能者多得”，推动焊接质量整体水平不断上升。

图 7　质量管理人员在线考试

图 8　焊工考试交底

3. 焊接过程管理

9Ni 钢含镍量 8.5%~9.5%，在 –196℃仍具有优异的力学性能。与不锈钢比，有合金含量少，性价比高的优点；与低温铝合金比，有许用应力高，热膨胀率低的优点，因此在 LNG 领域被广泛应用。9Ni 钢焊接过程中焊缝金属在结晶过程中的低熔点杂质偏析并分布在奥氏体晶界上，在焊接应力作用下易产生热裂纹，且 9Ni 钢焊材熔点比钢材低，焊缝熔深浅，流动性差，易产生未熔合未焊透的缺陷，故焊接过程质量控制极其关键。

为保证 9Ni 钢焊接质量，江苏 LNG 运用动态管理手段，制定具体措施，进行事前、事中和事后控制，实现全面、全员、全过程的质量管理目标。

（1）事前控制

开工前，编制详细完善的 9Ni 钢焊接质量计划，明确了 9Ni 焊接一次合格率 98% 以上的目标，设置了 9Ni 钢质量管理重点，编制检试验计划，明确过程停检点，同时对焊接施工进行质量风险分析与评估，依据 27 万立方米 LNG 储罐施工建设全过程质量风险管控清单，98 大项、314 小项风险管控要求和措施，施工作业严格执行管控要求，确保了焊接过程质量风险可控，如图 9 所示。

焊接作业前江苏 LNG 邀请外部单位以及质量监督站的焊接专家进行 9Ni 钢相关的材料、焊接、管理等方面的知识培训，夯实管理人员质量管理基础，提升参建单位管理人员水平，同时对标准规范及工程建设内控制度宣贯，不断强化管理人员质量意识，如图 10 所示。

图 9　质量管理制度宣贯

图 10　9Ni 钢焊接专业培训

由于焊接工艺评定工作对于焊接质量控制至关重要，焊接施工前，江苏 LNG 组织各单位焊接专业人员共同对储罐的焊接工艺评定计划进行详细的研讨，根据焊接板厚、位置、方法等因素，制定了适用于现场焊接的焊接工艺评定共计 13 组。根据已编制的焊接工艺评定计划，承包商编制预焊接工艺规程（PWPS），经过总包、监理、业主多级审核合格后开始进行焊接工艺评定工作。焊接工艺评定按照 NB/T47014 和 ASMEIX 规定进行，焊接前对原材料、方案、焊工、焊机、焊接环境进行逐一确认，焊接过程按照 PWPS 要求详细记录各项焊接参数，焊接后采用射线对焊接试件进行检测，合格后开始理化性能试验阶段，如图 11 所示。江苏 LNG 组织业主、监理、总包专业人员全程对实验室试验进行见证，确保试验满足规范要求。理化试验完成后，开始焊接工艺评定（PQR）及焊接工艺规程（WPS）的编制和审核工作，项目采用共同审阅，分级审批的模式进行审核，经审核合格的焊接工艺评定方可用于现场。为便于指导焊接施工以及质量管理人员检查，现场焊接工艺指导书张贴于每一个焊接作业点，张贴率达到 100%。

储罐内罐焊接作业前要求各标段制作首件焊接样板，并组织管理人员和作业人员全程观摩学习，通过样板制作，让焊接工艺参数控制变为看得见、学得到，使焊接作业人员直观了解并掌握焊接质量控制要点，如图 12 所示。同时，各储罐、各工序焊接第一道焊缝时，也严格执行 100% 检验，待第一道焊缝检验合格后，方可开展后续 9Ni 钢焊接作业。

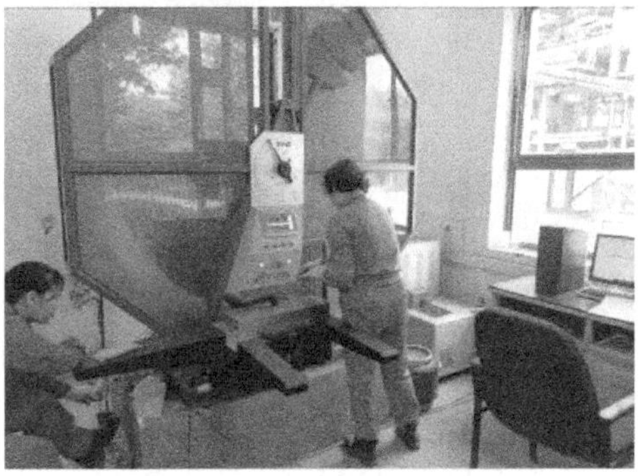

图 11　焊接工艺评定理化试验

图 12　焊接样板展示

（2）事中控制

江苏 LNG 采用“三检”制进行事中质量控制，即施工单位的自检，各标段间的互检，业主监理总包联合组织专检，通过多层次全面检查，确保 9Ni 钢焊接质量。

对于 9Ni 钢焊接质量控制，重点之一就是钢板组对，江苏 LNG 在吊装前根据重量分布计算钢板吊点受力点，严格按照方案计算的数据进行吊点布置，确保挂钩平衡，以保证组对质量。组对完成后，施工单位、总包单位、监理单位、业主单位联合对每张钢板进行组对间隙、垂直度、半径偏差检查，确保合格后进行下一步作业，如图 13 所示。焊接作业前对钢板的剩磁量进行二次检查并记录。

焊接作业前，要求对焊接作业环境进行确认，确认坡口间隙合格，坡口附近打磨且洁净，焊接条件满足要求后，再开始焊接作业。9Ni 钢焊接难度高，对焊接参数要求严格，焊接过程热输入的控制极为关键，过高或过低的热输入都会形成焊缝缺陷，故焊接过程严格按照 WPS 规定的电流电压进行焊接，每层焊接后，对层间温度进行检测，低于 150℃后方可进行下一层焊接，如图 14 所示。为控制焊接热输入，提高热输入检查便捷性，江苏 LNG 创新性采用了焊接输入标准化检查，各标段针对焊接时打底、填充、盖面的单根焊条的可焊接长度进行了统计汇总分析，形成了通过测量单根焊条焊接长度控制焊接热输入的成果，并以交底的形式在焊接施工中推广普及使用，如图 15 所示。

图 13　储罐壁板安装尺寸检查

图 14　焊缝焊后外观检查

一标段5罐立缝焊接长度数据表

单位：cm

	打底	填充		盖面
焊接长度数据	11	13	16	15.5
	12.5	12.5	15.5	16.5
	11	13	14.5	16.5
	12	13	15	15
	11.5	12.5	14.5	15.5
平均值	11.6	12.8	15.1	15.8

备注：　采集5根焊条数据

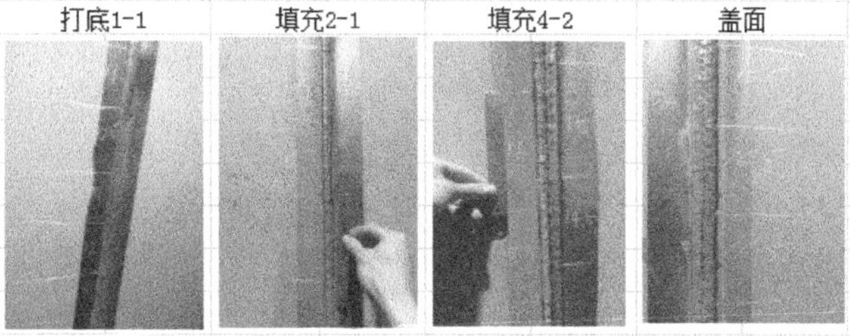

图 15　焊接热输入标准化检查

（3）事后控制

江苏 LNG 通过焊接后质量结果评价，发现问题并对工序过程质量进行纠偏，对不合格焊道进行整改。复盘提出整改措施并落实，确保质量处于受控状态。

为确保焊后外观检查率达到 100%，采取分级检查。先由施工单位自检后报总包单位检查，总包单位检查后报监理验收，业主对全过程质量管理进行监管，确保焊后外观检查落到实处。

9Ni 钢焊后无损检查作为质量的最后一道关卡尤为重要，由于 9Ni 钢焊缝与母材密度相差较大，为确保 RT 检查质量，江苏 LNG 全部采用双底片透射，通过两张底片对比确认焊道质量，提高无损检测精度。对于存在返修缺陷的，现场及时组织召开返修交底会，分析缺陷形成原因、制定返修措施，确保返修一次通过率。

针对 9Ni 钢无损检测工作，江苏 LNG 积极组织新检测方式 PAUT 的研究应用和底片数字化评片技术的实践应用，如图 16 所示。PAUT 相控阵技术是近年发展起来的最新的无损检测技术，LNG 储罐对接接头在国内以往都是采用射线检测，一台罐的检测量达 2.5 万张底片，检测工作量大，且容易受射线拍片进度影响工期进展，射线拍片对人体有辐射危害，暗室处理会带来废液，对底片储存环境要求高等诸多不利因素。相控阵超声检测对缺陷长度、深度测试很准确（误差在 1 ~ 2mm），现场使用 PAUT 技术对焊缝 RT 检查进行辅助验证，降低了焊缝缺陷的漏检率，提高了焊缝质量。

江苏 LNG 还创新性使用数字化底片 AI 评片技术，对 RT 检查完成的底片进行复检复评，如图 17 所示。该技术通过信息化手段，将影像扫描成数据进行统一管理，通过 AI 根据缺陷特征识别图片中存在的缺陷，依据标准，自动识别，自动判定，形成了统一的数据存储。项目工程师根据 AI 判定的缺陷与人工判定缺陷进行对比，提高了无损检测的准确率。同时信息化智能评片技术通过“云平台”，在任何位置都可以查阅和分析数据，提高了项目管理的效率和便捷性。

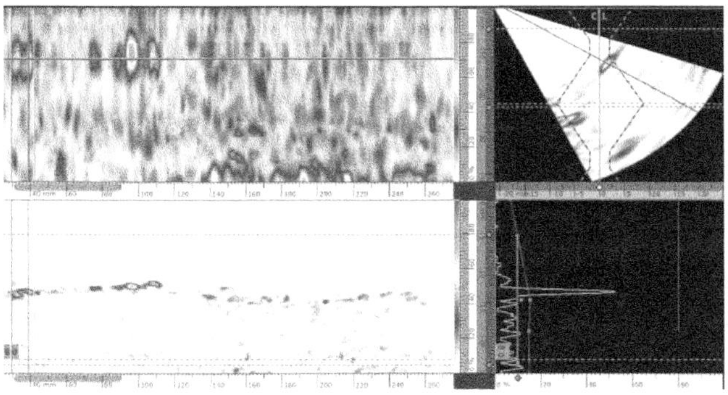

图 16　PAUT 在 9Ni 钢无损检测验证应用

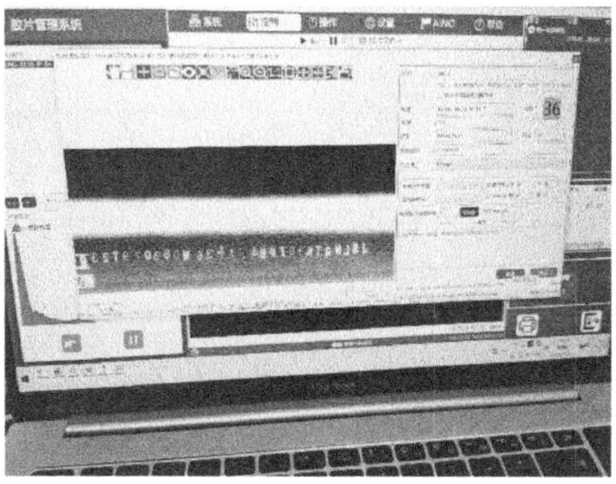

图 17　数字化底片 AI 评片技术应用

三、取得的成效

6 座 27 万立方米 LNG 储罐的内罐审核检验试验计划 6 份，入场验收钢板合计 9804 张，一次验收合格率 100%。焊工入场考试累计 512 人，初考合格 455 人，一次合格率 88.87%。完成焊接工艺评定 27 次，审核焊接工艺指导书 18 份，检验批验收 216 次，焊接累计拍片 93639 张，一次合格 92926 张，一次合格率达到 99.24%，远高于项目创优目标 98.5% 的标准。

江苏 LNG 通过储罐焊接全过程质量管理实践，创新性实施了焊接热输入标准化检查及 PAUT 无损辅助检测技术，通过科学有效的质量控制管理措施，使储罐焊接质量更加稳定、可靠，提高了储罐的密闭性、抗压能力和抗腐蚀性能，提升了储罐焊接的整体水平，达到了质量管理创优目标，为争创石油优质工程金奖、国家优质工程奖提供了坚实的基础。总之，储罐焊接全过程质量管理将在未来的石油、化工、能源等领域中发挥越来越重要的作用。

主要创造人：张志磊

参与创造人：任建勋、彭多多

基于标准引领　安全先行
创新驱动的调度质量管理提升

中国长江电力股份有限公司

一、企业概况

中国长江电力股份有限公司（以下简称长江电力）是经国务院批准，由中国长江三峡集团有限公司作为主体发起人设立的股份有限公司。长江电力创立于2002年9月29日，总部位于湖北省武汉市，主要从事水力发电、清洁能源和智慧综合能源、配售电以及投融资业务，在中国、秘鲁、巴西、巴基斯坦等多个国家开展相关业务。现拥有长江干流溪洛渡、向家坝、三峡、葛洲坝、乌东德、白鹤滩共六座电站的全部发电资产，水电装机110台，其中单机容量70万千瓦及以上机组86台，是中国最大的电力上市公司和全球最大的水电上市公司，如图1所示。

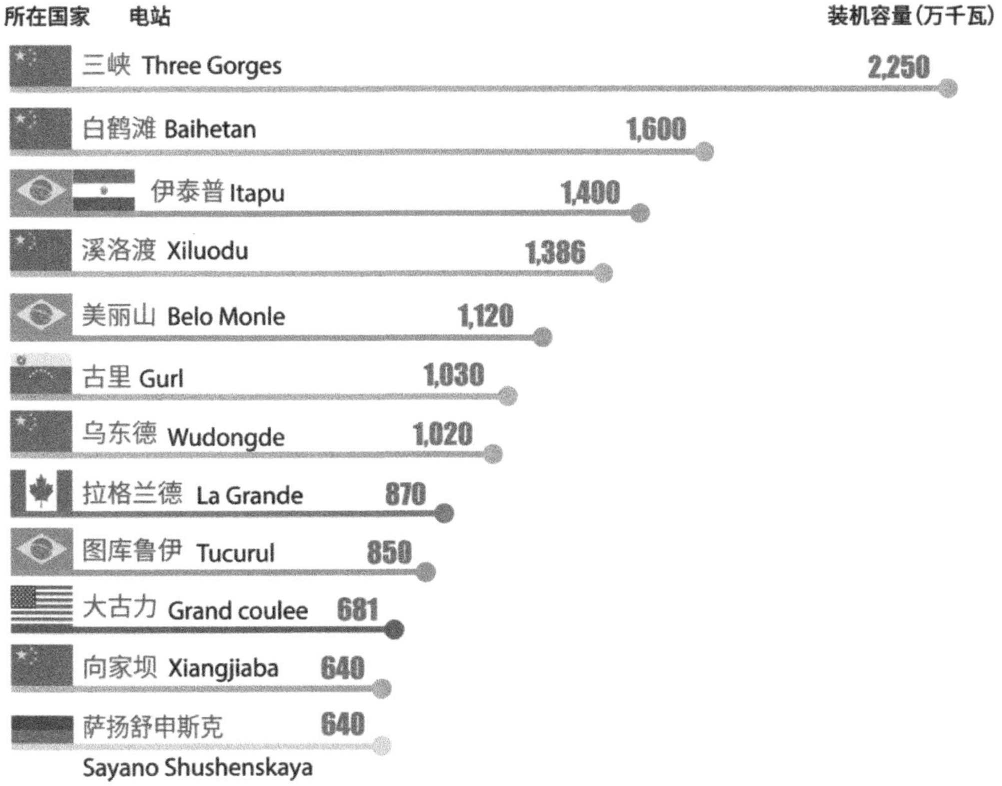

图1　世界前十二大水电站装机容量

三峡水利枢纽梯级调度通信中心（以下简称三峡梯调）是长江电力下属的电力生产管理单位和生产成本控制中心，是实施金沙江至长江流域六个梯级电站（溪洛渡、向家坝、三峡、葛洲坝、乌东德、白鹤滩）调度运行管理的生产部门，统一接受水利部门、电网等上级调度指令，协调梯级电站水库调度运行，最大限度发挥梯级枢纽综合效益，如图2所示。

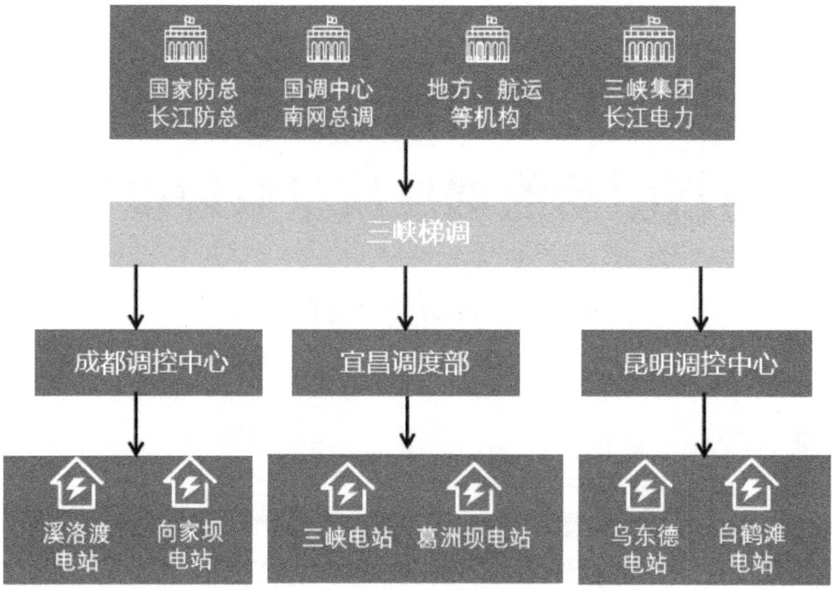

图 2　三峡水利枢纽梯级调度通信中心调度关系

二、项目简介

三峡梯调坚持“质量创造价值、用好每一方水、调好每一度电”的核心理念，将“质量第一、顾客至上”作为质量管理目标，确立了“凝聚科技创新，智铸水电引领”的愿景，秉承“质量第一、精益管理、创新驱动、持续改进”质量管理方针，始终遵循 PDCA 循环，产研结合，从调度业务全流程质量管理、质量安全、质量技术三方面，大胆进行质量管理实践和科学创新。三峡梯调深耕质量管理潜力，实施“水库统一调度、电力分区控制”的管理模式，统筹流域梯级调度业务，设立区域调控中心进行统筹协调和属地管理，对区域所辖梯级电站实行“调控一体化”管理。

三、项目实施举措

（一）以质量标准强基，优化调度业务流程

三峡梯调以落实质量管理目标为重点，创新管理方式，制定管理标准，以制度、标准、流程为根基，探索调度业务全流程质量管理策略。三峡梯调对外与电网、长江委、通航局、气象局、地方海事联系，对内与两级公司职能部门及电厂协调，确保调度业务质量提升。

（1）健全和完善质量管理制度。以质量环境职业健康安全管理体系为骨，以生产管理业务流程、制度、规程、规范、作业指导书、现场处置方案（预案）为肉，形成具有生命力的立体化质量管理体系。一是梳理并分析三峡梯调作业标准，编制了《三峡梯调质量管理办法》《区域中心调控运行管理细则》等制度；二是细化和规范业务流程，补充专项制度 / 方案、作业指导书十余项；三是建立内部调度运行安全作业标准，推进调控管理体系持续深化，把控梯调及电厂调度业务，落实调度质量评价工作，持续提升调度安全管理水平。

（2）制定质量管理标准。一是全面梳理年度重点工作，制定质量管理标准及工作计划清单，明确责任目标，按期开展督办，及时纠偏，动态调整；二是结合“党员示范岗”“优胜值”评比、汛期劳动竞赛等活动，落实岗位安全生产责任制，激发员工工作热情和责任感，确保全年重点工作质量。

（3）进一步规范质量作业标准。为避免调度指令在下达、执行等各环节存在的风险，编制执行调控运行管

理工作提示，精细实时调度主要操作业务。一是优化操作命令票、检修票执行流程，优化工作票办理流程；二是对标安规及两级公司两票相关管理规定，结合调控业务中的两票工作，编制操作命令票、检修申请单、工作票、继电保护（安自）定值单票面规范填写示例，从最基本处规范两票票面填写；三是依据两网调规操规、两厂现场运行规程，结合部门相关制度，汇编完成参考标准操作命令票。

（二）以安全生产为本，提高安全管理水平

（1）建立机制，压实责任。公司做实风险管控与隐患排查，形成风险分级管控与隐患排查治理双重预防体系。一方面，在时间尺度上逐渐细化，从月到周逐渐细化到日；另一方面，从负责人到主任师逐步推进到各值值长，从上至下增强风险管控意识，把风险管控和隐患排查治理落实到管理全过程。

（2）强化安全意识，树牢安全底线。一是集中学习习近平总书记致白鹤滩水电站首批机组投产发电贺信精神、习近平总书记对乌东德水电站首批机组投产发电重要指示精神；二是以“质量月”系列活动为契机，广泛开展群众性安全生产活动，全面树立安全第一的理念；三是聚焦安全生产、风险隐患排查治理、科技兴安等重点工作，开展合理化建议活动，切实提高本质安全管理水平。

（3）预防为主，提高风险管控能力。一是以“谁当班期间发生事故，谁负责总结分析”为原则，进行技术分析总结，落实风险管控责任；二是组织编制《调度控制运行工作提示》，其覆盖了近年来调度运行工作出现的薄弱点，包含开停机、倒闸操作、发电计划执行、AGC/AVC 控制、近区电网操作等重点调控业务；三是将风险点形成提示滚动更新，指导值班员日常调度运行工作。近三年公司累计编制技术分析总结、应急事件处置报告数百篇，为调度值班人员提供了宝贵的经验和理论。

（三）以创新驱动铸魂，深耕调度质量管理潜力

公司为践行“创新驱动”质量管理方针，积极推动中心由“生产型”向“生产研究型”企业战略转变；依托创新工作室，产研结合，以“科技兴安”为手段，充分利用内外部优势资源，围绕“看得准、调得好、控得稳”，探索一系列调度智能化实践和研究，打造本质安全调度室，实时优化调度核心能力。

（1）研发同台多路智能语音报警，快速提升应急处置能力。自“调控一体化”模式优化以后，电站运行人员与调度值班员同台值班，共用一套监控系统，原有语音报警系统没分级，判断不智能，存在报警、故障难定位等多项问题，已无法满足三方差异化的语音报警需求。因此，三峡梯调自主研发了同台多路智能化语音报警系统，从根本上解决了原有报警系统问题。该系统自上线运行至今，报警动作正确率 100%，没有发生过一次误报警，极大提高了调度员和电厂值班员查找故障设备和故障原因的速度，提高了梯级电站应急响应速度。

（2）研发调控辅助值班机器人，探索提升调控智慧化水平。在实时调度业务开展中，调控值班员面临诸多问题，例如，自动化系统众多且相对独立，掌控难度大；事故情况下，事故源点难以快速定位定性；需要精准掌握的调度相关文件、设备参数众多，资料检索即时性不够；重复性定期工作繁杂等。为解决上述问题，研发调控辅助值班机器人，其成果涵盖多项辅助值班智慧化应用，包括调控业务资料的智能检索、事故快速指引、信息智能报送、应急补水预案制作、当班任务智能提醒及检查、智能参观接待等，让调度值班过程更加便捷、高效、精准，智慧梯调建设迈出重要一步，具备较强的行业内外推广价值。

（3）建设网络化下令系统，技防实现调度本质安全。为进一步规范电网调令执行时效和纪律、标准调度业务执行环境，减少人为误操作概率，及时实现调度安全，南网总调和国家电网陆续开始施行调度操作网络化下令代替电话调令（除紧急情况外）。三峡梯调积极探索对接电网网络指令系统，实现全流程安全防误，最终打通调度指令全流程安全管控“最后一公里”，三个区域调度指令安全管控，业务规范统一，通过技防确保调度本质安全。

（4）开发调度数据管理平台，实现调度全生命周期管理。由于梯级电站调度数据存储分散、结构标准不统一，后台数据支撑不足，报表统计工作耗时耗力，为进一步提升梯级电站调控管理智能化水平，推进梯级枢纽向智

慧调控迈进，三峡梯调开发涉及了调度数据管理平台，以“调度全生命周期管理”为基础，全面实现了调控业务数据全方位控制，实现了调控所有需要的数据的自动统计展示和部分报表的自动生成，为调度质量评价和运行分析工作提供技术保障，提高梯级电站调控管理智能化水平。

（5）开发梯级电站多源响应闸门调度程序，提高水库预报调度精度。实时调度作业中，以前闸门调度方案、水位预测均为纯手工制作，水库运行边界条件复杂，手动制作闸门调度方案难以兼顾。多目标的水库调度令闸门调度方案制作需要不断尝试、筛选，计算量巨大。三峡梯调开展自主科研项目研究，总结各种水库调度令之间的共同特点，开发了溪洛渡－向家坝梯级电站多源响应闸门调度程序，实现了“水位控制目标、拦蓄洪水目标、预留防洪库容目标、出库流量目标”四类调度目标的多源响应。一方面水库水位预测更加精准，水位测算实现厘米级精度，另一方面防洪调度指令能够更快更准确执行。后期公司将进一步推广应用。

四、实施效果

三峡梯调开拓创新、勇毅前行，高标准建立健全质量管理体系，质量管理水平不断提升，在能源保供、接机发电、精确调度等方面取得了新突破，调度控制工作质量管理取得重大阶段性成就，充分发挥了梯级电站保供水保供电保民生保安全的“主力军”作用，坚实推动了高质量转型发展。

（一）流域梯级水库调度屡创佳绩

在水库蓄水量大、协调困难、气候条件不利、电力保供矛盾突出的情况下，三峡梯调连年超额完成发电目标；梯级六座电站联动防洪，防洪调度成效突出；每年开展十余次超高频次和较长时间的保电任务，保供“大考”成绩优异；生态调度频次高、持续时间长，为鱼类产卵创造有利条件，生态调度效果明显。

（二）梯级联合调度能力持续巩固

三峡梯调关键期调度保持较高水平。公司预测预报精准度明显提升，汛期防洪调度过程中，做到提前 10 天准确预判洪峰量级，48 小时洪峰预报精度超过 98%，峰现时间预报偏差控制在 2 小时以内，洪水资源利用，真正做到了“滴水不弃”。三峡梯调有效应对极端运行方式的考验，调度调控保持较高水准。三峡梯调连续 3 年获得国调表彰，数名值班人员获“国调直调系统优秀运行值班员”荣誉。

（三）创新驱动效能加速释放

三峡梯调初步建成国内首个发电企业自主建设的电力辅助服务信息系统，为参与电力市场辅助服务提供决策支持。梯级电站调控运行管理系统建成投运。公司全面推进辅助值班机器人研发，调度数据处理能力和人机交互研究不断深入，智慧调控水平不断提升。

（四）水电调控新模式日渐成型

2021—2022 年，三峡梯调圆满完成乌东德－白鹤滩梯级电站接机发电工作；探索并持续深化“调控一体化”管理，电厂运行人员进入调控室，开展同台值班；根据现货市场和新能源发展进度，建立了电力市场攻关小组和新能源业务小组，并在中心层面成立新业务研究工作组，统筹开展新能源及电力市场研究分析和培训宣贯工作，积极探索研究水风光抽多能互补及与电力市场相结合的调控管理模式。公司不断优化六库联合调度，探索联合蓄水、防洪、消落各阶段最优运行方式，充分发挥梯级电站综合效益。

（五）适应电力市场的人才队伍茁壮成长

电力市场研究工作是适应电力体制改革发展，探索新发展路径，推动三峡梯调高质量转型发展的重要举措，具有重要意义。三峡梯调积极应对，抢占先机，以点带面，带动中心全员深入了解电改，掌握电力市场交易规则，不断增强市场意识，提升应用市场化手段解决调度问题的能力，成功应对溪洛渡右岸、乌东德电站参与南网区域电力现货市场试运行，培养了一支适应电力市场的人才队伍，为建设“市场导向型”调度中心奠定了基础。

（六）应急响应彰显应急调度能力

三峡梯调坚持“水电合一”调度，自流域梯级电站全面实施“水电合一”调度模式，快速准确分析研判，及时启动应急预案，快速实施应急调度，水电联合响应，以最优调度方案及时妥善处理问题，极大提升了应急事件处置效率。

五、结语

“十四五”是三峡梯调工作发展的关键时期，“六库联调”格局全面成型，其面临的内外部环境正发生着深刻变化，新挑战伴随着新机遇，三峡梯调将以科学创新的思维，落实质量管理理念，开拓创新、勇毅前行，奋力谱写“六库联调”新篇章。

主要创造人：唐绪锋

参与创造人：张滔滔、张雅琦、张　微、代凤鸣

基于智能化及数字信息集成技术的全过程质量管理

彩虹集团新能源股份有限公司

一、企业概况

彩虹集团新能源股份有限公司（以下简称彩虹新能源）是彩虹集团有限公司旗下控股子公司，于2004年12月20日在香港联交所主板上市。彩虹新能源曾是中国首家从事彩色显像管及其玻壳、荧光材料等全套零部件配套的企业，也是中国生产量最大、配套能力最强的彩色显像管生产企业，在电子信息产业重要产品技术领域相继创造出了中国第一只彩色显像管、第一套彩色玻壳、第一只彩色投影管、第一块等离子显示屏、第一块OLED（有机发光二极管）显示屏、第一块液晶玻璃基板、第一块溢流下拉盖板玻璃等多项“中国第一”，为我国显示器件产业的振兴和发展做出了重要贡献。

近年来，彩虹新能源积极推进企业战略转型，专门从事光伏玻璃的研发、生产和销售，在安徽合肥、陕西延安、江西上饶、陕西咸阳等全国多个城市和地区建立了产业基地和生产工厂，已形成以光伏玻璃生产为中心，集玻璃窑炉设计、薄型化产品研发、自动化工艺连线、智能制造为一体的新业态技术领先型产业集群。

彩虹新能源以“为国家提供战略性先进材料的产品和解决方案”为核心使命，不断创新质量管理方法，先后引入全面质量管理（TQC）、目标绩效管理、客户机制管理、基于智能化及数字信息集成技术的全过程质量管理等，并通过ISO9000质量体系认证，为公司发展奠定了坚实基础。

目前公司光伏玻璃日产能约6150T，已拥有10年以上大吨位光伏玻璃窑炉建设、生产、运营的能力，以环保节能为特色的全氧燃烧技术处于国际领先水平，正引领着中国大型全氧燃烧玻璃窑技术快速发展。

公司光伏玻璃产品在业内有好的商业信誉，销售范围覆盖全国，还占领了海外市场，已成为国内外最优秀的光伏玻璃供应商之一，公司与隆基股份、晶澳科技、晶科能源、阿特斯、协鑫集成等头部光伏组件厂家建立了稳固的战略合作伙伴关系。

二、实施过程

（一）实施背景

光伏玻璃制造具有复杂性、动态性等特征，具体表现为其生产流程、原材料种类纷繁复杂，生产工艺要求严苛，不同客户的需求或同一客户不同时期的需求处于动态变化中，这就使得光伏玻璃的生产过程本身存在很多不确定因素，人、机、料、法、环任一环节发生变化均会对产品质量状况造成一定的影响。这种复杂性、动态性特征对光伏玻璃生产过程质量管理的系统性、精益度、及时性等提出了更高的要求。

传统质量管理存在着三个方面的问题：一是缺乏系统化、整体化的信息管理。在光伏玻璃制造环节中，通常会有许多的数据需要关注，相关人员需要根据这些数据来检测生产状况，根据实际情况及时调整相关参数，以保证产品质量。在传统的质量管理中，公司尽管使用了信息技术，但缺少系统性，各个信息系统间协调性较差，不能形成整体，导致生产数据无法共享，各个生产环节难以互动协同。二是对生产工艺的控制力度不足。鉴于前面提到的光伏玻璃制造过程的复杂性特点，不同品种规格的产品生产工艺不同，不同客户对产品的个性化要求使得同一产品也可能需要不同的工艺方案，这就在一定程度上加重了质量管理的难度。缺乏系统化的质量管理无法实现对如此复杂的生产工艺的有效管控，从而带来一定的产品质量风险。三是缺乏科学先进的质量数据分析处理方法。为了提高管理效率，越来越多的企业注重加强质量管理的信息化建设，然而，在具体实施过程中，尤其是在数据分析处理方面，存在很大的问题。究其原因，主要是公司没有引入新的分析方法和模式，还仅仅局限于传统的做法，这种情况已不能适应企业的发展。

针对质量管理中存在的以上问题，为提速公司高质量发展，实现成为“全球一流绿色能源产业服务商”的战略目标，结合生产工艺及行业特性，公司实施了基于智能化及数字信息集成技术的全过程质量管理。一是以关键制造环节智能化为核心，以互联网信息技术为支撑，通过数字孪生、边缘计算、虚拟 ID 等构件，结合 MES 对数据库内的数据进行分析和处理，完成数据建模，达到预警及主动干预能力；二是通过 MES 与现场设备 PLC 之间的通讯完成产线自动控制，实现大数据应用；三是通过中控中心大屏显示、现场电子看板、高清视觉系统、5G 高速传输、矩阵式工业 APP 等载体，实时分派相关信息到各工序，完成信息实时化。协同设计、智能调度、状态监控的生产全过程质量管理，全面提升了公司质量管控能力。

（二）实施路径和方法

公司通过关键制造环节智能化技术应用及数字信息集成技术应用，形成了涵盖产品生产全过程的精准质量管理体系。

1. 关键制造环节智能化技术应用

（1）自动配料、投料系统

上料、混料和配料一体化。公司采用西门子集散控制系统，对称量、混合和输送等进行全面的自动控制和有效诊断与管理。

（2）全氧燃烧玻璃窑炉 DCS 控制系统

根据光伏玻璃制造核心装备——窑炉生产过程的特性，公司建立完善的 DCS 控制平台，结合数学模型和仿真技术，做到即时有效监控，实现数据实时采集、实时处理，实施精准控制。

（3）玻璃压延系统

玻璃液流入横通路区域，经过溢流砖后形成均匀的玻璃液带，温度降低后在压延机夹引下形成玻璃板。压延机是光伏玻璃核心智能装备，公司与设备厂商联合研发宽幅压延机，利用安装在压延辊、输出辊等位置的压力传感器、高效光电传感器、温度传感器采集数据，对数据进行实时分析，根据客户要求的玻璃厚度自动调节。

（4）退火装置

玻璃退火的目的是消除和平衡内应力，防止玻璃板的炸裂，便于玻璃板的切割。核心智能装备通过退火窑内部温度传感器、高性能光电传感器采集数据反馈退火窑 DCS，自动控制退火窑传输辊速度、退火窑温度等，提升产品品质。

（5）裁切机

裁切设备采用在线编码器实时跟踪移动中的玻璃板具体位置，依据设定切割出不同规格的玻璃板，具有柔性化裁切。公司通过视觉传感器、高性能光电传感器，同时根据在线无损检测设备检测结果，避开玻璃板面的缺陷，依据产品不同尺寸进行柔性化裁切，有效降低生产过程损失率。

（6）磨边装备

磨边装备采用多轴设备（X 轴跟踪，Y 轴倒角），利用变频及伺服控制系统，自动实现玻璃深加工的动平衡检测、磨边磨轮高速转、水冷却远程控制，通过使用高性能光电传感器、位置传感器，采用自动追踪实现光伏玻璃倒角。

（7）镀膜装备

镀膜装备采用溶胶 - 凝胶法制备 AR 镀膜液，再通过辊筒涂膜机将 AR 镀膜液均匀涂布到光伏玻璃表面，经烘干、加热固化后再进入钢化炉得到 AR 镀膜光伏玻璃。

（8）玻璃钢化生产系统

玻璃钢化生产系统具备兼容生产 2.0~4.0mm 钢化玻璃生产能力，其中钢化炉风栅冷却段部分采用 560kW 高压风机与高压压缩空气的复合风栅进行冷却的方式，将镀膜后不同规格的光伏玻璃进行钢化。钢化炉控制系统采用高性能光电传感器、位置传感器追踪入炉后玻璃实际位置，精确对玻璃进行加热与冷却使其钢化。

（9）自动包装系统

自动包装系统包括在线自动铺纸、多角度翻片装置、自动搬运及控制系统。该系统利用位置传感器，追踪光伏玻璃，自动铺纸并裁切，与机器人互相配合，使用高性能光电传感器，实现产品的自动化包装。

（10）智能传感与检测装备

智能传感与检测装备大量采用基于可视化的视觉传感装置及测量仪表，例如，工业液面分析系统、光学数码照相在线缺陷检测系统、无损检测系统等，实现自动化检测、监测、控制及可视化。

公司为了能及时准确地对现场装备运行状态及产品制造过程数据进行监控和分析，建立了在线故障分析装备系统。

相关人员可以采用在线无损检测设备，对产品进行气泡、结石、条纹、夹杂物等表面缺陷进行检测并上传至 MES 系统。

（11）智能物流与仓储装备

公司采用智能物流装备、智能补片系统和物流管理系统，实现智能化、柔性化的物流方式，其包含自动化连线设备、自动传输系统等。

2. 数字信息集成技术应用

数字信息集成技术结合生产工艺及行业特性，使用大量传感设备完成各类大数据的采集，建立了专属数据库。该技术通过数字孪生、边缘计算、虚拟 ID 等构件，结合 MES 对数据库内的数据进行分析和处理，完成数据建模，达到预警及主动干预能力。通过 MES 与现场设备 PLC 之间的通讯完成产线自动控制，实现大数据应用。通过中控中心大屏显示、现场电子看板、高清视觉系统、5G 高速传输、矩阵式工业 APP 等载体，实时分派相关信息到各工序，完成信息实时化。

（1）数据采集系统

数据采集是数据分析、数据应用的基础，是为实施产线订单管理、工艺管理、设备管理、能源管理、质量管理、出入库管理做好基础工作。

①生产数据采集系统

A. 质量报表、图像采集系统

利用自动在线检验设备开放检验结果数据库，包含检验结果数据，检验不良分类图（不良坐标）与 MES 主机数据库进行通信，由 MES 汇总出各条生产线质量信息报表。这也称为在线质量数据采集。

B. 离线检验数据采集系统

该系统将各工序操作人员质量自检数据和品质管理（QC）抽检测量数据通过移动终端进行上传，由 MES 系统结合在线质量数据采集汇总出完整的各条生产线质量信息报表。

②关键设备数据采集系统

A. 对设备关键参数记录监控

B. 设备运行状态采集系统

③工艺参数数据采集系统

工艺设备在进行底层设计时，大面积应用电子计量，并通过各类仪器和传感器将数据采集到各工艺设备的 PLC，再通过工业以太网完成信息高效自动传输，改变了行业人工点检、抄表的传统作业方式。

（2）数据分析系统

①设备参数数据分析系统

该系统通过对设备关键部位进行运行状态监控、预警，由 MES 对设备各参数进行对照分析，精准定位故障部位以及故障原因，防止故障影响进一步扩大。

②工艺参数数据分析系统

工艺参数数据分析系统通过对工艺参数的实时监控，包括环境温湿度、磨边磨头电流、钢化炉上下温度、风栅房风温风压等，对照生产报表内不合格品缺陷类别，精准定位问题工序，对影响产品质量的工序进行相应的工艺调整，杜绝类似问题的复发。

③消耗品平均寿命分析系统

该系统使用工业 APP 内的消耗品使用记录功能，对消耗品使用的日期以及用量进行跟踪，自动将平均寿命纳入工业 APP 的派单系统，一旦消耗品使用的时间临近所设置的平均寿命，则会对相应的技术人员进行提醒。

④能源消耗数据分析系统

把 FMCS 数据提取至 MES 数据库，对 FMCS 数据进行归纳分析，并将产线设备所消耗的电、水、气进行整理，形成相应表格，记录相关能耗。也可以根据现场环境温度的变化、产品规格变化等，调整相对应的工艺参数。

（3）生产数据的应用及管理

①日常设备的点检记录

在后台设置好每日设备点检以及定期设备点检的相关内容，通过系统派单至对应技术人员的工业 APP 中，督促其完成每日的设备点检，并将完成内容上传，由后台整理归纳，形成相关报表。

②定期工艺的点检记录

在后台设置定期工艺点检的相关内容，通过系统派单至对应技术人员的工业 APP 中，督促其完成对应的工艺点检，并将完成内容上传，由后台整理归纳，形成相关报表。

③消耗品的使用记录

将设备生产的消耗品记录放入 APP 内，要求更换或使用消耗品时通过 APP 记录上报，规范消耗品的使用，同时也可观察各类消耗品的使用寿命，合理规划消耗品的更换周期。

④生产报表系统

生产报表包含生产统计报表以及不良品统计报表（人工检验不良品和 QC 检验不良品）的填报。

⑤工序信息化平台

现场看板系统实现对当前工序的实时产能、设备状态、异常信息的现场展示。现场看板系统主要设置在深加工磨边工序、镀膜工序、钢化工序、检验包装工序等。

⑥产品切换系统

根据调度系统对订单产量的要求进行生产，按照产品种类计数统计，实时监控产线数量及库存数量，即将达产前对调度系统进行预警。

三、实施效果

通过基于智能化及数字信息集成技术的全过程质量管理体系的建立和实施，公司市场地位、经营业绩、产品质量稳定提升，生产成本进一步降低，新产品开发周期显著缩短，企业质量管理水平再上台阶。

（一）树立了良好的商业信誉和品牌形象

公司与国内大多数光伏组件厂商建立了稳固的上下游合作关系，公司已是隆基股份、晶澳科技、晶科能源、阿特斯、协鑫集成等头部光伏组件厂家的重要供应商及战略合作伙伴。公司先后被隆基绿能、晶澳等客户授予优秀供应商、最佳战略合作伙伴、质量科技进步奖等称号。

（二）经营业绩持续向好

通过管理方法及技术的实施，2020—2022 年，公司克服了疫情、天然气限供等不利因素影响，经营状况稳定，持续向好。

（三）产品质量全面提升

1. 良品率

2020—2022 年，公司光伏玻璃良品率持续稳步提升，平均综合良品率提升 2.61%。

2. 主要性能指标

近年来公司光伏玻璃主要性能指标显著改善，目前处于行业一流水平，在行业内具有较强竞争力。

3. 节能降耗

公司生产能耗持续降低，2020—2022 年，公司万元产值能耗降低 22%。

4. 产品开发

公司新产品开发及投入市场的周期大幅缩短，公司薄型化、大尺寸、双层镀产品开发及光伏玻璃相关材料开发取得了重要突破。目前 2.0mm 薄型产品、182 以上大尺寸产品、双层镀产品等已成为公司主流产品，自研油墨实现了量产，拓宽了公司产品序列，提升了公司核心竞争力。

彩虹新能源“基于智能化及数字信息集成技术的全过程质量管理项目”的实施，解决了传统质量管理中信息管理系统化缺失、生产工艺控制力不足、数据分析及处理方法落后等问题，实现了生产设备网络化、生产数据可视化、生产文档无纸化、生产过程透明化等先进技术的应用，实现了光伏玻璃整个生产过程的协同设计、智能调度、状态监控，全面提升了公司质量管控能力。该管理方法及技术为智能装备及数字信息集成技术在光伏玻璃质量管理中的应用起到了良好的示范作用，对我国光伏玻璃产业的发展和升级将起到积极的作用。

主要创造人：马志斌

参与创造人：吴文超、张　莉

以“八个坚持”为核心的质量管理模式构建与实施

中材科技（锡林郭勒）风电叶片有限公司

一、企业简介

中材科技（锡林郭勒）风电叶片有限公司（以下简称锡林公司）隶属于中国建材集团，是中材科技风电叶片股份有限公司旗下重点面向新疆、东北、内蒙古和华北部分地区的风电叶片生产基地之一。

公司成立于2008年6月，2012年8月被中材叶片全资收购。公司具备年产2.9GW以上大型风电叶片的生产能力，批量供应国内知名客户，是内蒙古地区优质风电叶片供应商。

公司拥有高新技术企业、“专精特新”示范中小企业、绿色工厂、自治区大型风电叶片企业研究开发中心等多项资质。未来公司将充分利用区位优势，持续增强核心竞争力，打造面向陆上大基地、行业领先的大型风电叶片制造企业。

二、构建以“八个坚持”为核心的质量管理模式

公司遵循诚信、尊重、创新、高效的核心价值观，秉承员工、客户、股东、社会和谐发展的经营理念，坚持创新型、价值型、国际型定位，以推动新材料产业发展，促进社会技术进步为使命，以满足客户需求、提升客户价值为目标，立志将公司建设成客户尊重与员工、股东信赖的中国材料工业知名科技企业。

防范化解产品质量风险是风电叶片制造过程亟待解决的难题，公司地处内蒙古东北部，冬季的低温气候给规模化、快节奏的风电叶片生产制造带来了风险挑战，防范化解产品质量风险的责任和难度也远高于其他地区。

面对这一挑战，公司质量核心管理团队在首席质量官带领下，学习ISO9001：2016标准方法中强调的过程方法，建立以“八个坚持”为核心的制造管理模式，即坚持新型号导入质量管理、坚持量产型号风险分级管控、坚持委托加工方管理、坚持5M1E变更管理、坚持季节变化提前应对、坚持大修关键过程管控、坚持制造主体责任落实和陋习整顿、坚持历史经验复盘学习（图1）。

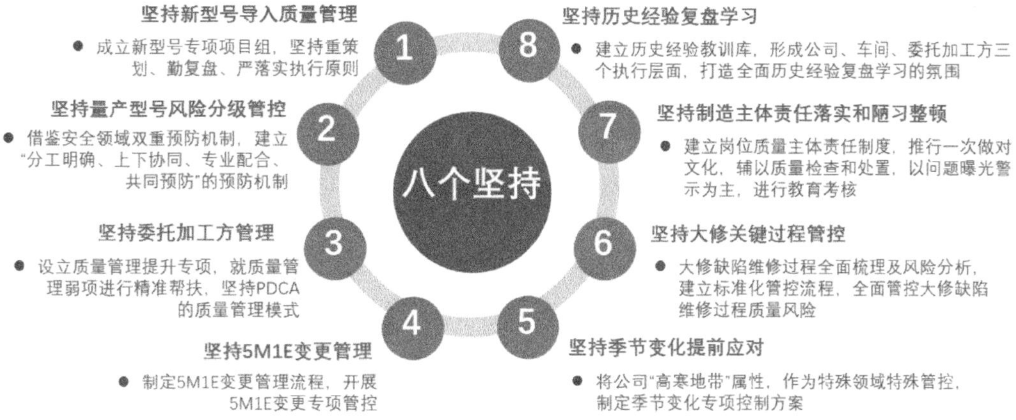

图1　以“八个坚持”为核心的管理模式

三、具体实施

（一）实施首席质量官制度，落实质量管理责任

2022年11月，公司实施首席质量官制度，选拔任命安环质量部经理秦文彬担任首席质量官，明确其制定企业质量发展战略、年度质量工作计划等七大职责（图2），赋予企业内部质量安全一票“否决”权等五大岗位权限（图3）。首席质量官作为落实企业质量主体责任“第一人”，全面负责企业质量安全工作，公司质量管理、质量检验、质量安全等相关业务工作部门隶属于首席质量官直接领导。

图2　首席质量官七大工作职责

图3　首席质量官五大岗位权限

（1）建立以首席质量官为核心的推进体制。为打破公司内部壁垒，公司组建以叶片型号为单位的工艺、质量、制造“铁三角”工作团队，快速响应并解决叶片生产过程的质量、效率、成本等问题，持续优化叶片工艺流程，为叶片高质量生产保驾护航。

（2）充分发挥质量技术专家作用，积极探索质量管理创新模式。在首席质量官的带领下，质量管理核心团队充分分析地形及气候条件给风电叶片生产制造带来的风险挑战，结合ISO9001：2016标准方法中强调的过程方法，建立实施以“八个坚持”为核心的制造管理模式，为同行业提供了可复制、能推广的质量管理经验。

（3）明确质量主体责任，强化质量主体责任落实。公司实行岗位质量主体责任制度，推行一次做对文化，明确各层级具体工作内容、需要达成的结果，辅以质量检查和未达成处置，按周推行质量安全检查活动，以问题曝光警示为主，对违背主体责任行为进行教育考核。

（4）推行绩效考核机制，充分调动公司各级参与质量提升。公司推行一线员工、工程师骨干、管理层三个层级的绩效考核机制。其中一线员工执行质量工资绩效管理方案，引导全员参与质量改善提升；工程师骨干层级执行型号团队绩效管理方案，充分发挥骨干质量管理作用；管理层分配部门质量绩效管理目标指标，推动落实质量管理主体责任。

（二）运用ISO9001：2016标准过程方法，深入分析风电叶片生产制造的风险挑战

在首席质量官的带领下，公司组建质量管理核心团队，结合ISO9001：2016标准过程方法，从认知水平、产品结构设计、生产环境、材料、工艺、人员等方面开展研究探索，建成有效质量管理模式，提高产品质量表现及叶片制造质量管理成效。

首先，重建质量管理体系框架。该框架应将传统的质量管理过程进行研究，区分管理过程（MP）、顾客导向过程（COP）和支持过程（SP）三类，建立过程关系图（图4），明确工作主线，让各责任人明确自身岗位角色、工作承担角色，为全面质量管理（TQM）提供进一步认知基础。

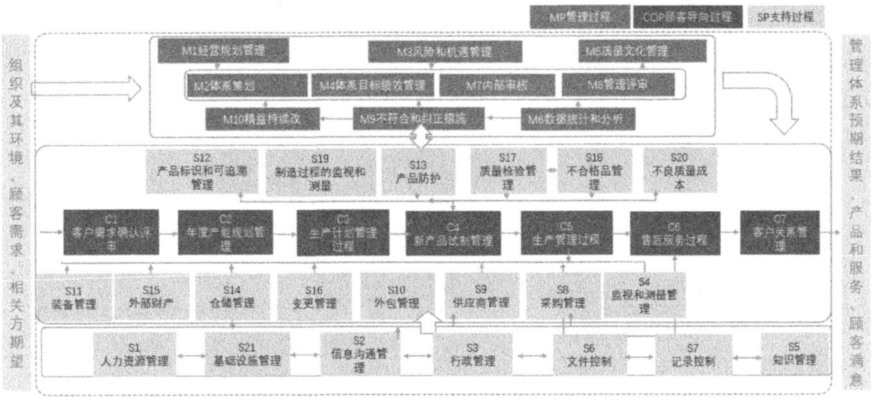

图 4　锡林公司一级过程关系图

其次，进行关键过程分析。公司针对国内外叶片制造企业的百余起典型事故和经验教训，结合复合材料成型特点、地区高寒气候条件等因素，反向匹配到三大类 38 个一级过程中，确定了新产品试制管理、生产过程管理、变更管理等若干决定产品质量可靠性的关键过程，并导入“乌龟图”的分析方法（图 5），总结出各关键过程的管控模式，输出标准做法。

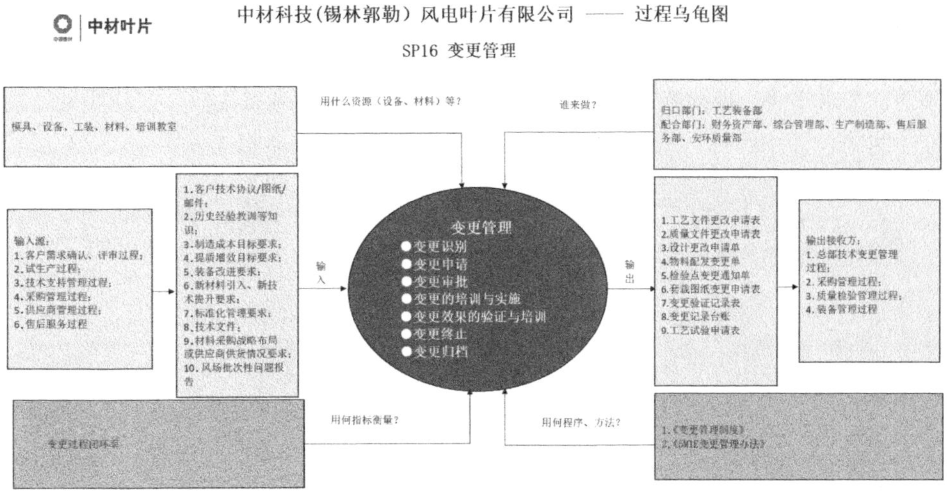

图 5　变更管理乌龟图分析

再次，制定风险管控体系。在关键过程分析的基础上，相关人员确定不同类型的质量缺陷及风险管控方式，呈现形式表格化、模板化，经试用、复盘、反复锤炼修正，形成一套目标清晰、方法简洁、责任明确、行之有效的风险分级管控体系（图 6）。

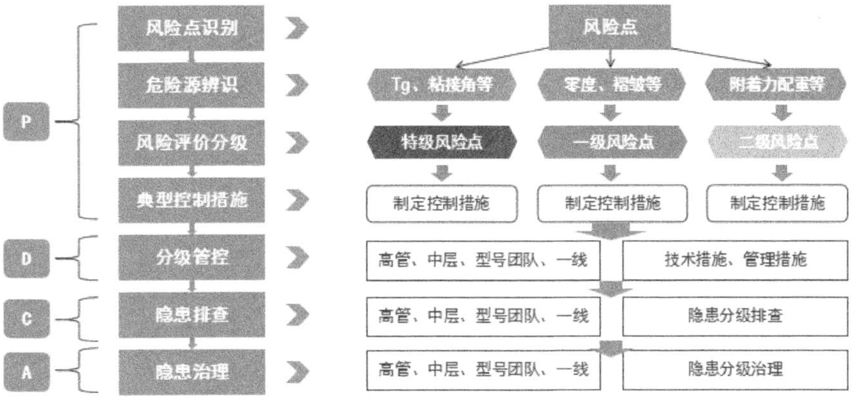

图 6　风险管控体系

（1）强化过程管理是实现新型号高质量试制和产能快速释放的关键要素。截至目前，公司研发试制及异地批产的型号，导入过程均未产生重大产品质量问题。其中异地批产 68.6A 型号，第 4 支达成主成型生产 24h 周期，实现质量稳定及产能快速释放（图 7）。

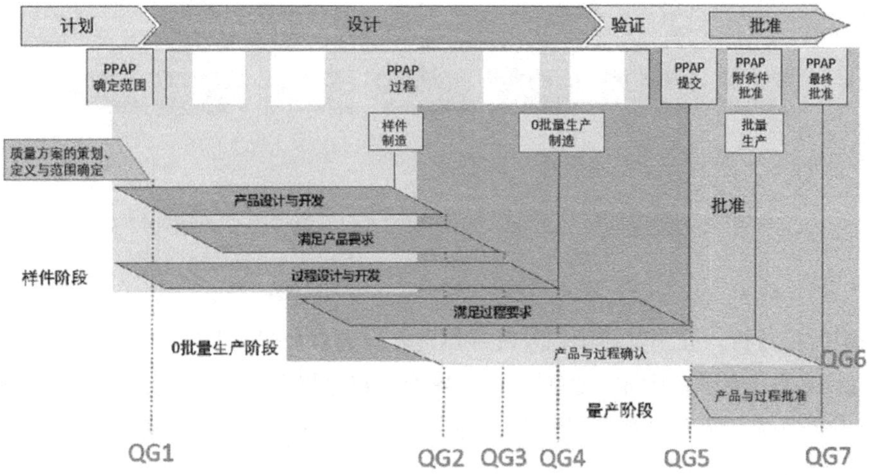

图 7　新产品设计开发流程图

（2）质量风险分级管控是提高应对重大挑战、抵御重大风险能力的重要途径。在质量风险分级管控过程中，公司坚持源头预防、务求实效，持续夯实产品质量基础，实现重大批次性事故数、产品质量问题导致风险失效数双为 0 的目标（图 8）。

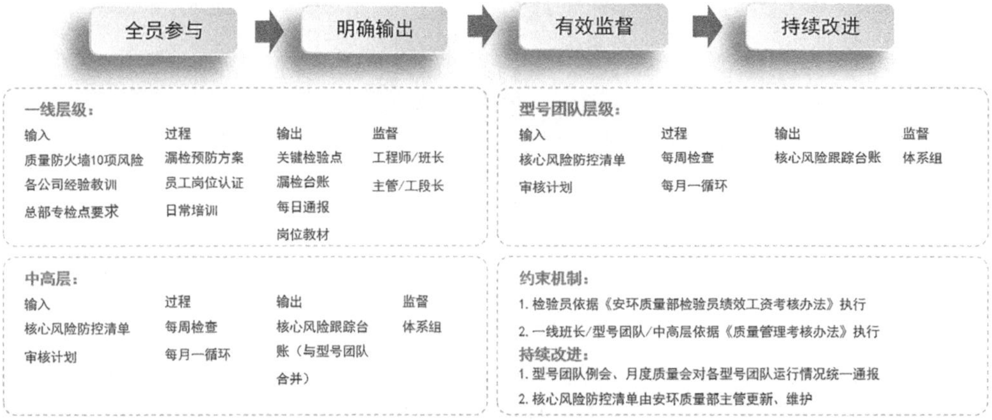

图 8　质量风险分级管控

（3）精细化变更管理是防范化解风险、提高产品质量的必然要求。5M1E 变更管理增强了员工质量意识，培养了良好的工作习惯，做到变更及时申请、监督和反馈，进而保证变更过程可控。过程符合反映到产品，两年来公司无因变更导致的产品报废损失。

（4）季节变化管控是克服温度变化影响、保障产品质量的有效手段。公司完善季节变化管控方案，彻底消除了因温度导致产品出现重大质量缺陷甚至报废的情况，管控方案已成为各叶片制造工厂的学习标杆。

（三）树立质量标杆，弘扬质量先进，着力建设质量文化

公司设立质量文化宣传栏，定期开展质量评优、质量月等专题活动；制定质量异常发现、合理化建议、质量改善等质量激励政策。公司树立质量标杆，鼓励全员参与质量管理。2022 年度公司共计评选质量标兵 5 人，优秀质量管理者 3 人，优秀质量班组 4 组。同时获评总部优秀质量管理者、质量标兵各 1 人，优秀质量班组 1 组。

四、应用成效

公司通过强调 ISO9001 :2016 标准方法中的过程方法，建立并实施以“八个坚持”为核心的制造管理模式，公司质量管理取得了显著成效。截至目前，在年度质量 KPI 目标达成方面，锡林公司多项质量指标在公司内排名领先。客户评价方面，2023 年上半年客户满意度 93.6%，位列全公司第二名，同时 2023 年获评金风客户 5A 级供应商评价；产品质量表现方面，产品内部质量损失持续保持较低水平（0.17%），优于管控目标（0.20%）。

公司业绩也实现了飞跃式的发展，截至目前，公司资产总额为 2.91 亿元，累计投资 4.69 亿元，生产叶片 10167 支，产值达 18.40 亿元，净利润 0.55 亿元，纳税 1.18 亿元。从“十二五”期间至今，公司叶片平均年产量由 663 支增长至 1447 支，年营业收入平均增幅达 34.47%，年产值平均增幅达 65.98%。

五、经验启示

首席质量官制度的实施，有助于促进企业完善质量管理体系，提升质量管理水平，增强企业竞争力。在首席质量官的带领下，公司积极探索管理创新，运用过程方法，形成并固化了“八个坚持”的领先做法，助推企业质量管理水平整体跃升。

（1）首席质量官制度实战性、可操作性强，助力公司质量管理体系建设和质量控制提升，有效地改进产品和服务的质量，提高了企业竞争力。自实施以来，公司客户满意度逐年提升，公司业绩也实现了飞跃式的发展。产值、净利润均持续增长。

（2）在质量管理工作中，首席质量官充分发挥质量技术专家作用，带领技术管理团队探索质量管理创新模式，充分利用绩效考核机制，调动公司各级参与公司产品和服务质量提升工作，并树立质量标杆，提升公司形象，实现企业永续经营。

展望未来，公司有责任在行业内稳定输出高质量产品，开辟质量管理新模式，引领叶片行业高质量发展，为实现国家碳达峰碳中和的战略目标贡献自己应有的力量。

主要创造人：隆　翊

参与创造人：俞　磊、秦文彬、张　鑫、王志昕

基于全过程质量管控数字化的流域检修管理

中国长江电力股份有限公司

一、企业概况

中国长江电力股份有限公司（以下简称长江电力）是经国务院批准，由中国长江三峡集团有限公司作为主发起人设立的股份有限公司。公司创立于2002年9月29日，总部位于湖北省武汉市，主要从事水力发电、清洁能源和智慧综合能源、配售电以及投融资业务，在中国、秘鲁、巴西、巴基斯坦等多个国家开展相关业务。长江电力负责金沙江下游长江干流上三峡、葛洲坝、溪洛渡、向家坝、乌东德、白鹤滩等6座巨型电站电力生产管理和电能营销，是中国最大的电力上市公司和全球最大的水电上市公司。

中国长江电力股份有限公司检修厂（以下简称检修厂）是长江电力下属的电力生产设备设施的专业检修单位，以项目管理方式承担公司流域梯级电站机组B级及以上检修、输变电主设备大修、水工金结设备设施整体检修，负责事故抢修和大型技术改造等检修工作；负责流域检修生产、质量管理、技术管理及生产成本控制，是流域电站检修生产的第一主力单位。

二、项目简介

当前，国内各发电集团均有配套的专业检修单位，以承担集团/流域电站主设备检修业务。在业务区域不断扩展、检修任务持续增加的情况下，各检修单位均面临以下问题：一是检修总部无法突破空间限制，对远程检修现场进行实时管控和技术支持；二是现场检修大量数据及检修报告仅以文档形式进行存储，没有实现信息化和结构化，无法充分智能解析利用；三是现场作业人员无法快速获取检修过程中所需要的关键支持信息，以便进行科学高效的决策支持；四是现场检修数据采集和关键计算缺乏数字化手段支持。

为解决上述问题，提升检修质量管理、项目管理、技术管理、安全管理等核心能力，公司依托移动互联、云计算、大数据等“互联网+”和“两化融合”的信息前沿技术，充分发挥流域检修海量数据和丰富应用场景优势，推动工业互联网、数字技术、智慧物联与检修全过程深度融合，赋能检修管控模式全方位、全链条转型升级。公司推动检修管理“上云用数赋智”，信息化和工业化融合不断走深向实，流域检修管理数字化应用水平显著提升。

三、主要举措

（一）加强流域检修管理在大纵深、跨地域的整体布局，以数字化驱动生产作业和管理方式变革

流域检修主战线从葛洲坝溯江而上，依次经过三峡、向家坝、溪洛渡、白鹤滩至乌东德，绵延上千公里，跨越湖北、四川、云南三省，承接6座巨型水电站，完成人员、装备、物资等有序部署，统筹开展110台机组，23种机型，以及相应的输变电设备设施、水工金结设备设施的“大纵深、跨地域”检修。按照流域检修新发展理念的整体性和关联性进行系统布局，做到生产一线和总部管理齐头并进，避免一方单打独斗、顾此失彼。将数字化理念引入管理流程，利用数字技术、通信技术、网络技术将检修过程的人、机、料、法等资源按照具

体任务精准配置，技术人员按照分配工序进行作业并高效流转。质量闭环作为开启下一道工序的阈值，通过消除一切在检修过程不产生增值的因素，有效应对检修任务量呈倍数级增长而检修人员数量维持原状的挑战。按照夯实基础、赋能全局、强化能力、优化管理的战略路径，全面提升流域检修管理数字化建设的整体性、系统性、协同性。统筹软件系统、硬件设备、终端基础设施有序配置、高效联通，对检修过程中的技术人员、工装器具、物资材料、检测检验项目等质量数据进行全面收集，分级分类梳理数据要素价值，将质量管理形成横向打通、纵向贯通、协调有力的一体化推进格局，推进检修决策的科学性与高效性，支撑流域检修质量管理体系数字化建设跃上新台阶，与流域检修深度融合打开新局面。

（二）充分总结流域检修管理经验，建立数字化流程管控体系

编制流域检修支持系统方案，全面策划数字化系统搭建。一是通过整体规划、系统整合、数据集中、集成运行等策略，运用无边界网络技术、云计算技术、移动互联技术，创建员工协同工作、数据实时交换、信息实时处理的信息化基础平台。消除各业务系统分类建设、条块分割、数据孤岛的现象，构筑流域检修统一平台。在检修相关数据、平台、应用的支撑下，实现人、系统、设备之间的高效协作实现检修项目过程可视化管理。二是建立流域检修信息门户，将结构化数据、文档数据、三维数据等检修项目的过程信息进行集成并展示，将流域检修业务拆分成适用于移动设备处理的各项微业务、微流程，开拓新检修业务模式，满足员工实时、精益地开展检修工作。

按照“业务量化、统一平台、集成集中、智能协同”的思路开展。一是专题梳理公司流域电站数字化系统运行情况，针对主要问题形成建议清单，为流域支持系统同各系统的集成应用、为公司生产经营的各个业务领域，实现流程化、系统化的集成管控打下坚实基础，满足公司精益生产、精细化管理、精准考核的管理需要。二是通过科学设定标准、量化工作任务，实现精益化检修项目过程管理。运用智能设备和物联网技术，通过采集、传输、处理各类信息数据，实现对检修项目各种要素的动态感知与记录。以“表格化、系统化、精细化”为目标，将流域检修各专业的记录表格与流程数字化、移动化，构建标准系统模块，实现检修项目过程数据及时、完整、标准化采集，实时动态反映项目进展及状况，实现检修过程管理的数字化。

（三）践行“总体规划设计、分步分期实施”的策略，将数字化技术与质量管控有序衔接

一是通过流域检修支持系统将软件平台与硬件平台有机统一，实现检修现场、流域检修项目部、检修后方总部等不同区域的人员在检修设备信息、检修工艺信息、检修资源信息、检修现场信息等数据的可视化和实时共享，实现流域电站的远程检修管理与技术支持。二是组织专项技术团队梳理流域检修质量管控体系。从项目实施的技术文档、工装器具、进度管理、工序控制、安全措施等方面，开发质量管控模块 5 个，进度管控模块 3 个，工装管控模块 5 个，报表报告模块 3 个，实时计算模块 4 个。通过终端视频音频系统、集中控制子系统、数据中心，对检修过程的技术要求、施工方案、过程资料、验收及相关记录所涉及的 20 余类文档，按照轻重缓急实现“一屏展示”，流转节点清晰，审核进程可控，以便实现总部、厂站、现地的远程交互。三是通过科学开展检修策划、细化检修工作任务分解，将 SOP 引入检修作业，建立检修过程的人员、设备、物资、备品备件等质量因素标准，确保各作业步骤有章可循，检修结果评判有据可依。通过开发移动 APP 与办公电脑终端结合，检修关键节点记录可实时记录，打通质量缺陷快速分析研判的堵点，实现作业工序精益化跟踪、检修项目过程可视化管控，既有效完成检修过程各种要素的动态感知与记录，又有力确保检修质量的稳定与可靠。

（四）扩围深化管理流程，把控检修过程关键节点

通过强化 B/S 架构、WEB 应用开发等先进技术及相关终端在检修业务管理中的应用，提升检修全过程策划、进度、质量精细化反馈控制能力和多点协作能力。一是按照项目管理“人、机、料、法、环”，在检修项目策划阶段完成人员分配、工装准备、物资管理。二是实行检修工序标准化管理。根据标准检修规程和实际检修过程，

对检修项目中涉及的工序进行标准化管理，包括工序涉及的工作条件、安全措施、设备图纸、检修工艺、质量控制、工器具、物资等操作细节进行技术实现，制定检修工序单，然后将其结构化后存入数据库进行管理，正式施工时，作业分部负责人可以向工作负责人及成员推送工序单，既作为任务的分配依据又为现场作业指导提供支持。三是定期开展进度分析。进度网络图通过与质量管控模块进行关联，当发现工期滞后或者可能滞后时，能进行报警提示和拥有预警功能。四是通过与进度管控模块的关联，向相关人员推送安全措施、检修工艺、质量控制、工器具、物资等所需的工序数据，增强数字化对流域检修生产实际以及质量管理的适配性。

（五）大力推进管理创新，赋能管理数字化、结构化建设

利用数字化技术实现生产管理效率提升。一是打通中心层、场站层、现地层数字化互联互通，建立检修工序数据库、检修记录数据库、设备参数信息数据库、图纸资料数据库，将检修过程管控、设备文件资料调用和查阅、智能终端与支持中心交互、现场智能终端采集数据与大数据中心高效对接，以任务“区、块、链”方式驱动各项业务流程，任务实时派发、跟踪与多维度统计，确保任务分配合理、责任划分明确、工作进度可控、操作简单便捷，实现设备设施检修各项工作全过程标准化、流程化、透明化。推进数字终端设施建设向流域检修一线延伸覆盖，实现全厂技术资料便捷管理与快速共享，高效在线协同办公。二是开发检修业务模块，实现检修任务一键策划、报告一键导出、检修进度可知、检修质量可控、检修全局可视。通过结构化风险辨识清单，进一步提升作业风险管控水平，全过程保障作业安全，实现数字化检修。

推行工器具智能管理。针对流域检修点多面广的特点，创新工装器具管理模式，改变传统的工具间设置形式，利用信息化技术实现工器具状态、借出及归还的自动记录，实现工器具自动清查等功能，由厂部统一集中管理，提高管理效率与工器具利用率。在策划阶段对项目所需工装器具进行统计、自动生成清单，及时查漏补缺，为高质量推进检修工作“粮草先行”。

固化典型实时计算算法。将常用的转子圆度计算、机组盘车计算等计算算法固化到系统中，通过电脑端浏览器和移动 APP 在检修现场快速开展现场计算，将“工欲善其事必先利其器”生动呈现在检修一线，而且实现了将检修专业计算知识数字化。

四、实施效果

通过数字化加持检修全过程管控，全面深入参与到检修计划、实施、过程管控、验收全生命周期，规范了检修相关基础数据、工序卡和质量控制记录等检修知识库，实现了持续巩固和厚植原有检修核心能力、管理模式优势，两方面相辅相成、相得益彰。形成了以数字化理念为指导，以流域检修支持系统建设为主线的数字化管理体系。做到了从顶层设计到“最后一公里”的落地工作，在检修实践中不断取得新成效。

（1）实现检修管理从简单分工向统筹集约的高级形态演进。突破流域空间限制，快速实现不同区域的现场作业组、项目部、总部的信息共享与交互，释放数字化对流域检修管理的细节放大、优势叠加、效能倍增作用。将检修作业的“人机料法环”等因素采用标准化表格的方式进行描述，形成检修工序单，分工更优化，结构更合理，管理形态更高级，实现了检修作业标准化指导，质量管理得到有效提升，为打造精品机组夯实每一个步骤，为电站设备设施长期安全稳定运行奠定了坚实基础。

（2）检修质量控制记录表单化、数据结构化。实现对质量控制记录的数字化和数据结构化，避免纸质打印单据流转，实现了在电脑系统或平板电脑中电子化录入数据结果，形成检修过程数据库、报告报表数据库、检修知识数据库，极大提升了数据处理的效率，而且相关结构化数据可用来做进一步的分析使用。为后续设备设施检修管理提供信息溯源，同时作为设备设施状态评估的重要依据，也利于为状态检修提供技术信息支撑。

（3）检修进度管控网络图 Web 实现（图 1）。实现对流域检修项目的质量、进度、安全的远程实时管控。将网络图中的图元、工序直接与检修工序卡、质量控制记录、工作任务相关联，实现网络图的结构化，在执行

进度管控的过程中，可以根据网络图直接生成工作任务安排，结合工作任务的完成情况动态反映网络图的进度跟踪变化，较好地实现了对检修进度管控可视化。所有检修任务按时间节点管控，不断实现作业工期标准化，作业工序流程化，全面加强质量管理，将更多精力时间用于检修技术提升，进一步形成水电检修行业的比较优势。

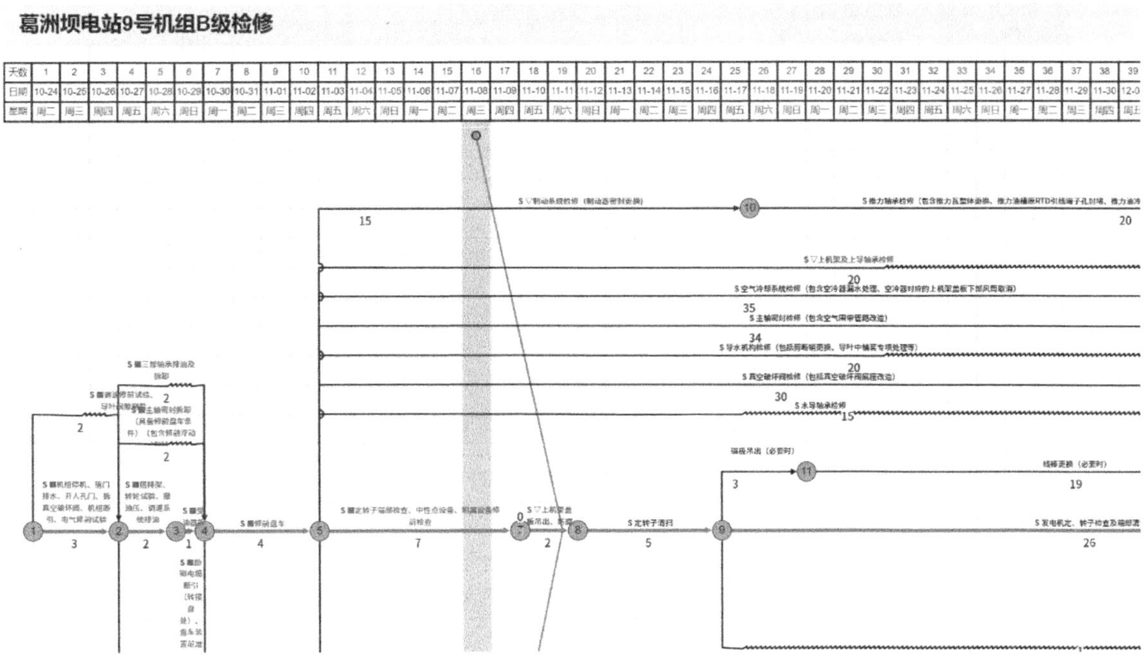

图1　进度网络图

（4）通过专家系统实现远程技术支持（图2）。利用专家团队，以数字化知识库为流域检修现场及时提供技术支持，调用系统知识库数据、设备技术信息，为检修人员提供全面准确的信息支持。通过可视化多点交流协作平台快速实现检修现场作业人员与后端技术专家的及时交流。在检修支持中心功能管理平台的统一调度下，后方支持中心与现场检修人员以及现场不同作业面的检修人员之间可以通过多终端设备进行可视化交流，及时掌握其他工作面的工作情况，有助于多点协同完成复杂的检修工序。

图2　远程技术支持

（5）实现检修全过程可视化。通过记录存储、分类解析检修过程数据，实现数据集中化、规范化、可视化。在检修支持中心功能管理平台的统一调度下，可以在流域检修调度指挥中心通过可视大屏对全流域检修情况进行可视化展示，实现检修现场可视化、检修流程可视化和检修进度可视化，随时把握检修总体情况，更加准确地以流域检修需求为导向，全面统筹做好质量管理（图3）。

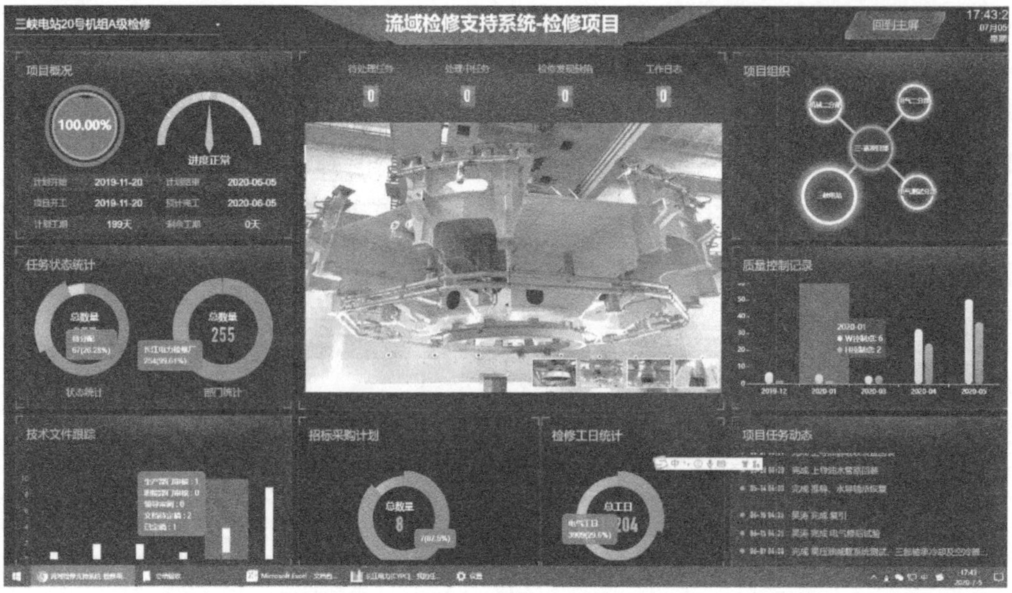

图 3　检修调度指挥中心可视大屏

主要创造人：肖　荣

参与创造人：罗仁彩、梅雪东、邓　键、刘代军、耿在明

基于PDCA模式的飞行器液冷系统研制攻关

北京华航无线电测量研究所

一、概述

北京华航无线电测量研究所位于北京市房山区长阳镇，正式成立于1986年4月21日。经过30多年的发展，北京华航无线电测量研究所已经成为以探测导引、匹配导航技术为发展方向，集研究、设计、生产、试验、保障为一体的军工科研生产单位，立足于建设世界一流探测与制导技术研究所，在反舰、反辐射、巡航导弹制导领域处于领先地位。

北京华航无线电测量研究所设有子公司北京华航海鹰新技术开发有限责任公司，研究所享受国务院政府特殊津贴34人，航天基金奖19人，航天功勋奖1人，集团首席专家1人，集团高端复合型领军人才1人，集团级专家及学术带头人12人。

北京华航无线电测量研究所是综合资质齐全、各类条件完善的科研生产一体化研究所，是国家认定的"信息与通信工程""控制科学与工程"硕士学位授予点。研究所建成了国内先进的数字化设计平台，拥有各类测试试验设备，先后建设了景象匹配与目标识别实验室、量子实验室、地磁导航实验室等多个专业实验室；拥有完善的精密加工条件和电子装联条件。北京华航无线电测量研究所形成了军民互动、协调发展的产业发展格局。军用产业方面，以"探测制导自主化、识别对抗智能化、装备发展体系化"为发展思路，以"多维智能目标识别、多源信息融合导航、雷达高分辨前视成像"为核心技术发展方向，研制的雷达设备已覆盖低频、微波、毫米波、可见光、红外等波段，形成多品种、系列化产品，并批量生产装备，产品主要包括主动雷达、被动雷达、光电雷达、多模复合雷达、景象配准处理装置、合成孔径雷达、相控阵雷达、多普勒雷达、自动目标识别系统、测高测速雷达、地磁导航系统、高度表等各类制导设备。民用产业方面，以"安防与信息、石油与地质、智能传感器"三大领域培育了具有核心竞争力的民用产品，积极推进相关产品在公共安防、信息技术、石油化工、管道检测、市政道路、工业管网检测、物联网和传感器等行业的应用，主要产品有毫米波全身扫描成像安检设备、微波介电加热检疫设备、海底管道漏磁内检测器、探地雷达、驾驶舱语音记录器、车载视觉系统、车载毫米波防撞雷达、高精度磁传感器等。所属华航公司获得北京市高新技术企业资质，所本级和所属华航公司同时跻身中海油和中石油合格供方名录。

二、企业质量管理小组活动开展总体情况

随着武器装备向信息化、集成化、智能化方向的发展迭代，以及规模化生产任务增加的新形势，装备质量管控的难度和风险也日趋增加。

近几年，北京华航无线电测量研究所坚持"零缺陷"理念，秉承"体系为纲，持续改进；精益管理，提质增效；创新引领，制胜未来"质量方针，应用质量管理方法，自觉开展各种创新思路，增进团队协作力。在设计、试制、验证与优化的研制周期中，践行了质量管理小组的"质量意识""问题意识""改进意识""团体意识"。研究所学会利用质量管理的"PDCA"系统性思维，开展创新性质量管理小组活动，通过持续推进群众性质量管理活动，不断根植航天质量文化塑造航天质量提升工程成果。

2018—2022年，北京华航无线电测量研究所在QC小组的创建方面不断进取，策划实施质量管理小组活动80项，获得成果45项，连续四年获得航天工业优秀质量管理小组。助力提升设计工艺优化、产品一次交验合格率、调试合格率等指标，创造直接经济效益1千余万元。通过开展创新性课题的申报、审查活动，积极组织创新性成功课题案例分析，积极宣传优秀质量管理小组优秀案例，以点带面使广大职工由被动参与变为主动参与。小组成员在多范围开展活动，集思广益提出创新思路，在多方案中优选出最佳方案，再通过分析影响完成最佳方案的原因，并制定对策等步骤实现目标，经过实践，创造最大最优的社会效益和经济效益，进而推动所内质量工作再上新台阶。

2023年7月26—28日，在湖南长沙召开的“航天工业2023年度质量管理小组和质量信得过班组成果交流会”中，我所“冰魄化钝”QC小组首次获得2023年创新型全国优秀质量管理小组，彰显了所内群众性质量管理活动的实力和风采，也是持续推进全面质量提升工程的一项标志性成果。

三、企业创新型质量管理小组活动实践典型案例

（一）PDCA环理论基础

PDCA环是在第二次世界大战结束之后，由沃特·阿曼德·休哈特提出，爱德华兹·戴明推广。PDCA环管理模式最初是由戴明在日本工业与企业管理活动中得以应用发展，由于在产品质量和经济总量上改善成效非常显著，引起全球的广泛运用，促使了PDCA质量管理的推广和成熟。

P（Plan）：计划，确定方针目标，确定活动计划。包含课题来源、设定目标及目标可行性论证、提出方案并确定最佳方案、制定对策四个方面。

D（Do）：执行，实地去做，实现计划中的内容。

C（Check）：检查，总结执行计划的结果，注意效果，找出问题。

A（Action）：处理，巩固改进成果或寻找进一步改进空间。

（二）计划阶段（P阶段）的小组活动

1. 建立完善的组织体系和工作机制

我所按照《三院质量管理小组管理办法》，组织策划2023年度QC小组申报工作，形成支持层面、管理层面、执行层面以及业务层面的组织体系。

支持层面（领导小组）：由主要领导和主管领导组成，为QC小组提供决策、资源、人力等方面的支持。管理层面（管理小组）：由质量处主管领导、主管人员、基层部门领导组成，负责QC小组的策划、实施、改进等全过程管理。执行层面（工作小组）：由质量处管理人员、基层部门质量员组成，负责QC小组创建计划的具体执行。业务层面（业务小组）：由QC小组成员组成，组长负责落实QC小组申报和创建工作。建立组织体系起到层层负责，落实责任的推进作用。每季度组织向领导小组汇报，每双周管理小组进行沟通，工作小组和业务小组随时沟通，确保QC创建工作有序推进。

“冰魄化钝”QC小组隶属于结构总体研究室，专业涵盖结构设计、仿真分析、热设计等，小组由10名成员组成，其中硕士研究生与青年设计师占比均达到85%，是一支年轻化、高学历的研究团队。

2. 紧密围绕型号产品薄弱环节及领域拓展新技术选题

任何产品在研制阶段和生产过程中，总会出现这样或那样的问题，QC小组必须紧密围绕本单位产品设计、试制、生产、服务、交付等过程中出现的问题和薄弱环节进行选题，针对现有的技术、工艺、技能、方法等无法满足内、外部顾客及相关方的需求，运用新思维选择创新性课题。“冰魄化钝”QC小组项目研究背景如图1所示。

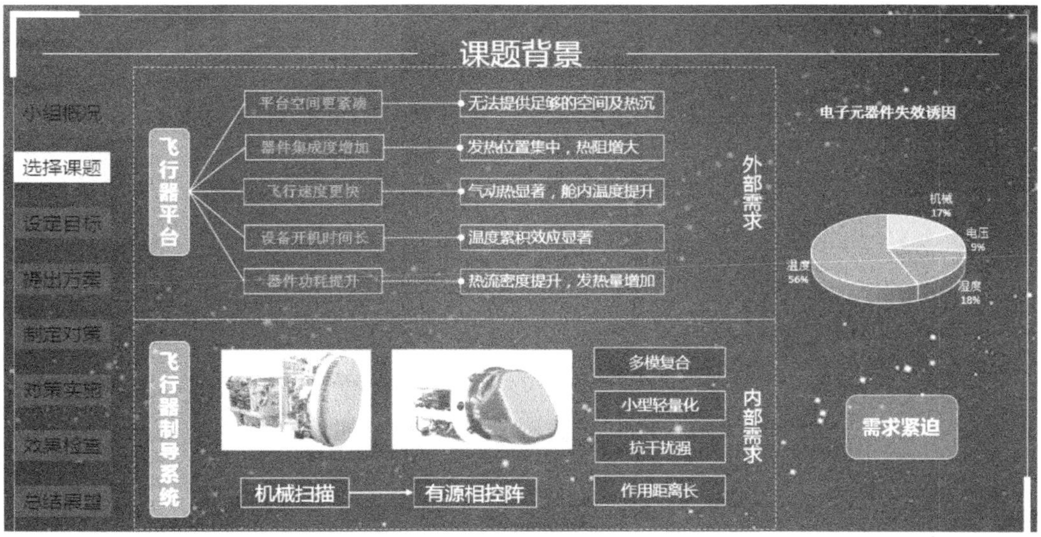

图 1　课题研究背景

当前飞行器制导系统已从传统机械扫描技术逐步发展为有源相控阵技术，随之而来的是严峻的散热问题。目前制导系统体积、重量大幅缩减，向小型化、轻量化、功能复合方向发展，而微波、电子器件发热功率又急剧攀升，热流密度成倍提高。图 2 和图 3 中展示了某改进型的设计要求，整机功率提升 120%，工作时长提升 440%，给热管理设计带来了极大的挑战。

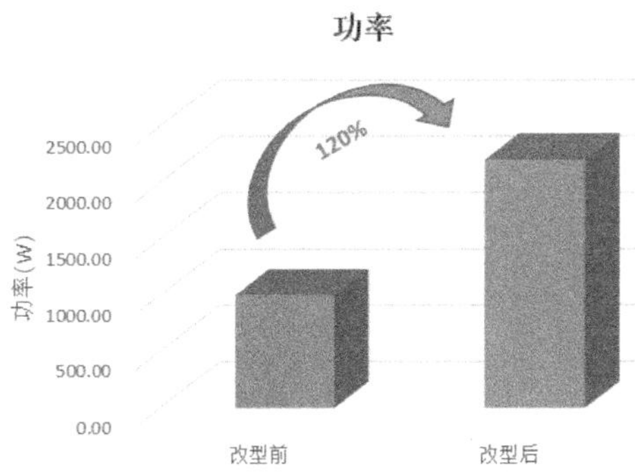

图 2　某改进型功率要求

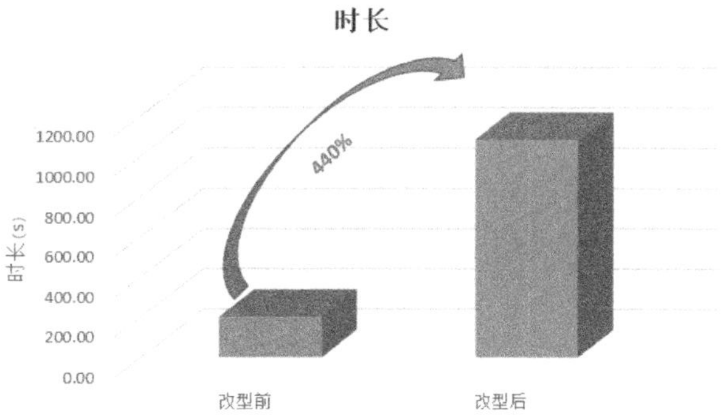

图 3　某改进型时长要求

电子产品的失效率与温度有直接关系，环境温度每升高 10℃，其内部的集成电路失效率增大一倍以上。图 4 中展示了电子元器件的失效诱因占比，集成电路中超过 50% 的失效都与热问题相关。发展高效、可靠、轻量化的热管理技术，是设备小型化、集成化的发展趋势，对降低重量、节省空间有着重大的意义。

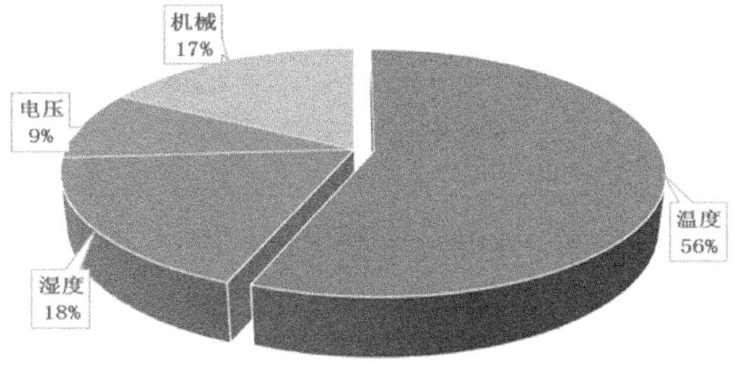

图 4　电子元器件失效诱因占比

如图 5 所示，整理了所内某改进型产品的散热需求，结果显示：针对长航时、高功率工作产生的热量，现有的成熟方案已无法满足新体制飞行器制导系统的应用与发展。研究所亟须发展高可靠、高紧凑度、高散热效率的热控系统。我所通过调研和需求分析，最终研究课题确定为高效换热低流阻飞行器液冷系统研制。

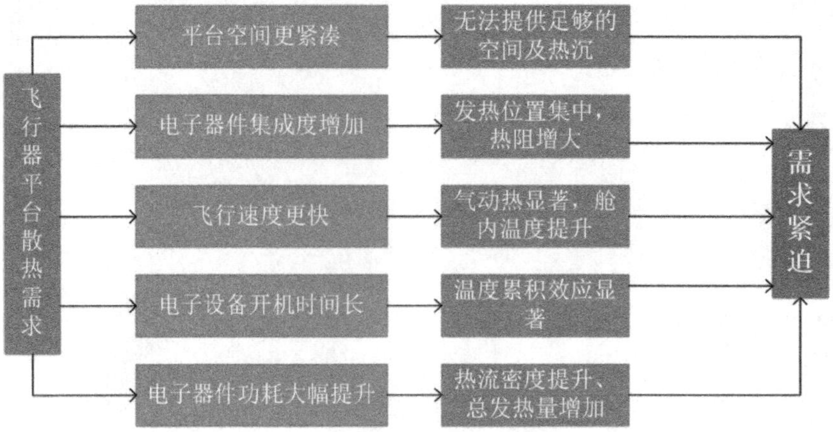

图 5　某型号产品散热需求

3. 确定研究内容和目标

（1）研究所在选题背景下进一步研究热控技术和液冷换热系统，以细化课题研究内容和途径。针对飞行器平台的液冷换热系统，其对系统的集成度、小型化、轻质化提出了更高的要求，用于地面热控的主动散热系统大多不太考虑重量、尺寸和功耗，而飞行器空间越来越紧凑，则要求其主动液冷系统具备高换热效率和低流阻，通过小组成员研究分析引出 3 个研究方向：被动相变、主动单相液冷和主动相变。

（2）采用调查表的方法对 3 个方案进行比较，比较的因素包括方案优点、技术难点和预期效果。通过调查分析选择散热效率高、成本适中、环境适应性好及难点可控的方案二，即主动单相液冷系统，如表 1 所示。

表 1　研究内容调查表

备选方向		研究方向一： 被动相变	研究方向二： 主动单相液冷	研究方向三： 主动相变
调研分析				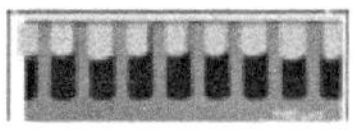
	优点	被动相变制冷结构与封装简单，可靠性高	散热效率较高，空间紧凑	散热效率最高
	技术难点	具备高导热和高换热系数的相变材料选择较少，相变材料的腐蚀性同样需要考虑	系统依靠泵阀组件来实现冷却工质循环，降低流阻是设计要求，高可靠紧凑泵设计难度大	两相气液相变系统复杂，调控难度较大，系统密封要求高，高潜热且兼具不易燃、不易爆、无腐蚀性、无毒性的冷却剂较少
	预期效果	能达到改进型号的散热需求，但需要的体积和重量较大	能达到改进型号的散热需求	能达到改进型号的散热需求，但两相传热系统较为复杂，成本较高
结论		×	√	×

（3）在方案选定的基础上，围绕研究内容借助数据库展开国内外现状调查是最关键的环节。“冰魄化钝”小组成员围绕主动单相液冷换热系统，针对“主动液冷散热系统、单相液冷换热器、微通道换热”三个关键词展开现状调研，从万方数据、中国知网查阅 40 余篇文献论文，包括冷源系统流阻设计、热源设备流道设计、液冷系统的防冻设计、管道和接头选择等，如图 6 所示。

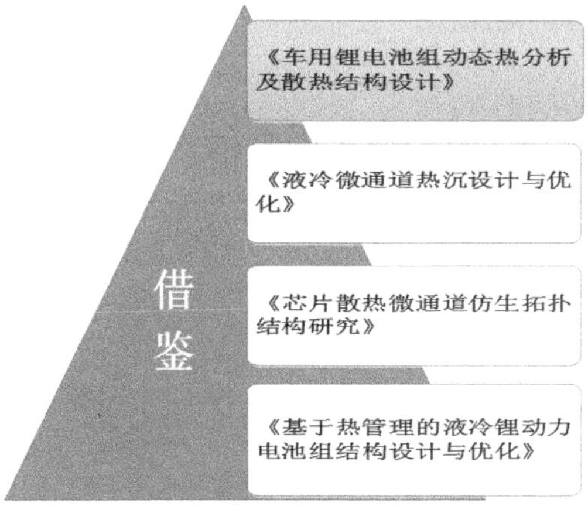

图 6　现状调查与借鉴

（4）设定可测量可检查的项目目标

项目目标可行性要依据借鉴的相关数据进行论证，依据事实和数据进行定量分析与判断。本小组研究的目标参考某型号应用需求及当前的状态，确定项目研制拟达到的目标值：在 100W/cm^2 的热流密度时，电子器件运行在许用工作温度（80℃）以下；系统流阻小于 5000Pa。目标相较于现有技术水平对比如图 7 所示。

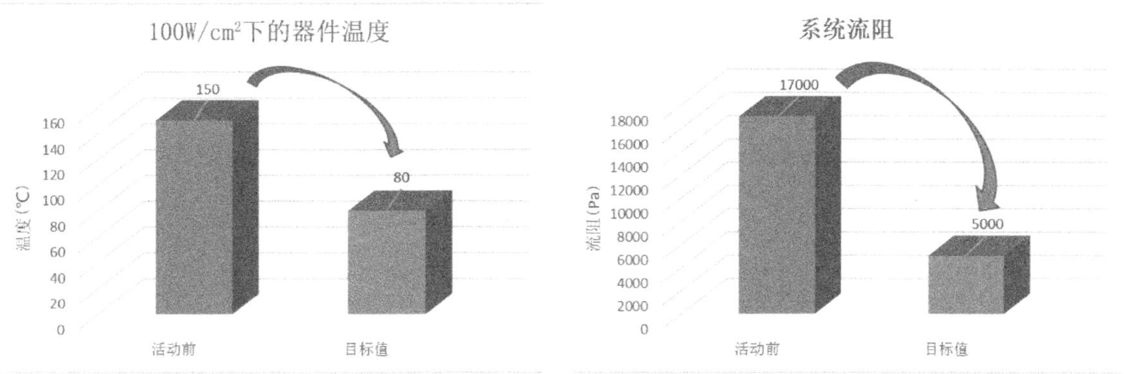

图 7　项目拟定目标

（5）目标值查新分析

针对确定的目标值进行查新，100W/cm^2 的热流密度在主动液冷系统的散热能力极限范围之内。液冷系统的流阻主要由热源设备和冷源系统处的流阻叠加决定，从而决定了系统的小型化要求。结合相关结构热耦合计算和地面试验，目标达到 5000Pa 以下的流阻要求，在行业内将处于领先地位。

（6）目标可行性分析

围绕研究内容和目标，“冰魄化钝”小组组长组织成员从人机料法环进行可行性分析，并制定小组活动内容和计划，如图 8、图 9 所示。

图 8　目标可行性分析

活动内容	时间													责任人
	2022											2023		
	2	3	4	5	6	7	8	9	10	11	12	1	2	
S1选择课题	——													徐康
S2确定目标		——												杨茂林
S3可行性论证			——											赵峰
S4提出方案				——										魏松涛
S5确定最佳方案					——									时凯飞
S6制定对策						——								邓广宁
S7对策实施							——	——	——					曹来东
S8效果检查										——	——			叶志坤
S9标准化												——		王志忠
S10总结													——	张桂涌

图 9　小组活动内容及计划

（三）实施阶段（D 阶段）的小组活动

1. 提出方案

小组成员首先确定方案选择的原则：提出可能达到课题目标的各种方案，并对所有的方案进行整理；方案包括总体方案与分级方案，总体方案应具有创新性和相对独立性，分级方案应具有可比性，以供比较和选择。

QC 小组成员借鉴上述文献和目标可行性论证的结果，运用头脑风暴法集思广益，形成亲和图，如图 10 所示。

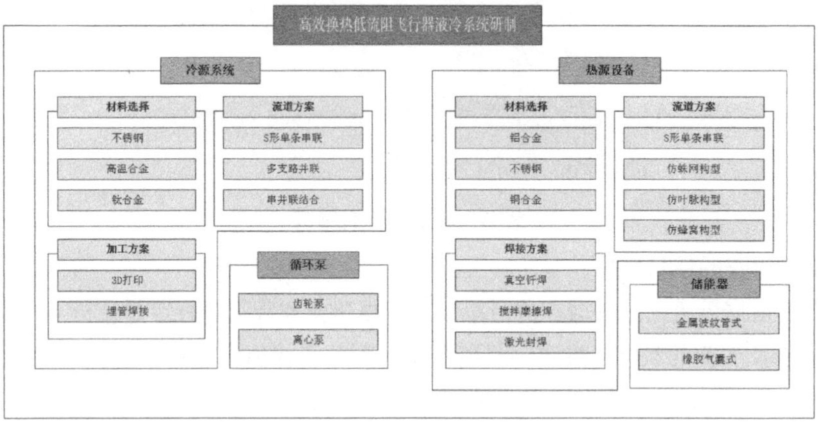

图 10　方案选择亲和图

由此看出，主动液冷系统由热源设备、冷源系统、储能器、循环泵组成。总体方案覆盖此四大系统的研究内容及相关技术难点，并作为一级方案提出，以保证研究内容与方向的完整性。借鉴课题资料查新和目标可行性分析的结果，小组成员提出高效换热低流阻飞行器液冷系统研制的总体方案，用树图归纳图，如图 11 所示。

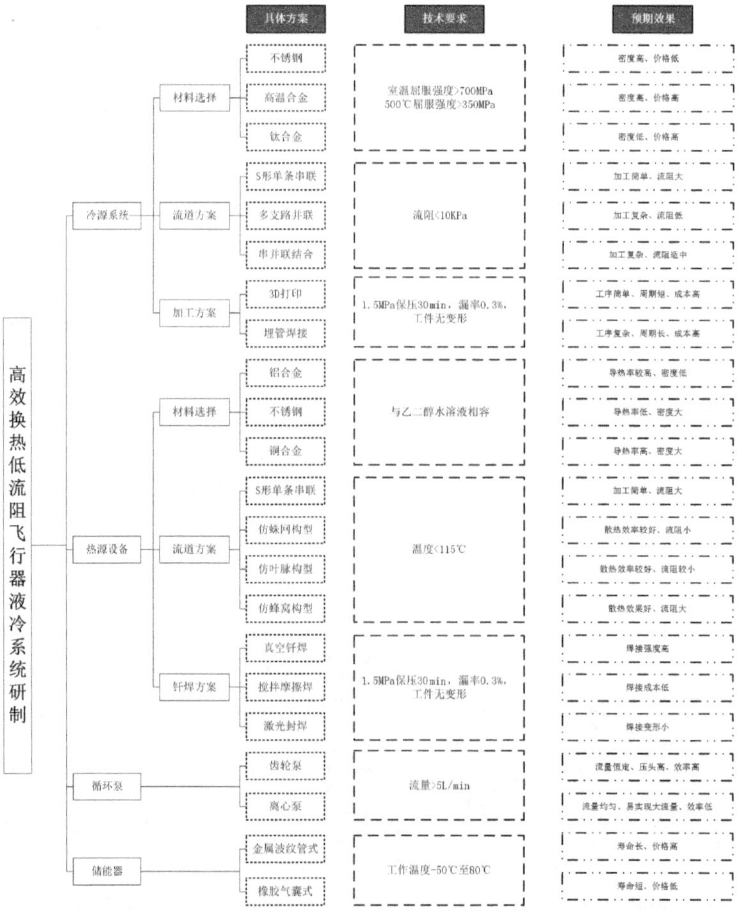

图 11　系统总体方案

2. 确定最佳方案

小组成员将总体方案逐层展开分解成可以实施的具体方案，基于现场测量、试验和调查分析的事实和数据，对每个方案进行逐一评价和选择，最终小组成员综合考虑各方案的变更量、验证工作以及目标可行性，确定最佳方案（图 12）。同时结合自身优势合理运用工具方法突出项目创新点。在设计生产方面，充分利用结构总体室的技术力量与热控设计经验，首先开展理论分析，考虑较大的设计余量；进一步通过制作样品或在参考借鉴的基础上使用 UG 软件建模，采用 ABAQUS、ANSYS 等软件形成集成设计平台，以流道尺寸及结构参数为优化变量，温度、流道结构体积与重量为约束条件，进行分析比较选型，验证原型系统。使用基于 Teamcenter 系统机电仿真协同平台进行产品全寿命周期管理。设计可以实现用户、项目、产品工作区的单独创建，通过对不同专业的访问权限设置实现设计过程的集成和动态共享，可以简化设计协调工作。

方案的主要创新点包括：突破传统的被动冷却思路，创新性地使用主动冷却热管理方案，解决飞行器雷达导引头迫切的散热需求；汲取自然界各类生物的仿生分形特征，有机融入减阻流道设计；通过对焊接工艺的正交实验分析，得出了适用热源系统真空钎焊的工艺参数；使用遗传算法对流道关键参数进行优化，获得参数集合最优解的集合和代表点。

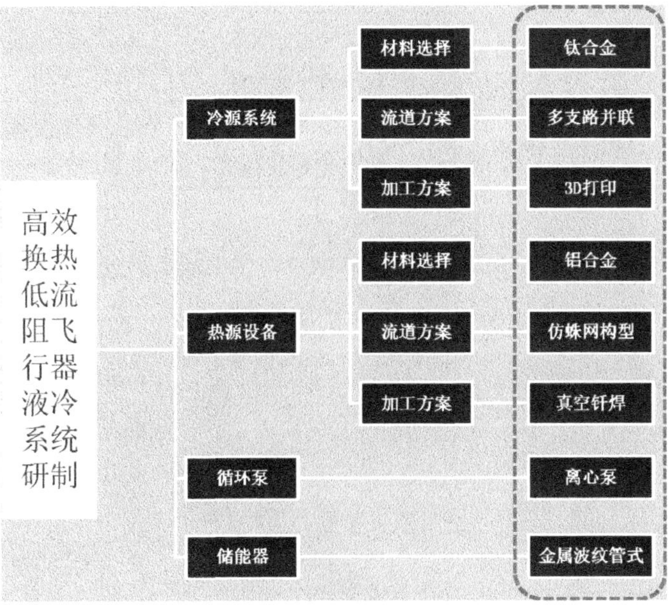

图 12　系统最佳方案

3. 制定对策

小组成员根据上述最佳方案，对方案可实施性从可行性、有效性、创新性、经济性等几方面进行了多轮讨论，将方案分解中选定的可实施的具体方案，逐项纳入对策表。基于 5W1H 要求整理制定了具体对策，对策即可实施的具体方案，目标可测量、可检查，措施可操作，如表 2 所示。

表 2　实施对策表

序号	对策	目标	措施	地点	完成时间	责任人
1	TC4 钛合金采购	室温抗拉强度不低于 895MPa，500℃抗拉强度不低于 536MPa	1. 购买规定数量的 TC4 钛合金原材料 2. 进行抽样验收检验	北京华航无线电测量研究所	2022.8.10	徐康
2	多支路并联流道方案确定	进一步减小流阻，降幅不少于 15%	1. 加宽主路径 2. 增加圆角	北京华航无线电测量研究所	2022.8.15	杨茂林

续表

序号	对策	目标	措施	地点	完成时间	责任人
3	冷源系统制备	流阻较设计值偏离 1.5% 以内	1. 工艺圆角 2. 清粉孔设计 3. 蒙皮打磨	北京华航无线电测量研究所	2022.9.1	魏松涛
4	5A06 铝合金采购	导热率不低于 117W/（mK），密度不大于 2700kg/m³	1. 购买规定数量的 5A06 铝合金原材料 2. 进行抽样验收检验	北京华航无线电测量研究所	2022.9.10	时凯飞
5	仿蛛网构型流道方案确定	进一步减小流阻，降幅不少于 15%	确定流道宽度、流道间距、分支角度的最优组合	北京华航无线电测量研究所	2022.9.15	王志忠
6	热源设备制备	流阻较设计值偏离 1% 以内	1. 固定工装 2. 焊料切割工艺 3. 焊接温度	北京华航无线电测量研究所	2022.10.1	曹来东
7	离心泵制备	扬程≥ 0.3MPa	1. 关键参数确定 2. 关键技术实施	北京华航无线电测量研究所	2022.10.15	叶志坤
8	储能器制备	最大挤出量≥ 40mL	1. 结构方案设计 2. 内部工质加注	北京华航无线电测量研究所	2022.10.31	邓广宁

4. 对策实施

在按对策表进行对策实施之前，小组成员运用甘特图进行了详细的规划，以确保在规定的时间内完成课题研究任务，如图 13 所示。

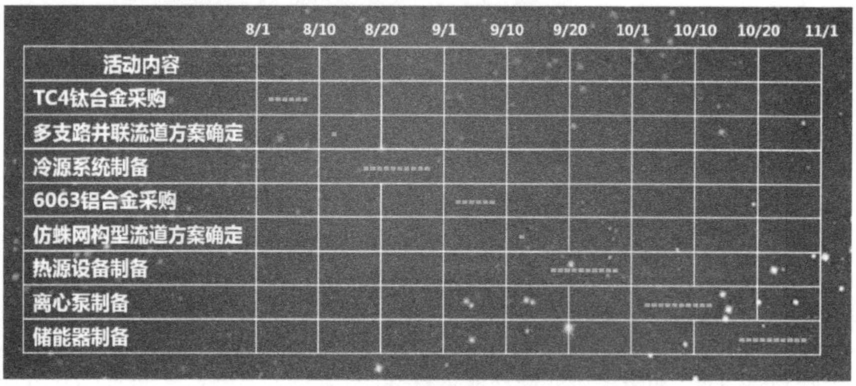

图 13　实施对策计划

小组成员按照制定的对策表逐条实施，每条对策实施后，确认相应目标的完成情况，未达到目标时修改措施，并按新措施实施。验证内容包括对策实施结果在安全、质量、管理、成本、环保等方面的负面影响。

（四）测试验证阶段（C 阶段）的小组活动

本阶段主要活动是通过搭建验证系统实施测量，验证课题的目标均满足研制需求。

1. 联机实施

搭建验证系统，验证系统由储液箱、流量计、齿轮泵、模拟热负载、散热蒙皮和传感器组成，传感器设置在散热蒙皮的进出口位置，分别测量进口温度 T1，进口压力 P1，出口温度 T2，出口压力 P2。流量计测量体积流量 Q。

流阻测试系统如图 14 所示。

图 14 流阻测量系统实物图

2. 效果检查

（1）散热性能验证

热负载各个测点的温度随时间变化如图 15 所示。可见最高温度在 65℃左右，满足目标要求。

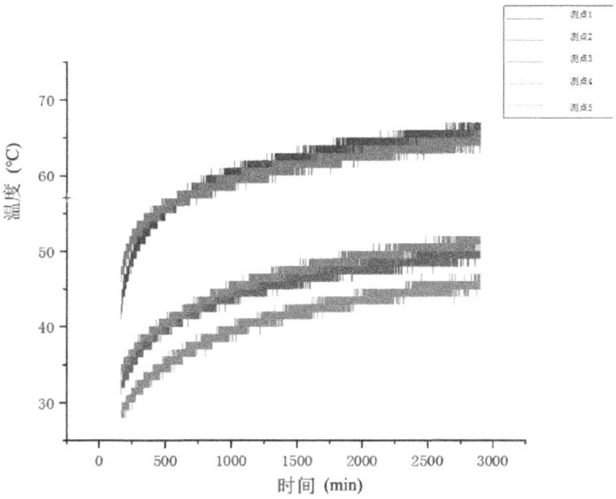

图 15 热负载各个测点温度

（2）流阻测试

测量系统流动阻力，流阻数值由进出口压力传感器的差值得到，如图 16 所示。

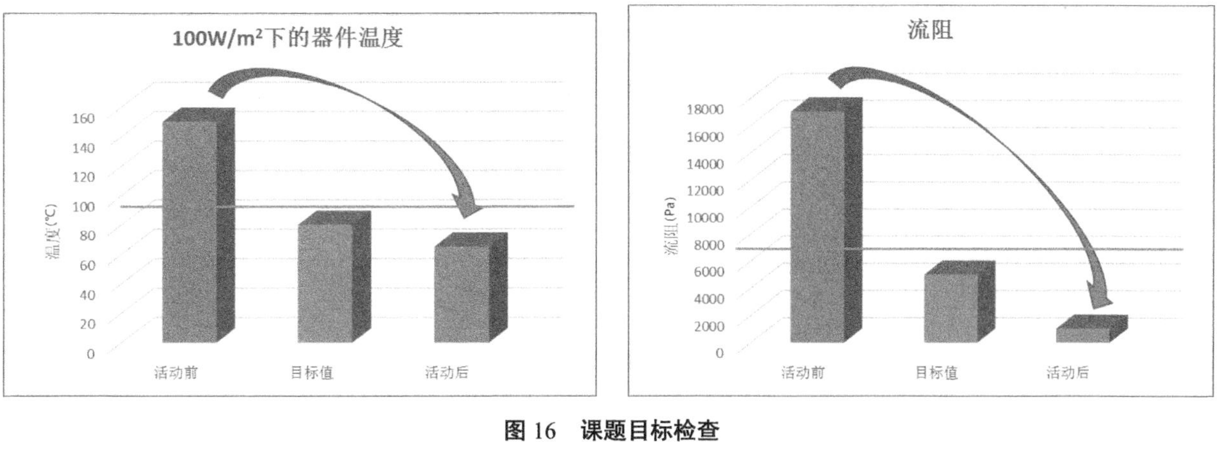

图 16 课题目标检查

（五）总结提升阶段（A 阶段）的小组活动

本阶段小组成员对创新成果的推广应用价值进行评价，对有推广应用价值的创新结果进行标准化评审归档，形成相应的技术标准（设计图纸、工艺文件、作业指导书）及管理制度，凝练创新成果指导后续工作。

1. 成果评估

在飞行器液冷系统高效散热低流阻技术研究中，研究团队借鉴大量文献资料，一方面积极开展试验，以试验数据校核仿真数据，使仿真数值达到可替代试验的精确程度；另一方面，创新得从设计、工艺等角度进行考虑，设计出了换热系统的流阻最优结构形式，制造方法选择得当，控制实物流阻对比设计值仅有有限的增加，在可控范围之内。实物产品顺利通过型号指标验收，如图 17 所示。

图 17　成果评估

2. 标准化归档成果

小组成员进一步提炼研究内容，形成标准化作业流程与技术成果，用于指导后续工作，完成该产品方案的评审与归档流程，如图 18、表 3 所示。

图 18　标准化评审

表 3　标准化成果

序号	标准化措施	QC 成果体现	责任人	计划时间	完成情况
1	换热液冷系统减阻设计规范	1. 蒙皮流道减阻设计 2. 冷板流阻减阻设计	徐康	2023.1.7	完成
2	换热液冷系统减阻制造规范	1. 蒙皮制造方案 2. 冷板制造方案	杨茂林	2023.1.30	完成
3	换热液冷系统流阻测量方案	流阻测量系统及方案	曹来东	2023.2.1	完成

3. 推广应用情况

本 QC 小组研究的减阻设计和制造方案适用于一切使用单相液冷循环系统的地面、车载、舰载、弹载、星载、机载平台的散热结构；适用于军用、民用各类应用场景的换热器系统；适用于航空航天、建筑、环控、石油、化工等各类涉及液态工质流动的行业。该设计和方案具备较广泛的推广应用价值。

四、总结

“冰魄化钝”QC 小组研制成功高效换热低流阻飞行器液冷系统，运用了创新型质量管理活动的科学方法，注重在选题、现状调查、分析原因、确定要因、制定和实施对策、效果检查等环节正确使用质量管理工具的指导与检查，通过 P—D—C—A 质量管理理论指导研制攻关任务，成功研制了高效换热低流阻飞行器液冷系统，实现了较好的效果，并应用于实际型号工作中。同时，小组成员在团队精神、创新意识、个人能力、质量意识等方面均有了明显进步。研究所通过积极开展 QC 小组活动及成果发布会，最大限度发挥 QC 小组成员的智慧才能，吸引更多的职工加入创建的行列，鼓励大家多选题、多活动，在小组活动中提升业务能力和管理水平，用高质量的 QC 引领高质量发展。

主要创造人：徐　康
参与创造人：王志忠、杨茂林

基于“三强三化”的“透明检测”合规管理体系构建与实施

国网四川省电力公司电力科学研究院
四川蜀能电科能源技术有限公司

国网四川省电力公司电力科学研究院（以下简称国网四川电科院）是国网四川省电力公司主要技术支撑机构之一，负责四川电网技术支撑、科技创新、高端人才培养、成果转化等工作。在质量监督业务方面，国网四川电科院作为四川电网物资质量检测中心，负责开展四川电网新入网设备和材料质量监督、检测和失效分析，指导地市公司检测分中心开展物资质量监督和检测业务。

针对质量检测快速发展而面临的监督难度大、廉洁风险高、监督手段弱等合规管理风险，国网四川电科院通过“管理＋技术”双要素齐发力，完善合规管理制度、加快业务数智转型、创新党业融合模式，以“三强三化”合规管理建设思路，着力打造“透明检测”合规管理体系，引导员工认同合规理念、建立合规文化、践行合规使命、弘扬合规精神，筑牢了质量检测合规防线，形成了长效合规管理机制。

一、“透明检测”合规管理体系建设的背景

（一）“质量强网”赋予物资质量检测重要使命

近年来，国家电网公司“质量强网”战略深入推进，各省公司持续严控入网物资质量，推动电网设备“好中选优、优中选强”。物资质量检测（以下简称质量检测）作为严把入网设备质量关的重要抓手，迎来跨越式发展的重大历史机遇，各省公司质量检测能力迅速提升，业务规模快速增长。检测模式由传统实验室检测的单一模式衍生出实验室检测、入厂检测、到货现场再检等多元模式，以保障工程建设进度和安全稳定运行。在业务迅猛扩张新形势下，质量检测面临着物资品类多、数量大、时间紧、任务重等问题，同时也面临着“小微权力”滥用、微腐败滋生和合规管理风险增加等严峻挑战。

（二）“小微权力”对质量检测合规管理形成严峻挑战

“小微权力”指基层组织及干部依法依规享有的基层重大决策、活动、项目以及资金、资产、资源管理等基层管理服务权力。任何行业，在迅猛发展态势下，若合规管理制度和监督体系不完善，必然导致小微权力滥用、微腐败滋生，严重时可能造成企业重大经济和声誉损失。聚焦国家电网公司质量检测专业，“小微权力”滥用的表现形式主要为降低质量检测标准、出具虚假报告、篡改检测数据、向供应商透露“内部”消息换取个人利益、利用信息差揽私活等。“小微权力”滥用不仅会对国家电网公司声誉和形象造成极大影响，且会对电网设备安全运行和资金安全带来极大隐患。因此，建设质量检测合规管理体系，筑牢合规管理防线，防范“小微权力”滥用是尤为必要的。

（三）质量检测合规风险分析

质量检测业务链条涉及物资部、物资公司、地市公司、省检测中心、检测分中心和供应商等多个环节，随

着检测业务活动日趋繁复，主体间业务日趋交融，电网质量检测业务面临着监督管理对象庞大、手段有限等问题。新形势下，“小微权力”可能滋生于业务链条各个环节，内容和形式隐蔽且持续演变，通过传统的事前提醒、事中监督、事后检查等方式已难以防控“小微权力”滥用和微腐败滋生，质量检测合规管理已面临“上级监督太远、同级监督太软、自我监督太弱”的现状，如何破解质量检测监督难度大、廉洁风险高、监督手段弱、合规管理难的问题，找到能适应新形势的廉洁防控措施，建立健全合规管理体系成为质检机构不得不攻克的全新课题。

二、“透明检测”合规管理体系“三强三化”内涵

国网四川电科院作为四川电网质量检测的主要技术支撑单位和业务实施机构，针对质量检测合规管理面临“手段单一、体系粗糙、监管不足”的问题，积极汲取其他单位“小微权力”防控先进经验，结合四川实际，从分析合规风险、明确合规职责、建设合规制度、创新合规监管、培育合规文化等方面着手，提出构建透明检测，严防小微权力，筑牢合规防线，确保业务合规有序运行的创新理念，以“透明检测”为抓手，通过“管理+技术”双要素齐发力，推动“三强三化”合规管理建设，打造“标准公开、数据透明、检测可视、风险可控”的合规管理体系。

（一）强化制度管理，促进业务管理合规化

细化检测业务履职流程、行为准则与评价标准。一是全面梳理物资检测业务规章制度、工作内容及基本流程，明确业务节点、重点注意事项和责任人，形成标准化检测流程，制定《质量检测操作流程和重点注意事项》合规操作手册，差异化制定 6 个检测关键岗位职责清单、行为准则 29 条、评价标准 11 条；二是全面分析排查检测业务潜在的合规风险，开展合规风险辨识和预警，根据岗位职责清单，细化梳理质量检测业务流程，逐一摸排全业务链条廉洁风险点，形成风险点 22 条、防控措施 14 条，编制《“小微权力”负面清单》，明确“小微权力”风险防控措施 8 项。通过明确各环节流程、责任人职责、完善履职行为准则和履职记录，从岗位履职和程序规范精细设计各岗位合规管理评价标准，实现岗位权力和责任全透明，从管理规范上为质量检测“随机抽样、样品全盲、信息隔离和业务隔离”奠定合规管理制度基础。

开展合规管理制度培训，严格落实检测合规运行机制和评价标准，实现业务管理合规化。一是开展管理和检测人员合规专业培训。组织员工参加合规管理培训和合规操作手册学习，进行风险点和“小微权力”负面清单交底，做到业务流程、风险防范“全员通”，引导员工形成统一合规从业意识和自觉行动，筑牢一线从业合规思想防线；二是严格实施业务流程合规运行机制。严格按照《质量检测操作流程和重点注意事项》合规操作手册执行各项规定流程，杜绝因“省事”“怕麻烦”“贪小便宜”引发的检测技术、廉洁和信誉等方面的合规风险；三是实施业务流程合规审查机制。建立检测任务“双人制”执行机制，检测数据和检测报告“三重校核”（检测人、报告出具人、管理负责人）机制，为检测业务合规管理打造双保险；四是完善员工合规考核评价机制。根据岗位职责清单和履职评价标准，定期开展合规履职管理人员评价和员工互评，对风险把控不严、合规执行不力的予以警示或通报，营造全员合规从业氛围。

（二）强化科技创新，助力合规监督数智化

利用大数据和智能检测技术，推动四川电网质量检测业务数字化转型。一是推进业务流程线上流转。基于“川电 e 物资”应用，开发业务管理系统，实现 30 类配网物资线上填报和电子商务平台数据直连，助力质量检测实现“计划编制—任务下达—抽样封样—样品配送—收样封样—实验检测—报告出具—结果处置”全链条线上数据闭环，避免线下纸质流转隐患风险，有力支撑四川电网绿色智慧供应链建设。二是开发智慧检测系统。根据四川电网“1+4”检测中心实际，以国网四川质量监督管控中心为载体，开发“智能检测”“质量管控”等

数据平台，实现数据自动记录、判定、存储、留痕、上传和报告生成，形成“检、判、录、传”一体化数智检测平台，防止检测数据人为篡改，推动检测业务数智化转型，形成数智化“小微权力”防控机制和合规管理手段。

建设透明检测数智监督管控平台，编织检测业务“小微权力”大数据智慧监督网络。一是深化质量检测管控中心建设。实现全川质量检测关键业务信息（包括检测能力、任务完成率、样品合格率、任务进度等）的实时监控、统计分析和隐患风险评价跟踪，成果获四川省市场监督管理局和国网四川省电力公司好评，为质量检测风险防控和合规管理奠定数智化技术基础。二是搭建“透明检测”监督管控平台，打造合规管理在线监督模式。开发“透明检测”平台，实现全川“1+4”检测中心任务线上监控、人员线上记录、资源智能管理、结果留痕等在线监督功能，着力构建“检测数据全采集、检测信息全上链、检测流程全可视、检测风险全可控”技术能力，编织检测合规管理在线大数据智慧监督网络，实现合规管理从人工单一手段向“人工＋智慧云端”双重监督转变。

（三）强化党建引领，确保合规管理常态化

利用党员先锋模范作用，加强党支部监督责任，完善合规督查手段，健全合规管理一线运作模式。一是党员带头落实合规管理规定。针对不同质量检测任务和模式，成立专职工作队伍，建立党员示范岗，党员带头参与合规教育学习，践行廉洁透明、公平公正的检测合规管理要求，引领工作班形成合规从业意识。二是建立多元纪检督查模式。强化支部书记、纪检委员和专职廉洁观察员到岗到位责任，开展飞行检查、派驻廉洁观察员等合规监督模式，2022 年共赴全国 9 个地市，宣贯合规工作要求，开展党风廉政和合规现场教育监督 13 次，组织员工签订廉洁承诺书，筑牢一线合规从业防线。

以主题党日、专题学习等党性教育手段为载体，深化党业融合，丰富合规教育形式，筑牢遵纪守法思想防线。一是分层分类开展多形式合规管理教育培训。结合 2022 年中央企业合规管理强化年专项行动，针对管理、督查和检测人员，构建“线上＋线下”合规管理理念传播矩阵，通过内网推送最新法规、合规制度、学习素材，打造合规教育线上阵地，线下组织开展员工合规教育与能力培训、新员工规章制度培训等，做到参培率 100%，切实增强全员依法合规意识。二是创新主题党日活动，强化合规教育实效。以“打造透明检测，防范小微权力”等为主题，以主题党日、支部学习为载体，通过理论教育、典型案例视频播放、风险排查分析、天府家风馆参观等形式，高频次开展检测专题廉洁合规教育，与地方质检机构开展廉洁共创活动，交流分享合规管理经验，引导从业人员形成“制度管人，标准做事”合规从业意识，营造相互监督、合规守纪的廉洁从业氛围。

三、“透明检测”合规管理体系建设的主要成效

通过基于“三强三化”的“透明检测”合规体系建设，国网四川电科院已逐渐建成“标准公开、数据透明、检测可视、风险可控”的透明检测合规体系，完善了国网四川电力质量检测流程和合规管理模式，营造了“公平、公正、公开”的质量检测工作作风，引导了全员认同合规管理理念，筑牢了一线检测业务合规防线。

（一）建立了“透明检测”的合规管理体系

通过明确各岗位履职要求、履职记录、履职保障、履职监督等方式，形成了检测全过程与各岗位全覆盖权利责任清单，将检测数据、检测报告的逐级多方审核机制严格落实到各岗位环节，将合规风险防控各项措施与检测业务流程有机融合，持续完善业务管理机制，有效防范了管理漏洞和廉洁风险，实现了检测标准全公开，业务记录可追溯，合规管理水平稳步提升。2022 年实现全年现场作业零投诉、零违章、零违纪。

（二）推动了质量检测合规管理数智化转型

基于大数据和区块链技术，结合“川电 e 物资”应用，开发质量检测监督平台，不断完善“检测数据全采集、检测信息全上链、检测流程全可视、检测风险全可控”技术能力，构建检测业务合规管理高科技监督网络，加

快质量检测业务数字化向数据业务化转型，推动质量检测合规管理从事后处理向事前预警、从被动呈现到主动识别、从短期闭环向长效发力转变。

（三）细化了“党建＋物资管理”合规管理模式

坚持党建引领，针对不同质量检测任务特点和实际，形成成立专职工作队伍、建立党员示范岗、构建多元廉洁督查模式和开展常态化廉洁教育等长效工作机制，针对重点生产工作任务开展“党建＋”专项工作，形成“党建＋物资管理”合力，充分发挥党支部战斗堡垒和党员先锋模范作用，营造全体检测人员相互督促、共同提升的遵纪守规氛围，形成“制度管人，标准做事”的合规从业意识，不断提升合规从业能力。

主要创造人：李富祥

参与创造人：邓　勇、曹之南、彭　倩、尹　涛、夏辉军、王方强、冯　杰

“穿透式”工作质量“联动”评价机制赋能一流企业建设

贵州电网有限责任公司遵义供电局

一、企业简介

贵州电网有限责任公司遵义供电局（以下简称遵义供电局）成立于1994年1月22日，供电面积30762平方公里，供电总户数369.63万，总供电人口约661.64万。

随着经济社会飞速发展，国有企业面临重大改革变化，遵义供电局上下全力“争、拼、快、讲”，通过不断强化自身改革创新，探索构建“穿透式”月度工作质量评价体系，全面推动现代供电服务体系建设，组织机构改革等中心工作，一流企业标杆指数得分由全省第八位跃升至第四位。

二、项目介绍

（一）项目背景

（1）质量强国战略为推动国资央企全面质量提升提供了行动指南、注入了强大动力。党的十八大以来，习近平总书记站在全局和战略的高度，对质量工作作出了一系列重要论述和指示批示，形成了习近平总书记关于质量工作的重要论述，系统回答了为什么要建设质量强国、怎样建设质量强国的重大理论和实践问题，为国资央企做好新时代质量工作指明了前进方向，提供了根本遵循。

（2）国资央企把落实质量强国建设作为企业高质量发展的重要内容。近年来国资委高度重视中央企业全面质量管理工作，把加强全面质量管理作为国有企业实现做强做优做大的重要手段。各中央企业结合自身实际，不断摸索，大胆实践，逐步形成了全员质量意识，增强了产业竞争力，加快了产品质量提档升级，企业质量管理水平显著提升，优质服务供给更加多样，实现了管理变革、效率变革、动力变革，为公司开展质量管理提供了良好的基础，积累了宝贵的经验。

（3）公司着力打造具有南网特点、国际领先的管理模式。2022年4月南方电网公司全面质量管理工作启动会上，孟振平董事长指出，公司管理需要以管理体系升级为主线，以全面质量管理为抓手，以国际通用的企业管理框架推动专业管理体系整合，形成一套具有南网特点、国际领先的管理模式。公司发布了质量强企三年行动计划，为各单位系统推进质量管理描绘了路径。遵义供电局围绕企业发展战略，结合本单位实际，通过构建经营管理过程时效评价与质量督查体系，逐步实施地县两级“横向到边、纵向到底”的“穿透式”绩效管理模式，探索打造遵义“靓”色质量文化体系，持续推动管理水平提升。

（二）项目内涵

本项目主要依托贵州遵义供电局管理特点，多措并举开展全面质量管理工作，其中在“穿透式”绩效管理模式建设方面，建立卓越绩效管理思维，积极导入管理评价方法，搭建工作质量管理督查平台，强化业务与绩效的过程化管理能力，实现质量管理管控工作的体系化、数字化、专业化。在全面质量管理体系建设方面，以全面承接和落实上级重要工作、重点指标及任务为核心，运用 OKR 工作法、PDCA 循环法等管理方法、工具，形成了以“穿透式”月度工作质量管理评价体系为“主轴”，以增强业务流程协同、强化重点任务督查为“着力点”，以关注跟踪后评价为成果巩固提升举措的“1–2–1”管理思路。构建了以南网底色、贵州特点、遵义“靓”色的“穿透式”质量管理评价为核心的质量管理文化体系。有力地实现了履职成效与协同效能双提升，充分发挥了业务归口管理部门管理监督职能，在确保规定动作全面高效承接的同时，有力地发挥了质量管理的价值赋能作用，为实现年度各项经营业绩，推动一流企业建设提供了有力的管理支撑。

三、企业质量管理创新点

（一）创新人才教培模式

建立以执行力提升为驱动的人才教培模式。结合中心工作任务的推进，创新思维，多措并举，分层、分级优化全面质量管理网格化布局，全员、全域、全过程、多样化植入全面质量管理方法，因地制宜开启全面质量管理“浸润式”学习与宣贯模式，持续提升全员“大质量”管理的意识及能力。

一是组建 eLink 工作分享群、设立 TQM 企业服务号，通过全面质量管理、OKR 知识点“每日一分享”“碎片化”“浸润式”学习模式，为全员、全域工作任务推进完成提供先进的管理理念和工具。截至目前，通过企业服务号发布 TQM、OKR、PEM 相关知识点分享 195 次，eLink“全面质量管理小课堂”工作群分享 224 期。

二是根据上级全面质量管理推进进度及要求，结合我局工作实际，通过办公电脑屏保设置加载方式，将全面质量管理、OKR 工具应用等工作要点覆盖全网区开展宣传介绍，积极营造 OKR 全员学习应用氛围。

三是以公司 OKR 任务管理平台推广应用为契机，分层、分级举办 OKR 任务管理系统应用培训的同时，结合公司年度 15 个专项工作的系统承接及推进，开展执行力提升、工作透明化等方面内容详细解读与实操演练，持续探索全面质量管理、OKR 工具与日常管理工作深度融合应用。

四是全面覆盖经营管理各域建立地县两级全面质量管理人才网格化布局，通过有序组织参加全面质量管理培训，实现全面质量管理储备人才库向专家库的转型升级，为“质量强企”建立人才孵化中心。18 人取得卓越绩效自评师证书，5 人获得贵州省 TGQ 初级合格证书，1 人获得南方电网全面质量管理评审员培训合格证书，为遵义供电局全面实施质量管理工作筑牢了坚实人才根基。

（二）创新质量管控方式

（1）聚焦质量提升，实现管理体系协同融合。紧紧围绕年度重点工作任务指标，聚焦工作质量提升过程中出现的堵点、痛点、难点，由质量管理督查办公室牵头，协同督导业务管理部门，将质量管理与业务流程相融。强化归口主责履职履责，立足全局、打破壁垒，实现管理体系协同融合。强化重要工作关键节点分解与管控，提升“横向到边、纵向到底”的管理协同与服务价值增值水平。2022 年至今，全面覆盖人资、规划、供应链、综合等业务领域，通过 9 项制度流程梳理督办工作，下发了业务规范文件 9 份，规范业务流程 9 项，明晰部门职责及分工，梳通专业业务流程，促进部门产生联动效果，实现了 1+1 大于 2 的管理增值成效。其中通过协同督导业务归口管理部门遵义供电局计量资产全生命周期管理流程梳理规范及跟踪落实，完成了 3082 只库存超期电能表的清理入库工作，有效防止国有资产流失，及时发现并协调解决物资短缺问题 12 次，有效规避了潜在用户投诉风险，切实促进了客户服务满意度提升。

（2）优化过程管理，提升工作质量。围绕中心工作的推进落实，搭建重要工作、重点任务工作质量督查协同管理平台，建立台账，完善评价规则，突出任务首办牵头责任落实、业务链条协同责任，加大重要工作任务全过程跟踪督办评价及后评价力度，强化重要工作任务执行质量，做到重要工作任务“事事有着落、件件有保障”。2022 年至今通过 10 项重要事项工作质量督办，督导协同责任部门优化过程管理质量，建立项目倒排工期计划。按照“过程 + 结果”强化节点交付物管控，建立重点督办事项后评价机制，实现以关键成果及目标为导向的重要督办工作质量提升。如以电网企业作支撑，搭建以“电酿酒”为核心的增值服务多元化服务平台，实施“以质量为核心”的全面质量管理模式，充分发挥“前台、中台、后台”快速响应能力，提高了工作效率、提升了服务质量、塑造了核心竞争力。

（3）实施跟踪评价，形成质量成果固化机制。通过建立“一项目一评价”跟踪后评价机制，常态化开展“过程 + 结果”质量提升成效“回头看”，强化过程与成果的协同运用，形成质量成果固化机制。通过对 17 项重要督办工作事项，加强工作质量督查交付成果的实际应用及成效，巩固质量提升成果，全面提升工作质量监督的质效水平。其中将围绕组织机构优化，减人增效开展的“关闭业务量少的营业厅”工作纳入重点督办，打破地县两级沟通壁垒，全面提升“过程 + 结果”执行力，有力助推国有企业组织机构改革。截至目前，2023 年计划关闭营业厅 24 个，目前已关闭 8 个营业厅，正在公示 16 个营业厅，计划于 2023 年底闭厅，计划完成率达 100%。

通过建立遵义供电局工作质量管理提升项目储备库，持续对 57 个项目开展跟踪评价，44 个项目按计划完成，13 个项目计划推进，项目计划完成率 100%，管理成果应用得到有效固化应用，为遵义供电局管理成熟度持续提升提供可靠保障。其中对于台区线损异常问题，纳入管理提升项目库进行跟踪管控，持续提升电力供给水平，有效提高电网系统经济效益。截至目前，10 万伏及以下有损线损率环比下降 0.37%；高、负损比例 2.61%，环比年初下降 1.43%，高、负损台区环比减少 135 台，累计追补违约窃电电量 57.6420 万千瓦·时，计量故障追补电量 738.9007 万千瓦·时。针对生产、营销、基建三个专业领域扩展到作业计划执行的“三无三不”的自查整改问题，建立“1+N”现场作业风险管控体系并纳入项目管理提升库进行管控，2023 年遵义供电局“无计划、无文件、无视频”的违章率大幅度降低，实现了三大专业的作业计划规范性、准确性，确保了人身风险在控、可控。

（三）创新质量管理体系建设

全面承接上级工作部署及管理要求，根据遵义局中心任务，持续运用 PDCA、OKR 等全面质量管理工具和卓越绩效管理成熟度对标，结合遵义局经营管理实际，发挥“绩效指挥棒”作用，建立“强基固本、追求卓越”的质量提升理念，创新过程绩效管控手段，根据对采集数据进行数字化分析，建立科学的指标“进退”机制，精准聚焦关键核心任务，抓实层级“穿透 + 联动”，实现以地督县，以县促所的月度、季度、年度绩效评价应用，积极探索构建以南网底色、贵州特点、遵义“靓”色的“1+N”质量管理评价为核心的质量管理体系。“1”：一套全面承接上级重要精神及工作部署，紧紧围绕“强基固本”“守底线”保落实的通用评价标准，全面适用于局属各部门、直属机构，穿透分县局执行。“N”：为全面承接上级经营业绩考核及一流企业建设等重点指标任务，积极营造“勇争第一”的工作氛围，通过搭建工作质量管理督查平台建立的“N”个关键经营业绩指标任务清单责任制保落实“赛”台。通过“1+N”月度工作质量“穿透式”评价，助推“增比进位”意识整体提升。

四、取得的成效

指标提升：遵义供电局实施“穿透式”绩效月度管理体系，经营管理各域各项重点工作任务及关键指标有效提升，2022 年纳入过程质量评价的 16 项关键任务指标，累积实现 124 次冲高并获得加分，助力遵义供电局 2022 年“双 A”目标的实现；2023 年优化调整 8 项关键任务指标，聚焦地县两级“穿透式”管理质量效果效能，一流标杆指数排名首次进入全省前三。其中 2023 年客户平均停电时间完成值 11.58 小时 / 户，对比 2021 年的 14.67 小时 / 户下降 3.09 小时 / 户，降幅达 21.06%，年度排名上升 5 个位次。中压故障率自 2021 年第 10 名上升至 2023 年第 3 名，上升位次 7 位；售电电子化结算率自 2021 年第 5 名上升至 2023 年第 1 名，上升位次 4 位。

经济效益：通过建立“穿透式”“1+N”月度工作质量评价机制，守底线强基础，降低企业经营管理风险，全面覆盖经营管理各域强化经营管控能力和水平稳步提升，2023 年企业资产总额达 170.08 亿元，营业总收入达 132.42 亿元，企业整体有效实现增收节支、降本增效的良性运转，企业经济效益及核心竞争力持续提升。

管理效益：形成一套行之有效的质量管理提升体系，打造可全面推广的管理标杆范本。提高了专业间协同增值能力，优化了管理实施流程，形成了科学规范、运行高效的企业管理体系。“人人愿、人人会、人人做”的工作质量提升模式已经形成，成为公司打造南网先进的强力引擎。

社会效益：通过质量管理应用实践工作实施方案的具体应用实施，营造了“大质量管理”的氛围，共同致力于本质安全电网建设，为广大人民群众提供可靠的电力保障，优化了电力营商环境，大力提升了第三方客户满意度，2022 年遵义供电局第三方测评满意度得分排名全省第一，为“做大做强遵义都市圈，形成核心增长极，唱好双城记，建成省域副中心”的发展规划保驾护航。

取得荣誉：自 2022 年实施月度工作质量评价以来，遵义供电局共计获得上级各类竞赛活动团体一等奖 5 个，团体二等奖 12 个，团体三等奖 7 个，个人奖项 71 次，获奖数位居全省 10 家供电局前列；2023 年获得团体一等奖 2 个，团体二等奖 6 个，团体三等奖 5 个，团体奖获奖数位居全省 10 家供电局第一位。其中在 2023 年中国创新方法大赛贵州赛区大赛中，遵义局荣获一等奖；代表贵州电网公司参加南方电网公司 2023 年度大数据应用与数据治理劳动竞赛，获得“团队三等奖”荣誉。

按照月度工作质量“1+N”评价标准，57 个奖项、共计 25 个部门、9 家分县局获得加分激励，有效激发了全员“争、拼、快、讲”“永争第一”的实干精神，为贵州电网公司 2022 年年度党建责任制、经营业务评价中获得双 A 的优异成绩提供源动力，为一流企业建设推进奠定良好基础，为国有企业、国有资本做大做强战略强根固魂。

五、未来展望

遵义供电局将坚持以卓越绩效为导向，以创新为驱动，锚定一流企业建设目标，围绕做大、做强、做优国有资产，通过持续优化工作质量督查平台效能，深化“强地带县、以县促所”的“穿透式”工作质量评价及绩效协同应用模式，有序推进全面质量管理体系建设，实现“一套科学管理体系、一套管理评价标准、一批管理标杆范本、一支骨干人才队伍、一套问题解决机制、一个数字化平台、一种卓越的知行文化”七个一建设目标，深化改革发展成果，争当地方经济高质量发展的领头雁。

主要创造人：张　威

参与创造人：陈　璇、陈　浩

电网企业以“两基础三提升”为核心的集成式运输管理

国网重庆市电力公司物资分公司

一、企业概况

国网重庆市电力公司物资分公司成立于2009年9月，按分公司模式运作，下设9个部门，4个支部，具体支撑公司系统物资计划、采购服务、合同集中签订与结算、物资供应保障、质量监督、仓储管理等业务，全口径用工222人。

近年来，公司立足“电网发展的护航者、绿链建设的领跑者、公司经营发展的价值创造者”角色定位，做到保障能力优、专业水平优、价值创造优，为支撑公司和电网发展提供坚实物资保障。2022年，快速响应黔酉西线暴雪、云聚线滑坡、薛家沟站主变受损等85次应急物资需求，紧急调配、采购主变及电缆等物资1150万元，有序保障重厂环保搬迁、南石路输变电等32项基建重点项目物资供应，顺利完成±800千伏白浙线属地化协调。

公司先后获市公司鲁班奖有功先进单位、典型经验推广应用标杆单位、法治企业建设验收优秀单位等称号。“结算小智”“智能采购机器人”两项数字场景成果获国务院国资委首届“国企数字场景创新专业赛”三等奖，是重庆公司下属唯一获奖单位。“电力水泥杆保护层厚度无损检测装置的研制”获中国水利电力质量管理协会QC成果特等奖。

二、项目简介

为主动适应国网公司绿链建设改革，深入贯彻党中央、国务院在提升产业链供应链现代化水平，保证产业链供应链安全稳定等方面作出的一系列战略部署，国网重庆市电力公司物资分公司针对物资抽检运输管理中业务衔接零散、运力过度支出、运作效率低下等症状，以“2+3”的方式，创新开展对物资抽检运输工作的集成式管理:“2”是指两个基础,一是在战略层面以目标、问题和结果为导向,打牢设计基础；二是在硬件层面从机制、平台和能力的角度分析，夯实保障基础。“3”是指三个提升方向，一是在委托、派单和结算各个环节建立集约管理模式，二是在对单个样品的运力、增值服务使用及多个样品的拼单方式上打造标准引领体系；三是在系统功能、平台跨接和数据算法上完善业数融合模型。

通过该课题，缩短了物资取样周期2天/次，促使交接效率、送检及时率和检测及时率分别提升52%、20%和30%，提升运力匹配精准度500%，合规性提升70%，节省公司开支189万元，同比下降23%，项目单位人工录入成本减少2人·天/周，数据信息准确度提升33%，有效完成了物资抽检运输管理由线下向线上、手工向智能、分散向集约的转变，有力助推公司保障电网本质安全，实现提质增效，加快绿链转型。

三、主要做法

（一）统筹谋划设计基础，聚焦症结明确思路

1. 坚持目标导向，确立三维提升方向

统筹考虑以往的物资抽检运输管理模式在流程、制度、信息化建设等方面存在的不足，从集约管理、标准引领、业数融合三个维度明确集成式提升方向，以“集约化”作为基础，以“标准化”作为方向，以“信息化”作为动力，最终解决现存的问题，实现管理创新。

在集约管理上，通过打造“一盘棋”的模式，实现对业务流程的集成式管理，解决业务衔接零散问题。

在标准引领上，通过对专业痛点难点的“扫盲”，编制配套的标准化业务实施守则，实现对供需标准的集成式管理，解决运力过度支出问题。

在业数融合上，通过整合一体化的物资抽检全流程管理系统，实现对信息化成果的集成式管理，解决运作效率低下问题。

2. 坚持问题导向，确立三点解决方案

在业务衔接零散方面，坚持建立集约管理模式，将前述 3 个环节中存在的问题作为切入点，主动作为、发挥统筹协调的主体责任，打造局部由复数项目单位与物资公司“多对一”、整体由物资公司与运输公司“一对一”的新格局，利用规模效应提升业务流转的效能。

在运力过度支出方面，坚持打造标准引领体系，将建设标准化运力调度机制作为切入点，明确运输样品与运力使用之间的映射关系，明确运力拼单的整合逻辑，规避因个体差异造成的主观干扰，提升资源调配与使用的效益。

在运作效率低下方面，通过分析 2021 年物资质量抽检的执行情况，发现在“抽—封—送—检”的流程中，唯有“送”的环节中缺乏数智化手段，存在 22% 的运输公司取样超期、43% 的运输过程超期以及 5% 的样品损坏责任纠纷，严重影响了整个物资抽检工作的时效性。基于此，公司坚持完善业数融合模型，以填补“送”的数智化“漏洞”作为切入点，打造完整、规范、智能的自动化物资抽检业务链条，减轻人工负担，提升全链运作的效率。

3. 坚持结果导向，确立三层协同模式

公司成立了由市公司物资部牵头的物资抽检运输管理小组，物资部负责整体谋划和统筹协调，配套制定相关的激励考核措施以保障方案的顺利实施。物资公司负责具体制定集成式三点解决方案并组织实施，对实施过程予以监督和动态修正，确保达成方案的设计目标。各项目单位与运输公司负责方案的具体实施，其中项目单位负责在物资抽检运输的执行过程中具体实施并提供信息反馈，运输公司负责配合完成信息化建设并在物资抽检的运输过程中全力支撑，二者共同确保方案的最终落地。

设计基础脉络图如图 1 所示。

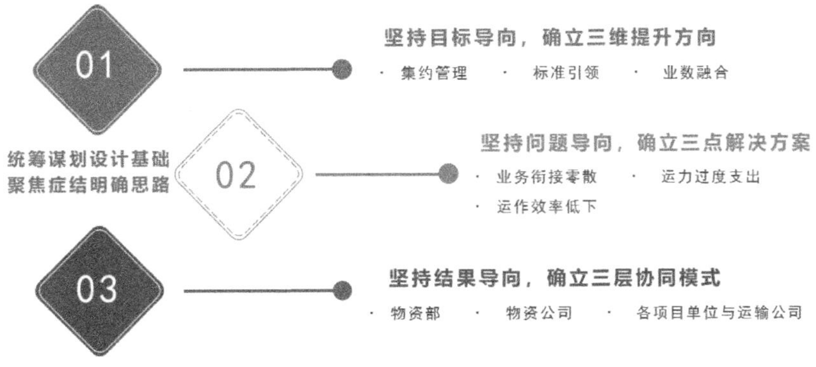

图 1　设计基础脉络图

（二）精心打造硬件基础，多措并举保障支撑

1. 建立三大管控机制，做好机制保障

建立信息反馈机制，对各项目单位、运输公司在执行方案的过程中发现的问题进行定期收集、整理，组织团队成员展开研讨，分别制定解决措施予以改进提升，形成对方案的动态修正。

建立进度跟踪机制，分层分级召开集成式物资抽检运输管理建设团队、领导小组工作例会，协调解决建设过程中的关键事项和重大问题，按计划推进集成式方案实施。

建立激励考核机制，健全对方案实施过程、实施成效的管控措施，对方案中各项举措的具体要求和各项目单位实际的执行情况进行抽查、核实，以阶段考评等形式，定期统计通报试点单位应用情况、工作亮点、典型问题等，将工作情况纳入同业对标考评体系，确保方案执行的质量。

2. 研发智能信息系统，搭好平台保障

按程序开展业务，确保过程规范、全程可追溯，实现运输过程程序化；全节点在平台流转，达到物资运输过程“所见即所得”的“可视化”效果，实现运输过程可视化；固化标准业务流程，确保责任清晰、要求明确、流程顺畅，全面提升标准化管控水平，实现运输过程标准化。

3. 组织岗位胜任培训，练好能力保障

提前组织培训教学。以“线下教学 + 线上演示”的灵活培训方式对各项目单位的相关业务人员开展培训，针对新的物资抽检运输流程进行讲授，对“渝城配”全流程线上操作方法进行演示讲解，对信息反馈、进度跟踪和激励考核机制作政策宣贯，打好认知基础。

做好胜任能力评价。以“理论 + 实操”的方式对参培人员进行评价考核，相关考核结果纳入定期通报，做好效果检查。

重视反馈辅导。对胜任能力评价环节暴露出的各类知识缺失、操作不当等方面的问题，分类别、分对象地开展辅导工作，为相关业务人员解答困惑，确保培训的有效性和针对性，并结合二次考核验证其学习成果，直至满足工作要求。

硬件基础脉络图如图 2 所示。

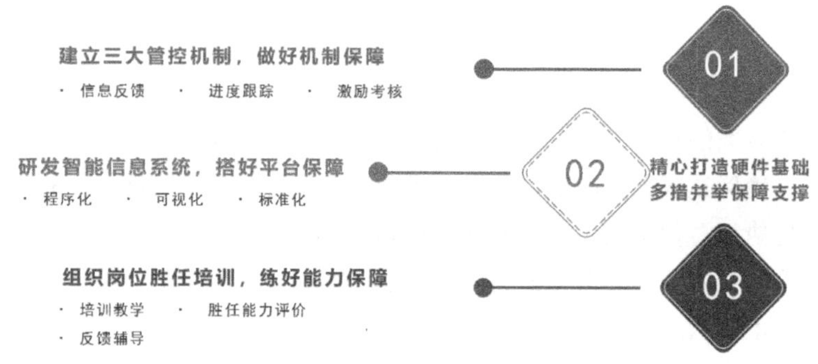

图 2 硬件基础脉络图

（三）建立集约管理模式，推动资源聚合响应

1. 开创片区联通模式，实现运输需求集约整合

全面梳理运输需求。结合公司重点工程建设里程碑清单，组织调研了 30 家项目单位共 78 个工程项目，汇总整理了各工程的建设地点、道路情况等基础信息，分电压等级、分建设周期、分地域形成了基础数据库，规范了样品、地点等关键字段的填报方式，推动了运输需求从个性化向样板化转变。

确立片区整合机制。通过分析 2021 年 1 月至 7 月间各项目单位用车时间、样品体积、路线等零散数据，按照“地域（起止点）+ 容量（样品特性）”的方式将 30 家项目单位划分为 6 大片区，在受理运输需求时实现

片区运单的自动归集，将个体需求纳入整体规划，提升物资抽检运输响应速率。

贯通片区间协同路径。在“渝城配”中嵌入物资抽检运输的地点和时间裕度指标，通过自动关联实现以片区运单为基础维度的自动化“预拼单”，推动运力在片区内与片区间的高效统筹。

2. 搭建两级交互通道，实现运输委托集约处置

统一信息交互渠道。通过对“渝城配”的深入开发，将原有的线下业务线上化，打通线上委托链路，引用快递模型，自动获取物资抽检基础信息，自动匹配地点，实现运输委托的集中受理。

打通两级信息链路。打破原有的各项目单位与运输公司之间的“多对一”格局，建立由物资公司、各项目单位、运输公司共同组成的两级交互通道，由物资公司汇总各项目单位需求，经规范处理后统一委托至运输公司，规避业务人员个体差异造成的理解歧义和业务顿挫。

明确各方职责归属。根据业务流程确立了三层职责，物资公司统筹管理物资抽检运输在需求侧的派单整合和执行侧的派单审核，各项目单位具体提报物资抽检运输需求，运输公司具体实施派单运输，确保各方在运输委托的过程中职责清晰、界面明确。

3. 固化集中结算流程，实现资金风险集约防控

改变支出方式。依托物资抽检运输工作在管理流程上的变革，摒弃原有的“谁委托，谁买单”的零散式结算方式，改为由物资公司统一向运输公司结算，强调事前需求委托与事后结算闭环的统一性、集中性和连贯性，减少错账、烂账。

提升回款效率。成立专项催缴工作组，厘清催缴的收费依据、收费标准，按月梳理各供应商待缴费清单，确保条理清晰、明目详细，对存有疑惑的供应商采取电话和现场两种解答方式予以引导，确保在物资抽检运输工作发生后2个月内及时回款，通过该专项小组共完成催收回款352.4万元，降低供应商欠账风险，提升物资抽检运输结算的时效性。

规范运输账目结算。在“渝城配”中设置运输结算校验工具，结合物资抽检运输费计算的最小颗粒度，动态设计覆盖市内外运输管理、路径监控、增值服务核算等维度的校验体系，与实际物资抽检运输派单自动关联、即时校验，确保据实结算、账目清晰，加强结算风险的闭环防控。

集约管理脉络图如图3所示。

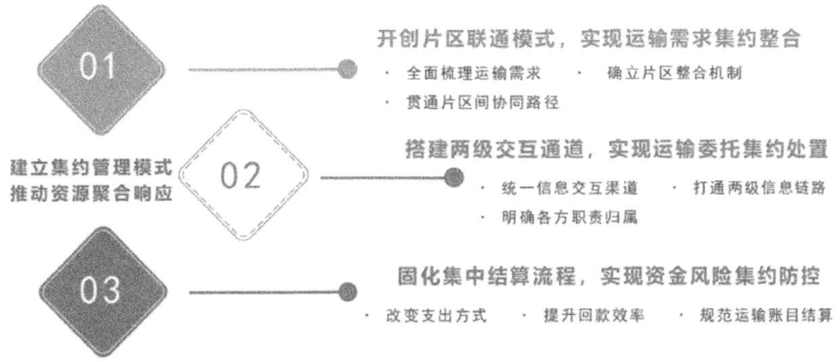

图3　集约管理脉络图

（四）打造标准引领体系，激发资源调配质效

1. 统筹运力精益分配，实现车辆标准化调度

明确运力标准。面对个体差异较大的配送需求，充分调动供需双方的信息资源，按照物资类别、体积、特殊需求等维度编制了《物资配送标准化运力手册》，明确了物资抽检运输在运力使用方面的基础管理要求。

引入辅助决策机制。依托《物资配送标准化运力手册》，在“渝城配”中部署智能调度管理模型并运用在物资抽检运输需求的提报环节，当项目单位确定运输样品信息无误后，由该模型自动关联至标准运力，不再由

业务人员自行选择，有效杜绝了业务人员“凭感觉”选择、“靠习惯”确认的现象。

强调审核管理。部署物资抽检运输派单审核流，对于自动关联的标准运力，若运输公司在实际派单时有“小件用大车”的替换行为，须在审核流中提报具体原因，由物资公司审核通过后方可派单执行，规避个人行为。

2. 规范增值内容选用，实现服务标准化匹配

实施增值内容清单化管理。以代表最细维度的物料描述作为基本要素，对公司 38973 类物料开展全面清查，按照“吊装、钉箱、耗材、保险”四个维度，分类建立增值服务选用清单。

实现增值内容自动校验。在“渝城配”设置增值服务内容校验功能，引用增值服务选用清单内容，自动获取项目单位运输需求选择，自动匹配运输公司实际响应，实现增值服务自动校验，确保供需两侧的信息闭环。

归集过程资料确保存证。运输公司在为各项目单位提供增值服务时须在“渝城配”上传增值服务影像资料作为佐证，各项目单位须对已经完成的运输服务具体明细进行确认并签章留存，确保每一次物资抽检运输工作的增值服务过程资料具备完整性和一致性。

3. 关联标签精准画像，实现拼单标准化运用

筹划物资抽检运输标签库。将配送的起点、终点、时限、片区等差异化因素设置为不同的标签，在运输派单环节完成对各类复杂术语的“去专业化”，提升跨专业协作效率，去除冗余信息的干扰。

运用标签进行拼单画像。在各项目单位提报运输需求后，“渝城配”对各运输需求转化后的标签进行处理，整合具备共同特点的标签，形成对运输需求的即时画像，最终实现拼单。

落实画像结果运用。根据实际运力安排并考量各项目单位的差异化个性需求，运输公司动态优化拼单结果并报物资公司审核，实现“应拼尽拼，能拼必拼”，节省运力支出，实现提质增效。

标准引领脉络图如图 4 所示。

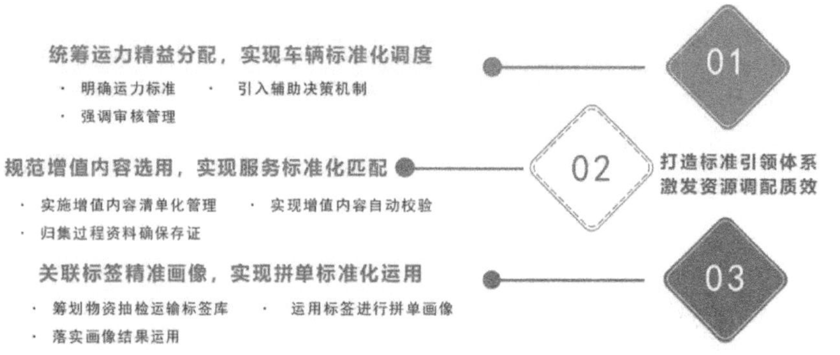

图 4　标准引领脉络图

（五）完善业数融合模型，赋能资源高效运转

1. 加快系统智能改造，实现业务规范管理

创新实现物资抽检运输全流程线上化。建立了集下单、抽样、送检、回单于一体的规范化线上平台“渝城配”，操作人员仅需在 APP 端即可一键完成检测信息录入、运输需求发布、运输流程监控、运输记录查询等多种操作，解决了手续烦冗、流程混乱、效率低下等问题。

健全运输过程线上监管体系。运输公司在向各项目单位取样和向检测公司交接样品时均须在“渝城配”留存影像资料，确保样品运输前后的状态是否一致，防止运输过程中造成的损坏纠纷，此外，在运输过程中随时可以通过“渝城配”查询车辆信息、司机信息以及实时定位，保障运输过程合规，实现运输信息的实时交互。

有机融合业务监督。物资抽检运输上承各项目单位封样，下接检测公司开展试验，其取样时间和送达时间均是量化上下游工作及时性的重要指标，通过对时间节点的精确取数，辅佐业务监督的有效开展，强化对物资抽检全流程的监管能力。

2. 打通信息联通渠道，实现基层降压减负

完成多信息系统的数据跨接。公司物资抽检管理涉及多个信息化系统，包括供应链运营中心、ESC、ECP、ERP、“渝城配”、e物资等，由于业务在各个环节的侧重点不同，各个信息化系统关注的信息也就各不相同，通过对业务流程的重新梳理，实现了对上述系统的数据跨接，搭建起规范、统一的集成式数据管理中心。

实现“一码贯通”的人机交互。在完成数据跨接的基础上，根据业务实际，对物资抽检管理的各类信息进行筛选和处理，使得业务人员在任意平台均可获取各个系统的共有信息和独有信息，减轻反复登陆多平台查询的冗余工作。

确保同质信息的瞬时响应。物资抽检管理在各个环节均须录入一定的数据，通过对全流程数据录入的结构化处理，形成了一套完整、清晰的数据表单，业务人员仅需通过抽检编号即可进行录入，各平台对录入的信息通过关键字识别进行自动归类，实现了“一处录入、全平台共享”的目标，大幅降低了业务人员重复录入数据的工作量，提升物资抽检业务全链效率。

3. 建立自主迭代机制，实现数据价值创造

打造双层拼单结果数据库。对于“渝城配”在物资抽检运输派单环节的初次拼单，建立双层结果数据库，一层为初次拼单直接被采用的，该层主要用于固化已有拼单逻辑的权重；另一层为初次拼单未被采用、人工重新拼单的，该层主要用于丰富新增拼单逻辑，实现对历史数据的价值挖掘。

运用神经网络算法自主学习。在双层拼单结果数据库的建设基础上，利用神经网络算法持续“消化”，以不间断地自主学习形成优化拼单算法，推动对数据价值的有效利用。

形成良性迭代。在物资抽检运输派单环节，以优化拼单算法进行初次拼单，将初次拼单结果最终是否被采用纳入双层拼单结果数据库，再由该数据库对优化拼单算法进行更新，形成良性、自主的循环体系，不断降低人工对初次拼单的干扰程度，最终实现智能、可靠的自动化拼单，提升物资抽检运输工作的响应效率。

业数融合脉络图如图5所示。

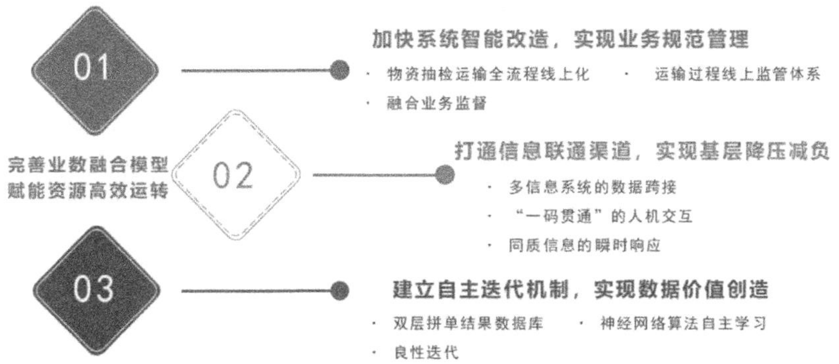

图5　业数融合脉络图

四、实施效果

（一）物资抽检管理水平全面提高，服务电网安全建设

提升了运输交接效率。缩短物资取样周期2天，提升交接效率52%，送检及时率提升20%。

盘活了全链流转。物资抽检运输的效率提升直接保障了检测结果闭环反馈的及时性，检测及时率由75%提升至95%，为工程现场的安装使用和按期推进做好坚强支撑，提供快速响应。

提升了结果信度。保证了样品在运输过程中100%的物理安全性和廉洁安全性，杜绝了供应商私自更换样品的机会行为，间接保障了检测结果的真实性，为守好物资入网质量关提供助力。

（二）物资抽检运力支出显著降低，保障公司提质增效

运用集成式物资抽检运输管理方法，持续提升片区拼单率。利用数据整合后的标签画像结果，累计实现拼单 6390 次，拼单率由 13% 上升至 79%，实际派单数量减少 68%。

运用《物资配送标准化运力手册》，实现运力精准调度。实现“车—物”100% 精准匹配，在对隔离开关、低压线缆等小件物资的运输派单中，则灵活利用零担运输、跟车运输等方式合并处理，“小件大车”的现象降低了 82%，运力调度合规性提升了 70%。

物资抽检运输集约化成效显著。相较于 2021 年，2022 年物资抽检运输需求同比增加 38%，但在集成式管理模式下，实际运力支出却同比下降 23%，节省公司开支 189 万元。

（三）物资抽检数智建设提档升级，加快绿链数智转型

畅通了信息流转渠道。通过对物资抽检各类信息化系统的有机融合和数据跨接，实现了全链业务的线上化，使 31 类物资在物资抽检工作中涉及的 42 种关键字段可以在各信息系统间实时交互、瞬时共享。

提高了信息准确性。减少各项目单位人工录入成本 2 人· 天 / 周，降低数据录入错误率 33%，数据录入异常率降低为 0，在各项目单位相关业务人员中取得良好反响。

打造了物资质量监督绿色数智生态圈。实现了在物资质量监督领域中“管理—执行—反馈”的三维互联，规范了各个节点的业务开展方式，降低了在人机交互、冗杂沟通等方面的额外成本，挖掘了业务历史数据价值，让公司物资质量监督工作迈上新台阶，加快了建设绿色现代数智供应链的进程。

主要创造人：李　涛

参与创造人：刘　多、邱　玲、周银春、邹林城、马　锐、董兆林

“纵横双向、十字交叉”质量管理模式构建与实施

广西华磊新材料有限公司

一、组织简介

广西华磊新材料有限公司（以下简称广西华磊）于2015年12月30日注册成立，2017年底投产，建设具有3台350MW超临界燃煤发电机组的发电厂，和具有300台GP500kA特大型节能电解槽年产40万吨铝液的电解铝厂。电解铝是2011年国家发展改革委批准的“广西百色生态型铝产业示范基地”的核心项目。公司区位优势明显，电解铝生产所需的主要原料氧化铝从中铝广西分公司采购，通过皮带运输，大幅降低了物流成本。同时公司自备电厂向中铝广西分公司氧化铝生产供电和蒸汽，发挥巨大的协同效益。在平果工业园拥有氟化盐、阳极炭块等原材料配套供应商，实现运输费用少和供应保障。

广西华磊在承接吸收中国铝业使命、愿景、价值观的基础上，秉承“励精图治、创新求强”的企业精神和“真抓、实干、严管、创一流”的工作作风，积极推进以绿色生态、安全健康、成本、质量、诚信为主要内容的专项文化创建活动，坚持把高质量发展作为统领全面工作的重要方针和必须长期坚持的重要原则，把广西华磊建设成国内一流、国际领先的铝电一体化企业。

广西华磊认真贯彻落实集团、股份的各项决策部署，成立以周虹总经理为组长的电解铝能效管理团队，提出“槽子就是饭碗、严管才是厚爱”的工作理念，在破损槽数量多、维护难度大的不利情况下，深入开展电解铝的质量提升工作，在破损槽数量多、维护难度大等不利情况下，通过创新建立了“纵横双向、十字交叉”质量管理模式，破解了电解槽早期破损带来的发展瓶颈，打破了南北电解质体系差异化管理的技术壁垒和单一技术条件管理的限制，制定了各层级的标准履职量化体系和责任落实管理体系，形成了统一化、集中化、数据化的新型管理模式。

二、模式背景

广西华磊电解铝厂由于原设计电解槽热平衡分布不合理，存在局部热应力集中，最终导致电解槽早期破损和大修槽再次、多次破损的问题。隐患槽不断出现，电解槽维护难度极大，导致现场技术人员思想压力大，操作员工劳动强度大，给生产管理带来了巨大困难，并且带来了一系列安全问题和重大的经济效益影响。放眼全国，该厂的电解槽破损的严重程度最高、维护难度最大。从停槽的解剖结果来看，钢棒最短的地方距离槽壳只剩两厘米，非常危险。为此，该厂在原有基础上对槽内衬进行重新优化设计，改变了电解槽的热平衡结构，但由于磁场、电场没有改变，电解槽的隐患并未完全消除，因此迫切需要通过优化内部管理，强化对电解槽的管控。

广西华磊通过对“纵横双向、十字交叉”管理法的创新应用，在未改变原有设计的基础上，破解了电解槽早期破损的发展瓶颈，各项经济指标实现了新的突破。原铝液99.85%以上合格率在中铝股份2022年劳动竞赛中获得第一名，公司先后获得2022年推动中小城市高质量发展特别贡献企业、广西制造业企业100强第32名、广西质量提升示范企业、广西工业企业质量管理标杆、广西质量管理卓越企业、自治区级“健康企业”、自治区级“清洁生产企业”、中铝集团先进集体、第四届百色市市长质量奖、第六届广西壮族自治区主席质量奖提名奖等荣誉。

三、模式内涵

（一）"纵横双向、十字交叉"质量管理模式的架构

"纵横双向、十字交叉"质量管理模式主要聚焦各层级的责任落实。纵向管理是制定了厂级对车间级，车间级对工区级、班组级的直线管理职责；横向管理是通过完善管理体系，建立以安全履职落地、全要素对标、"五标一控"管理模式推广、重复性问题专项治理、技术和操作并重等管理制度实现对各个层级的横向监督落实，通过对 KPI 的层层分解，压实责任，促进管理水平的提升，如图 1 所示。

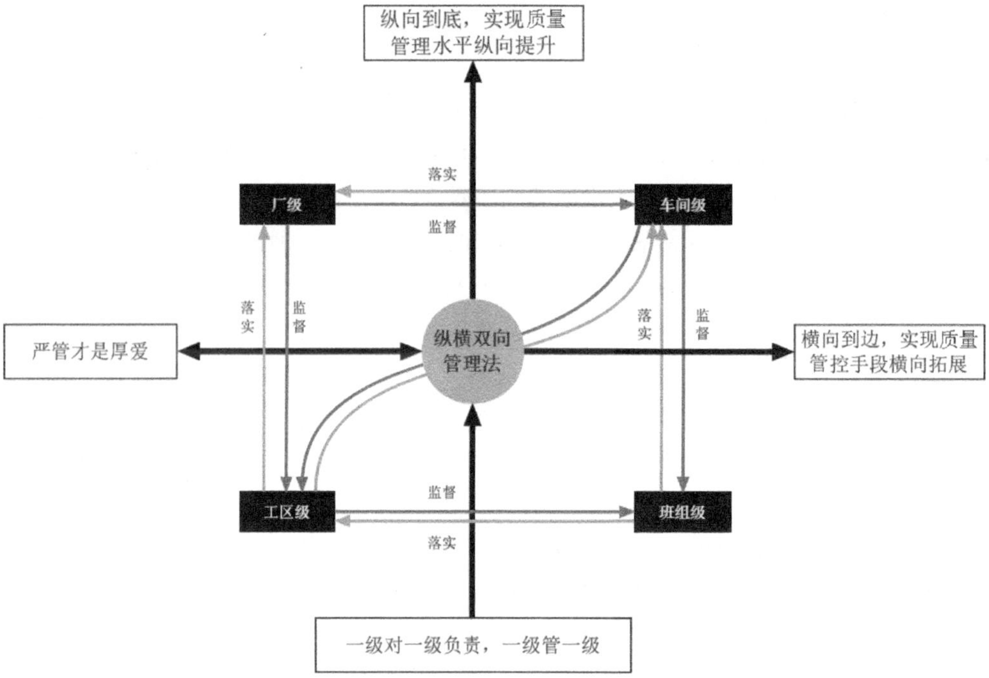

图 1　纵横双向、十字交叉管理模式架构图

（二）"纵横双向、十字交叉"质量管理模式的内涵

（1）纵向到底，实现质量管理水平纵向提升。一是建立基于各级管理人员责任落实管理考核体系，促进各单位和各级管理人员安全责任制的落实；二是建立管理人员日常工作标准履职卡，标准履职卡涵盖每天的工作内容、进一步细化提升履职标准，改变管理人员失之于宽、失之于软的现状；三是建立结构化 KPI 分解考核机制，对各个层级的 KPI 进行分级落实，做到人人身上有指标，形成管理合力；四是建立三级联动劳动竞赛评价机制，进一步落实主体责任和监管责任，固化完善持续提升工作质量的监管制度和长效机制。

（2）横向到边，实现质量管控手段横向拓展。一是建立电解槽低能耗管控模型，进一步强化对电解槽的管控，使其具备长寿命周期的运行条件，同时兼顾安全、稳定、高效、低耗的管理目标，实现电解槽的全寿命周期管理；二是建立电解槽健康度评判模型，消除了电解槽三钢温度异常，电解槽的安全性和稳定性大幅提升；三是建立电解槽全生命周期管理体系，对电解槽大修、非正常期管理、正常期管理、破损期管理的全寿命管控，使得操作质量得到大幅提升，技术管控实现统一化、集中化管理；四是建立多样化的问题解决机制，强化管理体系的落地实施，强化重点领域环节的治理改善，为拓展横向业务技能发展，进一步提升管理水平。

（三）"纵横双向、十字交叉"质量管理模式的创新点

（1）通过"纵横双向、十字交叉"质量管理模式的创新应用，激发管理人员的工作活力，杜绝部分管理人

员标准不高、要求不严，不敢大胆管理、严格管理等“宽松软”的问题，改变管理人员失之于宽、失之于软的现状。

（2）通过一纵一横交叉管理，纵向到底，横向到边，实现了电解槽全方位、全覆盖、无死角管理，管理人员人人身上有指标，聚集管理合力，改变了各自为战，依靠个人经验的单一管理模式。

（3）通过强化纵向的工作履职和责任落实，基础性、重复性问题得到大幅改善，管理水平不断提升；通过建立横向的管控方案，实现了对电解槽各项管理工作的全覆盖，为电解槽长寿命运行提供了基础保障。

（4）该管理模式突破了电解槽早期破损带来的生产瓶颈，打破了高铝水平才能取得高效率的传统观念束缚，冲破了以单一技术条件管理为主的行业壁垒，形成了综合管理手段“多管齐下”的新模式，在低铝水平、低电压条件下取得了高效率，实现了电解槽的低碳、低耗绿色发展目标。

四、主要做法

（一）建立基于各级管理人员责任落实管理考核体系

通过顶层设计，制定26项管理办法和抓手，涵盖安全、生产、设备、现场、综合等方面，建立各层级管理人员责任落实的管理考核体系，慎谋抓手、勤于检查、严格考核、奖罚并重，通过日检查、周汇总、月兑现，不断循环螺旋提升，如图2所示。狠抓安全生产、设备管理、现场管理等基础性管理工作，做到当天的问题当天整改，日事日毕，日清日结。用量化的指标来衡量工作质量的好坏和判断电解槽运行是否平稳。

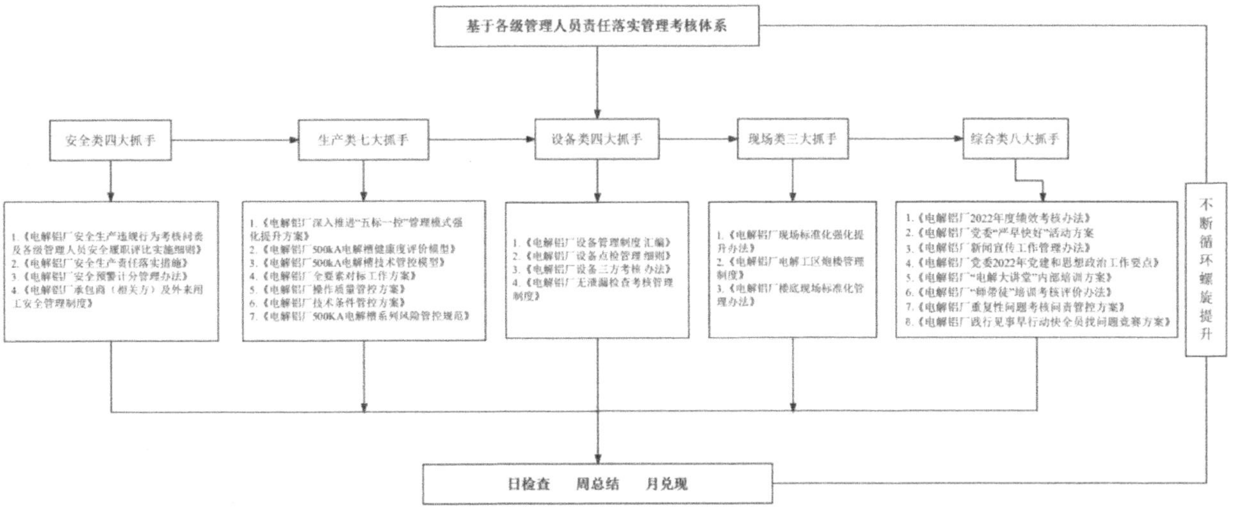

图2　基于各级管理人员责任落实管理考核体系

（二）建立结构化KPI分解考核机制

通过建立各层级的KPI分解考核机制，对各个层级的KPI进行分级落实，做到人人身上有指标，如图3所示。实行技术条件统一管理，解决了“八个工区八个脑袋”的问题，实现了电解槽由差异化管理向标准化，由分散式管理向集中式，由经验式管理向数据化管理的转变。实施班组级七项小指标的分解落实，创新性地用量化的指标来评价工作质量的好坏，实现了工艺参数和操作质量管控不断提升，进一步提升了电解槽的稳定性，为电解槽安全、平稳、高效打下了良好的基础。

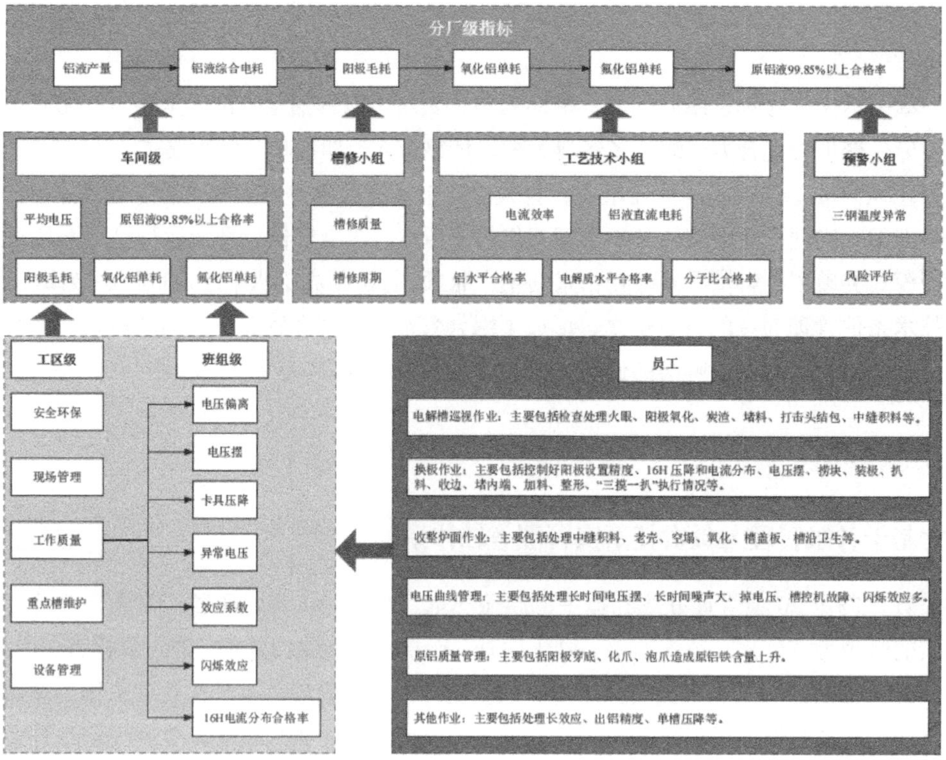

图3　各层级的 KPI 分解考核机制

（三）建立三级联动劳动竞赛评价机制

通过建立工区、运行班、作业组三级联动劳动竞赛方案，对七个小指标（效应系数、闪烁效应、电压偏离、电压摆、异常电压、换极16H压降合格率、单槽铝铝压降）进行日通报、周汇总、月考核，如表1所示。实施对工作质量早检查、严考核，进一步落实主体责任和监管责任，建立持续提升工作质量的监管制度和长效机制。进一步提升员工的质量意识、操作技能和异常处理能力，减小电解槽波动，优化电解槽各项经济技术指标，推进各项管理措施的落实，逐步提升各单位的自主管理水平，增强现场工作人员的自觉工作意识。

表1　操作质量指标跟踪表

日期　××月　班次　××班

指标	效应系数	闪烁效应	电压偏离（mV）	电压摆（分）	异常电压（分）	换极16H压降合格率（%）	单槽铝铝压降（mV）
标准	≤ 0.028	≤ 4	≤ 30	≤ 2	≤ 0.1	≥ 90	≤ 9.6
黄区	≤ 0.06	≤ 8	≤ 35	≤ 5	≤ 0.3	≥ 85	≥ 10
红区	> 0.06	> 8	> 35	> 5	> 0.3	≤ 85	≥ 10.5
区	效应系数	闪烁效应	电压偏离（mV）	电压摆（分）	异常电压（分）	换极16H压降合格率（%）	单槽铝铝压降（mV）
1区	0	0	0	0	0	0	
2区	0	0	0	0	0	0	
3区	0	0	0	0	0	0	
4区	0	0	0	0	0	0	
5区	0	0	0	0	0	0	

续表

区	效应系数	闪烁效应	电压偏离（mV）	电压摆（分）	异常电压（分）	换极 16H 压降合格率（%）	单槽铝铝压降（mV）
6 区	0	0	0	0	0	0	
7 区	0	0	0	0	0	0	
8 区	0	0	0	0	0	0	

对操作质量每天进行评价，每周进行汇总，每月进行总体评价，对排名末位的单元由车间对工区长、班长、作业长进行约谈和教育培训考核。

通过实施上述管理方法，组级的操作质量得到大幅提升，红黄区大幅度减少，下降幅度达 78%，稳定的操作质量保障了电解槽的安全平稳运行，为取得优异的指标打下了良好的基础，从实施前的到处都是红黄区转变为红区完全消除偶尔出现黄区的根本性转变。

（四）建立电解槽低能耗管控模型

为进一步强化对电解槽的管控，使其具备长寿命周期的运行条件，同时兼顾安全、稳定、高效、低耗的管理目标，建立电解槽低能耗管控模型和健康度管控模型，从而实现电解槽的全寿命周期管理。

电解槽低能耗管控模型主要从两方面对电解槽技术管控进行分析：一是稳定性，主要是过程参数与噪声值的匹配建模；二是高效性，主要是过程参数与电流效率、直流电耗的匹配建模。将铝水平、电解质温度、分子比槽电压等过程参数与噪声值、直流电耗和电流效率等结果指标进行耦合，以保障各项参数处于最佳状态，从而降低能耗，如图 4～图 7 所示。

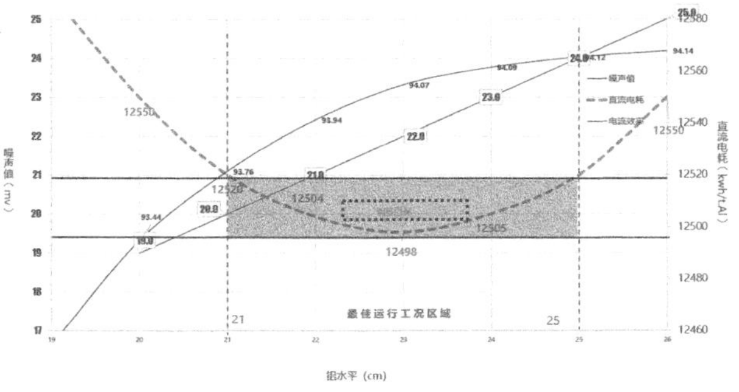

图 4　铝水平控制模型

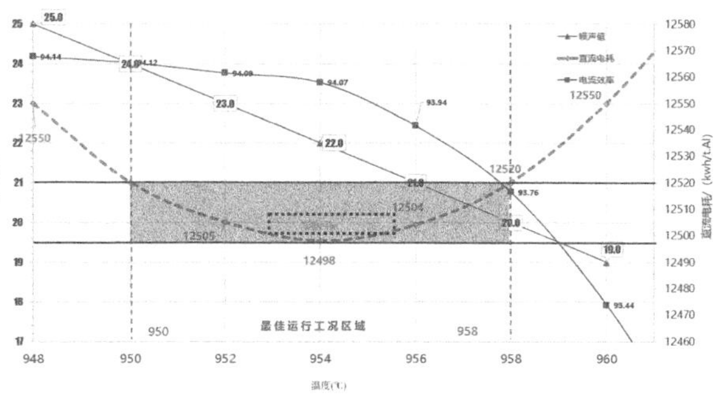

图 5　电解质温度控制模型

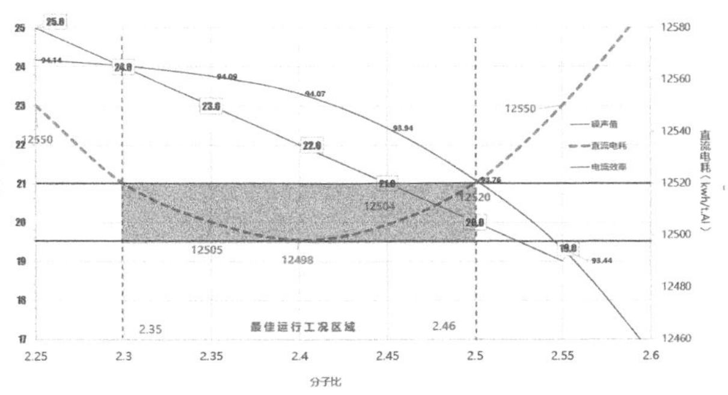

图 6　分子比控制模型

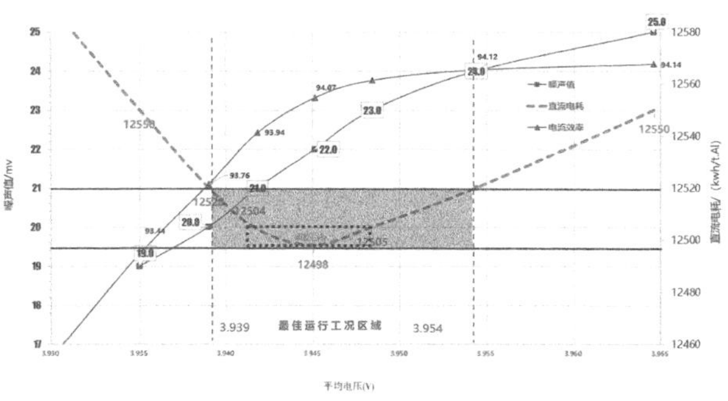

图 7　平均电压控制模型

为使电解槽能够达到稳定性与高效性兼顾的目标，即噪声值稳定在 21mV 以下，直流电耗稳定在 12520kW・h/t.Al 以下，通过分析，得到的铝水平、电解质温度、分子比、槽电压等过程参数的最优管控模型为：电解质温度控制在 950.0~958.0℃，分子比控制在 2.35~2.48，铝水平控制在 21cm~24cm，槽电压控制在 3.945V~3.955V。

通过对低能耗模型的管控，各项参数合格率达到了95%以上，电解槽能耗水平达到了行业领先。

（五）建立电解槽健康度评判模型

电解槽健康度评判模型从三钢温度、技术指标、操作指标三个维度根据电解槽的铁硅含量和噪声建立，以便对电解槽健康度进行判别。该模型遵循以安全为首要目标，稳定压倒一切，追求健康高效的原则，主要从电解槽的安全性、稳定性、经济性三个方面对电解槽健康度进行评判，以实现电解槽始终处于健康高效的状态，如图8～图11所示。

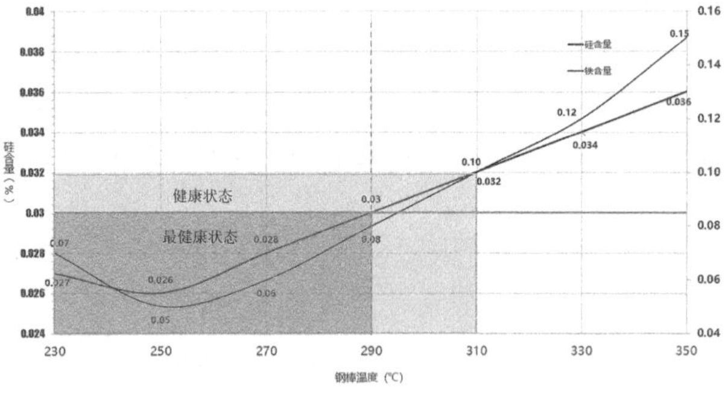

图8　钢棒温度健康度模型

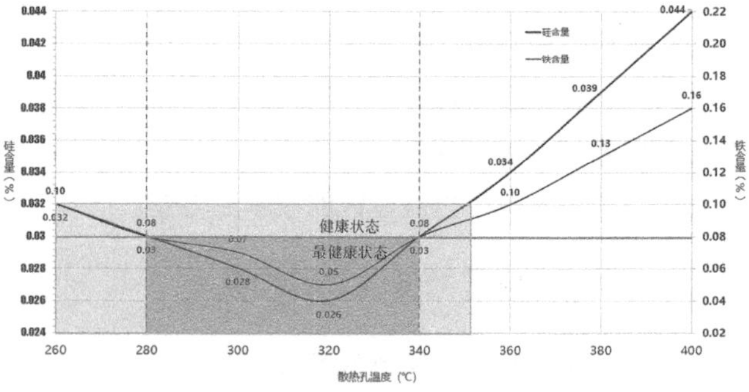

图9　散热孔温度健康度模型

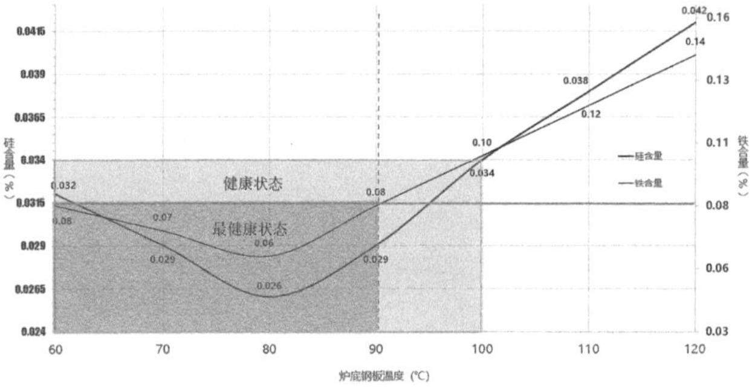

图10　炉底板温度健康度模型

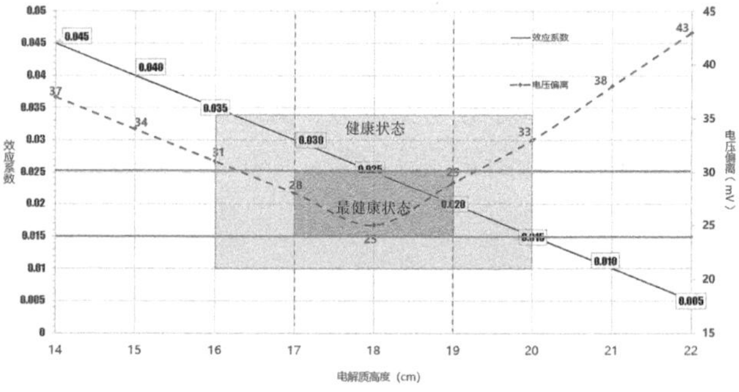

图11　操作指标健康度模型

为使电解槽能够达到稳定性与高效性兼顾的目标，即噪声值稳定在22mV以下，铁含量≤0.1%，硅含量≤0.034%，通过分析，得到操作指标控制范围为：电解质水平控制在16cm~20cm，效应系数≤0.035；电压摆≤1.5min；异常电压≤5min，电压偏离20mV~35mV。

通过对健康度模型的评判，消除了电解槽三钢温度异常，电解槽的安全性和稳定性大幅提升，处于健康状态的电解槽占比达到99.4%。

（六）建立电解槽全生命周期管理体系

通过建立电解槽非正常期、正常期、破损期阶段性管控方案，强化新修电解槽的管控力度，实现电解槽运行状态良好，为确保槽预期寿命具备达到10年以上打下坚实的基础，对电解槽进行横向管理。

例如，通过制定《500kA电解槽全生命周期管理规范》，修订完善《500kA电解槽焙烧启动方案》《500kA电解槽启动后期工艺控制规范》等20余项生产管理文件，制定了《操作质量管控提升方案》《电解槽生产工艺控制规范》等10余项操作标准和规范，形成了“保炉底、固炉帮、优浓度、提质量、增效率”的工艺技术管理。同时，成立技术管理团队，将技术人员的“八个脑袋统一成一个脑袋”，将电解槽分为“一代正常槽”“破损槽”“新方案槽”三大类管理，由此带来技术参数合格率不断提高，A类（优秀）槽占比由73%提高到95%。实现指标最优化，效益最大化，劳动强度最小化，安全环保可控化的管理目标。并形成电解槽“1234567”音乐简谱管理法，实现电解槽全生命周期管理。

通过制定《500kA 电解槽系列风险管控规范》，对破损槽采取“专人负责、定时检测、力度适中、方法得当、及时有效”的工作措施，不断强化预警组的工作职责和管控能力，制定和完善《500kA 电解槽散热孔管控制度》《500kA 系列在线运行破损槽维护办法》《电解槽三钢温度预警及现场应急处置管理办法》、规范制度，明确车间、班组、预警组等各层级人员的工作范围和日常管理责任，实施电解槽三钢温度 5 条预防措施，建立三类槽（正常槽、重点槽、化炉帮槽）动态分级管控机制，细化异常电压、异常效应、炉底钢板异常温度等异常情况的处置流程和应急措施，建立低、中、高风险的预警和汇报制度。通过不断强化对风险槽的监管，及时发现隐患，及时消除隐患，切实把防范漏炉的风险关口前移，建立起了预警“防火墙”。围绕“12395”工作方法为载体开展风险槽维护工作，最终达到电解槽维护工作稳定有序，不断延长电解槽寿命，降低事故风险，实现最佳的经济效益，实现对 84 台槽有效维护，最长延长槽寿命达 1600 天。

电解槽管控方法创新组成图如图 12 所示。

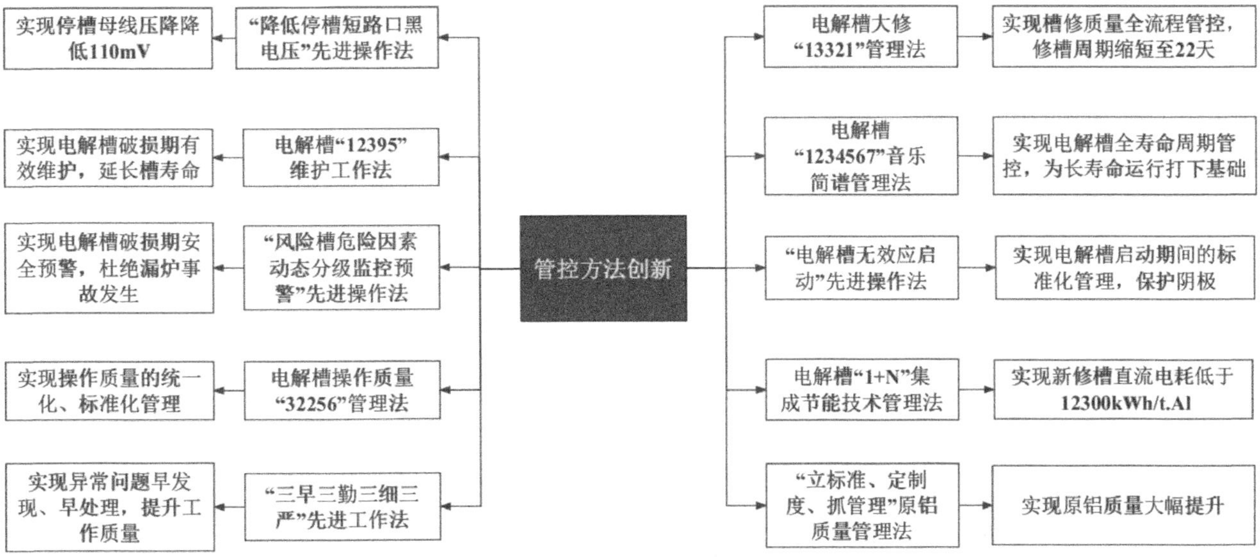

图 12　管控方法创新组成图

实施过程中，还总结出了十余项先进管理方法，贯穿了电解槽大修、非正常期管理、正常期管理、破损期管理的全寿命管控，使得操作质量得到大幅提升，技术管控实现统一化、集中化管理，各项指标也得到了大幅优化。

（七）建立多样化的问题解决机制

通过强化聚焦各级管理人员的责任落实，管理体系的落地实施，重点领域环节的治理改善，为拓展横向业务技能发展，建立多样化的问题解决机制，进一步提升管理水平。

制定“电解大讲堂”培训方案和计划，选派一批专业技术能力强，工作经验丰富的技能人才为授课导师，每周开展一次电解大讲堂，覆盖所有员工、所有专业进行培训，不断提升各级人员的业务技能和操作水平。

制定全员找问题工作方案，采取正向激励，鼓励员工发现问题，并扫码上传，由专人跟踪，限期解决，使得生产现场的各类问题大幅减少。

制定“师带徒”培训机制，进行一对一的培训提升，重点对新员工、操作技能差的员工进行培训，实现各类技能人才的有效衔接，提升整体技能水平，促进各项工作的良性发展。

制定“现场管理”工作方案，以“非必须，不摆放”“谁掉落，谁清扫”“有作业，必定置”为原则，实现现场管理再提升。

五、效果和展望

（一）实施效果

通过实施以上措施，电解槽风险管控得到加强，弥补了因设计原因带来的不足，各项指标持续优化提升，管理水平得到了大幅提高，各类基础性、重复性问题得到了根治，问题下降比例达到 78%。

在 2023 年质量管理体系成熟度评价总得分为 729.3 分（1000 分制），整体成熟度较高，处于《组织质量管理成熟度评价指南》（T/CAQ10102–2022）等级 4 的较高位置，总体成熟度等级为“优秀级”。

实施过程中，各项指标得到了持续优化，呈现出逐年优化，螺旋提升的良好态势。铝液综合交流电耗由实施前的 13527kW·h/t–Al 降低到实施后的 13225kW·h/t–Al，降低 302kWh/t–Al；阳极毛耗由实施前的 495.1kg/t–Al 降低到实施后的 457.3kg/t–Al，降低 37.8kg/t–Al；氧化铝单耗由实施前的 1920kg/t–Al 降低到实施后的 1900kg/t–Al，降低了 20kg/t–Al；氟化铝单耗由实施前的 16.9kg/t–Al 降低到实施后的 14kg/t–Al，降低了 2.9kg/t–Al；铝液 Al99.85% 以上合格率由实施前的 27.63% 提升到 95%，提高了 67.37%，如图 13~图 17 所示。

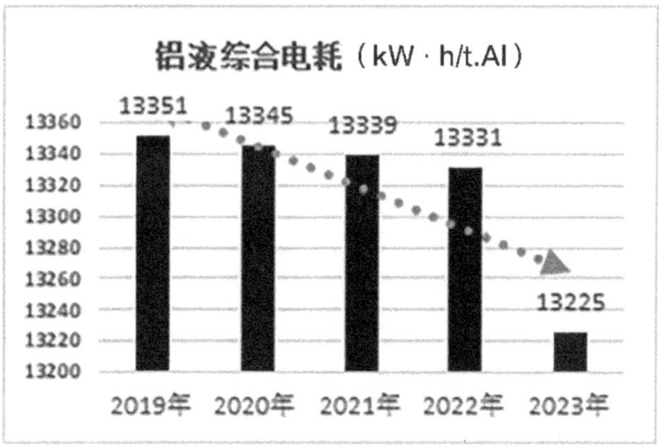

图 13　铝液综合电耗变化趋势图

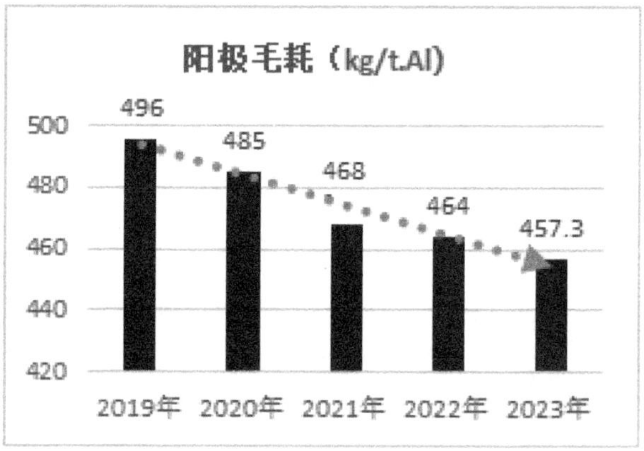

图 14　阳极毛耗变化趋势图

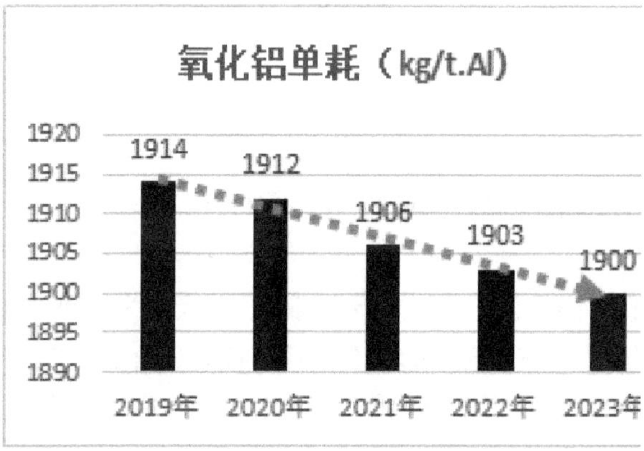

图 15　氧化铝单耗变化趋势图

图 16　氟化盐单耗变化趋势图

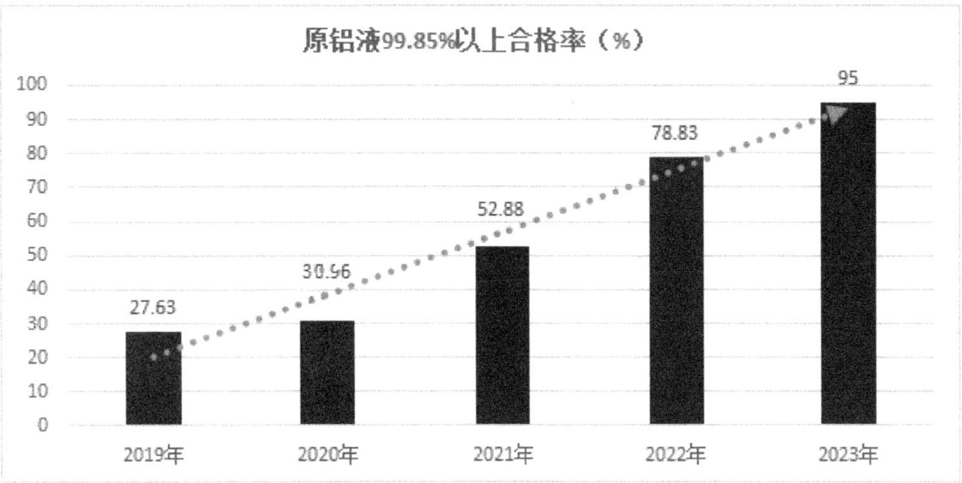

图 17　原铝液 99.85% 以上合格率变化趋势图

（二）展望和下一步计划

通过“纵横双向、十字交叉”质量管理模式的创新应用，实现了电解槽安全、稳定、高效的可持续发展目标，为铝电解行业绿色、低碳发展提供了“华磊方案”。

下一步，广西华磊电解铝能效管理团队将继续固化完善质量管理模式，坚持守正创新，持续巩固提升，不断取得新的突破，争当讲政治的“一面旗帜”、领方向的“一座灯塔”、抓落实的“一颗钉子”、聚合力的“一团热火”、催奋进的“一个引擎”，给中铝股份、中铝集团交上一份满意的答卷。

主要创造人：谢伦首

参与创造人：汤　伟、卢　锐、余龙进

基于 AI 技术的输煤系统安全性智能识别研究与示范

国能粤电台山发电有限公司

一、企业概况

国能粤电台山发电有限公司成立于 2001 年 3 月 28 日，现为国家能源集团首批提级管理基层企业，管理权隶属于国家能源集团广东电力有限公司，由中国神华能源股份有限公司、广东电力发展股份有限公司分别持股 80%、20%，是装机容量世界第十、全国第四、广东第一的大型燃煤电厂。

国能粤电台山发电有限公司位于广东省江门台山市铜鼓湾，三面环山，南面临海，西部沿海高速、新台高速交会通过，交通便利，靠近珠三角地区电力负荷中心。公司先后建设了一期 1~5# 共计 5 台 600 兆瓦级燃煤发电机组和二期 6~7# 共计 2 台 1000 兆瓦级燃煤发电机组。目前已建设 4 台 630 兆瓦燃煤发电机组、1 台 600 兆瓦燃煤发电机组、2 台 1000 兆瓦燃煤发电机组，加上厂内光伏，总装机 5138.6 兆瓦。电站 2003 年正式投产发电，至今已运营 20 年。

二、项目简介

随着国家智能制造 2025 规划的不断深化，电厂行业的转型与发展也迎来了更多的挑战与机遇。发电行业发展阶段已从以规模扩张为主进入到以质量的竞争为主。在规模扩张、产能过剩过程中暴露出的最大问题就是员工多、生产率低。解决这一问题，已成为发电行业转型升级的当务之急。

电厂输煤栈桥皮带巡检，原来主要以人工巡检及固定式监控巡检为主。人工巡检存在问题：费时费力，工作量大、时效低，无法做到大数据计算分析提前预警，恶劣环境巡检任务无法完成；固定式监控巡检存在问题：巡检覆盖面有限，固定式灵活性低，被动监控时，有紧急情况不能到达故障点。

为了充分满足工业化和信息化新技术建设新型现代化数字电厂的要求，提升企业质量管理，2023 年 3 月，国能台山电厂开展了基于 AI 技术输煤系统安全性智能识别系统的研究与实施工作，并在同年 8 月份完成了该项目的落地，实现了台山电厂皮带机工作现场无人化巡检，其主要成果有以下几点。

（1）代替人工巡检作业，实现 C21B 皮带机 AI 智能机器人巡检功能。

（2）实现 C21B 皮带机设备状态的智能检测识别功能，及时发现皮带异常点，包括皮带撕裂检测、托辐松动检测、皮带堵料检测、皮带跑偏检测、皮带火险检测。

（3）实现对 C21B 输煤皮带面及其沿线电缆桥架等火险易发区域的实时监测功能，当监测到烟雾、火焰时，立即触发报警告知运行人员，大大提高输煤系统的火险预警能力。

三、基于 AI 的技术创新

（1）恶劣环境下机器人复杂轨道运行可靠性技术：整机采用集成化和模块化设计，具有防尘、防水、防腐蚀、防爆、防滑落、散热等功能，防护等级 IP66。

（2）高清图像 / 热成像仪采集与智能分析技术：通过机器视觉采集现场可见光图像与热图像，采用海量数据超高速、高保真传输与交互技术，对图像 / 热像进行智能识别。

（3）危险预测告警技术：环境危险情况预测，机器故障危险预测，当现场发生任何检测要素超限或者非正常的情况时，系统能远程主动告警并与现场完成语音交互。

（4）故障诊断与趋势分析技术：对输煤皮带全线路传动轴承位进行实时温度及音频监测，生成温度和声音变化大数据趋势分析，辅助人工决策。

（5）多传感器信息融合技术：利用计算机技术将来自多传感器或多源的信息和数据，在一定的准则下加以自动分析和综合，完成所需要的决策和预估的信息处理。机器人融合多种气体传感器、温湿度传感器、烟雾传感器、超声波传感器等多种传感器，实现多传感器信息融合、分析、诊断、应用。

（6）轨道集尘清理技术：导轨采用机械式＋气吹式清灰措施，对轨道及巡检机器人停靠采用可靠的清灰措施，确保轨道上没有煤粉堆积。

（7）皮带撕边、撕裂检测技术：具有先进的皮带状态感知仪器，进行基于多种算法融合的先进深度学习网络架构和高质量的图像训练技术，最终实现对皮带撕裂、撕边的状态进行识别与告警，辅助人工决策。

（8）皮带跑偏检测技术：通过对特定点进行图像采集与识别，对皮带相对参照点的偏移程度进行量化检测与分析，对皮带跑偏趋势进行提前预判，辅助人工决策。

（9）托辊故障定位技术：采用声谱分析与定位，当托辊故障时，机器人主动告警并锁定数据地图对应实际廊道故障位置点。

（10）AI 图像识别技术：对环境、设备、人员的安全状态进行识别学习，采用先进的图像处理算法，实现环境异常自动感知、设备状态感知、人员安全穿戴及安全行为自动学习及感知，联动系统进行自主告警，系统具备良好的泛化拓展能力。

（11）高精度煤流检测设备配合图像采集分析技术：自动学习对煤流变化所反映的落煤管堵塞进行预测与感知，自主学习、自主进化，实现落煤管前后煤流实时流量分析。

（12）大功率无线充电技术：机器人电池充电采用大功率无线充电技术，在满足快速充电的前提下，避免煤粉污染造成的导电、打火等安全隐患。

四、主要成效

（1）提高巡检效率：机器人可以代替人工进行输煤皮带的巡检工作，不受时间和疲劳的限制，可以全天候持续工作，大大提高了巡检的效率。

（2）提升巡检精度：AI 智能巡检机器人通过搭载各种传感器和摄像头，可以更准确地检测输煤皮带的状况，发现异常情况，提前预警和处理，减少了人为巡检的主观性和漏检的可能性。

（3）实时监测和数据分析：机器人可以实时监测输煤皮带的运行情况，并将数据通过云平台进行存储和分析。企业可以利用这些数据进行故障分析、预测维护和优化运行，提高设备的可靠性和稳定性。

（4）降低巡检风险：输煤皮带巡检是一项高风险的工作，存在意外伤害的可能性。通过使用机器人进行巡检，可以将人员从危险的工作环境中解放出来，降低了工作风险和潜在的人身伤害。

（5）提高工作安全性：机器人可以在危险和狭小的空间中工作，避免了人员进入这些环境的风险。同时，机器人还可以检测和报告危险情况，提醒工作人员采取相应的安全措施，提高了工作的安全性。

综上所述，基于 AI 技术输煤系统安全性智能识别研究与示范系统可以提升企业在质量管理方面的效率、精度、安全性和可靠性，对于提高生产效率和降低成本具有重要意义。

五、应用情况

（1）智慧检测，提升巡检质量。将先进的智能技术、检测方法和手段运用于工厂设备巡检中，用新技术武装生产运行人员，使生产运行人员能够充分发挥其专业技能，在安全生产领域高效地开展生产工作、交流生产运行经验、共享生产运行方法，共同提高专业技能水平，实现工厂的数字化管理水平，提高企业竞争力。

（2）规范操作，实现人本安全。采用智能巡检机器人可以规范工厂设备的巡视流程，减少人员人身伤害。保证安全生产管理资源得到充分利用，减少生产管理成本，提高安全生产管理工作效率，充分发挥安全生产管理成果在宏观和微观领域的作用，使安全生产管理的成果成为企业决策的重要依据。

（3）推广应用，提升企业形象。智能巡检机器人的推广及应用，将成为公司智慧发电企业建设的一个亮点工程，在提升公司的智慧化水平的同时，树立了企业"更安全、更高效、更环保"的良好企业形象。

六、经济效益

基于AI技术的输煤系统安全性智能识别系统可在工厂推广使用，能有效提高工作效率，降低工作成本，加强作业安全性，并具有可观的经济效益。

（1）节约设备全寿命周期投入及维护成本。设备的全寿命周期成本主要包括改造一次性投入、改造后运行寿命周期内停产损失和运行维护费用之和。采用智能巡检机器人自主完成对皮带廊道设备的巡检，可大大节约现场巡视设备费用以及人工成本。在运行维护费用方面，采用智能巡检机器人，只需定期对机器人本体进行基本保养维护，可减少应用大量的视频监控设备费用、定期运行维护费用以及故障装置的拆装，降低维护难度。

（2）提高操作、检修快速反应能力，有效控制设备受损率。通过集成红外热成像、声音、高清图像在线监测功能，为设备的安全正常运行提供可靠的监控数据，使得监控人员可以及时发现设备存在的异常现象并知会检修人员进行维护处理，有效避免了异常事件扩大所带来的经济损失。

七、获专利及奖励情况

（1）发表论文1篇：《煤矿皮带运输监控系统设计与功能实现》。

（2）发明专利1项：《一种皮带输送机托辊松动检测的方法及装置》已受理。受理号：202310219069.2。

主要创造人：王忠宝、韩敦伟

参与创造人：欧阳海锋、张云武、刘文泉

以提升质量、品牌、服务为指引的“全流程”质量管理模式创新与应用

海油燃气（廊坊）有限公司

一、企业简介

海油燃气（廊坊）有限公司（以下简称廊坊燃气）是中海油能源发展股份有限公司全资子公司，其经营的三河液化石油气储配站，始建于 1997 年，坐落于三河市黄土庄镇二百户村西，占地面积 20 亩（13353.30 平方米），主要有 5 座储罐（总储量 400 立方米），压力管道 300 余米，烃泵、压缩机、消防泵、发电机等设备设施。2000 年，廊坊燃气是北京市“车用液化气”三家特许供应商之一，为北京市提供“车用液化石油气”中转批发业务。2006 年，北京燃气公司的工业丙烷开始推向系统内部单位（海工、管道等），但由于市场用量有限，无法满足公司的发展需要。对此，公司决定开展民用液化气业务，并于 2014 年取得了气瓶充装资质。

目前，廊坊燃气已经退出北京车用气及系统内部市场，专心发展三河地区民用气市场，经营效益连年上升，安全管理符合集团公司及国家要求，管理水平也不断提高，从未发生任何一起安全事故。

二、项目简介

随着社会的发展和科技的进步，能源行业面临着巨大的挑战。液化石油气作为一种清洁、高效的能源，在日常生活和工业领域中得到了广泛应用。液化石油气储配站作为燃气供应的重要环节，其质量管理直接关系到用户的安全用气和企业的可持续发展。因此，加强液化石油气储配站的质量管理，对于提高企业的核心竞争力具有重要意义。

廊坊燃气创新“全流程”质量管理模式，从人、机、料、法、环五个方面，分析主要症结，绘制石川图确定质量影响的重要末端因素（图 1）。聚焦瓶装燃气源头质量管理、过程运输质量安全、气瓶全生命周期、燃气安全使用宣传培训、入户安全用气检查以及质量文化建设等核心内容，分析安全过程管理，确保“全流程”质量和安全。

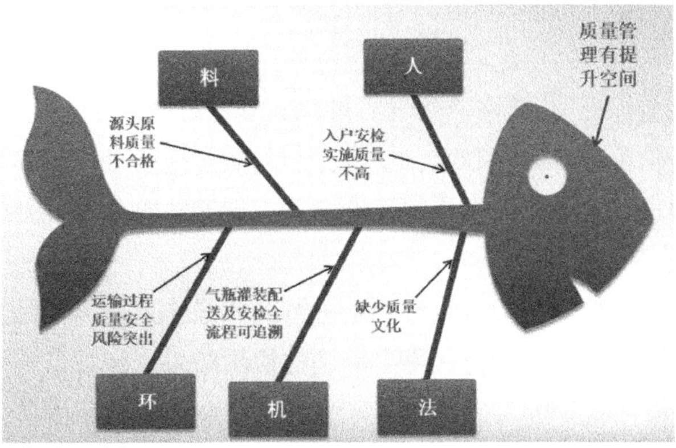

图 1 “全流程”质量管理模式

三、质量管理模式产生的背景

液化石油气（LPG）作为一种高效和清洁的能源，在满足人们日常生活和工业需求方面发挥着不可替代的作用。因此，LPG 的质量和安全管理对公共安全至关重要。液化石油气储配站作为供应链的关键环节，其质量管理直接关系到产品在生产、储存、运输和使用各个环节的安全性和稳定性。

液化石油气储配站面临着多重挑战。首先，随着 LPG 需求的不断增长，产业规模扩大，对质量安全的要求也日益提高。其次，技术的不断发展和新型能源的涌现使得行业面临更复杂的竞争环境。最后，全球环境问题引起了对可再生能源和清洁生产的更多关注，促使行业向更绿色、可持续的方向发展。

在这一背景下，强调提高液化石油气储配站的质量管理水平显得尤为紧迫。质量管理不仅仅是符合法规和标准，更是一种理念和文化的体现。通过创新先进的管理理念，整合资源，优化流程，取得了在质量和效益上的双赢，实现对质量的全面把控。随着社会对环境友好型能源的需求增加，具备高水平质量管理的企业更容易在市场上脱颖而出，合理高效的质量管理将有效减少事故发生的可能性，降低运营风险，从而提高在整个行业的竞争力。

四、质量管理创新模式应用

1. 把控源头质量

“一瓶名质红酒的产生，必然是从种子就开始的”，这充分说明了需要在一开始就把事情做对，不然后面一切努力就都偏离了预定方向。同理，源头产品质量控制是提高液化石油气储配站质量管理的第一步，廊坊燃气践行“严把质量关，以质量求生存”的质量管理理念，严格把控源头产品质量控制各个环节，确保没有疏漏。

（1）加强对供应商的管理

在选择供应商时，公司应对其资质、信誉、产品质量等方面进行全面评估。选择具有良好信誉和稳定质量的供应商，避免因供应商问题导致产品质量下降或供应中断。与供应商签订详细的合同，明确双方的权利和义务。合同中包括产品质量标准、交货时间、价格、付款方式、违约责任等内容。在合同签订前，应对合同条款进行仔细审查，确保合同条款合理、明确、无歧义。

公司建立了供应商评估机制，定期对供应商的质量、交货期、价格、服务等方面进行评估。评估结果作为后续合作的重要参考依据，对于表现不佳的供应商，采取相应的措施进行改进或更换。

公司与供应商建立了良好的沟通机制，以便及时了解供应商的生产情况、质量状况等，以及及时反馈产品质量问题。通过沟通，促进供应商与企业的合作，增强供应商的质量意识和提高解决问题的能力，确保其提供的液化石油气符合国家和地方的相关标准。

（2）重视质量检验

化验分析是质量管控的“金标准”，严格液化气质量化验分析是确保液化石油气质量管理合格的重中之重。廊坊燃气通过建立完善的质量化验分析管理制度，制定详细的质量化验分析流程和标准，明确各项指标的分析方法和判定标准。选择符合国家和地方相关标准的化验设备，定期检验确保设备的精度，确保其处于良好的工作状态。

廊坊燃气同时规范取样过程，按照相关规定和标准进行取样操作，确保样品符合分析要求。采用科学、准确的分析方法，对样品进行全面、细致的分析，得出准确的检测结果。注意数据的异常波动和误差分析，避免因数据错误导致误判；注重质量化验分析人员的培训和管理，定期开展培训活动，提高分析人员的技能水平和专业素养。

2. 严审安全运输

安全运输是液化石油气储配站质量管理的重要环节之一。廊坊燃气在上级公司安全生产部支持下，聘请安技服专家对运输承运商开展严格的安全审查。

首先，运输车辆的选择和管理是关键。选择符合国家和地方相关标准的运输车辆，具备相应的安全设备和设施，如紧急切断装置、防静电装置等。同时，要求承运商定期对运输车辆进行维护和检查，确保车辆始终处于良好的工作状态。

此外，运输路线的选择和管理也是过程安全运输的重要环节。通过对比分析，优中选优明确安全的运输路线，避开交通繁忙和路况不良的地区。对运输路线进行定期的检查复核，确保路线的安全性和可靠性。加强对驾驶员的安全教育和培训，必须熟悉液化石油气的物理化学性质、运输过程中的安全操作规程以及应急处理措施等。

3. 实施透明化全流程管控

廊坊燃气整个钢瓶充装流转工序包括：空瓶搬运、空瓶称重、自有产权气瓶识别、智能角阀开锁、液化气充装、记录上传、满瓶称重、满瓶搬运。其中智能充装称具备空瓶称重、自有产权气瓶识别、智能角阀开锁、液化气充装、记录上传、满瓶称重的功能，通过自动识别气瓶、充装、称重和数据传输替代手工记录，可以有效降低数据错误风险，提升工作效率。但劳动强度最大的气瓶搬运环节仍由充装工人主导，计划后续启动自动化充装链条的可行性研究，投建后将进一步提升自动化水平，提高作业效率并大大降低劳动强度。

数字化方面通过海油发展统建的ERP-SAP系统，和公司自建的LPG三级站智能管理云平台实现经营业务的数字化运营，其中LPG购销存业务按照海油发展统一部署在ERP-SAP系统操作，其他业务依托基于物联网技术的LPG三级站智能管理云平台实现，LPG三级站智能管理云平台主要包括钢瓶、客户基础信息、安全文档、订单、入户安检、充装、库存、统计分析和业务地图等。

配送环节是液化石油气从生产源头到用户手中的关键阶段。目前，廊坊燃气在用的钢瓶依托物联网技术已达到在气瓶配送环节的全生命周期管理。通过制定严格的配送标准和流程，确保每个环节都按照既定的规范进行，包括装车、运输、卸货等每个步骤都有详细的操作标准，这些标准不仅提高了操作效率，还有效地减少了人为错误的可能性。透明化的配送管理进一步提升了用户对燃气质量的信任感，也使企业能够在配送过程中更加及时地发现和解决潜在问题。

4. 全覆盖入户安检

鉴于瓶装液化石油气行业的特殊性，储配站一个点面对的是数以万计的广大用气客户群体，每一个钢瓶使用场所都是一个安全风险点。因此，入户安全用气检查是质量安全管理的最后一道防线，廊坊燃气要求送气人员“每送必检”，送气人员利用手机安检小程序进行送气安检，数据实时上传到公司“LPG三级站智能管理云平台”，通过建立定期的入户检查制度，确保专业人员定期对用户的使用环境和设备进行检查。这一措施不仅有助于发现和解决潜在的安全隐患，还在实践中增强了用户的安全意识。建立定期的入户安全用气检查机制，公司专业安检人员按照预期计划对用户的使用环境和设备进行确认检查，确保了检查工作的全面性和有效性，做到全覆盖，提高入户安检质量。

通过入户检查，不仅仅是解决问题，更是培养用户的安全意识，与用户进行面对面的交流，传递安全使用的知识，提供实际的安全建议。这种互动形式能够更直观地让用户了解安全用气的必要性，增强用户对企业的信任。

5. 落实“五进”安全宣传

安全使用瓶装气的宣传是保障质量的另一个关键环节。公司燃气安全宣传落实“五进”：进社区、进企业、进学校、进农村、进家庭。公司对用户进行安全用气知识的培训讲解，向用户传递正确使用瓶装燃气的知识，包括使用过程中的安全注意事项、事故防范和应急处理等方面内容。廊坊燃气全面提升用户对瓶装燃气安全使用的认知水平，在实践中增强燃气用户的安全意识。通过这一系列宣传培训措施，公司在广大用户层面树立了海油燃气质量安全的良好形象。

廊坊燃气深知质量管理是长期的投入和坚持，而不是一时的改进和应急应对，要把质量作为一种深刻的管理理念，贯穿于公司管理的每个环节中，形成全员参与的质量文化理念，构建全面、科学、可持续应用的质量管理体系。

在未来的发展中，廊坊燃气将继续探索创新，在质量管理的道路上不断前行，为用户提供更安全、便捷的服务，争做行业高质量发展标杆。

主要创造人：柴长海

参与创造人：张　健、张晓龙

基于电工装备智慧物联平台的生产过程质量管控

国网物资有限公司

能源电力行业作为关乎国计民生的重要支柱，电力设备质量是电网安全稳定运行的物质基础，然而，我国电工装备行业的核心技术、材料等还存在着诸多瓶颈，从制造技术、工艺、实验等各方面还存在一定的缺陷，整体行业面临着大而不强的现状。随着产业链供应链协同广度和深度的迅速提升，工业互联网作为新一代信息技术与工业经济深度融合的全新业态，正引领着基于信息系统的智能装备、智能工厂等智能制造方式的升级，加快推动制造业创新发展、提质增效，电工装备行业的发展迎来了新的历史机遇。

为此，公司全力打造电工装备智慧物联平台（EIP），推进智能制造与智慧物资供应链的深度融合，基于云、大、物、移、智等新一代信息技术，全面提升电网设备质量、供需双方实时交互协同能力及电工装备行业竞争力。电工装备智慧物联平台的构建与实施能够有效提升企业制造品质、实现企业的转型升级与健康发展，同时通过繁复完备的电力物联网大数据积累，为电工装备质量评价与全生命周期管理提供平台支撑、提升供应链运营管理水平，为电工装备制造行业提升核心竞争力，为我国通过智能制造加快实现高质量发展奠定更坚实基础。

一、项目介绍

（一）实施背景

1. 物资管理数字化转型的现实需要

国网物资有限公司内部各项物资业务实现了全程电子化，并具备智慧应用功能，绝大部分电工装备供应商数字化、智能化制造水平也有较大幅度的提升。但是在日常业务开展过程中，物资质量管理以收货后检测、运行数据为主，缺少原材料检验、生产过程和出厂试验的核心环节数据支撑，需求方无法实时准确了解供应商产能、订单生产进度、制造工艺质量等信息，需要派出大量专家及工作人员定期深入现场跟踪了解。另外，供需双方还缺乏有效的数据交互渠道，协同效率低。

基于电工装备智慧物联平台的供应链管理体系建设和应用，实现电网企业、电工装备制造商、第三方服务机构互联互通和信息共享，全面开展“云监造”业务，提供线上监造和远程诊断分析，减少现场人力、物力、管理等成本。

2. 实现电网创新战略目标的行动需要

电工装备智慧物联平台充分应用工业云网和物联网等新技术，整合供应链上下游资源，突破生产环节盲区，形成电工装备供给侧与需求侧之间智慧物联、广泛互联、高效协同，对不同类型的电工装备制造实现远程在线实时监控、智能分析、自动报警。随着平台的建成和供应商数据的接入，实时获取供应商产能变化、订单进度、关键工艺控制、主要技术参数等信息；供应商能够及时准确获取需求的变化，以及其产品交付、运行状况、故障异常等信息，基于数据进行产品质量的主动精准提升。

3. 引领电工装备制造业发展的责任需要

经测算，需求侧电网建设每投资 1 亿元，拉动供给侧输配电设备产业销售增长 8 亿元。国网公司作为具有社会担当的特大型国有重点骨干企业，有责任整合供应链上下游资源，发挥供应链“链主”作用，带动链上企业数字化升级，推动制造环节物联数据和业务数据对接整合、交叉验证和智能研判，强化供应商生产环节质量和进度管控，为供应商提供质量分析、工艺改进等增值服务，形成智慧物联、广泛互联、协同高效的电工装备生态圈。

（二）项目简介

为贯彻落实国家政策要求，服务链上行业、企业绿色、数智化转型升级，国家电网提出了加快建设绿色现代数智供应链体系战略目标，对提升电工装备制造质量水平，行业平台化发展提出了更高要求。公司围绕“具有中国特色国际领先的能源互联网企业”战略目标，应用大云物移智链技术，打造基于电工装备智慧物联平台的现代智慧供应链管理体系，积极推进业务管理转型和信息技术的深入融合。

平台建设面临接入标准和规范不统一、工业生产数据传输量大、网关数据分析与运营效率不高、数据抓取识别及质量报警识别困难等难题。对此，项目组联合9家单位于2014年开始开展核心技术攻关，并于2016年开始进行平台建设。电工装备智慧物联平台已实现核心功能包括订单跟踪、智能监造、质量评价、行业对标等十大功能；构建线圈、开关等十大品类管理中心，覆盖37类物资，开展“云监造”业务，实时感知供应商产能变化、订单进度、关键工艺控制、主要技术参数等。平台已互联供应商在2022年中标金额达到1265亿元，占同类物资全年采购金额的82.7%。项目主体于2019年底推广实施，得到中国电力企业联合会等三方机构高度认可。目前，平台累计互联供应商达1361家，跟踪订单51.88万余单，接入数据604.76亿余条。以上措施实现了物资质量监督向制造环节延伸，支撑了各类物资质量的主动精准提升，全面推动了电工装备行业高质量发展。

二、基本管理理念

通过建设基于工业互联网智慧物联的电工装备行业质量协同管理平台，实现“全过程、全透明、全智能、全要素”的数字化质量管控，打造成为集制造质量管控、检测资源交互、数据价值交互、服务业务交互“四位一体”的行业级平台，打破供给侧和需求侧壁垒，将电工装备供应链向产业链延伸，实现业务模式创新变革、供应链产业链精准赋能，实现产品全生命周期质量管理的动态识别、智能分析和精准控制，提高产品质量稳定性和可靠性，促进制造业高质量发展。

三、基于EIP平台的管理体系应用

（一）生产要素标准化互联，推动供给侧质量控制数字化转型

1. 标准引领

融入科研生产、质量检测和低碳智能方面发展要求，结合不同的产品种类原材料检验、生产制造、试验特点，制定行业级物联设备接入标准和制造流程质量信息实时采集标准，推动设备厂商开展生产检验环节工装和系统的数字化改造升级，提升设备制造数字化、智能化水平。

2. 数采管理

基于IOT和边缘计算等技术，构建生产制造全环节数字化采集能力，将生产制造、检测试验等数据与产品设备采购订单、销售订单、生产订单、生产工单进行关联，在电工装备智慧物联网关完成数据实时采集和预处理，并获取转发关键过程视频信息数据，为制造企业生产制造全过程数字化可视奠定基础。

3. 互联监控

构建跨地域的工业互联网云边协同基础硬件和系统信息监控管理中心，对平台底层基础信息，边缘计算设备信息、工业互联网环境状态，采集终端和视频设备进行全方位的运行监控，保障所有制造企业的数据采集和上传链路稳定连接，实现覆盖全国范围的工业互联网数据采集和设备管理。

（二）数字化全过程管控，带动生产制造管控体系升级

1. 订单跟踪

以企业采购订单为主线，实现对采购产品的制造全过程进行数字化跟踪，通过订单查询、排产计划、到货运输、风险预警和问题告警功能，实现订单执行轨迹的实时查询及可视化分析，实现排产、生产、检测、交货验收、安装调试的全业务跟踪，激活供应链上下游生产活力，有效保障市场主体平稳生产经营，有效保障供应链产业链稳定。

2. 智能监造

通过物联采集到的制造企业生产检验过程各个工序的实时数据，形成对采购订单的制造全过程进行监控，依据物资采购合同要求，通过生产试验感知、问题告警、实时感知、智能检测、监造任务管理等系统功能，智能跟踪物资订单排产、生产制造和试验检验全过程，对设备的制造质量与进度进行远程监督见证，在完善现有设备监造体系基础上，提升设备监造规范化、数字化、智能化水平。

3. 智能告警

系统通过采用图像识别、机器学习等人工智能技术，建立生产试验过程数据告警模型和生产环境告警模型，对生产环境的异常情况开展分析并提供告警服务，提升对供给侧生产现场的生产过程信息和关键工艺、试验数据的实时监控能力，同时提供对生产环境异常情况的实时告警能力，提高需求侧对产品质量追溯和生产过程及时处置的能力。

（三）聚合行业检测资源，驱动检测机构透明化智能化管控

1. 资源汇聚

整合全国电气设备质量检测机构，实现对检测能力、检测资源的汇集，同时建立统一的检测委托管理，面向行业用户提供检测委托服务，实现检测资源的行业价值整合输出，提升检测信息交互效率，为全行业检测业务良性发展提供支撑，形成了新的检测业务协同过程，构建了行业质量检测业务新生态。

2. 智能调度

根据检测任务执行情况、设备作业状态、人员情况，智能调度检测班组、人员和检测设备，实现检测机构内部资源充分利用，提升检测效率。根据检测能力及检测工位承载能力，结合先进先出及优先级排序等策略对检测任务进行排班，制定工位样品排班表，同时根据检测耗时长、峰谷分时电价，智能选择试验时间，实现降本增效。

3. 检测管控

依据统一的检测规范，以“检测任务”为主线，实现全流程、多维度管控，监督检测机构任务确认、收样入库、作业分配、检测执行、报告编制、报告签章、归档发送等检测业务环节。跟踪检测中心检测作业过程，实时感知试验过程数据、试验视频数据、试验结果等信息，实现检测业务全过程的全流程管控，保障试验过程的合规性、公正性和可溯性。

（四）深挖数字潜能，引领电工装备行业高质量发展

1. 质量评价

基于供给侧上传的原材料检验、生产工艺及过程、出厂试验等数据，结合相应产品质量评价模型，对产品质量等级进行评价分析，形成产品质量评价报告。设备用户、生产企业、检测机构、工程设计单位、产品设计人员等多方主体协同开展质量监督问题分析，精准分析产品质量问题产生的原因，提出质量改进措施，提供优化提升建议，引导电工装备企业提升产品质量。

2. 行业对标

对同行业不同供给侧的生产能力、检测能力、服务水平进行多维度对比分析，建立行业对标指标，促进行

业整体质量提升。按物资种类维度，开展标杆制造企业、制造企业行业对标、关键工艺行业水平变化情况和制造企业关键工艺指标趋势分析，支撑制造企业定位自己的行业位置，明晰自身的优势和不足，帮助制造企业迅速补齐短板，推动电工装备行业产品质量提升。

3. 产能分析

通过获取供给侧的产成品、备品备件、重点原材料库存数据，跟踪并分析包括多产品、多品类的设备生产饱和度、产品生产周期、合理供货周期方面的供给侧产能信息，构建产能分析模型，对供给侧产能进行定期统计分析，平衡供需关系。

4. 采购经理指数

参照国际上通行的制造业采购经理指数而设计，定期收集每个制造企业当月订货量、生产量、生产经营人数、制造企业配送时间和主要原材料库存五个指数的变化情况信息，通过计算后形成电工装备制造行业经济变化趋势的重要监测指标，该指数的推广和发布加强了相关国家部委对电工装备制造行业的经济活动监测与预警能力，为国家宏观调控和电工装备制造企业生产经营提供参考依据和咨询建议。

5. 全生命周期质量信息库

围绕全生命周期理念，依托“两级”数据中台，发挥实物“ID”流程贯通和数据共享纽带作用，明确各类物资的统计细度、信息范围及结构化模式，加强数据源头治理，按照“先物资域内统一，再全生命周期贯通”的原则，以物资域数据为基础，逐步涵盖财务、建设、设备、发展与策划等业务数据，实现电力设备质量的全链条监管，建立跨专业、一站式、结构化全生命周期质量信息数据库，进一步提升质量发展创新动能。

6. 制造企业全量数据信息库

建立健全链上制造企业数据档案库，动态完善资质业绩、生产能力、质量表现、服务响应、营销网络、企业信用、财务状况、人力资源、创新效能、绿色碳排、上下游关联企业、信息公开透明度、数智化程度、互联互通水平等全息数据归集，实现制造企业全量信息的便捷查询和多维分析，形成制造企业全方位体检报告，重构制造企业全量数据资产信息，为制造企业画像、价值创造、管理决策提供多维支撑。

（五）优化运营协同方式，构建行业级交流沟通平台

1. 协同质控

在需求侧、第三方机构和供给侧之间构建生产质量、进度、服务问题线上交互的渠道，及时沟通排产计划、生产质量、货物运输、安装调试、设备运维等关键环节问题信息，实现多方主体协同开展问题联合协同分析，大大降低协同成本，提升沟通效率，促进生产制造高效率开展。

2. 信息共享

加强需求侧和供给侧之间的信息共享，提供政策法规分析、行业动态查询、信息咨询、消息发布等信息服务，同时为平台制造商互联接入提供便捷通道，提报采购经理指数信息，并每月对已收集的指数信息进行试算和发布管理功能。

3. 生态运营

针对行业用户关注的设备检测、行业认证、质量管理、设备质量提升等各方面重点、难点事项，提供更加灵活便捷的培训指导服务；同时行业各企业可在线发布资质业绩、生产能力、质量成果、专利论文、企业信用、创新效能、绿色碳排等质量相关信息，实现全行业信息共享交流，促进整个行业质量水平提升，推动电工装备生态圈良性循环。

四、工作成效

电工装备智慧物联平台于2019年4月启动建设，在2019年选取试点物资和供应商进行试点互联，2020

年完善平台功能及互联物资种类，2021 年进行实用化推广应用，2022 年全面承载“云监造”核心业务。遵照平台建设规划，有序推进电工装备智慧物联平台实用化运行，统筹内外资源，深入挖掘业务管理需求，扩大电工装备智慧物联平台互联范围，全力完善平台建设，最终打造完成电工装备生态圈。

（一）助力物资质量管控提档升级

新型电工装备智慧物联管理体系重点解决了供应商侧不同品类、多种类电工装备的接入问题。面向供应商侧的海量多源异构数据，分析数据类型及格式，统一数据转换及传输协议，进而分别构建中心化和去中心化两种模式下的安全可靠高效跨系统数据共享与交互模型，最后基于上述研究，构建异构平台接入方案和异构数据接入机制，制定相关数据接口规范，最终形成异构数据及平台的接入体系。目前，通过电工装备智慧物联建设与应用平台累计接入供应商 1300 余家，在国家电网年中标量超 1700 亿元，平台累计跟踪订单 50 万余单，接入数据 600 亿余条，实现物资质量监督向制造环节延伸。

（二）推进供应链管理降本增效

针对重点业务应用，充分运用大数据、人工智能等技术，开展制造环节订单监控、产能调配、质量评价、行业对标、供应商协同、电工装备的全生命周期管理等核心业务创新及优化提升，打造“透明工厂”，提供在线支持和远程诊断分析，减少现场的人力、物力、管理等成本的投入。2018 年以来累计节省经费开支 7174 万元。在 2023 年“云监造”过程中，针对发现产品质量问题的订单，要求供应商重新试验、重新生产设备 1207 台 / 套，线缆类 2325.67 千米 / 吨、铁塔类 10477.97 吨，产品总金额达 3.13 亿余元。

（三）推动电工装备供给侧智能制造转型

平台互联带动了供应商新建、优化内部生产管控 ERP、MES 系统，促进了供应商内部原材料、组部件、产成品等物料主数据统一，充分发挥了国网实物 ID 的统一标识、全过程追溯的作用，极大地提高了其信息化、数字化管理水平。自 2019 年起，75% 以上的国网中标的核心供应商完成了原材料、生产过程、出厂试验等主要生产环节共计 2500 余数据项的采集改造工作，各供应商超过 2800 条生产线完成了数字化升级改造，将设备运行状态、试验结果、实时视频等转化为 600 余亿条物联数据，在平台端形成海量数据资产，有效推动了电工装备制造行业的质量管理数字化转型升级。同时，利用平台的协同质控功能，共计线上生成和处理近 2 万条协同记录，涉及质量监督人员、供应商质量管理人员、行业专家约 10 万人次的交互。通过高效的线上协同处理机制，极大提升了协同工作效率。

主要创造人：孙　萌

参与创造人：张敬伟、李　凌、邹兰青、王　军、崔　强

基于全景质控体系下的电网设备质量提升实践

国网甘肃省电力公司电力科学研究院

一、企业概况

国网甘肃省电力公司电力科学研究院（以下简称国网甘肃电科院）是国网甘肃省电力公司分公司性质的二级机构，坚持“37814”工作思路，紧扣“三抓三促”“提质提速”工作主线，专业门类齐全、技术人才密集、试验手段先进、科技实力雄厚，为甘肃电网安全、稳定、经济运行提供技术支持和保障。

国网甘肃电科院前身是成立于1959年的甘肃省电力工业局电力研究所，1961年11月，更名为甘肃省电力工业局中心试验所。1962年10月，在国内大规模自然灾害、工业大幅度压缩的大背景下，中心试验所交由兰州供电局代管。1974年8月恢复建制，全称“甘肃省水利电力局中心试验所”，先后历经四次更名，最终为“国网甘肃省电力公司电力科学研究院”。

国网甘肃电科院是国网甘肃省电力公司的二级直属单位，设立“14个党支部，6个管理部门、7个研究所、1个产业单位”的组织架构，包含电力系统生产各个专业门类，其中电网涵盖输、变、配等技术领域，电源涵盖锅炉、汽机、热源、清洁能源等技术领域，以及信息通信、网络安全、人工智能、职业卫生、化学环保、材料检测等技术领域。以院属专业研究所为依托开展技术监督、技术服务、科学研究和智库支撑等业务。

国网甘肃电科院建有院士专家工作站、博士后科研工作站和研究生联合培养基地。签约院士1名、合作院士1名。硕士学历（含博士）187人、占比58.62%，副高及以上专业技术资格职工182人、占比57.05%，党员229人、占比71.78%，人才当量密度1.239。享受甘肃高层次专业技术人才津贴2人、国网公司青年托举人才3人、陇原人才9人。省科技厅命名的科技创新基地3个，省发改委命名的实验室（研究中心）4个，国网公司培育实验室1个，公司新型电力系统科技攻关团队5支。

国网甘肃电科院是甘肃电力行业技术监督、锅炉检测、第三方节能量审核和授权单位，获得国家能源局风电检测分中心以及中国电科院新能源检测和信息通信测试与仿真中心甘肃分中心授权，通过CMA认证、CNAS认可和“三标一体”管理体系认证。“十三五”以来，国网甘肃电科院牵头承担各类科技项目204项，其中国家科技支撑计划课题1项、国家重点研发计划项目1项、国网公司项目53项、省重点重大专项1项、省重大专项2项、省公司项目110项。获得国家科技进步奖二等奖2项，省部级科技进步奖55项，省公司级科技进步奖150余项。先后荣获“中央企业先进单位”“全国电能计量先进单位”；甘肃省“文明单位标兵”“先进集体”“工人先锋号”“全省档案工作先进集体”和“巾帼文明岗”；国网公司“2014—2016年度文明单位”“2017—2020年度文明单位”；省公司“红旗党委”“先进单位”“四好”领导班子、“党建工作先进单位”，48个集体、67名个人受到甘肃省、国网公司及省公司表彰。

二、全景质控体系的优势

国网甘肃电科院积极践行质量强网战略目标，按照“一体四翼”发展布局，坚持“质量强网”理念，全力打造“质控链”智能化运作体系，全方位提升质量检测能力，实现事前管控、事中监督、事后闭环，在电网设备质量提升方面取得显著成效。

设备制造决定设备质量，健全和完善设备监造体系，是公司提升设备监造规范化、智能化、数字化建设的基础，全景质控是现代智慧供应链体系三大核心业务链之一。

全景质控体系：指在质控过程中通过全面、整体的视角，对所有环节和要素进行监控和管理的质控方式。

传统质控体系：指按照传统的规范和标准，对产品或服务进行抽样检验和检测的质控方式。

通过对全景质控体系和传统质控体系进行对比分析，得出以下结论。

监控范围：全景质控体系关注整个过程的每一个环节和要素，包括原材料采购、生产制造、物流配送和售后服务等。而传统质控体系主要集中在产品或服务的最终阶段，通常通过抽样检验来判断产品或服务的合格性。

数据采集：全景质控体系通过现代化技术手段，如物联网、传感器、大数据分析等，实时采集并分析各个环节的数据。而传统质控体系主要依靠人工抽样和实验室检验。

实时监控：全景质控体系通过实时监控各个环节的数据，能够及时发现问题，并迅速采取纠正措施。而传统质控体系则无法及时获取环节数据，往往需要等到最终产品或服务出现问题才能发现。

效率提升：全景质控体系通过数据分析和预测，能够对生产制造过程进行优化和改进，提高生产效率和质量稳定性。而传统质控体系依赖于人工操作和抽样检验，效率相对较低。

管理模式：全景质控体系强调全员参与和责任共担，要求各个环节的工作人员积极参与质控活动，并且具备相应的质控知识和技能。而传统质控体系通常由专门的质控部门负责抽样检验和质量管理。

综上所述，全景质控体系相比传统质控体系具有更广泛的监控范围、更准确的数据采集、更及时的问题发现和解决、更高效的生产管理和更全员参与的特点。因此，全景质控体系在提升产品或服务质量、降低生产成本和提升企业竞争力方面具有明显的优势。

三、具体实践

国网甘肃电科院基于全景质控体系下的电网设备质量提升实践是通过对全景质控体系中的EIP“云监造”系统，即对电工装备智慧物联平台中产生的大量电网物资设备质量进行大数据分析，从而提升电网设备质量的方式（图1）。

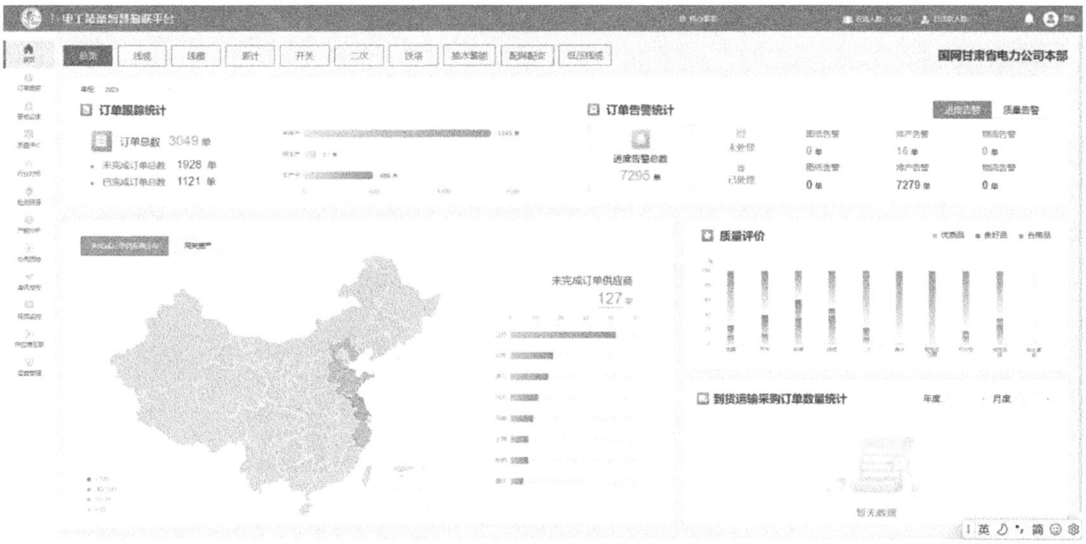

图1　电工装备智慧物联平台

EIP“云监造”是国家电网公司建立的全景质控体系数据平台，监造单位可以依据物资采购合同、监造服务合同等，委派监造人员通过在EIP“云监造”在线查看物联采集数据、实时视频等手段，跟踪物资订单排产、生产制造全过程，对设备的制造质量与进度进行远程监督见证。通过EIP“云监造”、驻厂监造和到货抽检，完善一体化质量监督协同机制。

国网甘肃电科院采用大数据分析的方式强化 EIP“云监造”系统平台业务能力水平，开展基于全景质控体系下的电网设备质量提升工作。

1. 设备数据收集

在“云监造”中，设备的运行状态、性能指标等数据被实时采集并存储在云端数据库中。这些数据包括但不限于设备工作时间、温度、压力、振动等信息。基于这些数据可以开展深度分析，为设备质量提升提供有力支撑。

2. 设备异常检测

通过对“云监造”中收集到的设备数据进行大数据分析，可以建立设备的基准模型，并将实时数据与模型进行比对。一旦发现数据偏离基准值，就可能意味着设备存在异常情况。通过及时检测设备异常，制造企业可以迅速采取相应措施，避免设备故障对生产线造成影响。

3. 设备预测性维护

通过对“云监造”中历史设备数据的分析，可以发现设备故障的潜在规律和趋势。借助大数据技术，可以建立设备的预测性维护模型，提前预警设备可能出现的故障，并进行相应维护。这样不仅能大幅度降低设备维修成本，还能提高设备的可靠性和稳定性。

4. 制造过程优化

通过对“云监造”中的大数据进行分析，可以了解到每个制造环节的效率和质量状况，并发现其中的问题和优化空间。通过优化制造过程，可以提高产品的质量水平，减少资源浪费，进一步推动制造业的升级转型。

5. 隐私保护与数据安全

在进行大数据分析时，隐私保护和数据安全是“云监造”中需要特别关注的问题。制造企业应制定合适的数据收集、存储和使用规范，确保数据的安全性和隐私性。

国网甘肃电科院主要从“云监造”订单原材料、生产过程、出厂试验，成品入库全过程进行数据采集、设备异常检测、制造过程分析，通过大数据分析整理供应商生产数据，发现供应商异常设备、生产过程薄弱点。发现问题后迅速组织供应商开展数据专项治理，主要是对异常设备整改、生产工艺优化等方面进行治理，通过数据专项治理，提升供应商的设备质量。

四、成果展示

2023 年 3 月，国网甘肃电科院开展基于全景质控体系下的电网设备质量提升实践工作，主要从国网甘肃省电力公司线缆品类订单开展大数据分析，通过对 2332 项线缆工程项目进行大数据分析，排查“云监造”订单原材料、生产过程、出厂试验，成品入库全过程进行数据采集、设备异常检测、制造过程分析，如图 2 所示。

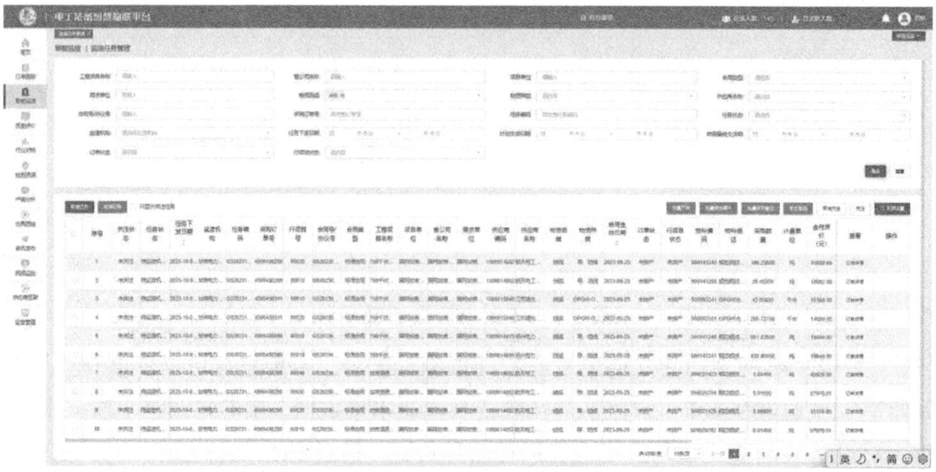

图 2　线缆品类订单排查图

通过大数据分析发现某线缆厂的生产工艺存在问题，以下是通过大数据分析发现某线缆厂的质量综合评价（图 3）。

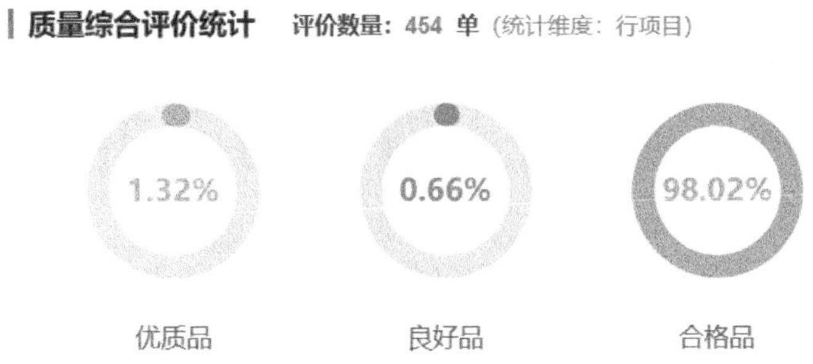

图 3　某线缆厂的质量综合评价

国网甘肃省电力公司发现此项问题后迅速组织供应商开展数据专项治理，采用大数据分析的方法，对供应商的生产数据进行收集和分析。一旦发现供应商原材料、生产过程、出厂试验等环节中的问题，立即对症治理。

原材料：确保供应商提供的原材料符合质量标准，并与供应商建立有效的质量管理机制，包括材料检验、供应商评估等。

生产过程：优化生产工艺流程，确保每一个环节都符合标准操作程序，包括设备操作、工艺参数设定等。同时，对生产过程进行实时监测，及时发现异常情况并采取相应措施。

出厂试验：建立严格的出厂试验标准和程序，确保每批产品都经过全面的检测和试验。并且，对试验结果进行记录和分析，及时发现问题并进行调整。

通过专项治理，供应商的优质品比例大幅提升，以下是通过国网甘肃省电力公司开展数据专项治理后，该供应商的质量综合评价统计，合格品比例大幅下降，从之前的 98.02% 下降至 30.67%；优质品比例大幅提升，从 1.32% 提升至 64.67%，如图 4、图 5 所示。

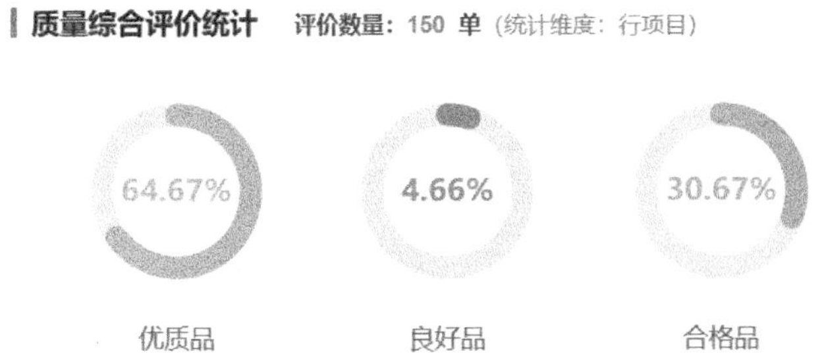

图 4　质量综合评价图

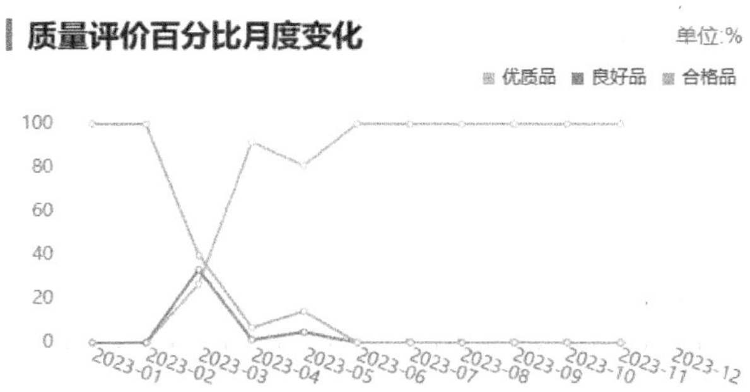

图 5　质量评价百分比月度变化图

在全景质控体系下，通过大数据分析，助推设备质量提升。通过设备数据的收集和分析，实现了设备异常检测和预测性维护，并借助大数据技术，优化制造过程，可以有效提高设备质量，提升制造企业的生产效率和竞争力。

通过对全景质控体系在电网设备质量提升实践中的应用研究，为电网设备质量的改进和提升可以提供有益参考和指导意见。通过有效的质量控制，可提高电网设备的质量水平，保障电网的安全稳定运行。

主要创造人：张　凯

参与创造人：南　天、梁　杰、李鹏飞、党泽宙

“一体两翼三驱动四支撑”的质量管理模式创建与应用

常州市保利大剧院管理有限公司

常州市保利大剧院管理有限公司（以下简称常州保利大剧院）成立于2009年，现有员工140人。常州保利大剧院以打造“品质剧院”的质量目标，全面推进剧院各项经营与管理工作。精心引进国内外优秀演艺资源，参与打造本地原创剧目并推向全国巡演，积极开展公益文化惠民活动，形成了艺术演出、艺术创作、艺术培训和公益文化为一体的文化产业链，并且在质量管理、标准化建设、品牌建设、艺术教育等方面取得了显著成绩。公司先后获得国家级服务业标准化试点单位、全国“卓越获证组织”、中国演出行业诚信经营单位、第四届全国质量创新大赛“QIC- Ⅲ级技术成果奖”、第三届全国优质服务大赛“优质服务项目奖”、“江苏精品”认证企业、江苏省放心消费示范单位、常州市市长质量奖等荣誉称号。

一、质量管理模式内涵

多年来，常州保利大剧院在行业内导入卓越绩效体系，严格践行卓越绩效管理模式和理念要求，吸取卓越绩效管理精髓，始终坚持“经营创新求变、管理务实求真、发展稳妥求进”的理念，经过实践验证和理论提升，打造了“一体两翼三驱动四支撑”质量管理模式。

“一体两翼三驱动四支撑”质量管理模式：以坚守文化企业的本质为战略定位，以“标准化管理”和“客户导向”为双翼，以“质量、人才、创新”为驱动，以“演出运营、票务营销、演出经纪、艺术培训”四大主业为支撑，不断提升企业生产经营的卓越绩效。

二、具体实施策略

1. 分析自身优劣势，制定战略方案和目标

常州保利大剧院从企业使命、愿景出发，明确剧院发展方向，以科学、平衡的发展观确保战略前瞻性。遵循战略分析、战略制定、战略选择、战略实施及战略控制，通过内外部因素分析，运用SWOT方法、PEST分析等工具对剧院内部优劣势、外部机会与威胁进行分析和评价，选择战略方案，确定总体发展目标。

（1）企业文化底蕴深厚。作为央企中国保利集团旗下的子公司，常州保利大剧院始终坚持“社会效益优先，兼顾经济效益”的原则，把“高贵不贵，文化亲民”的企业使命、“文化常州标志、高雅艺术殿堂、市民陶冶乐园、文化产业窗口、社交旅游首选”的企业愿景、“用心服务，关注细节”的服务理念和“务实、创新、规范、卓越”的核心价值观落到实处，提高相关方对公司企业文化的认同，坚守企业文化理念。

（2）顾客满意度高。常州保利大剧院始终立足于“服务国家战略、地方发展，满足人民对美好生活的需要”，以市场服务为引擎，以顾客期望为驱动，识别确定顾客群，细分市场，建立了“四个服务于”的顾客管理模式。公司用精心服务、精准服务为顾客创造价值，获得了顾客和政府部门的认可；长期聘请第三方机构开展神秘顾客调查、客户满意度调查，促使服务水准持续提升。

（3）管理服务质量体系健全。基于标准化体系，整合内部各层次标准，在质量、环境、职业安全健康三体

系运行的基础上导入卓越绩效管理体系、服务标准化体系，共梳理通用基础标准19项，提供类标准158项，保障类标准187项，建立起了以企业管理标准化为核心，管理标准、服务标准、技术标准为支撑的服务标准化体系，确保工作系统化、规范化、制度化、常态化。率先在行业内编制了《剧院管理与服务基本要求》《剧院服务规范》，填补了国内地方性剧院管理服务标准的空白。

2. 以战略和目标为导向实施卓越绩效管理

常州保利大剧院以战略和目标为导向，按照《卓越绩效评价准则》要求，从领导作用、战略制定、顾客市场细分、资源配置、强化过程管理、测量分析和改进以及追求卓越结果等七个方面，制定实施计划和目标，配备优势资源，实施绩效管理。一是以整体概念为核心，提升服务品质；二是重视质量和效率，追求卓越和完美；三是持续改革创新，积极抢占市场；四是理解客户真正需求，追求客户满意度；五是积极求同存异，建立跨部门、跨公司、跨行业合作伙伴关系；六是建立积极的激励机制，为员工搭建发展平台；七是追求可持续性发展，确保卓越绩效管理有序推进。

3. 建立一体化的管理体系，提升管理效能

常州保利大剧院充分利用卓越绩效管理集成管理框架的功能，将质量、环境、职业安全健康和服务标准化体系进行了整合，从体系总体策划、各类文件整合、管理职能统一归口、绩效考核监控等四个方面着手，将各个体系手册融合成一本管理手册，对通用管理程序形成统一文件、管理制度及管理记录。同时对各部门职能进行调整，涉及剧院任何内外部管理过程均由体系部门进行过程监测和落实改善计划。年初制定总体体系策划表，按季度分解落实考核。参照卓越绩效评价准则，建立了经营管理成熟评价机制，使用“方法、展开、学习、整合”来评价过程的成熟度。

4. 创新管理机制，提升核心竞争力

质量是企业的生命，剧院认真贯彻高质量发展和精益管理战略，始终把提供高质量的文化产品和服务作为社会责任，不断满足人民日益增长的美好生活需要。运用PDCA全面质量管理、5S管理、精益管理、对比分析、SWOT分析、趋势分析、QC小组等质量管理方法，确保和促进剧院战略和运营管理协调一致，推动剧院各项工作改进和创新，不断提升剧院核心竞争力。

剧院十分重视人才的培养，形成领导挂帅、上下协同、全员参与的质量提升氛围，形成全链条的提升效应。为更好地开展剧院质量工作，剧院还建立了首席质量官制度，培养了一批懂质量管理、熟悉体系的专业人才和团队，最大限度发挥人的能动性，为实现企业战略提供保障。

5. 聚焦市场，创新经营模式和内容

实施卓越绩效模式后，剧院始终聚焦顾客和市场，对标先进的企业管理模式，挖掘潜在客户，针对文化市场和需求的变化，逐步从单一的剧场经营向原创剧目、演出经纪、企业家平台、艺术教育等业态延伸，把“剧院”升级为“剧院+”，以开放、共赢的姿态，打造和建设中外艺术精品汇合平台和艺术家院团、政府、企业家以及广大观众“五位一体”的聚合平台。

在剧场演出基本已经饱和的情况下，剧院抓好演出经纪业务开展契机，突破场地、时间、业务的限制，先后为地标场所、综合体、政府文化场馆等引进演出项目，既实现了业务收入的突破，又进一步活跃了地方演艺市场。

为落实中央关于国企改革的精神、推动业务创新升级、积极履行央企社会责任的重要战略部署，剧院同地方国企联合打造高品质、一站式艺术教育平台，践行“教、学、赛、演”为一体的“院团式培养”教学模式，逐步摸索出常州保利大剧院艺术教育的常州模式。以童声合唱团为起点，配套组织暑期艺术夏令营、冬令营、国际游学等艺术体验活动，不断做大做强艺术教育业务，引领地方艺术教育发展，进一步丰富了龙城市民文化艺术生活，发挥了艺术教育综合育人价值，取得了显著成效。剧院自有的艺术团先后获得省级、国家级和世界级荣誉。

三、管理创新特色

常州保利大剧院不断改革创新，建立激发企业活力的管理体系，实现了营销模式创新、管理机制创新、制度创新、服务创新、技术创新、剧目创新、活动方式创新、培训内容创新、考核方法创新。一是形成了一支优秀的管理团队和完善的人才阶梯队伍；二是建有完善的管理体系和绩效考核体系；三是组织科学的职位设计、定员定岗，建立了系统的绩效管理和绩效分析管理；四是通过科学的绩效评估方法来评定和测量员工的工作成果，员工与公司实现了双赢。

常州保利大剧院紧紧围绕品牌演出季的打造、演出经纪平台的搭建、行业标准的起草、演艺产业链的布局、剧院管理人才的培养与输出等方面，成功地打造了沪宁线上产业链最全的剧院文化生态综合体。常州保利大剧院联合地方政府成功打造了“中国儿童艺术节常州分会场”“中吴文化艺术节”“常州市文艺精品展演季”等地方演出季品牌；平均演出上座率保持在68%以上，观众满意度始终保持在96%以上，年演出活动超过200场，疫情期间仍能确保每年超额完成经营指标任务，经济效益大幅提升。

在“一体两翼三驱动四支撑”质量管理模式的带领下，常州保利大剧院肩负着文化使者的社会责任，擎着文化自信的鲜明旗帜，每年一步，扎实前行。

未来，常州保利大剧院将不断追求卓越，努力打造全国性文化标志，引领剧院行业向规范化、标准化方面发展；进一步提升剧院生态的经济效益和社会效益，强化社会责任、培育高雅艺术市场，为激发全民族文化创新创造活力，为建设社会主义文化强国贡献力量。

主要创造人：于　跃

参与创造人：杭　婷、蒋卫英

以产品质量为中心的班组建设探索与实践

中航复合材料有限责任公司

一、企业概况

中航复合材料有限责任公司（以下简称航空工业复材）成立于2010年6月17日，由原北京航空材料研究院（621所）和北京航空制造工程研究所（625所）两单位的复合材料研发力量整合而成，主要从事复合材料原材料（高性能树脂及预浸料、蜂窝及芯材）、复合材料构件的研制、生产、销售和服务，是我国航空领域唯一一家专业从事复合材料研发工程化的单位。

航空工业复材继承并发扬了我国航空先进复合材料坚实的技术基础和辉煌成就，在高性能树脂及预浸料技术、高性能蜂窝制造技术、高性能复合材料新型结构、树脂基复合材料制造技术、超高温复合材料制造技术、材料表征与测试技术等方面均处于国内领先地位，是我国航空复合材料研发工程化的核心力量，起着引领我国航空复合材料技术未来发展的重要作用。

航空工业复材秉承“航空报国、航空强国”的精神，以“创造轻快的世界”为使命，发扬“敢为人先、勇攀高峰”的先锋精神，努力朝着“成为世界级先进复合材料技术和产业先锋”的愿景迈进！

二、班组建设背景

随着航空复合材料技术与机械自动化技术的发展，自动铺放技术（自动铺带及自动铺丝技术）现已经成为近年来发展最快、效率最高的自动化成型制造工艺之一，与之而来的就是自动铺带和自动铺丝产品需求与日俱增，自动铺放产品由传统规格（幅宽1000mm）的手铺预浸料经分切而来，其对宽度精度与边缘质量要求极高，这对预浸料分切设备与人员提出了严格的要求，筹建一支技术过硬、质量可靠的预浸料分切队伍已经势在必行。

航空工业复材预浸料分切班组(以下简称分切班组)于2016年应运而生,分切班组自成立之初,就秉持着“产品至上、质量第一”的工作理念,以“挥动激情、放飞梦想、团结拼搏、争创佳绩”为班组文化核心,以坚持“稳定批产、追求卓越”为原则，以“6S管理”“标准化生产”为手段，合理运用各种数理统计工具，在生产管理中形成PDCA循环，紧跟公司发展步伐，立足岗位、细化管理、强化建设，产品产量逐年增加，且产品交付率、合格率均达到100%。

三、班组建设过程

（一）需求确定

1. 明确班组定位

分切班组主要承担着自动铺放产品的研发与生产任务，是一支集材料研制与批量生产的综合型班组。班组的主要工作是将宽幅预浸料分切成宽度精度合格、边缘质量可靠的自动铺放产品，并且对收卷的边缘平齐度、产品长度提出了严格要求（图1）。班组在完成规定生产任务的前提下，还需对新产品在不同工艺下的产品质量、不同宽度精度对后续材料铺放的影响、自动铺放产品在线拼接技术等问题进行深入研究，并开发新规格产品以满足客户需求。

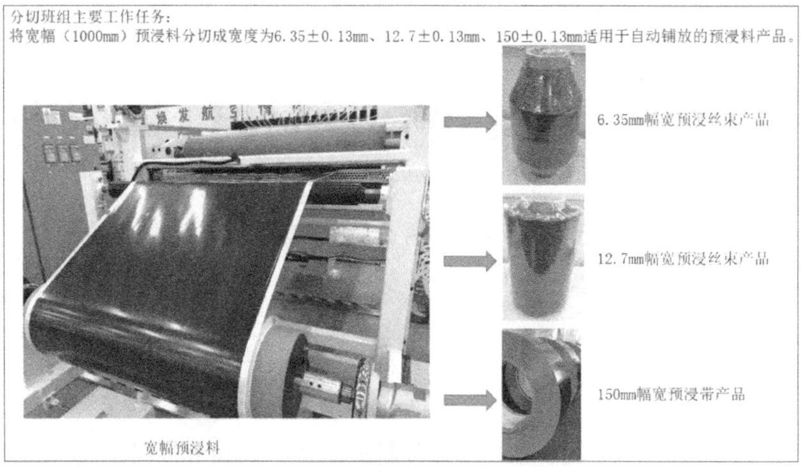

图 1　分切班组主要任务一览

分切班组作为部门铺放产品的新型研发生产团队，代表和集中了部门的预浸料分切研发实力，班组始终明确找准“四个定位”，如图 2 所示。

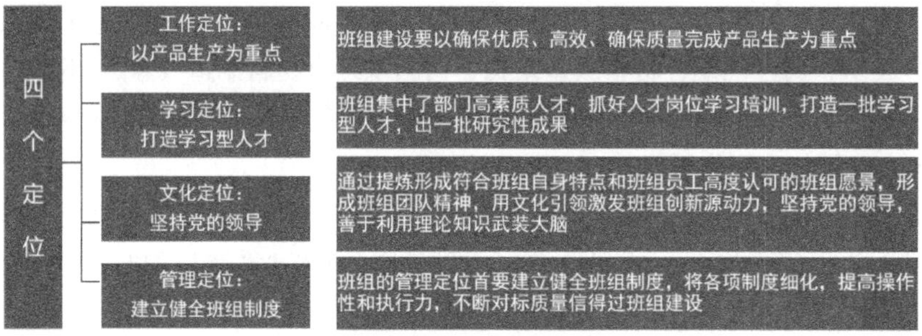

图 2　四个定位

班组建设中明确班组承担的主要职责和任务，结合本职本岗位工作任务，把控班组的建设方向并与组织的发展相适应，精准对标业内高精尖预浸料分切技术发展水平，同时向公司和上级单位的先进标杆班组看齐，全员齐心力争创建一支以产品质量为中心的班组。

2. 顾客及相关方识别

国内各飞机制造厂商作为分切班组唯一外部顾客，其决定着分切班组订单量的多少，是产品的主要使用对象，所以为首要关键顾客；质量部门对产品质量有着监督的权利，识别为关键内部顾客；上级领导作为班组任务和重点改进工作的决定方，其把握着分切班组未来发展的方向，识别为重要相关方。

3. 识别确定关键需求

为了解顾客对产品的需求和期望，结合班组自身的特点，制定了获取途径及分析方法，并根据了解到的需求和期望进行数据分析，最终整理出各顾客及相关方的需求分析表（表 1）。

表 1　顾客及相关方需求分析表

顾客定位	顾客类别	需求	需求定位
内部顾客	质量部门	不违背生产工艺纪律	基本需求
		提出质量改善方案	关键需求
		发表质量研究成果	
	检测部门	试样信息齐全	基本需求
		试样性能均达标	基本需求
	工艺部门	严格按照工程规划要求执行生产	基本需求
		提出工艺改进方案	基本需求

续表

顾客定位	顾客类别	需求	需求定位
外部顾客	各飞机制造厂商	材料性能稳定	基本需求
		包装密封性好	关键需求
		丝束宽度合格	
		丝束边缘整齐、无毛刺	
		预浸带宽度合格	
		预浸带卷边缘平齐度合格	
相关方	上级领导	不发生安全事故	基本需求
		完成生产任务	
		发表科研成果	关键需求
		延长预浸丝束长度	
	班组内部	提供丰富班组活动	基本需求
		个人技能提升	基本需求
		绩效激励	
	车间管理部门	积极配合车间进行 6S 管理	基本需求
		保质保量完成生产任务	

根据满意度调查表反馈得知，提出质量改善方案、发表质量研究成果是质量部门的关键需求；包装密封性好，丝束宽度合格，丝束边缘整齐、无毛刺，预浸带宽度合格，预浸带卷边缘平齐度合格是外部顾客的关键需求；发表科研成果、延长预浸丝束长度是上级领导的关键需求。

（二）建设策划

1. 分析内外部因素

为了能够顺利开展以产品质量为中心的班组建设，使班组正确认识到自身优势及不足，运用 SWOT 分析法对分切班组内外部优劣势进行分析，如图 3 所示。

SWOT分析

	内部因素 优势（S）	内部因素 劣势（W）
外部因素 机会（O）	1. 规划：中长期建设目标：集团公司质量信得过班组； 2. 基础管理：应用完善的各项管理制度，并纳入考核指标； 3. 质量管理：提倡“质量问题无小事，大家都是质监员”； 4. 人员管理：一支“抓安全、重质量、讲效率”的新型企业班组，在管理中形成PDCA循环； 5. 设备管理：严格按设备作业指导书维护保养； 6. 安全管理：“管理全覆盖，隐患零容忍”	1. 生产时间控制：因需求量不稳定，工作量时多时少，短时间内量大时，由于生产效率基本固定，让客户等待时间长； 2. 设备能力：随着产品工艺不断提高，设备功能有待持续更新； 3. 人员：人员工作积极性有待进一步提高，自我学习能力有提升空间； 4. 管理：人员交流不足，基础管理对照标杆组存在差距
外部因素 威胁（T）	1. 自动铺带、自动铺丝产品需求量持续增大； 2. 公司推进数字化转型，逐步实现智能化设备运维； 3. 不断扩大的市场份额机会； 4. 班组建设工作有了更加科学、高效的引导方向	1. 市场上同类型企业增多； 2. 内外行业内部竞争； 3. 顾客及相关方对产品质量要求的提高； 4. 顾客及相关方不断更新产品工艺，工作难度持续增大

图 3 SWOT 分析图

2. 确定关键改进工作

通过上述研究分析，确定班组需要改进的项目，分析需要改进的内容，研究制定具有针对性的有效措施，确定改进活动达到的活动效果，按照既定目标有效执行。分切班组关键改进工作情况（表 2）。

表 2 关键改进工作表

改进方面	顾客及相关方	改进项目	改进内容	控制措施	活动目标值
基础管理	班组管理人员、班组成员	班组制度不健全，部分工作无据可依	健全班组管理制度	1. 梳理制度体系，查找不足； 2. 编制《分切班组生产现场管理条例》； 3. 补充制定新制度和管理办法	6S 管理，细化、分类、分区、健全班组制度，并适时修订
		班组文化氛围不浓厚，未深入提炼	加强班组文化建设、提炼班组特色	1. 征集班组理念、班组口号； 2. 推广班组文化，形成班组特色	形成一套具有班组自身特色的文化管理模式
质量管理	质量管理部门	质量整改、执行效率低	整改执行力	1. 开展质量分析会活动； 2. 明确整改责任人，限时完成整改并形成整改报告	产品合格率达 100%
		质量改善方案少	增加每年提交的质量改善方案数量	班组每年提交的质量提案数量不得低于 3 个	质量提案数量≥ 3
		质量研究成果少	增加每年提交的质量研究成果	班组每年至少出两项质量研究成果	质量研究成果≥ 2
人员管理	班组管理人员、班组成员	部分员工工作态度不够积极	提升团队协作意识，增加人员归属感	1. 组织丰富文娱活动； 2. 营造和谐工作环境	全员参与班组管理，增强主人翁意识
		人员现有技能情况不明	追踪人员能力变化	1. 人员动态追踪； 2. 建立人员能力矩阵	人员档案统计完善
生产管理	班组管理人员、班组成员	分切收卷不齐，纸屑过多	改进分切工艺	1. 调整下刀深度由 0.6mm 加到 1.2mm； 2. 改进收卷张力由 20kg 提升到 30kg	改善后可为公司多创造出 200 万元收益
	班组管理人员、内部客户、外部客户	交付周期长、加工时间长	改善交付周期，节约加工时间	1. 建立预浸料解冻缓存间； 2. 调整切带工艺参数； 3. 切丝机加一套热拼接装置； 4. 切丝机刀片上加毛毡挡板； 5. 采用真空封口机包装	五种改善措施后交付周期：由 2 天提前至 1 天；加工时间：由 920 分钟提前到≤ 600 分钟
	班组管理人员、质量管理部门	材料利用率低	材料利用率提高	共同制定了包括《分切班组生产工艺规程》《分切工艺记录卡》《预浸料宽度检验记录表》《分切班组岗位职责》等十多项文件	材料利用率：由原来的 66% 提升到≥ 80%
生产安全	班组管理人员、设备维修人员	对设备维护保养程度不够	设备维护保养	1. 严格执行作业指导书，定期进行设备保养维护； 2. 坚持日检、周检、月检，发现设备问题及时上报并找维修人员进行检修处理	熟悉设备构造和性能，不仅学会正确操作、保养和诊断故障，对设备的故障维修也更加得心应手
	班组管理人员、安全保卫部	安全知识了解不全面	安全生产	1. 组织三级安全教育培训； 2. 组织签署安全生产责任书； 3. 下发员工安全手册	人员、设备安全事故 0 项

3. 建立测量指标

分切班组结合车间 KPI 考核指标及班组生产特点，形成了班组的 KPI 绩效考核指标（表 3），坚持四项基本原则：全员参与、目标明确、指标量化、考核有效。

表 3　班组绩效考核表

类别	控制指标	目标值	测量方法	测量频次
人员	班组人员满意度	100%	统计分析	每年
	培训合格率	100%	统计分析	每年
	员工技能合格率	100%	统计分析	每季度
	质量提案	3	统计分析	每年
	精益提案、综合改善	2	统计分析	每年
质量	产品合格率	100%	统计分析	每年
	持证上岗率	100%	统计分析	每年
	违章操作、质量事故	0	统计分析	每年
生产	成本控制	100 万	统计分析	每月
	计划按时完成率	100%	统计分析	每月
	生产效率提高率	5%	统计分析	每月
	按时交付率	100%	统计分析	每月
	设备可利用率	95%	统计分析	每月
	设备维修计划完成率	100%	统计分析	每月
	测量设备校验合格率	100%	统计分析	每月
安全保护保密	工伤事故	0	统计分析	每月
	火灾事故	0	统计分析	每月
	失、泄密事件	0	统计分析	每月

（三）建设措施

1. 加强质量管理培训

几年来，分切班组真正落实公司质量培训计划，通过“质量月”活动宣传引导，在质量培训过程中不断提升员工对质量工作和安全生产重要性的认识。为提升员工的技能，助力小组成员快速成长，每一名新员工从进入分切班组第一天开始，班组就因地制宜地建立了一套完整的培训机制对新员工实施 100% 的培训，争取让新员工用最快的时间达到基本技能水平，融入新集体。通过老带新，尽快让每名员工从新岗位的不适到适应，从不习惯到习惯，最终牢固树立质量第一的工作理念，历年来分切班组培训情况如表 4 所示。

表 4　班组培训列表

序号	培训项目	备注
1	2017 年航空工业班组长安全生产培训	/
2	2018 年航空工业第 62 期精益工程师培训	取证
3	2019 年航空工业第 198 期六西格玛绿带培训	取证及获奖
4	2019 年航空工业知识产权应用工程师培训	取证

续表

序号	培训项目	备注
5	2020 年航空工业班组长安全生产培训	/
6	2022 年中国质量协会质量信得过班组建设准则及务实培训	/
7	2023 年航空工业第 23 期六西格玛黑带培训	/
8	2023 年参加航空工业复材生产管理能力提升专项培训	取证及获奖

2. 不断提升产品质量

在每日班前例会时，由班长首先对当日工作任务进行汇报，进行人员工作具体划分，让每一位员工都清楚当天的工作内容，并且部门工艺质量专员每周进行专项工艺纪律检查，监督确保质量达标如图 4 所示。

图 4　产品质量监督

分切班组将质量监督过程细化到了每一步，例如分切机有 8 个收卷单元，在收卷过程中为了防止毛团、劈丝，断纱等缺陷被收进卷轴，分切过程中班组人员全程进行监督，做到有缺陷及时发现，同时打包人员在打包过程中对产品整体质量再次进行一次检验，做到产品质量万无一失，确保交付给客户的是完全合格的产品，班组成员在潜移默化中已经将质量意识转化为自己的自觉行动，从最开始的“要我怎么做”彻底转变为“我要做什么”。

3. 坚持以客户为中心

班组时刻以客户为中心，保持与客户的紧密联系，获取客户的最新需求。针对产品需求量大的客户，班组建立定期走访交流的机制，及时了解客户的想法、关注行业的动态，如图 5 所示。

图 5　客户走访交流

2022 年年初，收到客户反馈某批次预浸丝束宽度偏大，预浸丝束宽度范围在 6.35 ± 0.13mm 之间，客户收到的预浸丝束宽度普遍在 6.45mm 左右，虽然还处在允许值之内，但对后续自动铺放环节仍会产生不良影响。分切班组针对客户反馈的问题，第一时间召开班组会议，在会议上，班组成员认真分析该批次预浸丝束宽度较宽的原因，每个人都提出了自己的想法和建议。

通过头脑风暴的方式，找到了预浸丝束宽度偏大的原因，调整了分切张力、进刀深度等参数，优化了分切工艺，成功将预浸丝束宽度由 6.45mm 降至 6.36mm，给客户提交了满意的答卷。

4. 完善班组管理制度

班组管理要有据可依，有章可循，制定完善的班组管理制度是做好各项工作的第一步。分切班组共同制定了《分切班组管理制度汇编》,包括《分切班组工作质量管理条例》《分切班组生产工艺规程》《分切工艺记录卡》《分切班组岗位标准》等十多项文件,并经上级批准实施（图 6）。然后将上述制度的执行列入班组绩效考核体系中，确保制度能够在工作中得到有效执行，成为衡量工作质量的标尺。

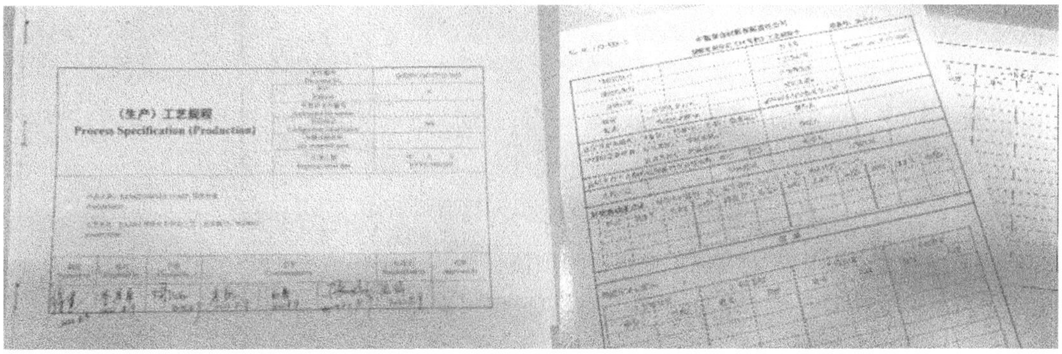

图 6　班组管理制度文件

5. 建立健全评价考核机制

为了创造“比、学、赶、帮、超”竞争气氛，随着公司绩效管理工作的推进，班组全员共同拟订了自动化班组绩效查核标准，经过把生产任务、安全要求、劳动纪律等各项查核内容细化到每个员工的生产工作上，规范作业人员现场工作行为，细化分切班组人员责任分工，量化班组平时工作目标，拟订班组工作实行计划，按肩负责任与工作量获取绩效，实现多劳多得，实行班务公开，公开绩效查核打分、班费进出和评先评优，并按期在班组内部进行宣布，绩效考评过程的透明化让大家既领会到了班组管理的人性化，又保证了激励制度的严肃性，如图 7 所示。

图 7　绩效评定会及绩效评分表

6. 规范现场管理

分切班组在生产过程中全面实行“6S”管理制度，为此编制了《分切班组生产现场管理条例》，全面开展作业面的定制管理、标志管理和现场清理。在工作现场分别划分了成品区、物料区、工具区、废料区、包装区等区域，班组人员按照制定流程在规定区域放置物品，进行作业，真正做到专物专放，由班组长每天负责检查各区域物品摆放是否正规，全面杜绝生产物品乱放的行为，如图 8 所示。

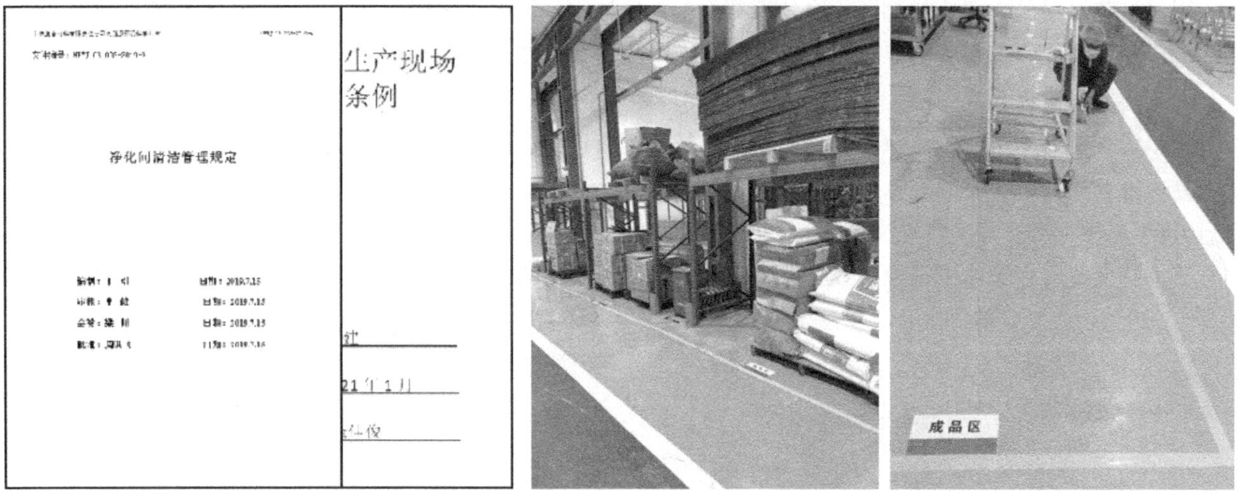

图 8　现场 6S 管理

通过“6S”管理制度，分切班组实现工作区域零垃圾，物品摆放有秩序，物品使用有秩序，作业流程有规范，打造出了干净整洁、井然有序的生产环境，提升了班组工作质量。

四、建设成效

班组累计完成公司质量提案 10 余项；完成一个集团公司精益工程师项目《预浸料分切工艺优化》；完成一个集团公司六西格玛绿带项目《提升 ×× 碳纤维双马树脂预浸料面密度 FTY》，并获得集团公司 2019 年优秀项目奖；发表一篇质量论文《严控生产管理，持续质量改进》，获得中航高科“优胜奖”；完成一篇国防科技报告、申请发明专利一项、发表论文两篇；积极参与公司课题研究，助力产品研发与创新。

分切班组荣获制造院 2023 年制造院“杰出罗阳青年突击队”称号（图 9）及公司“产品研发先锋”荣誉称号。以上成绩在有力提升部门高效管理水平、员工综合素质的同时，获取了一定的效益和荣誉，在客户与部门间获得了一致好评。质量改进项目不仅提升了产品质量，赢得了客户的好评，还为公司节约了成本，创造了可观的效益，累计效益达 1180 万元，表 5、表 6 是分别是分切班组质量改进项目效益情况、班组获奖荣誉情况，图 9、图 10 均是分切班组荣誉证书展示。

表 5　质量改进项目效益表

序号	质量改进项目	效益（万元）
1	质量改善提案《大克重预浸料分切工艺改善》	46
2	质量改善提案《提高预浸料分切的母料利用率》	249
3	质量改善提案《预浸丝束包装质量提升》	35
4	质量改善提案《织物预浸料倒卷工艺优化》	126
5	质量改善提案《预浸丝束包装质量提升》	18
6	质量改善提案《预浸带分切工艺优化》	102
7	精益工程师项目《预浸料分切工艺优化》	276
8	六西格玛绿带项目《提升 ×× 碳纤维双马树脂预浸料面密度 FTY》	328

表 6　班组及个人获奖列表

序号	获奖项目	颁奖机构
1	2018 年预浸料分切工艺精益改善	航空工业复材
2	2019 年集团公司“六西格玛绿带”优秀项目奖	航空工业集团公司级
3	2019 年公司质量提案 C 级提案奖	航空工业复材
4	2020 年公司质量提案 D 级提案奖	航空工业复材
5	2021 年公司“优秀共产党员”荣誉称号	航空工业复材
6	2022 年公司质量提案 B 级提案奖	航空工业复材
7	2022 年公司“产品研发先锋”	航空工业复材
8	2022 年中航高科“质量月”征文“优胜奖”	航空工业中航高科
9	2022 年中航高科年度“先进生产工作者”	航空工业中航高科
10	2023 年制造院“杰出罗阳青年突击队”	航空工业制造院

图 9　荣获“杰出罗阳青年突击队”称号

图 10　班组获奖证书

航空工业复材预浸料分切班组将继续以公司企业文化为引领，持续践行“航空报国、航空强国”的伟大使命，以精益创新推动质量提升，让“产品至上、质量第一”工作理念在班组内部落地生根，充分发挥分切班组的战斗堡垒作用，不断加强以产品质量为中心的班组建设！

主要创造人：徐　建

参与创造人：焦　健、周洪飞

赋能酱香白酒产业高质量发展的“电力+”服务质量管理提升

贵州电网有限责任公司遵义供电局

一、案例背景

遵义地处中国西南，是成渝－黔中经济区走廊的核心区和主廊道，拥有遵义会议会址、苟坝会议会址等丰富的红色旅游资源和酒文化资源，其中赤水河（美酒河）沿途的仁怀、习水、赤水区域酱香酒酿造业极为发达，占全国酱香型白酒产能的85%。

随着酱香型白酒产业在全国市场的迸发，赤水河流域的生态环境保护问题，燃气供应不足，用能不稳，传统锅炉安全性低及维护成本高等问题日益凸显。

党的二十大报告指出，构建优质高效的服务业新体系，推动现代服务业同先进制造业、现代农业深度融合。中国式现代化对服务业提出了新的使命要求，也为构建优质高效服务业新体系提出了重要指引。

随着国家“双碳”战略目标的实施推进，国务院针对贵州经济发展制定并下发了新国发2号文。文件指出要进一步发挥赤水河流域酱香型白酒原产地和主产区优势，建设全国重要白酒生产基地，同时科学推进赤水河流域一体化修复。贵州省“十四五”规划纲要中也提出要进一步做优做强白酒产业。可见，承担贵州经济发展的赤水河流域的环境保护尤为重要。

贵州电网有限责任公司遵义供电局（以下简称遵义供电局）以“解放用户”理念为目标，遵循“始于用户需求，终于用户满意”价值主线，以能源消费方式变革为突破口，以提升终端能效和电气化水平，促进用能方式向集约高效型转变，形成以绿色高效为导向的能源消费生态，结合遵义地区的资源优势——“中国酱香白酒核心产区”所在城市，首创具有南网底色、贵州特色、遵义茅台标签的“电酿酒”增值服务体系成果，将“电酿酒”打造为一个有市场辨识度的品牌，以“新电气化”服务助力仁怀地区打造酒业的“零碳产区”，推动酱香白酒行业高质量发展。

二、主要做法

遵义供电局坚持深化改革创新，加速构建现代供电服务体系，在实践中落实“解放用户”方法论，探索创新“电酿酒”增值服务产品，在“绿电”和“碳交易”的基础上，通过增加储能技术，聚焦提升用户用能获得感，不断迭代升级“电酿酒”增值服务，依托思想、动能和效益的“三个转变”，赋能酱香白酒产业高质量发展的“电力+”服务质量管理提升。

遵义供电局深入推进现代供电服务体系建设，按照“解放用户”VOSA模型，充分发挥电网企业平台优势以及电力的绿色环保优势，结合遵义地域特色，以酱香白酒生产的企业用户为核心，探索新的经营模式。通过不断完善从产品设计到价值共创的认知实践，逐步形成经纬相通、螺旋扩张的“电酿酒”增值产品发展模式，实现电网企业与酿酒企业、生态合作伙伴的合作共赢。对实现国家“双碳”目标，优化产业结构，助力赤水河流域打造零碳产区，促进经济社会发展全面绿色转型和生态文明建设的实现具有重要现实意义。

（一）开展定位分析，抢抓市场发展机遇

遵义供电局秉承“为客户创造价值”的服务理念，大力开展用户个性化需求调查，深入分析用户用电过程中的痛点，编制完善从产品设计、用户试点、效果验证、评价反馈等一系列增值服务方案流程，首创开发“电酿酒”增值服务产品。经过开发团队多次探讨，最终确定的“电酿酒”产品，以分项产品清单模式供用户自由选择。即选定一个服务商作为产品服务 EPC，聚合电锅炉及配套设备、智慧运维、保险银行等企业作为生态合作伙伴，为客户提供产品定制、智能运维、保险兜底、融资等多种组合服务套餐。

作为一种电能替代技术应用在典型酿酒行业，针对酱香酿酒行业生产工艺的特性，影响酿酒行业能源消耗因素、典型生产工艺或业务运营特性和典型用能特性以及赤水河一带的微观生态环境特质，率先在全区开展市场推广。

（二）运用评价方式，提升全过程服务质量

遵义供电局采用“先试点、再示范、后推广”的方式，积极挖掘潜在客户，通过前期洽谈最终与茅台镇天邦伟业酒业签订协议，率先实施“电酿酒”电能替代技术。用户作为评价反馈的主体，对“电酿酒”提出了电压质量有时低、加热速度快、污水处理快、安全系数高、温度维持高、费用相对高的“一低二快三高”的评价结果，为产品的提升和改造提供了研究方向。遵义供电局结合该企业的用电用能需求，为客户量身定制了电锅炉设备、配电设备、智慧运维以及金融保险多个套餐，成为“电酿酒”增值服务产品试点企业。

遵义供电局成立了服务团队，通过跟踪企业生产经营状况，做好全过程服务和数据支撑。服务团队通过对试点企业的各项数据比对，进行效果验证，得到“电酿酒”增值服务产品具有供应持续、设备可靠、运维智能、排放降低、生态共享等五大优势。

（三）制定行业标准，提升“电酿酒”品牌价值

遵义供电局积极跟踪客户需求，及时进行归纳总结、融合提炼，与酿酒协会共同编制了《酱香白酒“电酿酒”生产技术规范》，率先制订了“电酿酒”行业标准。通过标准化，产品可以快速在仁怀各家酒企复制应用。同时结合用户评价反馈，不断拓展和提升“电酿酒”增值服务产品的服务标准、服务模式，使产品更加符合当下时代要求。

“电酿酒”以分项产品清单模式供用户自由选择，即以大集体企业为产品服务 EPC，聚合电锅炉及配套设备等企业作为生态合作伙伴，为客户提供产品定制、智能运维等多种组合服务套餐。同时也在技术接口和升级储备等方面，为客户提供后期碳排放监测等服务的可选项。不同时期，客户需求不断升级，“电酿酒”产品也随之不断迭代升级，以下从“电酿酒 1.0”到“电酿酒 3.0”分别命名不同阶段的产品功能组合。

“电酿酒 1.0”：围绕用户的需求，按照用户的用能标准，通过不断完善，形成了从用电报装、设备采购、设备安装、设备调试到运行维护一条龙服务，优先解决企业投资和管理环节的用能损耗，目前已全部实现。

“电酿酒 2.0”：在 1.0 基础上，服务上提供绿电交易等电碳业务，技术上从集中式改造为分布式，以满足酿酒企业在供应、生产工艺改进、数字化改造、降低碳排放等为目标。目前已部分实现。

“电酿酒 3.0”：计划通过配套新型储能系统及与数控技术进行聚合，协助客户做好科学用能管理；建立酿酒企业的碳资产，推动“电酿酒”企业开展碳和绿电交易；在“电酿酒”形成规模化以后，逐步达成“南网在线－赫兹乐购”出售具有“绿电”标签的酱香白酒。

（四）政企互联互动，形成品牌建设经验

遵义供电局结合市场调研及试点经验向市人民政府形成专题报告，联合仁怀市政府、生态环境建设局及酒业协会共同开展宣传推广，积极组织酒企用户走进试点企业开展调研。同时，贵州电网公司将服务界面延伸至

客户红线处，进一步降低企业用电用能成本，提升企业“改电”的决心。

2022年，仁怀市政府颁布了《仁怀市人民政府办公室关于对全市地方白酒生产企业“电能改造”实行补助的通知》，匹配了1.7亿资金用于支持酒企“改电”。截至12月31日，遵义供电局签约《业扩配套承诺书》《业扩报装约定协议》的酒企已达182家。

三、案例效果

（一）经济效益

降污减排，多通路助力企业降本增效。电锅炉的使用能够降低日常运行，检修维护所需的人工、材料成本，同时减少污水排放及处理费用。主要体现在通过购买智慧运维增值服务产品，原来所需配置的4个电工减少至2个。以仁怀本地工人月工资为例，预计每年可减少24万的自身运维成本。同时减少了传统锅炉产生的污水转运或处理费用。

用能稳定，技术革新提升产能。“电酿酒”具有持续稳定输出的特点，能够稳定控制蒸汽流。而稳定的蒸汽流量能够提升酒甄的出酒率，进一步提升产能降低用能成本。同时由于目前茅台核心产区的土地资源不足，严重影响了产能的扩展，而电锅炉的占地面积较传统锅炉明显减少，有利于生产能力的提升。

增供扩销，电力收入预期大幅增长。2022年度“电酿酒”带来的售电量11367万千瓦·时，按照贵州电网公司2022年8月代理购电电度电价每千瓦·时0.563125元计算，可产生直接经济效益640.2万元。预计到2027年，新建和改造酒甑将可能达到10300个，年均售电量将会增长47.38亿千瓦·时，年均净利润增加8.23亿元。仁怀电网目前年用电量21亿千瓦·时，“电酿酒”增加的用电量可以再造2个仁怀电网。

（二）社会效益

减排成效明显，助力“双碳”目标。以酿酒蒸汽为换算媒介，用电量740千瓦·时产生一吨蒸汽，“电酿酒”较“气酿酒”相比，产生1吨蒸汽减少0.16吨二氧化碳排放，每年可减少32万吨二氧化碳排放。按照贵州省首单碳排放挂牌价20元/吨计算，可产生经济效益640万元。

保护生态环境，做优做强酱香白酒产业。电酿酒拥有碳异地排放的特性，有效解决了二氧化碳常年累积对酿酒微观环境的影响。同时减少了污水的产生和排放，进一步落实了生态环境保护政策。

聚合生态伙伴，带动上下游产业链发展。“电酿酒”带动贵州省内的锅炉、金融、电力设备、电商等4个“电酿酒”产业的蓬勃发展，从而推动了区域经济的发展，促进了多元化的酿酒经济。

（三）管理效益

1. 驱动互利共赢，成就新业态下生态伙伴的价值共创

“电酿酒”项目应用实践过程中，以腾锐新能源为EPC，聚合12个生态合作伙伴，探索实践了新业态下的生态合作模式，整合优势资源，实现了客户的定制服务，催生了新的增值盈利模式。在试点酒企的实践中，锅炉的改良、运维的优化和参数改进等均实现了节约用电和出酒率提升的增值共赢，这也从本质上促进了整个生态链条上各企业的技术拓展和创新应用，随着平台的规范和机制保障，应用场景还在不断丰富，可为助推酒企和生态伙伴管理提升提供源源不断的动力。

2. 优化营商环境，“获得电力”服务拓展开辟新场景

随着“电酿酒”项目不断实践应用，进一步拓展优化电力营商环境的应用场景，实现了从办理用电到服务用能的有效延伸，通过聚合生态伙伴圈，提升了企业的用能体验，增强了电网企业的服务品牌价值。其中“电酿酒”产品在“南网在线APP”上架，可向用户提供“一键报装”，以“快批”“快审”的效率完成工单闭环。

该项目的应用，带动和催生了“多彩电烤+”“电制茶”“消暑电CSR”等一批系列增值服务项目，拓展丰

富了服务客户的应用场景，促进了电网企业及相关方整体管理和营商环境的优化和提升。

3. 推动绿色发展，融合“双碳”管理找到新路径

如何引导用户侧落实国家“双碳”目标，一直是电网企业的探索深水区，通过“电酿酒”项目的创新实践，找到了新的实施路径。除了直接实施推动电能替代外，客户的绿电交易、“碳数”应用、需求侧响应等拓展的应用场景，都为低碳减碳提供了有效的实施路径，通过专业的生态伙伴的定制服务，有效降低了用户参与门槛，并通过市场化行为得以有效拓展和固化。

遵义供电局历经三年成功构建起以“电酿酒”增值服务为核心的现代供电服务体系，大力解放用户，将持续加大“电酿酒”产品的研发、宣传和推进市场化力度，沿着赤水河流域，从仁怀产区陆续推广到习水、赤水产区，书写了具有“南网底色、贵州特色、遵义标签”的改革新实践、新篇章。

主要创造人：吴思媛

参与创造人：郑之轩、李　毅

以科技保障为支撑的水电站国优工程建设

国能大渡河金川水电建设有限公司

一、企业概况

国能大渡河流域水电开发有限公司是国家能源投资集团有限责任公司所属最大的集水电开发建设和运营管理于一体的大型流域水电开发公司。业务涉及常规水电、抽水蓄能等清洁能源项目和光伏、风电等新能源项目开发，积极推进碳资产业务和国际合作项目。在川投运电站有龚嘴、瀑布沟、大岗山、猴子岩等9个大渡河流域电站和12个其他流域电站，总装机1173.5万千瓦，约占四川统调水电总装机容量的27%，发电量约占四川全社会用电量的五分之一，承担四川电网主要调峰调频任务。在建水电项目有双江口、金川、枕头坝二级、沙坪一级4个电站，总装机352万千瓦。水电前期项目有老鹰岩一级、老鹰岩二级、丹巴、巴底、安宁5个项目，总装机295万千瓦。新能源资源获取85万千瓦，目前在建20万千瓦。

国能大渡河金川水电建设有限公司（以下简称金川公司）于2004年12月开始筹备，于2009年8月在四川省阿坝藏族羌族自治州金川县注册成立，主要负责金川水电站项目投资、建设、运营、管理和电力生产、销售。现有职能部门9个，包括综合管理部、党群办公室（纪委办公室）、财务保障部、安全环保部、枢纽工程部、机电物资部（生产筹备处）、移民代建部、采购合同部、科技信息部，现有正式职工69人。目前已荣获中国施工企业管理协会第四届工程建设行业BIM大赛一等成果、建设工程项目管理典型优秀案例、中国电力规划设计协会2023电力工程科技进步二等奖、中国设备管理协会2023电力行业设备管理与技术创新二等成果、四川省水力发电工程学会2023年度四川水力发电科学技术一等奖等奖项，累计荣获中国质量协会、中国水利电力质量管理协会、中国电力建设企业协会、中国水利工程学会、四川省建设工程质量安全与监理协会等外部协会和国家能源集团内部QC成果一等奖4项、二等奖6项、三等奖8项等。

二、项目工程简介

金川水电站位于四川省阿坝藏族羌族自治州金川县、马尔康市境内，是大渡河干流水电规划调整28级方案中的第6个梯级。电站采用坝式开发，开发任务以发电为主，对上游双江口水电站进行反调节，并促进地方经济社会发展。水库正常蓄水位高程2253米，死水位高程2248米，总库容5.08亿立方米，具有日调节能力。枢纽工程主要由混凝土面板堆石坝、右岸溢洪道及生态泄水道、右岸泄洪放空洞、左岸引水发电系统工程等建筑物组成，最大坝高112米，为二等大（2）型工程。电站设计装机容量86万千瓦，安装4台单机21.5万千瓦混流式水轮发电机组，多年平均发电量34.86亿千瓦·时。工程总投资119.48亿元，计划2025年6月首台机组投产发电，2026年3月全部投产。金川水电站工程三维设计及效果图分别见图1和图2。

项目工程建设特点：一是地质条件极其复杂。坝址区两岸岩体陡峻，卸荷发育，岩体较破碎，多为变质细砂岩夹碳质千枚岩，含多组倾倒变形体、断层、裂隙，特别是左岸地下厂房围岩发育有两条规模较大的PH软弱条带，复杂的地质条件在国内25米级跨度地下厂房极为罕见，是我国常规水电项目中同等规模地下厂房地质条件最复杂的工程之一。

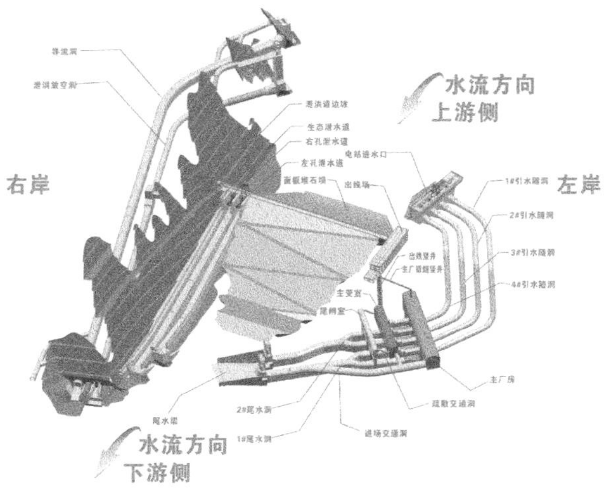

图 1　金川水电站工程三维设计图

图 2　金川水电站枢纽工程各建筑物综合效果图

二是坝址覆盖层非常深厚。金川水电站坝址河床覆盖层最大厚度 65 米，共分 3 层，含有 13 个砂层透镜体，在此基础上建设 112 米高的面板堆石坝，是目前我国水电项目中深厚覆盖层上修建的最高面板堆石坝。

三是仿生态鱼道亚洲之最。金川水电站鱼道总长 5.02 千米，利用 4 千米长天然支流河道作为仿生态鱼道的一部分结合 1.02 千米长距离隧洞实现鱼类上溯过鱼，为亚洲最长“人工隧洞 + 天然河段”相结合的过鱼设施。

三、项目工程实施

（一）建立项目工程质量管理理念、目标和方针

1. 工程质量管理理念

以“建精品工程，创国际一流”为目标，发挥合力、确保投入、规范行为、严控过程、质量一流。

发挥合力，就是要充分发挥业主的主导作用，设计的龙头作用，监理的保障作用，施工的主体作用。水电工程建设质量管理是一个系统工程，需要统筹规划，做深、做细、做实各项基础工作；实现质量目标必须强调的是质量管理的团体性和参与性。必须充分发挥各方面积极性，需要业主、设计、施工、监理各方共同努力、明确目标、形成合力才能实现。

确保投入，就是要确保管理投入和物质投入，把握好“管理是根本、投入是保障”的关系，使得质量管理工作做到“五落实”，即组织落实、制度落实、责任落实、措施手段落实、质量管理经费落实。

规范行为，就是指规范业主、设计、施工、监理、工程材料供应与设备制造等参建各方的质量行为，要求参建各方要严格按照法律法规、规程规范、规章制度办事，通过规范质量行为保证质量管理工作有序进行，推动质量管理的程序化、标准化和规范化进程。

严控过程，就是要抓好细化事前控制、强化事中控制和重视事后控制。细化事前控制要突出前瞻性、防范性、指导性，要求做到预警防范、准备到位。强化事中控制要突出矢向性、渗透性、互促性，应做到规范纠偏、责任到位。重视事后控制强调综合性、规范性和鉴戒性，应做到督促检查，落实到位。

质量一流，就是秉承“没有最好，只有更好”的理念，树精品工程与样板工程意识，以严谨务实的精神，精益求精，努力把金川水电站打造成集团样板工程、行业引领的示范工程。

2. 质量管理总体目标

严格履行合同责任和义务，在合同工期内，以合理的工程造价使工程质量达到合同规定的质量水平和标准，努力实现“零质量事故”目标；一次性通过国家组织的阶段验收和竣工验收；高标准通过达标投产验收，实现“建精品工程，创国际一流”目标。

3. 质量管理方针

百年大计，质量第一；质量管理，预防为主。当质量与工期、成本发生矛盾时，应首先保证工程质量。

（二）建立项目工程全覆盖质量管理网络

金川水电站建立了业主单位、设计单位、监理单位、技术服务单位、施工单位等组成的工程质量管理体系，质量网络涵盖工程建设全体单位，如图 3 所示。

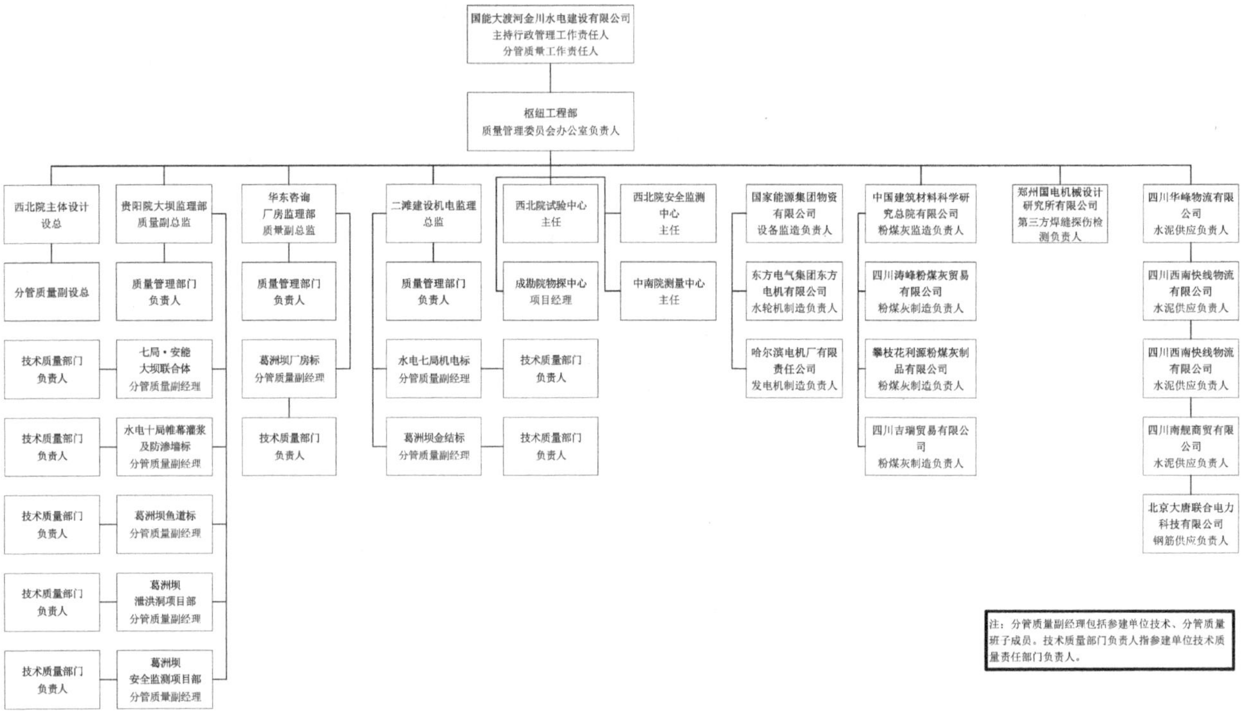

图 3　金川水电站枢纽工程质量管理网络

（三）确立高标准达标创优工作目标

金川公司以“确保建设工程实现高水平达标投产，高标准通过工程质量评价，高排序创建中国电力优质工程奖，争创国家优质工程奖”为目标，编制印发《大渡河金川水电站工程达标创优策划书》，各参建单位编制上报《达标创优实施细则》，明确创优路径，分解细化阶段工作，有序开展创优相关工作。每季度按照《水电水利工程达标投产验收规程》（DL5278–2012）开展达标投产检查考核工作，高标准严要求推进金川水电站全生命周期达标投产提升工作。

（四）创新智能技术手段，保障项目工程质量

1.BIM 数字化建设保障精益化管理

针对金川水电站面板堆石坝覆盖层深厚、引水发电系统地质条件复杂等难点，持续开展水电工程 BIM 设计与数字化管理关键技术研究，采用全专业、全阶段、全过程数字化勘测设计，实现了三维设计成果应用、动态更新及轻量化数字移交及基于 BIM 的地质预报、施工进度管理、动态反馈分析、安全监测智能管理等功能，建立了数字化成果管理平台，形成了大型水电工程 BIM 设计与数字化管理关键技术，为安全风险管控和施工精益化管理提供了保障。解决了水电工程建设过程中诸多关键技术难题，提高了 BIM 建模和出图效率 20%~30%，保障了金川水电站工程地下洞室群安全施工超 1600 天，取得了经济效益 3415 万元，推动了水电工程 BIM 全生命周期设计技术创新与进步。

2. 大坝智能碾压技术助推填筑质量提升

金川水电站大坝属高面板堆石坝，工程施工战线长、环节多、工期紧，同时工程处于高海拔地区，施工干扰大，大坝建设过程控制尤为重要，确保大坝施工质量是本工程施工的重点和难点。为实现“让施工质量控制真实客观，摆脱人为因素的干扰，确保工程建设质量”的根本目的，金川大坝采用大坝质量碾压技术，实现人机协同控制，实现参建各方对工程建设质量控制的深度参与、精细管理，通过系统的自动化远程监控，不仅有效掌控大坝施工质量，且实现对大坝建设质量的快速反应。该技术使施工质量控制向精细化、过程化转变，对金川水电站大坝建设质量进行在线实时监测和反馈控制，有效地控制了工程施工质量，提高了工程建设管理水平和效率。同时，将建设过程信息进行集成管理，为大坝填筑质量管控，以及坝体安全诊断提供信息应用和支撑平台，为实现金川水电站工程综合信息（施工期和运行期）数字化管理提供基础。有效提升金川水电站工程建设的管理水平，实现工程建设的创新化管理，为打造优质精品工程提供强有力的技术保障。

3. 智能质量灌浆系统优化质量管理

金川水电站大坝基础覆盖层深厚，趾板建基于强卸荷岩体，两岸岩体裂隙发育、弱风化下限埋深深、岩体卸荷拉裂、倾倒变形普遍发育、完整性差，灌浆工程施工质量必须高度关注。智能灌浆系统由智能灌浆站 iGC（硬件）及智能灌浆管理云平台 iGM（软件）组成。具有自动压力控制、自动配浆变浆、自动数据记录、灌浆工艺控制和灌浆成果分析与处理、无线接入大坝系统的功能，可根据设定参数智能完成灌浆或压水，并记录、上传、实时监控灌浆或压水全过程数据。智能灌浆管理云平台是智能灌浆系统的大脑，集灌浆工艺设计参数管理、灌浆设备监控、灌浆数据分析和展示等为一体。用户可以通过计算机和手机远程访问管理系统。在智能灌浆站 + 智能灌浆管理云平台的基础上，结合灌浆策略智能反馈与控制、灌浆质量智能预测与评价，实现“灌浆参数实时感知、灌浆资料实时分析、灌浆过程实时控制”的大闭环反馈控制，进行科学化、信息化管理，有利于提高灌浆施工的技术水平和管理水平。

4. 质量验评 APP 提升工程验收水平

金川水电站建设并全面应用质量验评 APP 开展工程验收工作，该系统以水电工程通用结构分解为基础，建立可配置的验评单元工程划分平台，实现验评单元的按需创建；以施工规范规定的验评表单为基础，以各部位工程特点为依据，进行验评表单的模块化配置，建立盯仓记录表单，实现建设过程各类信息的高效融合；采用二维码技术，针对每一张表单生成唯一二维码，实现验评信息的全过程跟踪，为进一步提升验评资料的可读性，提升表单信息量。目前已累计评定单元工程 10027 个，实现单元工程评定无纸化、智能化全覆盖。

5. 综合管控系统搭建监督展示平台

数字化工程综合管控平台是金川水电站智慧工程预警指挥中心和工程数据汇聚中心，协同支撑和提升工程管理协调、预警、决策能力。平台集成整合工程建设各标段相关业务数据，解决数据关联和融合问题，构建数据全面、组织有序、接口统一的工程数据管理体系，建立相关工程数据、指标、分析模型及预警策略，并进行综合展示，搭建了全周期全方位质量监督展示平台。该系统构建金川水电站工程数据中心，各数据源向金川水电站工程数据中心供数，内容涵盖工程建设全过程的安全、质量、进度、投资、环保等数据，应用大数据处理技术，通过数据的接入、清洗、融合，充分发挥数据中心聚集、整合、优化数据资源的优势，实现工程数据的高度集成，高效管控；构建综合管控平台相关工程指标及模型应用，围绕工程建设的安全、质量、进度、投资、环水保等方面的管理工作，依托金川水电站工程数据中心，建设和完善金川水电工程 KPI 指标及预警模型，以“业务 + 指标 + 预警”为框架，形成符合金川水电工程建设实际的管控模型，构建金川智慧工程的业务量化指标体系，提升水电建设的综合管控能力；构建工程数据综合查询展示、预警管理、专家库等应用，优化预警处置管理体系，组织实施预警处置信息化应用与推广，加快构建标准化、扁平化、平台化、智能化的预警处置新模式，打造基于标准引领、应用驱动的工程建设核心管控预警处理机制，实现金川水电工程建设从风险预警、风险处置、预警执行闭环跟踪的风险全生命周期管理。

（五）多举措全方位提升质量管理水平

1. 接受内外监督，提升工程质量保障

工程开工伊始便纳入国家质量监督体系，可再生能源发电工程质量监督站受理金川水电站工程质量监督工作；与中国水利水电建设工程咨询有限公司签署技术质量咨询合同，对工程重大技术质量问题开展咨询；接受国家能源集团电力工程质量监督中心定期质量监督。为提升金川水电站工程质量管理能力，提高工程建设质量和效益，金川公司积极向行业协会沟通申请，目前已纳入中国施工企业管理协会全过程质量控制管理咨询，是全国首家纳入全过程质量控制管理咨询的常规水电项目。

2. 加强 QC 活动，助推工程质量提升

QC 小组活动是实现全员参与质量改进和创新的有效形式。金川公司高度重视 QC 活动，编制印发《金川水电站工程质量管理小组管理实施细则》，鼓励各参建单位成立 QC 小组，广泛开展质量提升攻关活动，激发全员创新创效活力。目前金川公司及各参建单位开展了《提高地下厂房顶拱开挖半孔率》《提高复合石笼网箱外观质量一次验收合格率》《提高高边坡预应力锚索成孔施工效率》《研发含漂地层混凝土防渗墙优质高效造孔方法》《提高高边坡预应力锚索成孔施工效率》《提高溢洪道边坡预裂爆破效果》《提高地下厂房Ⅳ类围岩岩锚梁开挖半孔率》《提高复杂地质地下洞室锚索一次张拉合格率》《提升岩壁吊车梁混凝土外观质量优良率》等 QC 课题活动，累计荣获中国质量协会二等成果 1 项，中国水利电力质量管理协会三等成果 2 项，中国电力建设企业协会一等奖 2 项、二等奖 1 项，中国水利工程学会二等成果 1 项、三等成果 1 项，四川省建设工程质量安全与监理协会二等成果 1 项、三等成果 1 项等。QC 小组活动的开展，切实提升了工程建设质量，防渗墙施工完成后完整取芯长度达 25.55m，创 80cm 墙厚防渗墙取芯新纪录；金川水电站工程极破碎岩体地下洞室开挖残孔率提高 33%；边坡开挖残孔率提升至 95%，不平整度合格率提升至 98%，工程建设质量提升明显。金川水电站工程累计验评单元工程 10027 个，合格率 100%，优良率 94.96%，处于行业先进水平。

3. 推行首件标准，引领工程样板施工

按照预防为主、先导试点的原则，在分项工程中选择第一个施工项目作为首件工程，并将首件工程中的每一个工序作为首件工序，对每一道工序制定作业指导书和施工工艺方案，按照严格程序进行策划、修正、实施、验证总结成熟后进行推广实施。通过制作钢筋焊接（钢套筒）、钢筋笼、锚筋桩、锚索、混凝土芯样、止水、脚手架、模板等典型质量标准件，全面推行首件工程认可制度，以首件工程样板示范，引领后续同类工程的标准化施工，以提高项目的施工工艺水平和技术质量管理水平，提高工效，确保工程质量。

4. 多方质量检测，保证原材料和工程质量

金川公司高度重视工程质量抽检工作，成立现场试验检测中心、物探检测中心、安全监测中心、测量中心、附加质量法检测、设备建造、粉煤灰监造、第三方焊缝检测等第三方技术服务、检测单位，在施工单位检测和监理抽检的基础上，代表业主开展原材料及工程质量抽检，确保工程原材料和工程质量。

主要创造人：段　斌

参与创造人：王海胜、覃事河、陈志超、刘　润

产品质量内控标准体系的构建与应用

北方华锦化学工业集团有限公司

一、背景

北方华锦化学工业集团有限公司（以下简称华锦集团）是中国兵器工业集团最大的民品工业企业和发展军民融合石化和精细化工产业的平台，是辽宁省石化行业重点骨干企业。华锦集团的前身是1976年投产的辽河化肥厂，经过40年的发展，现已形成石化、化肥、道路沥青及润滑油基础油三大主营业务板块，其中聚烯烃产品生产能力98万吨/年，产品涵盖聚乙烯（PE）、聚丙烯（PP）、聚苯乙烯（PS）和丙烯腈-丁二烯-苯乙烯（ABS）树脂四大系列，是公司的主要创效产品。面对近些年国内同质化装置的大量投产，市场竞争愈发激烈，如何以产品质量提升企业核心竞争力成为企业必须面临的主要问题。

二、主要问题和矛盾

目前，国内聚烯烃产品基本采用企业标准，而企业标准的制定要兼顾企业利益和市场要求，产品指标的控制范围往往设定比较宽泛，裕度较大，如果按照企业标准控制产品质量，极易造成质量波动较大的结果。由于聚烯烃产品后加工工艺、设备的复杂性和差异性，以及客户对产品用途的不断拓展，产品质量的较大波动会造成下游企业加工困难，甚至影响产品质量，影响企业效益。从近年收集的顾客反馈信息及顾客满意度调查结果看，用户对产品质量的稳定性要求最高。

图1至图3给出几种产品2021年熔体质量流动速率情况，图中0轴表示平均值。从中可以看出，四款产品均存在不同程度的波动：HD5502S波动范围为0.4g/10min（在平均值±0.2之间波动），F401和K44-11-122波动极无规律，有些值与平均值有较大的偏离。

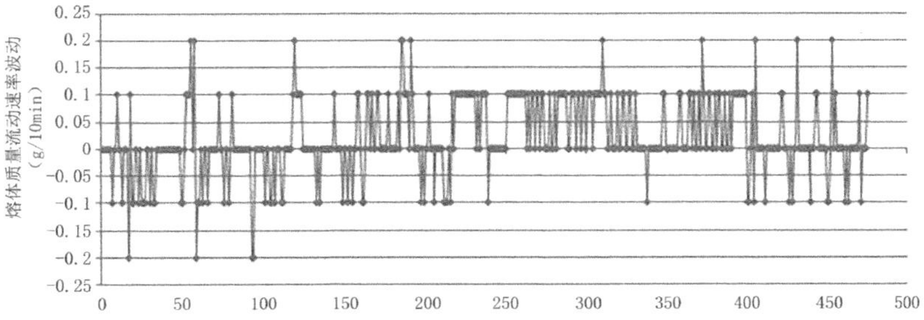

图1　2021年聚乙烯HD5502S熔体质量流动速率波动情况

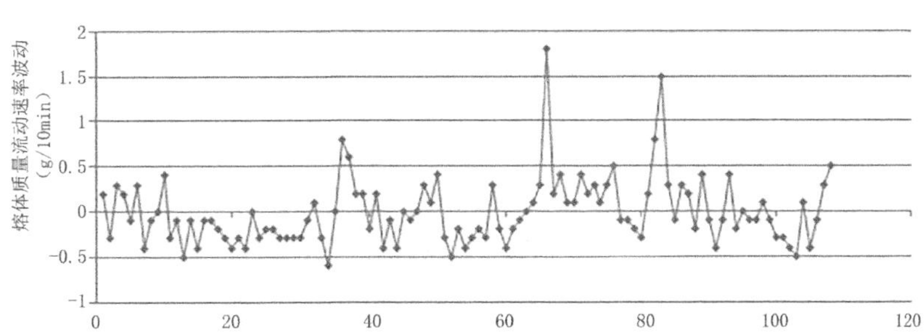

图2　2021年聚丙烯F401熔体质量流动速率波动情况

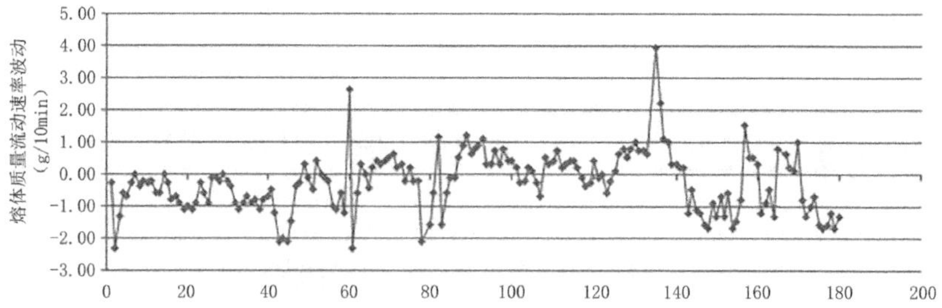

图3　2021年聚乙烯K44-11-122熔体质量流动速率波动情况

在竞争日益激烈的市场环境中，企业要想保持竞争力，就必须对产品企业标准实时进行修订和完善，以满足市场需求。首先，从市场和顾客的需求出发，通过缩小控制范围，减小产品质量裕度，以便更精准地满足客户期望；其次，保证产品质量的同时，还应关注产品质量的稳定性。因此要通过持续的过程监控和数据分析，确保产品质量的稳定性，增强消费者对产品的信任；然后，在保障产品质量的同时，要合理调整技术指标，实现成本的最优化。

但是，企业标准作为企业与用户之间质量约定的公开型、规范性文件，在从严约束和控制生产过程进而实现对产品质量稳定性的提高上毕竟有限，因此，产品质量内控标准体系的制定和实施就显得更为重要了。

三、工作思路

以全面质量管理思想为指导，融合精细化管理理念，以标准化为主要形式和手段，以五大类标准为依托，逐步构建完整的产品质量内控标准管理体系。

核心标准：产品质量内控指标标准和产品质量稳定性指标标准。

内控指标与企业标准的区别：一是更关注关键控制指标，会选择性地涵盖影响产品性能的重要控制指标，二是能更加直观判断出产品在特定时间范围内的稳定性趋势并进行稳定性评比。围绕内控指标标准，建立三项基础标准（工艺操控标准、操控人员工作标准、产品稳定性标准）。在基础标准的基础上建立质量考核标准、质量稳定性考核标准和奖惩激励标准。内控标准体系保证了每项关键质量控制工作都明确了由谁来做，做什么，什么时候做，做到什么程度，实现了工作有标准、考核有依据、奖惩有办法，从而保证质量管理行之有效。

四、工作目标

提高产品质量的稳定性，促进产品质量不断提升，实现产品质量“同一性”和后续加工的“可重复性”，提高质量管理水平。

五、主要做法

截至目前，产品质量内控标准管理模式已经走出了重要两步，即出台建立“标准”，实施“考核”。

（一）制定和实施质量内控标准管理实施方案

1. 严格进行产品内控指标考核

结合产品特点，在原有出厂企业标准基础上，针对不同指标制定内控考核指标，对内控指标达标情况制定“产品内控指标达标率”，保证产品质量。

$$产品质量达标率(\%)=\frac{当月符合内控标准的某产品产量}{当月该产品总量}\times 100\%$$

按照产品内控指标达标率，分为优、良、合格、不合格4个等级。

2. 严格进行产品稳定性提升率考核

引入统计学计算方法，对总体数据稳定性有一个概括全面的了解，用特征值表达出总体的情况。常用的特征值分为位置特征值和离散特征值两类。位置特征值一般指平均值，表达数据的集中位置。离散特征值是方差和标准偏差，用以表示一组数据波动程度或离散性质。

综上，标准偏差更适合判定产品质量的稳定程度，以公式表示为：

$$S=\left[\frac{1}{N}\sum_{i=1}^{N}(x_i-\bar{x})^2\right]^{\frac{1}{2}}$$

利用上一年的检测数据作为基准标准差值，产品质量稳定性提升率以百分数（%）表示，按下式计算：

$$\text{稳定性提升率}(\%)=\frac{\text{基准标准差值}-\text{当月检测项目标准差}}{\text{基准标准差值}}\times 100\%$$

用“稳定性提升率”来表示产品质量稳定性提升能力，用产品是否达到“基准标准差值”来判断其稳定性是否提升。

产品质量稳定性提升等级按稳定性提升高低划分为A、B、C、D、E5个等级，达到A级的稳定性提升最大，E级最小，未达E级的表明稳定性提升不够或者没有提升。

3. 建立正向激励考核机制

产品质量内控标准的考核实施正向激励，只奖不罚。根据产品质量稳定等级和稳定性提升等级的不同实行不同的奖励标准，每个级别有不同的奖励额度。

4. 产品质量稳步提升

内控标准实行版本号控制，当有更严指标或更高指标时，重新修订内控标准。从宽至严，从低至高，并且在奖励额度上有所体现，产品质量达高版本A级（B级或C级）的，给予比达低版本相应等级更高的奖励。

内控稳定性考核标准采用上一年度的质量指标作为基准值，即每一年度的质量指标都作为明年稳定性考核的标准，根据提升程度在奖励额度上有所体现，利用“自己跟自己比”的方式保证产品稳定性逐年提升，总的来说，以正向激励的方式促进良好生产习惯的养成，在确保产品质量稳定性提高的同时实现产品质量稳步提升。

（二）制定产品质量内控标准

以聚烯烃产品为试点，坚持5个原则：在分析历史数据的基础上确立控制指标；以2021年数据为主要依据，以历史最好操控水平为目标；以“熔体质量流动速率”等关键指标为控制重点；确立“目标值”，以“目标值”为中心，控制范围在目标值上下浮动，以实现“合理”波动，而非上下“漂移”；紧抓用户要求和市场需求。在此基础上，各相关单位制定产品质量内控标准，实现四大系列聚烯烃产品“内控标准考核”全覆盖。

（三）产品质量稳定性考核和奖惩

第一，在产品质量内控指标确立并形成正式标准文本后，产品质量主管部门针对每一个生产单位下发实施产品质量内控标准考核的通知。“通知”中对实施内控标准管理后产品报表及实施的具体要求进行了明确，进一步强调了工艺控制、职工培训、奖罚分明对实施产品质量内控管理的重要作用。

第二，对每种考核产品按月进行质量稳定率、稳定性提升率的统计，并依据管理办法实施奖励。

第三，每月对考核产品的质量稳定率、稳定性提升率及奖励情况进行通报。

第四，对出现虚报数据和市场反馈有投诉的产品在奖励分中扣减。表1给出了2022年产品质量内控管理奖励情况，每月奖励加分均在月度绩效考核中兑现。

第五，确立基准标准差值，以基准标准差值为目标值，若考核标准偏差大于基准值，说明稳定性有所提升。

表 1　2022 年聚烯烃产品质量稳定率及考核情况汇总表

单位	产品	牌号	2月	3月	4月	5月	6月	7月	8月	9月	10月	11月	12月
乙烯一分公司	聚乙烯	HD5010	92.3	90.9	71.2	100 A级	90.9	96.0 B级	89.4	75.6	70.7	78.6	64.3
		HD5070EA	90.3	97.5 B级	83.3	92.2	95.4 B级	98.3 B级	91.2	93.0 C级	93.0 C级	93.8 C级	94.8 C级
	聚丙烯	F401	83.3	—	75.0	—	—	—	82.4	100 A级	—	90.0	83.3
		J340	78.6	—	50.0	0	50.0	—	100 A级	100 A级	100 A级	—	75
		PPB240	100 A级	—	—	54.5	—	67.5	14.3	92.9	81.3	33.3	71.4
		P340A	—	72.7	100	—	—	83.3	—	—	—	100	100 A级
	聚苯乙烯	HIPS825	100 A级	100 A级	100 A级	100 A级	100 A级	100 A级	100 A级	—	91.3	100 A级	100 A级
	总加分		1.2	0.9	1.2	1.2	0.9	1.2	1.2	1.4	0.9	0.7	1.3
乙烯二分公司	聚乙烯	HD5502S	97.3 B级	91.8	95.4 B级	89.4	100 A级	100 A级	100 A级	100 A级	100 A级	100 A级	100 A级
		K44-11-122	100 A级	100 A级	100 A级	100 A级	100	100 A级	—	94.7 C级	94.7 C级	100 A级	00 A级
	聚丙烯	T30S	96.7 B级	93.8 C级	100 A级	94.1 C级	100 A级	100 A级	98.1 B级	100 A级	100 A级	100 A级	81.0
		EPD60R	—	—	—	—	—	—	—	—	50.0	—	—
		EPS30R	50	100 A级	85.7	96.0 B级	100 A级	100 A级	—	—	100 A级	93.8 C级	90.9
	总加分		1.2	1.5	1.8	1.4	1.8	2.1	1.1	1.6	2.3	2.5	1.9
备注	（1）HIPS825 因装置生产单一品种，故不给予连续 A 级稳定奖励。 （2）3 月份，K44-11-122 连续 2 个月实现 A 级稳定。 （3）4 月份，K44-11-122 连续 3 个月实现 A 级稳定。 （4）5 月份，K44-11-122 连续 4 个月实现 A 级稳定。 （5）6 月份，K44-11-122 总计 5 批，均没有全分析数据，不加分。 （6）7 月份，HD5502S、T30S、EPS30R 连续 2 个月实现 A 级稳定。 （7）8 月份，HD5502S 连续 3 个月实现 A 级稳定。 （8）9 月份，HD5502S 连续 4 个月、J340 连续 2 个月实现 A 级稳定。F401 仅生产 3 批，未加分。 （9）10 月份，HD5502S 连续 5 个月、J340 连续 3 个月实现 A 级稳定、T30S 连续 2 个月实现 A 级稳定。 （10）11 月份，HD5502S 连续 6 个月、T30S 连续 3 个月实现 A 级稳定。P340A 仅生产 1 批，故未加分。 （11）12 月份，HD5502S 连续 7 个月、K44-11-122 连续 2 个月实现 A 级稳定												

六、持续完善产品质量内控标准

产品质量内控标准管理方式的建立、推进和实施遵循 PDCA 循环科学工作程序，实施动态管理、持续完善。

第一方面通过对每种产品实施效果定期跟踪和评价，督促和激励生产企业以“内控标准”为核心，以达到“内控标准”要求为目标，认真分析数据和总结经验，优化工艺参数、完善操作记录、固化操作规程，逐步提高操控水平和管理水平。

第二方面通过对产品质量内控标准调整和优化，适时升级标准版本，使内控标准更适合当前产品质量水平，更符合用户和市场要求，逐步提高内控标准的指导性和适用性。

第三方面通过对方案的不断修订和完善，及时发现和纠正实施过程中的不足和缺陷，逐步提高内控标准管理完整性和客观性。

2022 年 3–6 月 SP179 熔体流动速率稳定性提升率及考核情况汇总表如表 2 所示。

表 2　2022 年 3–6 月 SP179 熔体流动速率稳定性提升率及考核情况汇总表

检测项目	2022.3	2022.4	2022.5	2022.6
2020 基准值	0.3996	0.3996	0.3996	0.3996
当月标准差值	0.3034	0.3297	0.2053	0.2891
提升（%）	24.0741	17.4925	48.6236	27.6527
等级	C 级	D 级	A 级	B 级
备注：从以上考核结果可以看出 2022 年 3—6 月 SP179 熔体流动速率稳定性逐步提升				

七、实施效果

随着产品质量内控标准管理模式的逐步推进和实施，产品质量的稳定性、产品质量及产品质量管理水平都取得了明显的效果。

（一）质量稳定性和产品质量均得到提升

高密度聚乙烯产品 HD5010 是自行开发的单丝类产品，在渔网丝及绳缆应用领域有着广阔的市场。但用户在使用过程中发现，同是优级产品，个别批次 HD5010 产品在拉丝过程中会出现断丝、粘丝现象，而同时购买的其他批次产品性能非常好，无任何问题。这说明产品批次之间性能存在差异，质量发生了较大波动，用户当前的拉丝加工工艺不太适应该批次产品，需要重新调整工艺参数，这样做无疑会给用户加工操作上带来困难，并造成一定的产品损失。为改善这种状况，在 HD5010 产品质量内控标准制定时，重点针对“熔体质量流动速率”这个影响加工性能的重要参数进行了调整，缩小了控制范围，由原来的 ±0.4 缩减至 ±0.2，并将目标值在原来的控制均值基础上提高，使目标值更适合单丝的加工。

HD5502S 是我公司聚乙烯树脂主导产品，主要用途为中空吹塑容器，但市场许多用户用它来生产口径较小的管材，改变了产品的本来用途。用户在生产过程中可能会遇到管材表面粗糙，管材口径大小波动的情况，而该批次 HD5502S 生产过程和质量指标完全在控制范围内，这一情况也充分说明由于批次之间质量的差异或波动，造成了下游产品质量的波动。HD5502S 内控标准将熔体质量流动速率原控制范围 ±0.04 缩小为 ±0.03，并将黄色指数由≤ 4.0，缩小为≤ 3.5，从内在质量和外观颜色两方面进行提升和改善。

（二）产品质量控制水平得到了提高

从产品质量稳定率看，可达 A 级稳定（稳定率 100%）的产品品种已经由聚丙烯 PPB240、EPS30R，聚乙烯 K44-11-122，聚苯乙烯 HIPS825“4”个品种，增加了 HD5502S、T30S、J340、HD5010，达到了“8”个品种。而 HD5502S 产品更是连续实现 A 级稳定。

图 4 和图 5 分别给出了 2022 年以来高密度聚乙烯产品 HD5502S 和 K44-11-122 的熔体质量流动速率变化情况。从图中可以看出，自实施内控标准后，所生产的 800 余批 HD5502S 产品波动幅度收窄为 0.3g/10min，绝大部分数据保持在 ±0.15 之间。K44-11-122 产品则改变了之前波动极不规律的状况，能够较好地围绕目标值波动，并且波动幅度收窄。

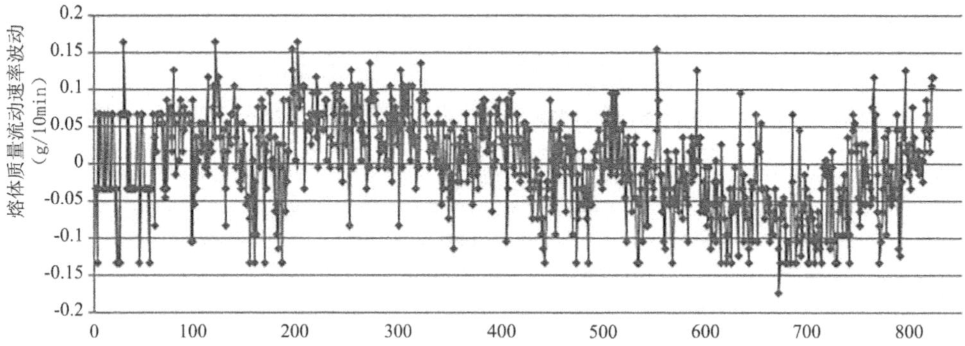

图 4　2022 年聚乙烯 HD5010 熔体质量流动速率波动情况

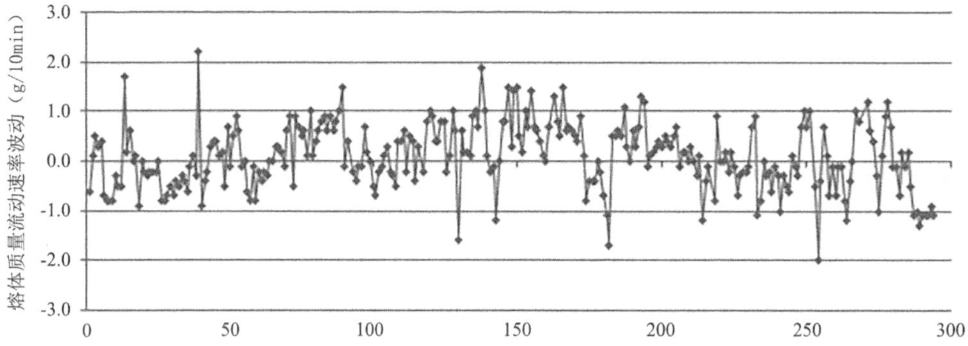

图 5　2022 年聚乙烯 K44-11-122 熔体质量流动速率波动情况

从图 6 可以看出，HD5502S 产品稳定性逐步提高，指标波动范围进一步收窄，内控标准在 ±0.03 之间而实际产品质量能够控制在 ±0.02 之间，产品质量波动明显减小，充分说明该产品控制水平逐步提高，稳定性得到逐步提高。

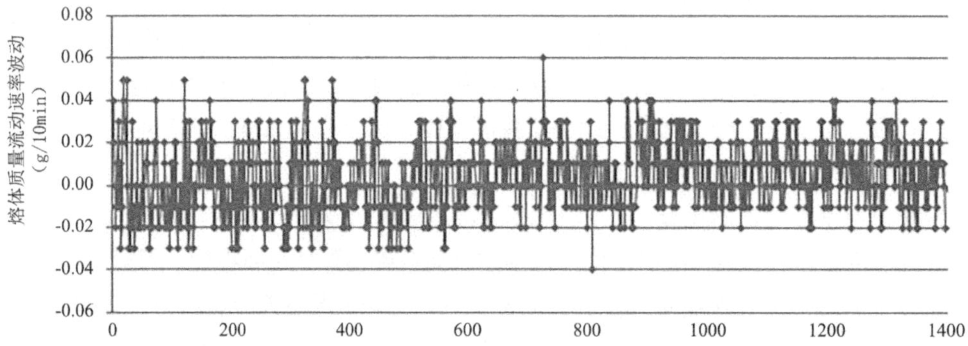

图 6　2022 年聚乙烯 HD5502S 熔体质量流动速率波动情况

（三）用户满意度得到了提升

用户满意度调查结果显示，2023 年，聚烯烃产品用户满意度为 90.7，较以往用户满意度 85.5 分有了很大幅度的提升，充分说明聚烯烃产品得到了顾客更高程度的认可。

八、结语

采用产品质量内控标准和标准偏差考核稳定性方法提升产品质量是华锦集团在质量管控方式上的新尝试，该方式正处于探索过程中，需要在现有基础上持续改进和完善内控标准体系。按照推进思路，产品质量内控标准体系的实施在聚烯烃试点取得成功之后，将向全公司所有产品推广，逐步实现预期目标：产品质量稳定性得到稳步提高，提升顾客对产品的满意度；产品质量逐步提高，提高产品定位，缩小与同类领先产品的价格差距，经济效益和社会效益同步提升；以聚烯烃产品质量管控水平的提高促进各分公司及华锦集团整体质量管理水平再上新台阶。

主要创造人：张　强
参与创造人：邱忠胜、关林琳、孙　宇、丁　麒、张　宇

大跨度槽式钢箱梁长曲线双幅同步顶推施工控制关键技术研究应用

中国水利水电第三工程局有限公司

一、企业概况

中国水利水电第三工程局有限公司（以下简称中国水电三局）组建于20世纪50年代，是世界500强企业——中国电力建设集团（股份）有限公司的骨干成员企业。中国水电三局聚焦“水、能、城、数”，具有前期咨询、勘察设计、投资融资、施工建造、装备制造、运营管理全产业链一体化集成服务能力，是行业领先的土木工程、城市建设、装配制造及专业工程综合服务商。中国水电三局是一家集科研、勘测设计、工程承包为一体，聚焦水利、电力、水资源与环境、能源电力、绿色砂石、矿山、轨道交通、城市基础设施建设等业务领域综合发展的国家大型骨干企业。

二、项目简介

中国水电三局积极贯彻落实国资委科改示范行动、践行科技创新举措，提升自主创新能力，依托承建的石林至泸西高速公路项目圭落哨大桥，开展了大跨度槽式钢箱梁长距离曲线单向双幅同步顶推施工质量控制关键技术研究及应用，经过科学的质量管理方法运用及质量技术研究，填补了国内长距离曲线单向双幅同步顶推施工领域空白，质量技术成果达到国内先进水平，取得了显著的技术、经济和社会效益，具有广阔的推广应用价值。

圭落哨大桥，桥面宽度为26m，分左右两幅，单幅桥面宽度为12.75m，桥长670m。上部结构采用连续钢混叠合梁，钢叠合梁体截面为槽形结构。桥梁平曲线构成复杂，由圆曲线、缓和曲线和直线段组成，其中圆曲线段长310m，缓和曲线段长300m，直线段长60m。全桥最大桥跨70m，最大桥墩高度48m，钢结构设计重量为5267t。

三、质量管理思路

项目筹划阶段，调研对比本项目与行业内类似工程案例差异及特性，针对本项目特性确定施工方法；项目施工准备阶段，以成立科研工作团队管理体系、立项科研课题为措施确定项目质量管理目标；项目实施阶段，以技术攻关为基础，解决各施工工序质量控制难点，确保质量管理目标顺利实现。

四、顶推施工控制关键技术研究应用

（一）存在的问题

1. 常规项目顶推施工方法

顶推施工结构物线性为直线段或曲线半径较大时一般采用左、右半幅分次顶推的方法进行施工，具体施工方法如图1、图2所示。

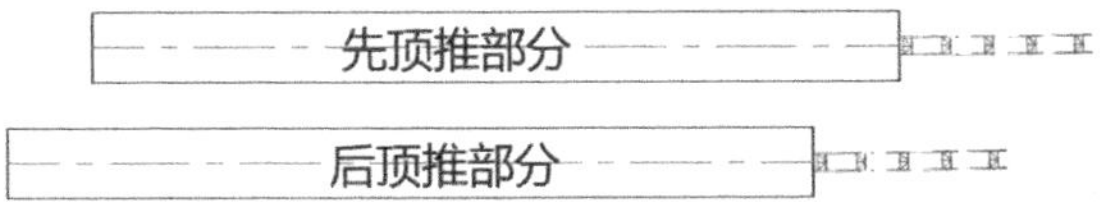

图 1　常规项目顶推施工方法示意图

图 2　常规项目顶推施工照片

2. 本项目存在的问题

本项目桥梁线型曲线半径较小，若采用左、右半幅分次顶推，先顶推完成就位梁体与后顶推梁体在空间位置产生冲突，无法顺利完成施工，具体如图 3 所示。

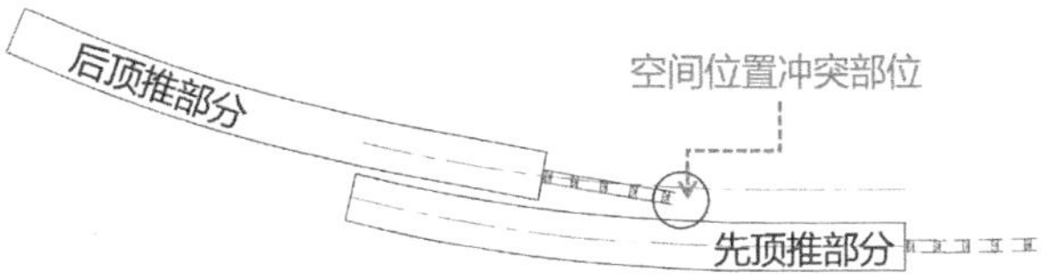

图 3　本项目特殊性平面示意图

（二）关键技术改造提升路径

1. 复杂线性拟合推演：决定采用单向双幅顶推质量控制技术

为解决小半径曲线顶推左右幅梁体空间位置干扰的问题，进行了复杂线性拟合推演，将顶进过程中钢箱梁的预期位置及高程，预推演到每一个顶推行程，并确定每一个顶推行程时左右幅梁体相对位置关系、左右幅梁体与路中线相对位置关系，通过放样对顶推线路进行重复优化，通过 600 余张放样模拟推演，最终决定采用单向双幅顶推质量控制技术施工，施工过程中根据放样验算过程进行纠偏，保证钢箱梁偏移在允许范围之内，如图 4 所示。

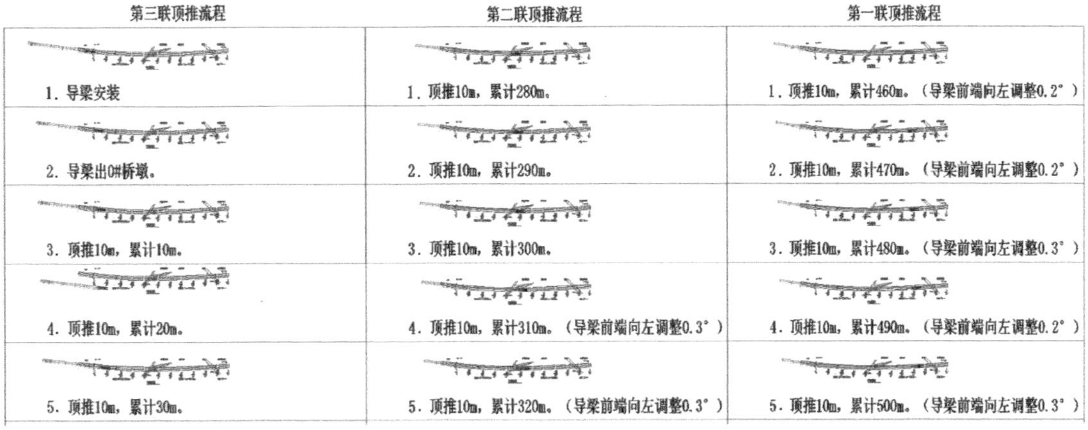

图 4　部分顶推过程放样验算过程图

2. 70m 跨径过跨施工质量控制技术创新

桥梁第 2、5 跨设计跨径为 70m，为确保过跨时钢箱梁接缝连接质量及施工安全，经过计算研究分析在 2#、5# 桥墩位置布置临时钢支架支撑措施，确保过跨质量安全，如图 5 所示。

图 5　70m 跨径过跨支撑体系质量技术创新实拍图

3. 斜腹板钢箱梁与直腹板导梁连接方式质量控制技术创新

为确保顶推过程施工质量，导梁与箱体需采用刚性连接，槽式钢箱梁腹板设计以 1∶0.18 的斜率外倾，为保证导梁箱与箱体连接质量的可靠，在导梁与箱体之间增加转换节，以确保导梁与箱体连接稳定性，如图 6、图 7 所示。

项目以此质量技术创新成果申报了“一种桥梁钢箱梁顶推施工用临时连接结构”“一种桥梁钢箱梁顶推施工用临时连接装置”2 项实用新型专利。

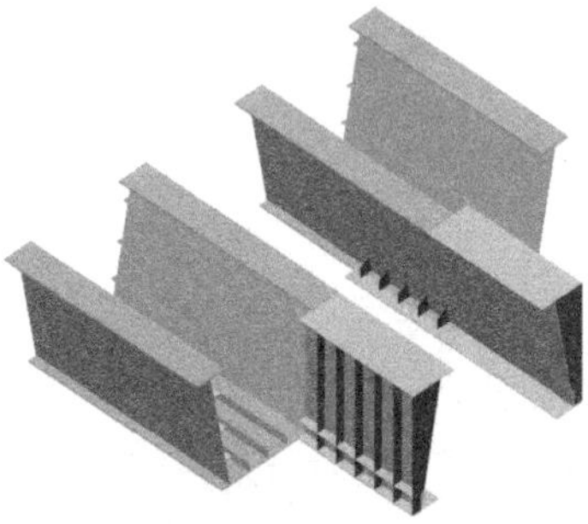

图 6　导梁与梁体连接段处理三维模型示意图

图 7　导梁与梁体连接段处理现场照片

4. 伸缩缝位置钢箱梁连接质量控制技术创新

根据设计图纸在第一、二、三联之间设置两道 160 型伸缩缝，本桥为累计整体顶推，顶推过程中需将各联采用刚性连接方式形成整体。为保证伸缩缝处刚性连接质量，通过多因素质量控制分析和技术攻关，确定在伸缩缝位置，腹板使用连接板安装高强螺栓进行处理，顶板和底板使用加劲板和高强螺栓连接拉杆处理，同时在连接位置采用环形压力传感器、距离传感器、无线通信模块对顶推过程进行了受力监测，保证了顶推施工顺利完成，如图 8、图 9 所示。

项目以此质量技术创新成果申报了“一种桥梁钢箱梁顶推施工监测系统”实用新型专利。

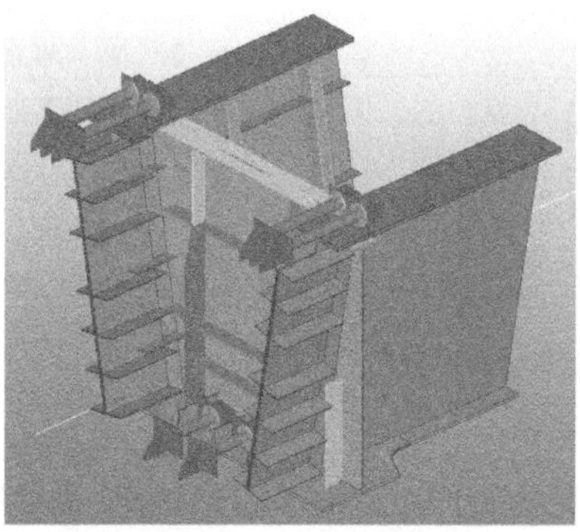

图 8　伸缩缝刚性连接处理三维模型图

图 9　伸缩缝刚性连接处理现场施工及监测照片

5. 桥面混凝土施工支撑体系质量控制技术创新

桥梁翼缘板设计为悬挑结构，悬挑长度 1.875m，为确保面板混凝土施工质量，通过质量控制技术创新，在腹板顶部钢板钻孔使用高强螺栓的方法固定成品钢管三角支架的方法作为模板支撑体系，使用支架底部调节顶托在钢箱梁竖向腹板受力进行翼缘板坡度调节，并形成三角固定体系作为混凝土模板支撑体系，单个三角支架安装完成后采用钢管进行横向连接，确保三角支架整体受力，如图 10、图 11 所示。

项目以此质量技术创新成果申报了“一种钢混结合梁桥面板施工用支撑结构”“一种钢混结合梁桥面板施工用支撑装置”2 项实用新型专利。

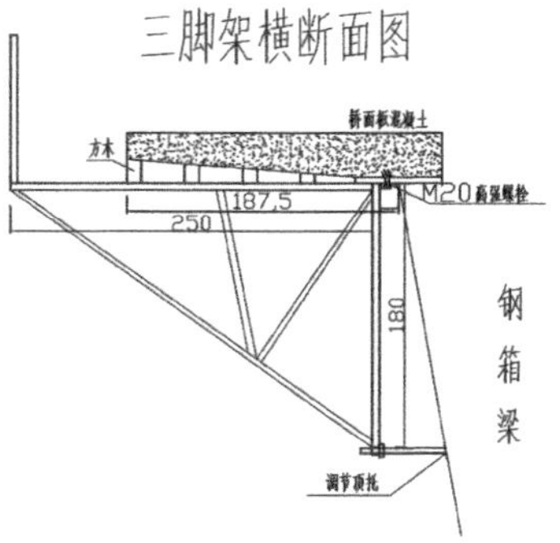

图 10　伸缩缝刚性连接处理三维模型图

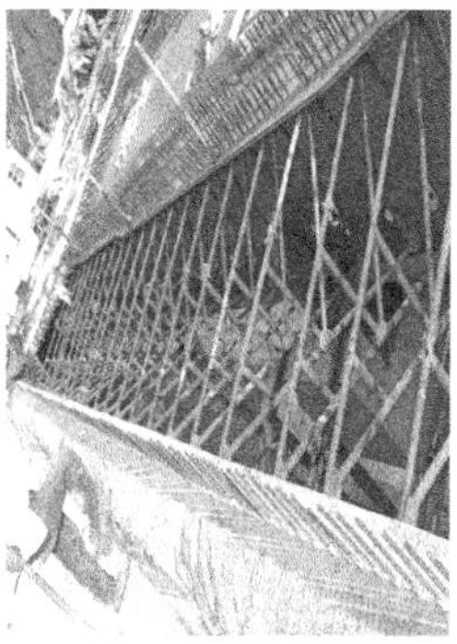

图 11　伸缩缝刚性连接处理现场施工及监测照片

6. 应力应变及位移质量控制监测技术创新

为确保顶推过程中钢箱梁连接处质量和桥墩墩顶因水平推力的质量控制问题，采用在钢箱梁连接处布置应力计使用自动化采集仪进行监测（图 12）；在墩顶挡块外侧布置变形观测彩带（图 13），采用全站仪进行墩柱偏移观测，确保顶推施工质量及安全。

图 12　钢箱梁连接处自动化采集应力计

图 13　挡块外布置变形观测彩带

7. 双幅顶推同步性调整质量控制技术

为确保左右幅梁体顶推过程中的同步协调性，采用设置通长扁担梁，防止因顶推设备在各种复杂工况下钢梁动作幅度不协调导致变形的质量问题，如图 14、图 15 所示。

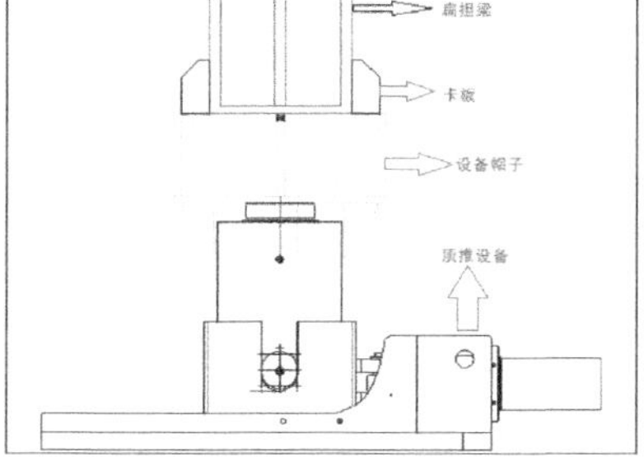

图 14　扁担梁设置剖面示意图

图 15　扁担梁设置现场施工图

8. 采用空间有限元程序仿真分析推演确保施工质量

利用有限元软件对顶推过程 12 种工况、桥墩、钢箱梁、前端导梁和顶推施工扁担梁进行应力分析、变形分析和稳定性分析计算，从技术角度为质量控制及现场施工提供了坚实的理论基础，如图 16 所示。

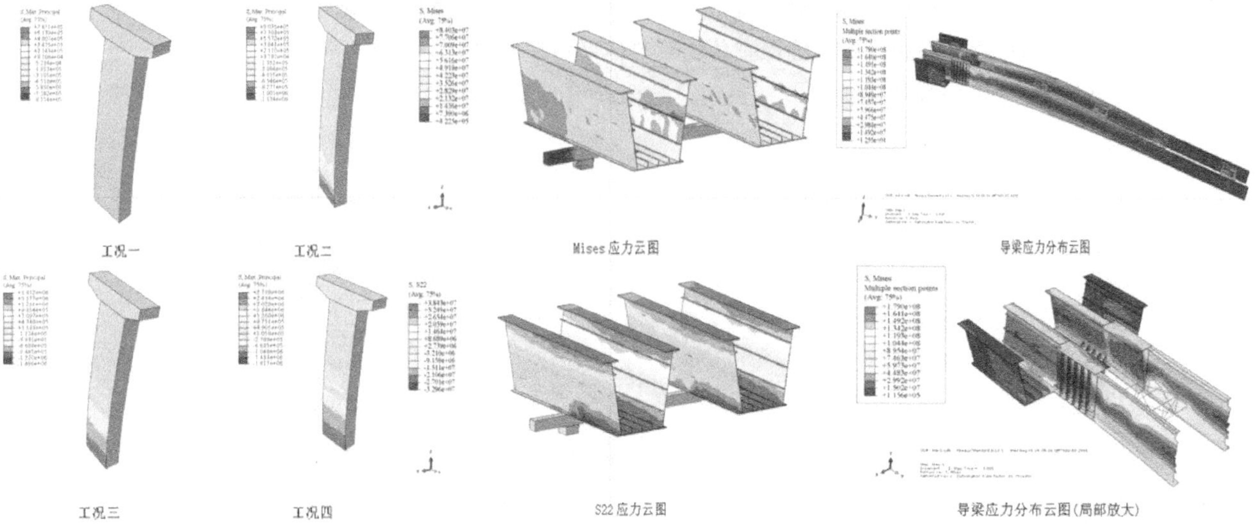

图 16　部分有限元仿真分析过程计算成果

9. 运用失效模式分析，提高钢结构加工质量控制精度

本工程钢结构重量大，整体拼装顶推节段长，双幅同步顶推对钢箱梁节段精度的加工制作质量控制精度较高。在钢箱梁制作前及制作过程中运用失效模式分析，对影响钢结构加工精度质量的因素进行分析，利用 Tekla Structures 钢结构详图设计软件建立三维实体模型（图 17），辅以 AutoCAD 软件绘制生产加工图，从钢结构原材料、焊接质量控制、制作加工工艺控制等方面提升钢箱梁制作质量控制精度。

图 17　Tekla 软件建模系统三维建模示意图

10. 严格执行程序控制、积极推广新技术应用，确保焊接工艺施工及拼装质量

厂内加工阶段从原材料检验、焊接工艺评定实验、钢箱梁节段划分、预拼装等工序加强质量控制，焊接过程中采用焊接机器人等自动化技术应用，进一步提高焊接的稳定性与焊接质量，如图 18 所示。

图 18　自动化焊接技术应用

五、项目成效

通过上述科研技术研发及应用顺利完成了圭落哨大桥钢箱梁顶推施工，达到了质量管理目标，取得了 6 项专利，形成了成套工法，填补了国内长距离曲线单向双幅同步顶推施工领域空白，技术质量成果达到国内先进水平，具有广阔的推广应用价值。

1. 经济效益

通过与单幅单向顶推施工技术对比，可节省施工费用 192 万元，且工期提前 200 天。

2. 工法申报情况

《大跨度槽式钢箱梁长距离曲线单向顶推施工工法》荣获 2021 年度电建集团优秀工法，如图 19 所示。

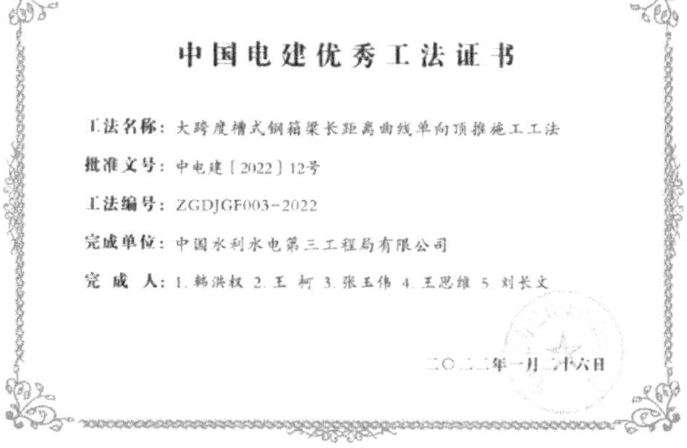

中国电建优秀工法证书

工法名称：大跨度槽式钢箱梁长距离曲线单向顶推施工工法

批准文号：中电建〔2022〕12号

工法编号：ZGDJGF003-2022

完成单位：中国水利水电第三工程局有限公司

完 成 人：1. 韩洪权 2. 王 柯 3. 张玉伟 4. 王思维 5. 刘长文

二〇二二年一月二十六日

图 19　工法证书

3. 论文发表情况

在国家级期刊发表论文共计 6 篇，如图 20 所示。

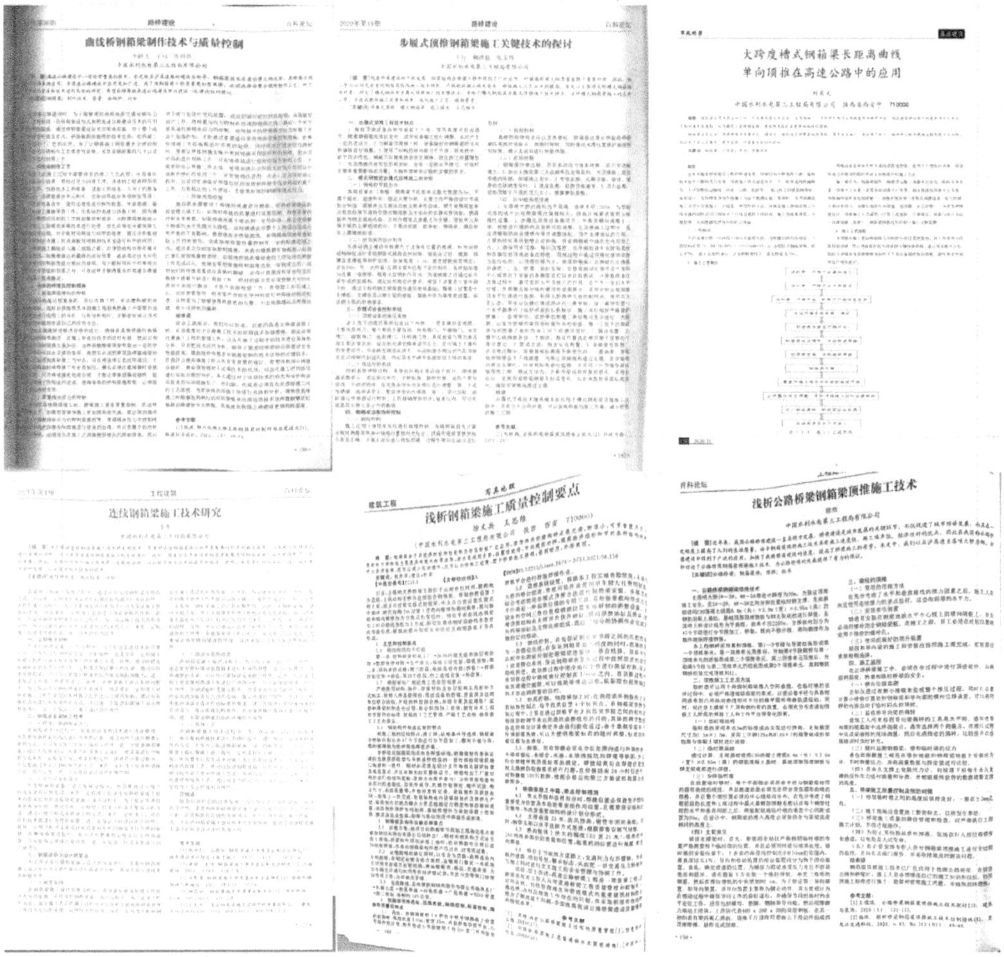

图 20　发表论文照片

4. 专利申报情况

项目研究过程中取得了 6 项实用新型专利，其中“一种桥梁钢箱梁顶推施工用临时连接结构”获得工程建设行业高推广价值专利大赛三等专利，如图 21 所示。

图 21　专利证书

5. 获奖情况

（1）“提高钢混组合梁桥面板钢筋安装一次合格率”QC 课题荣获 2020 年陕西省工程建设“优秀质量管理小组Ⅰ类成果”。

（2）依托该技术质量成果承建的石林至泸西高速公路项目主落哨大桥荣获第十四届第二批中国钢结构金奖。

（3）技术质量成果《大跨度槽式钢箱梁长距离曲线单向顶推施工关键技术》获得中国水利水电第三工程局有限公司科学技术进步一等奖。

（4）技术质量成果《大跨度槽式钢箱梁长距离曲线单向顶推施工关键技术》获得陕西省建设工程科学技术进步奖一等奖。

（5）技术质量成果《大跨度槽式钢箱梁长距离曲线单向顶推施工关键技术》获得陕西省第七届职工科技节职工创新大赛一等奖。

（6）技术质量成果《大跨度槽式钢箱梁长距离曲线单向顶推施工关键技术》获得第三届（2023）电力企业班组创新创效项目成果特等奖。

六、结语

根据国家“十四五”规划，将加快推动能源、水利、交通等重大基础设施建设，本项目以科研技术研发促进质量管理成果的研究实践可广泛应用推广，助力国家基础设施建设高质量发展。

主要创造人：韩洪权、王　柯、钱运东

参与创造人：张玉伟、徐文兵、李　菠、岳栋涛、吕培鑫

面向水质达标的流域综合整治工程质量创新管理实践

中建生态环境集团有限公司

EPC 工程总承包模式是流域综合整治工程项目管理中的一种新型模式。如何运用 EPC 管理模式，确保施工工程质量是面向水质达标的流域综合整治工程质量创新管理的关键。

本文以位于坪山河干流综合整治及水质提升工程为案例，探索创新质量安全管理架构与制度，首次提出了面向交接断面水质达标的流域综合整治工程质量管理工作的创新与实践，简述了项目工程管理方面取得的成效。

一、工程概况

坪山河干流综合整治及水质提升工程是集治污、防洪、生态修复、海绵城市建设于一体的城市水系综合整治工程。工程位于深圳市坪山区，是广东省《南粤水更清行动计划（2013—2020 年）》中的重点民生工程，包括堤防工程、截污工程、污水处理、生态修复、泵站工程、补水工程、海绵城市、智慧水务等主要工程。

本工程治理范围从深圳市坪山河三洲田水始至坪山河下游深惠交接断面止，总治理长度为 19.2km，防洪保护人口为 55.4 万，工程等别为Ⅱ等，规模为大（2）型，主要建筑物等级为 2 级，设计洪水标准为百年一遇；建设内容概括为“5+2+7+8”，包括 5 项主要线性工程（防洪工程、截污工程、补水工程、景观工程、海绵设施）、2 座净化站、7 座调蓄池、8 块人工湿地，详见坪山河干流综合整治及水质提升工程布置示意图（图 1）。该工程建设成功后，将形成实时监视、智能调度、远程控制、综合管理四大系统的智慧水务云平台。

坪山河流域被省环保厅要求坪山河出境交接断面水质 2020 年重金属指标达到Ⅲ类，其它指标优于Ⅳ类。工程决算总投资为 27.28 亿元。工程于 2016 年 12 月 26 日开工，2020 年 5 月 7 日完工，2021 年 5 月 10 日通过了深圳市坪山区水务局组织的工程竣工验收。

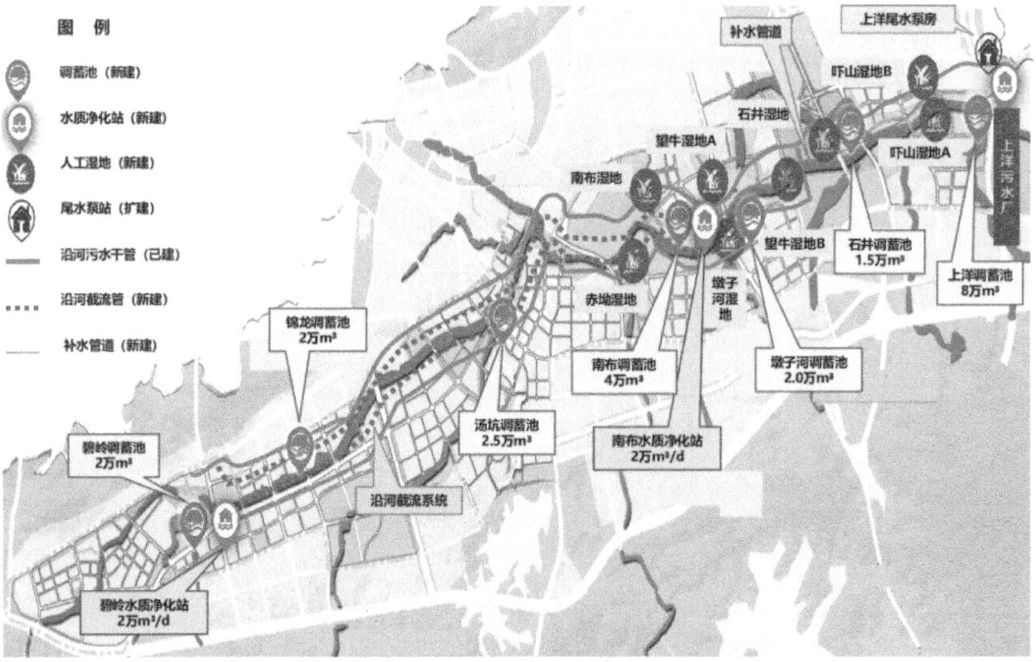

图 1　坪山河干流综合整治及水质提升工程布置示意图

二、流域综合整治工程质量管理的特点

坪山河流域综合整治工程项目具有施工战线长、范围广、施工条件复杂、作业点分散、涉水作业、管线不停水作业、生态修复与环境保护难度大等特点。同时，在施工过程涉及多个主体单位的统筹管理，协调难度大。项目开工前，经建设单位组织并报深圳市水务工程质量安全监督站确认，工程项目划分为30个单位工程，166个分部工程，28191个单元工程。多项工程的管理对项目负责人要求更高，资源配置更加复杂，项目实施风险也大。具有以下特点。

①环保要求高。项目对施工环保和资源节约的要求较为严格，质量管理工作和绿色施工方案必须贯穿流域综合整治工程的全生命周期。

②协同管理难度大。涉及流域面积大、专业广且交叉，在施工过程中具有典型的周期性，在不同时间节点、不同的工程主体上质量管理的侧重点有所不同且具有交叉性，如果不能及时调整质量管理计划，就有可能导致工期延迟、施工质量问题频发。

③隐性风险高。工程与工程之间资源调配难度大，受其周边环境等因素影响，需要提前评估和预警潜在风险，并及时调整质量管理策略和化解隐性风险。

项目团队始终坚持以标准化管理和常态化管理为抓手，高度重视工程质量和技术创新，强化“红线”“绿线”意识，树立“五优”理念，科学组织，优化施工，细化管理，严保项目安全质量。

三、流域综合整治工程质量管理的实践

（一）工程质量安全组织管理架构

依据《深圳市坪山区水务局工程建设质量管理规定》，深圳市坪山区水务局作为项目法人负责建设管理工作，项目法人采用项目部管理模式，监理单位监控，勘察、设计和施工单位保证，质量检测单位和政府监督相结合的质量管理体制，建设工程实行质量终身责任制。

为促进工程建设项目绿色建造施工水平的提高，推进全生命周期绿色建造，成立施工组织机构和环境管理领导小组，落实各单位职责，岗位明确，职责清晰，人员到位（图2）。

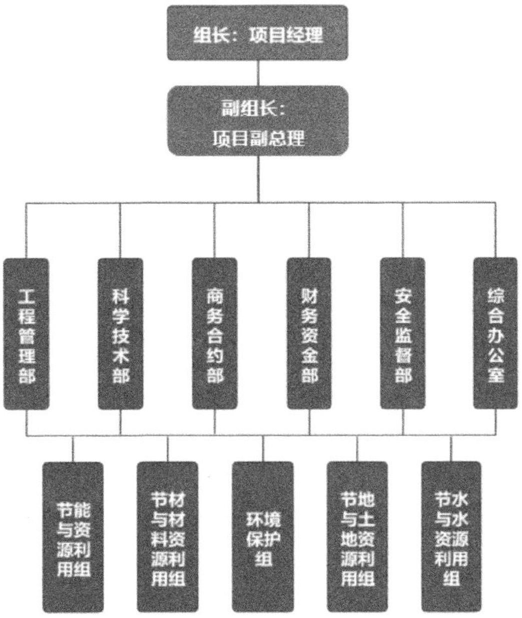

图2　绿色施工组织机构图

在工程策划与施工管理方面，根据在施工程周边环境的特殊性，将重点控制和管理现场布置、临建规划、现场文明施工、大气污染、水污染、噪声污染、废旧物资管理、资源的合理使用以及环保节能型材料设备的选用等。制定绿色施工实施策划方案，并进行交底和培训。施工过程中对绿色技术措施进行设计方案优化，做好绿色宣传工作，开展绿色、低碳活动（图 3）。

图 3　绿色、低碳活动图

（二）工程质量安全管理制度

项目建设过程中，涉及质量安全的各单位、部门、岗位和环节较多，并且相互关联，相互制约，为保障工程建设的质量，在项目施工的过程中，有必要建立相应的规章管理制度和有效的管控措施。为此，项目在合同签订阶段，在项目签订合同中已经明确界定绿色施工要求和绿色施工技术措施。根据《中华人民共和国环境保护法》、建设部《建筑施工现场环境与卫生标准》，制定绿色施工管理制度，包括建立绿色施工组织领导机构、绿色施工教育和绿色施工检查、建筑垃圾再生利用、生活区用水用电管理、施工用地保护管理、污水排放管理、施工噪声控制、有害物质控制管理等 18 项制度。

项目成立双重预防机制工作小组，制定双重预防机制创建方案，结合业务特点，采用 LEC 评价法（格雷厄姆评价法），开展针对性的安全风险辨识评估隐患排查治理工作，完成风险评估及控制信息表、生产区域安全四色图、作业安全风险比较图、安全风险告知卡等 10 项双重预防机制关键要素建设，现已形成双重预防机制建设手册。由于项目施工期间，处于新冠疫情突发期，施工难度加大，为了施工人员健康，项目编制了一系列人力资源健康保障制度与应急预案，并开展应急演练，比如《防毒蛇咬伤专项应急预案》《白蚁防预案》《新型冠状病毒疫情应急处置方案》；为现场复工编制《员工防疫手册》《施工现场疫情防控标准化图集》。

为确保应急管理救援体系切实可行，全年共组织和参与应急演练 10 场，参加人数 210 人次；演练主题涵盖公共开放空间反恐、消防应急救援、疫情防控、防洪排涝等专项内容，在实战演练中，检验提升应急救援能力、区域应急联动能力。

（三）工程质量施工过程管控

质量是企业的生命，在施工阶段务必高度重视质量管理。项目根据绿色建造施工过程目标，结合工程特点，将项目进行地基与基础阶段、主体结构工程两阶段自评价，并组织相关人员对建造过程开展实施情况总结和指标对比分析评价报告，不断完善项目的过程管理。坪山河流域综合整治工程 EPC 项目在实施过程中对工程质量进行了创新。

1. 发挥项目团队管理优势

项目建设前期，深圳市坪山区水务局成立了坪山河干流综合整治及水质提升工程项目部，全面负责坪山河干流综合整治及水质提升工程管理工作。项目初期成立了坪山河干流综合整治及水质提升项目部，负责资金筹措、建设管理、生产经营等工作。下设项目管理组织机构，配备项目管理人员，建设过程中对工程质量、工程进度、资金管理和安全生产负责，并接受上级主管部门和项目主管部门监督，安全、保质保量完成了整个工程的建设。项目管理岗位职责明确，规章制度完备，工程建设过程中，执行效果良好。

2. 项目重难点工程技术创新

高度重视设计人员的能力水平，并充分发挥设计的先导作用和技术优势，提升设计源头质量。本工程设计采用新理念、新思路，设计方案合理、先进，设计成果质量优秀，工程设计成果得到相关部门的认可，设计变更上报、审批程序符合有关规定，设计现场服务及时、周到。

（1）理念创新

根据现场实际情况，设计人员准确把握工程的重点、难点，使设计意图能准确贯彻在工程实施中。为此，设计人员针对以上的工程设计难点，创新设计理念。

①以水资源、水环境、水安全、水生态、水文化“五位一体”的治水理念和“治污、防洪、生态修复”+“田园都市建设”的“3+1”治水思路统领全局。

②防洪整治遵循“上蓄、中疏、下排，两岸分滞”的思路及海绵城市建设的理念，实现城市雨水系统的源头减量，减少洪峰流量。

③按照“精准截污、分散调蓄、分布处理、就近回用”的总体思路，通过“水质闸门+在线水质仪表”实施精准截污，建设分散式调蓄池、分布式水质净化站，对旱季污水和雨季初期雨水处理达标后就近回补河道，构建“截流—调蓄—处理—回用”的水质达标体系。

④采用垂直流人工湿地群技术，创新优化湿地填料，深度处理原有上洋污水厂一级A出水达地表IV类水后，就近回补河道，确保维持河道生态基流，实现水资源的再利用。

⑤按照“重塑滨水空间、构建生态水岸、激活城市空间”的设计策略，结合地方文化特色，通过精细化的景观设计，以山水融城理念打造活力人文水岸。

（2）技术创新

针对本工程特点、施工难点和重点，创新施工技术，解决施工难题。

①实施平行施工组织方式

根据“平面分段、池站独立”的原则，制定了《坪山河干流综合整治及水质提升工程施工组织设计》方案，将项目划分6个工区、2个净化站、7个调蓄池，采取工区和池站点平行施工组织方式。施工过程中，各单位各部门加强监督、严格监管，确保了工程施工按方案执行。

②多措并举解决施工污染难题

施工期间，保证河道不受施工污染，根据现场的不同情况，制定了增加临时污水管倒排、河道增加围堰倒排、污水错峰施工等多项不同的措施，同时施工过程中加强对河道水质的监测。

③创新开发BIM+GIS技术

面对在汛期来临前完成，工期紧、任务重、施工难度较大的问题，在设计上采取了侧向导流明渠导流方案，按百年一遇的洪水设计导流过水面积，确保施工时的安全。以revit为基础工具，基于BIM技术对锦龙调蓄池段进行实比例建模，结合模型视频进行可视化交底，同时创新开发BIM+GIS技术，结合无人机测绘+pix4D模型对现场线性施工进行实时监控、测算，保证施工质量，保障施工安全和施工进度（图4、图5）。

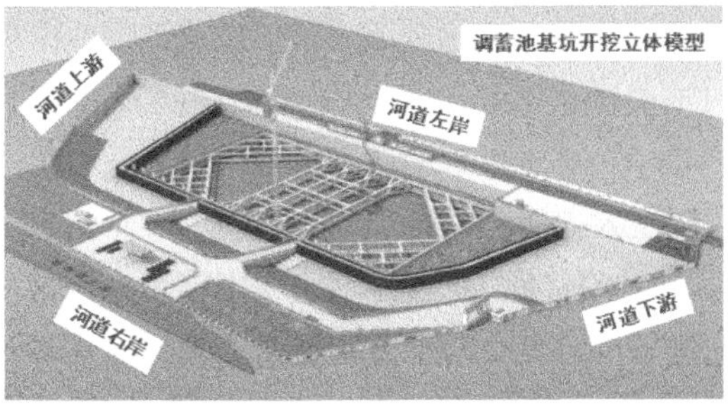

图4 锦龙调蓄池施工模型

图5 锦龙调蓄池施工过程航拍

④实施“跳仓法”施工方案

为避免雨季影响，公司组织召开多次方案论证会，制定了“跳仓法”施工方案。平均每个单体缩短工期约2个月，施工质量良好，达到无缝施工目标，解决了后浇带预留封闭困难问题（图6、图7）。

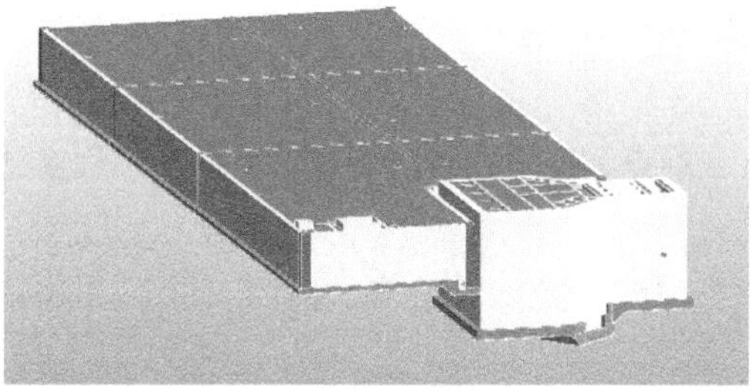

图6　调蓄池后浇带示意图

图7　调蓄池后浇带现场施工图

⑤实施项目土方平衡方案

本工程土方工程量大，区域分布广、土质差异大且类别繁多，综合考虑土方量、运距及拆迁，解决现场土方调配组织困难的问题，编制了项目土方平衡方案，并依据施工过程动态调整，开发了土方出土平衡管理APP，提高了出土的效率，增强了调配精准度（图8）。

图8　坪山河项目土方调配APP

3. 健全施工质量管理与监督体系

本工程质量管理体系和质量监督体制健全，政府质量监督机构监督到位，工程项目划分合理，工程质量评定及时、准确、合规，施工质量优良，按规定进行了质量检测。工程外观质量评定优良，工程现状外观良好，主要水工建筑物和工程管理单位建筑物内外建筑整洁、美观，与周边环境相融合，现状保持良好，工程管理范围内环境景观设计合理，环境优美、整洁。过程中未发生质量事故、质量缺陷事件，水利工程建设标准强制性条文执行良好，工程施工质量优良，获得相关部门的认可或奖励。

深圳市坪山区水务局针对水务工程建设管理形成了一套较完整的管理体系，有专门的质量和安全、合同和财务、施工现场等管理部门。在工程建设过程中严格执行制定的各项质量规章制度。通过技术管理、过程管理、验收管理、行业监督和示范工程五方面进行质量管控。其中技术管理主要是：通过专家审查、图纸会审等，从方案和图纸层面为施工质量打下基础。过程管理主要是：参建各单位尽职尽责，对重点关键部位的施工进行过程监督，从材料进场到加工，再到施工工艺，直至成品保护等，保证实体质量。验收管理主要是：严格执行有关水利工程验收规定。行业监督主要是：深圳市水务工程质量安全监督站定期或不定期对项目开展监督、巡查。

示范工程主要是：推行示范工程建设，提升工程质量。

（1）创建大禹奖的质量目标

开工伊始就确定了创建大禹奖的质量目标，成立了由业主、勘察、设计、监理、总包组成的创优管理领导小组，以及各参建单位参与的4个创优工作小组。施工过程中统一策划、统一标准、严格控制、强化验收、科学管理、一次成优。

（2）质量监督情况

项目实施期间，深圳市水务工程质量安全监督站根据监督计划安排并结合工程施工进展情况，监督组对本工程开展了监督巡查工作，重点对参建各方的质量行为、施工技术资料、工程实体质量等进行了监督检查。重点检查参建各方主要管理人员到岗履职情况，主要原材料质量状况，影响调蓄池安全运行关键结构部位的质量。各参建单位质量行为比较规范，能认真执行有关法律法规和强制性标准，对施工中出现的质量问题和质量隐患已按要求整改完毕，质量管理良好。运行管理单位管理体制顺畅，管理权限明确。

①以预防为主、维护保养和计划检修并重为指针，设备修理坚持先维修、后生产的原则。自接收运营以来，设备完好率98%以上，重点设备完好率99%以上。运行部门有计划地组织好设备检修的工作，在下达生产计划的同时，下达设备的检修计划；检查生产计划的同时，检查设备检修计划。

②生态环境质量持续改善。自水质净化站、人工湿地及分散式处理设备投入运行至今，出水水质全年稳定达标。设施出水均优于设计排放标准，坪山河河道水质持续稳定。

③智慧水务管理平台实时监视、智能调度、远程控制、综合管理四大系统运行良好。截污管网、净化站、调蓄池、人工湿地等设施运行平稳。

4. 流域综合工程质量管理的成效

自2018年12月以来，坪山河上洋交接断面水质连续稳定优于地表水IV类，全年平均水质达到III类，省考交接断面考核超预期。生态堤岸有效抵御雨洪冲击、削减面源污染、改善河道生态环境，补水工程有效保障了河道生态基流，营造了良好的城市河流生态系统。水清岸绿的坪山河助力坪山区获评“国家生态文明示范区”称号（图9）。本工程的成功实施，具有重大的生态效益和社会效益，并获得中华人民共和国中央人民政府网、新华社、人民网等多家媒体宣传报道。2022年5月，坪山河干流综合整治及水质提升工程治理成果亮相央视《新闻联播》。2022年12月30日，CCTV1《大国基石》第3集《城市绿心》7分钟专题节目对其进行了报道。

图9　水清岸绿的坪山河

通过各方齐心努力，工程各项质量指标符合设计要求，工程质量优良。该项目先后获得2020—2021年度国家优质工程奖、2021—2022年度中国水利工程优质（大禹）奖，获2022年度国家级优秀工程勘察设计奖一等奖和2021年第五届ELA国际景观大奖“年度最佳开放空间景观奖金奖”，获第二十届詹天佑大奖。

主要创造人：张云富

参与创造人：马永志、史婉丽、张　朴、孙敏哲、郭钊搏

选煤厂工程总承包项目全过程质量管理实践

中煤科工集团唐山研究院有限公司

中煤科工集团唐山研究院有限公司是始建于1956年的大型综合科研机构，1999年7月转制为中央直属企业，是我国煤炭行业从事选煤技术研发、装备推广及托管运营的大型科技企业。公司从研究开发、装备制造、工程设计与承包、技术咨询与服务到选煤厂生产运营，形成了完整的产业链。在洁净煤与选煤、矿山测量与“三下”采煤、水力采煤与工业泵等技术领域均已达到国内或国际先进水平，是中国煤炭行业的主力科研院所和技术创新基地。

一、项目背景

多年来公司沿用课题组模式管理工程项目，存在考核目标不明确、项目经理权责利不对等、不能充分发挥项目经理的主观能动性等诸多弊端。

为突破公司发展瓶颈，科学监管工程项目全过程，从而积累项目管理经验，实现企业高质量发展，公司构建了工程项目“五制”管理体系：项目经理负责制、管理目标责任制、项目采购招标制、项目过程审计制、项目成果评价制。

2021年8月，中煤科工集团唐山研究院有限公司承揽“河北太行选煤厂工程EPC项目”，以此为载体进行工程项目“五制”管理实践，促进工程项目质量管理提升。

（一）工程概况

该项目位于河北省武安市磁山镇太行钢铁公司产业园，由河北太行钢铁集团投资。本工程中标金额1.63亿元，分为四个系统，分别为卸车及原煤储煤系统、选煤厂生产系统、精煤储配运系统、园区配套系统。

（二）工艺流程

根据煤质特点及产品要求，选煤工艺为：跳汰＋螺旋分选＋浮选工艺，即0.75mm~30mm采用跳汰分选，0.25mm~0.75mm采用螺旋分选，–0.25mm采用浮选，浮选精煤和尾煤采用快开隔膜压滤机回收，洗水闭路循环。

二、项目实施过程

（一）项目管理机构

1. 项目管理模式

本项目采用EPC工程总承包（设计—采购—施工—试运行）模式，实行项目经理负责制，公司与项目经理签订项目管理目标责任书。项目经理根据授权范围、时间和项目管理目标责任书，履行项目经理职责，行使项目经理权限，实行项目目标管理。项目经理经授权组建项目部，项目部在项目初始阶段进行项目策划，编制项目管理计划和项目实施计划，项目独立核算，明确项目资金管理目标和计划。通过设计、采购、施工、试运行各阶段协调、配合和合理交叉，科学制订、实施、控制进度计划，确保工程按期竣工。设立项目管理机构，在技术、质量、安全、进度、费用和设备等岗位配备相应管理人员，促进设计、采购和施工的协调，完善和优化设计，改进施工方案，实现对项目的有效控制。项目竣工后进行项目后评价，编写评价报告，用于指导后续项目进行保证项目的顺利开展。

2. 项目管理组织机构

根据公司制度，项目管理组织机构设置分为企业保障层、EPC 总承包项目管理层、施工作业层（分包层）三个层次，项目管理组织机构框架如图 1 所示。

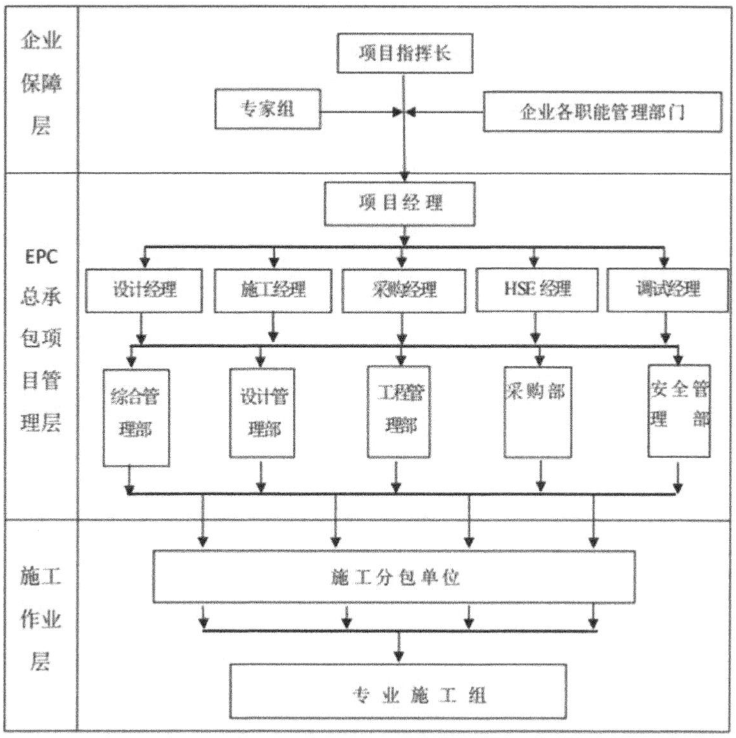

图 1　项目管理组织机构框架

（二）设计质量控制

设计质量是衡量一个工程的关键，为了确保本工程的设计质量，相关人员采用鱼骨图方法进行分析。该设计配备了最专业的设计人员，调整出了充裕的设计时间，对工程设计质量建立了完整的保障措施，以确保设计成果的高质量。根据本工程的实际特点，针对以往设计中暴露出来的设计通病，运用 5W1H 进行了全方位的改进，确保提供高水准的设计质量。

1. 设计质量控制内容

项目综合管理部应根据项目部的质量管理体系和工程总承包项目的特点编制项目质量计划，并负责该计划的正常运行，对设计管理部所有人员进行资质的审核，并对设计阶段的项目设计计划、设计输入文件进行审核，以保证项目执行过程能够满足业主的要求，适应所承包项目的实际情况，确保项目设计计划的可实施性。设计管理部在整个设计过程中应按照项目质量计划的要求，定期进行质量抽查，对设计过程和产品进行质量监督，及时发现并纠正不合格产品，以保证设计产品的合格率，保证设计质量。

2. 设计质量控制措施

设计管理部内部的质量控制措施有设计评审、设计验证、设计确认等几个方面。

（1）设计评审

设计评审是对项目设计阶段成果所做的综合系统检查，以评价设计结果满足要求的能力，识别问题并提出必要的措施。设计评审分专业评审和综合评审，专业评审应在专业方案确定前进行；综合评审对技术经济关键点、难点、分歧点和工程设计总体方案进行评审，协调存在遗留问题的各专业关系。根据评审结果，调整优化设计方案。设计评审应做好记录，以及跟踪检查工作。

（2）设计验证

设计文件在输出前需要进行设计验证过程，设计验证是确保设计输出满足设计输入要求的重要手段。校对人、审核人应严格按照有关规定进行设计验证，认真填写设计文件校审记录。设计人员应按校审意见进行修改。完成修改并经检查确认的设计文件才能进入下一步工作。

（3）设计确认

设计文件输出后，为了确保项目满足规定要求，应进行设计确认，该项工作应在项目设计计划中做出明确安排。设计确认方式包括：可研究性报告评估，方案设计审查，初步设计审查，施工图设计会审、审查等。业主、监理和项目经理部三方都应参加设计确认活动。

（4）设计成品放行、交付和交付后的服务

设计管理部要按照合同和工程总承包企业的有关文件，对设计成品的放行和交付做出规定，包括：设计成品在设计管理部内部的交接过程；出图专用章及有关印章的使用；设计成品交付后的服务，如设计交底、施工现场服务、服务的验证和服务报告。

3. 设计质量保证措施

设计管理部的设计质量采用从上到下，层层把关的方式。设计过程中的每一项都有专人负责，将设计中的每一个环节落实到个人。各相关专业部门相互沟通、相互协助，整个设计团队在不断分析、验证中改进。设计管理部质量保证体系根据公司管理体系文件建立，是确保设计质量的制度保障。

（1）设计策划

设计策划是按照投标文件承诺安排的项目设计总策划。由项目设计经理组织召开开工会议，相关专业工程设计负责人参加。由项目设计经理传达建设单位要求，明确设计范围，确定工程进度和互提资料安排，提出质量控制要求并研究本工程应实现的质量目标和质量控制措施。

（2）编制设计计划

根据开工会议或设计任务书要求确定原则，项目设计经理编制工程设计计划，作为组织工程设计的依据性文件，各专业遵照执行。工程设计计划包含产品实现策划的要求，其主要内容为：工程名称及编号，人员组织及分工，质量目标及质量控制措施，评审、验证和确认方式的安排，设计进度（包括接口资料交接），设计文件编制的统一规定等。

（3）设计更改

设计过程中设计更改涉及其他专业时，应由更改设计的专业主要设计人重新提资，并明确前一次提资内容作废，经校审签署后进行更改。设计过程中的设计更改方法，遵照公司“设计图纸修改”的规定办理并按成品校审、会签等有关制度中规定的职责逐级校审、重新签署。当调取底图进行修改时，需先填写《底图修改调用申请书》，由有关领导批准。有较多修改需要重新出图时，需重新编制图纸目录，并修改卷册检索号。图纸修改后，应更换有关档案资料；对于已发送且正在施工或将要施工的图纸内容，应及时填写《图纸修改更换通知单》，与修改图纸一并交付。

应建设单位的要求更改、设计资料变化或设计错误引起的设计更改。当建设单位要求进行单项设计更改时，应提出书面文件，说明更改范围和内容，必要时签订补充设计合同。当更改内容涉及初步设计阶段审定的原则性问题时，应报请原审批单位经评审、确认并批准后方可进行更改。

施工安装过程中，因总承包单位或建设单位的原因或要求，引起设计较大更改时，应由提出单位填写《工程联系单》并经授权单位审批后方可进行设计更改；一般的设计更改也可由提出单位口头提出；更改人员应在《设计更改通知单》的更改原因栏内需注明提出单位、提出时间、更改内容。《设计更改通知单》与设计图纸具有同等效力。

（三）服务质量控制

1. 服务内容

组织设计管理部做好现场设计交底工作，并协助供应商做出技术方案。配合施工，解决与设计有关的技术问题。其中包括：提供图纸、说明书、技术规格书以及其他设计文件的解释。协调、处理现场设计变更。各专业设计经理在项目专业负责人领导下，承担具体的设计任务，履行好以下职责。

（1）根据设计开工报告和设计任务单的要求，按照各专业设计负责人的安排，编制作业计划；认真贯彻执行有关标准、规范和规定，收集资料，正确应用设计基础资料和设计数据，选用正确的方法、公式和程序等，同时吸取国内外生产实践和科研成果，进行方案比较和技术经济分析，确定或推荐设计方案。

（2）方案确定后，按项目规定编制设计文件，做好具体的设计工作。同时根据任务要求提出请购文件和配合采购工作；认真执行质量手册，做好文件的编制、绘图及自校工作。相关专业密切配合，提供给其他专业的技术接口条件要正确、完整、清晰；进行设计文件、质量记录表的整理、入库和归档工作，做好设计服务工作；在设计前期就建立与业主沟通渠道，采用设计联络会等方式主动与业主沟通，及时收集、分析业主有关信息，了解业主的需求和愿望。

（3）施工图设计阶段精心组织，科学管理，全面策划，按一次达标验收标准组织、实施，设计组织体系按投标书承诺及时到位；精心设计，保证质量，严格掌握设计标准，强化过程管理，设计出安全可靠、经济适用、技术先进，符合业主愿望的设计成果。

2. 设计现场服务

为保证现场的服务质量，在工程施工、调试、投运期间将选派主要专业常驻代表，做到随叫随到。为保证工地代表的技术服务质量，工地代表从主要参与本项目设计的骨干中选取。

（1）设计交底

工程施工前，由项目设计经理组织专业主要设计负责人及有关设计人员拟定设计交底提纲，向总承包项目部、分包单位进行设计技术交底，提出质量要求、注意事项及有关建议。

（2）设计变更控制

项目部、专业施工单位、监理发现属于设计方面的图面错误、缺陷、失误、漏项、不合理设计的，设计代表应立即书面通知项目设计经理，经与专业主管人员沟通意见后，由原设计人员负责尽快完成设计修改和更正工作。当施工过程中出现地质条件变化、地下结构物障碍、建设单位要求增加或减少项目功能导致的设计变更时，经设计代表现场核查、收集必要资料后，交设计经理通知相关专业主要设计人，在规定的时限内完成变更设计工作。

（3）定期到工地现场巡查

设计经理、各专业主要设计经理要在施工阶段定期对施工现场进行巡察，根据工程施工进度，制定相应的工地巡察计划，有针对性地开展现场巡察工作。要求每月至少到项目中主要结构工程和复杂设计工程施工现场巡察一次。

（4）参加隐蔽工程及工程竣工验收

设计代表参与地基验槽等隐蔽工程的验收工作，严格掌握质量标准和设计要求，对施工存在的问题，提出补救措施；工程竣工验收将由主管总工程师组织设计代表及主要设计人员参加验收工作；按项目管理的要求编制与设计项目的有关竣工验收报告。

（四）工程质量控制

公司对本工程的质量目标是达到《建筑工程施工质量验收统一标准》（GB50300—2001）规定的合格标准，保证一次验收合格。为此，公司将制定一系列的工程质量管理制度，建立健全质量保证体系，编制专门的质量预控措施，逐层分解质量目标，确保责任到人。

1. 计量管理

公司将按要求使用搅拌机后台上料微机计量，并对计量仪器定期审验。要求计量记录齐全，由专人负责操作。

2. 主体结构质量

公司将严格按照落实省、市相关法律法规的要求，针对质量控制点采取有效的预控措施，特别是对钢筋工程、模板工程、混凝土工程、钢构件及安装工程均应符合规范要求，确保主体工程质量合格。

3. 工程技术数据管理

制定工程数据管理制度，并指派专职数据员负责工程数据的收集整理，数据员将对数据同步收集、分类整理。对各分部分项及时进行质量评定，未做评定的或评定不合格的不能进行下一道工序，分部分项评定应真实可靠，不允许弄虚作假。

4. 施工项目质量预控

施工项目质量预控在事先分析工程项目施工活动中，在可能出现或容易出现质量问题的基础上，提出相应的预防措施和对策，实现对施工项目质量的主动控制。

5. 施工准备质量保证管理措施

工程开工前，施工人员应认真熟悉设计文件，参加技术交底和图纸会审，施工员依据施工图编制准确的施工顺序。各专业施工人员依据质量计划明确项目施工的关键过程和质量控制点，开工前，由各专业施工人员对施工班组做施工程序、施工方法、施工技术质量要求等详细的技术交底。

（五）回访保修措施

保修期按《中华人民共和国建筑法》《建设工程质量管理条例》中的有关规定执行。严格遵守国家、地方及合同规定，确保维修的及时性及维修质量。保修期内由于乙方施工质量出现的问题，乙方应在接到甲方通知48小内赶到维修现场工作。工程竣工时，将向建设单位提交“工程保修书”，以便发现质量问题能与我公司及时联系。

三、项目实施效果

（一）工期进度效果

实际工作中，很难保证工程计划进度和实际进度一致，本项目选取了工艺管道安装、电缆支架安装、外墙涂料喷涂3个分项工程的施工进度进行对比，利用直方图分析方法，显而易见实际进度落后于计划进度，如图2所示。

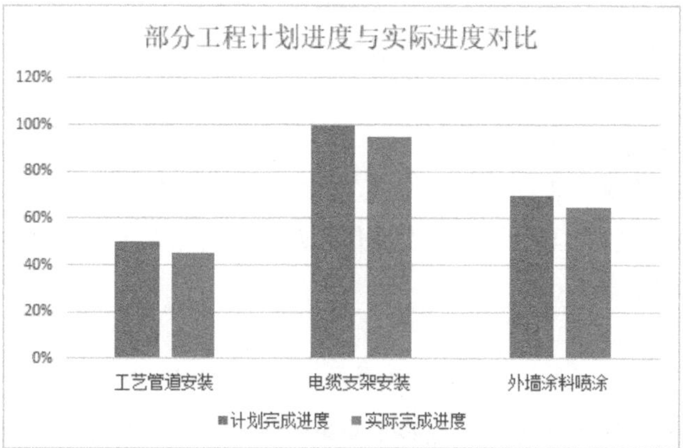

图2　部分工作计划进度与实际进度对比

实际进度略有滞后，经分析由雨水多，无法从事外墙涂料喷涂工作造成。项目部调整工期，首先实施不影响关键工作的项目，天气好转，加速推进外墙喷涂。电缆支架方面，由于甲方要求新增1台设备，需要做设备基础，待设备基础完工后做临时支架。工艺管道上，由于甲方进度款支付延迟，导致管材延迟进场，但偏差不大，精心组织，最终满足合同工期。

（二）利润对比效果

合同签订后项目部编制了利润预测报告，利润率为3.5%，通过“五制”管理制度的运用，充分调动项目经理积极性，通过招标采购压缩成本，公司纪检部对项目的施工过程及执行进行监督，规避了风险。项目完工时利润率为8.03%，前后利润率对比见表1。

表1　项目预计利润率与实际利润率对比

序号	费用名称	总承包价	分包结算价或实际费用	最终利润额	最终利润率（%）	预测利润额	预测利润率（%）	利润对比（%）
一	建安工程	10220	9410.2	809.8		369.8		
二	设备购置	5450	5007.17	442.83		182.83		
三	工程建设其他费	630	601.79	28.21		8.21		
三（1）	设计费	350	350	0				
三（2）	总承包管理费	280	251.79	28.21				
三（3）	联合试运转	0	0	0				
三（4）	工程其他费用	0	0	0				
	合计	16300	15019.16	1280.84	8.03	560.84	3.52	↑ 4.51

四、总结

综上，项目部精心组织施工，设备有序到货，较合同工期提前10天实现连续正常带煤运转3小时，累计带煤量600吨，得到了业主认可，项目按合同约定到款。同时经过与目标责任书对比，利润提高4.5%。项目经理负责制、管理目标责任制、项目采购招标制、项目过程审计制、项目成果评价制在“河北太行项目”中得到了很好的应用。

主要创造人：李山文

参与创造人：温艳辉、李小明、孟庆丰、赵良兴、赵贺伟、徐建修、孙玉涛、张　文

双业态全生命周期“至精质量管理”新模式构建与应用

中能建建筑集团有限公司

一、企业概况

中国能建建筑集团有限公司成立于1952年，属国务院国资委直管的特大型能源建设央企集团。公司秉承“至精”哲学，坚定“至精者赢未来”的企业信念，沿着“多元化经营、集约化管控、创新型驱动、高质量发展”的战略道路，弘扬“顶真、严谨、快捷”的工作作风，营造“简单、坦诚、阳光、透明”的组织氛围和践行“没有最好、只有更好”的对标理念，落实“有思路、有标准、有能力、有担当，守土有责、守土负责、守土尽责、守土成责”的行为准则，构建双业态全生命周期“至精质量管理”的新模式，经过近十年探索实践和推广应用，有效破解了传统电力建设企业转型发展的困境，在转型升级过程中，逐步实现由跟跑、并跑到领跑的跨越，助推了企业高质量发展。

公司资质齐备，拥有建筑工程施工总承包特级及行业设计甲级，电力、市政、公路、机电工程施工总承包一级等资质87项，构建房屋建筑、能源电力“两大主业”，市政、综合交通、环保水务“三大辅业”的“2+3”业务格局，业务遍布国内31个省份和海外22个国家。公司积极推行卓越绩效模式，是行业首家获“中国质量奖提名奖”和安徽省首家获省政府质量奖提名奖建筑业企业，是电力行业AAAAA级卓越绩效标杆企业、国家AAAAA级标准化良好行为企业，共获“国优金奖”“鲁班奖”等省部级以上工程奖100余项，稳居ENR中国承包商80强。

二、双业态全生命周期“至精质量管理”新模式内涵

基于两大业态（主业）的EPC和投建营一体化解决方案体系是该模式赋能的主要路径。公司以满足客户等相关方需求为中心，将“至精质量管理”融入市场开发、设计、采购、建设、交付运营的全业务流程，通过改革赋能、创新赋能、人才赋能、数字化赋能，以工程和服务精品赢得客户、奉献社会，与利益相关方相互成就、创造更大价值，如图1所示。

图1 双业态全生命周期“至精质量管理”新模式

（一）追求卓越

追求卓越是公司在过去、当下和未来不断超越自身、勇于创造一流、坚持卓越引领的矢志追求。历经70年的发展，公司始终传承“至精”基因，不断丰富文化内涵，践行“没有最好、追求更好”对标理念，高层领导高瞻远瞩、励精图治，确立“一二三四”发展思路，为企业发展擘画宏伟蓝图。发挥领导、战略和客户驱动作用，创新体制机制，持续提升质量核心竞争力，以敢为人先、追求卓越、勇争一流的决心和自信，引领企业转型升级、越做越精，实现高质量发展。

（二）结果导向

公司关注产品与服务全生命周期的每个过程，注重每个过程实现的结果，以“至精者赢未来”的企业信念为牵引，将实现社会、客户、上级单位、供方、合作伙伴、员工等所有利益相关方满意作为组织成功追求。公司既从当前的，也从将来（潜在）的利益相关方收集信息，并将这些信息用于制定、实施及评审公司短期、中期和长期的方针、战略、目标、指标和计划。公司坚持结果导向，全方位了解现在和将来的绩效要求，通过高目标引领，建立健全聚焦战略和客户需求的绩效指标体系，从而为所有利益相关方增加价值、帮助利益相关方实现持续的成功，实现所有利益相关方满意。

（三）对标改进

对标改进是公司保持并不断超越当前绩效水平，开展同台同业竞技、促进管理提升的有效方法。公司坚持系统管理、全面对标、持续改进，实施全业务、全过程、全员对标管理，在所有层级针对内外环境变化、同台同业竞技与业务发展需求建立对标改进目标，并对各层级员工在如何应用基本工具和方法方面进行培训，激发各层级比学赶超内生张力。定期跟踪、评审和审核对标改进的实施情况、完成进度和结果，并对改进的成果进行认定和表彰。提高对内、外部风险的持续预测和反应能力，增强创新驱动力，提高过程质量效率。

（四）创新驱动

公司坚持以创新促进管理提升，以创新推动技术进步，以创新驱动转型升级。发挥能源电力、房屋建筑两大业态（主业）的叠加优势，优化建筑特级和电力、市政、公路一级等资质组合，开拓“建筑+”“能源+”等融合性项目，形成“能”“建”共生、多网融合新业态。通过管理体制机制创新变革，创新一体化发展模式，强化职能管理的集约管控，完善管理创新驱动、评价、改进机制，培育基层单位管理创新的活力。着力提高独有、领先技术比例，通过创新驱动牵引技术进步与工程品质升级。

三、双业态全生命周期“至精质量管理”新模式实践

（一）以“至精”文化引领企业高质量发展

公司历代传承赓续“至精”文化基因，始终坚持党建引领、文化聚力，从精神文化、制度文化、行为文化、物质文化等方面全面开展质量文化建设，凝练形成“至精者赢未来”企业信念和“精诚合作、精细管理、精益生产、精品奉献”四精特色文化体系。公司高层领导注重以身作则、率先垂范，公司编发了《企业文化手册》《质量文化建设活动计划》《文化成果库》等，以网站、周报、微信、抖音等“八位一体”为载体（图2），以案例征文、文艺表演、演讲辩论、研讨讲座等形式，以展示厅、形象片、画册、外部交流等为成果展示平台，推进“规范施工、一次成优”质量文化理念宣传

图2 “八位一体”载体

进施工现场、进办公场所、进职工生活区、进施工班组、进分包队伍等“五进”活动，推进理念相通、文化认同，积极与项目业主、监理、政府方等相关方联建共建，以无障碍无缝隙的沟通交流传播“至精”文化，践行精诚合作，打造利益共同体。近年来，公司“至精”哲学根植全员血脉，“真抓实干、马上就办”和“快、高、实、严”蔚然成风，出精品、出效益、出人才、出市场、出文化成果的项目“五出价值”成果丰硕，塑造了“市场认可、上级满意、员工幸福”卓越企业形象。

（二）以新业态、新模式、新绩效彰显央企担当

公司注重战略引领，明确“一二三四”发展思路，瞄准“一个愿景”，聚焦“两大业态（主业）”，突出“三化方向”，转换“四种模式”。充分发挥“设计—采购—施工”全生命期一站式服务和“投资—建设—运营”全产业链一体化管控优势，全力服务能源安全战略和基础设施建设。聚焦能源电力，公司优先发展新能源，推进主投、参投、开发性建设、EPC四管齐下；聚焦房屋建筑，公司抢抓合肥、深耕安徽、立足华东，面向长三角、珠三角和海南自贸港，开拓新型城镇化、老旧小区改造、超高层及装配式等市场，彰显“能建建筑”品牌。公司作为能源电力建设的国家队，已承建百万机组28台、66万机组52台，装机容量1.2亿千瓦（其中新能源突破2800万千瓦），建设百万交直流特高压4个。作为基础设施建设的主力军，承揽房建总面积超过6000万平方米，涉足新型城镇化、片区开发、产业园区、超高层及装配式、城市综合体、军民融合等；建设二级以上公路600公里，承建“EPC+”项目4个，参建PPP项目12个（进入运营期3个），积极为经济社会稳定发展贡献“中能建建筑集团”力量。

（三）以合作共赢，相互成就赢得客户忠诚

公司秉承“市场开发是第一要务”，形成一把手亲自抓、分管领导协同抓、市场开发部全面统筹、各市场开发主体积极联动的大市场开发格局和一整套完善的市场开发链条。坚持以发展战略为指引，遵循“对方有需求、我方有优势、双方有共识、合作有共赢”原则，聚焦目标市场，多维度、差异化细分客户与市场，通过市场跟踪、高层拜访、技术交流等途径了解客户需求与期望，为客户提供个性化的服务和推介，进一步增强客户认同感和信赖感。公司坚持从市场开发布局、重点客户群维护、经营业绩指标及客户满意度测量等方面与标杆及竞争对手企业进行比较、分析和判断，从对比中找差距、补短板，不断改进完善客户关系。开展多角度、多维度、多层级、多频次的客户满意度测量，及时、客观、全面地掌握客户满意度评价信息。客户满意度逐年提升，获“优秀承包商”“最佳合作伙伴”“优质履约奖”等赞誉，年均在建工程获各类表彰多达500余次。

（四）践行充分、优化、超值“三层次”特色服务理念

以客户驱动满意获得市场、以诚信履约占据市场、以优质服务延伸市场、以卓越品牌引领市场。近三年，重点客户重复签约数持续提升，新签合同额增长率达35.28%。

（五）以青年人才工程集聚发展活力

公司坚持以人为本，实施人才强企战略，搭建系统完备的人力资源管理体系。采用“生态型组织”模式，按照“大部制、集约化”原则，优化本部组织机构，构建市场、生产、经营、党建四大系统，通过横向权责分配和纵向流程衔接，打造敏捷高效、穿透有力的管控中枢。公司采用“分布型组织”模式，坚持“专业化、扁平化”定位，优化重组分子公司，形成“6+N+X+Y”发展体系，促进新旧动能转换。公司按照“2+3”业务战略及投融资、EPC、施工总包等关键路径需求，差异化搭建独具企业特色、高效实用的项目组织架构。公司构建了管理、技术、技能分层分类的职位职级体系及“三职系互通式阶梯形”职业发展通道，创新人才发展机制，建立内部教学与外部委培、线上视频与线下面授、系统培训与专项辅导、集中培训与自主学习、送教上门与以考促学相结合的培训体系，着力打造青年人才工程。倡导工匠精神，持续建设“六个人才库”，培养了一批中

央企业技术能手、全国电力行业技术能手、江淮工匠标兵、江淮工匠，如图 3 所示。

图 3　六个人才库

（六）以“三基”“四化”保障项目履约

聚焦高质量发展与科学管理两条主线，固“三基”，强“四化”。强化基层治理方面，压实项目两制，明晰 EPC、投建营各环节 20 余项职责定位，实施项目经理 117 项履职清单表单化管理。聚焦投建营全产业链，建立 PPP 项目“三个层级”组织体系。聚焦 EPC 全生命期，成立设计咨询公司，配齐项目设计、采购人员。强化管理基础方面，一体开展投融资、设计、采购、施工、运营策划，构建技术、资源、财务、集采、信息“五大平台”，对投融资项目各阶段、总承包项目各环节、施工项目各要素集约化管控。强化基本功塑造方面，公司分层抓实岗位培训，分类开展导师带徒，开办周末大讲堂，用“制度＋案例”方式，增强培训实效，苦练基本功，提升支撑力。推行标准化建设方面，健全企业标准体系，优化关键业务管理流程，梳理 1100 项业务流程管理节点，嵌入信息系统，实现管理制度化、制度流程化、流程表单化与表单信息化。推动数字化赋能方面，研发投融资、设计、设备等信息系统，全面支撑智能管控和项目履约。投用生产指挥中心（图 4），形成一体化、中心化项目管理数字化平台。实行精细化管理方面，运用 PDCA 循环、ADLI、全面改进等方法，坚持对标管理“出效益”，运行 52 项关键绩效和对标一流指标体系，形成一企两制、项目“十化”、质量 0.8 倍原则、“三化”作业等管理方法，经营指标连续 12 年保持增长。

图 4　生产指挥中心

（七）以创新创效增强发展动能

公司突出科技创新、管理创新、全员创新，依靠创新破解难题、增强动力，提高企业核心竞争力。管理创新方面，公司着力创新管理体系建设，围绕战略部署开展重点课题攻关。近年来创新一体化发展模式，在城市开发、“投建营”、综合交通一体化中率先突围，在源网荷储、多能互补一体化中补链支撑。创新生产经营管理模式，通过固“三基”，抓“三全”，强“四化”，推行“四个一”项目管理新体系，优化工程项目各要素管控，有效提升管理效率和效益。科技创新方面，统筹科技创新体系建设，设立科学技术委员会，着力国家高新技术企业、国家级企业技术中心、国家级博士后科研工作站等科创平台建设（图 5），发挥“1+16+N+X”（即“1”是技术管理部，“16”是技术研究室（所），“N”是作为技术资源支撑的子分公司，“X”是科技创新第一线的各项目部）科技网络作用，突出科技规划引领，在智能建造、低碳能源、传统电力升级、基础设施建设、生态环境综合治理、检测试验等六个领域的 12 个研究方向推进关键核心技术攻关，斩获众多引领行业的前沿成果。其中自主研发的不同口径、接头形式焊缝相控阵检测系列技术，填补行业空白，主编能源行业首部相控阵检测标准 DL/T1718《火力发电厂焊接接头相控阵超声检测技术规程》，入选工程建设行业十项新技术。率先在承建工程中应用自动焊技术，实现我国火电建设领域焊接施工技术的重大突破，开辟了在大厚壁管道现场全自动焊接施工的新局面。公司着力科技成果转化利用，年均创效1000余万元，价值创造作用凸显。全员创新方面，广泛开展公司发展调研务虚、合理化建议征集、创新工作室、“五小”创新等活动，激励干部员工围绕谋发展、解难题、增效益、出点子、想妙招，激发全员创新活力。

图5　国字号科创平台

（八）以优质工程服务锤炼“至精”品牌

坚持精细管理出效益，依托市场、生产、经营、党建“四大系统”和资源、技术、资本、集采“四大平台”，推行工程项目管理模块化、现场组织工厂化、施工工艺标准化、施工作业机械化、施工工地智慧化、成本管控精细化等项目“十化”管理，落实项目开工及过程115项评价要素达标认证、管理复盘，深化“项目两制”、专业实体化运作，运用项目管理数字化集成平台，对工程质量、安全、进度、成本等各要素实施集约化管理和穿透式管控，实现项目履约与管理效能双提升。坚持精益生产“出精品”，实行电力项目洁净化施工与精细化调试，坚持以质量0.8倍原则，强化高目标导向，以可视化、表单化落地《机组关键性能指标精细化管控措施》《机组深度调试指导意见》等，严格主机轴振、漏氢量、真空度、电仪自动、保护及测点仪表投入率等关键性能指标过程管控，公司承建机组在能效水平对标中达AAAAA级最优水平。按照公司标杆、同台竞技领先、区域领先、行业领先“一杆三先”定位，强化工程对标检查、标杆推介等，在建工程创下了一系列最优、最快、最大、最新纪录，荣获“国优金奖”“鲁班奖”等省部级以上优质工程奖100余项。其中承建田集电厂一、二期工程先后荣获“鲁班奖”“国优金奖”，投产“一带一路”沿线文莱恒逸工程获“国优金奖”，成为中国标准推广和文化传播示范；承建的土耳其胡努特鲁电厂经受7.8级强震考验，受到13家央媒、700家地方和行业媒体转载，阅读量破3.5亿人次，彰显中能建建筑集团有限公司“至精”品牌形象。

四、结语

公司准确把握建筑行业特点，以三基、三全、四化、目标管理、PDCA等质量管理方法工具等为基础，将“至精”文化融入工程全生命周期管理，丰富了双业态全生命周期“至精质量管理”新模式内涵。全面践行精诚合作、精细管理、精益施工、精品奉献的“四精”特色文化，强化了全过程管控，筑造了诸多政府满意、社会认可、公众放心的工程，以工程项目的优质履约，赢得了客户等相关方的持久满意，提升了“至精”品牌市场价值。

主要创始人：董俊顺

参与创造人：黄　月、陈婷婷

以创精品工程为目标的质量管理提升实践

中国水利水电第三工程局有限公司

一、企业简介

中国水利水电第三工程局有限公司为中国电力建设集团（股份）有限公司的全资子公司，集科研、勘测设计、工程承包为一体，聚焦水利、电力、水资源与环境、能源电力、绿色砂石、矿山、轨道交通、城市基础设施建设等业务领域综合发展的国家大型骨干企业。具有水利水电工程施工总承包特级、工程设计水利行业甲级、测绘甲级及建筑、市政公用、电力、机电、矿山工程施工总承包一级和相关专业承包一级等资质40余项。

公司秉承“自强不息、勇于超越”的企业精神，先后参建长江三峡工程、黄河小浪底、公伯峡、澜沧江小湾水电站、向家坝水电站、黄河海勃湾水利枢纽工程、沅水桃源水电站等百余座大中型水利水电工程，参建丰宁抽水蓄能电站、江苏溧阳抽水蓄能电站、中老铁路、几内亚苏阿皮蒂水利枢纽工程、阿尔及利亚233MW光伏电站工程等多项国家级重点工程建设。公司获得了包括中国建筑工程鲁班奖、国家优质工程奖、国际里程碑奖、新中国成立60周年百项经典暨精品工程、中国电力优质工程、中国水利工程优质（大禹）奖、中国钢结构金奖等国家级以及省部级优质工程奖130余项。公司获得了全国五一劳动奖、全国建筑业先进企业、全国电力行业优秀企业、全国守合同重信用企业等各项荣誉300余项。

公司拥有抽水蓄能电站、TBM施工、城市轨道交通、市政房建、水资源与环境治理等领域的核心技术，持有国家专利767项（发明专利73项），省部级以上科技进步奖157项，拥有国家级施工工法8项，省部级施工工法203项，主编或参编《全断面隧道掘进机岩石隧道掘进机安全要求》《水下不分散混凝土试验规程》等国家和行业标准88项。

二、企业质量管理战略方针

公司积极贯彻落实国家和地方有关决策部署，围绕转型升级和高质量发展，审时度势，锚定方向，秉承“自强不息、勇于超越”的企业精神，实行“人才为本，科技领先，用户至上”的经营理念，牢固树立质量第一意识，深入实施质量强企战略，建立健全质量体系制度，加强全面质量管理，促进质量变革创新，提升工程产品质量，推动质量品牌建设，增强市场竞争力。

公司建立以中长期总体发展规划为引领，制定科技创新、人力资源管理、质量管理等专项规划，明确以打造“新三商三局”和实现“高质量倍增”为总体战略目标，不断强化“战略制胜、组织赋能、管理提升”，统筹兼顾发展速度与质量，持续推进市场拓展和业务转型升级。公司在巩固传统水利水电施工为主营业务的前提下，不断拓展施工领域，在城市基础设施建设、高速铁路、大型跨区域引水工程、水资源治理等施工领域均取得良好业绩，业务遍布全球十几个国家和地区。

三、创精品工程管理实践

（一）强化战略引领，建立可持续发展目标

公司积极探索高质量发展方向，紧紧围绕“十四五”战略规划总目标和主要任务，牢固树立“以质量求生存、

强管理促升级、抓转型提效益、树品牌促发展”的管理理念，创造人人重视质量、人人崇尚工匠精神的良好氛围，以敬畏之心，高度责任感、使命感和一丝不苟、严谨细致的质量工作作风，从夯实质量基础和筑牢质量人才根基入手，坚持精细化管理，精益化施工，撸起袖子埋头苦干、实干巧干，建精品工程，培养锻炼善于管理、精于操作的高端质量管理人才和能工巧匠。

以项目为载体，建立公司总部 + 二级单位 + 项目部三级质量管理体系，健全质量管理、监督、检查、考核、奖惩和岗位责任制为基础的“五位一体”的质量管理体系，贯彻“五个坚持”，全面落实质量主体责任、筑牢质量安全底线，努力打造质量品牌，提升核心竞争力。“十四五”时期公司围绕“水能城砂”主营业务，做优能源电力业务、做强水资源与环境业务、做大城市建设与基础设施业务，巩固和打造抽水蓄能、TBM、机电设备安装、绿色砂石、水环境综合治理等行业品牌。

（二）强化顶层设计，夯实质量管理基础

建立健全公司、二级单位、项目部三级管理协调机制，以党建 + 质量营造良好的企业文化氛围，以顾客为关注焦点，持续改进过程管理，满足顾客的需要，有效落实公司的使命、愿景、价值观。加强两级总部质量管理团队建设和员工教育培训，拓宽成长渠道，推进系统的、可持续的质量管理改进，建立全员“以顾客为关注焦点”的质量意识，树立全面质量管理理念，推动公司质量管理从“被动迎战”向“主动出击”转变。坚持以问题为导向，积极推行“双随机、一公开”检查方式，利用公司综合项目管理平台建立“互联网 + 质量”模式，不断夯实项目主体责任、二级单位管理责任和公司监管责任。

1. 质量管理制度建设

以公司中长期发展规划和质量管理专项规划为依托，各单位结合发展定位，制定质量管理实施规划，以国家法律法规和公司规章制度为基础，深入落实在建项目质量策划、年度质量计划和重点项目创优实施规划制度，并作为项目质量检查、指导和考核的重要依据。

2. 质量管理体系建设

以“三标体系”认证为基础，建立公司质量岗位责任制，推进三标体系与公司日常管理深度融合，加强二级单位制度体系建设和质量管理能力，落实质量分管领导和责任部门，配强专职质量人员；建立以项目经理为第一责任人的质量管理体系，以项目总工为主要负责人的质量监督体系，鼓励项目部设立总质检师，夯实项目质量管理基础。

3. 质量管理标准化建设

积极组织对标学习，借鉴行业先进单位的质量管理理念，推行建筑工程质量标准化指导手册推广应用，逐步建立质量标准化体系。细化监督检查的“规定动作”和标准体系，建立质量问题诊断对标工作机制。公司每年组织内部典型示范项目观摩交流，指导二级单位、项目部之间相互对标，积极参加地方、行业协会组织的交流学习和观摩会，持续提升项目整体质量管理水平。

（三）强化风险管控，稳步提升工程质量

“十四五”期间，公司不断增强和改进工作方式，建立健全质量督查检查长效机制，强化过程监督指导，扎实推进质量提升专项行动，按照公司总部、二级单位、项目部的职能定位，夯实属地管理责任、区域监管责任和项目部的质量主体责任。牢固树立底线思维，增强风险意识，加强各领域、各环节、各链条质量管控，以严格的管理，规范质量行为，严守质量底线。严格落实工程建设强制性标准，积极推进新技术应用，稳步提升工程质量。

1. 落实质量安全制度，确保工艺标准落地

“十四五”期间，公司围绕“保障质量安全、促进均衡发展、建立长效机制”目标，推进《工程质量安全手册》制度，严格落实专项方案论证、审批制度，严格按照标准和设计施工，严格执行强制性工程建设规范和工艺标准；

积极采用“四新”技术和建筑业十项新技术，深入开展关键核心技术研究，严禁采用明令禁止或淘汰工艺技术；按照“质量标准样板化、方案交底可视化、操作过程规范化”的要求，明确主要分项工程和关键工序的具体做法及施工要求，加强过程检查验收，确保工艺标准真正落地。

2. 建立实测实量制度，强化过程质量管控

严格落实公司《质量督查管理办法》，以年度质量重点监控项目为重点，分期分批开展质量督查，加强实体工程质量检测。重点在建项目必须配备常用质量检测工具，包括但不限于钢筋扫描仪、通止规、环规、回弹仪等，项目部质量管理部门负责进行测量、检测记录存档，项目实测实量成果作为上级单位项目检查必查项。

3. 建立质量例会制和过程质量考核制度

公司不定期组织召开质量专题会，总结分析质量管理情况；二级单位每季度组织召开质量分析专题会，对项目系统性质量问题和潜在性质量风险进行分析，提出整改措施和预防措施，实行预警机制；项目部执行周、月检查和月质量例会制度，实行季度考核和年度综合考核相结合。

4. 加强项目实验室建设，确保施工质量

试验和测量工作作为工程施工过程控制的关键手段，一直是公司在质量管理上关注的重点，严格落实“红线”管理，提前预防并及时化解潜在质量风险隐患，强化原材料、工艺、检测检验和验收等关键环节控制。在项目组织机构的设置上，公司主要在建项目均按要求建立项目实验室和测量队，分别由公司试验检测中心和测量总队统一管理，配备专业管理人员，统筹协调、指导项目施工测量和试验检测工作有序开展，并积极配合第三方检测机构，加强对项目试验室和测量队的监管，公司不定期组织专项检查，取得良好的效果。

5. 强化科技创新，实现提质增效

以《“十四五”科技创新发展规划》为引领，建立健全科技创新管理体系，完善知识产权管理机制。结合西安市博士后创新基地建设，开展公司技术中心实体化建设，优化技术中心运行及管理体系，努力打造公司科创平台和人才高地。围绕高新技术企业及国务院国资委“科改示范企业”要求，建立公司重大科研项目“揭榜挂帅”攻关机制。聚焦“水、能、砂、城、数”五大领域，瞄准行业技术发展共性瓶颈及公司业务创新链卡点，以重大工程建设为依托，融合绿色化、机械化、数字化等先进技术，持续推进抽水蓄能电站、TBM、绿色砂石、轨道交通等关键核心技术研究，打造公司专业技术优势，增强核心竞争力。

（四）开展工程创优，助力品质提升

公司积极落实国家、行业及地方政府和集团公司相关政策要求，打通政策执行的“最后一公里”，把鼓励申报优质工程奖项和创优活动作为增强企业综合实力、树立企业品牌形象、提升企业社会知名度的具体措施。针对在建工程的重大施工项目、关键和疑难技术问题，及时组织项目开展技术创新和攻关，逐步提升公司施工能力和技术质量水平。对获得“鲁班奖”“国家优质工程奖”“詹天佑奖”的项目加大奖励力度，强化工程创优积极性和能动性。

1. 分级分类管理，有序开展工程创优

公司全面把控、整体规划，以市场为基础，以合同为依据，综合评估分析，制定《项目创优五年滚动规划》和年度滚动计划，按照公司《工程创优管理办法》，坚持统筹谋划、高端引领和管理者推动，通过“抓两头、带中间”，实施分级分类统筹管理，有序开展工程创优，激发创优评优工作积极性。

2. 加强项目精细管理，助力品质提升

公司充分发挥组织领导作用，“夯基础、转作风、促落实”，主要领导须亲自部署组织项目进行创优规划方案设计，加强项目实施过程跟踪落实，确保各项技术指标均符合或优于国家标准、规范、规程和“工程建设标准强制性条文”的要求。以项目为中心，明确项目创优包保责任领导，采取有力措施加强项目精细管理，聚力产品创新，助力品质提升。

3. 强化过程管控，优质高效履约

积极落实质量管理“四个责任”体系建设，将各级质量管理职责落实到人，严把重大节点、关键环节、重要部位的过程控制，确保施工质量一次成优。二级单位、项目部以《创优策划实施方案》为引领，找准目标，强化关键技术和科技支撑，及时解决项目创优过程中的难题，积极应用信息技术、BIM 技术及智慧建造技术助力质量管理提升，以工序样板、实体样板为引领，形成可复制、可推广的经验，突出目标管理，提质量、塑品牌。形成对公司中长期质量创优发展目标的有序引导，发挥了总部规划引领优势，创优工作实现多项新突破。

四、实施成效

（一）全员质量意识有效提升

实施质量管理提升以来，通过质量管理体系、制度不断完善，全面质量管理持续深入，公司质量管理能力得到有效提升，通过创优策划并组织实施，引导项目追求更高的质量目标，提高了各层级质量管理的执行力，形成了全员参与质量管理的浓厚氛围。通过质量管理提升，创精品工程为公司创造业绩，也为广大员工参与质量管理增强荣誉感、获得感，起到了很好的正面激励作用。

（二）项目工程质量有效管控

质量管理既体现企业社会责任，又对公司质量品牌的创建发挥了积极的促进作用。针对具体项目针对性地开展前期策划，对工艺质量、工程创优、深化设计进行同步策划。根据专业工程特点对单项工程开展专项策划，积极推行“首件样板”制和“挂牌验收”制，确保“过程创优、一次成优”，在建项目工程质量得到有效管控。

（三）工程创优取得积极成效

2019—2023 年，公司获得省部级及以上优质工程奖 30 项，其中国家级优质工程金奖 3 项、境外鲁班奖 4 项、国家优质工程奖 3 项，持续提升公司在水利水电、抽水蓄能电站、光伏项目等领域的品牌优势，在房建、市政基础设施、铁路等领域也打造了一批精品工程，为持续推动公司高质量发展提供有力支撑，如表 1 所示。

表 1　2020—2023 年优质工程获奖数量统计表

年份	获奖名称					合计（项）
	国家优质工程金奖（项）	国家优质工程奖（项）	境外鲁班奖（项）	行业（部级）优质工程奖（项）	省级优质工程奖（项）	
2019 年		2	2	1	2	7
2020 年	1			1		2
2021 年		1		4		5
2022 年	1			3	2	6
2023 年	1		2	3	4	10
合计	3	3	4	12	8	30

五、结语

面对新时代高质量发展新要求，公司积极践行绿色低碳发展战略，以战略目标为引领、以科技创新为支撑、以安全质量为保障，确保项目优质履约，以过程精品创精品工程，持续提升核心竞争力，助力公司高质量发展。

立足国内，放眼全球，用“诚信和品质”塑造中国施工业界的卓越品牌，让中国质量、中国速度走向世界！我们将会以更加稳健的步伐面向未来，以时不我待的紧迫感、舍我其谁的使命感跨步前进。

主要创造人：李东锋

参与创造人：李兆宇、钱运东

“四化”式煤质管理模式构建与应用

国能神东煤炭集团有限责任公司

一、企业概况

国能神东煤炭集团有限责任公司（以下简称神东煤炭集团）是国家能源集团的主要煤炭生产企业，于 1984 年开发建设，地处蒙、陕、晋三省区能源富集区，主要负责国家能源集团在神府东胜煤田骨干矿井和山西保德煤矿，以及配套项目的生产运营，同时还代管杭锦能源。

公司组织架构庞大，设有 16 个机关部门和 61 个二级单位，员工总数达 32935 人，其中合同制员工占总人数的 85.5%，生产一线员工占 58.13%，如图 1 所示。拥有的 13 个矿井，核定产能为 1.74 亿吨，其中，7 个位于内蒙古境内，5 个位于陕西境内，1 个位于山西境内。

目前，神东煤炭集团主要从事煤炭生产及洗选加工业务。其产品主要包括块煤、特低灰煤和混煤，具有低硫（≤ 0.5）、低磷（≤ 0.05）、低灰（≤ 8.5）和中高发热量（5500kcal/k）的特点。这些产品在优质动力、化工和冶金领域得到广泛应用，被誉为“城市环保的救星”。凭借着优质的产品质量和专业的服务，神东煤炭集团累计创造了百余项中国企业新纪录，获得了 1554 项授权专利和 8 项国家科技进步奖，赢得了客户的高度赞誉和信任，为集团的发展做出了重要贡献。

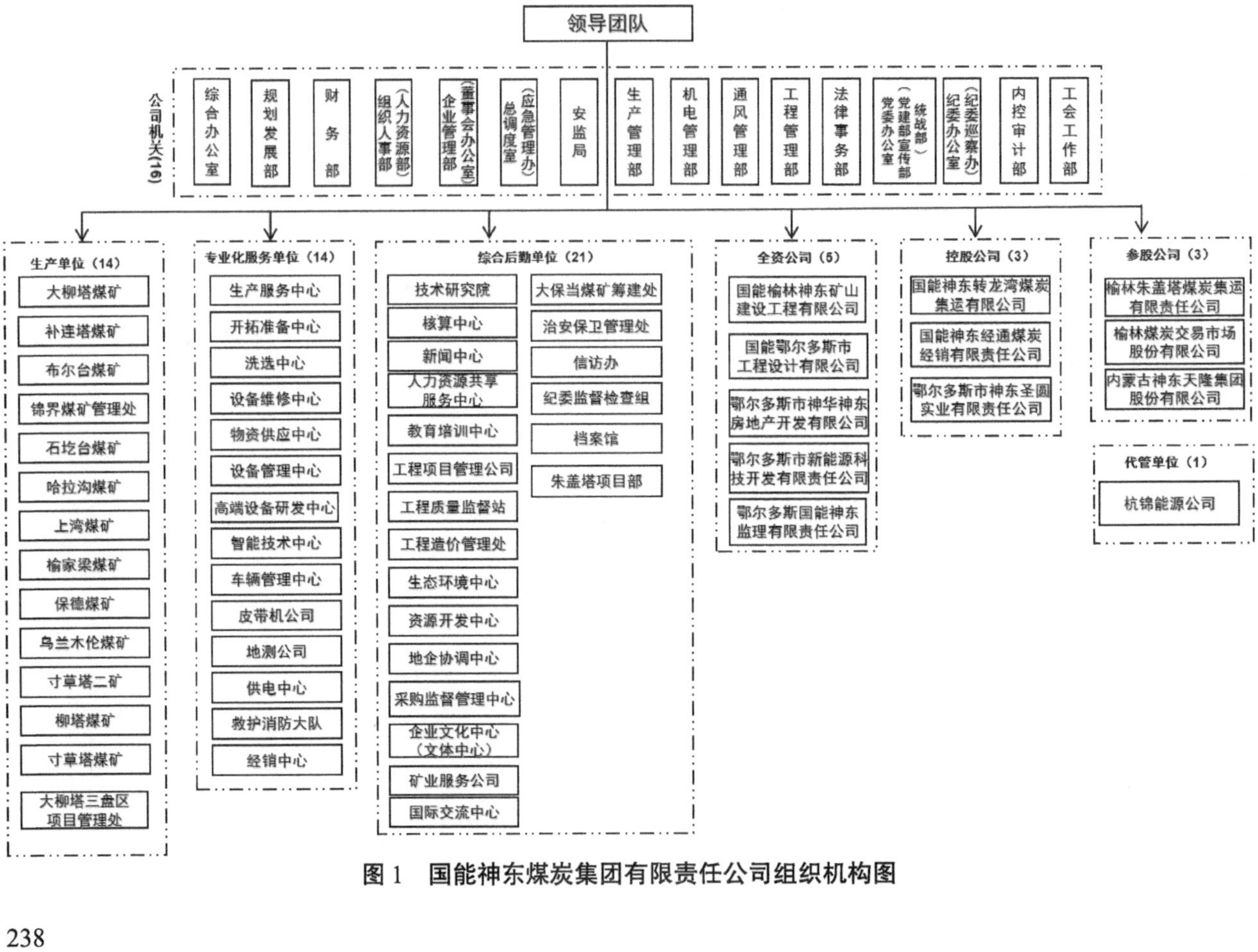

图 1　国能神东煤炭集团有限责任公司组织机构图

二、企业质量管理

质量管理是指在产品、工程和服务方面进行质量策划与控制、监督与改进、考评与奖惩等一系列管理活动。神东煤炭集团坚持源头把关、过程控制、全员参与、全面覆盖、市场导向、持续改进等原则，保证了产品质量、服务质量和工程质量。

（一）确立企业质量文化

神东煤炭集团确立了愿景、目标、方针、使命和价值观，构建了“团结合作、和谐共赢”的企业文化。同时，公司关注客户及相关方利益，营造良好的质量、安全和环保运行环境，激励员工创新和学习，积极承担社会责任。

（二）建立健全质量体系

为提高公司的管理水平，神东煤炭集团以生产经营为中心，整合质量、环境、职业健康安全管理和安全风险预控管理等活动，建立了综合管理体系，并编制了《神东煤炭集团综合管理体系手册》作为公司管理体系的指导性文件，所有的员工必须严格遵守。

（三）进行质量过程管控

神东煤炭集团以质量、环境、职业健康安全和集团安全风险预控管理体系标准为依据，充分考虑公司的组织机构状况，针对业务管理的关键过程和工作，按照计划、组织、生产、检查和改进的管理原则，对各个工作环节进行科学合理的管控，满足不同管理层次的需求，保证公司体系运转的有效性和效率，如图 2 所示。

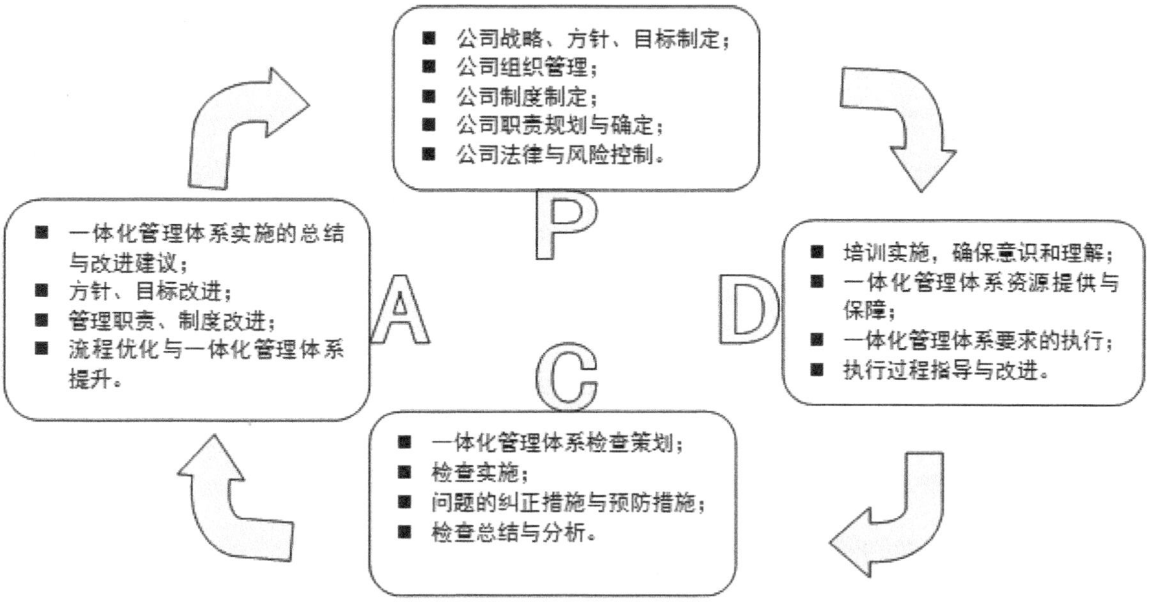

图 2　PDCA 原则

同时，还积极开展质量体系认证，建立健全各级质量责任制度，推广应用先进的质量管理方法，如图 3 所示。鼓励采用质量管理体系认证、卓越绩效和六西格玛、精益管理等工具，全方位、体系化地促进质量提升，不断优化各个工作环节，确保产品质量始终保持在高水平。

中质协质量保证中心

质量管理体系认证证书

注册号：00623Q30555R8L

兹证明

国能神东煤炭集团有限责任公司

（中国神华能源股份有限公司神东煤炭分公司）

统一社会信用代码：91150000710923934F

注册地址：中国·内蒙古自治区·鄂尔多斯市伊金霍洛旗乌兰木伦镇上湾金龙路北(原煤海商城)

审核地址：中国·陕西省·榆林市神木市大柳塔镇

质量管理体系符合

GB/T 19001-2016/ ISO 9001:2015

认证范围

煤产品的生产（包括煤炭开采、洗选加工）、服务，及下属公司从事的煤炭行业（矿井、露天、洗选）工程设计、下属子公司鄂尔多斯市神华神东房地产开发有限责任公司的房地产开发、皮带机的设计生产和销售（不适用8.5.3和8.5.4）

该组织常设分场所信息："见附页"

本证书有效期：2023 年 05 月 04 日 至 2026 年 01 月 19 日

再认证审核时间：2023 年 03 月 06 日 至 2023 年 03 月 10 日

证书有效期内每年监督审核合格后方为有效，证书有效性查询请登陆 www.qac.com.cn；本证书信息可在国家认证认可监督管理委员会官方网站 www.cnca.gov.cn 上查询

中质协质量保证中心

代表签字：

颁证日期：2023 年 05 月 04 日

图 3 质量管理体系认证证书

三、实施背景

在市场竞争愈发激烈，环保要求日益提高的大趋势下，煤炭作为主要的能源来源，煤炭质量管理已经成为煤炭企业关注的重点。神东煤炭集团作为一家规模庞大的煤炭企业，亟待探寻一种创新型的煤质管理模式，以应对当前所面临的挑战，进一步提高质量管理水平。

（一）原煤地质条件变化对煤质的影响

由于地质条件的多样性，煤矿生产的煤质波动较大。传统的煤质管理模式已无法适应新的生产环境，提高煤质变得愈发困难。同时，随着开采深度的增加，煤层中的矸石、泥质物质等杂质含量增加，原煤质量不稳定，进一步加大了企业煤质管理的压力。

（二）薄煤层厚度和回采设备吻合度欠佳

神东煤炭集团超过 50% 的综采工作面受到不同程度的地质构造影响，薄煤层数量增加至 25%，煤层结构复杂。薄煤层的厚度与回采设备的吻合度不够，导致资源浪费、煤质问题频发。一方面，回采设备选型困难，影响了煤炭资源的开采效率。另一方面，薄煤层开采过程中，煤质含杂质较多，降低了煤炭质量。

（三）洗选提质受限及高附加值产能未充分释放

神东煤炭集团的所属矿区煤炭资源丰富，但由于现有的洗选设备和技术水平所限，企业无法对煤炭进行更高效的洗选加工，提高煤质的幅度受到制约。此外，由于生产组织和产能规划方面的原因，高附加值的原料煤产能得不到完全释放，加剧了煤质管理问题的严重性。

四、思路及做法

针对当前煤质管理面临的问题，神东煤炭集团紧紧围绕标准化、精细化、适配化和多元化目标，构建了全新的煤质管理模式，提升了煤质管理水平。

（一）公司煤质管理机制的标准化

1. 制定完善的煤质管理规章制度

神东煤炭集团以煤炭产品最大化营销效益为原则，根据《国家能源集团公司的煤炭质量管理规定》，结合自身产煤和外购煤的生产、洗选加工、装车、收储、计量、发运、物流等各环节实际情况，制定了详细的煤质管理实施细则和外购煤质量管理实施细则，以及煤质业务的组织绩效考核办法和煤质提质增效专项考核方案等，确保煤质管理有章可循。

2. 建立标准化的煤质检测体系

为提升煤质检测水平，神东煤炭集团制定了一套完善的检测标准，包括煤质检测方法、设备、样品处理、数据处理和报告编制等内容。引入了先进的煤质采样检测设备，包括无人值守全自动制样系统、机器人制样系统和机器人自动化验系统，满足了各种煤质指标的检测需求。同时，还应用现代化的数据处理和分析技术，建立了全面的检测数据管理和分析系统——《神东煤质管理系统》，并将其与数字化矿山系统链接，进一步提升了数据处理的效率和准确性。此外，也非常重视对检测人员的培训和考核，注重让他们掌握专业知识和操作技能，保证检测工作的准确性和可靠性。

3. 设立科学的煤质考评激励机制

根据煤质检测数据，对各部门和员工的煤质管理工作进行评估，并设立煤质正向激励考核政策，增强煤炭质量提升的动力。同时，每年提出一定资金作为煤质奖励，对在煤质工作方面有突出表现和显著提升煤质效益的单位给予奖励，促进各单位进一步加强对揭露构造和薄煤层工作面采高管控，最大限度减少割岩量，实现煤质管理目标，提高煤质质量。

（二）现场煤质考核管理的精细化

1. 强化生产现场的日常检查

为了全面掌握生产现场的煤质情况，神东煤炭集团采用了分组包片稽查（突出重点）、专项检查（针对性强）以及季度联合检查（关注体系运行）三种模式，确保煤质管理工作得到全面覆盖。通过这些检查方式，及时发现并解决生产过程中的煤质问题，并将日常煤质检查问题和月度煤质发热量指标完成情况纳入组织绩效考核和专项考核，确保生产过程中煤质得到有效控制。

2. 实时监控煤质异常情况

建立了实时监控系统，对煤质数据进行持续跟踪。一旦发现煤质异常，系统将立即发出警报，让相关部门和人员能够迅速采取措施，防止安全隐患和经济损失。通过对监测数据的深度挖掘和分析，能够发现潜在的异常趋势，提前制定相应的应对策略，保障了煤炭产品质量的稳定。特别是冬季防冻期间，商品煤块水预警机制最大限度地降低商品煤水分，实现了向降低 1mm 入洗下限要效益的目标。

3. 细化煤质考核指标

对于煤质管理的各个环节，包括原煤开采、运输、洗选到煤质检测等都制定了明确的考核指标，并将这些指标具体到各个环节和岗位，明确了职责分工，把煤质管理工作落到实处，有助于不断优化煤质管理流程，提高员工对细节的关注度，确保煤质管理工作高效运行，降低煤质问题发生的概率。

（三）全生产流程技术设备的适配化

1. 推动技术设备的持续改进

首先，通过对现有设备的技术参数和性能进行分析，找出不足之处，为设备改进提供依据。其次，鼓励技术人员和操作人员积极参与设备改进，发挥他们的专业知识和实践经验。举例来说，通过推进煤泥水系统技改项目，增加穿流式板框压滤机、研究新型煤泥水药剂等，逐步解决煤泥水处理系统制约洗选提质的卡脖子问题，并不断优化选煤厂洗选工艺，使得浅槽高位运行，实现块煤入洗最大化，末煤脱粉后全入洗，最大限度提高外运商品煤质量。

2. 引进与现有设备相匹配的技术

根据生产需求和煤质管理特点，选择高性能、可靠和易于维护的设备。注重设备之间的协同作用，确保整个生产流程的顺畅运行。在设备选型过程中，还要注重设备的环保性能，降低生产过程中对环境的影响。例如，组织相关单位立项研究并引进适用于 1.8 米以下煤层相配套的智能化回采设备，满足目前薄煤层和中厚偏薄煤层回采工作面的需要，在保证安全生产的情况下避免出现割顶底问题。

（四）市场开拓及新煤种开发的多元化

1. 拓展销售渠道

为了提高煤炭产品的市场占有率，神东煤炭集团成立了煤炭经销中心，与销售公司保持紧密沟通，确保对市场动态的准确把握。同时，积极参与煤炭交易会及展览会等各项活动，强化与同行业的交流与合作，为拓宽销售渠道打下坚实基础。此外，还通过企业宣传片、官方网站等渠道积极推广产品，打造了卓越的品牌形象，进一步扩大了市场覆盖范围。

2. 开展新煤种研发

根据对煤炭资源的深入研究，积极开展适应神东煤质变化趋势的市场开拓和新煤种研发工作，成功开发出多种新煤种。例如上湾选煤厂、大柳塔选煤厂、保德选煤厂分别研发出“低灰”“神优 4”“气焦煤”等新煤种；布尔台选煤厂和补连塔选煤厂分别增加了“神优 2”和“精块 2”煤种等，进一步丰富了神东煤种的产品类型，形成了多元化的产品矩阵，满足了不同客户的需求。这些新煤种因其高热量、低灰分和低硫分等特点，符合环保标准，受到市场的广泛欢迎。

五、取得的成效

（一）煤质管理得到了优化

通过实施精细化、规范化和科学化的煤质管理新模式，煤质管理工作取得了显著成效。完善的煤质管理制度已确立，各部门和岗位的职责明晰，内部沟通协调得到了强化，形成了上下联动、协同推进的工作格局。公司对采掘工作面和选煤厂的检查覆盖率超过了 300%，有效激发了基层员工煤质管理的积极性。采掘机械化率达到 100%，资源回采率超过 80%，原煤生产效率最高可达 150 吨 / 工，主要的指标达到国内领先、世界先进水平。

（二）产品质量实现了提升

借助煤质管理新模式，神东煤炭集团优化了生产工艺，提高了选煤技术水平，完善了产品质量检测体系，进一步加大了对矿井采掘工作面煤质提质措施的监督落实力度。煤炭产品的水分、灰分、硫分等指标得到了有效控制，煤炭质量稳步提升，满足了多样化客户需求。以 2023 年为例，神东煤质发热量达到 5280 大卡，超出计划 20 大卡。

（三）环境保护落到了实处

在推进“四化”式煤质管理新模式过程中，神东煤炭集团高度重视环境保护工作。公司通过加强煤质管理，降低了煤炭生产过程中的粉尘、废水、废气等污染物排放，有效减轻了环境负担。同时，还运用先进的环保技术对污染物进行处理和资源化利用，实现了绿色发展。荣获了全国“五一劳动奖状”、国家科技进步奖、中华环境奖、全国质量奖、全国文明单位、中央企业先进基层党组织等荣誉称号，为我国煤炭行业的发展做出了积极贡献。

（四）经济效益大幅增长

充分利用资源禀赋优势，神东煤炭集团严格执行煤质管理，减少生产过程中的能耗和物料消耗，降低成本。在市场方面，我们紧密关注市场动态，精准响应市场需求，通过余缺互济的方式保证品种煤生产最大化。新研发的特低灰、神优 2、神优 4 等品种煤更是成为神东煤炭集团新的效益增长点。仅 2023 年，新开发的品种煤产量达到 132 万吨，累计创效近 3 亿元，显著提升了企业产值和利润。

六、展望未来

在未来，神东煤炭集团将以国家战略为指引，积极响应市场需求，继续深化“四化”式煤质管理新模式，为集团公司 2030 年实现全球竞争力的世界一流能源集团目标提供坚实的质量保证。

（一）智能迈进

科技的迅猛发展推动大数据、人工智能、物联网等技术在煤炭行业的应用日益广泛。神东煤炭集团将积极与科研院所合作，共同研发智能检测设备与技术。通过实现煤质检测、分析、控制全流程智能化，以及运用大数据分析，对煤质数据进行实时监控和预测分析，为企业决策提供强大支持。

（二）绿色转型

高度重视环境保护，坚定践行绿色发展战略，大力推广环保新技术，降低煤质污染排放，提升资源利用率。同时，加大绿色矿山建设力度，力求生产过程清洁、环保、低碳，减轻环境负担，为我国煤炭产业转型树立典范。

（三）深化管理

神东煤炭集团将继续深化精细化管理工作，通过优化生产流程、提高生产效率、降低成本等措施，实现煤质管理的精细化。此外，加强员工培训，提升员工的技能水平和综合素质，为企业发展奠定人才基础。

（四）多元拓展

紧跟市场变化，继续推进产品多元化战略，拓展煤质检测、煤化工、新能源等业务领域，通过技术创新和产业升级，提高产品附加值，增强企业抗风险能力。同时，持续加大技术研发投入，研发新煤种，提高产品质量，达到国际市场高标准要求。

主要创造人：张　鹏
参与创造人：王　琴、姜水军、李宁涛、张　帅

以客户为中心的设计理念质量管理实践

海洋石油工程股份有限公司

一、公司简介

海洋石油工程股份有限公司是中国海洋石油集团有限公司控股的上市公司，是国内唯一集海洋油气开发工程设计、采购、建造和海上安装、调试、维修以及液化天然气、海上风电、炼化工程等为一体的大型工程总承包公司，也是亚太地区规模最大、实力最强的海洋油气工程总承包商之一。

经过40多年的建设和发展，公司明确了“建设中国特色世界一流海洋能源工程公司”的愿景和“以设计为龙头的EPCI总包能力建设为唯一核心，以经营管理能力和技术引领能力建设为两个基础，以国际化、深水化、新产业化为三个发展方向，以人才、市场、成本、风控、信息化建设为五个抓手”的发展策略，在巩固提升传统海洋工程能力基础上，抓住全球油气行业发展大趋势，以持续投入研发费用、提升研发能力践行“技术驱动”，以严控成本、效率提升、数字化赋能不断保障“成本领先”，不断拓展能源工程一体化服务能力，培育形成了LNG工程、深水工程、FPSO工程、海上风电等产业和能力，不断提升能源工程一体化服务质量，拓展综合能力和发展空间。

二、实践背景

深圳分部地处深圳市经济开发区，位于南山区后海滨路中海油大厦B座25层，紧邻有限深圳。依靠与业主方得天独厚的距离优势，同时考虑到有限深圳下不同作业区项目特点、作业区文化等，深圳分部考虑针对各作业区不同特点，形成符合各作业区文化和项目特点的客户管理服务理论。

三、实践目的与意义

以客户为中心的设计理念质量管理实践主要包括理解客户需求、制定相应质量政策和员工能力提升。通过客户的沟通与反馈、定期客户意见的调查、市场趋势分析等手段充分了解客户需求，根据客户的需求查找数据库历史资料，也可以请客户提供项目初期数据，对数据与客户需求目标进行分析，总体评估并制定优化解决方案。最终，根据客户意见持续改进，形成三点闭合逐步提升改善的机制，提升质量管理水平。

以客户为中心的设计理念管理实践旨在确保公司的设计成果，服务和业务流程均以满足客户需求和提升客户体验为中心，不断提升能源工程一体化服务质量，发挥管理创新竞争优势，提高市场认可度和口碑。

四、具体做法与实践

1. 了解客户需求

业务设计理念要以客户为中心，解决客户需求。了解客户的需求有助于制定相应的质量标准和目标。因此，首要任务是深入了解客户的需求和期望，可以通过客户调查、沟通和市场研究来实现。

一是建立客户关系。与客户建立紧密的关系，通过持续的沟通建立信任。深圳分部于2012年初步成立，旨在拓展海工设计院南海市场，服务南海片区客户，由原先南山区蛇口科技大厦迁至现今中海油大厦，更加便于建立并维护客户关系。主要承揽有限深圳公司下各个作业区的多个项目，以推动信息化、智能化建设为抓手，努力为南海东部在役油气田安全生产、降本增效及绿色低碳做贡献。秉持客户第一，建立专人对接一个作业区的模式，通过所承揽的项目积极建立并维持稳定的客户关系，例如，恩平 24–2DPP 平台外挂井槽项目自 2022 年 10 月 25 日设计院深圳分部首次与恩平作业区交流，至 2023 年 8 月 21 日设计院内部审查，期间与业主方正式交流拜访共计 10 余次，其中设计院级与业主方共计 4 次。

二是定期调查客户。定期进行客户调查，以了解客户的需求和满意度。制定调查问卷发给客户，询问他们对公司提供的服务的满意度和改进建议。深圳分部严格执行客户满意度调查制度，所有项目完工后邀请业主方填写调查问卷并对我们的工作进行评分（图 1）。同时在与客户定期讨论会议中，也会邀请客户利用时间进行面对面交流，直接了解他们的需求和关注点。

承包商 QHSE 综合评价考核表

序号	一级指标	二级指标	考核内容	非常好（90-100分）	好(80-89)	合格(70-79)	差(60-69)	非常差（60 分以下）	评分（*必填项）	非常好、差、非常差需要进行说明。评分>=90 或<=60 分（*必选项）	权重	评分人员（*必填项）	最终评分
1	制度执行	制度执行	1、QHSE 体系执行	1、施工过程中主动遵守深圳分公司 HSE 管理体系，作业许可证、能量隔离、风险分析等	1、施工过程中能遵守深圳分公司 HSE 管理体系，	1、施工过程中基本能遵守深圳分公司 HSE 管理体系，作业	1、施工过程中基本能遵守深圳分公司 HSE 管理	1、施工过程中基本能遵守深圳分公司 HSE 管理体系，作业许可证、能量隔离、风险分	0		15%		0

图 1　供应商评价表

三是分析市场趋势。监测行业的市场趋势和竞争对手的行为，以了解客户可能的新需求。深圳分部基本业务包含增容扩产、完整性管理、绿色低碳、应急抢险、标准化建设、信息化建设等多个方面，典型项目包括气田降压开采、水下设施运维、导管架评估及相关检测、平台新增外挂井槽、油田群整体规划研究、在役油气田隐患治理等。深圳分部在现有南海东部 7 大作业区市场承揽区域的基础上考虑将海南片区也纳入市场承揽计划中。目前，南海及东海百米级水深在役油气田新增储量发现较多，而外挂简易独立结构的设计和安装方案将成为百米级水深在役油气田储能新增的新型开发模式。通过恩平 24–2 外挂井槽项目映射出此类项目会在未来占据深圳分部市场承揽绝大多数。

四是跟踪客户反馈。积极追踪客户的反馈，包括投诉和建议。按照不同区域客户成立相应跟踪团队，并将客户的反馈进行整理、分类与记录，建立一个系统，以便更加清晰地跟踪各种反馈类型和相关信息，如图 2 所示。

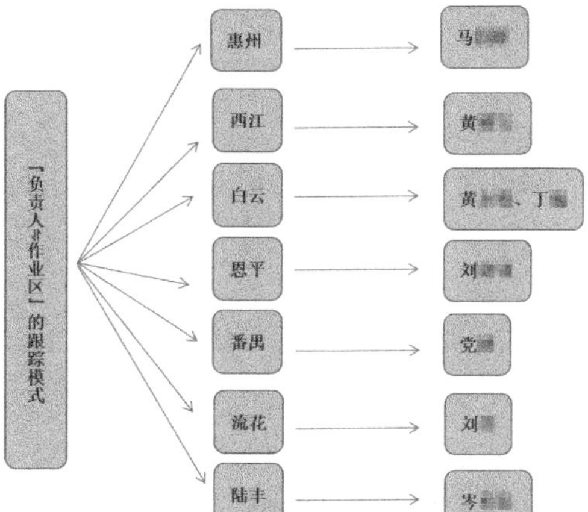

图 2　“一对一”对接模式

2. 制定质量政策

制定明确的质量政策和目标，确保整个组织都明白质量是关键任务，并承诺为客户提供高质量的产品和服务。

一是确定组织目标和价值观。首先，组织应明确定义其核心目标和价值观。例如，深圳分部市场目标主要为南海区域，涉及的客户主要为深圳、湛江、海南等区域。可按照不同区域客户的需求，结合海域特点来制定相应的目标和价值观。将以往三年深圳分部承揽项目按照作业区整合，便于利用原始资料数据建立数据分析库，如图 3 所示。

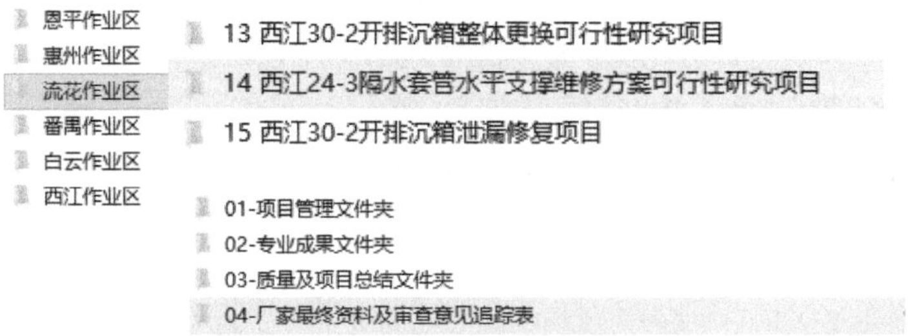

图 3　各作业区资料整合

二是分析难点，总体评估，优化方案。采用新项目结合以往数据库资料进行分析，向客户提供优化方案。例如，恩平 24–2 放弃常规的内挂井槽方案，改为外挂井槽，改善了原有受井口区空间限制使得新增井槽数量有限的缺点；改变施工区域，不影响平台正常生产；降低对原结构桩基承载能力和结构强度的影响。

三是定义关键绩效指标。为了衡量政策的实施，定义关键绩效指标（KPIs），如图 4 所示。根据汇总情况表中各关键数据，如项目进度、利润值、项目成本等一系列因素综合评比。

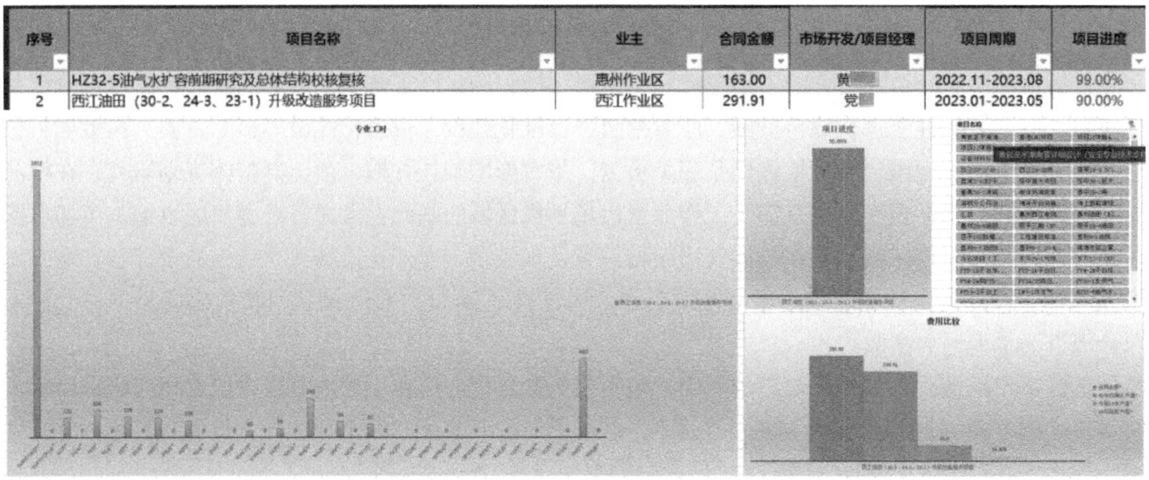

图 4　KPIs 考核指标

3. 提升员工能力

公司为员工提供培训和教育，以增强他们的技能和意识，确保他们了解质量标准和如何满足客户需求。

一是班内培训。公司可以组织内部培训课程，由内部专家或外部培训师授课。例如，提供有关新技术、安全规程或环保法规的培训。

二是在线培训。使用在线学习平台，为员工提供自学材料和课程，如海学网。

三是软技能培训。除了技术培训，公司还可以提供软技能培训，如数据透视分析、沟通技巧、领导力和团队合作。

四是外部培训和研讨会。鼓励员工参加外部培训和研讨会，以获取新的见解和知识。截至 2023 年，深圳分部已有电气、工艺专业参加外部培训。

五是持续教育。制订持续教育计划并实施，确保员工技能不断更新和提升。

五、实施成效

以恩平 24-2 外挂井槽项目为例，外挂井槽作为占据深圳分部未来市场新增储能的一类模式，切实响应集团公司“三大工程”，打破百米级水深在役油气田增储上产重要“瓶颈”，为增储上产做出巨大贡献，为公司带来可观工程收益。形成了一种适用于百米级水深的在役油气田周边新增储量开发新模式，切实解决百米级水深导管架外挂简易独立结构的设计技术和安装技术难题。

主要创造人：武震华

参与创造人：马利锋、魏铭君

“一稳、两优、三高”全面质量管理模式构建与实施

包头铝业有限公司

一、企业概况

（一）简介

包头铝业有限公司（以下简称包铝）是中国铝业股份有限公司的全资子公司，已成为中国铝业单体最大的铝产业基地，国家循环经济示范企业，全球最大、国内唯一偏析法高纯铝生产供应商，国家航空、军工、通信电子等高纯铝原料定点保供基地。自备电和电解铝装备技术能力处于国内同行业领先水平，是主要铝和铝合金产品的国家和行业标准制定者。包铝目前拥有自备电装机 171 万千瓦、电解铝年产能 130 万吨、高纯铝产能 6 万吨生产规模。

包铝先后荣获“全国五一劳动奖状”“全国先进集体”“全国质量效益型先进企业”“全国外贸质量效益型先进企业”“自治区高新技术企业”、包头市首批“百年老店”等荣誉，被评为“中国最具竞争力的大企业集团”。包铝连续六次荣膺“全国文明单位”光荣称号，“BTL/包铝”品牌获评内蒙古百强品牌荣誉称号，品牌价值达 148.76 亿元；2021 年荣获全国铝行业首家“全国质量奖”，2022 年荣获“全国铝行业高质量发展奖”。2022 年 12 月 28 日，包铝 BTL 牌精铝锭成功开拓美国市场，企业和产品品牌均赢得了良好口碑。

（二）企业战略、质量方针与目标

在中铝集团指导下，包铝制定了以“一体两翼三引擎”为核心的“十四五”发展战略。即到 2025 年，电解铝及制品总产能 150 万吨，自备发电装机容量 471 万千瓦，总资产 260 亿元，年利润总额 25 亿元，形成完整的煤—电（新能源）—铝—铝合金产业链。

质量方针：品质为根，诚信共赢。

质量目标：产品质量超越顾客需求，实现顾客投诉率为零。

质量指标：入厂原料符合率 100%；产品质量指标达标率 100%；出厂产品合格率 100%；不发生 C 类以上质量事件。

二、主要成果

高质量发展是企业的生命线。包铝始终将党建与质量管理工作深度融合，构建“质量是我尊严”的质量文化理念和“一稳、两优、三高”全面质量管理模式，不断提升质量管理水平，逐步夯实企业高质量发展基础。

“一稳”，即稳定压倒一切的生产质量管理原则。“两优”，即工艺优（不断优化的工艺管控模式）、方法优（以对标提升为主不断优化的工作方法）。“三高”即向高标准的管理目标要高质量、向高成熟度的质量体系要高质量、向科技创新成果的高效转化要高质量。

（一）“五标一控”保稳定

包铝建立电解“五标一控”管理模式，即通过原材料质量标准化、焙烧启动标准化、启动后期管理标准化、

正常生产工艺技术标准化、生产操作标准化，实行电解生产数据化管控。建立“精简、高效、扁平化”的生产组织模式，重点突出“稳定为王”，以生产过程稳定保产品质量稳定，生产系统实行“集中管控、垂直指挥、穿透督导”和“一级管控，两级评判生产管控方式”，形成了以生产数据为依据的评价改进体系，实现电解生产“高效率、高质量、低消耗、低成本、长寿命”管理目标。

一是按照“五标一控”管控模式，修订了4类、36项技术标准。提出“一级管控”管大局，“一级评判”管趋势，“二级评判”管执行的“一级管控、两级评判”管控方式。

二是拓展生产分类管理内容。完善“电解槽风险分级管控”标准；针对性制定新槽、老槽工艺标准；定义分级管控参数，实现三级参数管控模式，有效杜绝参数调控风险。

三是以标准化理念全流程管控电解槽大修。分别组建专业小组，从原材料质量、施工过程、焙烧启动、后期管理、正常生产五方面全流程落实标准化管控模式。

四是开展“降低无功压降、整治槽密封、提升电流效率、降炭渣、降低铁碳压降、提升设备标准化管理”等十大专项攻关工作。

通过深化“五标一控”管控模式，有效降低了工区、单槽指标差异，2022—2023年6月，各系列最劣工区较最优工区直流电耗差异明显缩小，电解二厂缩小155kW·h/t、电解三厂缩小126kW·h/t、电解四厂缩小134kW·h/t、华云一厂缩小78kW·h/t、华云二厂缩小277kW·h/t，为电解生产稳定运行和原铝液质量持续优化提供了坚实基础。

（二）持续改进促“两优”

1. 不断优化的工艺管控水平为产品质量提升奠定基础

提出“一级管控、两级评判”管控方式，不断优化各类控制标准和工艺技术路线。

“一级管控”管大局：公司每周召开“一级管控”会，研判、分析解决关键问题，为各系列生产明确方向、目标、技术路径。

“一级评判”管趋势：各分厂每周开展一级评判会，判定生产趋势，对于趋势偏离，制定纠偏工作措施，督促执行。

“两级评判”管执行：各工区每天开展“两级评判”会，对每一台电解槽运行状态、原铝质量、工艺标准、风险等级、执行表单执行情况进行评判，检查执行效果。

“A+B”类电解槽占比大幅提升。2023年7月，包铝电解槽“A+B”类占比分别为99.2%、99.3%，较2021年分别提高9.8%、9.2%；A类槽占比分别为95.8%、95.9%，较2021年分别提高35.4%、34.5%。

2. 不断优化的工作方法为企业品牌价值提升保驾护航

本着“弯下腰对标学习、开动脑创新求变”的工作要求，不断改革创新管理方法，全面提升质量管理水平。

一是构建具有包铝特色的质量文化。将质量文化作为企业文化的重要组成部分，建立“质量是我尊严”的质量专项理念，让质量文化深入人心，全面增强全员质量意识。组织质量品牌大赛、质量知识竞赛、QC发布会、质量月、质量技术攻关等多种特色质量活动，通过海报、视频、征文等多形式营造浓厚质量文化宣传氛围；积极推进各类创奖活动和绿色品牌培育，传播包铝好声音，不断提升包铝品牌竞争力和美誉度。

二是树立“指标就是效益，业绩就是尊严”意识，通过开展“全要素对标”持续提升质量管理水平。锚定行业一流企业，以剥洋葱方式层层分解指标找差距，对标对表逐项分析原因，制定“100+64”项对标追标措施，紧盯主观差距和自身问题，压实追标责任，狠抓措施落地，持续缩小与标杆差距。建立完善的月度对标例会机制、专项对标机制、激励考核机制、外出对标机制，在不断学习优秀企业最佳实践的同时，引导各级员工从“成本思维”向“经营思维”转变，将“比速度、比改善”的对标理念和方法深入到分厂、车间、班组、员工，实现“千斤重担人人挑，人人头上有指标”的良好对标氛围，持续提高公司核心竞争力，为企业高质量发展奠定良好基础，助力公司建设世界一流企业。

三是深化卓越绩效模式，企业竞争能力不断增强。2019年来，包铝全面推广卓越绩效质量经营管理模式，在争创品牌过程中做好资源保障，不断追求质量效益最大化，形成上下统一、全员一致的质量品牌意识。对照卓越绩效标准条款，开展自评价，深入各专业领域检查评价管理改进落实情况，全面检视整改效果，形成持续改进的良性循环。公司各专业管理水平实现全面提升。

四是持续优化运营管理流程。按照“短流程、低成本、高效率”的标准，改进优化709项作业活动。重新梳理工作流程，全面修订管理流程图、管理制度，更新规范流程文本，极大地提升各业务领域工作流程的规范性、简捷性、指导性，以各项管理工作的高质量保产品品牌高质量。

（三）质量“三高”夯基石

1. 以高标准的管理目标导向促高质量发展

一是以高标准的党建业务双融合保高质量发展。包铝党委高度重视，每年初制定质量工作方案，总体部署确定年度质量工作目标不动摇，将质量目标纳入各单位年度绩效指标并按照经营党建双百分考核机制引导基层抓目标落地。基层党组织一岗双责抓落实，充分发挥战斗堡垒作用，将质量工作目标融入生产经营，以月保季以季保年促落实。全体党员身先士卒做表率，用实际行动维护包铝品牌。

二是以“向高标准要高质量”为管理原则，围绕质量管理全过程落实质量管理责任制。制定超越顾客需求的质量目标并逐级分解，确保各层级质量管理人员目标清晰、路径明确。建立采购、质检、用户三方联动的原料质量管控机制，规范指标异常原料处置标准流程，筑牢三道“防火墙”。从分析指标、用户体验等维度按季度开展针对大宗原料供应商质量的综合评价，并提出优化供应商结构建议，确保原料质量稳定。坚持环保优化的持续改进理念，以追求卓越的高标准确保产品质量持续优化。

三是高标准营造“人人创造质量，人人享受质量”的全面质量管理氛围。针对不同管理层级的不同需求，策划差异性培训计划，采取请进来、走出去等方式，学习对标先进，提升质量管理业务水平。结合“五标一控”“精益生产”的管理思路，组织针对基层操作岗位的全覆盖培训，全面提升全员质量管理意识。组织参与各级技能大赛，不断提升技术岗位操作水平，为企业质量管理水平提升奠定人才基础。

2. 向高成熟度的质量体系要高质量

一是持续开展“审核—评价—改进”PDCA循环管理，保持体系成熟度优秀级水平。有计划、分重点开展专家辅导审核和滚动式内审，紧盯问题整改并针对性建立长效机制。以“质量曝光台专项行动、交叉互审、管理评审、现场观摩”等多形式工作方法促进体系运行实效不断提升。2022年、2023年，在中铝股份组织的质量管理体系成熟度评价中，包铝分别以714分和753分的成绩获得“优秀级”水平。

二是抓实质量体系运行的有效性。建立针对体系管理人员能力和体系运行效果的双重考核评价机制，实施铝业优质优价内部市场化交易机制，构建基于质量管理智能化平台的质量预警机制。在针对现场管理问题和痛点的发现、整改、长效机制建立过程中不断验证、提升质量管理体系的有效性。2022年以来，体系成熟度的持续优化，为大宗原料稳定输入、原铝液质量持续提升，导杆下线率大幅降低等工作提供了有力的过程支持和制度保障。

三是一体化落实体系管理要素与质量风险防控重点，筑牢质量风险防控底线。将质量纳入大监督管理体系，梳理岗位及作业风险点，推进采制化标准化作业，夯实风险防范基础。质量管理部门联动纪委开展关键环节、重点岗位风险监督检查；开展原料全流程穿透性检查，确保质量风险可控在控。

四是高标准提升质检化验能力，维护国家实验室应有的社会公信度和影响力，为质量体系的高效运行提供技术保障。包铝中心试验室获得CNAS认可能力范围覆盖铝及铝合金、铝用碳素材料、电工圆铝杆及扩项的煤炭共四大检测领域，27个检测项目。持续对标先进，提升拓展与主产业匹配的检化验能力16项，为企业经营创效、科技创新和绿色低碳发展奠定了试验室分析确认技术基础。

五是依托信息化平台，搭建质量管理系统，智能化助力体系运行效能提升。通过物流系统、门禁识别系统、自动计量系统、自动摇号取样系统、原料溯源系统的整合贯通，实现原料、原铝、产成品关键指标实时共享、在线分析，异常情况在线预警等功能，使企业从原料入厂到产品产出全流程符合体系管理要求，质量可控。

3. 向科技创新成果的高效转化要高质量

科技创新是企业高质量发展的重要引擎。夯实质量技术基础，将质量管理和科技创新有效融合是企业提升质量管理水平的高效驱动器。

一是将“五标一控”的生产节能管理与铝电解节能新技术应用同步融合应用，突破了铝液直流电耗 < 12300kW · h/t–Al 的阶段目标，实现了超低电压、超低能耗、热平衡持续合理平稳运行的同时，大幅减少了电解槽烟气无组织排放，为我国电解铝工业提出了一条行之有效的节能减排技术路线，推动了电解铝节能降碳技术先行先试，激发企业高质量发展内生动力。

二是针对国内各大电解铝企业整流供电系统性故障严重威胁电解铝系统安全平稳运行的现状，自主研发铝电解供电整流自动化系统智能教学与实训平台，建立仿真培训软件系统技术包和数据库，实现铝电解供电自动化的智能教学与实训，高效保障铝电解供电整流系统安全运行。

三是瞄准高纯铝质量品牌，以科技创新促进传统产业向战略性新兴产业转化，成功研发 5N 高纯铝，解决国内高端材料“卡脖子”问题。5N 技术的突破，标志着我国高纯铝材料的生产突破国外垄断，彻底打破我国高端高纯铝靶材全部依赖进口的局面，保障国防工业、电子行业高端高纯铝材料战略安全。

四是加快数字化转型，推进智能化、数字化建设，建成投用中铝首家电煤“采制化”全流程智能化示范线，实现燃料采制化全流程智能化闭环管理，降低人为风险，精准指导燃煤掺配，节能降耗。推行设备标准化管理，通过设备自动化与管理信息化，实现生产、经营、管理的智能化，智能工厂和信息化水平达到国内铝行业一流水平。

五是积极争取参与国家、行业质量标准制定，专利、创新成果，输出包铝智慧，提升企业影响力。主持参与国家、行业、团体标准制修订工作，多项国行标打上了包铝烙印。围绕科技创新、生产工艺改进、技术改造等方面落实知识产权保护和成果转化应用，提升专利创造、运用、保护和管理水平，为企业高质量发展培育核心竞争优势。

三、取得的成效

（1）2021 年 12 月，包铝荣膺第十九届“全国质量奖”，成为全国铝行业首家荣获此殊荣单位。

（2）荣获“内蒙古自治区企业质量信用等级 AAA”企业和“内蒙古自治区百强品牌”和“内蒙古品牌建设标杆企业”称号。“包铝 /BTL 注册商标”品牌价值估值从 2018 年的 43 亿提高到 2022 年的 148.76 亿元，增速率 15.87%。

（3）2022 年注册 QC 小组 68 个，活动率 97.1%，成果率 95.6%；注册质量信得过班组 48 个，活动率 87.5%，成果率 85.4%，两项合计创经济效益约 6000 万元，收到较好经济效益和社会效益。共取得 25 个奖项，其中中国有色金属行业 QC 成果 4 个、质量信得过班组 2 个；内蒙古自治区级 QC 成果 12 个、质量信得过班组 5 个；中铝股份优秀 QC 奖 2 个。

（4）持续发挥标准引领，参与制定、修订标准 52 项。其中参与国标制定 24 项、行标制定 14 项、团标制定 4 项、中铝企标制定 10 项。成功申报专利 79 项，成果转化收益 1150 万元。

（5）高纯铝获得“产品碳足迹证书”和“有色金属产品实物质量金杯奖”。

（6）入厂煤无人值守智能化验实现全流程无人化操作，消除人为因素影响；提升工作效率 40% 以上；规避粉尘及二氧化硫气体吸入，降低职业病风险。

（7）近三年入厂大宗原料合格率逐年提高，氧化铝合格率从 92% 提高到 97.2%，原铝液 99.85 率从 40% 提升至 71%，出厂产品合格率始终保持 100%。

（8）2022 年，包铝通过 ISO9001 质量管理体系换版审核、IATF16949 质量管理体系监督审核及 ISO/IEC17025 实验室质量管理体系换版及扩项审核。

（9）2022 年，包铝以《归来》为题参加第十届全国品牌故事演讲大赛，自治区分赛区获第一名，全国大赛获一等奖；“郭有军质量团队”获中铝集团质量标兵称号。

四、未来展望

“十四五”期间，是包铝绿色高质量发展重要阶段。一是实现成为铝冶炼、铝合金行业世界一流企业总目标。二是打造中铝集团重要电解铝基地和战略支撑点，建成“高端化、绿色化、智能化”新包铝。三是依托绿色发展、科技创新、管理改革三个引擎，坚定不移推进“一体两翼”战略布局，实现电解铝产能 150 万吨；新能源装机力争实现 300 万千瓦；高纯化、合金化、协同化发展，建成国家高纯铝原料供应基地和自治区级高质量绿色低碳示范企业。四是以包铝企业文化 2.0 版为基础，围绕质量精神、质量意识、质量行为准则等维度，打造包铝特色质量文化，提升企业品牌竞争力。

主要创造人：程　斌

参与创造人：赵晓燕、李　琳、陈善永、贾　清、夏增利、张　强

海上平台低压盘资料标准化应用

海洋石油工程股份有限公司

一、实施背景

在海上平台开发项目工程设计中，常用的低压盘一般指额定电压为交流400V、额定频率为50Hz的低压成套开关设备和控制设备，具体由一个或多个低压开关器件和与之相关的控制、测量、信号、保护、调节等设备，以及所有内部的电气和机械的连接及结构部件构成的组合体。其中由完成相同功能的所有电气和机械部件组成，包括开关电器的组合称为功能单元。从结构形式上，低压盘功能单元可分为固定分隔式和抽屉式两类。固定分隔式和抽屉式功能单元的数量、内部开关电器的组合配置等需要根据装配的元器件的外形、回路的额定功率、额定电流来决定。

海上平台工艺/生产设备流程复杂、种类繁多，作为设计单位，全部终端设备完整采购流程冗长，供应商资料审送批次反复，造成低压盘母排参数、供电回路类型、断路器、接触器、脱扣器、热继电器等主要元器件选型工作量大、重复性高、对于审图人员能力经验要求严格且培养周期长。针对此问题，设计院电气设计部提前规划，积极部署，动员人力，统筹近几年内海上平台开发工程项目，细化海上设施类型，找出不同类型设施的相同工艺流程；细化平台类型，找出不同类型平台的相同工艺流程，进行大数据统计分析，进行资料标准化应用研究。

二、主要做法

设计院电气设计部积极发挥技术引领作用，通过调研海上平台近年来开发工程项目中低压盘送审资料情况，总结各个项目维度的低压盘的招标人招标文件、投标人投标文件、合同前澄清纪要、采办策略、实际中标供应商、设计审图人员的经验方法等。研究发现低压盘送审图纸资料种类繁多、送审周期冗长、送审批次多、设计基础锁定较慢，对于审图人员经验要求相对较高。

针对上述问题，设计院电气设计部与框架协议供应商开展多次技术沟通交流与质量案例分享，总结以往海油各项目实施过程中遇到的对于生产进度制约的主要难点、痛点，结合行业内外项目优良做法，有针对性地制定固化措施，创新提出资料标准化思路。

（一）现状调查

以国内海域35个项目，67座平台为样本开展产品数据收集工作，结合配套低压盘的项目图纸文件资料，整理归纳海上平台开发工程项目低压盘主要参数调查统计情况，如表1所示。

根据统计结果可知，海上平台开发工程项目中配置的常用低压盘的电制为400V，3Ph，3W，50Hz，此部分电气参数比较统一。其中组块正常低压盘规格以5000A，80kARMS1S；4000A，80kARMS1S为主，4000~5000A，65~85kARMS1S均有涉及；组块应急低压盘规格以3200A，80kARMS1S；2500A，80kARMS1S为主，1250~3200A，65~80kARMS1S均有涉及；配套生活楼低压盘规格以800A，80kARMS1S为主，630~1000A，65~80kARMS1S均有涉及。关于低压供电回路类型较为固定，各个项目统计结果比较一致，分为馈线回路和电机回路两大类。

表 1　海上平台开发工程项目低压盘主要参数调查情况表

渤海海域项目名称	平台类型	正常 400V 配电盘		应急 400V 配电盘		生活楼配电盘		回路类型	
		额定电流	短路电流	额定电流	短路电流	额定电流	短路电流	馈线回路	电机回路（电加热器回路）
锦州 25-1 南一期详细设计	CEP	5000	85	3200	85			√	√
	WHPA	4000	85	1250	85			√	√
	WHPB	4000	50	2000	50			√	√
蓬莱为 19-3WHPM 平台改造项目	WHPM	2000	50					√	√
秦皇岛 32-6 油田综合调整详细设计	CEPI	5000	80	3200	80			√	√
		4000	65					√	√
	CEPJ	5000	80	3200	80			√	√
		4000	65					√	√
	WHPG	4000	65	2000	65			√	√
	WHPH	5000	80	2000	80			√	√
岐口 18-1 综合调整开发项目	PAPA	5000	75	2000	75			√	√
		2500	75					√	√
	PAPB	4000	65	630	50			√	√
渤中 13-1 降压增产项目详细设计项目	BOP	3200	65	630	65			√	√
锦州 9-3 油田主体区综合调整项目	CEPD	5000	80	2500	80			√	√
		3200	80					√	√
	WHPC	5000	80	2500	80			√	√
垦利 3-2 详细设计	CEPA	4000	80	3200	80			√	√
	CEPA	4000	80	3200	80			√	√
	WHPA	4000	80	2000	80			√	√
	WHPA	3200	50	800	50			√	√
	WHPA	4000	80	2000	80			√	√
	WHPC	5000	80	2500	80			√	√
	WHPB	5000	80	2500	80			√	√
渤中 2834 油田综合调整详细设计项目	CEPA	5000	80	3200	80			√	√
	CEP	5000	80	3200	80	800	80	√	√

总结低压盘标准化系列化类型分类，为标准化资料研究奠定基础。

（二）分析制约因素

通过分析总结海上平台开发工程项目中低压盘采办配合工作及项目执行过程中遇到的实际问题，发现影响低压盘生产进度和工程项目工期的原因：低压盘送审图纸资料种类繁多且送审周期冗长、送审批次多；低压盘所带负荷锁定较晚，功率、电流随设备厂家不同有变化可能；不同设计人员思路、经验、想法不同，造成低压盘产品设计差异化；对于资料审图人员经验要求相对较高、人员培养周期长；海洋石油工程股份有限公司现阶段生产任务压力大、人力资源紧张、工程设计标准化手段欠缺。

（三）制定标准化方案

打破“项目维度”固化的思想，从历史经验回顾、数据资料归纳、图纸模板编制、软件信息搜集等方面筹备，分析认为低压盘供应商资料常分为一次系统图、二次原理图、接线端子图、平面布置图、正面排布图、柜体结构图、网络拓扑图、元器件清单等。

低压盘内部系统复杂，元器件种类繁多，制订标准化大纲思路：一次系统图简化，具体为制定一次系统图模板，枚举所需参数；二次原理图标准化，具体为穷举海上平台典型低压单线图，对应整理二次原理图册；选型原则统一化，具体为制定标准化选型配置表及元器件选型库，串联一次系统图与二次原理图。详细思路如图1所示，拟分阶段完成。

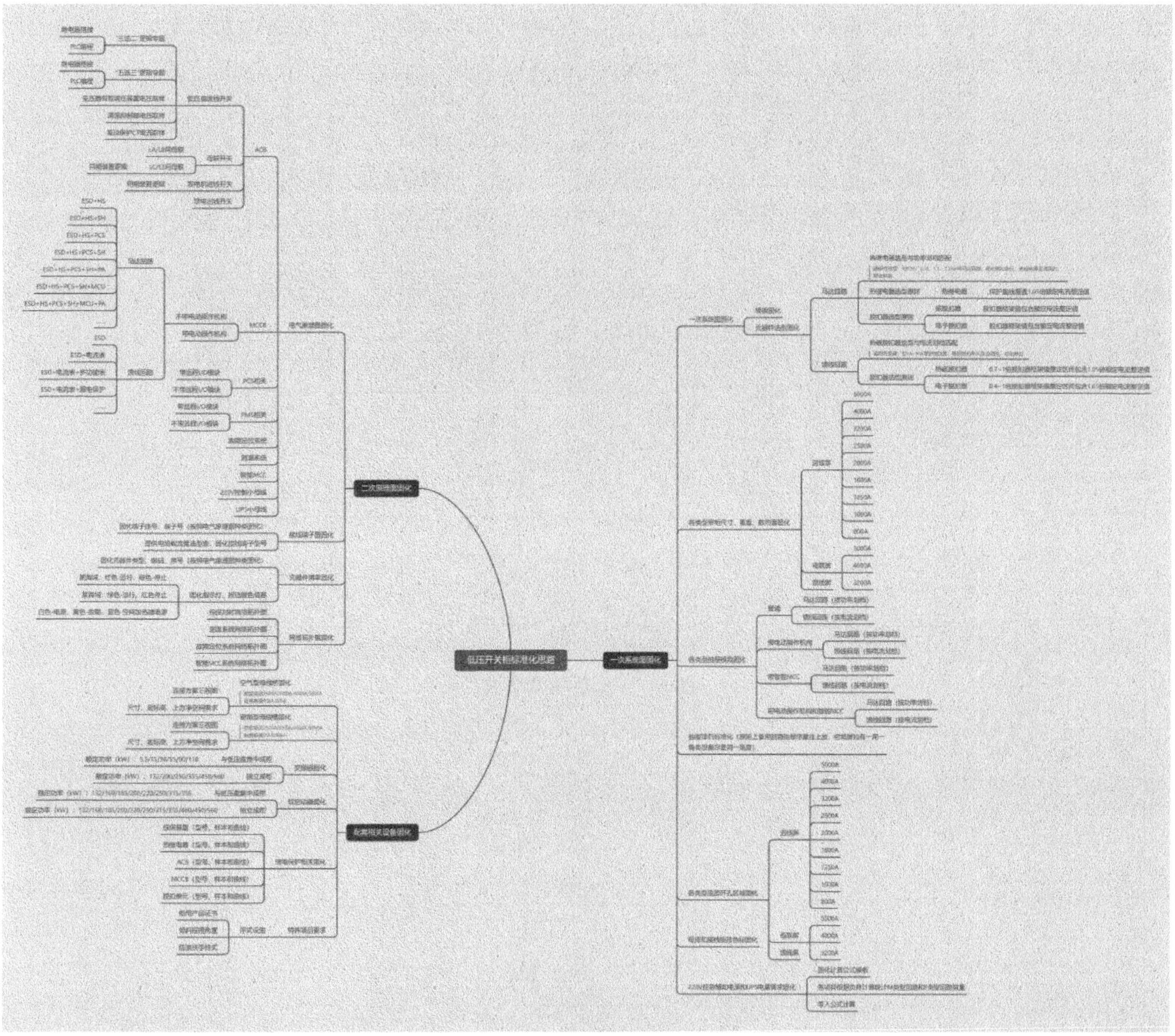

图1　海上平台低压盘标准化思路

（四）具体实施

第一阶段：根据海上平台典型低压单线图，对应整理供应商一次系统图，形成一次系统图典型模板，将供应商资料审查中的关键参数进行枚举罗列，如柜尺寸、柜用途、回路属性、回路编号、回路容量、回路名称、设备位号、模高、电缆规格、回路原理图号、主要元器件等，模板如图2所示。

举例说明：功能单元的标准化包括结构和尺寸的标准化，其中结构包含的抽屉回路结构和固定分隔式结构在“回路属性”内体现，尺寸包含的不同功能单元所占的高度在“模高”内体现。

第二阶段：根据供应商一次系统图，对应转化二次原理图，形成二次原理图的模板、格式、接线端子信息、回路功能逻辑描述、元器件编号代码、线号等标准化，综合海上平台各种类低压盘典型配置，整理二次原理图图册，模板如图3所示。

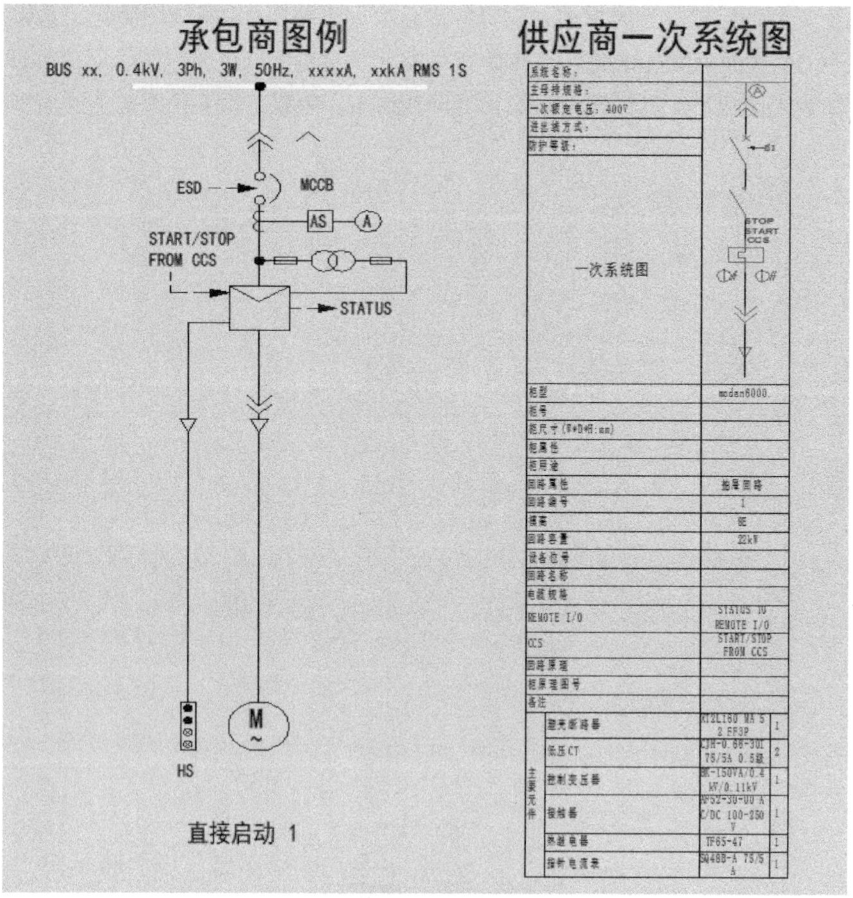

图 2　一次系统图模板

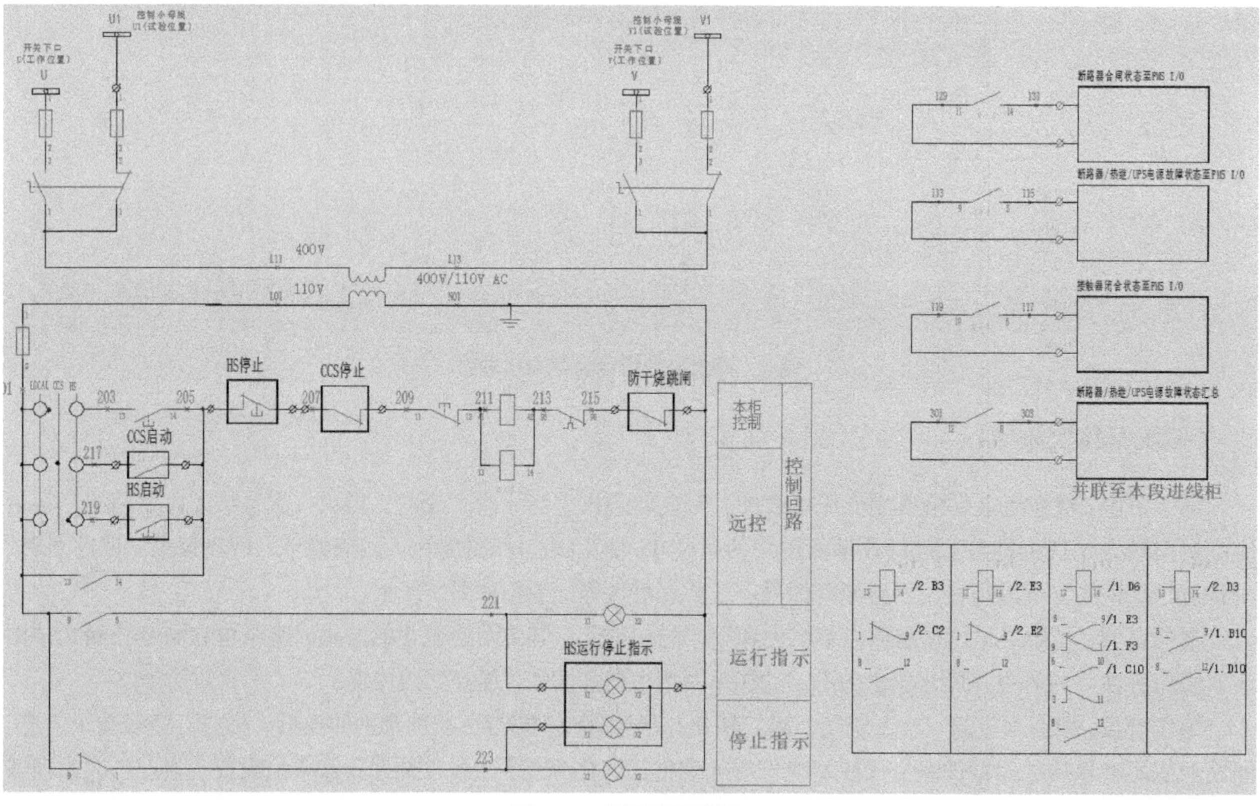

图 3　二次原理图模板

第三阶段：低压盘内元器件繁多，排列组合方式多样，负载设备不同额定功率、额定电流对应的框架断路器、塑壳断路器选型、种类、模高、尺寸、重量、散热量、表计等基本配置各不相同，归纳整理典型元器件选型配置表如图 4 所示，主要分为进母线联配置表、馈线回路配置表、电机回路配置表、UPS 及空间加热器电源计算表、柜体尺寸 / 重量 / 散热量及母排规格选型表等，便于海上平台项目快速查阅使用。

典型回路配置表

电动机回路（热继电器保护）选型方案
热继整定区间包含1.05倍电机额定电流

序号	名称型号	电压等级（kV）	额定功率（kW）	电机额定电流（A）	电缆规格	电缆外径（mm）	额定短时耐受电流（kA/1秒）	断路器型号	接触器	热继电器	适用于电动机额定电流（A）	电流互感器	电流表	模数8E方案	模数16模方案	断路器操作方式
1	马达抽屉/MD-0.4-0.37-80	0.4	0.37	1.1	HOFR 3Cx2.5mm^2	14.5±2.0	80	XT2L160 MF4/56 FF 3P	AF9-30-10 13*100-250V AC/DC	TF42-1.3（1.00~1.30）	0.95~1.23			8E	16	手动
2	马达抽屉/MD-0.4-0.55-80	0.4	0.55	1.4	HOFR 3Cx2.5mm^2	14.5±2.0	80	XT2L160 MF4/56 FF 3P	AF9-30-10 13*100-250V AC/DC	TF42-1.7（1.30~1.70）	1.24~1.62			8E	16	手动
3	马达抽屉/MD-0.4-0.75-80	0.4	0.75	1.8	HOFR 3Cx2.5mm^2	14.5±2.0	80	XT2L160 MF4/56 FF 3P	AF9-30-10 13*100-250V AC/DC	TF42-2.3（1.70~2.30）	1.63~2.19			8E	16	手动
4	马达抽屉/MD-0.4-1.1-80	0.4	1.1	2.5	HOFR 3Cx2.5mm^2	14.5±2.0	80	XT2L160 MF4/56 FF 3P	AF9-30-10 13*100-250V AC/DC	TF42-3.1（2.30~3.10）	2.20~2.95			8E	16	手动
5	马达抽屉/MD-0.4-1.5-80	0.4	1.5	3.4	HOFR 3Cx2.5mm^2	14.5±2.0	80	XT2L160 MF4/56 FF 3P	AF9-30-10 13*100-250V AC/DC	TF42-4.2（3.10~4.20）	2.96~4			8E	16	手动
6	马达抽屉/MD-0.4-2.2-80	0.4	2.2	4.8	HOFR 3Cx2.5mm^2	14.5±2.0	80	XT2L160 MF8.5/120 FF 3P	AF9-30-10 13*100-250V AC/DC	TF42-5.7（4.20~5.70）	4.01~5.42			8E	16	手动
7	马达抽屉/MD-0.4-3-80	0.4	3	6.5	HOFR 3Cx2.5mm^2	14.5±2.0	80	XT2L160 MF8.5/120 FF 3P	AF9-30-10 13*100-250V AC/DC	TF42-7.6（5.70~7.60）	5.43~7.23			8E	16	手动
8	马达抽屉/MD-0.4-4-80	0.4	4	8.5	HOFR 3Cx2.5mm^2	14.5±2.0	80	XT2L160 MF12.5/175 FF 3P	AF12-30-01 13*100-250V AC/DC	TF42-10（7.60~10.0）	7.24~9.52			8E	16	手动
9	马达抽屉/MD-0.4-5.5-80	0.4	5.5	11.3	HOFR 3Cx2.5mm^2	14.5±2.0	80	XT2L160 MF12.5/175 FF 3P	AF16-30-01 13*100-250V AC/DC	TF42-13（10.0~13.0）	9.53~12.38			8E	16	手动
10	马达抽屉/MD-0.4-7.5-80	0.4	7.5	15.3	HOFR 3Cx2.5mm^2	14.5±2.0	80	XT2L160 MA20/120-280 FF 3P	AF26-30-00 AC/DC 100-250V	TF42-20（16.0~20.0）	15.24~19.04			8E	16	手动
11	马达抽屉/MD-0.4-11-80	0.4	11	21.9	HOFR 3Cx6mm^2	16.7±2.0	80	XT2L160 MA32/192-448 FF 3P	AF26-30-00 AC/DC 100-250V	TF42-24（20.0~24.0）	19.05~22.85			8E	16	手动
12	马达抽屉/MD-0.4-15-80	0.4	15	29.3	HOFR 3Cx10mm^2	20.0±2.0	80	XT2L160 MA32/192-448 FF 3P	AF38-30-00 13*100-250V AC/DC	TF42-35（29.0~35.0）	27.62~33.33			8E	16	手动
13	马达抽屉/MD-0.4-18.5-80	0.4	18.5	35.8	HOFR 3Cx10mm^2	20.0±2.0	80	XT2L160 MA52/314-728 FF 3P	AF40-30-00 AC/DC 100-250V	TF65-40（30.0~40.0）	28.58~38.09			8E	26	手动
14	马达抽屉/MD-0.4-22-80	0.4	22	42.4	HOFR 3Cx16mm^2	22.3±2.5	80	XT2L160 MA52/314-728 FF 3P	AF52-30-00 AC/DC 100-250V	TF65-47（36.0~47.0）	34.29~44.76	LMK2-0.66/30I 75/5A(1A)	SQ72B-A-75/5A(1A)	16E	26	手动
15	马达抽屉/MD-0.4-30-80	0.4	30KW	56.8	HOFR 3Cx25mm^2	26.5±2.5	80	XT2L160 MA80/480-1120 FF 3P	AF65-30-00 AC/DC 100-250V	TF65-60（50.0~60.0）	47.62~57.14	LMK2-0.66/30I 100/5A(1A)	SQ72B-A-100/5A(1A)	16E	26	手动
16	马达抽屉/MD-0.4-37-80	0.4	37KW	69.7	HOFR 3Cx35mm^2	29.8±2.5	80	XT2L160 MA80/480-1120 FF 3P	AF80-30-00 AC/DC 100-250V	TF96-78（65.0~78.0）	61.91~74.28	LMK2-0.66/30I 100/5A(1A)	SQ72B-A-100/5A(1A)	16E	26	手动
17	马达抽屉/MD-0.4-45-80	0.4	45KW	84.4	HOFR 3Cx50mm^2	33.3±3.0	80	XT2L160 MA100/600-1400 FF 3P	AF96-30-00 AC/DC 100-250V	TF96-96（84.0~96.0）	80~91.42	LMK2-0.66/30I 150/5A(1A)	SQ72B-A-150/5A(1A)	16E	26	手动
18	马达抽屉/MD-0.4-55-80	0.4	55KW	101.6	HOFR 3Cx50mm^2	33.3±3.0	80	XT2L160 MA160/960-2240 FF 3P	AF116-30-11 AC/DC 100-250V	TF140-110（80.0~110.0）	76.2~104.76	LMK2-0.66/30I 150/5A(1A)	Sfere720C+FM7	16E	36	手动

二次图选型表　进线母联配置表　馈线回路配置表　电动机回路（热继）　电动机回路（马保）　加热器回路（热继）　加热器回路（马保）　变频回路　软启动器　无线测温型　UPS及加热器电…

图 4　元器件选型配置表

第四阶段：重点攻克“数字化转型”低压盘标准化研究成果应用，提出共同开发软件建设规划。根据供应商一次系统图、二次原理图生成所需求的必备参数在设计文件模板中进行分类枚举，确保软件生成数据源的全面性和唯一性；与供应商共同确认选型原则，对其中的功率、电流等参数和元器件选型的匹配性规则在软件数据库里进行定义赋值，为后续自动生成软件开发索引提供便利；实现从工程设计输入到一次系统图、二次原理图输出的软件设计思路。

三、实施成效

标准化成果的应用相较于以往项目的常规的审图方法、审图流程、审图时间、制约因素等，有了更便利、更快捷、更全面、更准确的把控。通过一次系统图、二次原理图、元器件选型表串联起承包商、供应商在低压盘设计链路上的所有环节，通过表格化、模板化数据分析有效保证了资料审查的可追溯性和全面性，比以往“各项目维度”不同设计人员各自审阅引起的盘柜设计差异化带来更多的参考支持。

国内某个海上项目首次使用低压盘标准化研究成果，通过一次系统图模板化、二次原理图标准化、元器件选型表统一化三方面应用，与历史项目低压盘资料审查实际经验进行对比研究分析，解决了以往工程进度对于供应商资料依赖性高的问题，大幅度缩短资料送审周期与产品生产周期，为工程设计提供新思路。

推广应用到后续海洋油气田开发项目，实现承包商 / 供应商协同设计，使供应商生产准备节点对应前移，海上开发项目工程实施节点对应前移，行业推广性意义重大。同时标准化研究成果具有软件二次开发的潜力，以工程设计标准化和产品设计标准化双轮驱动，从而提高设计效率，减少个人差错率，保障海上平台低压成套开关设备和控制设备的安全可靠运行，为海上平台同类型设施工程设计实施提供借鉴。

主要创造人：蒋志鹏

参与创造人：杜银昌、黄　波

轴向产品三温测试准确性及效率提升实践

中国振华集团永光电子有限公司（国营第八七三厂）

一、企业概况

中国振华集团永光电子有限公司始建于1966年，现隶属于中国振华集团，是我国半导体分立器件的研制生产骨干企业，贵州省重点高新技术企业。

公司具有独立设计、研制、开发、生产半导体分立器件的能力，具有各种测试、试验、分析手段以及零部件设计加工能力。公司注册的"中光牌"半导体器件，为用户提供各种性能优异、质量可靠、使用方便的航空航天、车辆船舶半导体分立器件，在业界拥有良好的声誉。

公司一贯秉承"创新、务实、和谐、奉献"的价值观，坚持"科学规范、诚信建业"的质量方针，在质量管理方面成效显著，2019年获"全面质量管理推进40周年"杰出推进单位称号。

公司目前共有半导体分立器件、集成电路、光电子器件及组件三大类，31个产品类别，数千种型号，且未来还将不断拓展其他产品领域。

二、项目简介

1. 市场需求——军方及标准要求

20世纪90年代开始，中国航天事业步入发展快车道，半导体分立器件的应用由陆空向航天发展。执行标准由QZJ840611向东三、东四以及后期的GJB33A–97、CAST、LMS、SAST标准发展。军方及各大院所出于对产品质量要求的控制，在GJB33A–97、CAST、LMS、SAST采购规范中均提出了静态参数三温测试（25℃、125℃、–55℃）要求，确保产品质量可靠性。

2. 行业痛点——行业三温测试现状

从测试准确性来说，三温测试应该在箱体中进行测试，以确保在要求温度下测试结果的准确性。但此种测试方式的接线不能太长，长距离接线对电阻、电压等参数存在影响导致测试结果不准确，而且测试效率极低，每天只能测试300只左右。因此，行业内大多数生产或筛选单位均选择将样品从箱体内部取出在外进行测试的方法，即"抓测"法。采用此法虽效率有所提升，但由于抓取时间、等待测试时间、夹具导热等影响，导致测试时实际温度条件与标准偏差30℃左右，且由于"抓测"时涉及产品排号、产品夹送、产品测试，每次测试需要3人同时作业，占用较多人力资源，如图1所示。近两年来，"抓测"法被军方、中国航天等各大院所提出质疑，三温测试准确性和测试效率的技术攻关也成了行业的难点和痛点。

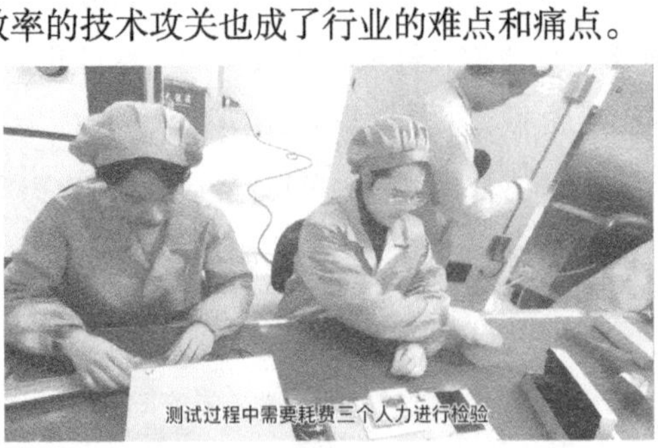

图1　三温测试（抓测）

3. 企业难点——公司能力现状

公司作为最早一批三线企业，生产出了云贵高原第一批硅半导体二极管，并且在国内首创了玻璃钝化实体封装二极管，在 1984 年获得了国家银质奖。轴向二极管作为公司主力和优势产品，服务的用户已覆盖海、陆、空、天等多个领域。为了在满足用户对轴向产品三温测试要求的同时保障生产效率，该类产品沿用了行业的“抓测”法进行三温测试，“抓测”作为公司被动之举，存在测试不准确、测试效率不高、占用资源较多等问题。原来产品订货量不多，对产品进行三温测试时，可以利用“抓测”法，通过增加人员、设备，延长上班时间等方式满足测试需求。近年来，由于国际局势复杂多变，周边台海、南海、中印边界摩擦不断，导致军工行业快速增长，军用配套单位对半导体分立器件的需求总体呈稳步上升趋势。面对 2021 年 500 余万只产品三温测试要求，不能靠增加人员、增加设备、延长上班时间的方式进行，严重的资源缺口造成产品测试堵塞，产品大范围欠交，影响国家型号工程的进度（图 2）。同时多家用户单位对“抓测法”的准确性提出了质疑，并要求我公司提供较为真实的三温测试数据。

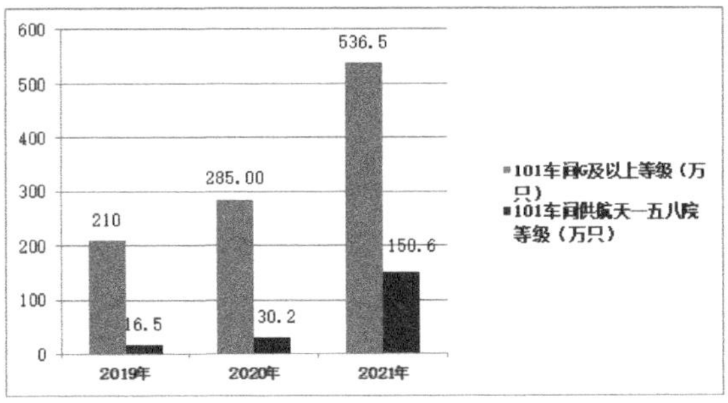

图 2　近三年三温测试数量对比图

综上原因，公司产品检测部门成立了攻关小组，对轴向产品三温测试技术展开技术攻关，提出新的综合解决方案，解决三温测试准确性和测试效率问题，打通产品交付瓶颈，确保 2021 年生产任务的顺利完成。

三、项目内容

1. 研究思路

由于半导体分立器件三温测试属于小众业务，目前市面上没有相关的测试设备。通过与设备厂家进行沟通，希望能制作可以将产品放在箱体内测试的设备，该方案的优点是测试温度的控制能够按照标准要求进行，产品测试值基本接近于真实值。通过沟通发现该方案存在以下缺点：第一是设备研制周期长，最少要两年的时间；第二要能实现高低温测试，对设备的设计、材料要求较高，且设备属于定制化设备，设备价格高，约为 150 万元；第三是箱体与测试系统间有连接线，测试时产品装架在特制的夹具板上，然后插板进入箱体，由于连接线、接触插头等对动态电阻、电压等参数测试结果有影响，因此，设备制作完成后也不能保证测试的准确性。

团队为解决生产急需、降本增效提质，最终选择以人工测试方式为研究突破口。考虑到常温测试时在产品架上通过测试探针的快速移动，测试头采用横向移动横向扎针的方式进行，能获得较快的测试效率且不影响测试结果的准确性，若在高低温测试时可以采取同样的测试方法来取代“抓测”，就可以从设计思路上规避开发周期长、扎针困难等问题，进而在短期内实现合规测试及效率提升的攻关目的，如图 3 所示。

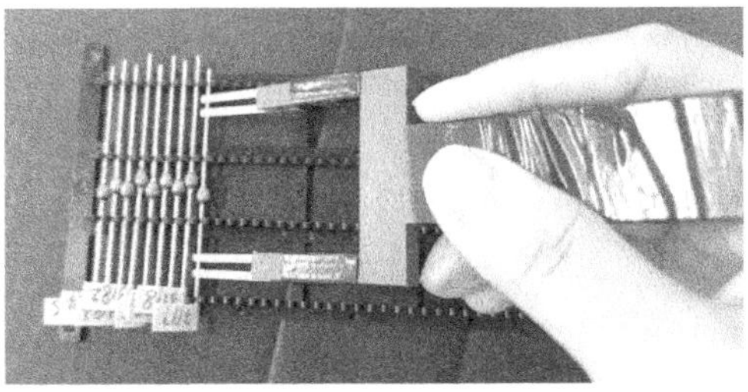

图 3　带手柄的开尔文测试探针

因此，箱体外保温并在包装支架上测试，成为攻关小组首选的研究方向。

2. 设定目标

三温测试采用在保温的环境中整板测试的方式进行，需要对测试温度的控制和测试速度进行技术攻关。

工作组初步设想使用保温材料和绝热材料加工制造保温盒，再将上架产品装入，通过降低盒子内环境温度散热的速率，提高保温时间，然后在有限的时间内，通过探针测试的方式，实现测试速度的提升。

想要在有限的降温区间内实现快速测试，解决准确性和效率问题，研究项目首先需满足一定的技术指标。

（1）技术要求

①测试值与箱体内测试误差小于 5%，测试速度 50 只 / 分钟以上。

②测试探针电阻率小于等于：$2\times10^{-8}\Omega\cdot m$；支架漏电小于 5nA（200V）。

③测试温度控制按照 GJB128A–97 要求：125±3℃，–55±3℃。

（2）设计要求

①保温盒尺寸：90×190mm，耐温范围：–60℃ ~150℃，抗温度冲击 10000 次以上。

②包装支架尺寸：80×180mm，材料漏电小于 5nA，耐温范围：–60℃ ~150℃。

③温度计：温度范围：–200℃ ~200℃，尺寸：90×95mm。

④设计图纸如图 4 所示。

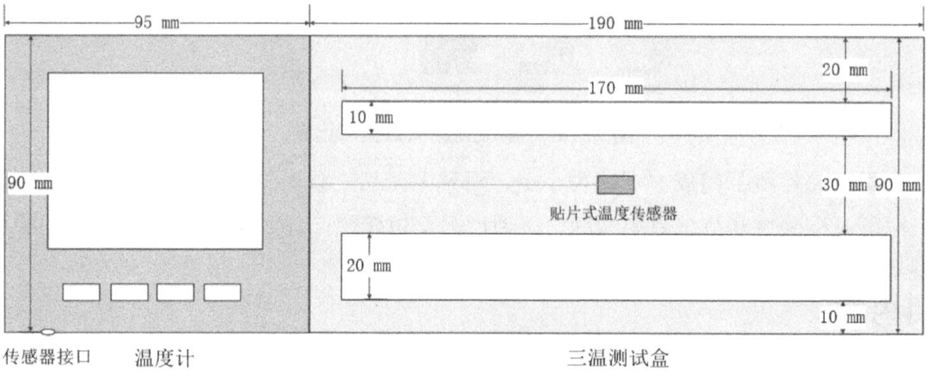

图 4　三温测试盒示意图

3. 攻关措施

根据设定目标，我们对项目中提及的产品包装支架、保温盒、测试探针及所需原材料进行如下攻关措施。

（1）高低温材料攻关

①轴向产品包装支架

经验证，公司目前使用包装支架在常温测试时可以满足探针测试要求，但高温在 70℃左右的时候，支架就开始出现软化现象，在 125℃的时候支架完全软化成一团，显然达不到在支架上进行探针测试的目的，如图 5 所示。

对国产、美国、日本及韩国等国家生产的材料进行近百次摸底试验，克服了耐高低温和低电阻率等问题，终于寻到一款 TPEE 材料，满足 –55℃及 125℃这两个温度点要求及电阻率要求。

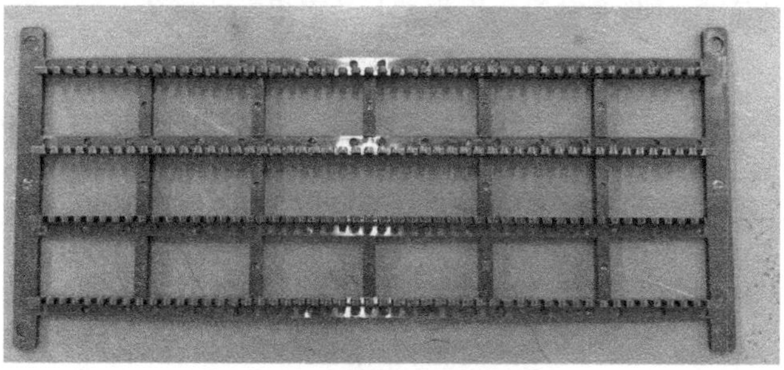

图 5　玻钝产品的包装支架

②保温材料选择

保温材料是实现保温测试的关键，团队人员通过查找相关资料，希望找到可以耐高低温且热容量较大的材料。通过查找资料，团队找到了铜材和铝材，鉴于铜材与铝材均有较大的热容量和较高的熔点，同时具有抗高低温变形的特性。从实验数据看，相同体积的铜板的降温速率和热容量明显优于铝板。

Cu 和 Al 的比热容和密度如表 1 所示。

表 1　Cu 和 Al 的比热容和密度

序号	材料名称	比热容（kJ/kg）	密度（kg/m³）	备注
1	Cu	0.39	8.9×10^3	
2	Al	0.88	2.7×10^3	

同体积下不同材料吸收热量如表 2 所示。

表 2　同体积下 Cu 和 Al 吸收热量对比

序号	材料名称	尺寸（mm）	质量（kg）	25~125℃吸收热量（J）	备注
1	Cu	80 × 188 × 3	0.401568	156.6115	
2	Al	80 × 188 × 3	0.121824	107.205	

通过比热容计算得出，相同体积下，Cu 板吸收的热量要比 Al 大，由此推测其保温能力要强于 Al。下面将通过实际试验验证。

本实验采用相同体积的 Cu 和 Al 在相同的散热条件下（自然环境）进行试验，通过试验得出温度降额曲线如图 6 所示。

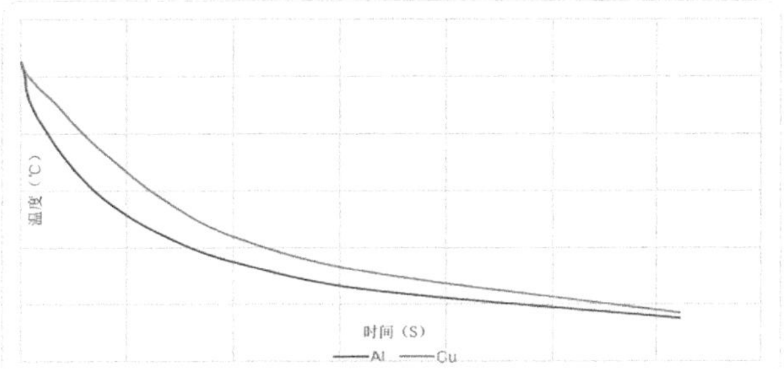

图 6　温度降额曲线

由曲线可以看出，Cu 的降温曲线要比 Al 缓慢，并且从曲线上看，前 60 秒铜板的温度在 110 ~125℃左右，具备攻关基础，因此铜板成为保温材料的首选。

③绝热材料选择

为了使热量能够在一定时间内保持恒定，减少散热。团队计划在保温材料的外层套上一层绝热材料。通过查找资料发现非金属材料具有较好的绝热性，尤其是常用的塑料制品及玻纤具有密度小和绝缘、绝热的特点，因此，团队优先考虑塑料和玻纤材料。

团队对常用的塑料及玻纤试验数据如表 3 所示。

表 3　常用塑料及玻纤试验数据

序号	名称	熔点	变形	收缩率	备注
1	尼龙	150℃以上	−40℃以下容易变形	/	
2	灰塑料	80℃左右	/	/	

续表

序号	名称	熔点	变形	收缩率	备注
3	塑料王	150℃以上	–60℃、–150℃这两个温度点不易变形	–55℃及 125℃这两个温度点为每 100cm 收缩或膨胀 1mm 左右	
4	玻纤板	150℃以上	–60℃、–150℃这两个温度点不易变形	–55℃及 125℃这两个温度点为每 100cm 收缩或膨胀 0.1mm 左右	二氧化硅

从表中可以看出，塑料王和玻纤板这两种处理能够满足隔热制作需求，但塑料王膨胀和收缩率较大，需考虑与其他材料匹配问题，因此采用玻纤板作为保温盒的外部绝热材料。

④测试探针材料选择

由于要由测试探针对保温盒内的产品进行测试，那么为了保证测试准确率，则需要测试探针具有较低的电阻率，通过查阅资料常用金属材料电阻率如表 4 所示。

表 4　常用金属材料电阻率

序号	名称	电阻率 Ω · m	备注
1	银	1.65×10^{-8}	
2	铜	1.75×10^{-8}	
3	金	2.4×10^{-8}	
4	铁	9.78×10^{-8}	

从表中可以看出，银和铜的电阻率明显优于其他金属材料，结合成本考虑，铜材成为团队优先考虑的材料，铜材虽然有较好的导电性，但是抗氧化能力明显不足，尤其是探针的使用频率较高，应用环境 –55℃、125℃，将会加快探针的氧化，造成测试时接触不良，影响测试值的准确性。为增加探针的抗氧化能力，表面做镀金处理可以较好地解决该问题。因此，团队考虑的办法是对探针进行电镀处理，镀 Au：5um~10um。

（2）保温盒设计

保温盒的设计理念来源于生活中文具盒的外形概念，将待测产品置放于盒子内，由于盒子的内层材料为热容量较大的铜材料，外层为玻纤板的绝热材料，因此，盒子内部在一定时间内具备保温功能，可以满足轴向产品三温测试的保温要求。为了满足测试探针的移动测试，在保温盒上设计了测试沟槽，同时为了测试过程便于观察，保温盒上也留出足够的观察窗口，便于带号产品编号的识别。于是开槽时，设计了 10mm 沟槽和 30mm 沟槽，如图 7 所示。

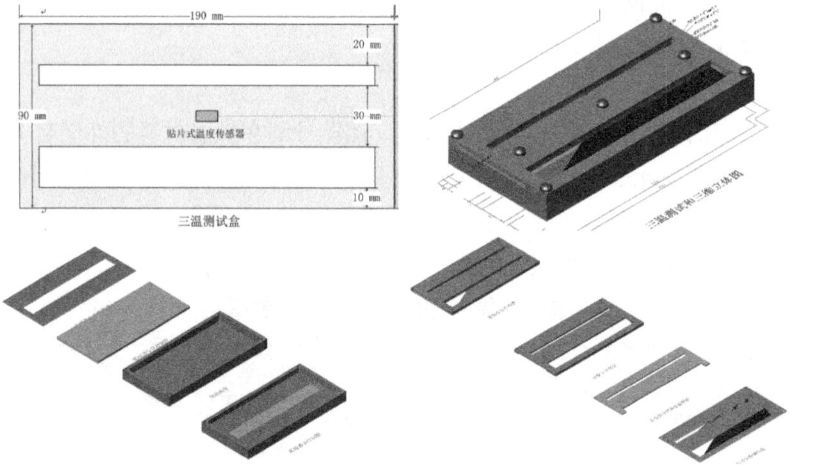

图 7　三温测试盒的结构图

（3）测试探针设计

根据测试盒尺寸，测试探针的设计需要考虑的就是良好的欧姆接触及尺寸匹配问题，由于该类产品需要进行开尔文测试，因此设计了四个测试探针，探针选用镀金的铜线材料进行加工制造，经多次验证，测试探针的外形基本设计定型，如图 8 所示。

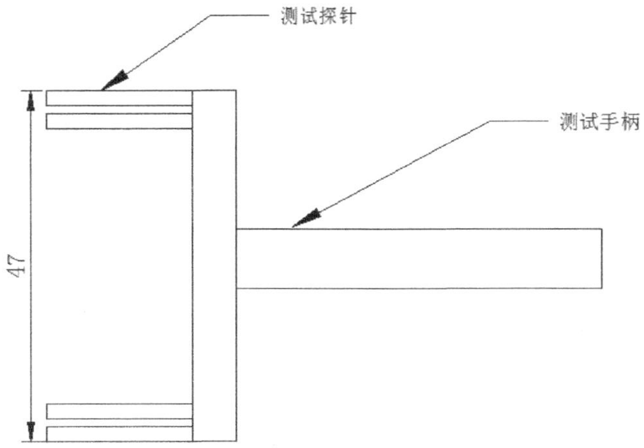

图 8　带手柄的开尔文测试探针示意图

（4）温度计配置

为解决测试温度的动态监控，确保在温度范围进行达标测试，团队考虑在保温盒上加装 PT-100 温度计。温度监控范围：-200～200℃，并对温度计设置超温报警装置，便于提示检验员对超温情况随时进行监控。

4. 关键问题的解决

（1）轴向产品耐高低温支架材料选择

包装支架的抗温度冲击能力正温由 70℃提升至 150℃，负温由 -10℃降低至 -60℃，并且新材料制作的支架外形尺寸与原来支架一致，硬度和弹性也几乎一致，不会因为支架的变更带来用户的不满。该技术攻关解决了二次上下架的工作，同时在高低温环境温度下，为实现连续性测试奠定基础。

（2）保温及绝热材料选择

箱体外保温测试的核心就是保温技术攻关，在规定时间内实现保温测试，保温材料和绝热材料的选择是实现这一技术的关键所在。

（3）测试探针设计制作

测试探针的使用颠覆了原来的测试理念，由产品移动到夹具上测试，改为由测试探针移动来进行产品测试，是测试效率提升的关键所在，解决了扎针、移动问题。同时测试探针开尔文的设计也能保证测试准确性。

（4）保温盒设计制作

保温盒的设计是测试环境温度控制的关键，需解决散热与保温的相对平衡，确保温度在 1min 内波动范围为：122～128℃和 -58～-52℃，同时，保温盒需考虑测试探针和观察窗口，这样大面积的开沟槽，实际上是增加了保温的难度。需要对保温盒的保温材料不断进行调整，并增加绝热材料的导热性。该保温盒属行业首创。

（5）温度计改造、安装

保温盒上安装温度计，是温度实时动态监控的重要办法，但是现有温度计的尺寸、温度探头和接口与保温盒连接时需要对温度计进行适当的改造，便于保温盒与温度计连接。

四、项目成果

1. 保温盒设计申报了专利

该保温盒的设计申报了实用新型专利并得到了授权，如图 9 所示。

证书号第17087328号

实用新型专利证书

实用新型名称：一种轴向半导体三温测试装置

发 明 人：张育坤；郭亮；王从超；吴奔；朱以东；杨礼志

专 利 号：ZL 2021 2 3429339.8

专利申请日：2021年12月31日

专 利 权 人：中国振华集团永光电子有限公司（国营第八七三厂）

地 址：550018 贵州省贵阳市乌当区新添大道北段270号

授权公告日：2022年08月02日 授权公告号：CN 217112425 U

国家知识产权局依照中华人民共和国专利法经过初步审查，决定授予专利权，颁发实用新型专利证书并在专利登记簿上予以登记。专利权自授权公告之日起生效。专利权期限为十年，自申请日起算。

专利证书记载专利权登记时的法律状况。专利权的转移、质押、无效、终止、恢复和专利权人的姓名或名称、国籍、地址变更等事项记载在专利登记簿上。

局长 申长雨

第1页（共2页）

其他事项参见续页

图9 授权的专利证书

2. 建立行业三温测试基准

从测试准确性来说，该技术攻关建立了轴向产品的三温测试标准（表5），待测试样品可以按照GJB128A-97标准要求完成测试，解决了抓测不准确问题。整板50只样品测试时间大概30秒，产品从测试开始到测试结束温度变化为3℃左右，完全满足军方及标准要求的±3℃测试环境温度要求。该轴向产品三温探针测试技术攻关在行业中其测试技术处于行业先进水平。

表5 测试参数对照表

序号	型号	实际测试温度（℃）					
		86.4	123.8~124.5	125.2	-36.7	-54.6~-53.6	-54.6
		抓测（125）	探针测（125）	箱体测（125）	抓测（-55）	探针测（-55）	箱体测（-55）
		IR 测试条件：VAK=300V			VF 测试条件：IAK=9A		
1	BZ3E	942.6nA	3.309uA	3.420uA	1.235V	1.278V	1.288V
2	BZ3E	877.3nA	2.774uA	2.855uA	1.218V	1.247V	1.273V
3	BZ3E	828.3nA	2.963uA	3.454uA	1.205V	1.289V	1.317V
4	BZ3E	732.1nA	2.893uA	3.059uA	1.218V	1.267V	1.276V
5	BZ3E	822.9nA	2.601uA	2.704uA	1.165V	1.183V	1.192V
均值		840.64nA	2.908uA	3.098uA	1.208V	1.252V	1.269V

3. 轴向产品三温测试速率处于行业领先水平

从攻关成效来看，测试速率达到50只/分左右，每天的测试量可达24000只。较攻关前提升了8倍，实现了半自动测试。公司轴向产品的三温测试速率处于行业领先地位。而且该三温测试盒得到了国家权威机构及

用户单位的认可，现各大三方检测机构和用户单位均向我们学习此类测试方法

4. 技术攻关经济效益

从经济效益看，2021 年，公司 500 万只产品需要测试三温参数，按攻关前原来 3 人，每天测试 3000 只的速率计算，需要 15 人加班加点才能完成测试。而攻关后 1 人就可以完成全年的测试工作。测试人工成本方面考虑，每年为公司至少节约 14 人，为公司节约成本 210 万元以上。设备方面，节约了 2 套测试系统和 2 台高低温箱，节约成本 460 万元。每年将节约 670 万元。

5. 项目拓展应用及前景

该技术攻关的成功，其攻关思路在公司内部具有广阔的推广应用价值，近年来随着公司的快速发展，其塑封、陶贴、金封等产品产量增长迅猛，三温测试成为公司产品交付的瓶颈所在。通过该技术进行推广，逐步解决了 SOT-23C、陶贴、部分金封产品的三温测试问题，测试准确性和测试效率得到明显提升，标志着公司的三温测试技术处于行业领先地位。

同时，探针测试技术也得到大力推广应用，陶贴产品目前的半自动探针测试方法其测试速度较传统的测试方法提升 5 倍以上，降低了人力资源成本，解决了生产急需。

6. 项目获得上级单位认可

该项目成果在 2022 年 12 月荣获了贵州省国防工业职工创新创效大赛技术创新一等奖。

主要创造人：张育坤

参与创造人：郭　亮、王从超

基于EIP平台精准化管控为导向的物资质量多维管理

国网河北省电力有限公司物资分公司

一、企业概况

国网河北省电力有限公司物资分公司（以下简称国网河北物资公司）于2009年改制成立，是河北电网大型电力物资企业。两个公司实行“一套人员、两块牌子”的管理模式，主要承担省公司需求计划审核、合同签订、支付申请编制、质量监督、仓储配送、供应链运营，以及省公司500kV及以上工程、雄安新区电网建设工程物资供应保障等任务。公司拥有一支具备多年从事电力物资管理经验的专业员工队伍。多年来，本着竭诚为电网建设、电力生产和供应厂商提供全方位优质服务的宗旨，公司坚持发扬“努力超越，追求卓越”企业精神，夯实管理，变革创新，内强素质，外塑形象，充分发挥物资专业管理优势，圆满完成了国网河北电力物资招标采购代理和物资提供服务任务，有力地保障了电网建设和地区经济的科学快速发展。

二、企业质量管理纲领

国网河北物资公司秉承“质量至上”的管理思想，以全生命周期质量管理理念为引领，严把设备质量入网关，全面深化全景质控业务体系，推动质量监督向产品制造质量保证体系评估延伸，落实“质量强国、质量强网”质量管理战略落地。以绿色现代数智供应链建设为中心，压实“两个责任”（供应商质量保证主体责任、电网企业质量把关监督责任）、深化“两个转型”（对内实现全景质控业务数字化转型、对外引导供应商数字智能制造转型）、夯实“三个基础”（制度标准基础、检测资源基础和质监队伍基础），加快质量监督向产品制造质量保证体系评估延伸，推动质量监督企业平台向行业平台升级，服务公司“一体四翼”高质量发展，实现“百年大计、质量第一”的管理方针。

三、实践经验

（一）贯穿电工装备全生命周期，基于EIP“云监造”落实质量管控前移

利用电工装备智慧物联平台补充和完善现有设备监造体系，贯穿电工装备全生命周期质量管控，进一步加大电工装备出厂质量管控力度，提升电工装备监造规范化、数字化、智能化水平，全面提升电网设备入网质量。

国网河北物资公司组建EIP“云监造”专项工作团队（图1），基于电工装备智慧物联平台，开展线缆、开关、线圈等九大物资设备签约、排查、生产、出厂试验、发货等全过程生产数据在线监造，以供需双方数据共享实现供应商物资生产制造全过程在线监控，填补了供应商在物资生产制造阶段质量监督空白，提升供应商物资生产质量管理。以变压器、GIS等关键设备开展“云监造”与驻场监造融合新模式，在关键组部件安装、出厂试验等核心生产阶段应用EIP平台汇聚关键点见证数据，搭建电网主设备监造过程质量快速管控渠道，对设备制造现场的质量问题第一时间协同响应。以低压电缆、架空绝缘导线、集束绝缘导线三类配网物资为代表探索配网物

资制造阶段质量管控措施，建立低压电缆、架空绝缘导线、集束绝缘导线的质量数据采集标准、云监造技术标准等，结合配网物资备库式生产特性，与制造商建立备库式生产信息共享机制，结合物资生产中涉及的原材料、生产过程及工艺、出厂试验等试验检测数据开展设备出厂前综合质量评价，有效提升供应商物资生产工艺及质量。

图 1 “云监造”业务应用

（二）以 EIP 平台贯通物资调配与抽检，实现“建转运”有序衔接

深入挖掘电工装备智慧物联平台物联数据价值，探索将电工装备智慧物联平台结构化数据应用于生产进度管控、供应物资调配、抽检策略优化、供应商产能核实等多项物资业务，实现“建转运”有序衔接。

基于电工装备智慧物联平台电力电缆、架空绝缘导线、集束绝缘导线物资原材料及组部件检验、生产工艺及过程检验、出厂试验等 12 项生产物联数据及综合质量评价结果开展物联数据价值挖掘，优化到货物资抽检策略，制定具有定向性的靶向抽检措施，通过物资靶向抽检策略实施（图 2），实现了电工装备智慧物联平台绝缘层厚度、直流电阻等多项参数标准的优化，有效提升电工装备智慧物联平台的物资生产数据质量评价结果的全面性和准确性，提高电工装备智慧物联平台订单质量评价结果与实验室检测结果一致性。同时借助 EIP 平台实现物资生产全过程管理及抽样检测工作的前置化，准确掌握供应商物资发货时间，实现物资到货当日定向性抽样检测，大幅缩短检测周期，提升物资到货检测效能。

图 2 现场抽检

（三）挖掘 EIP 平台数据价值，贯穿物资质量管控全业务链，推动质量监督向产品制造质量保证体系评估延伸

依据电工装备“云监造”、抽检策略优化的应用成效，进一步挖掘电网设备生命周期数据价值，推进低压

线缆品类供应商制造体系评估整体优化升级，多维量化动态评价管理供应商产品质量保证能力，推动质量监督向产品制造质量保证体系评估延伸。

国网河北物资公司以物资质量专家、电力电缆专家为核心组件专班推进电力电缆供应商生产制造阶段质量数据的应用分析，汇聚 ECP、EIP 等供应商各类基础数据、产品生产制造数据、到货抽检结果数据等，从供应商基础能力、过程管控、设备质量、控碳水平、生产水平、检测水平等多维度因素进行评价（图 3），深度挖掘数据价值，利用功效系数法、熵值法等多种大数据计算技术，建立更加科学的电力电缆供应商评价模型，促进物资质量监督体系从传统的单一检测、监造评判向产品制造质量保障体系评估延伸。

图 3　绩效评价

四、实践成果

（一）以“雄安引领”全面推进物资质量多维管理

为全面推进质量监督工作数字化转型，扎实开展全供应链管理，深化设备全寿命周期质量监督管理，加快构建以 EIP 精准化管控为导线的物资质量多维管理体系，公司围绕“雄安引领”高质量发展理念开展建设工作。雄安新区电力电缆检测如图 4 所示。

图 4　雄安新区电力电缆检测

以雄安新区为试点，围绕 EIP 平台开展“云监造”与靶向抽检工作，实现对供应商物资生产制造阶段各项指标质量的在线监控，精准发现供应商在生产制造阶段质量问题，同时通过便携式仪器的使用实现全量物资重点检测指标的“预筛检”，减少到货抽样数量，缩短到货物资检测周期，提升物资质量管控水平，逐步实现物资抽检策略由随机性向靶向性的转变，提升物资到货抽检工作的有效性和全面性。基于 EIP 平台线缆类数据分析组织开展靶向抽检，2023 年 9 月，随机选取 16 个雄安新区线缆类订单，根据 EIP 平台供应商上传的原材料及组部件检验、生产工艺及过程检验、出厂试验等 12 项生产数据信息以及检测中心抽检结果数据（表 1），根据物资评价结果，并针对绝缘层厚度、直流电阻值等 2 项不同数据进行不同权重的相关性分析（图 5 ~ 图 7）。

表 1　线缆关键质量参数抽检指标

订单序号	EIP“云监造”数据			检测中心抽检数据			数据对比		
	绝缘平均厚度	绝缘最小厚度	直流电阻	绝缘平均厚度	绝缘最小厚度	直流电阻	绝缘平均厚度误差	绝缘最小厚度误差	直流电阻误差
1	1.34	1.28	0.511	1.3	1.2	0.509	0.04	0.08	0.002
2	0.94	0.92	3.01	1	1	3	−0.06	−0.08	0.01
3	0.94	0.92	3.03	1	1	3	−0.06	−0.08	0.03
4	1.12	1.12	0.51	1.2	1.2	0.507	−0.08	−0.08	0.003
5	1.32	1.26	0.189	1.4	1.3	0.184	−0.08	−0.04	0.005
6	1.48	1.38	0.188	1.5	1.5	0.183	−0.02	−0.12	0.005
7	1.22	1.16	0.188	1.2	1.2	0.188	0.02	−0.04	0
8	1.18	1.02	0.509	1.1	1	0.508	0.08	0.02	0.001
9	1.02	0.96	0.519	1	1	0.512	0.02	−0.04	0.007
10	0.8	0.75	3	0.8	0.8	2.96	0	−0.05	0.04
11	0.8	0.75	3	0.8	0.8	3.02	0	−0.05	−0.02
12	1.35	1.32	0.191	1.4	1.3	0.187	−0.05	0.02	0.004
13	4.8	4.8	0.1438	4.8	4.8	0.1427	0	0	0.0011
14	4.79	4.79	0.151	4.8	4.8	0.1521	−0.01	−0.01	−0.0011
15	4.6	4.6	0.151	4.6	4.6	0.1519	0	0	−0.0009
16	4.66	4.66	0.151	4.6	4.6	0.1516	0.06	0.06	−0.0006

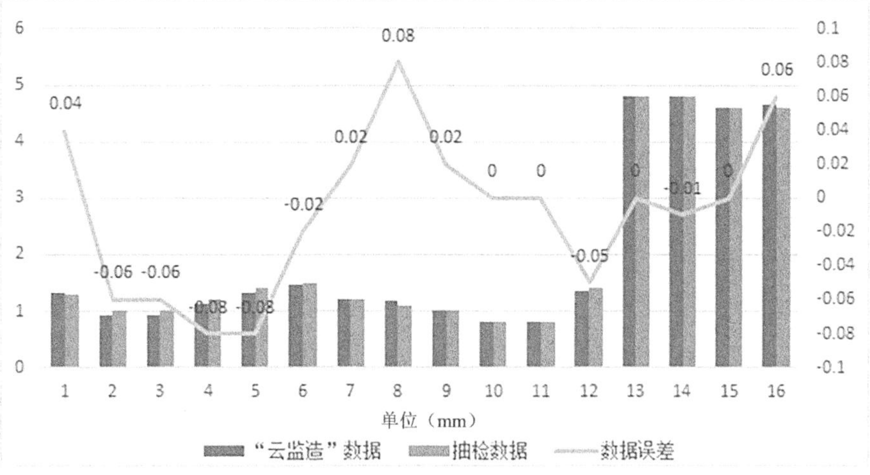

图 5　电力电缆绝缘平均厚度

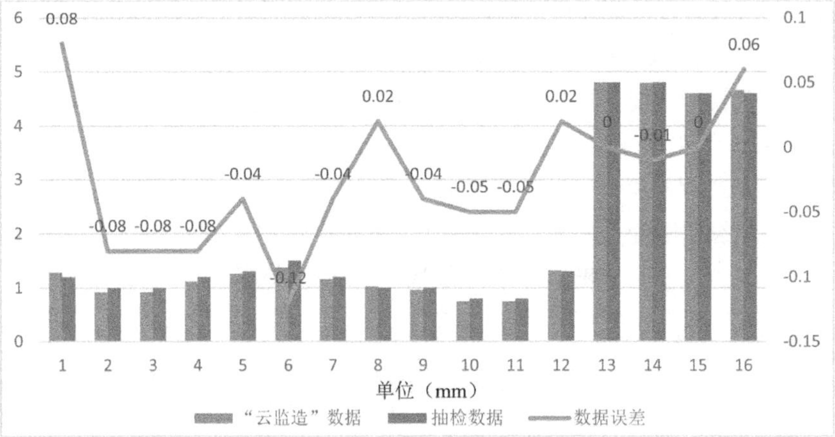

图 6　电力电缆绝缘最小厚度

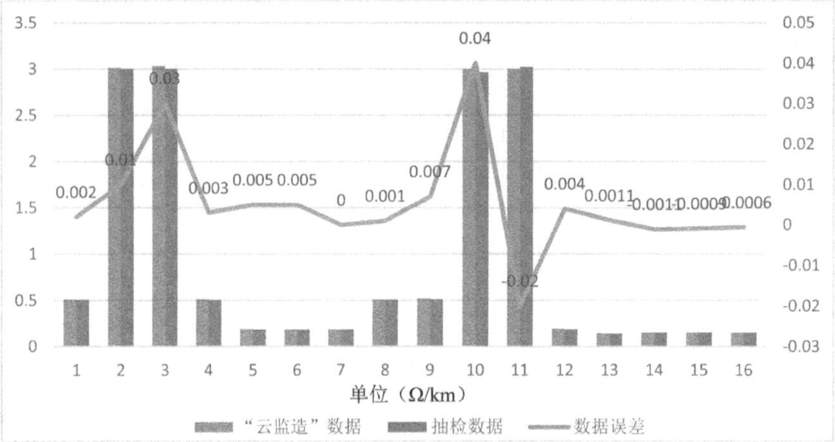

图 7　电力电缆直流电阻

（二）电工装备质量精益化管控，进一步提升物资质量

在变压器、电抗器、组合电器、断路器四类主设备监造的基础上，扩大驻厂监造范围至 220kV 以上电缆、500kV 铁塔、导地线、光缆、串补等设备，深入融合 EIP 平台“云监造”业务支撑，开展试点联合监造，优化整合全网监造资源，进一步提升电网本质安全，保持公司驻厂监造出厂试验一次通过率均为 100%。落实到货抽检数据融合，采取 A、B 类检测项目加倍的措施，根据采购量、评价情况组织各单位对二级专区物资实施抽检，严格落实电商物资订单质量评价管理，做到“一单一评价”。从 2022 年起，开展 JP 柜、电缆分支箱、电缆保护管三类物资典型问题专项整治工作，2023 年通过扩大配网物资典型问题治理范围，将绝缘子、配电变压器、开关柜、隔离开关、柱上开关等物资纳入专项整治活动，严厉打击以次充好、偷工减料等恶劣行为。2022 年与 2023 年抽检合格率分别为 96.36%、98.64%，呈稳步上升趋势。

基于 EIP 精准化管控为导向的物资质量多维管理措施加强了跨专业质量协同管控，建立了物资抽检与技术监督联动机制，共建共享了物资质量管控信息。应用物资质量多维管理，公司创新建立供应商不良行为历史追溯机制，形成了“一处受罚、处处受罚”的强威慑，维护了“重质量、讲诚信”的市场环境。

主要创造人：赵　军

参与创造人：王治国、杨　建、何梦媛、杨万涛、陆珏明、郭　宇

提升数据填报质量的研究与应用

国家能源集团国源电力有限公司（神华神东电力有限责任公司）

一、企业简介

国神公司成立于2012年2月，是国家能源集团国源电力有限公司和神华神东电力有限责任公司的统称，实行“一个平台、两个公司、一体化运营”的管理模式。作为中国最早深耕煤电一体化运营的专业化公司之一，国神公司始终秉持敢想、敢闯、敢为天下先的精神，管理运营煤电一体化项目8个，产业及项目分布于新疆、内蒙古、陕西、山西、黑龙江、四川、宁夏、山东等8个省（区），是国家能源集团（以下简称集团公司）独具特色跨区域煤电一体专业化管理公司，也是国内煤电一体化规模最大的专业化公司。截至2022年12月底，国神公司注册资本521.10亿元（其中国源电力472.61亿元，神东电力48.49亿元），资产总额1053.90亿元。国神公司拥有煤炭产能7900万吨/年，装机容量1596.3万千瓦，其中火电1507.4万千瓦，风电62.9万千瓦，光伏26万千瓦。国神公司连续6年在集团公司年度目标责任制考核中保持A级领先，连续5年在党建责任制考核中保持A级领先，荣获2022年中国社会责任金牛奖等荣誉，获得国家“科技进步一等奖”2项，获行业及省部级科技奖20余项，发布ISO国际标准2项。所属企业荣获中华全国总工会“工人先锋号”“全国模范职工之家”等称号。

二、案例背景

2023年2月，中共中央、国务院印发的《质量强国建设纲要》中提出，“到2025年，质量整体水平进一步全面提高，中国品牌影响力稳步提升。经济发展质量效益明显提升；产业质量竞争力持续增强，建成一批具有引领力的质量卓越产业集群；产品、工程、服务质量水平显著提升，制造业产品质量合格率达到94%；品牌建设取得更大进展，并形成一大批质量过硬、优势明显的中国品牌。”

国神公司进一步加强质量管理工作，是贯彻执行《质量强国建设纲要》精神，进一步推动企业转型升级，增强企业产品核心竞争力，实现做强做优的有效途径和重要实践。

国神公司聚焦精细化管理要求，从细微处统筹着力，持续深入开展质量提升行动，深入服务煤电一体化改革，实施基于大数据解决数据重复填报问题，数字化赋能提升质量管理水平，推动公司降本增效高质量发展。

根据集团公司、国神公司以及各单位精细化管理、无纸化办公需要，上线运行了各类应用系统。但也产生了新的问题：各单位数据录入工作量显著增加，存在数据重复录入情况，增加了负担，降低了效率。经梳理，各单位涉及重复填报数据115项，其中集团公司与国神公司之间重复填报数据102项，占比88.7%；国神公司内部重复填报数据13项，占比11.3%。各单位重复报送数据基本为系统叠加电子通信渠道方式分别向公司和集团进行报送。重复填报数据以生产数据为主，其中电厂侧主要是煤量、电量、排放量、供热量、煤质等指标，煤矿侧主要是煤炭产量、进尺、吨煤水耗、吨煤电耗等指标。

三、实施路径

随着国神公司煤电一体化改革进程的不断深入，为进一步提升组织管理效能，提高工作效率和生产力，实现生产、经营等数据全面共享，组织开展数据治理工作，从而实现唯一数据源、数据自动采集、数据共享和数据服务。

（一）锚定提升目标任务，积极开展调查研究

针对重复报送数据问题，国神公司信息中心选取所属新疆哈密两厂两矿为代表开展数据重复填报、手工填报情况调研，与电厂值长、煤化验、节能专工，煤矿调度员等数据填报重点岗位展开深入交流，梳理出 28 项集团公司和国神公司之间重复填报的数据及 7 项国神公司内部重复填报的数据。调研结束后，与集团公司电力部、科信部协调，逐步从集团公司数据治理平台、数据库取回日发电量、日上网电量、日进煤、日耗煤等数据回用于国神公司应用系统，从而避免二次填报，有效节约工作时间。

（二）加强部门协同合作，群策群力制定实施方案

国神公司企业管理与法律事务部牵头先后从国神公司本部、基层单位两个层面入手对数据报送情况进行梳理，梳理工作以报表、单个数据形式开展，同时收集基层单位对当前数据报送工作的意见和建议。协调科技信息部以及信息中心提供当前接入国神公司数据中台的系统名单，并与业务部门、科技信息部等相关部门共同研究当前国神公司各数据报送平台的互联互通性和接入数据中台的可能性。信息中心与相关业务部门协同，对数据重复填报情况逐一进行分析，编制了详细解决方案和系统开发设计方案，同时向集团公司申请增加回传数据。积极开展集团取回数据在国神公司应用系统的回填功能开发及试运行，确保回填功能稳定、回传数据准确。

（三）挂图作战分步实施，持续深入推进落实

针对国神公司内部重复填报的数据，信息中心梳理分析确定唯一数据源，并通过数据中台完成自动回填，基层单位无须重复填报；针对集团公司与国神公司之间重复填报的数据，首先将集团公司数据接入国神公司数据中台，实现数据的纵向贯通。其次在国神公司数据中台中，对数据进行清洗、转换、计算。最后完成数据在国神公司系统内的回填，实现数据共享复用。截至目前，国神公司内部重复填报的 13 项数据，已第一时间解决重复填报问题。集团公司和国神公司之间重复填报的 102 项指标数据，国神公司已取回 85 项数据，另外 17 项数据因未接入集团公司数据库，暂时无法取回。已取回的 85 项数据中，14 项数据在集团公司系统中未细分明确名称，不具备回填条件。具备回填条件的 64 项数据，主要为节能大指标 5 项、节能小指标 42 项、调度系统所需数据 14 项、大宗材料 3 项。随后，集团公司取回数据在国神公司应用系统的回填功能正式上线，经过为期 10 天的试运行，正式单轨运行。从集团公司取回并具备回填条件的 64 项数据，基层单位只需向集团公司填报一次，即可在国神公司复用，真正实现基层单位办公系统提质增效。

四、取得的成效

国神公司开展基于大数据解决数据重复填报问题暨质量提升行动，是组织开展数据治理工作的重要体现，是提升企业质量管理水平的有力措施，进一步规范了国神公司数据收集工作，切实减轻了基层单位数据报送负担，建立了国神公司各部门系统外收集基层单位数据要严格按照流程进行，不得随意增加机制。具体成果有以下四个方面。

（一）推进信息系统互联互通

接入多个信息系统，充分利用国神公司、集团公司各信息系统数据采集功能，以数据共享为切入点，扩大了数据共享覆盖范围，扩充了数据中台数据量，实现了生产、经营等数据全面共享，有效减少了数据重复上传。

（二）实现自动化数据填报

引入自动化数据填报采集功能，集成数据中台，实现数据的自动填报。减少人工操作，提高工作效率，有效降低数据重复填报时数据不统一的风险。

（三）增设数据自动计算

通过采集的基础数据在数据中台内建立指标自动计算机制，减少人员工作量，解决人工计算可能产生的数据准确性问题。

（四）实现数据集成与共享

将不同系统或部门的数据进行汇集统一，建立数据集成与共享机制，这样可以避免多个系统中数据源不唯一的问题，提高数据的一致性和可信度。

通过开展此次数据治理工作，结合实际，客观、准确测算了五方面成效。一是提升经济效益。通过自动化填报、数据集成和智能推送等手段，可以简化数据填报流程，减少烦琐的手动操作，提高工作效率和生产力。二是提供增量发展基础。准确、一致的数据填报将为后续的数据分析和洞察提供可靠的基础，这将有助于发现潜在的业务机会、问题和趋势，支持更精确的决策和战略规划。三是践行社会责任理念。自动化数据填报、数据校验和去重等系统功能可以减少人工操作和重复工作，节省填报人员的时间和精力。四是利于创新驱动发展。建立数据集成与共享的创新机制，将不同系统或部门的数据进行汇集统一，实现数据共享与共用。五是促进绿色环保和节能减排。高效的数据填报流程和准确的数据质量可以提供组织内部和外部决策的依据，支持更好的业务运营和管理决策，减少数据重复填报也可以节约相关系统和资源的使用成本，同时无纸化办公程度更高，为国神公司绿色发展做出贡献。

五、未来展望

国神公司将坚持以“质量第一”为价值导向，以提高质量和效益为中心，以提高产品、工程和服务质量为核心任务，以改革创新为途径，以降本增效为主要目的，认真落实企业质量主体责任，建立健全质量管理体系和质量责任机制，深入统筹开展质量提升行动，持续服务煤电一体化改革，以数智化为云梯全面提升质量管理水平，助力国神公司高质量发展。

主要创造人：刘培成

参与创造人：任双义、崔慧姝、李　莉、李学波、韩月婷、左　帅、吴井翠

以数智赋能供应链质量监督管理工作实践

国网辽宁省电力有限公司物资分公司

国网辽宁省电力有限公司深入贯彻质量强网战略，以建设公司高质量电网发展目标为引领，以绿色现代数智供应链深化运营为主线，持续深化事前管控、事中监督、事后闭环的质量管控机制，健全物资质量检测体系，加快构建绿色现代数智供应链新体系，合理布局“检储配”一体化基地，推动采购设备选优选好，提升物资服务水平，提高供应链效率效益效果，为重点工程建设、重大保电任务、安全生产应急和生产经营活动提供坚强的物资供应保障。

国网辽宁省电力有限公司依托供应链运营平台建设质量监督管理体系，基于i国网建设“e质控”模块，实现抽检业务的移动端应用。将抽检计划自动编制、抽检任务下达、检测物资取封样、送样、收样、检测、返样、检测报告上传等抽检全过程在线管理和监控。实现对抽检各环节时间节点跟踪记录，对抽检过程进行有效管控。

一、创新监造核实组织，加强监造精益管理

深化电工装备智慧互联平台应用，驻厂监造与“云监造”融合发展，平台生成订单质量评价报告，引入行业对标，促进供应商补齐短板、产品升级，提升质量竞争力指数。优化供应商资质能力按核实实施，按照物资品类，开展资质能力核实工作，核实结果全网通用。严格执行《EIP“云监造”工作规范》，落实监造队伍选取、监造费用列支，实现监造订单全覆盖，并对监造单位工作质量和供应商配合情况开展考核评价。深入总结“云监造”运营经验成果，不断完善运营机制建设和运营团队建设，制定31类物资“云监造”技术规范，推进“云监造”与驻厂监造融合，拓展“云监造”范围，研究探索集中“云监造”模式。

二、检储配一体化协同，物资供应提质增效

加强重要配网物资集中入库检测，优化仓储网络和检储配基地布局，推动检测资源跨市、跨省统筹利用。加强检、储、配业务协同，推行业务预约制，减少等待时长，提升业务周转效率，降低物资在库时长。实施差异化抽检策略，对质量问题易发、多发的品类，供应商应加大抽检比例；对质量稳定、可靠的品类，供应商可降低抽检频次，加大便携无损快检设备应用，有效降低质量监督成本。发挥供应链链主企业市场资源、产业数据、科技创新优势，推动建立行业层面能源电气装备质量监控体系，共享检测实验室、检测设备、检测结果，提升产业链高质量设备供给水平，降低入网设备运维成本。

加强“检储配”目录管理，对配电变压器、开关柜、电力电缆等重点配网物资，推行“到货抽检、合格入库、统一配送”，实现取样、封样、制样、检测、入库、配送的全流程自动化、智能化流水作业，物资“随到随检”“随用随配”。检测数据实时上传平台，自动生成检测报告，杜绝人为干预。高效节能配变推行能效项目逐台全检，不具备入库条件的配网物资开展现场便捷“预筛检”，严把配网物资入网关。

通过对仓储管理系统WMS、区域中心库管理系统A-WMS、仓库控制系统WCS、质监管理系统、运输管理系统TMS等7个信息系统、十大业务环节作业联动，实现“集中检测、合格入库、统一配送”的仓储供应体系运作模式。针对“检储配”物资从需求提报、收货入库、检测合格、配送出库等关键节点进行管控。检测环节从封样、送样、检测、储备、配送等时间节点进行重点监控，形成“集中规模抽检、检测合格入库储备、

需求产生后按需配送”的业务模式，全面压缩抽检环节业务时间。

三、建立抽检覆盖原则，抽检比例差异管控

坚持常规类抽检物资，如柱上开关、环网柜、线路绝缘子等抽检覆盖原则为同供应商、同类物资、同考核月定义为同一覆盖批次；检储配类物资，如电力电缆、配电变压器、导地线等抽检覆盖原则为同库存地点、同供应商、同规格型号和同半月到货批次定义为同一覆盖批次。

设备类物资抽检比例一般采用订单数量的 5% 且向上取整的方式，当供应商收货订单数量较大时，抽检数上限为 5 台；线缆类抽检优先采取 100 米以上订单抽样，并根据检测等级的不同，抽检比例也会有一定差异。线路绝缘子和金具类物资会根据订单数量或规格型号制定抽检阈值。

四、抽检计划自动编制，抽检任务定期下达

（1）抽检计划按照“三个百分百”覆盖原则和抽检比例要求编制，分为集中入库物资和非集中入库物资两部分编制抽检计划，计划编制周期均为每周一次。

（2）集中入库物资是指省公司四个区域中心库集中存放的配电变压器和线缆类物资。非集中入库物资是指省公司四个区域中心库以外存放各地市公司的物资。

（3）入区域中心库物资，系统按照供应计划的到货验收日期每周抽取一次，按照同库存地点、同供应商、同型号规格、同到货批次的抽检策略自动编制抽检计划。

（4）非集中入库物资，系统按照供应计划的发货通知单创建日期每周编制一次，按照同供应商、同类物资、同考核季度的合同生效时间的抽检策略自动编制抽检计划。

（5）各地市公司物资管理部门根据省公司下达的抽检计划，在 ECP2.0 平台完成抽检计划的上传工作。

五、跟踪物资到货进度，抽检过程在线监控

1. 物资到货监控

各地市公司物资管理部门通过系统及时掌握现场到货情况，协同项目需求单位做好到货物资信息与施工计划联动，会同项目管理部门组建现场抽检工作组，在督察人员全过程监督下开展抽检工作。抽检工作开始前由地市向物资公司申请抽检编号，物资公司质监专责同步在系统中将抽检计划生成抽检任务并分配检测机构。

2. 物资封样监控

项目现场检测和仓储地检测由各地市公司物资管理部门组织检测机构携带相关检测设备进入项目现场，按照抽检检测标准、方案进行逐台检测。

厂内检测由现场抽检工作组与检测机构人员核实检测设备和检测方法后，按照合同及技术规范书进行检测。

实验室检测由现场抽检工作组持《物资抽检抽样单》，按照设备类、线缆类、电缆保护管类、金具类、绝缘子类、塔材类、通用物资类抽样内容和标准取样并送至检测机构进行检测。

各地市公司物资管理部门在现场封样时，使用全省统一的“易碎贴”，并按照设备类、线缆类、金具等小件样品类、铁塔类、通用材料类作业程序和标准进行封样。封样完成后，需通过“e 质控”移动端在系统内维护取封样时间以及经手人电子签字等内容。封样工作应在物资到货 3 天内完成。

3. 物资送样监控

对于大件设备、材料由物资公司负责安排第三方物流单位承运，并与其签订合同、保密和廉洁协议。运输服务单位根据货物尺寸与运输车辆情况合理装载物资，对装载上车的物资进行绑扎固定，并确认绑扎固定是否安全可靠且符合国家道路安全管理标准。运输途中需要采取有效措施保证货物在运输过程中不受损害，确保货

物防潮、防湿、防震。运输单位工作人员取到样品后，需通过“e 质控”移动端在系统内维护送样时间以及经手人电子签字等内容。

对于小件样品，地市公司可通过邮寄方式送达指定检测机构，送检样品需做好包装和防护措施。各地市公司物资管理部门送样工作应在 3 天内完成。

4. 物资检测监控

检测机构收到样品后，核实样品信息、检查样品外观是否完好并拍照留档，通过“e 质控”移动端在系统内维护收样时间以及经手人电子签字等内容。若存在影响后续检测的外观缺陷问题，需及时反馈委托方。检测机构应在 10 个试验周期内，按照招标技术规范规定的合格标准，完成检测工作。检测完成后，通过“e 质控”移动端在系统内录入检测结果和检测完成时间，并将检测报告上传至供应链运营平台质量监督模块中。

六、供应链数智化运营，构建信息系统保障

基于公司质量监督管理体系，通过质量监督管理系统和“e 质控”移动端应用建设抽检计划编制、抽检定额台账生成、抽检计划回传总部、抽检任务及时下达、样品取样扫码管理、派车任务自动装载、检测结果实时回传、检测过程在线监控等抽检业务流程。

实现对抽检计划下发和抽检样品运输过程精准管控，提高了保密性和安全性，实现了信息线上追溯、有单可寻、有据可依。进一步强化物资供应时效与库存周转联动，缩短物资检测周期，提高物流运输效率、减少物资运输及时间成本，实现了质量检测能力及配送质效新提升。质量监督精益化管理，促进了电网设备质量安全和供需双方关系的稳定，实现了电网营商环境再提升。

主要创造人：王春生

参与创造人：姜长志、代继明、金涌川、钟　雪、姜　泽、崔　楠

以数智化赋能供应商资质能力核实管理

国网山西省电力公司物资分公司

国家电网公司作为电工装备物资的主要采购商，面对复杂的企业内外部环境和万余家供应商，其中对供应商进行有效的选择和管理关系着电网安全稳定运行和企业供应链安全。经过多年的实践，国家电网公司供应商管理取得了良好的成效。近年来，积极采用大云物移智等新技术手段，不断创新供应商管理方式，拓展内容和深度，致力于营造规范有序的电工装备市场环境，有效控制供应链风险，为实现“质量强网”提供坚强的物资保障。

供应商资质能力信息核实是国家电网公司开展物资招标工作前的重要环节。准确有效地核实供应商资质能力信息能够防范供应商虚假投标风险，确保供应商具备履行合同所需的资质和能力。经过多年的实践，国家电网公司形成了完整的供应商资质能力核实体系，并不断采用新技术手段提升核实工作效率。

一、供应链中供应商可能存在的风险

（一）质量风险

在供应链模式下，供应链中的企业是具有独立利益的经济主体，企业的行为目标从根本上是自身利益的最大化。在这种情况下，供应商可能选择降低产品质量要求、降低成本的方式来增加利润，这对电网安全稳定运行存在巨大隐患，是供应商管理过程中应规避的首要风险。

（二）信用风险

供应商在参与投标过程中的不恰当行为可能引起各种风险，包括遭受提供虚假信息、虚假证书、串通投标、恶意竞标等行为，不仅影响正常招投标秩序，损害招、投标双方企业利益，还会造成恶劣的社会影响，不利于电工装备行业健康有序发展。

（三）履约风险

供应商因原材料价格变动、资金链断裂、法律纠纷或无故终止合同、更改合同条款、违反合同规定、不能正常履约等情况，一旦发生，企业将遭受一定程度的损失或陷入被动。

在社会经济快速发展、电网安全稳定运行要求越来越高的背景下，企业不仅需要确保自身生产过程的高效与优质，同时还需要依赖供应商提供高质量的产品和服务。供应商的资质能力核实成为保障产品质量的关键步骤，对企业的长期发展至关重要。

二、数智化手段高效核实供应商资质能力

（一）应用智能核实工具

通过提炼供应商资质能力核实的结构化审查要点及审查规则，研究供应商资质能力核实审核关键要点自动审查技术，实现供应商资质能力智能审查，将人工工作变为机器工作，避免数据交叉混乱以及审核数据的

不易管理，从审核效率、审核质量和审核数据管理等多维度提升供应商资质能力核实的及时性、准确性、规范性。

1. 基于核实品类的多样性，动态配置核实目录

配置核实目录，实现核实品类快速切换；配置佐证材料目录，实现供应商佐证材料分类管理；根据供应商资质能力核实规范和指南，配置数据校验规则、逻辑校验规则，实现数据验证、逻辑校验。满足核实品类更换后，无须开发代码，通过配置核实规则，即可实现核实工具快速配置部署。

2. 基于区块链技术，加密存储链上资料

以加密的方式对供应商资质能力佐证材料进行链上存储，提高数据流转效率，跟踪核实周期中的每个文件变化及数据流转信息，做到全程追溯核实的历史轨迹，形成公开透明的信息，最终实现信息安全存储和区域共享。

3. 基于人工智能技术，自动生成核实结果

汇集财务报告、试验报告、合同业绩、发票、人员证件、社保证明等材料的核心要素，构建通用（表格、文本）识别模型和专用（发票、企业证书、人员证件）识别模型，将供应商的影像文件转为计算机可读取的结构化信息；采用人工智能技术，对读取到的结构化信息进行智能识别，自动比对。实现供应商资质能力信息核实的智能化，提升核实工作质量和效率。

4. 基于大数据分析技术，构建资质能力核实知识库

采用大数据分析技术，通过数据清洗、数据映射和数据标注，构建供应商资质信息库，为后续批次核实检查同类供应商提供数据支撑；应用BI分析工具，自动生成《供应商资质信息汇总表》《供应商型式试验报告汇总表》等报表，为核实数据汇总、筛选提供技术支撑。

（二）构建多元化现场核实模式

1. 基于供应商分类，多层次开展现场核实

供应商文件核实结束后，根据实际需求开展现场核实。依据《供应商分类模型构建与结果应用》，将电网采购的物资及服务划分为重要电网类产品、一般电网类产品、重要非电网类产品和一般非电网类产品，根据物资品类和实际采购需求，采用厂内核实、远程核实、信息采集＋线上核实等模式，按不同重要程度的产品多层次开展供应商现场核实，合理配置人力、物力等资源，有效开展现场核实。

2. 基于远程视频技术，丰富核实手段

（1）全面深度现场核实

对新申请、整改或生产条件发生重大变化的，组织专家定期开展现场核实，重点查验供应商的生产制造能力、试验检测能力，并对供应商是否具备生产能力做出判断。

（2）现场采集＋远程核实

对新增重要设备的供应商，采取属地专家或第三方专业机构人员现场采集，专家远程核实。现场信息采集人员只负责采集核实所需相关信息，由核实专家远程审核。

（3）直播采集＋远程核实

委托第三方专业机构采用现场直播方式，根据核实专家需要，实时开展现场采集，由核实专家远程审核。

（4）远程核实

设计、施工、监理类产品无须纳入现场核实，采取供应商现场采集视频，专家远程审核。

（5）属地现场核实

抽取属地专家组建现场核实专家组开展现场核实工作，重点查验供应商的生产制造能力、试验检测能力，并对供应商是否具备生产能力做出判断。

三、供应商资质能力核实应用成效

（一）基于智能核实工具，提升核实效率

1. 核实工作前置

供应商上传佐证材料后，先由系统校验，将错误信息反馈供应商，供应商修改后方可提交，将人为失误性问题控制在核实工作前，大幅减少专家与供应商反复沟通退改的重复工作，提升核实工作效率。

2. 核实报告自动编制

通过供应商资质信息自动比对，实现财务报告、试验报告、合同、发票等佐证材料“智能识别”，实现核实报告自动编制，为核实专家审核提供数据支撑，使核实专家从重复机械性劳动中解放出来，专注于业务部分，提高供应商资质能力核实工作效率 40% 以上。供应商资质能力核实系统，在国网山西省电力公司高压开关柜核实方面，用 7 个工作日核实了 751 家 10 千伏高压开关柜供应商共 6.7 万余份资料，减少人工投入 648 人；在国网物资公司财务核实方面，用 10 个工作日，核实 1000 余家供应商近 3 年的财务报告，效率提升 55%，识别准确率达 95% 以上。

3. 核实数据高效利用

通过提炼供应商资质能力核实的结构化审查要点及审查规则，构建供应商资质能力库和资质能力核实知识库，实现资质核实精益管理。从审核效率、审核质量和审核数据管理等多维度提升供应商资质能力核实的及时性、准确性、规范性。供应商佐证材料链上存储、存证，成为供应商核实数据单一来源，形成值得信赖和公开透明的信息，打造公共数据平台。

（二）基于核实多元化，优化资源配置

以真实、高效完成现场核实为目的，采用厂内核实、远程核实、信息采集、线上核实等多种现场核实手段，打破以往固定、单一现场核实模式，统筹规划核实批次，减少核实次数。核实专家不限于专家库抽取，可扩展到第三方核实机构，甚至依靠供应商采集视频信息等手段，由专家远程进行核实，节约人力、时间、差旅等成本，提高核实工作效率。

四、结语

高效、准确的供应商资质能力核实能够帮助企业有效识别供应商管理风险，通过强化原材料管理、生产过程等质量管理核实要点，从源头管控产品质量。运用信息化核实手段，借助于现代化的信息技术，可对供应商核实不断进行优化完善，提高整体工作效率，助力电工装备供应链整体质量提升。

主要创造人：刘志伟
参与创造人：白　旸、宁　克、高山山、任　颖

以提升全员质量意识为指引的质量周曝光台建设与运行

沈阳航天新光集团有限公司

一、企业概况

沈阳航天新光集团有限公司（以下简称航天新光）隶属于中国航天科工三院，前身为1920年建立的东三省航空处。作为国家“一五”计划156个重点建设项目之一，1951年5月31日，航天新光成为新中国第一个飞机发动机修理制造厂。

航天新光坚持“国家利益高于一切”的核心价值理念，秉承“科技强军、航天报国”的初心使命，持续为国防建设提供重大系统级产品，为载人航天、探月工程等国家重点工程研制宇航精密机构装置，创造了我国国防工业的数十个“第一”。航天新光先后包援建410厂、420厂等14个大中型军工厂，被誉为我国航空航天动力装置的摇篮和国防建设的功勋企业。

在70多年的砥砺奋斗中，航天新光持续为国防建设、载人航天等国家重大工程提供关键技术和产品。在流体控制技术领域，以打造国内技术领先的流体控制技术和智能调压系统产品专业提供商，产品向系列化、系统集成化、数字智能化发展。在空间推进技术领域，液体姿控动力系统研制、生产、试验能力达到国内先进水平。在水下仿生技术领域，以仿生江豚、鲸鲨、虎鲸等为代表的水下仿生机器人研制水平国内领先。在保障装备技术领域，具备国内领先的智能供电系统、包装箱等地面保障装备集成设计与批量制造能力。

面向“十四五”及中长期规划，航天新光坚持服务国家战略、服务国防建设、服务国计民生，全面融入集团公司和三院发展，以“实、干”为统领，聚焦高品质、追求高效率、实现高效益，持续夯实“一强两新一支撑”主业新格局，一体推进发展质量、发展效率和发展动力变革，加速推进由传统加工制造向科研生产一体化转型升级，奋力开启全面建设具有综合竞争力的一流航天企业新征程。

二、案例创建背景

航天新光全面贯彻落实习近平总书记一系列重要指示，把建设质量强国和科技强国、航天强国结合起来，始终秉承“质量是生命质量是责任质量是财富”的质量价值观，按照“顾客至上、质量第一、持续改进”的质量方针，以质量制胜战略为指引，围绕提升质量管理机制效能、提升质量精细化管控水平、强化质量保证能力等6个方面26项重点任务和举措，编制并实施《公司“十四五”质量制胜规划》。深入实施零缺陷系统工程，引导干部职工“树立质量忧患意识，始终紧绷质量之弦”，持续提升全员“零缺陷”质量意识和航天新光质量保证力以及产品质量竞争力。

为持续提升质量基础能力，推进质量管理体系成熟度建设，航天新光自2019年起，在开展3月份航天质量日及9月份全国质量月系列活动基础上，创新增设了航天新光质量周曝光台活动，逐渐形成了以航天质量日活动为牵引，以集中开展质量周曝光台为警示，以全国质量月系列活动为深化，以全年质量总结提升的PDCA新光特色质量管理活动。这一活动增强了全体职工对质量工作的深刻认识，让精益求精和“零缺陷”融入了“血脉”，以过硬的工作质量保证过硬的产品质量。

三、特色经验

航天新光贯彻落实“质量就是生命，质量就是胜算”的理念，实施全价值链体系化精益管理战略，并将其作为“质量周”活动主题，策划实施丰富多彩的质量特色活动，要求全体职工在学思践悟行中真正理解“质量”对于航天企业的重要意义。

（一）组织质量案例展

质量周期间集中组织质量案例展，主要内容包括：上级和公司党委关于质量的工作要求、按原因分类开展的近一年或近三年质量问题典型案例展、近一年质量优秀个人及班组获奖情况展及发生典型质量案例立即组织的实物警示展。质量问题警示案例展要求科研生产类职工全员进行参观学习，通过一个个触目惊心的典型质量问题，让全体职工意识到质量是企业的根基，没有产品质量就没有企业发展的未来。深刻体会产品质量人人有责，质量无小事，事事系成败，公司高质量发展必须以优质的产品质量作为保障基石。

（二）增设质量曝光台

航天新光在生产现场设立了11个质量曝光台，曝光台设立6个板块，对公司质量问题、质量损失案例、“文文相符，文实一致”检查问题及各生产单位质量问题、质量损失、员工质量积分进行曝光，坚持每月及时更新相关内容。通过曝光台的设立，引导员工对自身工作中出现的质量问题进行深刻自省，唤起全体人员对违规行为高度关注和广泛讨论，鞭策员工更好地遵守单位各项规章制度。曝光台的设立进一步增强了员工质量意识，促进人人工作一百分，促使每一名员工自觉唾弃不良工作习惯，自觉恪守规章制度，为全年的科研生产任务保驾护航。

（三）开展“质量承诺书”上墙活动

航天新光以班组为单位，组织科研生产相关单位全员签署“我的岗位请放心”“践质量之承诺、履强军之首责”等为主题的质量承诺书。各班组结合本岗位职责编制了质量承诺书内容，内容包括了生产前准备到生产后整理方面的注意事项，确保工作质量及产品质量的承诺。将质量承诺书悬挂和张贴在各班组明显部位，时刻提醒职工要按章办事，自觉养成良好的工作习惯，自觉恪守规章制度，按标准干活。通过文化入眼、入脑、入心，加强对一线职工的质量意识宣贯，增强员工质量意识，实现人人工作一百分，为全年的科研生产任务保驾护航。

（四）开展专项质量提升工作

在质量周期间，航天新光针对性开展专项质量提升工作。编制设计规范性实施方案，强化标准和规范在产品设计中的应用；开展紧固密封质量提升，梳理密封件、紧固件质量管控控制要素清单，识别控制要素，提升紧固密封环节质量；开展工艺提升工作，切实落实公司工艺仿真工作计划，持续推进手工工序改造、工装覆盖性提升等优化工作，保证产品质量一致性；全力抓好相交孔去毛刺、多余物管控等工艺策划和实施工作，按期检查、督促、通报、考核，通过工艺技术和管理提升，提高产品质量；开展供应链质量提升工作，加强供方走访，签订供方质量承诺书，完善合同中质量条款，强化供方“零缺陷”质量意识，推动供方切实落实公司质量技术协议要求。开展检验能力提升工作，严格产品过程检验，加强队伍建设，满足生产对质量检验的要求。

（五）开展“文文相符，文实一致”监督检查

制订检查计划，常态化开展“文文相符，文实一致”监督检查。重点针对质量记录填写、工艺文件编制、

生产过程管理、外协管理、特殊过程确认及计量器具问题等方面，每月印发检查通报，责任单位针对检查出的问题，制定有效措施并认真整改；各单位领导带头深入基层查找问题，推进本单位落实“文文相符，文实一致”；全面收集信息，坚持实事求是暴露问题，对质量问题一抓到底，问题不解决绝不放过。开展持续改进，全面进行举一反三，杜绝问题重复发生。

（六）强化各级质量例会制度

坚持每月召开公司级质量例会，传达上级质量要求，分析公司质量形势，明确后续工作安排。公司各单位每月召开质量例会，各班组每周召开质量例会，按要求召开专题质量分析会及产前提示会等质量会议。公司主管质量领导及质量部参加各单位质量例会。通过各级质量例会的召开，使全员认清当前严峻的质量形势，深刻领悟习近平主席关于“武器装备质量关系官兵生命，关系战争胜负”的重要论述，持续提升全员“零缺陷”质量意识。

（七）利用各类宣传媒体

开展质量宣传活动。航天新光利用内网、公众号、广播等设置质量专栏，宣传质量先进人物、事迹及理念；利用电子屏、悬挂条幅、粘贴海报等多种形式开展质量知识宣传，营造良好的“零缺陷”质量文化氛围；通过粘贴体现质量文化内涵和精髓的标语、警句和图片，直观展示将质量文化入眼、入脑、入心。在航天新光文化长廊固定设置两块质量专栏，宣传公司质量方针目标、“零缺陷”质量管理理念、质量格言等方面内容，展板以图片与文字相结合的方式，向广大员工展示了质量工作的重要性。加强对一线职工的质量意识教育，持续开展质量先进分享活动，大力推广优秀经验做法，树立先进典型人物，现场设置质量信得过荣誉墙，有效传播质量“正能量”。组织开展“质量就是生命，质量就是胜算”等主题的全员质量大讨论，撰写征文投稿，结合岗位谈感想、谈体会、谈措施，调动全员关于“质量”的深思，营造“言必谈质量”的良好氛围。

（八）严肃质量纪律，落实质量奖惩

航天新光持续强化质量奖惩工作，建立健全质量奖惩及考核制度，做到“奖得心动、罚得心疼”，每月印发质量通报，对及时发现产品质量问题、堵住“漏洞”、避免了质量问题发生的个人进行奖励，树立正面典型；保持质量问题严抓严管态势，对问题多发部位实施质量整顿及整治，重大质量问题施行一票否决，压实质量责任，实施质量责任终身追究，提升全员“质量红线”意识。定期对质量信得过班组及职工、质量管理小组、先进质量工作者进行评选及奖励。2021 年增设质量效益奖，每季度进行发放，全年实施质量奖励金额同比增长 85%，通过重奖重罚，激发全体员工追求工作质量“零缺陷”的积极性和主动性，养成全员“照章办事，一次做对”的工作习惯。

（九）组织质量知识专题培训或竞赛

组织全员参加体系文件知识线上答题，采用题库随机出题的方式进行答题，试题内容涵盖了公司所有质量管理体系文件，通过知识竞赛，使全员更加了解体系文件要求，全面提升了员工对公司质量管理体系文件的掌握程度，提高了体系文件的执行效果。开展各级“零缺陷”质量意识、公司质量管理体系文件等质量知识专题培训，确保全员知晓“零缺陷”理念基本内容及本岗位质量职责，明确岗位质量职责，做到有岗必有责，履职必尽责，失职必追责；召开各级“零缺陷”质量专题会议，确保“零缺陷”理念深入全员内心；让全员牢固树立“零缺陷”意识，领悟“零缺陷”内涵，掌握“零缺陷”方法和工具，将“零缺陷”理念内化于心、外化于行。

（十）深入开展“诚信”质量文化建设

公司牢固树立“诚信为本，优质为荣”的质量道德观，深入开展“诚信”质量文化建设，通过定量评价的方法，

对员工 / 单位在工作过程中质量职责的落实情况进行客观评价，开展单位及全员的质量积分档案管理，与相关评优评先挂钩，关注职工质量诚信情况，每月统计并通报“不诚信”情况，每月重点审查产品一次交验合格率和跨车间合格率的真实性和准确性，质量例会报告上分析产品一次交验不合格的具体原因；抓一线操作者质量诚信，责任车间对不诚信情况制定通报，粘贴至车间质量曝光台进行通报。责任车间对责任者进行质量意识教育及开展针对性技能培训，激励员工践诺守信、崇尚质量，激励人人工作质量一百分。

四、取得的成效

航天新光质量周曝光台活动开展期间，所属单位能够充分调动全员积极性，按公司统一安排参加各项质量周活动，并自主开展本单位各项特色工作，实现了全员参与活动、人人提高认识。

通过质量周曝光台等系列活动的开展，有效发挥了舆论引导作用，广泛宣传质量先进人物事迹，坚持质量警示教育，掀起员工学习质量知识热潮，引导员工按规章办事，倡导人人一百分、一次把事情做对、一次把产品加工合格。公司全体干部员工深刻领悟了“质量就是生命，质量就是胜算”的重要意义，提高了全员“零缺陷”质量意识，坚定了质量第一站位不动摇，营造了“人人重视质量、人人创造质量、人人享受质量”的良好质量氛围，让“零缺陷”质量意识融入血脉。实现以质量保成功，以成功保进度，产品质量保证能力不断提高，顾客满意度持续提升，行业地位稳中有升。实现了以优质的产品占领市场，以良好的口碑赢得客户，在竞争激烈的行业中始终处于领先地位，为公司的高质量发展奠定了坚实的基础。

质量提升没有止境。航天新光要根据新情况、新形势及新的条件和任务要求，持续改进和超越。坚持“质量第一”，树牢“零缺陷”质量意识，将持续、常态化开展质量周曝光台特色活动，从一点一滴做起，解决一个又一个小问题，凝心聚力，创新实干，注重实效，持续提升质量保证力，为建设质量强国、航天强国贡献全部力量。

主要创造人：胡河海

参与创造人：陈　剑、裴志刚

基于核安全法规为原则的质量保证体系构建

中国建筑第二工程局有限公司核电建设分公司

一、项目简介

龙川核电基地管理中心（以下简称基地）是中国建筑第二工程局有限公司（以下简称中建二局）为打造核电业务集约化平台，对核电业务统一协调、统筹管理，提升核电施工核心能力而投资兴建的产业基地（图 1）。基地位于广东省河源市龙川县登云镇工业园。主要业务涵盖核电配套特种钢结构及常规钢结构、不锈钢结构的预制加工、精密机加工、核级焊工培训考核、大型机械设备租赁及维修保养、建筑工程检验试验等。

图 1　中建二局龙川核电基地管理中心俯视图

二、企业质量管理纲领

1. 企业质量管理思想

公司要求所有参与核电业务的各部门和人员以及提供与安全和质量有关物项和服务的供方都必须严格遵守核安全法律法规、导则、合同和质量保证大纲规定的要求，遵守技术规格书及其指定的规范标准，对各自承担的活动质量负责。同时公司采用“一级 QA，两级 QC”的形式，通过内外部监督 / 监查和工程实体质量控制等手段来验证质量保证体系实施的有效性，以质量保证体系要素为原则，对施工全过程工序质量管理。共同组成“钢结构预制工程全要素质量管控”的成熟模式（图 2）。负责质量保证职能的人员和部门被授予充分的权限并确保他们的独立性，在发现危及质量、安全的事实或行为时，他们有权采取行动，直至责任部门或单位完成相应的整改，且不受经费和进度的约束。必要时，负责质量保证职能的人员和部门可向本单位总经理及更高的部门报告工作。必须强调的是，在完成某一特定工作中，对要达到的质量负主要责任的是该工作的承担者，而不是那些验证质量的人员。因此，每位参与者都必须意识到，工程质量是保证核安全的基础，在工作中应自觉遵守程序和规范的要求。

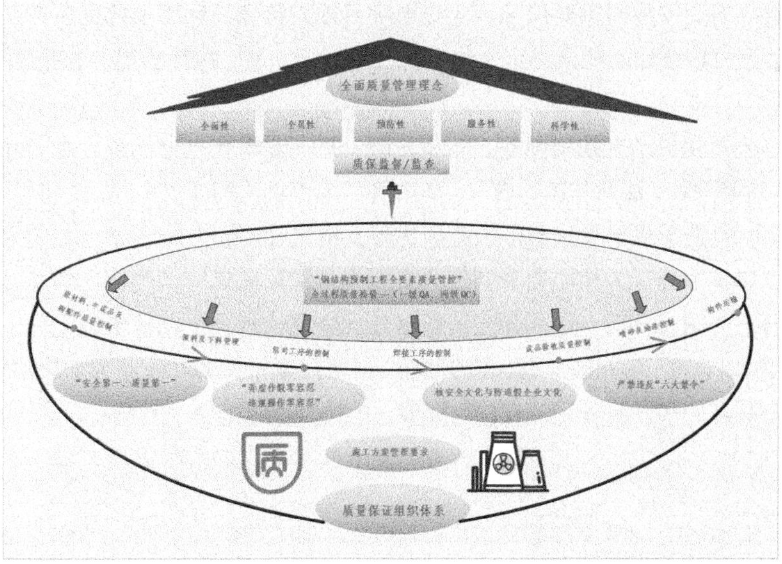

图 2 “钢结构预制工程全要素质量管控”的成熟模式

2. 企业质量管理方针、文化及理念

公司贯彻国家核安全战略，落实“理性、协调、并进”的核安全观；遵守“法治意识、忧患意识、自律意识、协作意识”的核安全文化核心；以“安全第一，质量第一”为根本方针；遵循“凡事有章可循，凡事有人负责，凡事有人监督，凡事有据可查”的基本工作原则；倡导和提升全体员工“严慎细实”的工作作风；要求全体员工形成及时发现和报告质量问题的透明文化，组建科学完善的防造假机制 / 制度，并鼓励全体员工提出改进质量的建议，主动报告弄虚作假、违规操作等不良行为；各级管理者应为实现质量目标创造良好的工作环境，并持续提高全体员工的核安全文化素养和质量意识；发扬“求真笃行，创新超越”的企业精神，为社会发展创造更大的价值。广东台山核电项目形象图如图 3 所示。

图 3 广东台山核电项目形象图

3. 企业质量管理战略及规划

随着《中华人民共和国核安全法》的正式颁布实施，国家实行最严格的安全标准和最严格的核安全监管，逐步构建最严格的生态环境保护制度，对产品质量和过程管控提出了更高要求，促使核电施工建造企业不断探索管理体系优化、管理绩效提升和管理方法改进。公司为了迎接核电工业发展的机遇与挑战，充分发挥施工质量有效管控，材料集中采购，先进装备设施和关键人力资源统筹，钢结构自动化、专业化施工能力，重大科技研发创新，安全标准化建设，技术管理平台，经验反馈等全方位、全链条钢结构板块优势，为多个核电项目核岛、常规岛工程建造提供有力支持与重要保障，为核电项目提供符合设计要求的优质产品。履行国家核安全责任和国际核安全义务，大力培育和发展核安全文化以提升核安全水平，保障核能与核技术利用事业安全、健康、可持续发展。

党的十八大以来，公司积极推进结构调整、转型升级，进一步聚焦电建能源、水务环保、特高压、军民融合、市政路桥、高端房建等领域，深耕华南、华东、华中等区域市场（图 4、图 5），并将经营触角延伸至东南亚、东南部非洲等海外地区，打造形成了独特的市场竞争优势及项目管理能力。

未来，公司将继续以核电施工为核心业务和核心竞争力，保证完成“四个核电核岛、五个核电常规岛”战略目标，持续将自身打造为国内一流、国际领先的核电建设企业，致力于以核电施工为中国建筑集团做出卓越的品质和品牌贡献，成为以核电、新能源发电、市政路桥、新基建等相关多元化业务为主的工程建设综合服务商，以最优质的产品和服务竭诚回报社会各界的支持与厚爱。

图 4　广西防城港核电二期项目形象图

图 5　广东太平岭核电一期项目形象图

三、质量保证体系构建

1. 质量保证大纲的建立

质量保证大纲是核电厂工程不可分割的一部分，基地质量保证大纲根据《核电厂质量保证安全规定》（HAF003）为原则编制。大纲明确了组织及人员的职责，制定出控制和验证影响核安全法规“13 要素”的规定。规定了对影响质量活动人员的培训要求，明确为达到要求的质量所需要适当的环境条件、设备和技能等。基地编制的《核电工程钢结构制造质量保证大纲》保证了技术性与管理性工作的充分结合（图 6）。这是基地质保体系运行的根本文件。

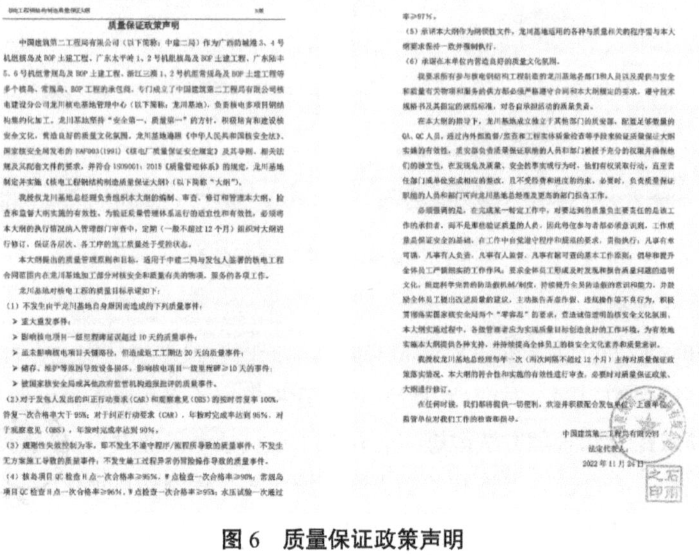

核电工程钢结构制造质量保证大纲

质量保证政策声明

中国建筑第二工程局有限公司（以下简称：中建二局）作为广西防城港 3、4 号机组核岛及 BOP 土建工程、广东太平岭 1、2 号机组核岛及 BOP 土建工程、广东陆丰 5、6 号机组常规岛及 BOP 土建工程、浙江三澳 1、2 号机组常规岛及 BOP 土建工程等多个核岛、常规岛、BOP 工程的承包商，专门成立了中国建筑第二工程局有限公司核电建设分公司龙川核电基地管理中心（以下简称：龙川基地），负责核电多项目钢结构集约化加工。龙川基地坚持“安全第一，质量第一”的方针，积极培育和建设核安全文化，营造良好的质量文化氛围。龙川基地遵照《中华人民共和国核安全法》、国家核安全局发布的 HAF003(1991)《核电厂质量保证安全规定》及其导则、相关法规及其配套文件的要求，并符合 ISO9001：2015《质量管理体系》的规定，龙川基地制定并实施《核电工程钢结构制造质量保证大纲》（以下简称“大纲”）。

我授权龙川基地总经理负责组织本大纲的编制、审查、修订和管理本大纲，检查和监督大纲实施的有效性，为验证质量管理体系运行的适宜性和有效性，必须将本大纲的执行情况纳入管理部门审查中，定期（一般不超过 12 个月）组织对大纲进行修订，保证各层次、各工序的施工质量处于受控状态。

本大纲提出的质量管理原则和目标，适用于中建二局与发包人签署的核电工程合同范围内在龙川基地加工部分对核安全和质量有关的物项、服务的各项工作。

龙川基地对核电工程的质量目标承诺如下：

（1）不发生由于龙川基地自身原因而造成的下列质量事件：

- 重大质发事件；
- 影响核电项目一级里程碑延误超过 10 天的质量事件；
- 虽未影响核电项目关键路径，但造成返工工期达 20 天的质量事件；
- 储存、维护等原因导致设备损坏，影响核电项目一级里程碑≥10 天的事件；
- 被国家核安全局或其他政府监管机构通报批评的质量事件。

（2）对于发包人发出的纠正行动要求（CAR）和观察意见（OBS）的按时答复率 100%，答复一次合格率大于 95%；对于纠正行动要求（CAR），年按时完成率达到 95%，对于观察意见（OBS），年按时完成率达到 90%。

（3）规避性失效控制为零，即不发生不遵守程序/流程所导致的质量事件；不发生无方案施工导致的质量事件；不发生施工过程异常仍冒险操作导致的质量事件。

（4）核岛项目 QC 检查 H 点一次合格率≥96%，W 点检查一次合格率≥90%；常规岛项目 QC 检查 H 点一次合格率≥96%，W 点检查一次合格率≥95%；水压试验一次通过率≥97%。

（5）承诺本大纲作为纲领性文件，龙川基地适用的各种与质量相关的程序需与本大纲要求保持一致并强制执行。

（6）承诺在本单位内营造良好的质量文化氛围。

我要求所有参与核电钢结构工程制造的龙川基地各部门和人员以及提供与安全和质量有关物项和服务的供方都必须严格遵守合同和本大纲规定的要求，遵守技术规格书及其指定的规范标准，对各自承担活动的质量负责。

在本大纲的指导下，龙川基地成立独立于其他部门的质安部，配置足够数量的 QA、QC 人员，通过内外部监督/监查和工程实体质量检查等手段来验证质量保证大纲实施的有效性。质安部负责质量保证职能的人员和部门被授予充分的权限并确保他们的独立性，在发现危及质量、安全的事实或行为时，他们有权采取行动，直至责任部门或单位完成相应的整改，且不受经费和进度的约束。必要时，负责质量保证职能的人员和部门可向龙川基地总经理及更高的部门报告工作。

必须强调的是，在完成某一特定工作中，对要达到的质量负主要责任的是该工作的承担者，而不是那些验证质量的人员。因此每位参与者都必须意识到，工作质量是保证安全的基础，在工作中自觉遵守程序和规范的要求，贯彻执行：凡事有章可循，凡事有人负责，凡事有人监督，凡事有据可查的基本工作原则；倡导和提升全体员工严慎细实的工作作风。要求全体员工形成及时发现和报告质量问题的透明文化，构建科学完善的防造假机制/制度，持续提升全员防造假的意识和能力，并鼓励全体员工提出改进质量的建议，主动报告弄虚作假、违规操作等不良行为，积极贯彻落实国家核安全局两个“零容忍”的要求，营造诚信透明的核安全文化氛围。本大纲实施过程中，各级管理者应为实现质量目标创造良好的工作环境，为有效地实施本大纲提供各种支持，并持续提高全体员工的核安全文化素养和质量意识。

我授权龙川基地总经理每年一次（两次间隔不超过 12 个月）主持对质量保证政策落实情况、本大纲的符合性和实施的有效性进行审查，必要时对质量保证政策、大纲进行修订。

在任何时候，我们都将提供一切便利，欢迎并积极配合发包单位、上级单位、监管单位对我们工作的检查和指导。

中国建筑第二工程局有限公司

法定代表人：

2022 年 11 月 24 日

图 6　质量保证政策声明

2023 年至今，基地制定了系统的、有计划实施的质保大纲程序文件，共编制 38 份大纲、管理程序（图 7）及 57 份工作程序（图 8）。质安部组织人员定期对程序文件进行审查及修订升版。

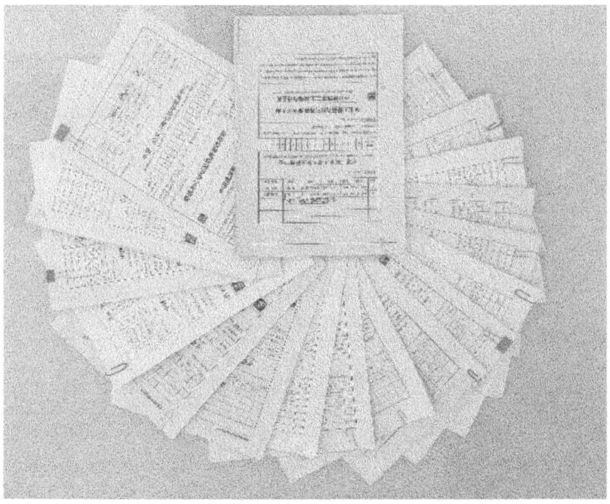

图 7　大纲、管理程序

中建二局龙川基地大纲、管理程序、工作程序清单

大纲、管理程序

序号	程序分类	文件编码	程序名称	版本	发布计划	集约化专项组审查	CSQ审查（质保相关）	报审或报备	部门	备注
30	大纲管理程序	LC#XGLCX00[illegible]TZ AB04GN	质量事件管理程序	C	已发布	协审	主审	报审	质安部	生效
31	大纲管理程序	LC#XGLCX0077TZ AB04GN	经验反馈管理程序	C	已发布	协审	主审	报审	质安部	生效
32	大纲管理程序	LC#XGLCX0011TZ AB04GN	钢材/焊材搭接管理程序	B	已发布	协审	主审	报审	质安部	生效
33	大纲管理程序	LC#XGLCX0042TZ AB04GN	质量风险管理和质量趋势分析程序	B	已发布	协审	主审	报审	质安部	生效
34	大纲管理程序	LC#XGLCX0021TJ SB04GN	招标资料的格式及填写	A	已发布	主审	协审	报审	技术部	生效
35	大纲管理程序	LC#XGLCX0043TZ AB04GN	质量保证记录管理程序	C	已发布	协审	主审	报审	质安部	生效
36	大纲管理程序	LC#XGLCX0024TZ AB04GN	质量保证监督/检查程序	C	已发布	协审	主审	报审	质安部	生效
37	大纲管理程序	LC#XGLCX0044TZ AB04GN	[illegible]	F	已发布	协审	主审	报审	质安部	生效
38	大纲管理程序	LC#XGLCX0051TZ AB04GN	顾客满意度管理程序	A	已发布	主审	协审	报审	质安部	生效

第 2 页

清单内大纲、管理程序共38份。截止2023年11月14日，共上传大纲、管理程序38份；其中已经生效34份；有1份为意见版，正在内部升版；正在流转3份。

图 8　中建二局龙川基地大纲、管理程序、工作程序清单

2. 组织

（1）组织机构的设立

基地组织机构的设立，反映了中建二局承接的核电工程在钢结构制造中的组织机构和权限等级。组织机构由中建二局组建并授权，签发授权委托书（图 9）。

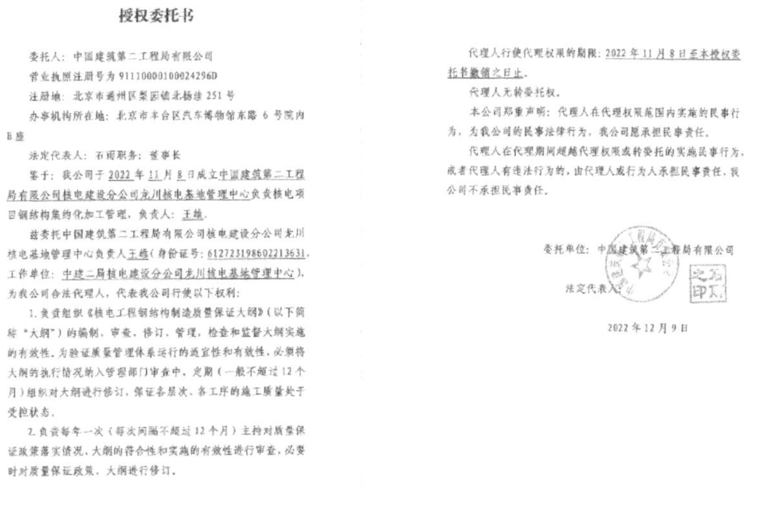

授权委托书

委托人：中国建筑第二工程局有限公司

营业执照注册号为 91110000100024296D

注册地：北京市通州区梨园镇北杨洼 251 号

办事机构所在地：北京市丰台区汽车博物馆东路 6 号院内 B 座

法定代表人：石雨职务：董事长

鉴于：我公司于 2022 年 11 月 8 日成立中国建筑第二工程局有限公司核电建设分公司龙川核电基地管理中心负责核电项目钢结构集约化加工管理，负责人：王雄。

兹委托中国建筑第二工程局有限公司核电建设分公司龙川核电基地管理中心负责人王雄（身份证号：612723198602213631，工作单位：中建二局核电建设分公司龙川核电基地管理中心），为我公司合法代理人，代表我公司行使以下权利：

1. 负责组织《核电工程钢结构制造质量保证大纲》（以下简称“大纲”）的编制、审查、修订、管理，检查和监督大纲实施的有效性。为验证质量管理体系运行的适宜性和有效性，必须将大纲的执行情况纳入管理部门审查中。定期（一般不超过 12 个月）组织对大纲进行修订，保证各层次、各工序的施工质量处于受控状态。

2. 负责每年一次（每次间隔不超过 12 个月）主持对质量保证政策落实情况、大纲的符合性和实施的有效性进行审查，必要时对质量保证政策、大纲进行修订。

代理人行使代理权限的期限：2022 年 11 月 8 日至本授权委托书撤销之日止。

代理人无转委托权。

本公司郑重声明：代理人在代理权限范围内实施的民事行为，为我公司的民事法律行为，我公司愿承担民事责任。

代理人在代理期间超越代理权限或转委托的实施民事行为，或者代理人有违法行为的，由代理人或行为人承担民事责任，我公司不承担民事责任。

委托单位：中国建筑第二工程局有限公司

法定代表人：

2022 年 12 月 9 日

图 9　授权委托书

基地编制了《龙川基地组织机构设置与岗位职责》管理程序，程序规定了全部 9 个部门及基地领导班子的职责与权限，各部门编制了部门组织机构设置与岗位职责，明确了共计 60 个岗位的职责与权限，如表 1 所示。

（2）单位间的工作接口

基地编制了《核电钢结构工程多项目集约化预制接口程序》，规定了基地各部门、中心、车间之间的内部接口，与核电项目、公司总部及外部单位主要接口联络的方式、内容及详细要求。基地共同与各个接口单位或部门建立了专用接口渠道，如函件、邮箱、OA 系统（图 10）、IMS（图 11）钉钉群聊等。基地还规定了施工进度、材料采购及验收管理、文件传递、完工资料的接口要求；明确了质保、质量及技术专业的信息传递的详细规定，保证了内部接口与外部接口沟通的顺畅、信息传递的准确、工作完成的高效。

表 1　龙川核电基地部门组织机构及岗位设置

序号	部门组织机构	岗位设置	人数
1	制造部	经理	1
		副经理	2
		执行经理	1
		焊接工程师	4
		车间工程师	3
		油漆工程师	1
		质控工程师(QC1)	3
		材料员	1
		档案员	1
		资料员	1
		焊材管理员	4
		设备管理员	1
2	技术部	经理	1
		副经理	1
		执行经理	1
		焊接工程师	1
		详图设计员	1
		计量管理员	1
		档案员	1
3	质安部	经理	1
		执行经理	1
		质保工程师（QA）	1
		质控工程师(QC1)	3
		安全主管	1
		HSE管理工程师（安全	1
4	党群综合部	副经理	1
		后勤主任	1
		人力专员	1
		党工团干事	1
		行政文员	3
5	商务物资部	经理	1
		副经理	1
		成本合约工程师	1
		估量结算工程师	2
		采购工程师	1
		计划工程师	1
		仓库保管员	1
6	财务部	经理	1
		会计核算岗	1
		税务管理岗	1
		出纳岗	1
7	机械设备管理中心	维保车间	4
		各项目机械队	4
		安拆队	4
8	金属试验室	主任	2
		档案员	2
		无损检测工程师	4
		设备管理员	1
9	焊培中心	主任	1
		副主任	1
		焊接教练	1
		焊接工程师	1
		焊材管理员	2
		机加工管理	1
		物资采购员	1
		文档管理员	1

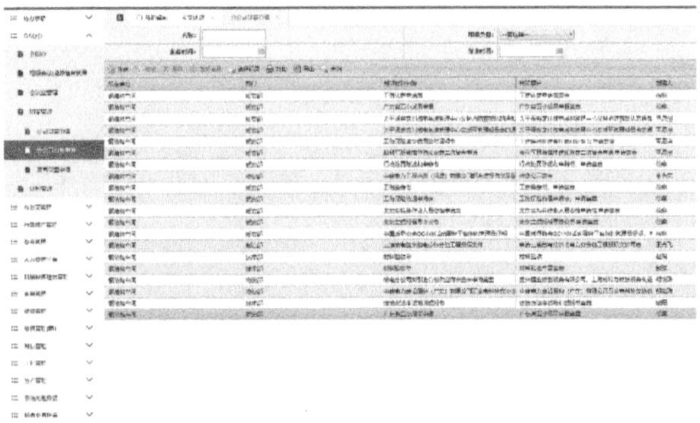

图 10　OA 系统

图 11　IMS（施工管理信息系统）

（3）人员配备与培训

基地对特种作业人员及管理人员进行授权管理，建立人员进场及授权台账，安排专人跟踪并及时更新台账。人力专员核实新进场人员特种作业操作证书的真实性。基地针对员工的工作薄弱环节及具体需求编制年度培训计划，培训专员督促、跟踪人员保质保量地按照计划开展培训（图 12）。2023 年至今，基地及各部门共开展培训 47 次，培训课时 70.5h（图 13）。

图 12　培训照片

培训记录

57	培训签到单	《物项控制》管理程序的培训	制造部、机加工	管理人员/工人	制造部	曹永彬	讲授	2023.08.11
58	培训签到单	《物项控制》管理程序的培训	制造部、机加工	管理人员/工人	制造部	曹永彬	讲授	2023.08.11
59	培训签到单	关于中建二局龙川核电基地材料进场验收要点及注意事项的培训学习	基层管理人员	管理人员	龙川基地	朱明	投影	2023.08.17
60	培训签到单	关于《文件控制》大纲程序学习	基层管理人员	管理人员	龙川基地	徐宗	投影	2023.08.17
61	培训签到单	预埋件及次级钢制作过程典型质量问题培训及反馈	基层管理人员	管理人员	龙川基地	徐宗	投影	2023.08.17
73	培训签到单	关于《检查、测量和试验设备的管理程序》大纲程序的培训学习	基层管理人员	管理人员	龙川基地	罗中应	投影	2023.09.04
64	培训签到单	关于质量保证记录的培训	基层管理人员	管理人员	龙川基地	徐宗	投影	2023.10.18
65	培训签到单	关于QC隐检工作程序的培训	基层管理人员	管理人员	龙川基地	徐宗	投影	2023.10.18
66	培训签到单	关于喷砂、涂装工作程序的培训	基层管理人员	管理人员	龙川基地	徐宗	投影	2023.10.18
67	培训签到单	关于IMS系统电子化报验的培训	基层管理人员	管理人员	龙川基地	徐宗	投影	2023.10.18
68	培训签到单	关于不符合项控制的培训	基层管理人员	管理人员	龙川基地	徐宗	投影	2023.10.31
69	培训签到单	关于QC隐检工作程序的培训	基层管理人员	管理人员	龙川基地	徐宗	投影	2023.10.31
70	培训签到单	关于检查和实验控制的培训	基层管理人员	管理人员	龙川基地	徐宗	投影	2023.10.31
71	培训签到单	关于质量保证记录控制的培训	基层管理人员	管理人员	龙川基地	徐宗	投影	2023.11.10
72	培训签到单	关于ETP管理规定的培训	基层管理人员	管理人员	龙川基地	/	投影	2023.11.10
73	培训签到单	关于IMS系统电子化报验的培训	基层管理人员	管理人员	龙川基地	徐宗	投影	2023.11.10

图 13　培训记录台账

把基地可以比作一台精密的设备，各个岗位组成部门，像设备部件由零件组成。基地的运转缺少任何一个部门及岗位都存在管理风险，各部门、各岗位人员依据程序要求各司其职，履行责权，做到凡事有章可循，凡事有人负责，共同组成基地质量保证体系运行的组织部分，如图 14 所示。

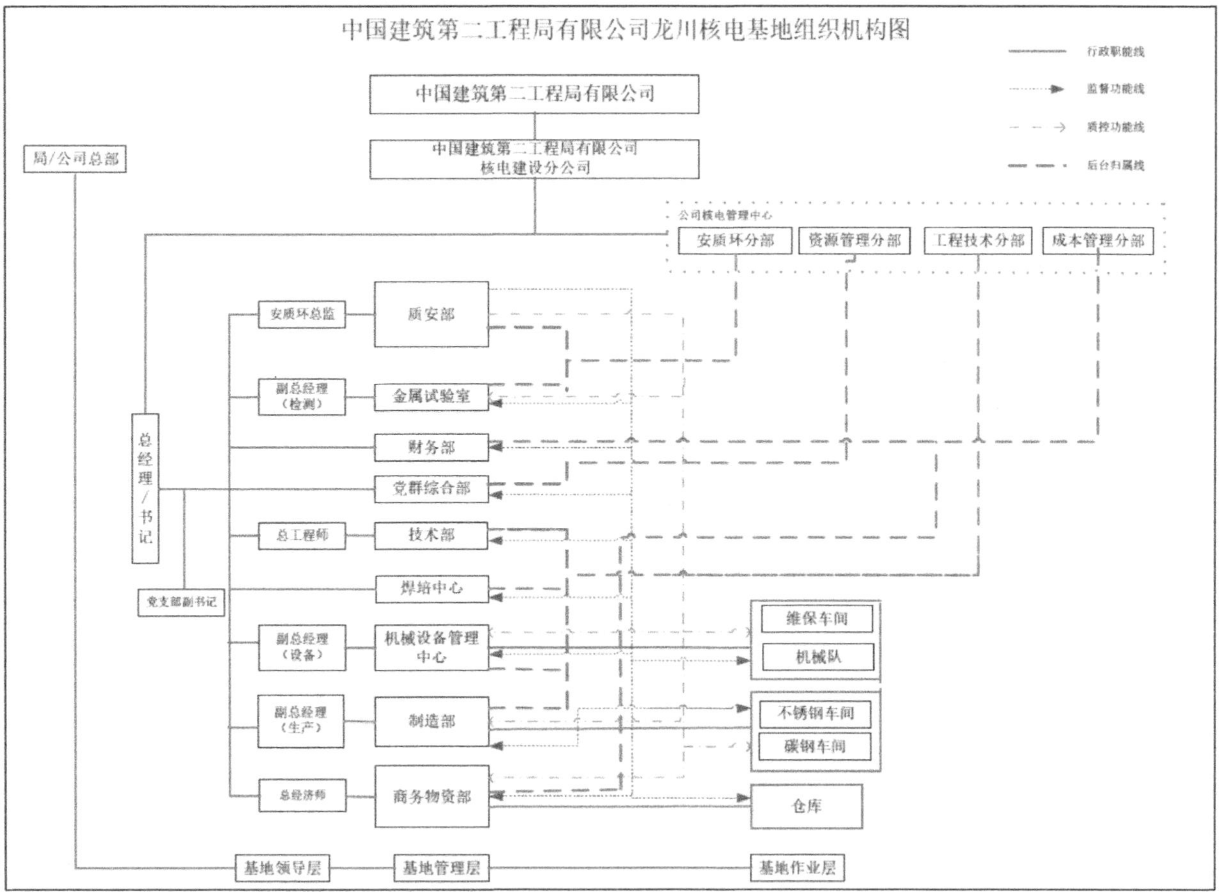

图 14　龙川核电基地管理中心组织机构

3. 文件控制

（1）文件的编制、审核和批准

明确各类文件的编制、审核和批准的相应岗位人员、部门与层级，确定文件编审批的具体要求。对于需要多部门审核的程序或合同文本以及重大施工活动中存在安全和质量风险因素的工作程序及施工方案，需要进行文件评审，以便及时发现该文件的不足之处（图 15、图 16）。

中建二局龙川核电基地程序消缺计划								
序号	程序分类	文件编码	程序名称	版本	相关部门	审核意见	计划升版时间	备注
1	施工方案	BJXCIX00199TCZF42SS	常规岛钢结构运输方案	C	技术部	细化钢构件漆膜防护措施	生效	重点关注按技术规范指令不明确、要求不具体、可执行性差等漏洞。
2	工作程序	BJXCIX00120TCZX42SS	喷砂、油漆工作程序	C	技术部	4.2增加测温工具，6.2.1 细化漆膜总厚度要求，6.2.2 增加防火涂料描述 9 细化附录2油漆控制表，增加附录5防火涂料检查单	生效	
3	工作程序	BJXCIX00097TCZX42SS	常规岛钢结构预制	C	技术部	6.4增加高强螺栓连接处接触面要求，6.6细化焊接焊脚尺寸要求，6.8修正漆膜厚度要求，增加油漆成品防护要求，6.10增加构件存放油漆防护要求，8增加附录7构件油漆成品防护巡查表	生效	
4	管理程序	CSCEC-HKW-001	民用核安全设备焊工焊接操作工技能评定质量保证大纲	F	质安部	1. 将"取得资格证书后"修改为"考试合格后" 2. 增加"监考人" 3. 增加"焊考委主任"职责 4. 修订"焊接工程师"职责 5. 修订"质保工程师"职责 6. 修改"第二单元"、"第三单元"字样 7. 修订"大纲及程序文件的编制、审核和批准" 8. 修订"附件1：焊工考试委员会组织机构图" 9. 增加"附录11：QA人员授权记录表" 10. 增加"附录12 无损/理化/试验人员授权记录表"	正在升版	
5	工作程序	CSCEC-HKW-CX002	民用核安全设备焊工焊接操作工技能评定工作程序	F	焊培中心	1. 将"取得资格证书后"修改为"考试合格后" 2. 将"呈报质量总监批准执行"修改为"呈报质量总监或副主任批准执行" 3. 修改技能评定报告编制人员由"技能评定负责人"修改为"焊接工程师"	已生效	

图 15 中建二局龙川核电基地程序消缺计划

图 16 《程序文件的建立》管理程序

（2）文件的发布与分发

技术部安排专人对文件的发布、分发与回收进行管理，建立台账，每天对台账跟踪与更新（图 17）。通过特定的渠道与各个单位建立文件发布、分发与回收的桥梁（图 18）。2023 年至今共收、分发大纲、管理程序 133 份，工作程序 187 份，变更文件 557 份，图纸及其他文件 1720 份。

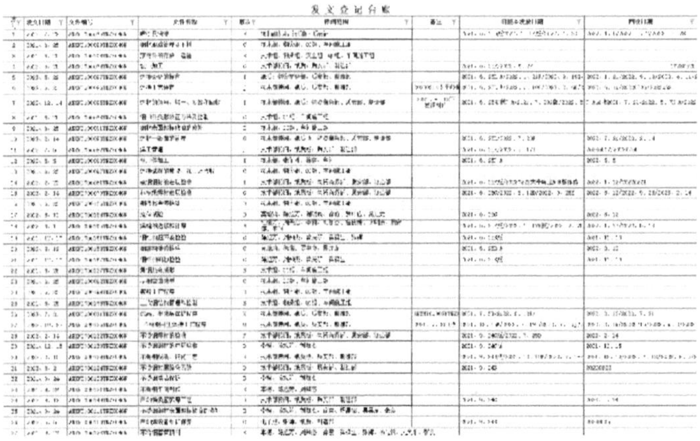

图 17 收分发文台账

图 18 收分发文渠道

（3）文件变更的控制

文件变更包括澄清、现场变更及设计变更，均需要通过业主 IMS 审批，审批通过后由资料员在线上通知各个相关部门领取变更文件，并在领取记录单签字确认。其中基地已经发出或接收各类现场变更、澄清共 557 份（图 19）。同时编制了《文件控制程序》，各部门有依据地开展文件管理工作，如图 20 所示。

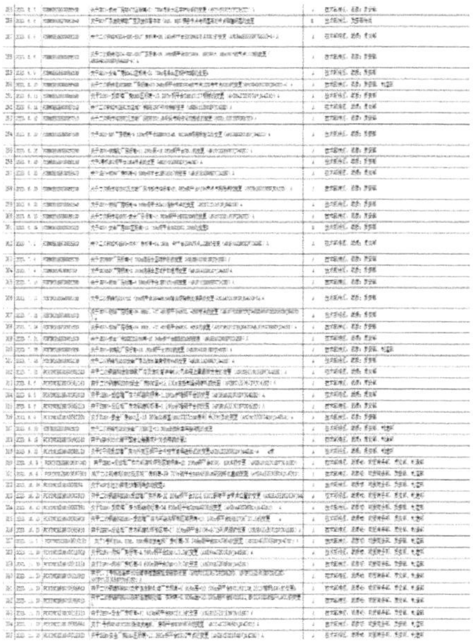

图 19　现场变更台账

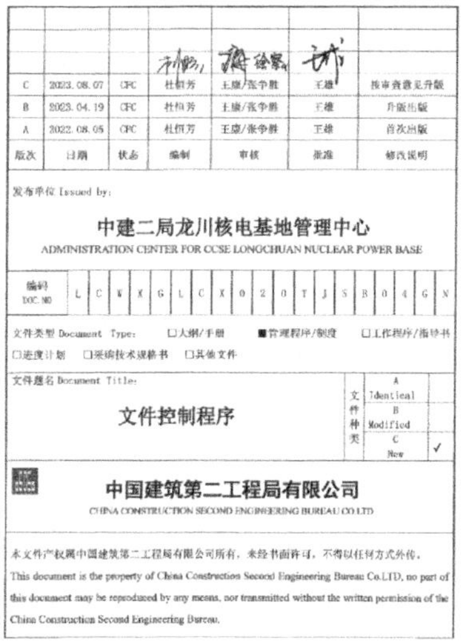

版次	日期	状态	编制	审核	批准	修改说明
C	2023.08.07	CFC	杜恒芳	王康/张争胜	王雄	按审查意见升版
B	2023.04.19	CFC	杜恒芳	王康/张争胜	王雄	升版出版
A	2022.08.05	CFC	杜恒芳	王康/张争胜	王雄	首次出版

发布单位 Issued by:

中建二局龙川核电基地管理中心
ADMINISTRATION CENTER FOR CCSE LONGCHUAN NUCLEAR POWER BASE

编码 DOC.NO L C W X G L C X 0 2 0 T J S B 0 4 G N

文件类型 Document Type: □大纲/手册 ■管理程序/制度 □工作程序/指导书 □进度计划 □采购技术规格书 □其他文件

文件题名 Document Title: 文件控制程序

文件种类：A Identical　B Modified　C New ✓

中国建筑第二工程局有限公司
CHINA CONSTRUCTION SECOND ENGINEERING BUREAU CO.LTD

本文件产权属中国建筑第二工程局有限公司所有，未经书面许可，不得以任何方式外传。
This document is the property of China Construction Second Engineering Bureau Co.LTD, no part of this document may be reproduced by any means, nor transmitted without the written permission of the China Construction Second Engineering Bureau.

图 20 《文件控制程序》管理程序

4. 设计控制

基地按照要求制定了设计控制措施并形成了文件，把规定的相应设计要求（如国家核安全部门的要求、设计基准、规范和标准等）都正确、详细地体现在技术规格书、图纸、程序或细则中。在施工直接依据的文件中把设计控制措施的描述细化，表述得简单、具体、数据化、适用性强，使施工人员及管理人员能进行充分的评价。

编制《设计控制》管理程序，变更生效后，必须把有关的变更资料及时发送到有关的人员和单位。设计变更生效受控下发后，收到文件的责任人 5 天内按照变更标注要求将变更标注到原设计文件上（图 21）。每季度质安部与技术部联合开展图纸变更标注排查（图 22），对图纸标注问题进行整改。2023 年至今，技术部及 QC 人员在设计图纸标注变更、澄清 550 份。

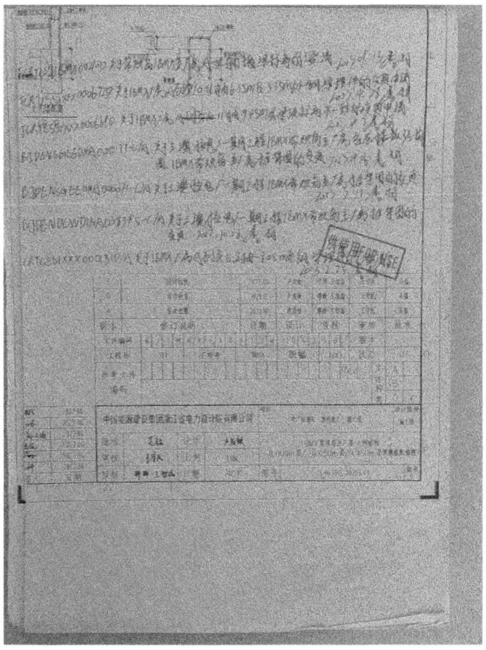

图 21　图纸上标注变更

2023 年第二季度图纸变更标注排查记录

排查对象：龙川核电基地"图纸变更标注问题"季度定期排查

排查时间：2023.06.20

排查地点：龙川基地办公楼

排查人员：晋恩潞、赵琛

排查情况主要如下：（简要描述排查了哪些内容及排查结果）

针对"图纸变更标注问题是否漏标等"情况，对龙川基地的 CR/DEN/FCR 图纸文档进行了季度定期排查，排查结果见下表：

序号	变更号	变更名称	版本	存在问题	整改情况
1	FCRMCES28RX0063308	关于二次钢结构 28RX 反应堆厂房内部结构环形区域标高+11.600m 钢平台 3117 连接板与螺栓距离过近的变更	A	未在变更位置进行云线标注	已整改
2	FCRMCES2BNX0063680	关于二次钢结构 2BNX-核辅助厂房Ⅰ区标高+7.050m 免拆模钢平台 2333 埋件锚栓孔与钢梁腹板碰撞的变更	A	未在变更位置进行云线标注	已整改

排查范围详见附表

编制：　审核：　批准：　2023.06.20

图 22　季度图纸变更标注排查

5. 采购控制

（1）编制采购技术规格书

商务物资部依据国标、规范、设计文件编制采购技术规格书，依据技术规格书采购材料并验收。编制并对相关物资验收人员宣贯材料验收标准卡片、材料验收流程注意事项，如图 23 ~ 图 25 所示。

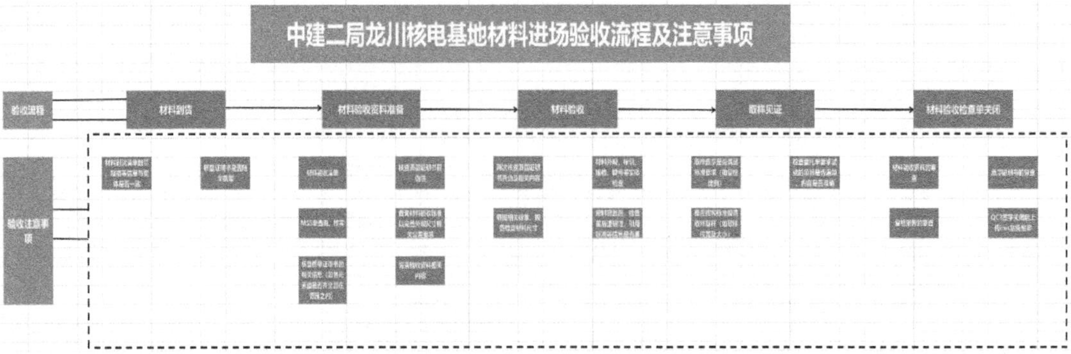

图 23　中建二局龙川核电基地材料进场验收流程及注意事项

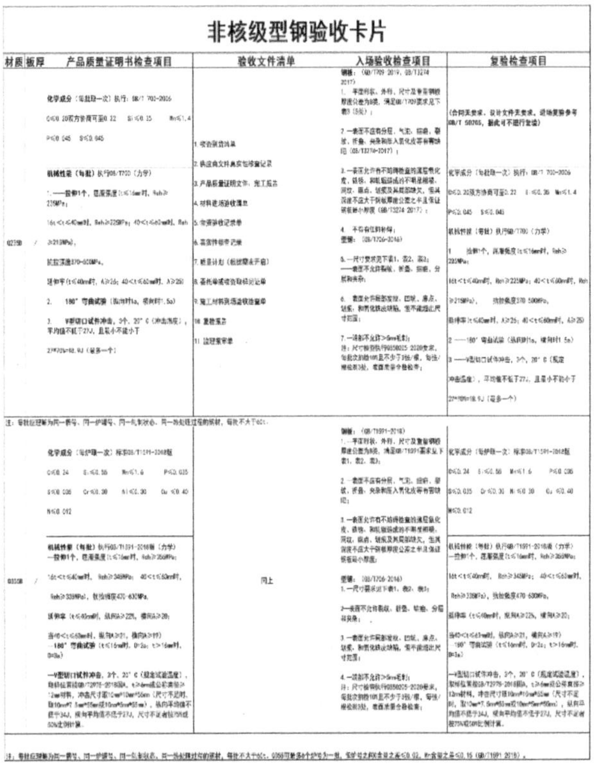

图 24　非核级型钢验收卡片

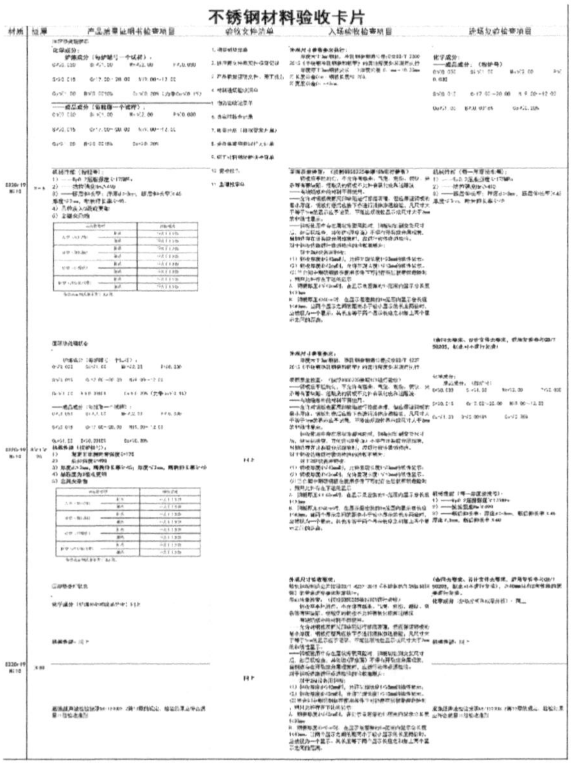

图 25　不锈钢材料验收卡片

（2）分供方的评审和选择

商务物资部根据调研的资料和采购计划或采购技术规格书的要求推荐潜在分供方，联合技术部、质安部对供货商进行技术评价、质保体系评价、商务评价及综合评价形成报告汇总报送业主审批。必要时应对供方进行源地评审并形成报告（图 26）。评审合格的分供方纳入合格供应商清单进行管理。目前已经将 17 家单位纳入合格供应商清单管理，如图 27 所示。

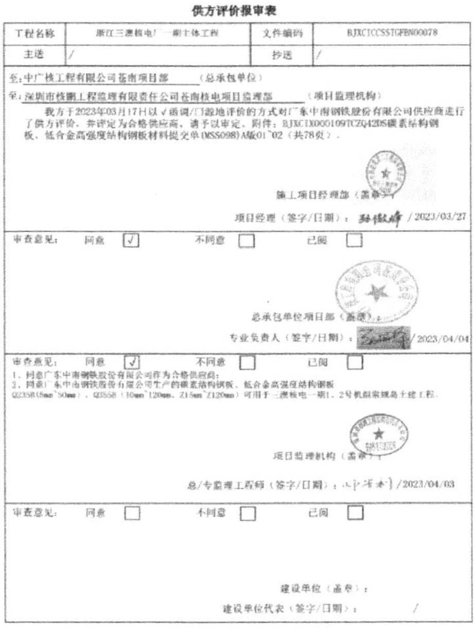

供方评价报审表

工程名称	浙江三澳核电厂一期主体工程	文件编码	BJXCICCSSTGFBN00078
主送	/	抄送	/

至：中广核工程有限公司苍南项目部　　（总承包单位）

至：深圳市核鹏工程监理有限责任公司苍南核电项目监理部　　（项目监理机构）

我方于2023年03月17日以√函调/门源地评价的方式对广东中南钢铁股份有限公司供应商进行了供方评价，并评定为合格供应商，请予以审定。附件：BJXCIX000109TCZQ42DS碳素结构钢板、低合金高强度结构钢板材料提交单(MSS098)A版01~02（共78页）。

施工项目经理部（盖章）：

项目经理（签字/日期）：/2023/03/27

审查意见：　同意 ☑　不同意 ☐　已阅 ☐

总承包单位项目部（盖章）：

专业负责人（签字/日期）：/2023/04/04

审查意见：　同意 ☑　不同意 ☐　已阅 ☐

1、同意广东中南钢铁股份有限公司作为合格供应商；
2、同意广东中南钢铁股份有限公司生产的碳素结构钢板、低合金高强度结构钢板Q235B(5mm~50mm)、Q355B（10mm~120mm、Z15mm~Z120mm）可用于三澳核电一期1、2号机组常规岛土建工程。

项目监理机构（盖章）：

总/专监理工程师（签字/日期）：/2023/04/03

审查意见：　同意 ☐　不同意 ☐　已阅 ☐

建设单位（盖章）：

建设单位代表（签字/日期）：　/

图 26　供方评价报审表

中建二局龙川核电基地合格供应商清单

图 27　中建二局龙川核电基地合格供应商清单

（3）对所购物项和服务的控制

物项进场后由商务物资部组织 QC1、QC2 人员到货验收，检查质量证明文件内容是否满足标准规范要求，对质量证明文件的真伪性进行核实。对设计要求复验的项目在发包方的见证下取样复检。物项验收合格资料汇总完成，QC3 签字确认（图 28），整套资料上传系统报送监理审批关闭，材料验收合格，流程完成后方可使用，如图 29 所示。

图 28　QC3 现场核对材料取样复验资料

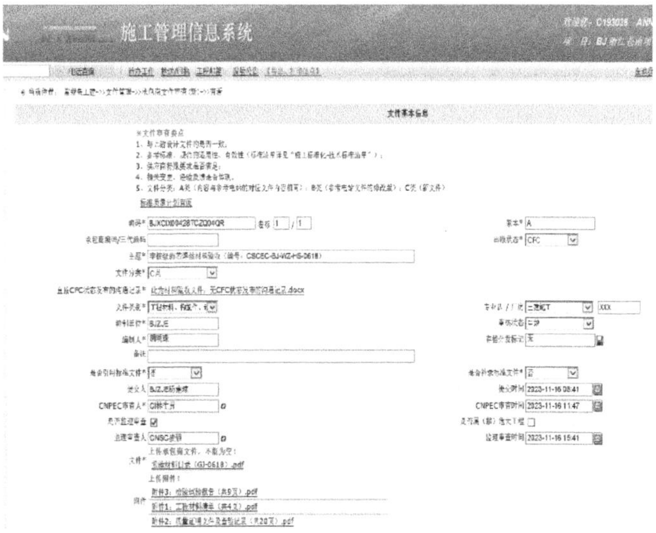

图 29　监理通过 IMS（施工管理信息系统）审批材料报验相关资料

6. 物项控制

（1）材料、零件和部件的标识和控制

所有材料及物项摆放整齐，分项目、分类型、分区域存放，对进场材料、成品、半成品、余料等物项均标识清晰、信息齐全，如图 30、图 31 所示。

图 30　分区存放，摆放整齐

图 31　余料标识清晰

（2）装卸、贮存和运输

特定的物项如不锈钢材料，规定储存要求，提供专用的防雨布覆盖、专用的防铁素体及母材损伤的装卸设备。油漆、焊材等特定物项提供专门的库房，每日记录温湿度，放置联网智能温湿度计，安装空调及除湿机，保证环境条件。采购的物项验收合格后方可入库，领、发料需要填写相应记录，安排专人管理，如图 32 ~ 图 35 所示。

图 32　钢材使用专用防雨布覆盖储存

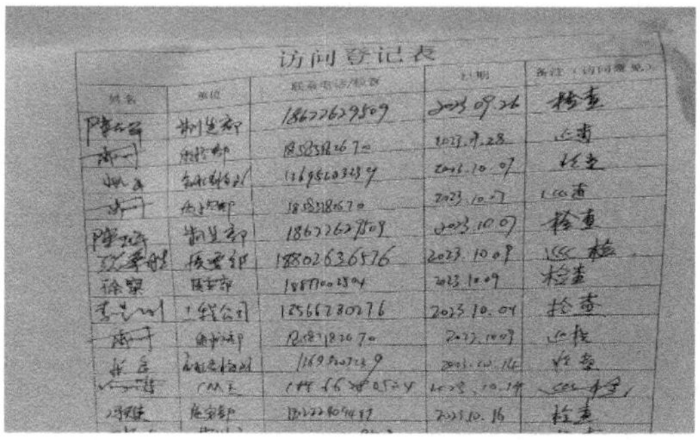

图 33　QC 及管理人员每周巡检焊材库情况

图 34　焊材库放置联网智能温湿度计

图 35　焊材库每日填写记录

（3）维护

焊材库等区域建立定期检查制度，要求 QC 及管理人员每周巡检焊材库。对于变质或过期的物项贴禁用标识或隔离，严格控制发放，如图 36、图 37 所示。

图 36　焊材库焊材分类分项目贮存

图 37　过期油漆拉警戒线隔离禁用

7. 工艺过程控制

基地质保大纲要求必须对核电厂的建造阶段所使用影响质量的工艺过程予以控制，防止由于工艺过程不当导致“产品”在交付或使用时产生缺陷。针对主要施工物项制作工艺过程控制可视化流程图（图 38 ~ 图 40），加深人员对工艺过程控制相关工序的理解。对各种与质量有关的活动都必须制定相应的程序，通过工艺文件审查、监督检查、质量控制点见证监督等方式，2023 年至今，工程公司及监理累计验收 H 点 147 个，一次验收合格率 98.64%，W 点 2104 个，一次验收合格率 98.67%，满足合同及质保大纲的要求。

图 38　常规岛钢结构预制工艺流程图

图 39　ASP 水箱工艺过程控制可视化流程图

图 40　预埋件钢筋热镦工艺可视化流程简介

工艺过程的控制应确保由合格的人员使用合适的设备器材、遵照适用的工艺文件在适当的环境条件下进行作业，对特殊工艺要求及焊接工艺在工艺评定合格后方可作业。截至目前已完成工艺评定 70 份，如图 41 所示。

中建二局龙川核电基地焊接工艺评定清单

序号	编号	焊接工艺评定名称	评定母材	母材规格	接头形式	坡口形式	是否带垫板	焊接位置	焊接方法	焊材类型	焊材规格	是否后热	是否消应力	执行标准	备注
1	CSCEC-BJ-WPQR-MP-001	钢结构焊接工艺评定报告	Q235B/Q355B	3mm-40mm	对接、角接、T型	/	/	F、H、V	GMAW	ER50-6	φ1.2	否	否	GB 50661	免评
2	CSCEC-BJ-WPQR-MP-002	钢结构焊接工艺评定报告	Q235B/Q355B	3mm-40mm	对接、角接、T型	/	/	F	SAW-S	CHW-S2	φ4.0	否	否	GB 50661	免评
3	CSCEC-BJ-WPQR-MP-003	钢结构焊接工艺评定报告	Q235B/Q355B	3mm-40mm	对接、角接、T型	/	/	F	SAW-S	CHW-S2	φ3.2	否	否	GB 50661	免评
4	CSCEC-BJ-WPQR-MP-004	钢结构焊接工艺评定报告	Q235B/Q355B	3mm-40mm	对接、角接、T型	/	/	F	SAW-S	CHW-S2	φ5.0	否	否	GB 50661	免评
5	CSCEC-BJ-WPQR-MP-005	钢结构焊接工艺评定报告	Q235B/Q355B	3mm-40mm	对接、角接、T型	/	/	F、H、V	FCAW-G	CHT711	φ1.2	否	否	GB 50661	免评
6	CSCEC-BJ-WPQR-MP-006	钢结构焊接工艺评定报告	Q235B/Q355B	3mm-40mm	对接、角接、T型	/	/	F、H、V	SMAW	E5015	φ3.2+φ4.0	否	否	GB 50661	免评
7	CSCEC-BJ-WPQR-MP-007	钢结构焊接工艺评定报告	Q235B/Q355B	3mm-40mm	对接、角接、T型	/	/	F、H、V	SMAW	E5015	φ4.0	否	否	GB 50661	免评
8	CSCEC-BJ-WPQR-MP-009	钢结构焊接工艺评定报告	Q235B/Q355B	≤40mm	对接、角接、T型	/	/	F、H、V	FCAW-G	CHT711	φ1.2	否	否	GB 50661	免评
9	CSCEC-BJ-WPQR-MP-010	钢结构焊接工艺评定报告	Q235B/Q355B	≤40mm	对接、角接、T型	/	/	F、H、V	SMAW	E5015	φ3.2+φ4.0	否	否	GB 50661	免评
10	CSCEC-BJ-WPQR-MP-011	钢结构焊接工艺评定报告	Q235B/Q355B	≤40mm	对接、角接、T型	/	/	F、H、V	GMAW	ER50-6	φ1.2	否	否	GB 50661	免评
11	[illegible]	20mm厚Q345B板V型坡口H位置双面焊焊接工艺评定（SMAW）	Q345B	3mm-30mm	对接	V型	否	H	SMAW	E5018	φ3.2+φ4.0	否	否	GB 50661	转移
12	[illegible]	20mm厚Q235B板V型坡口H位置双面焊焊接工艺评定（SMAW）	Q235B	3mm-40mm	对接	V型	否	H	SMAW	E5018	φ3.2+φ4.0	否	否	GB 50661	转移
13	[illegible]	25mm厚Q345B板T型全熔透H位置焊接工艺评定（SMAW）	Q345B	3mm-50mm	T型全熔透	单V型	否	H	SMAW	E5018	φ3.2+φ4.0	否	否	GB 50661	转移
14	[illegible]	20mm厚Q235B板V型坡口V位置双面焊焊接工艺评定（SMAW）	Q235B	3mm-40mm	对接	V型	否	V	SMAW	E5018	φ3.2+φ4.0	否	否	GB 50661	转移
15	[illegible]	25mm厚Q345B板T型全熔透V位置焊接工艺评定（SMAW）	Q345B	3mm-50mm	T型全熔透	单V型	否	V	SMAW	E5018	φ3.2+φ4.0	否	否	GB 50661	转移
16	[illegible]	25mm厚Q345B板T型全熔透O位置焊接工艺评定（SMAW）	Q345B	3mm-50mm	T型全熔透	单V型	否	O	SMAW	E5018	φ3.2+φ4.0	否	否	GB 50661	转移
17	[illegible]	20mm厚Q235B板V型坡口O位置双面焊焊接工艺评定（SMAW）	Q235B	3mm-40mm	对接	V型	否	O	SMAW	E5018	φ3.2+φ4.0	否	否	GB 50661	转移
18	[illegible]	20mm厚Q235B板T型全熔透V位置焊接工艺评定（SMAW）	Q235B	3mm-40mm	T型全熔透	单V型	否	V	SMAW	E5018	φ3.2+φ4.0	否	否	GB 50661	转移
19	[illegible]	20mm厚Q345B板V型坡口O位置双面焊焊接工艺评定（SMAW）	Q345B	3mm-40mm	对接	V型	否	O	SMAW	E5018	φ3.2+φ4.0	否	否	GB 50661	转移
20	[illegible]	20mm厚Q345B板V型坡口V位置双面焊焊接工艺评定书（SMAW）	Q345B	3mm-40mm	对接	V型	否	V	SMAW	E5018	φ3.2+φ4.0	否	否	GB 50661	转移
21	[illegible]	20mm厚Q235B板T型全熔透H位置焊接工艺评定（SMAW）	Q235B	3mm-40mm	T型全熔透	单V型	否	H	SMAW	E5018	φ3.2+φ4.0	否	否	GB 50661	转移
22	[illegible]	20mm厚Q235B板T型全熔透O位置焊接工艺评定（SMAW）(1)	Q235B	3mm-40mm	T型全熔透	单V型	否	O	SMAW	E5018	φ3.2+φ4.0	否	否	GB 50661	转移
23	[illegible]	28mm厚Q345B板V型坡口O位置双面焊焊接工艺评定书（SMAW）	Q345B	3mm-50mm	对接	V型	否	O	SMAW	E5018	φ3.2+φ4.0	否	否	GB 50661	转移
24	[illegible]	28mm厚Q345B板V型坡口双面焊H位置焊接工艺评定（FCAW-G）	Q345B	3mm-50mm	对接	V型	否	H	FCAW-G	CHT711	φ1.2	否	否	GB 50661	转移

图 41　中建二局龙川核电基地工艺评定清单

基地钢结构预制全过程的质量活动中，采用高效的质量管理模式结合我公司核电施工项目的优良管理经验，采用一级质保（QA）、两级质控（QC1、QC2）的质量管理模式（图 42）。QC1、QC2 对其负责的物项或服务质量进行 100% 的检查控制，QA 对质保体系运行情况进行监督。

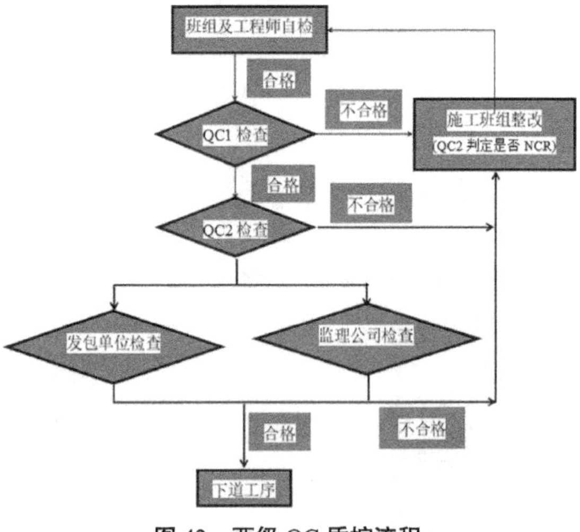

图 42　两级 QC 质控流程

8. 检查和试验控制

（1）检查大纲

为保证工程质量，施工中的每一步工作都要进行检查，其中安全性重要的检查还必须由未参加被检查活动的人员进行。检查合格当场签字放行，施工资料填写与质量验收工作同时进行，不得滞后。工序质量验收不合格的或未经验收，严禁进入下道工序施工。

（2）试验大纲

试验活动包括材料进场检验、工序过程检验、结构检验、无损检测等。对需送到外部其他检验机构去检验的物项，由责任部门负责进行送检，质安部根据国家相关检验规定，对送检过程进行监督控制，报验发包方见证送检。QC 人员对检验报告内容的符合性，检测机构的资质及报告真伪性进行复核，保证试验活动全过程的有效性。

（3）检查、测量和试验设备的控制

为了保证检查、测量和试验设备的测量结果符合验收限制要求，在标定到期前和使用之前，对影响质量的活动中所使用的试验和测量设备进行校准、检定控制，如图 43 所示。

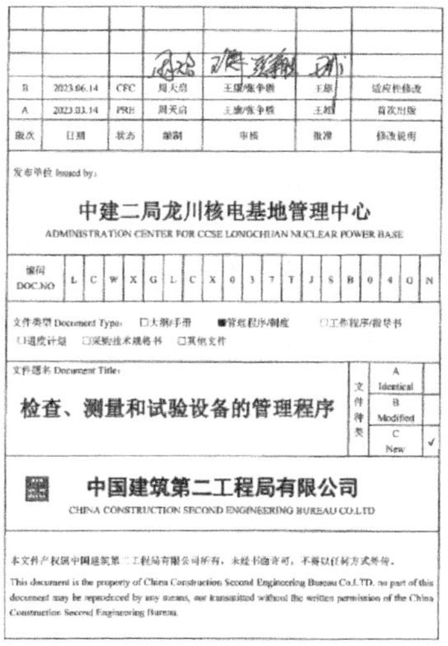

图 43 《检查、测量和试验设备的管理程序》及计量器具校准证书

设置计量员岗位进行管理，建立基地检查、测量和试验设备台账管理，定期更新台账，填写领、发放，标定通知，回收记录。校准 / 检定状态必须以明显的标识或跟踪记录识别，如图 44 所示。

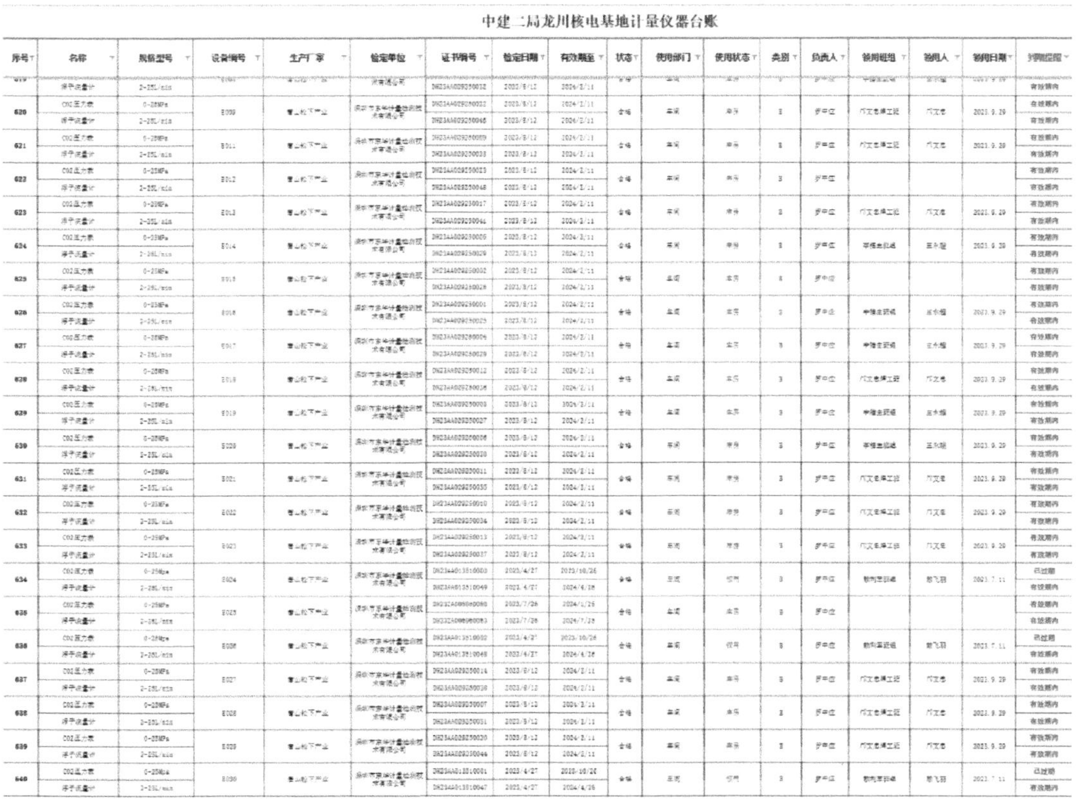

图 44　中建二局龙川核电基地计量仪器台账

9. 不符合项控制

根据设计文件中的规定、处理措施的方式及处理结果的符合性，不符合项（NCR）分为C1、C2、C3类，发现NCR后要立即进行标识、实体隔离，分析NCR产生的原因制定处理措施，应将NCR上传至IMS报工程公司审批，NCR生效后方可进行处理。设置专业岗位对NCR进行管理，定期更新台账（图45），设定关闭期限预警，对三个月内未关闭的NCR原因进行分析，督促责任人及时关闭NCR。今年以来龙川基地共开启不符合项114份，其中C1类不符合项19份，土建C2类不符合项11份，土建C3类不符合项1份，焊接C2类不符合项82份（图46）。累计关闭不符合项102份，关闭率89.47%。

序号	类别	分级	编号	版本	标题	发出日期	进展	关闭时间
64	焊接	C2	NCRMCES1BRX001462D	A	关于1号机组ASP4410BA-13水箱焊缝1A13W016存在RT缺陷的不符合项	2022/11/11	关闭	2023/1/15
65	焊接	C2	NCRMCES1BRX001461D	A	关于1号机组ASP4410BA-13水箱焊缝1A13W019-1存在RT缺陷的不符合项	2022/11/11	关闭	2023/1/15
66	焊接	C2	NCRMCES1BRX001437D	A	关于1号机组ASP4410BA-14水箱焊缝1A14W050存在RT缺陷的不符合项	2022/11/3	关闭	2023/2/19
67	焊接	C2	NCRMCES1BRX001438D	A	关于1号机组ASP4410BA-15水箱焊缝1A15W009存在RT缺陷的不符合项	2022/11/3	关闭	2023/2/18
68	焊接	C2	NCRMCES1BRX001573D	A	关于1号机组ASP4410BA-16水箱焊缝1A16W025存在RT缺陷的不符合项	2022/12/29	关闭	2023/2/23
69	焊接	C2	NCRMCES1BRX001569D	A	关于1号机组ASP4410BA-17水箱焊缝1A17W006存在RT缺陷的不符合项	2022/12/28	关闭	2023/3/6
70	焊接	C2	NCRMCES1BRX001746D	A	关于1号机组ASP4410BA-17水箱焊缝1A17W048存在RT缺陷的不符合项	2023/2/21	关闭	2023/4/8
71	焊接	C2	NCRMCES1BRX001743D	A	关于1号机组ASP4410BA-18水箱焊缝1A18W002存在RT缺陷的不符合项	2023/2/21	关闭	2023/4/8
72	焊接	C2	NCRMCES1BRX001742D	A	关于1号机组ASP4410BA-11水箱焊缝1A11W019-1存在RT缺陷的不符合项	2023/2/21	关闭	2023/4/8
73	焊接	C2	NCRMCES1BRX001925D	A	关于1号机组ASP4410BA-01水箱预制焊缝1A01W010存在PT不合格的不符合项	2023/3/29	关闭	2023/4/13
74	焊接	C2	NCRMCES1BRX001874D	A	关于1号机组ASP4410BA-10水箱预制焊缝1A10W007焊后RT不合格的不符合项	2023/3/17	关闭	2023/4/13
75	焊接	C2	NCRMCES1BRX001740D	A	关于1号机组ASP4410BA-19水箱焊缝1A19W009存在RT缺陷的不符合项	2023/2/16	关闭	2023/4/18
76	焊接	C2	NCRMCES1BRX001745D	A	关于1号机组ASP4410BA-18水箱焊缝1A18W006存在RT缺陷的不符合项	2023/2/21	关闭	2023/4/18
77	焊接	C2	NCRMCES1BRX001744D	B	关于1号机组ASP4410BA-11水箱焊缝1A11W019-2R1存在RT缺陷的不符合项	2023/2/21	关闭	2023/4/19
78	焊接	C2	NCRMCES1BRX001913D	A	关于1号机组ASP4410BA-18水箱预制焊缝1A18W023-2存在RT不合格的不符合项	2023/3/25	关闭	2023/4/22
79	焊接	C2	NCRMCES1BRX001914D	A	关于1号机组ASP4410BA-18水箱预制焊缝1A18W019-1存在RT不合格的不符合项	2023/3/25	关闭	2023/4/22
80	焊接	C2	NCRMCES1BRX001981D	A	关于1号机组ASP4410BA-01水箱预制焊缝1A01W005存在RT缺陷的不符合项	2023/4/5	关闭	2023/4/22
81	焊接	C2	NCRMCES1BRX001957D	A	关于1号机组ASP4410BA-19水箱预制焊缝1A19W015存在RT不合格的不符合项	2023/3/31	关闭	2023/4/27
82	焊接	C2	NCRMCES1BRX001742D	A	关于1号机组ASP4410BA-11水箱焊缝1A11W019-1存在RT缺陷的不符合项	2023/2/21	关闭	2023/4/8
83	焊接	C2	NCRMCES1BRX001981D	A	关于1号机组ASP4410BA-01水箱预制焊缝1A01W005存在RT缺陷的不符合项	2023/4/5	关闭	2023/4/22
84	焊接	C2	NCRMCES1BRX001652D	A	关于1号机组ASP4410BA-12水箱焊缝1A12W006存在RT不合格的不符合项	2023/2/7	关闭	2023/5/6
85	焊接	C2	NCRMCES2BRX002204D	A	关于2号机组ASP4410BA-03水箱预制焊缝2A03W009存在RT不合格的不符合项	2023/5/19	关闭	2023/6/21
86	焊接	C2	NCRMCES2BRX002205D	A	关于2号机组ASP4410BA-06水箱预制焊缝2A06W033-1存在VT不合格的不符合项	2023/5/19	关闭	2023/7/18
87	焊接	C2	NCRMCES2BRX002281D	A	关于2号机组ASP4410BA-05水箱预制焊缝2A05W002存在RT不合格的不符合项	2023/6/9	关闭	2023/7/18
88	焊接	C2	NCRMCES2BRX002280D	A	关于2号机组ASP4410BA-03水箱预制焊缝2A03W023-2存在RT不合格的不符合项	2023/6/9	关闭	2023/7/18
89	焊接	C2	NCRMCES2BRX002278D	A	关于2号机组ASP4410BA-03水箱预制焊缝2A03W019-1存在RT不合格的不符合项	2023/6/9	关闭	2023/7/18
90	焊接	C2	NCRTNCE1BRX000069D	A	关于1号机组10号ASP水箱焊缝1XRXASPAZTF001焊喉厚度不足的不符合项	2023/7/29	关闭	2023/8/2
91	焊接	C2	NCRMCES2BRX002257D	A	关于2号机组ASP4410BA-04水箱预制焊缝2A04W006存在RT不合格的不符合项	2023/6/4	关闭	2023/8/22
92	焊接	C2	NCRMCES2BRX002279D	A	关于2号机组ASP4410BA-03水箱预制焊缝2A03W023-1存在RT不合格的不符合项	2023/6/9	关闭	2023/8/22
93	焊接	C2	NCRTNCE2BRX000075D	A	关于2号机组ASP4410BA-9水箱预制焊缝2A09W004存在RT不合格的不符合项	2023/7/31	关闭	2023/8/22
94	焊接	C2	NCRTNCE2BRX000074D	A	关于2号机组ASP4410BA-9水箱预制焊缝2A09W050存在RT不合格的不符合项	2023/7/31	关闭	2023/8/22
95	焊接	C2	NCRTNCE2BRX000077D	A	关于2号机组ASP4410BA-9水箱预制焊缝2A09W006存在RT不合格的不符合项	2023/8/1	关闭	2023/8/22
96	焊接	C2	NCRMCES1BRX002308D	A	关于1号机组ASP水池焊缝1CRXBASPB07存在PT缺陷的不符合项	2023/6/16	已关闭	2023/8/28
97	焊接	C2	NCRTNCE2BRX000076D	C	关于2号机组ASP4410BA-6水箱预制焊缝2A06W024存在RT不合格的不符合项	2023/7/31	已关闭	2023/9/19
98	焊接	C2	NCRTNCE2BRX000091D	A	关于2号机组ASP4410BA-7水箱焊缝2A07W022射线底片中评定区域外存在黑色显示影像的不符合	2023/8/8	已关闭	2023/9/19
99	焊接	C2	NCRTNCE2BRX000090D	A	关于2号机组ASP4410BA-07水箱预制焊缝2A07W017存在RT不合格的不符合项	2023/8/8	已关闭	2023/9/19
100	焊接	C2	NCRTNCE2BRX000095D	A	关于2号机组ASP4410BA-13水箱预制焊缝2A13W002存在RT不合格的不符合项	2023/8/9	已关闭	2023/8/31
101	焊接	C2	NCRTNCE2BRX000107D	A	关于2号机组ASP4410BA-08水箱预制焊缝2A08W039-4存在VT不合格的不符合项	2023/8/16	已关闭	2023/11/3
102	焊接	C2	NCRTNCE2BRX000129D	A	关于2号机组ASP4410BA-14水箱预制焊缝2A14W003存在RT不合格的不符合项	2023/8/29	已关闭	2023/9/11
103	焊接	C2	NCRTNCE1BFX000138D	A	关于2号机组ASP4410BA-11水箱预制焊缝2A11W004存在RT不合格的不符合项	2023/9/6	已关闭	2023/10/25
104	焊接	C2	NCRTNCE1BFX000137D	A	关于2号机组ASP4410BA-13水箱预制焊缝2A13W023-1存在RT不合格的不符合项	2023/9/6	已关闭	2023/10/25

图45　NCR管理台账

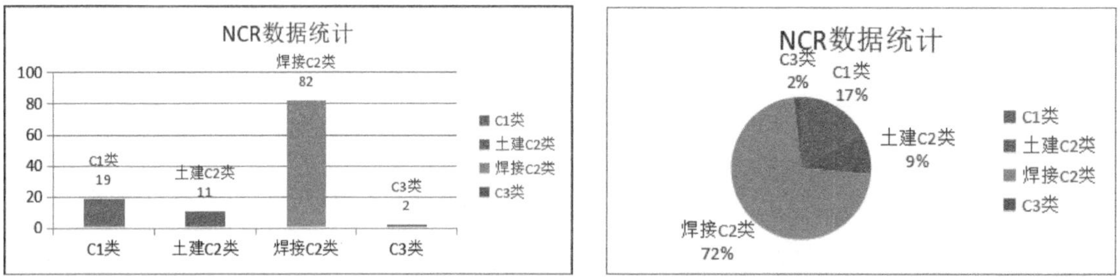

图46　NCR数据统计

10. 纠正措施

每周/月/季度编制相应的质量分析报告，鉴定分析本周期质量趋势，分析质量趋势下滑的原因，采取有效的纠正措施。对多发、重发、重要问题及顾客投诉问题制定纠正/预防措施，限期责任人根据纠正行动意见对问题整改，验证完成后对报告进行关闭。2023年至今已经编制周报25份，焊接质量月报6份（图47），季度质量趋势分析报告3份（图48）。

图 47　中建二局龙川核电基地管理中心焊接质量月报

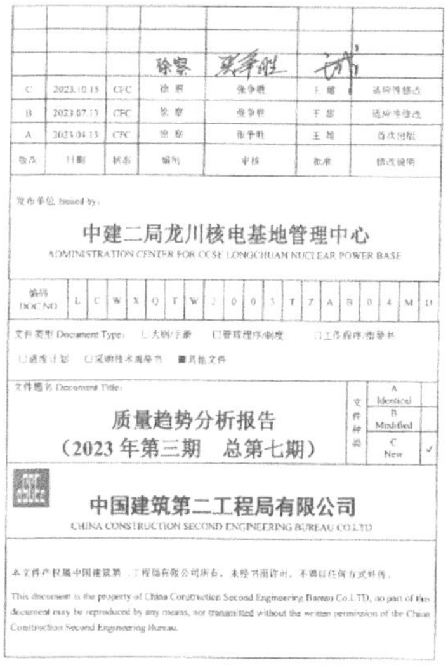

图 48　中建二局龙川核电基地质量趋势分析报告

11. 记录控制

质量保证记录是验证管理体系运行状况的客观证据，应具有可追溯性。质量保证记录收集齐全、完整，收齐后应整理，并列出记录的目录清单，车间及技术部等部门设立专门的文件柜由专人负责对记录进行贮存和保管（图 49）。每类记录均罗列台账定期更新，标识清楚，分类、分项存放，便于查找。质安部及监督单位对质量保证记录定期检查（图 50），要求责任部门限期整改。

图 49　设立专门的文件柜管理记录

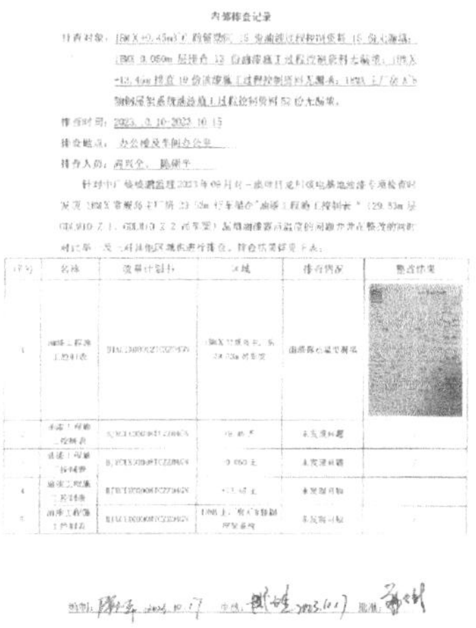

图 50　油漆施工资料记录规范性专项排查

12. 质保监查

经考核合格、授权完成的人员担任监查员，负责监督 / 监查工作，每年 1 月份拟定年度内部监督 / 监查计划（图 51）。监查开始前召开准备会议，小组成员提前一周准备检查单，拟定检查的内容，以检查单为基础进行检查。监查开始前、结束后均需要召开会议确认检查计划，报告检查结果，澄清检查内容（图 52）。监查结束后 15 个工作日内编制并批准下发监查报告。质保人员确认各部门提交的原因分析、纠正行动计划及限期时间。责任部门整改完成后对纠正措施落实情况逐一验证关闭，全部整改验证无问题后关闭监查报告。由质安部保存监督 / 监查计划、监督 / 监查报告、答复以及完成纠正措施的客观证据。

附录 1.《质保监督/监查计划》格式

中国建筑第二工程局有限公司龙川核电基地管理中心

_2023_年度质保监督/监查计划

监督/监查主题	监督/监查时间	涉及单位								
		质安部	技术部	制造部	商务物资部	党群综合部	财务部	金属试验室	焊培中心	机械设备管理中心
太平岭项目ASP水箱预制专项质保监督	2023年3月	✔	✔	✔	✔	✖	✖	✔	✖	✔
三澳项目常规岛主厂房钢结构预制专项质保监督	2023年6月	✔	✔	✔	✔	✖	✖	✔	✖	✔
龙川基地施工全过程防造假专项质保监督	2023年7月	✔	✔	✔	✔	✔	✖	✔	✖	✔
龙川基地年度质保监查	2023年9月	✔	✔	✔	✔	✔	✔	✔	✔	✔

编制：　审核：　2022.12.30　批准：

图 51　2023 年度质保监督 / 监查计划

图 52　年度监查首次会

13. 防造假制度

（1）防造假培训

基地将防造假内容纳入培训体系，每季度组织全员核安全文化及防造假培训（图 53），每季度组织技术岗位、QC 岗位、无损岗位、物资验收岗位专项培训（图 54）。

图 53　核安全文化宣贯及防造假培训

图 54　质量人员专项防造假培训

（2）防造假措施

识别施工过程中的造假风险，对风险分级识别，每季度编制《防造假风险识别清单》。充分运用人防、技防手段，如人员字迹对比（图 55、图 56），全厂区设立视频监控（图 57），无损人员检测过程记录仪（图 58），联网智能温湿度表，人员在岗情况核查，定期开展防造假专项检查，对防造假措施执行情况进行评价等。

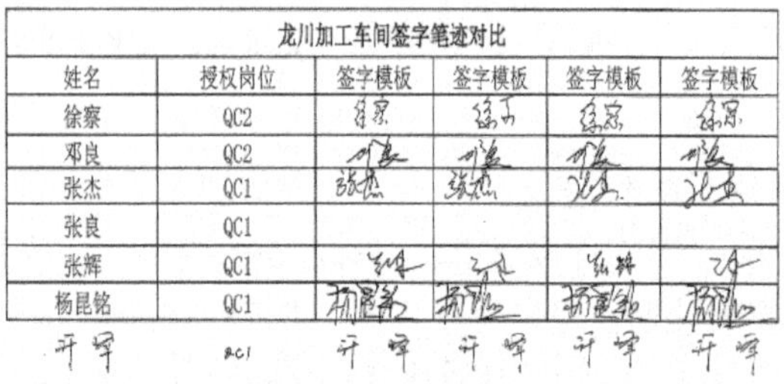

龙川加工车间签字笔迹对比

姓名	授权岗位	签字模板	签字模板	签字模板	签字模板
徐察	QC2				
邓良	QC2				
张杰	QC1				
张良	QC1				
张辉	QC1				
杨昆铭	QC1				

图 55　QC 签字笔迹对比

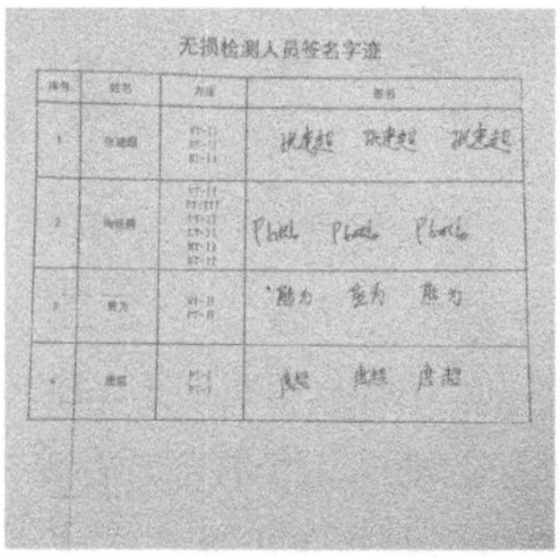

无损检测人员签名字迹

图 56　无损检测人员签字对比

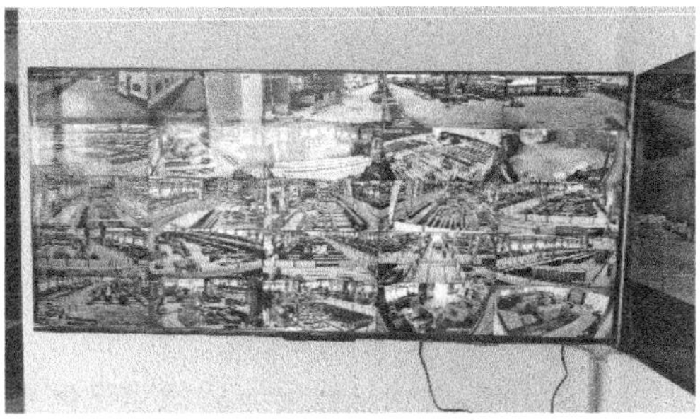

图 57　全厂区设立视频监控

图 58　过程影响记录仪

（3）假冒和欺诈物项及造假行为的处理

物项采购及人员行为是核电工程防造假工作重点关注的项目，基地质安部专门编制了材料验收防造假风险检查工具表（图 59），对物项流程进行梳理，采用电话、线上交流、二维码、官网查询质量证明文件的真伪，建立质量证明文件真伪查询台账（图 60）。

序号	类别	检查要素	检查内容
1	生产厂家资质	三体系认证证书、安全生产许可证书、营业执照、产品认证证书等厂家提供的资质证明证	在对应官网查询资质证明证书的真实性，确保资质证书在有效期内且为真实证书
2			检查资质证明证书的准确性，保证证明书内容与查验内容一致
3		报审生产厂家MSS单	生产厂家相关资质已经上传ims系统且报审通过
4			生产厂家供应的材料类型与MSS单上的内容一致
5	质量证明书真伪查询	整体外观	同一份报告不同区域的新旧程度不一致，如数据、印章模糊、签字模糊
6			是否过度褪色或不清晰、版面整体倾斜
7			是否缺少所需的水印
8			是否明显使用过修正液或修正带，存在明显篡改痕迹
9		格式模板	是否存在字体、字号变化明显，同一行的文字/数据高度不一致
10			表单上的行/列是否弯曲或中断
11			比对同家单位签发的同类文件，模板是否一致
12		签字对比	签字周围是否有明显的底色或图像边框
13			编审批签字的字迹是否相似
14			比对同家单位签发的同类文件，相同姓名的签字字迹是否相似
15		文件编码	比对同家单位签发的同类文件，编码规则是否一致/或编码重复
16		二维码	二维码无法扫描
17			二维码扫描得出的报告是否与实际质量证明书内容一致
18		结果数据	数据之间是否符合逻辑，如抗拉强度小于屈服点、合金成分与标准要求相差较大或与其他质量证明书的数据相同
19		日期	签发日期是否早于生产批号的日期
20			签发日期是否早于报告中引用标准、法规的发布日期
21		印章	印章内容与文件表头是否一致，印章字体是否存在不同
22		引用标准	是否适用于实际的材料牌号
23			引用的标准、法规版本是否过期
24	材料外观	标识	标识方式与生产厂家是否一致（如打钢印、喷码、侧面标识、正面标识）
25			是否有非生产厂家名称及不相关标识
26			标签标识信息与质量证明书及实体标识是否一致
27	第三方复检报告	产品项目	是否与复检项目一致
28		试验项目	是否与复检试验一致
29		结果数据	是否与查询结果一致（检测公司官网查询）
30		日期	是否与查询结果一致（检测公司官网查询）

图 59　材料验收防造假风险检查工具表

中建二局龙川核电基地质量证明文件真伪查询台账

图 60　中建二局龙川核电基地质量证明文件真伪查询台账

（4）造假问题举报制度

基地鼓励所有与工程质量有关的人员参与防造假，在基地内部建立举报反馈渠道，如投诉举报渠道栏（图 61）、举报电话、举报信箱（图 62）等。

图 61　造假举报宣传栏

图 62　意见箱

四、质量提升实践成果

公司质量管理部负责全公司管理体系建设和运行、质量人员能力培养、工程质量监督检查、质量经验反馈、工程创优和质量管理小组活动等工作。公司按照《QC小组活动管理办法》对质量管理活动进行全面管理，各项目积极开展质量管理活动，使各工序质量得以保证，确保了公司生产、经营的顺利进行。公司每年定期组织内部质量管理知识培训交流，累计20余人取得质量管理小组推进者荣誉。

2008年，公司成立以来，积极开展和推动质量管理小组活动。目前，公司人员已登记注册质量管理小组194个，开展课题312个，质量管理小组知识普及率达到100%，活动参加率达到15%，累计创造经济价值三千余万元。每年对优秀质量小组取得的各项荣誉进行表彰，累计发放激励奖金五百余万元，以考核激励来激发公司每一位职工以更大的热情开展质量管理工作。

公司在质量管理成果方面取得了不菲的成绩，荣获省部级优秀QC成果奖104项，国家级优秀成果98项。在质量创优方面，先后荣获10余项省级结构优质工程奖、国家级专项质量奖、国家级质量管理优秀班组等荣誉。

主要创造人：徐　察

参与创造人：张争胜、王叶凯

煤矿生产专业化运营企业质量管理体系建设

——以“三体系”融合管理实践创新推动“四高五化”型企业建设

北京天地华泰矿业管理股份有限公司

北京天地华泰矿业管理股份有限公司（以下简称天地华泰）隶属于中国煤炭科工集团有限公司（国务院国资委直接监督管理的中央企业）。公司成立于2006年1月，注册资金1.8亿元。2015年5月完成股份改制，同年11月挂牌新三板，证券代码：834256，是集团公司主业之一的“设计建设”板块的主要执行单位，具备突出的管理、技术、人才和品牌优势，拥有集团公司煤炭行业全产业链资源协同优势，致力于为煤炭企业提供煤矿生产专业化运营服务、煤矿建设项目管理服务和煤矿生产技术服务，核心业务覆盖内蒙古、陕西、宁夏、山西等区域，在鄂尔多斯、宁夏、山西设有三家区域子公司，拥有职工四千余人，已发展成为煤矿生产专业化运营领域的领军企业。

一、以文化为引领、战略为导向建立实施“三体系”

天地华泰贯彻落实中国煤科发展战略，积极担当央企使命，大力弘扬和践行社会主义核心价值观，深入贯彻落实集团公司“1245”总体发展思路，锚定“四高五化”型企业建设，坚定文化自信，坚持创新驱动、聚焦主业，以文化为引领，以战略为导向，建立实施“三体系”。

聚焦主业，创新驱动。以科技为基础，以市场为导向，以客户为中心，以安全为保障，努力成为煤矿生产专业化运营的引领者。持续推动公司改革发展、管理提升、科技创新，推动调结构、提质量、控风险，实现主业突出、技术领先、管理先进、绩效优秀，打造先进煤矿生产装备、生产技术和运营管理的集成平台，建设世界一流的煤矿生产专业化运营企业。提供优质运营管理服务，推动建设安全、高效、智能、绿色矿山，为社会、员工、客户、股东持续创造价值。

（一）坚持文化引领，深耕文化建设

天地华泰深耕企业文化建设，始终以“建设世界一流的煤矿生产专业化运营企业”为愿景目标，搭建了以企业使命、企业愿景、核心价值观、企业精神、工作作风、企业形象为主要内容的企业文化理念体系，丰富了人才、安全、风险、廉洁管理等分支文化，坚持以文化建设引领职能管理和制度管控，实现了企业文化由虚向实、由理念到工具的深层次培育和内化，有效提升了公司的凝聚力、向心力、软实力和价值创造力。

（二）不断推进“四高五化”型企业建设

天地华泰锚定“四高五化”型企业建设，即以高质量党建引领保障高质量发展，高安全度是高质量发展的前提，高水平人才队伍是高质量发展的支撑，高效益效率是高质量发展的基础，突出产业发展专业化、工作行为专业化、煤矿生产建设智能化、经营管理精细化、管理手段信息化；“四高”是发展思路和工作方向，“五化”是重要举措和实施路径，“四高”指导“五化”，“五化”支撑“四高”。公司始终坚持以“四高五化”型企业建设推进高质量发展，努力培育公司核心竞争优势，建设具有华泰品牌力、竞争力、影响力的煤矿生产专业化运营标杆企业。

（三）有计划、分步骤、按区域建立“三体系”

天地华泰自2006年成立后始终重视并持续加强管理工作，为确保体系建立切实融入公司生产经营，公司有计划、分步骤、按区域开展体系建设工作，切实发挥体系的持续改进作用，不断推动公司管理的规范化与有效性。

三体系：质量管理体系；职业健康安全管理体系；环境管理体系。

在体系建设进程上，2011年建立质量管理体系并取得认证；2017年扩展建立职业健康安全管理体系；2020年新建环境管理体系；2023年公司进入“三体系”运行的第二个周期，持续推进公司“三体系”融合一体化建设。

在体系建设推进上，首先选择在管理基础较好的鄂市区域开展体系建设，再逐渐推广应用到宁夏、山西等区域；对于各区域所属项目部，坚持成熟一个建设一个，切实做到“三体系”建设与管理实际相融合，发挥体系管理的系统优势，将先前的成功管理经验引入到新建项目体系管理中，实现以老带新、以强助新。其次从公司层面结合各区域项目部特点及管理成熟度差异，给予差异化帮助与指导，持续完善体系运行效果，有效实现基层单位管理的持续改进。

（四）将企业文化、公司战略融入“三体系”管理方针

天地华泰制定与“三体系”相适应的管理方针，体现了“以市场为导向、以客户为中心”的理念，涵盖了公司在质量、环境、职业健康安全的管理宗旨，并且与公司发展战略相一致，突出了公司聚焦主业，建设世界一流的煤矿生产专业化运营企业的愿景，既体现出产品服务要求的实现途径，又强调了对环境、职业健康安全管理的重要性。

公司每年制定“三体系”管理目标，在内容、要求和数值上与管理方针保持高度一致，既符合标准关于可测量性与适用性的要求，与公司“十四五”发展规划目标内容保持一致，又体现了公司锚定“四高五化”型企业建设的具体内容，具备了科学性、符合性、前瞻性，为公司持续高质量发展提供了强有力支撑。

二、以“三体系”融合管理实践创新推动“四高五化”型企业建设

（一）天地华泰“三体系”融合管理高度契合公司发展实际

1. 从开创生产运营服务模式探索贯标工作，到实现“三体系”融合运行。

（1）在公司发展初期夯实体系建立的根基。公司自成立之初（2006—2009年）便将贯标工作作为公司管理的重点工作之一，由公司副总经理主抓。这一期间，公司重点开展建章立制工作，强基固本理顺公司组织架构、人员岗位职责，规范规章制度、操作规程等，由于行业内缺乏可借鉴参考的管理体系建设案例，公司在管理体系架构、管理模式等方面也在不断地探索与尝试。

（2）在公司发展的成熟期建立质量管理体系。2010年，随着公司的不断发展壮大，已由最初的一个生产运营项目部发展成为四个项目部，年生产运营总量达到2000万吨。公司管理的日趋成熟，推动着管理体系建设工作的开展，公司于2010年成立贯标办公室，由专人专岗负责全公司质量管理体系建设，11月完成管理手册的编写工作。2011年10月接受外部认证审核，11月14日正式取得认证证书。

（3）在公司发展的稳定期建立职业健康安全、环境管理体系。2017年，质量管理体系经过六年的有效运行，公司全员质量意识得以加强和提高，管理更加科学、规范，各项工作得以持续改进，为更好地适应市场需求，公司扩展建立职业健康安全管理体系；2020年，在“双体系”运行三年后，公司又新增环境管理体系，并顺利通过认证审核，实现了“三体系”运行。

2. 从一地试点到多地运行，逐步扩大“三体系”的覆盖范围。

（1）以纳二矿项目部为标杆建立质量管理体系。公司于2010年建立质量管理体系时，公司发展已进入快车道，从原来一个项目部，发展成为四个项目部。随着管理规模的迅速扩张，公司亟须建立一整套的管理体系来实现对各项目部的统一规范化管理。纳二矿项目部是公司实施生产运营管理的第一个项目部，选择在管理经验相对较为成熟的纳二矿项目部率先建立质量管理体系，既推动了公司在制度体系、内控体系等方面的建设，也为公司开拓市场发挥了积极作用。

（2）实现鄂市区域质量体系全覆盖。2011年，公司质量管理体系经过一年的试运行后，顺利取得了对公司总部、纳二矿项目部（分场所）的认证。随后2012—2013年又先后在鄂市子公司、赛蒙特尔、王家塔、阿尔巴斯二矿等项目部建立质量管理体系，至此公司实现了质量管理体系在鄂市区域的全覆盖。

（3）“三体系”运行从北京、鄂市两地，扩展到宁夏、山西等多区域。公司管理的日臻规范与完善为公司发展壮大打下了坚实的基础，也成为业务量增长的必要支撑。2015年公司完成股份制改革并于12月成功登录“新三板”，在全国中小企业股份转让系统挂牌，成为中国煤炭科工集团首家新三板挂牌的公众公司。2017年在质量管理体系运行六年后，公司已基本实现了管理的制度化、科学化、规范化和体系化；作为从事煤矿生产专业化运营管理的公司，扩展新建职业健康安全、环境管理体系，既是公司安全管理的必然需要，也是公司全面加强精细化管理的必然要求，切实体现了公司在管理上的“安全首位”思想。

公司实现“三体系”运行后，2020年将体系运行管理经验扩展到宁夏区域，2022年扩展到山西区域。公司专注于区域性“三体系”建设的管理实践，在鄂市区域管理体系运行十年打下的坚实基础，积累了丰富的区域性体系建设的成功经验，成为宁夏、山西区域短时间内建立“三体系”并实现体系有效运行的重要保障，这也是公司战略发展的重要举措之一。

（二）建立“三体系”实现公司管理与体系标准有机融合

天地华泰在管理体系建设、运行的十余年时间里，公司始终坚持专人专岗负责；在体系建立时，紧密结合公司生产运营实际编制体系文件；在体系运行过程中，紧贴生产实际，通过PDCA的循环往复不断发现、解决问题，实现公司管理的持续改进与提升，切实发挥“三体系”作用，实现公司管理与体系标准的有机融合，实现管理体系的持续有效运行。

1. 贴合实际开展体系建设专项调研

在质量管理体系建设初期，公司贯标办公室利用半年时间对公司各区域生产运营项目部的管理情况、内部控制建设情况、制度建设情况等进行了专项调研，完成调查评析报告，为体系建设做好前期筹备工作。

2. 规范建立体系文件，实现对项目部的统一规范化管理

公司以建立质量管理体系为契机，在体系专项调研的基础上，确定以纳二矿项目部为基础，结合其他项目部情况，对各生产运营项目部按照井型规模确定相对统一的组织架构设置、岗位职责权限、制度管理体系、业务流程等；在编制体系文件时，首先编制完成纳二矿项目部制度汇编，明确各岗位职责及安全生产责任制，规范项目部管理的同时，紧贴项目部管理实际编制体系文件，让体系文件切实发挥指导实际的作用，同时也为下一步向其他项目部推广奠定良好基础。

3. 有效运行体系杜绝“两张皮”

体系文件的制订紧贴项目部实际，有效杜绝了体系与实际的“两张皮”运行。公司每年组织开展内审，对项目部体系运行情况进行检查，通过持续地发现问题、解决问题，实现管理的不断提升。以赛蒙特尔项目部为例（表1），体系运行十年来，项目部实现了体系文件与实际运行的紧密贴合，整体管理水平显著提升。公司每年组织召开管理评审专项会议，对公司体系运行的规范性、有效性进行评价，实现内部问题的闭环管理，有效推动公司管理的持续提升。

表 1　赛蒙特尔项目

年份	不符合项数量	建议项	主要问题	备注
2012	12	14	体系文件编制与实际不符、人员岗位职责不对应与缺失、体系运行等方面	质量体系运行
2017	5	3	机电设备档案不齐全，受控文件为过期版本，机运队目标、指标分解不全面，综采队设备、设施定期维护和修理记录缺少维修人员签字和维修日期，《受控记录清单》文件编号不全，电子表格格式显示不全	新增职业健康安全管理体系
2020	3	9	部分作业规程、措施编制、职责划分与实际不符；部分记录的编制、填写、收集和整理与要求不相符合	新增环境管理体系
2021	4	8	环境因素、法律法规辨识及合规性评价不全面，劳保验收签字问题；以及岗位职责、组织架构方面、危险源辨识方面、运行策划及控制方面等	
2022	3	9	抽查制度文件贯彻落实问题、材料到货验收签字问题以及综掘队防尘工作记录问题等	

4. 持续深化体系管理与实际工作的融合度

2012 年纳二矿项目部开展全岗位危险源辨识管理创新提升工作，对项目部整个生产运营系统 91 个工种及井上下所有作业活动，共辨识出危险源、隐患点千余条；要求每位岗位工知道并熟记自己岗点的隐患，并清晰了解应对处置办法，提高所有岗位工的本质安全性；第二年，公司将该《手册》以及对于项目部全岗位的危险源辨识工作推广运用到所有生产运营项目部。体系对于实际工作的指导作用、持续改进的效果逐渐显现。

5. “三体系”融合管理合力作用逐渐凸显

公司将体系管理成果统筹运用到各项职能管理中，包括安全管理、风险管理、合规管理、内部控制评价、环境专项检查考核等，充分发挥体系融合管理的合力作用。

6. 加强人才培养，重视内审员队伍建设

人才是公司的核心竞争力之一，公司针对各层级人员每年开展内容丰富的培训，建立后备干部库以及优秀年轻干部队伍选拔培养制度；注重内审员队伍的建设，每年举办内审员培训，掌握体系标准知识以及内部审核的原则、基本程序与技巧，能够对公司的体系运行提出改进意见。目前已累计完成 600 余人次的内审员专项培训，内审员队伍不断壮大。

三、有效实施对关键风险等因素的识别与控制

1. 以安全生产为煤矿生产专业化运营保驾护航

天地华泰坚持人民至上、生命至上，坚持安全“首位”，树牢红线意识和底线思维，扎实开展安全管理强化年行动，有序推行安全精细化管理，深化落实“三维度”安全生产管理体系，保持安全生产标准化水平动态达标，持续推进“六型八制”班组建设和强化安全监管队伍建设，紧盯现场重大事故隐患专项排查整治，优化升级安全监管信息化平台，坚决做到不安全不生产、高安全度建设总体工作稳步推进，安全生产形势持续稳定。

2. 以有效实施风险管控保障公司合法合规运行

公司着力构建以风险管理为导向、合规监管为重点、内控体系为载体的“大风控”体系。统筹规划风险管理顶层设计，健全权责清晰的风险管理组织体系，加强风险管理和内部控制，发挥风险管理三道防线作用。采取风险防范措施，开展内控检查和评价，发挥内部审计监督职能，加大监督追责力度，强化专业法律顾问的咨询服务，全面提升公司风险管理水平，监督防范和化解重大风险，保证经营合法合规、资产安全完整、财务报告真实可靠，提升公司经营效率和效益。

3. 以管理制度支撑“三体系”有效运行

公司制度体系以提升管理效率为出发点，使各项管理和服务活动深入基层，力戒形式主义，避免层层重复

制定，提高制度约束力和执行力。依据合法性、全面性、重要性、有效性、制衡性、适应性、成本效益、规范性原则制定形成公司制度管理体系，包括：安全管理、党群工团、法律风险审计、纪检巡视、经营管理、企业管理、人力资源管理、生产科研管理、资产财务管理等九个方面的内容，为“三体系”有效运行提供强有力支撑。

四、实践成果

（一）以托管标准推动煤矿整体托管规范运营

为进一步提高煤矿整体托管行业的运营管理水平，规范协调煤矿托管的运营管理行为，天地华泰制定了《煤矿整体托管管理规范》（Q/TDHT001-2023），填补了煤矿整体托管领域标准的空白，对于规范煤矿托管行业企业的经营行为，引领行业健康发展具有重要的意义。团体标准《煤矿整体托管管理规范》已于2023年5月提交中国煤炭学会。

（二）经济效益提升

1. 顾客满意度逐年提高

公司每年开展客户满意度调查工作，并出具《顾客满意度测评报告》。近年来，公司客户满意率均保持在95分以上，达到“很满意”的水平。

赛蒙特尔项目部2017—2022年顾客满意度测评情况如表2所示。

表2 赛蒙特尔项目部2017—2022年顾客满意度测评情况

项目部	2017年	2018年	2019年	2020年	2021年	2022年
赛蒙特尔项目部	97.1	93.70	97.13	98.09	97.95	98.70

2. 公司实现持续盈利

2011—2022年，公司累计实现营业收入69.95亿元，增幅达73.2%；累计实现利润总额9.38亿元，增幅达15.78%。

（三）社会效益提升

公司连续6次通过每3年1次的国家高新技术企业资质认定。目前已获省部级奖励13项，获得授权专利171项（其中，发明专利9项，实用新型专利162项），软件著作权4项，作品著作权2项，发表学术论文380余篇，编写学术专著5部，自编教材2部。公司管理更加规范，于2015年12月11日实现新三板上市，步入产业运营和资本运作双轮驱动的快车道（表3）。

表3 公司所获荣誉情况

年份	所获荣誉	备注
2013年	在中国煤炭学会组织的“全国现代大型煤炭企业人力资源管理案例征集”中天地华泰获得特等奖，并荣获“全国现代大型煤炭企业人力资源管理最佳企业奖”	
2015年	公司基于多年管理实践和经验，贯彻一体化顶层设计理念为主要内容总结提炼的《煤炭生产运营企业专业化服务和运行机制的创新及应用》荣获煤炭企业管理现代化创新成果（行业级）一等奖	
2020年	公司在第四批首都学雷锋志愿服务站（岗）申报命名活动中，荣获“首都学雷锋志愿服务岗”荣誉称号，是该次国务院国资委系统获评的26家单位之一	
2021年	公司荣获“中质协质量保证中心首届管理体系实践成果奖”由天地华泰申报的《天地华泰管理体系实践典型企业成果案例》获评“管理体系实践典型企业”，管理团队3人获评“管理体系实践典型个人”	
2023年	公司第7次被评为“北京市纳税信用A级企业”	

（四）效能管理提升

（1）规范性管理助推公司业务范围逐年扩大。公司从最初的一个生产运营项目部，发展成为目前的七个生产运营项目部，核心业务覆盖内蒙古、陕西、宁夏、山西等区域。

（2）公司作为中国煤炭科工集团有限公司主业之一的“设计建设”板块的主要执行单位，始终致力于提供更广泛的煤矿生产专业化运营服务，保持国内煤矿生产运营领域的领军地位。

（3）公司通过十余年时间在“三体系”的建设，实现了全公司煤矿生产运营项目部的统一规范管理，实现了在项目部“三体系”建设的可复制性，有效地节约了管理成本，提高了管理效益。

（4）公司的稳定发展，实现持续盈利，为四千余人带来稳定的职位与收入，解决了我国西北部地区的社会就业问题，也进一步调动了广大员工干事创业的责任感、归属感、积极性与创造性。

（五）履行社会责任

天地华泰依法经营、诚信纳税，勇担央企责任使命，聚焦煤矿生产专业化运营服务，积极推广应用煤炭行业先进技术、工艺、装备和管理方式，促进地区煤炭企业采煤工艺、劳动生产工效和安全生产管理水平提升。大力践行社会主义核心价值观，开展丰富的志愿服务活动，实施地区精准扶贫项目，积极履行社会责任。

主要创造人：高　峰
参与创造人：常云博、朱　涛、邱　捷

基于提升客户满意度的原料煤质量管控

国家能源投资集团有限责任公司煤炭经营分公司

国家能源集团煤炭经营分公司（国能销售集团有限公司）是国家能源投资集团有限责任公司（以下简称国家能源集团）旗下以煤炭购销为主业的专业化公司，是国家能源集团煤炭产运销一体化运营的枢纽单位，负责国家能源集团65%以上的煤炭销售和外购煤业务，年煤炭采购量近亿吨、销售量约5亿吨。

公司始终秉承“质量第一、用户至上”的服务理念，以市场为导向，以生产管控为源头、以洗选提质为核心，强化煤质管理，构建了科学、高效的现代化、系统化、智能化全面质量管控体系，形成了煤炭产品“全生命周期”质量管理模式，是GB/T19001质量管理、GB/T24001环境管理、GB/T45001职业健康安全管理等体系标准认证企业。

国家能源集团神东矿区的主力优质煤炭“神华煤”，属变质程度较低的年轻煤种，具有低灰、低硫、高发热量、气化反应性好的特点，是一种优良的化工原料用煤。公司开发出了神华优混（神优）系列原料煤种，促进了神华煤在水煤浆气化领域的推广。目前，公司气化原料煤每年销售量占沿海水煤浆气化用煤市场总需求的85%以上，神优2已成为国内水煤浆气化用煤的标杆产品，拥有上海华谊（原上海焦化）、万华化学、中石化、恒利石化、浙江荣盛、江苏索普、中盐化工等长期合作的国内知名化工企业客户。

近年来，随着煤源地煤质波动以及客户用煤煤质要求的精细化，对化工原料煤的煤质稳定性要求不断提高，为进一步提高化工原料煤的质量，公司先后采取多项措施，构建了科学、高效的现代化、系统化、智能化全面质量管控体系，不断提升客户满意度。

一、原料煤质量管控难点分析

（一）煤质变化范围较大

从矿区煤源普查的结果来看，不同矿井煤炭的灰分波动区间超过6%、煤灰流动温度波动区间超过200℃、煤灰成分中二氧化硅含量的波动区间超过30%、氧化钙的含量波动区间超过20%，煤质波动范围较宽，煤质稳定性不足。

（二）客户对煤质的个性化需求

公司化工原料煤客户采用德世古水煤浆气化、多喷嘴水煤浆气化、壳牌粉煤气化、航天粉煤气化、循化流化床气化等多种不同的气化工艺，不同气化装置对煤质的需求存在差别，且煤炭的煤场堆存方式、堆场至料仓的取料方式、料仓至磨煤机的入料方式各有不同，也对原料煤的质量要求带来影响。

二、构建原料煤全面质量管控体系的举措

（一）建设专业团队，提高服务能力

为搭建公司技术人才的交流和成长平台，成立了公司煤质研究工作室，工作室设立三个专业组，共吸收各单位45名员工加入。其中煤炭综合利用组的主要工作任务为研究不同行业用煤技术进展和对煤质的需求，参

与新产品的开发，提出供煤方案建议；组织开展客户技术服务，建立客户用煤技术交流平台等。工作组成员包括公司业务部门、煤源地、港口和销售单位负责原料煤质量管控和客户服务的业务骨干。

（二）开展科技研发，加强技术支撑

针对原料煤质量控制和使用过程中存在的问题，公司先后立项研究“神东矿区矿物组成及煤灰特性与调控技术”“神华煤煤气化煤种适应性研究”“航天炉试烧神华煤工业试验研究”“神优3煤在华谊航天炉气化工业应用的安全与经济性评价研究”等多个科技项目，通过实验室研究、现场试烧、数据分析和模型建立等多种研究手段，提高了原料煤关键煤质指标对气化使用过程影响的认识，为后续制定原料煤煤质管控措施提供了技术支撑。

（三）开展客户走访，加强技术交流

针对在使用原料煤过程中出现问题的客户，第一时间组织有关煤质研究工作室相关人员和邀请外部专家与客户生产技术人员进行技术交流。同时，定期组织人员开展客户走访交流，了解客户在原料煤使用过程中出现的问题，交流原料煤煤质特点和使用经验，为客户提供原料煤使用的优化建议，同时根据走访交流获取的信息，提出原料煤采购和港口装船环节提升质量管控的相关建议。2022年以来，累计开展客户技术走访24次，回访客户采购量占化工原料煤下水销售量的70%。

（四）全面普查煤质，严格原料煤准入

先后下发《关于进一步加强原料煤质量系统性管理的通知》和《关于外购原料煤质量管控的补充说明》等通知，组织煤源单位对外购原料煤供应商的煤源矿点和煤质情况进行普查，按照“分区、分矿、定品”的原则，针对不同区域不同矿井煤炭的煤质特点，确定外购原料煤的采购品种并加强源头质量管控。一是开展溯源管理，对供应商的煤源供应信息进行持续分析和跟踪，定期开展对所有原料煤矿点的煤质普查，全面掌握原料煤矿点的煤质情况；二是加大原料煤质量管控力度，确保装车合格率，建立供应商外购原料煤备案机制和装车不合格惩罚机制；三是发生因外购原料煤品质出现重大变化，造成下游客户生产事故的，要进一步行使追责的权利。

同时，在港口开展原料煤灰成分分析检测，对进港原料煤进行抽检，监控进港原料煤的质量情况，发现问题及时反馈上游煤源单位进行调整。对出港原料煤全部进行灰成分检测，并将结果免费向客户提供，为客户用煤提供参考。2022年以来，累计抽检进港原料煤1114列、装船原料煤1616航次。

（五）优化港口配煤，确保煤质稳定

根据原料煤灰分、灰熔点和灰成分等关键煤质指标的监控结果，灵活调整原料煤的装船配煤方案，提高原料煤装船煤质的稳定性。同时，针对客户反馈使用出现问题的航次，详细进行装船回溯，分析问题产生的原因，研究制定改进措施，优化原料煤配煤方案。

三、主要成效

（一）原料煤质量管控水平不断提升

通过技术交流，公司在了解客户的气化装置情况的同时，还详细了解了客户对原料煤的使用方式，包括煤炭的煤场堆存方式、堆场至料仓的取料方式、料仓至磨煤机的入料方式。当客户使用我公司原料煤与其他企业原料煤掺配使用时，还需要了解客户配煤的目的和使用习惯，了解客户采购的其他煤的煤质特点。在技术交流中，一方面客户在原料煤的使用过程中，通过对煤质结果和使用情况的分析，不断更新对原料煤的煤质要求；另一方面，客户也积累了应对煤质变化的处理手段。后续要加大现场技术交流频次，在获取客户反馈不断完善原料

煤质量要求的同时学习客户的优秀经验，提高原料煤质量管控水平。通过技术交流获取的反馈信息，可以有效为上游提供更精细的供煤要求和为客户提供更精细的用煤建议。

（二）原料煤采购质量稳步提升

结合客户生产技术人员的反馈和有关科技项目研究的结果，为确保原料煤煤灰熔点和灰成分的稳定程度，更好地满足下游客户的需求，公司制定了原料煤的煤质指标控制要求，除常规的灰分、灰熔点以外，专门制定了灰成分的指标控制区间，指导各煤源采购单位在煤质普查和日常监控中重点关注，不断提高原料煤的发运质量。

2023 年以来，原料煤发运质量合格率分数为 104.5，较 2022 年提高 2.3。原料煤干基灰分 7.34%，较 2022 年降低 0.16%。原料煤采购质量持续改善。

（三）原煤装船质量持续提升

在港口中转环节，港口办事处跟踪进港原料煤灰分、灰熔点和灰成分等关键指标波动情况，分析不同煤源原料煤的煤质区别，在堆存环节进行个性化堆存，做到对垛位煤质心中有数，在装船时，根据不同客户的煤质需求，结合场存煤质情况，灵活调整装船配煤方案，做好配煤预测，有效保障了装船质量的稳定性，在港口中转环节化解不同煤源原料煤的煤质差异。

从装船整体煤质情况来看，2023 年，神优 2 灰分、FT 较 2022 年小幅下降，煤灰成分基本稳定，SiO_2 含量较 2022 年小幅升高、CaO 的含量小幅下降，酸碱比小幅升高，如图 1、图 2 所示。

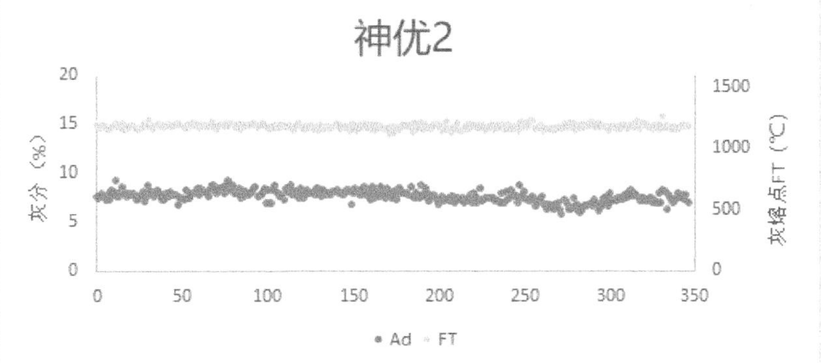

图 1　2022—2023 年原料煤灰分和灰熔点波动情况

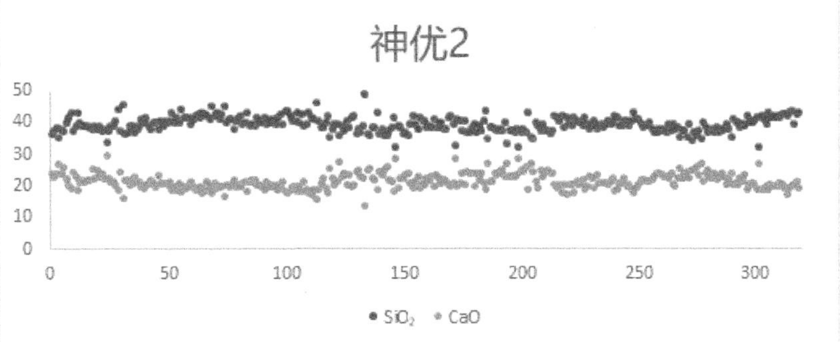

图 2　2022—2023 年原料煤主要灰成分波动情况

（四）企业质量管理能力有效提升

1. 提升了团队的业务水平

通过煤质研究工作室的平台，公司内部涉及原料煤采购、物流和销售各环节的业务人员紧密联系，加强日常沟通，同时，通过开展有关原料煤煤质知识培训和参与客户技术交流，原料煤技术服务团队人员的知识储备、分析解决问题的能力得到了有效提升，为加强原料煤质量管控、提升客户服务水平打好了人才基础。

2. 提升了团队的质量意识

通过细化原料煤的煤质要求，加大原料煤质量对维护公司原料煤品牌形象意义的宣贯，各单位原料煤的质量意识明显提高，根据不同的业务类型，煤源侧优化了原料煤的煤质普查、供应商审核以及装车质量控制等工作，港口侧优化了原料煤卸车和装船过程的煤质管控措施，原料煤配煤准确性和均匀性得到提高。

3. 提升了客户满意度

通过常态化的客户技术交流，更加深入地了解了不同气化工艺设备的特点以及不同客户对原料煤的质量要求，对原料煤质量的重要意义有了更加直观的理解。同时，根据客户反馈情况，及时对原料煤的煤源侧质量控制、港口侧装船方案优化等煤质管控的重点环节进行优化，不断改善原料煤的煤质，针对客户的个性化需求，灵活制定个性化的供应和配煤方案，以客户为焦点，更好地提升了原料煤质量与客户需求的匹配度，提高了客户的满意程度，树立了公司品牌形象。

主要创造人：王　鹤

参与创造人：段其涛、吕明超

CFB锅炉多参数流场重构床压优化技术应用

云南华电巡检司发电有限公司

一、公司简介

云南华电巡检司发电有限公司（以下简称巡检司公司）前身为云南巡检司发电厂，位于云南省红河州弥勒市西南部巡检司镇，距县城87公里。

巡检司发电厂是国家“五五”期间重点建设项目，始建于1976年，燃煤发电机组装机容量为4×25MW。基本建设固定投资9469万元。1976年7月，巡检司发电厂建设工程正式投入基建施工，经历3年多建设，1979年12月6日，首台机组发电，1983年7月，第四台机组建成投产，投产27年共发电146.63亿千瓦·时。2007年5月作为云南省落实“上大压小、节能减排”政策的急先锋，比计划提前6个月实时关停。

巡检司公司成立于2003年9月26日，由华电云南发电有限公司（65%）和云南省电力投资有限公司（35%）共同投资组建，巡检司公司装机容量为2×300MW。采用发货ALSTOM公司先进技术生产的大型循环流化床锅炉机组，属于节能环保扩建项目，2007年11月14日，两台机组全部建成投产。

巡检司公司自投产发电以来，累计实现安全生产5901天，未发生一般及以上安全生产事故和环境事件，累计发电380.74亿千瓦·时，通过电煤灰渣运输、产业园区供热、发电辅助服务、乡村振兴等产业链发展，带动就业岗位千个以上，为地方经济发展发挥了积极作用。

二、概述

多参数、大时滞特性决定了锅炉燃烧优化及其辅助系统优化运行是火力发电厂复杂度最高的技术问题：多参数导致了系统的复杂性，而大时滞则大大加强了系统的耦合性。如何对复杂系统进行降维及如何对系统耦合性进行解耦一直是此类问题的研究重点，其中如何根据现场条件获得实时动态高精度锅炉运行效率是解决问题的关键。一旦解决了锅炉在线实时动态炉效的高精度计算问题，整个锅炉运行优化的复杂性将可以大大降低。

锅炉效率的计算有所谓的正平衡法与反平衡法：锅炉的有效输出热量与输入热量之比即所谓的正平衡效率；锅炉输入热量归一化之后逐项减去各项损失即得所谓的反平衡效率。电厂的现状是“现场正平衡、研究反平衡”，即现场多采用正平衡法获得炉效，而研究与试验单位几乎都采用反平衡法计算炉效。同时各方也众口一词地认为，正、反平衡法获得的锅炉效率不相等，因为正平衡计算所需的实时入炉煤量计量装置无法达到试验精度。

原理上，锅炉的正、反平衡一定相等，也必须相等。否则，二者必有其一错误。问题总是有两面性，一旦正、反平衡效率相等则二者都正确。从这个角度思考问题及展开相应研究的国内未见报道。

本科技项目“CFB锅炉多参数流场重构床压优化技术运用研究”，首先，以300MWCFB锅炉为研究对象，进行循环流化床锅炉气固两相流动数值模拟，按实际尺寸建立锅炉炉膛三维模型，模型包括循环流化床锅炉炉膛、一次风入口、旋风分离器及外置式换热器返料入口。其次，建立数学模型，进行数值模拟，预测炉膛内气固流场，包括床压分布、气体速度分布、颗粒浓度分布、颗粒速度分布，以及颗粒质量流量分布等。再次，根据气固流场提取定量数据，分析比较物料循环、配风比例以及一次风量对气固流场的影响，并分析其对炉内差压分布和颗粒浓度的影响。结合现场试验，建立了锅炉入炉质的工业分析至元素分析高精度转换方法，以此为基础，建立起 CFB 锅炉效率正、反平衡相等的在线计算模型、锅炉入炉煤质元素分析结果在线计算模型、并以锅炉效率实时运行值为衡量基准，进行了氧量在线优化，一二次风配比在线优化试验，二者组合对锅炉运行效率提升明显。最后，针对锅炉风机在线运行工作点进行了可视化计算输出。以上述模型为基础，设计在线实时计算和运行指导程序，开发出完整的锅炉整体运行优化节能系统，实现入炉煤质在线辨识、锅炉效率与各项损失实时计算，以及风机工作点实时可视化等功能。

与传统的运行节能优化策略不同，项目提出了“实时动态节能”的新方法。有别于传统运行节能的分析理论，我们认为优化对象的最佳优化点应由对象本身来告诉，而不是由专家来告诉。

项目主要对 300MWCFB 锅炉进行了如下研究并取得相关研究成果：

（1）300MWCFB 锅炉流场数值模拟；

（2）实时煤质元素在线分析；

（3）实时炉效与各项损失在线计算；

（4）锅炉床压优化；

（5）氧量优化；

（6）一二次风配比优化；

（7）风机工作点可视化。

项目完成并实现如下预定目标：

通过床压优化、在线氧量优化与一二次风配比优化，可使修正后锅炉效率提升 0.51%，折合发电煤耗降低 2.419g/kW · h。

项目开发了锅炉岛整体运行优化节能系统 BOS 并实现如下功能：

（1）锅炉正、反平衡效率及各项损失在线实时计算；

（2）锅炉入炉煤质元素分析结果在线实时计算；

（3）锅炉风机工作点在线计算与可视化输出；

（4）锅炉氧量与一二次风配比在线优化。

项目最终于 2022 年 5 月 18 日完成全部研究及相关试验工作，开发系统完成全部功能调试并投入运行。

三、研究思路及技术路线

（一）研究思路

双裤衩腿带外置床的循环流化床锅炉结构复杂，但设计运行灵活性很高。燃料形成双循环（炉内循环、流经外置床的外循环）、分三区（裤衩腿内的密相区、裤衩腿之上的稀相区、外置床鼓泡换热区）燃烧放热。因为燃料循环燃烧，所以通常 CFB 锅炉的机械未完全燃烧损失 q4 比煤粉炉要小很多。一方面，通过外置床的设置，将原先完全由主炉膛布置的换热面部分外移，大大方便了主炉膛的受热面布置；另一方面，燃料经锥阀分流后经外置床在外循环区放热，既可调节主床温度，又方便调节主汽与再热汽温度。

本科技项目“CFB 锅炉多参数流场重构床压优化技术运用研究”，以云南华电巡检司发电有限公司 6 号炉为研究对象，力求通过对 CFB 锅炉运行优化，达到提升机组安全性与经济性的目的。

本项目的研究思路如下：

（1）以 CFB 锅炉流场数值模拟为基础；

（2）建立 CFB 锅炉效率在线高精度实时动态计算模型；

（3）开发 CFB 锅炉效率在线计算与显示、记录系统；

（4）结合研究对象特性选择需要优化的目标可调量：氧量优化、一二次风配比优化、外置床高压流化风压与风量优化。

（二）技术路线

课题组根据项目研究思路，制定了如下技术路线：

CFB 锅炉流场数值模拟 + 现场运行调整试验 + 外置床结构优化改造 + 理论分析建模 + 开发锅炉岛整体运行优化节能系统 + 实时动态优化试验。

（1）CFB 锅炉流场数值模拟

① 根据 300MW 循环流化床锅炉图纸，按实际尺寸建立锅炉炉膛三维模型，模型包括循环流化床锅炉炉膛、一次风入口、旋风分离器及外置式换热器返料入口。

② 建立数学模型，进行数值模拟，预测炉膛内气固流场，包括床压分布、气体速度分布、颗粒浓度分布、颗粒速度分布，以及颗粒质量流量分布等。

③ 根据气固流场提取定量数据，分析比较物料循环、配风比例以及一次风量对气固流场的影响，并分析其对炉内差压分布和颗粒浓度的影响。

（2）现场运行调整试验

① 主炉床压优化：针对研究对象云南华电巡检司发电有限公司 6 号炉现场实际运行状态（为了节电而低床压运行，锅炉床温高，再循环灰量已达最大仍难以调整床温、分离器出口烟温高、主汽温度高且较难控制，过热器减温水量几乎保持满量程运行、锅炉排烟温度高、炉效低），以流场重构为理论依据，进行 CFB 锅炉主炉床压优化调整，以期使锅炉运行状态下恢复其调节性能，提升锅炉运行安全性与经济性。

② 氧量及一二次风配比优化：结合锅炉脱硫与脱硝运行状态，进行变氧量及一二次风配比优化，以提升炉效、降低风机电耗。

（3）理论分析建模

① 为了能够进行 CFB 锅炉实时动态运行锅炉效率值高精度计算，结合燃烧理论、煤质分析方法，建立入炉煤质的实时动态辨识模型，获得入炉煤的元素分析结果。

② 建立 CFB 锅炉效率正、反平衡相等的实时动态计算模型，能够对研究对象的锅炉效率与各项损失进行在线高精度计算。

（4）开发锅炉岛整体运行优化节能系统

根据所建立的模型开发与 DCS 直接通讯的锅炉岛整体运行优化节能系统 BOS。

（5）实时动态优化试验

在锅炉岛整体运行优化节能系统 BOS 开发成功并在现场投运的基础上，进行拟定的关注量实时动态优化试验（氧量优化；一二次风配比优化；外置床高压流化风压与风量优化）。

四、CFB 锅炉流场数值模拟及 BOS 系统主要数学模型

（一）CFB 锅炉流场数值模拟

具体结果详见《云南华电巡检司发电有限公司 300MWCFB 锅炉气固两相流动数值模拟研究报告》。

（二）采样煤质分析模型：从工业分析到元素分析

模型主要功能：根据现场每天入炉煤采样煤质工业分析的数据计算出对应的元素分析结果。

模型主要算法：煤质所有结果均为收到基数据。

（1）已知工业分析结果：高位发热量$Q_{ar.gr}$、低位发热量$Q_{ar.net}$、全水W_{ar}、灰分A_{ar}、硫分S_{ar}。

（2）待求指标：碳C_{ar}、氢H_{ar}、氧O_{ar}、氮N_{ar}。

（3）算法：

$$C_{ar}+H_{ar}+S_{ar}+O_{ar}+N_{ar}+M_{ar}+A_{ar}=100\%$$

$$Q_{ar.gr}=339C_{ar}+1256H_{ar}+109S_{ar}-109O_{ar}$$

$$Q_{ar.net}=339C_{ar}+1031H_{ar}+109S_{ar}-109O_{ar}-25M_{ar}$$

$$V^0=0.0889(C_{ar}+0.375S_{ar})+0.265H_{ar}-0.03330_{ar}$$

$$V^0=2.63\times\frac{Q_{ar.net}}{10\,000}$$

（4）输出示例（表1）：

表1　采样煤质收到基元素分析结果

序号	名称	符号	模型计算值（%）	化验值（%）
1	碳	C	35.05	34.47
2	氢	H	2.01	2.36
3	氧	O	9.66	9.98
4	硫	S	1.96	1.96
5	氮	N	1.00	0.91
6	全水分	Mar	32.90	32.90
7	灰分	Aar	17.42	17.42

（三）锅炉三大流量校准模型：在线校准入炉煤量B、入炉总风量G_f、出炉烟气量G_y

模型主要功能：根据模型1计算出的现场每天入炉煤采样煤质元素分析结果，对锅炉三大流量进行在线校准。

模型主要算法有以下几方面。

（1）已知量：

①采样煤质元素分析结果：高位发热量$Q_{ar.gr}$、低位发热量$Q_{ar.net}$、全水W_{ar}、灰分A_{ar}、碳C_{ar}、氢H_{ar}、硫分S_{ar}、氧O_{ar}、氮N_{ar}；

②现场采样时段DCS显示值1小时平均值：入炉总煤量BDCS、入炉总风量V_kDCS、出炉总烟气量V_yDCS、空预器入口氧量O_{kyi}。

（2）待求指标：入炉总煤量修正系数X_B、入炉总风量修正系数X_{Vk}、出炉总烟气量修正系数X_{Vy}。

（3）算法：

①根据煤质元素分析结果计算锅炉对应时段反平衡效率；

②正、反平衡效率相等反解出对应时段计算锅炉入炉总煤量B_j，则入炉总煤量修正系数$X_B=B_j\div$BDCS；

③以空预器入口氧量为基准，计算出此位置的过量空气系数，结合（b）的计算结果可计算出位置为基准的入炉总风量V_{kj}，则入炉总风量修正系数$X_{Vk}=V_{kj}\div V_k$DCS；

④以空预器入口氧量为基准，计算出此位置的过量空气系数，结合（b）的计算结果可计算出位置为基准的出炉总烟气量V_{yj}，则入炉总风量修正系数$X_{Vy}=V_{yj}\div V_y$DCS。

（4）输出示例（表2、表3）：

表 2 锅炉反平衡效率计算

序号	名称	符号	计算值（%）
1	锅炉效率	η	92.56
2	排烟损失	q^2	6.82
3	化学未完全燃烧损失	q^3	0.00
4	机械未完全燃烧损失	q^4	0.09
5	锅炉散热损失	q^5	0.43
6	灰渣物理损失	q^6	0.10

表 3 锅炉三大流量校准系数计算

名称	总量	测量值	误差 %	修正系数
入炉煤	228.20t/h	231	1.2275	0.9879
入炉风	855.17kNm³/h	910	6.4112	0.9398
出炉烟气	1231.95kNm³/h	1330	7.9590	0.9263

（四）入炉煤质实时辨识模型

说明：该模型为本科技项目的重要创新之处，也是项目的核心算法。其理论依据是："特定的煤，燃烧时需要特定的空气量，并生成特定的烟气"。

模型定义了一个概念，K 值热量：

$Q_{ar.z}=339\times C_{ar}+1030\times H_{ar}+109\times S_{ar}-109\times O_{ar}$

定义了两个新系数：

热风比$Kz=Q_{ar.z}\div V^0$

高位热风比$Kg=Q_{ar.gr}\div V^0$

式中：V^0为理论空气量

热风比是指纹式物性系数，它只与煤种有关，而且特定煤种其值为确定的数值。

模型主要功能：对入炉煤进行元素分析计算，得到实时状态下入炉煤质元素分析结果显示。

模型主要算法：煤质所有结果均为收到基数据。

（1）已知锅炉三大流量校验系数：入炉总煤量修正系数 X_B、入炉总风量修正系数 X_{Vk}、出炉总烟气量修正系数 X_{Vy}、空预器入口氧量 O_{kyi}。

（2）待求指标：煤质元素分析结果。

（3）算法：

① 根据修正后的入炉总煤量 B_j、入炉总风量 B_{kj}、空预器入口氧量 O_{kyi} 计算实时状态下入炉煤对应的理论空气量V^0及烟气量V_y^0；

② 利用热风比计算实时煤质 K 值热量 $Q_{ar.z}$ 和高位发热量 $Q_{ar.gr}$；

③ 以空预器入口氧量为基准，计算入炉煤实时煤质

$$Q_{ar.gr}=339C_{ar}+1256H_{ar}+109S_{ar}-109O_{ar}$$

$$Q_{ar.net}=339C_{ar}+1031H_{ar}+109S_{ar}-109O_{ar}-25M_{ar}$$

$$Q_{ar.z}=339C_{ar}+1030H_{ar}+109S_{ar}-109O_{ar}$$

$Kz=Q_{ar.z}\times V^0$

$kg=Q_{ar.gr}\times V^0$

$$V^0=0.0889(C_{ar}+0.375S_{ar})+0.265H_{ar}-0.0333O_{ar}$$

$$V_y^0=1.866\frac{C_{ar}+0.375S_{ar}}{100}+0.75V^0+0.8\frac{N_{ar}}{100}+1.24\frac{M_{ar}}{100}+11.2\frac{H_{ar}}{100}+0.0161V^0$$

$$C_{ar}+H_{ar}+S_{ar}+O_{ar}+N_{ar}+M_{ar}+A_{ar}=100\%$$

（4）输出示例（图 1）：

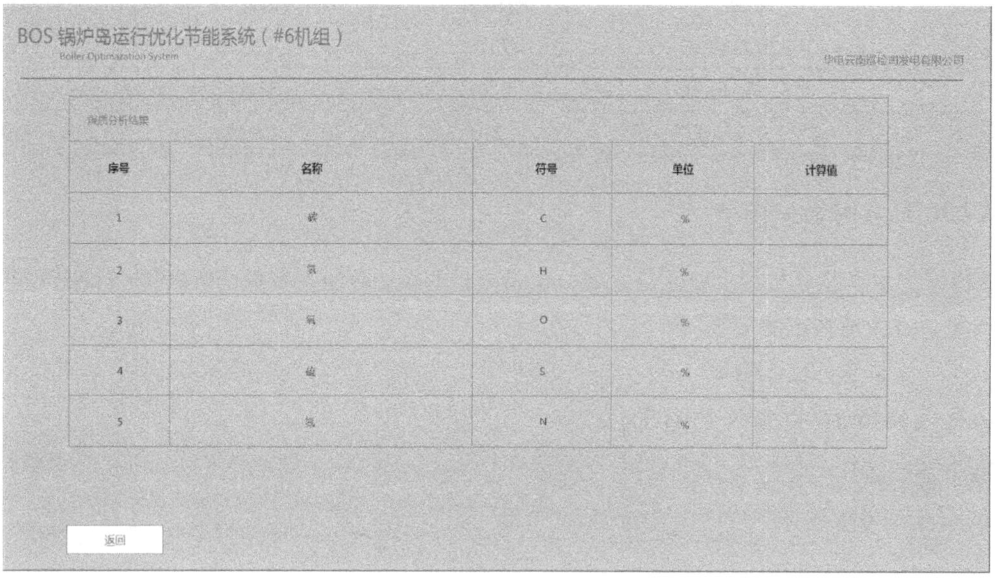

序号	名称	符号	单位	计算值
1	碳	C	%	
2	氢	H	%	
3	氧	O	%	
4	硫	S	%	
5	氮	N	%	

图 1　入炉煤煤质元素实时分析画面

（五）锅炉正、反平衡炉效相等计算模型

模型主要功能：联动入炉实时煤质计算模型，以每分钟 1 次的频度对锅炉进行实时炉效与各项损失计算并显示。

模型主要算法：

（1）已知量：实时入炉煤质元素分析结果、空预器入口氧量 O_{kyi}；

（2）待求指标：实时状态下锅炉效率及各项损失；

（3）算法：

① 根据实时修正入炉总煤量计算锅炉正平衡效率；

② 根据实时煤质元素分析结果计算锅炉实时反平衡效率；

③ 正、反平衡效率不相等则返回模型 3 重新计算实时入炉煤质元素分析结果，再计算锅炉实时反平衡效率，直至正、反平衡效率相等（控制万分之一精度，效率误差小于 0.01%）。

（4）输出示例（图 2）：

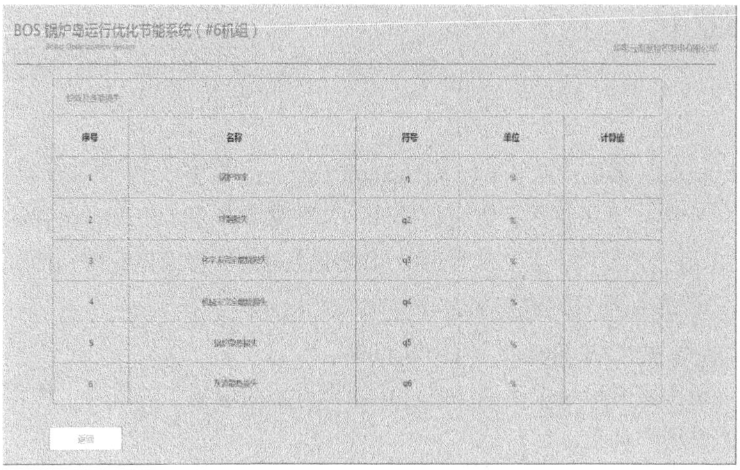

图 2　锅炉效率及损失实时计算画面

（六）风机工作点可视化模型

模型主要功能：实时计算风机工作点信息并可视化显示。

模型主要算法：以引风机为例。

（1）已知量：两台引风机进口风压 P_i、出口风压 P_o、动叶综合开度 m、运行电流 A、锅炉总烟气量 V_y、锅炉排烟温度 F071、风机电流 A1、A2。

（2）待求指标：两台引风机实时工作点信息（流量及比压能）。

（3）算法：

① 计算风机入口烟气密度：

$$\rho = 0.694\frac{(273+155)}{(273+\theta)}$$

② 计算风机全在压：$\nabla P = P_o - P_i$

③ 计算风机比压能：$J = 0.956 \times \nabla P \div \rho$

④ 计算风机电流比：KA=A1/（A1+A2）

⑤ 计算风机风量：V1=KA × Vy

⑥ 引风机工作点信息：（V1，J1）、（V2，J2）

（4）输出示例（图 3）：

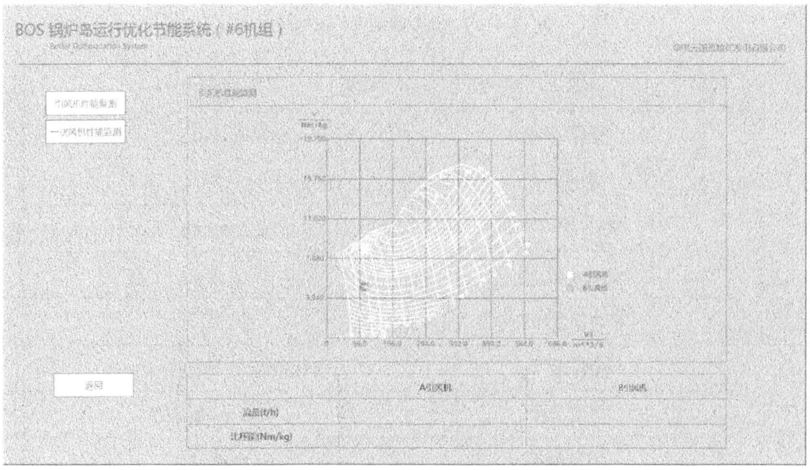

图 3　风机流量及比压能实时监控画面

五、BOS 整体结构

（一）系统结构

锅炉岛整体运行优化节能系统（Boiler Optimization System，BOS）设计 B/S 架构（浏览器 / 服务器）；TOS 由数据接口软件、运行优化应用软件、实时数据库、历史数据库和 WEB 前台展示程序组成，数据接口软件部署在 DCS 接口机上，通过第三网卡及防火墙接入优化服务器；运行优化应用软件、实时数据库、历史数据库部署在优化服务器上，WEB 前端展示软件部署在专用的监视计算上。

前台 WEB 访问的服务器地址为：http：//192.168.23.40。

系统后台采用统一的通用实时数据库保存性能优化计算所需的现场实时数据、优化计算的结果等数据，并转储到历史数据库中，方便用户查阅。

数据来源于 DCS，并加装部分测点，通过 IE，Chrome 等浏览器即可登录到系统，显示系统的运行热耗，设备性能状态和优化结果数据等，且具有历史数据存储、查询等功能。

（二）系统开发及应用平台

系统使用的服务器以 Window Server2008 为操作系统，MySql5-Innodb 作为数据库服务；以 Visual Studio2013 作为系统软件开发平台。采用 Apache2.4 系统提供 WEB 服务，后端采用基于 Python 的 Django Web 框架；使用 Python2.7 作为服务器后端开发语言；Web 页面使用 Bootstrap 前端框架，支持并自适应 PC 端和移动端浏览器访问等。监视工作站要求中文 Windows7 及以上操作系统、Chrome 或 IE6.0 及以上浏览器，如图 4 所示。

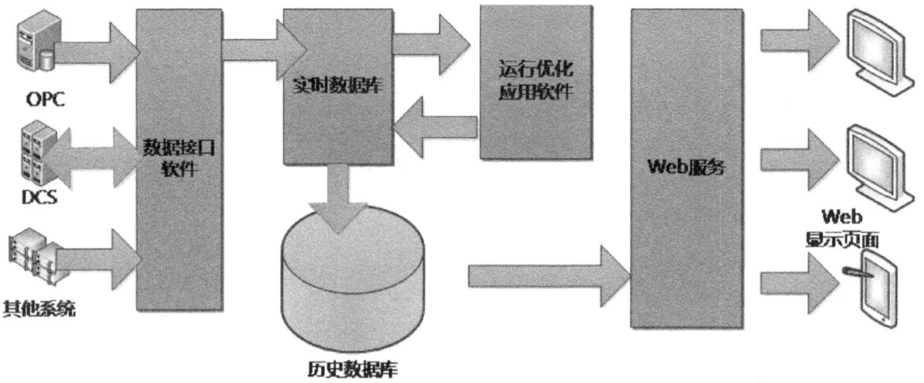

图 4　BOS 平台原理架构

服务器平台软件环境（表 4）：

表 4　服务器平台软件环境

环境名称	平台	软件	版本
生产环境	操作系统	MicroSoft Windows Server2008	R2
	数据库	MySQL	5.7
	Web 服务器	Apache	2.4
	Web 框架	Django	1.10
	其他依赖软件	Python	2.7
开发环境	操作系统	MicroSoft Windows10	10
	开发软件	Visual Studio	2013
	开发软件	Python	2.7

工作站软件环境（表 5）：

表 5　工作站平台软件环境

环境名称	平台	软件及版本
生产环境	操作系统	MicroSoft Windows7/10
	Web 服务器	IE9 及以上，Chrome
	Web 前端框架	Bootstrap
开发环境	操作系统	MicroSoft Windows10
	开发软件	Visual Studio2013
	开发软件	Python2.7

（三）历史 / 配置数据库平台

数据库平台采用 MySQL 数据库，其功能是提供历史数据查询服务，并保存系统的配置信息。

服务器端软件将实时数据库中，需要支持历史数据查询的数据存储到历史数据库中，存储频率为每分钟 1 次。

系统配置信息、用户管理信息、用户组态信息等配置系统也保存在数据库中。

（四）实时数据库平台

实时数据库平台采用自主研制的 RtDB，是整个系统的实时数据中心，是系统的数据服务容器，提供开放的接口以挂载系统的其他模块，进行数据的访问、存储等功能。

（五）系统基础平台

所谓基础平台就是为高级应用提供基础服务（数据接口、业务构建）的软件或系统。理想的基础平台一般由平台软件、配置数据库、动态链接库、组态软件等组成，它具有广泛的适用性和可拓展性，在此基础上可以开发各种高级应用，也为在此基础上开发的高级应用的二次开发及后期维护带来极大的便利。

基础平台从纵向切割，分为感知层、传输层、数据层、应用层和显示层五层，如图 5 所示。

图 5　系统基础平台的抽象层次

（六）系统数据平台

数据库平台采用自研的 RtDB 实时数据和结合 MySQL 作为历史数据库和配置数据库。服务器端应用程序从 RtDB 实时数据库获得实时数据，并将计算结果保存在实时数据库中，通过 Web 进行发布，并使用 Modbus TCP 协议将输出指令通过 PLC 发送至 DCS，同时将需要历史查询的数据转储至历史数据库中。

SQL Server2005 主要用于存放原始数据、计算数据、结果数据和历史数据，主要的数据库表如下：

数据库名：TOS。

主要数据表包括：

USER_INFO：用户配置信息表。

Schema 设计（表 6）：

表 6　用户配置信息表

字段名称	类型	字段要求和说明
ID	Integer	用户唯一 ID，唯一不为空，长度小于 256
Name	String	用户姓名
Password	String	用户密码
Email	String	用户邮箱
Group	Integer	用户组，用于区分用户权限

{VARNAME}_Data：变量历史数据表；

Schema 设计（表 7）：

表 7　变量历史数据表

字段名称	类型	字段要求和说明
ID	Integer	数据 ID
Time	time	时间戳
Value	String	数据值

实时数据库数据通过数据定义软件定义，将异构数据源的数据集成到实时数据库中，其主要来源有通过 OPC 协议从 DCS 中获取的现场实时数据，运行优化软件计算产生的记过数据等。系统的数据主要从 DCSOPC 服务器读取，1 台机组合计约 500 个数据点，读取频率为每秒 1 次。由于电厂 OPC 服务器部分设备的必要测量数据，为全面研究与监测设备性能，本项目新增了部分数据测点。新增测点全部为模拟量，并接入到 DCS 中，通过 DCS 中的 OPC 服务进行发布，系统直接从 DCS 中的 OPC 服务器中获得实时数据，并转发至本系统的实时数据库中。单台机组安装测点共 3 个，包括冷却塔附近干球温度、冷却塔附近相对湿度、冷却塔附近大气压。

六、主要成果

（一）CFB 锅炉流场数值模拟

（1）300WM 循环流化床锅炉内气固流动特性：通过仿真计算结果可知，该循环流化床锅炉炉膛内呈现典型的多环－核流动，单侧裤衩腿中心的上升气流所携带的上升颗粒流以及边壁和交界处的下降颗粒流。炉膛内密相区为鼓泡床流态，稀相区颗粒浓度介于 0.001~0.01。双裤衩的颗粒分布基本稳定，但是由于左右两侧配风的不均性，可以观察到右侧的颗粒速度和流体速度均略高于左侧，导致密相区颗粒分布有向左侧倾斜的趋势，因此，左侧布风板处的差压通常略高于右侧。

（2）物料循环对炉膛内气固流动特性的影响：随着初始床层高度的提高（提高粗渣量），密相区下部的差压和颗粒浓度提高，布风板处差压提高，并且对稀相区下部的颗粒浓度产生了一定影响，导致颗粒浓度有所下降，但对稀相区上部的差压和颗粒浓度分布并未产生影响；随着循环灰量的提高（提高细灰量），密相区上部以及整个稀相区的差压和颗粒浓度一致提高，而密相区差压没有明显变化。

（3）配风比例对炉膛内气固流动特性的影响：在总风量保持不变的情况下，将配风比例由 3.5∶6.5（原始工况）提高至 5∶5（工况三），可以发现更多颗粒从密相区和稀相区下部转移至稀相区上部，稀相区的差压有所提高。

（4）一次风量对炉膛内气固流动特性的影响：随着一次风量的降低，炉内气相对颗粒的携带能力明显下降，密相区上部和整个稀相区的颗粒浓度均有所下降。布风板处差压的降低，可以认为是降低一次风量和初始床料高度共同作用的结果。随着一次风量的降低，较大颗粒也向底部聚集，导致底部的颗粒浓度有所提高。

（5）综合所有工况，通过提高总风量或者提高一次风比例，从而提高一次风量，对稀相区上部颗粒浓度的提高有明显作用，可以强化炉膛上部的辐射换热，进而降低出口烟气温度。通过提高细灰量，从而提高循环流率对提高稀相区上部颗粒浓度有明显作用，而初始床料高度对稀相区上部的颗粒浓度没有明显影响。

（二）实时动态优化

1. 锅炉床压优化调整试验

试验时间：2022 年 4 月 22 日。

试验内容：将 6 号锅炉床压由 9kPa 缓步调整到 6kPa，试验期间停止其他一切与试验无关的操作。

试验结果：锅炉床压 6.8kPa 时，锅炉效率最高。这比锅炉设计床压 9kPa 小很多。

2. 锅炉排烟含氧量优化调整试验

试验时间：2022 年 4 月 22 日。

试验内容：将 6 号锅炉排烟含氧量由 2.0% 缓步调整到 3.0%，再降低至 0.8%，试验期间停止其他一切与试验无关的操作。

试验结果：锅炉排烟含氧量 1.0% 时，锅炉效率最高。这比锅炉设计氧量 4.0% 小很多。

3. 一二次配比优化调整试验

试验时间：2022 年 4 月 22 日。

试验内容：保持锅炉排烟含氧量不变，调整锅炉一二次配比由 0.80 变化到 1.0。试验期间停止其他一切与试验无关的操作。

试验结果：炉一二次风配比 0.98 时锅炉效率最高，这比设计值 0.818 要大许多。

（三）建立相关分析模型并开发出 CFB 锅炉整体优化系统 BOS

（1）建立了锅炉入炉煤在线辨识模型。通过该数学模型，可实时计算 CFB 锅炉入炉煤质的元素分析结果如图 6 所示。

（2）建立了 CFB 锅炉正、反平衡相等的炉效计算模型。通过该数学模型，可实时计算锅炉效率及各项损失（计算频度每分钟 1 次），如图 7 所示。

（3）建立了锅炉风机实时工作点计算模型。通过该数学模型，可实时计算锅炉风机的实时工作点信息，并以可视化的方式向运行人员直观展示相关结果。此项功能对运行人员在机组调峰运行过程中风机的安全运行有较好的指导作用，如图 8、图 9 所示。

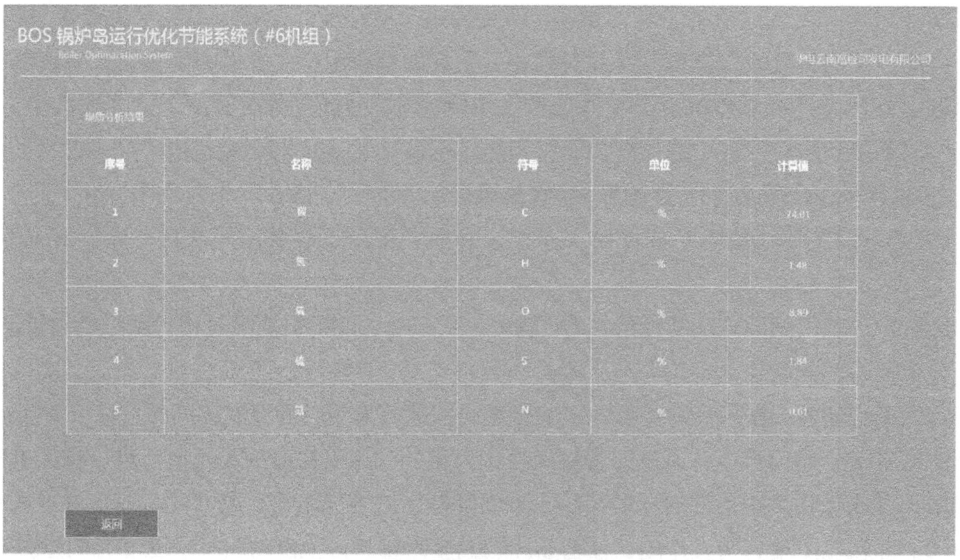

图 6　入炉实时煤质元素分析结果画面

图 7　炉效及各项损失实时计算结果画面

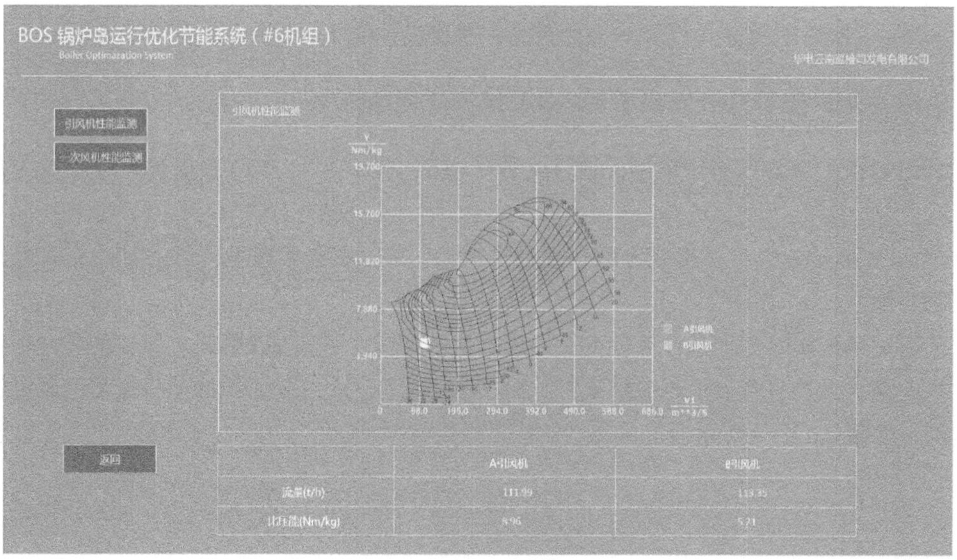

图 8　引风机性能监测画面

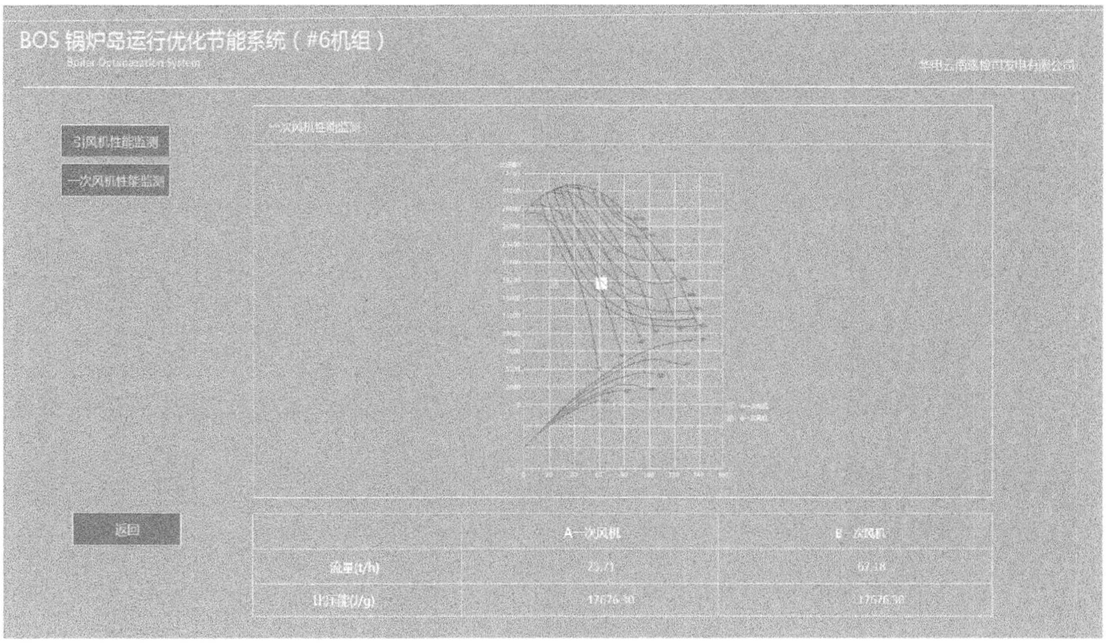

图 9　一次风机性能监测画面

（4）建立了锅炉氧量实时动态分析模型。通过该数学模型，可实时动态对特定负荷、燃烧特定煤种的锅炉氧量进行全局寻优，如图 10 所示。

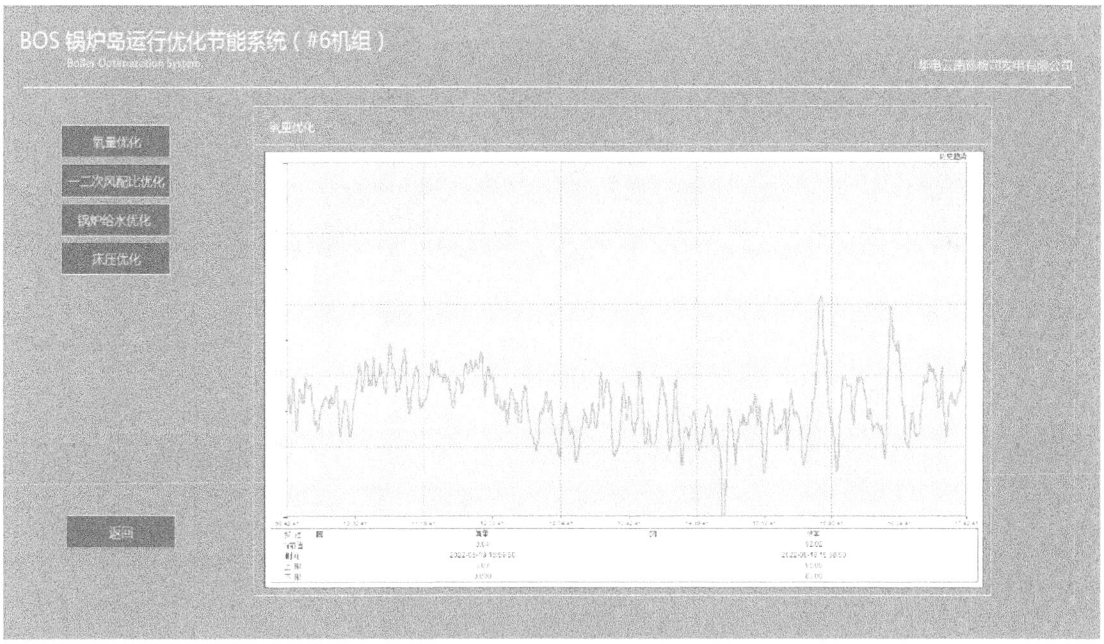

图 10　实时动态氧量优化画面

（5）建立了锅炉一二次风配比实时动态分析模型。通过该数学模型，可实时动态对特定负荷、燃烧特定煤种的 CFB 锅炉一二次风配比进行全局寻优，如图 11 所示。

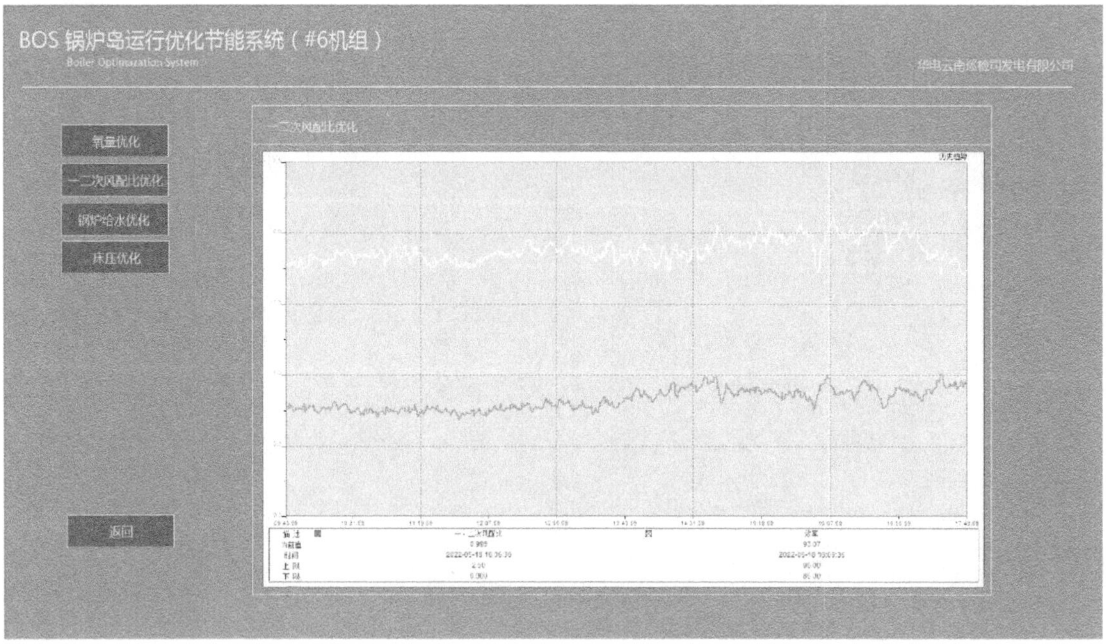

图 11　实时动态一二次风向比优化画面

主要创造人：王　伟

参与创造人：陈建鑫、毕　涛、杨　坚

CFB锅炉水冷壁防磨防爆数据建模分析管理的研究与应用

云南华电巡检司发电有限公司

一、企业简介

云南华电巡检司发电有限公司（以下简称巡检司公司）前身为云南巡检司发电厂，位于云南省红河州弥勒市西南部巡检司镇，距县城87公里。

巡检司发电厂是国家“五五”期间重点建设项目，始建于1976年，燃煤发电机组装机容量为4×25MW。基本建设固定投资9469万元。1976年7月，巡检司发电厂建设工程正式投入基建施工，经历3年多建设，1979年12月6日，首台机组发电，1983年7月，第四台机组建成投产，投产27年共发电146.63亿千瓦·时。2007年5月作为云南省落实“上大压小、节能减排”政策的急先锋，比计划提前6个月实时关停。

巡检司公司成立于2003年9月26日，由华电云南发电有限公司（65%）和云南省电力投资有限公司（35%）共同投资组建，巡检司公司装机容量为2×300MW。采用发货ALSTOM公司先进技术生产的大型循环流化床锅炉机组，属于节能环保扩建项目，2007年11月14日，两台机组全部建成投产。

巡检司公司自投产发电以来，累计实现安全生产5901天，未发生一般及以上安全生产事故和环境事件，累计发电380.74亿千瓦·时，通过电煤灰渣运输、产业园区供热、发电辅助服务、乡村振兴等产业链发展，带动就业岗位千个以上，为地方经济发展发挥了积极作用。

二、研究背景

循环流化床锅炉运行过程中四管运行可靠性是决定锅炉稳定运行的基础，锅炉四管泄漏不仅会直接导致机组停机停炉、引起重大经济损失，同时还会威胁电网安全运行。因此，锅炉防磨防爆管理工作的好坏是保证机组是否稳定运行、工作人员是否安全、电厂整体效益是否良好的重要前提。根据巡检司公司历年机组非计划停运原因及次数统计，四管泄漏引发机组非停占机组非停的62%以上，其中四管泄漏原因中78%占比为水冷壁磨损减薄引发的泄漏事件，而介质冲刷是当前CFB锅炉水冷壁磨损减薄的根本原因，由于循环流化床独特的运行方式，高效燃烧的同时，炉内物料内外循环也会给水冷壁管造成磨损，当水冷壁壁厚磨损减薄不能满足内部工质运行压力，就会发生爆管事件。由此分析当前巡检司公司机组运行可靠性工作重点为锅炉水冷壁管防磨防爆治理。

巡检司公司四管防磨防爆工作，以“预防为主、质量第一”为指针，坚持“趋势分析、超前预防、逢停必查、查修分离”原则，采取“统筹分析、综合判断”的方法，在锅炉停运检修过程中，加强锅炉水冷壁管检查及检修管控工作力度。

水冷壁检查工作按四步走：第一步按照划定责任区域进行认真检查；第二步开展交叉复查；第三步缺陷确认小组进行复查，确认缺陷方式及处理范围；第四步缺陷处理验收小组对四水冷壁换管施工过程监督及验收工作。同时加大水冷壁换管检修范围，提高判废换管标准，对于壁厚超25%原管件水冷壁管进行更换（标准为30%）。针对锅炉内水冷壁管检查检修情况，增设了防磨梁、防磨经纬格栅、防磨喷涂、3D熔敷等防磨措施，锅炉水冷壁管磨损情况得到进一步改善。

在锅炉停机检修过程中，对锅炉水冷壁管壁厚、涨粗等进行网格化检测排查时，由于锅炉水冷壁管数量多，如果按巡检司公司现执行水冷壁管检查工作要求，每 500mm 检测一个数据，仅单台锅炉炉膛水冷壁管检测就超 5 万个检测数据点，难以通过人工分析对比方式，完整、直观、准确判断水冷壁集中磨损区域，分析水冷壁管磨损原因。水冷壁检查结果就无法指导水冷壁换管施工的实施，不能精准对局部磨损区域设置防磨措施，存在水冷壁管磨损异常分析不到位的情况。

三、研究的内容

为了有效地解决问题，巡检司公司建立了锅炉水冷壁防磨防爆数据建模分析管理平台，通过数据采集、处理、分析、预警、呈现、缺陷处置、报表生成、分析以及系统联动等方面，实现对锅炉水冷壁健康状态全面监控和预警。

水冷壁防磨防爆数据建模建设的实施有助于提高锅炉的安全运行水平，降低水冷壁的磨损和爆裂风险。为 #6、7 锅炉运行提供更加可靠和高效的保障。

（一）平台设计与搭建

锅炉水冷壁防磨防爆大数据分析预警平台的设计与搭建需要基于锅炉水冷壁的实际情况和防磨防爆需求，同时结合先进的信息技术和数据分析方法，建立健全一个全方位、一体化的管理平台。平台采用模块化设计，具备良好的可扩展性和适应性，以适应巡检司公司的水冷壁防磨防爆工作实际需求。

（二）数据采集与监控

数据采集与监控是平台的基础核心功能之一。通过对检测的壁厚、涨粗等数据的分析和处理，平台能够实现对异常数据的预警和监控，进一步提高水冷壁运行的安全性。

（1）设备基础数据：包括水冷壁配置的型号、规格、制造厂家、安装日期等基础信息。

（2）设备运行数据：包括水冷壁运行时间、历次检修时间、检修壁厚、涨粗数据等信息。

（3）异常记录数据：包括发现水冷壁磨损、泄漏、异常等情况的时间、位置、原因等历史数据信息。

（4）防磨防爆措施数据：包括采用的防磨防爆措施，如更换管子材料、品牌、工艺等。

（5）事故案例数据：包括发生过的水冷壁磨损、泄漏等事故的案例分析报告和防范措施。

（6）诊断预测模型：利用机器学习算法建立针对水冷壁磨损和泄漏的预测模型，以提前发现潜在问题并预警。

以上信息有利于了解锅炉水冷壁的运行状况，及时发现潜在问题，制定合理的防磨防爆措施，提高锅炉的安全性和可靠性。

（三）3D 可视化分析与预警

根据炉膛水冷壁的实际安装部署结构，对水冷壁管进行标准化命名和网格化编号，结合水冷壁防磨防爆检查过程中获取的数据，形成锅炉水冷壁管防磨防爆数据库。搭设炉膛水冷壁管 3D 电子模型，在水冷壁管 3D 电子模型上直观呈现安全预警信息的分布情况。平台具备预警分析与预防功能，通过对采集到的数据进行分析和处理，建立预测模型，运用系统大数据分析等技术对水冷壁的磨损和爆裂进行预测（图 1）。根据预测结果，平台能够及时提醒管理人员采取相应的预防措施，从而避免或减少水冷壁的磨损和爆裂事故。

锅炉水冷壁防磨防爆数据建模分析管理平台的功能如下。

（1）具备炉膛水冷壁管电子 3D 模型外部视图、内部视图切换功能。

（2）具备炉膛水冷壁管电子 3D 模型放大、缩小、旋转、复位、透视等功能。

（3）具备炉膛水冷壁管电子 3D 模型前、后、左、右、顶部等视图切换功能。

（4）具备锅炉水冷壁防磨防爆数据建模分析管理平台全屏、返回功能。

（5）具备炉膛水冷壁管预警信息分布呈现功能。

（6）具备炉膛水冷壁管位置按编号规则查询显示功能。

（7）具备炉膛水冷壁健康趋势变化曲线呈现功能。

（8）具备炉膛水冷壁检测数据前、后、左、右、顶部分类呈现功能。

（9）具备炉膛水冷壁安全预警信息呈现功能。

（10）具备炉膛水冷壁管进出口集箱呈现功能。

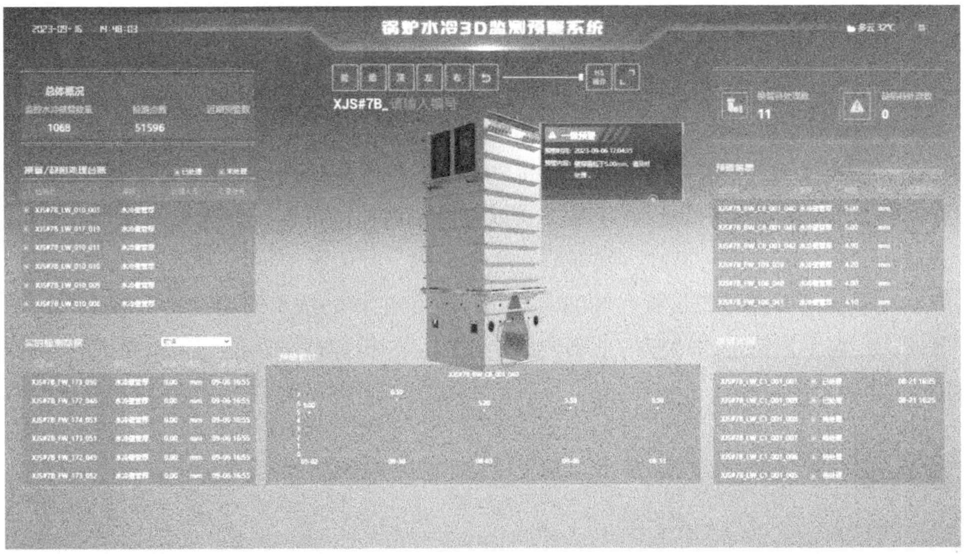

图 1　锅炉水冷 3D 监测预警系统

（四）锅炉水冷壁管模型沙盘的建立

依据锅炉水冷壁防磨防爆大数据分析预警平台形成的水冷壁管壁厚数据显示电子 3D 模型，建立与预警平台电子 3D 模型相统一的比例缩放沙盘模型（图 2），建立的沙盘模型与预警平台电子 3D 模型数据实时同步，能直观显示水冷壁管壁厚信息、壁厚磨损情况预警信息。

图 2　锅炉水冷壁管模型沙盘

（五）磨损监测与记录

平台具备磨损监测与记录功能，通过对水冷壁检测数据的分析，及时发现并记录磨损情况。同时，平台能够对历史磨损数据进行统计和分析，为管理人员提供决策依据，以便更好地制定防磨防爆措施和安排维修计划。

（六）数据采集规范

制定数据采集规范，涵盖以下几个方面的内容。

检测时间：记录检测的日期和时间，以便了解检测时的锅炉状态。

检测位置：标识检测的具体位置，包括炉膛左墙、左延伸墙、右墙、右延伸墙、前墙、前延伸墙、后墙、后延伸墙、顶部等，以便了解水冷壁的具体运行状况。

壁厚大小：测量管道的直径大小，以便了解管道的规格和型号。

测点编号：通过对检测点进行标准化命名及编号后，向平台导入数据可形成对应测点的检测数据历史变化趋势。通过建立锅炉水冷壁检测数据标准化模板，可以更好地对检测数据进行规范和管理，提高检测效率和质量，及时发现潜在问题并采取相应的措施，确保锅炉安全、稳定、经济地运行。

总之，锅炉水冷壁防磨防爆数据建模分析管理平台是一种全新的锅炉安全运行管理工具，它通过一体化、智能化的设计和搭建，实现对锅炉水冷壁的全面监测、预测、分析和预防。通过采用先进的信息技术和数据分析方法，平台能够提高锅炉的安全运行水平，降低水冷壁的磨损和爆裂风险，为企业提供更加可靠和高效的保障。

四、实施效果

锅炉水冷壁防磨防爆数据建模分析管理平台的实施，巡检司公司在锅炉水冷壁管防磨防爆工作取得以下几个方面的成效。

（1）通过三维可视化技术，可以全面直观地浏览锅炉水冷壁检测数据信息，有助于全面掌握锅炉水冷壁运行健康状态。

（2）通过对采集到的数据进行分析和处理，建立预测模型通过锅炉防磨防爆当前运行数据、历史检修及爆管数据，运用系统数据分析等技术对水冷壁的磨损和爆裂进行预测，及时掌握缺陷和事故发生规律，为机组检修提供数据依据。

（3）三维可视化技术可以提高检修前、中、后的全过程管理的效率和精度，使工作人员能更好地理解和使用这些数据，以实现更有效的预防和维护。

（4）通过建设锅炉水冷壁防磨防爆数据库形成的电子3D模型与沙盘模型，对锅炉运行调整及设备维护具有指导意义，通过调阅当前水冷壁管壁厚分布情况及系统分析预警信息，指导锅炉水冷壁检查检修区域重点，能直观显示水冷壁管检查处理重点，避免出现应查未查、应修未修的情况发生。同时对比历史水冷壁壁厚缺陷信息，分析水冷壁管磨损原因及锅炉设备整体状况的差异，指导锅炉运行调整方式，实现锅炉水冷壁管主动防磨工作目标。

（5）锅炉水冷壁防磨防爆数据库形成的电子3D模型与沙盘模型的建立，有利于锅炉专业人员技能方面培训。3D模型与沙盘模型能直观显示锅炉水冷壁管的布置情况，3D模型外部呈现设备布置利于开展锅炉汽水系统方面培训；3D模型内部呈现的水冷壁磨损情况能模拟出锅炉设备运行过程中其内部物料流化分布情况，便于提高锅炉专业工作人员设备运行认识，提升设备运行维护能力。

（6）锅炉水冷壁防磨防爆数据库形成的电子3D模型与沙盘模型的建立也充分弥补了锅炉水冷壁管检查检修台账不全面，水冷壁遗留缺陷未补换，历史记录不清晰等问题。锅炉水冷壁防磨防爆数据建模分析管理平台的建立，在指导锅炉运行调整、锅炉设备运行状况评估等方面有深刻的影响。其中在2023年3月完成锅炉水冷壁防磨防爆数据建模分析管理平台的建立，2023年4月完成历史水冷壁管检查数据导入工作，2023年5月，系统预警信息发出 7 炉部分水冷壁管（标高 16.6 米 ~19.9 米；35 米 ~ 44 米）存在磨损减薄超标情况，壁厚减薄告警。2023 年 7 月，#7 锅炉停运，并对其水冷壁管开展检查工作，汇总检查结果后发现现场磨损严重区域与搭设锅炉水冷壁防磨防爆数据建模分析管理平台发出预警信息无差异，部分水冷壁管磨损情况与告警信息基本一致。通过数据收集分析，对系统预测水冷壁磨损情况进行预测，通过预测结果对水冷壁运行情况进行预警，利于管理操作人员制定检修计划及防范措施。

通过直观对比水冷壁磨损情况，分析水冷壁管磨损重点区域，在机组停运期间对磨损重点区域开展重点检查、重点处理，根据现场测量数据收集汇总形成的锅炉设备运行模型，也有利于专业技术业务培训，指导优化设备运行调整，提升运行操作人员业务技能与理论知识。其中 2023 年组织新进员工及锅炉专业工作人员 3D 模型与沙盘模型专业技能培训共计 42 人 / 次，各专业各工作人员专业技术能力明显得到提高。

锅炉水冷壁防磨防爆数据建模分析管理平台的建立，对巡检司锅炉水冷壁管防磨防爆工作发挥着推动及指导作用，自分析管理平台建立起，巡检司公司 2023 年未发生因水冷壁管检查或处理不到位导致的水冷壁泄漏事件，锅炉设备持续高负荷运行 8000 小时以上。

主要创造人：张勇华

参与创造人：陈建鑫、连明泉、毕　涛

供电企业以满足客户需求为中心的精细化服务管理

内蒙古电力（集团）有限责任公司巴彦淖尔供电分公司

内蒙古电力（集团）有限责任公司巴彦淖尔供电分公司（以下简称巴彦淖尔供电公司）客户服务中心紧紧围绕国家优化用电营商环境工作部署，积极落实内蒙古电力（集团）有限责任公司（以下简称集团公司）指导思想、打造线上线下一体化的重要客户经理组织机构，依托数字化手段实现用电报装全流程线上服务、更新测绘工具及审批平台，进一步优化接入系统方案，加强与政务服务局的深度融合等多项创新服务举措，并在多部门的协同机制、三级审查机制、标准化作业机制、客户回访机制等同步并举中实现了精细化用电报装服务管理，为电力客户提供了多样化、个性化服务，构建了适应社会形势和客户需求的新型精细化用电报装服务管理体系，进一步提高了客户“获得电力”体验感。

经过一年多的实践，累计收获社会各界及集团公司表扬 267 次，收到政府感谢信、表扬信 9 份，客户电力获得感和满意度得到逐年提升。巴彦淖尔供电公司成功跻身 2022 年集团公司优化用电营商环境劳动竞赛前三位，客户服务中心也获得了集团公司优化用电营商环境劳动竞赛第一名的好成绩。

一、背景

（一）优化用电营商环境的客观要求

集团公司 2023 年提出“1469”中长期战略目标,指出企业的最高目标是争创世界一流现代化能源服务企业；党领导下的国有企业存在与发展的根本目的在于做强做优做大国有企业，以国有资本服务人民、服务国家。从供电服务的角度来说，内蒙古电网是国有企业也是人民的企业，必须服务社会民生，发挥保障民生的重要作用；必须创新服务举措，构建新型服务体系，为电力客户提供多样化、个性化服务，办让人民满意的电力。优化用电营商环境，助推地方经济发展，履行社会责任，实现合作共赢是供电企业的根本责任。

（二）促进企业高质量发展的必然选择

通过近几年自治区优化营商环境测评数据来看，巴彦淖尔供电公司电力营商环境排名有了一定的提高，但是供电服务仍存在很多不足。例如，协同联动机制不够顺畅、配套电网施工与客户受电工程施工工序不能有效衔接；服务区域较大造成客户往返营业厅不便，客户体验不佳；工作票处理中存在细节漏洞；对客户诉求未能做到实时动态响应等直接导致供电服务滞后，也影响了电力营销工作。

优化用电营商环境对服务地方经济发展作用重大，而良好的用电营商环境是企业高质量发展的必经之路，业扩报装管理作为服务电力客户的首要环节有极为重要的作用，为此巴彦淖尔供电公司客户服务中心创新服务理念，优化服务手段，完善服务体系，实现以满足客户需求为中心的精细化用电报装服务管理目标，用优质服务这块“敲门砖”来体现企业文化品牌，创造服务价值，提高电力服务水平。

二、主要做法

（一）确立指导思想，明确目标和基本原则

电能作为商品，公益性、公用性属性的内涵和范围逐渐缩小，其功能和性质已由传统定位，演变为具有竞争属性的业务，优化用电营商环境已经成为电力企业新的竞争力。由此，巴彦淖尔供电公司客户服务中心秉持“人民电业为人民”的企业宗旨，坚持“以客户为中心，以市场为导向”的指导思想，严格落实优化用电营商环境的各项工作要求，通过创新工作方法，从业扩报装管理入手，不断提高服务水平，持续优化管理模式。

（二）加强组织架构，健全管理体系

巴彦淖尔供电公司客户服务中心着力打造线上线下一体化、便捷贴心、增值高效、智慧互动、灵活主动、开放共享的重要客户经理服务新模式。强化客户关系管理，实现客户服务前端融合，线上线下需求集中对接，客户需求快速响应。实现一线服务团队既懂技术又懂客户，持续提升“获得电力”服务能力，确保营销 MIS、配套电网工程、客户受电工程有序衔接。重要客户经理负责收集资料、管控营销 MIS 流程，配套电网项目经理负责物料准备、破路、破绿行政审批及现场施工，客户受电工程项目经理负责对客户受电工程技术指导、进度跟踪。重要客户经理主动添加客户微信，一对一为客户提供专项服务，实现无界受理的同时遇到问题也能第一时间进行有效对接，客户也可以随时随地掌握办电进度，后续手续均可通过线上渠道进行办理，实现办电业务“一次都不跑”。重要客户经理与配套电网设计中标单位进行联合现场勘查，根据现场情况，直接确定供电方案、确定投资分界点，压缩配套电网的建设周期，三方协同联动，及时掌握业务进度，调整服务策略，确保配套电网施工与客户受电工程施工工序有效衔接。2022 年以来的 10 千伏及以下配套电网建设工程均满足客户供电需求及承诺的时限需求，确保配套电网工程早于客户受电工程竣工。

（三）创新服务理念，实现项目储备精细化

1. 及时掌握巴市招商项目实时进展

巴彦淖尔供电公司客户服务中心联合当地发展改革委及政府相关单位将用电报装从项目建设许可阶段提前到了招商引资阶段。在重大项目立项后，第一时间了解客户潜在用电需求，协助客户加快办电进程。成功搭建全市用电办理“直通车”，打通了与行政审批系统的联络，实现了用电报装、电力接入和行政审批手续的同步办理。政务服务、政务工改系统与电力公司营销系统深度融合，建立重大项目合作机制，协同政府部门将电网规划布点提前纳入城市空间整体规划，确保用户在办电环节快速用电。

2. 推出“零上门”“零证办电”多元化服务举措

落实“数字蒙电”战略，真正实现高压客户“零上门”。将客户经理联系方式及工作微信通过不同渠道进行公示，客户可通过添加客户经理服务微信，或拨打服务热线，进行办电用电咨询，保证客户足不出户即可办理报装用电手续。依托大数据共享，实现高压客户“零证办电”，客户使用蒙速办或微信小程序刷脸查询电子证照，点击查询即可获取用电主体有效身份证明，客户经理下载电子版存档后直接安排现场勘查，客户无须带任何资料即可办理报装用电手续（图 1）。同时，巴彦淖尔供电公司客户服务中心积极对接政务服务局打通了发展和改革委员会与市场监督管理局系统的联络，并与政务服务局共同打通政务工改系统，利用“工程建设项目审批管理平台”实现了用电报装和项目审批手续的同步办理。

图 1　零证办电操作流程图

3. 政企深度融合，开创“一网通办”“一站式”新模式

联合当地政府部门开创“一网通办”办电事宜。搭建优化用电营商环境桥梁，依托全流程一体化在线政务服务平台和线下办事窗口，整合公共资源数据，加强业务协同办理，优化政务服务流程，推动群众和企业办事线上一个总门户、一次登录、全网通办，线下只进一次门、最多跑一次。在政务中心开设服务专舱，深度融入政务服务，客户只要在不动产部门办理房屋产权过户后，政务服务平台统一推送信息，客户服务中心第一时间就能获取相关信息，在与客户进行核对后，即可完成电力信息的变更以及延伸服务的办理，实现自治区首家房地产交易水电暖气过户“一窗通办”,把客户“来回跑”转变为“一次妥”(图 2)。随着政电平台数据的全面贯通，所有单位和个人凡在政务服务环节同步提交电力需求，即可获取政务服务和电力的“一站式”解决，客户服务中心在公司的大力支持下，与政务部门已建立了一套紧密的政企协同合作机制，将解决民生问题放在首要位置。

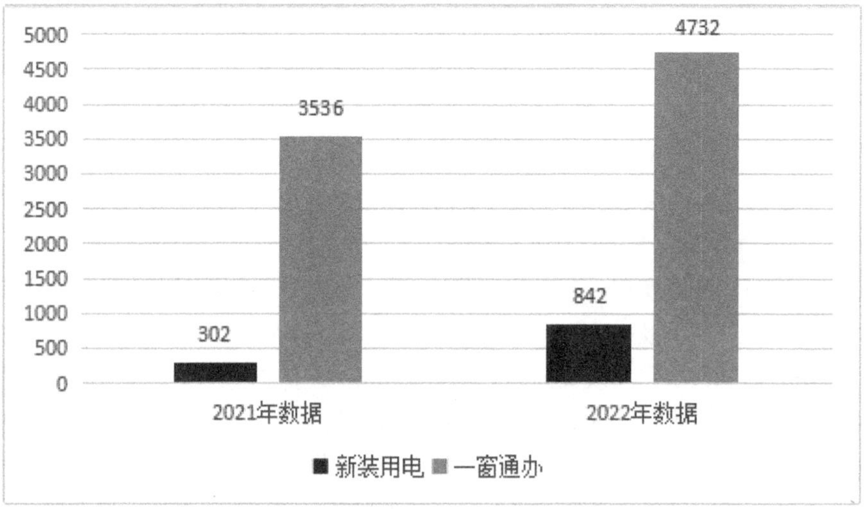

图 2　政务服务平台业务办理数据

（四）优化服务手段，实现办电方式精细化

1. 开通多种线上报装渠道

数字化转型是各行各业进入数据时代的必由之路，是在企业的决策层、管理层和执行层都迫切需要的情况下应运而生的。电力企业数字化是大势所趋，是企业提升在数字化时代竞争力的必然要求。以客户为中心、通

过数字化技术推动自身业务重塑和企业的转型是提高服务质效的有效途径。通过数字化产品升级，开通政务一体化平台、95598 网站、蒙速办、蒙电 e 家、内蒙古电力公司公众号等线上办电服务渠道，通过发放宣传册、制作线上办电流程视频等宣传形式引导客户通过线上平台进行办电申请。2022 年，全年累计受理各类客户线上报装共 27213 户。

2. 建立多部门协同机制，提高办电效率

疫情期间“云办理”，供电服务不打烊。2022 年以来，疫情形势出现零星反弹，临河区及部分旗县出现疫情阶段性管控，电力工作人员有时无法按时到达客户现场。2022 年以来，客户服务中心与多家属地供电分公司探索出了一套云报装、云勘查、云验收的有效流程，通过建立沟通机制、业务转办机制、环节委托机制，工作人员能及时为客户提供线上技术指导，协助客户逐字核实试验报告、调试报告，检查竣工图，通过微信视频的形式提前对客户的工程进行初步核实。克服了疫情期间出行不便等困难，及时响应客户用电需求，提高办电效率。

3. 利用通信技术平台，提高供电方案准确性

在集团公司下发新的投资原则后，对客户服务中心现场勘查工作人员提出了更高的要求，要求准确判别 ABCD 类配套电网工程。工作人员开始寻找新的测绘工具，咨询相关的电力设计单位，选用奥维地图作为新的测绘工具，实现测距、位置标记、面积测绘、轨迹记录等功能，极大提高了供电方案的准确性。

准确获取电源信息。积极协调生产技术部、调度管理处为客户服务中心工作人员开通生产 OMS 报表查询、D5000 调度自动化系统 web 查询权限，可自行查询变电站、线路负荷数据，与营销 MIS 内的采控系统的负荷数据相互印证，可准确判断变电站、线路的负荷变化规律，发掘设备、线路接带能力。结合属地管理单位提供的单线图、线路 GIS 图，可准确判断线路的走向、导线型号等，线路负荷信息，可准确判断线路的接带能力，最大限度地满足客户的用电需求。

（五）提供增值服务，实现过程管控精细化

1. 精准落地电费纾困政策，助力企业健康发展

巴彦淖尔供电公司积极落实内蒙古自治区发展改革委《关于阶段性降低小微企业和个体工商户用电成本》的政策要求，自 2022 年 6 月 1 日起至 12 月 31 日，对电压等级不满 1 千伏的代理购电工商业用户，统一按到户电价的 95% 结算电费，将抗击疫情、支持企业发展政策红利落实到电力用户。重点加强对降价范围内客户的政策宣传讲解，严格开展抄表算费工作，以优质的服务让广大工商业客户及时享受到了此项政策红利。在巴彦淖尔市金麦提升科技有限公司销售旺季时，该企业一个月的用电量在 6 万 ~7 万千瓦·时，享受了电费 95 折优惠后，为该企业年节省电费共计 2 万元，促进了企业在疫情困难时期的正常生产经营。

2. 注重根源管控，施行供电方案三级审查制度

对涉及营业管理的关键点，如主要设备选型、执行电价、功率因数、计量装置配置等内容进行重点审核，确保供电方案安全、可靠、经济、合理。建立业扩工作票归档集体审查制度，所有业扩工作票在归档前由起票人提出归档申请，中心技术室组织人员对纸质资料、工作票全流程进行集体审查，对于发现的问题记录在《业扩工作票归档审查单》中，全部整改后归档，有效提升业扩报装工作质量。按月度对业扩报装专业各环节、全流程进行检查，对于发现的业务差错进行绩效考核，出具检查报告，提出整改意见，下月检查时回头看，形成闭环管理。

3. 施行标准化作业，降低现场作业风险

为提高现场作业的规范性、安全性，客户服务中心研究制定《客户服务中心现场作业指导卡、安全管控卡》，作业指导卡对报装专业的现场标准化流程进行了进一步明确，做到作业流程标准化、制度化，易操作易上手，安全管控卡对现场作业的各班组、部门的安全职责进行了进一步明确，堵塞防范了报装现场工作的安全漏洞，降低了现场作业安全风险。

三、供电企业以满足客户需求为中心的精细化服务管理成效

（一）主动强服务，实现电力最先行

通过提前介入、主动服务，巴彦淖尔供电公司树立了服务人民群众的良好形象。帮助客户优化了用电方案，提供了更加优质的电力服务，降低了客户的能源使用成本，支持客户实现可持续发展，进而促进电力行业健康发展。在受理巴彦淖尔市重点项目内蒙古东立光伏电子科技公司的过程中，客户服务中心工作人员主动进驻项目现场，多次为客户提供技术指导，全面协调供电公司服务资源，将各单位工作进度精确到天，投产后实现年产多晶硅 4.8 万吨，实现销售额 200 亿元，创造利税达 8 亿元，解决当地就业 1000 多人。

推动政府出台《巴彦淖尔市全面优化电力营商环境行动方案》，贯通市政公用基础设施"一站式"服务模式，5583 户享受房产与电力同步过户，累计收获社会各界及集团公司表扬 267 次，收到政府感谢信、表扬信 9 份，客户电力获得感和满意度得到逐年提升。以巴彦淖尔供电公司的服务故事为蓝本的优化营商环境的报道在《人民日报》《内蒙古电力报》《巴彦淖尔日报》等媒体刊发，充分彰显了巴彦淖尔供电公司服务人民群众、服务地区经济发展，主动承担社会责任的担当和使命。

通过与政府相关部门沟通，2022 年实行配套电网工程的占掘路许可、破路许可实现"一窗办理、并联审批"，部分工程实现承诺备案制。2022 年以来，10 千伏及以上高压客户办电环节由 6 个压缩至 3 个，办电时间由原来的 22 个工作日压减至 14.5 个工作日以内。

（二）过程全管控，提升客户办电新体验

在精细化用电报装服务管理过程中，构建了重要客户经理服务新模式，优化了配套电网项目管理和投产程序，推动政府出台涉电免审或备案制具体举措等，客户办电全面提速提效。

一是通过对城镇建设区划红线内的高压客户延伸电网投资界面至企业用户红线，实现外线工程 100% 投资，业扩 5 项时限达标率均为 100%；二是通过推行 3.0 版"三零、三省"服务，2.17 万户享受零投资办电，精准落地 9.5 折电费纾困政策，释放市场主体接电、用电成本 1.04 亿元；三是通过深化供电网格服务模式，建成网格区域 2110 个，系列宣传 200 余条，张贴"便民网格贴"28 万份，覆盖面达到 114 万户；四是通过建立"巴电云格"多维度响应渠道，客户投诉量下降 53%，客户诉求"三率"均达 100%；五是通过延伸服务界面，完成党的二十大、冬奥会等 13 项专属用电保障服务，为 1.16 万户上门开展"问诊把脉"服务，整治安全问题 179 处，客户侧跳闸下降 13.48%。

（三）精细化服务能力提升，具有重要的借鉴意义

在用电报装服务管理实施过程中，巴彦淖尔供电公司成功跻身 2022 年集团公司优化用电营商环境劳动竞赛前三位次，客户服务中心也获得了蒙西电网同一维度优化用电营商环境劳动竞赛第一名的好成绩。在自治区优化营商环境测评中，巴彦淖尔市"获得电力"一级指标由第九名提升至第六名，有了较大跨度的提升。

优化用电营商环境关乎经济的高质量发展、关乎人民群众的安居乐业，供电企业作为党领导下的国有企业，推动电力营商环境走向纵深发展，责任重大、义不容辞，优化用电营商环境只有起点，没有终点。在当前优化用电营商环境要求不断提高的形势下，巴彦淖尔供电公司全员、全方位、全流程的以满足客户需求为中心的精细化用电报装服务管理是提高获得电力水平的必由之路，以上举措已经在巴彦淖尔各供电分公司推广实施，客户服务中心已经成为优化用电营商环境的排头兵。

主要创造人：徐　恒

参与创造人：屈　鹏、张环宇

基于“乔氏五问”的设备维护管理提升方法与实践

中煤哈密发电有限公司

中煤哈密发电有限公司（以下简称中煤哈密发电）位于新疆哈密市以南70公里的荒漠戈壁腹地，这里曾是“天上不飞鸟、地上不长草、风吹沙石跑”的景象，伴随着国家“疆电外送”战略的实施，2012年7月，中煤哈密发电应运而生。一个平均年龄32岁的年轻团队，扎根边疆、艰苦奋斗，动态投资49亿元，建设了一座大型绿色环保的2×660MW火力坑口发电厂，发出了“疆电外送”战略的第一度电。

多年来，中煤哈密发电始终坚守推动新疆优势资源就地转化的初心，牢记“疆电外送”战略目标的使命，以高度的政治站位和强烈的责任担当，坚持把能源保供作为首要任务，为推进国家重大战略贡献央企力量。项目被确定为国家首批煤电联营试点示范性工程，先后荣获2016—2017年度电力行业优质工程奖和国家优质工程奖、全国青年安全生产示范岗、电力安全生产标准化一级工程建设项目、“开发建设新疆奖状”“2016—2020年自治区依法治理创建活动先进单位”、自治区“模范职工之家”、自治区产业工人队伍建设改革“最佳实践单位”等一系列荣誉。

两台机组投产以来，累计完成发电量497亿千瓦·时，上网电量465亿千瓦·时，累计实现利税10.95亿元，累计实现安全生产3235天。2023年预计完成发电量64.35亿千瓦·时、上网电量60.42亿千瓦·时，预计实现利税64184万元，当年发电设备利用小时4875小时。近年来，机组能耗指标持续下降，保持了历史较好水平，在全国62台同类型机组大指标竞赛中，机组能耗综合排名1号机组第7名，2号机组第14名，发电水耗指标位列全国第2名。

设备运行稳定性是一个工业企业的生命线，也是企业效益的源泉。高水平的设备维护对一个企业至关重要。高质量设备检修维护的关键在于提高员工水平、并将员工有限精力发挥在刀刃上。中煤哈密发电公司设备维护部在设备维护过程中，总结出基于“乔氏五问”设备维护管理的提升方法，在实践中形成了行之有效的管理经验。

一、“乔氏五问”的提出与应用

如何把员工的精力用在刀刃上，而不产生无谓的浪费，对设备检修维护来说，特别重要与关键。举例：大风把升压站大门给刮倒了，检修人员把它扶正焊接，设备缺陷得到消除，问题似乎得到了解决。但第二年，大风又一次把大门刮倒了，那么对员工来说就是一次精力的浪费和损失。厂区的地埋管道，由于腐蚀经常性被动式开挖漏点处理，也是一种损失浪费。一个班组根据自身人员能力与数量，只有能力处理5条缺陷，一天现场产生7条甚至更多缺陷，那么这个班组就会陷入加班加点、疲于奔命的一种状态，这便造成设备维护质量、现场安全管理均得不到保障。

根据维护过程中常见的种种问题，中煤哈密发电公司设备管理部提出了“乔氏五问”过关法。要求各专业、班组，对现场设备所有缺陷、问题、苗头、疑点，首先经受“乔氏五问”的过关拷问，只要有一个问题没有过关，说明该问题没有得到彻底解决，需要继续分析处理。

乔氏五问：“①设备问题的原因是什么？②在其他相同设备或系统上有没有同样的问题？③在接下来一个正常检修周期内，会不会出现同样的问题？④出现问题，是什么样的后果？⑤如何防范（技术上、管理上）？”

在每个班组布置看板，无法过关的问题，根据第4问筛查出一二类设备问题（容易引起降负荷、机组非停），及时更新在看板上，放在班组员工面前，时刻提醒大家，并根据处理进展实时更新。此外，部门设置腾讯共享文档，所有不过关问题，在共享文档中及时更新。部门主任定期对看板进行检查，每个周末对本周问题进行梳理，查缺补漏。

“乔氏五问”过关法起到的作用和产生的效果如下。

（1）大幅减少了现场缺陷。三年来，将设备维护部年度缺陷数量由2020年的4651条降低至2023年的3400条以内，减少了25%以上，各班组在“乔氏五问”应用实践中积累了大量的消缺心得，也让班组有更多的精力思考策划预防性工作，化被动为主动。

（2）全面系统筛查出现场疑难杂症。利用第3问“在接下来一个正常检修周期内，会不会出现同样的问题”，对暂时没有根治办法的设备问题进行了筛选标定。

（3）实际工作中，部门、专业在纷繁复杂的工作中有时候无法把握工作的重点、核心。现场检修、技术方案编制审批、技术改造、设备台账、外出调研、培训学习、党建工作、工会工作、物资提报、领用、立项、评标、外委入厂把关、隐患排查整改、各种会议等，哪个都重要，哪个都得干，哪个都得参加，有时候感觉像牵线木偶一样忙得晕头转向。如何在忙碌的工作局面中真正抓住核心、抓住关键，是设备维护部门管理的重大命题。利用上板机制，标注了现场设备告诉我们的重要、关键问题，有助于我们将注意力集中到核心问题上来。

二、梳理疑难杂症，总结解题方法

通过“乔氏五问”的筛查，将现场疑难杂症进行梳理。公司每年组织“高技能人才技术攻关申报项目”“党员红色攻关策划”，将难题与奖励、荣誉挂钩，进行难题攻关，总结出行之有效的解题思路和方法。

（1）摸清设备规律、表现特征，召开专业专题会讨论，在保障安全前提下，不断调整、改进治理方法。

（2）深入研究原厂家技术资料，咨询厂家技术人员，钻研同类型设备技术资料。

（3）调研同类型电厂，相互交流学习，取长补短，优化改进。

（4）上中国知网、万方数据库进行相关难题论文的穷尽研究，寻找解决问题的突破口。

（5）咨询、求助电科院、热工院等，借助专业机构力量解决问题。

（6）科技是第一生产力。加强科技攻关，多出技术成果，解决工作中的难题。

现场疑难杂症是长期困扰维护人员的重要原因，因问题不能得到解决，设备稳定性需要人员不断重复性劳动去挽救、弥补，极大耗费维护人员精力。梳理现场存在的各类未解决的难题，罗列问题清单，标注重大隐患，锲而不舍，持续发力，极大地提高了设备质量水平。

三、重视设备劣化分析，把握设备运行规律

每年部门至少组织3次召开设备劣化分析会。会议之前需要各专业前置召开缺陷分析会、设备劣化分析会作为铺垫，专业会议也可根据现场实际，必要时增加次数。设备劣化分析会目标：结合缺陷情况、年度检修设备解体情况、各班组日常巡检对设备状态的评估把握、设备检修周期规定、来煤来水变化、发电形势变化，逐一、不留死角深入开展设备状态分析，判断设备运行状况趋势走向，制定应对措施。

设备劣化分析是下一年机组等级检修项目策划、公用系统滚动检修策划、下一年部门专业工作总体策划、年度物资提报的重要依据。该会一定要进行设备全面、所有部分、不留死角分析。部门曾忽略了对地下管网的分析，导致发生一起闭式膨胀节水抱箍崩裂事件，教训十分深刻，也由于该项措施的落实，极大提高了各专业对设备的认知水平。

四、“五对标”隐患排查

区域月度隐患排查、节前隐患排查已成为发电企业常规动作，一般由公司领导带队，专业骨干参与，进行现

场设备巡查、提出问题。但随着时间推移，受制于巡查人员的水平、长期月复一月的固定动作，能够发现的深层次问题越来越少，发现的问题也大都是表象性问题。因此，部门提出深度隐患排查的要求与方法——五对标法。

（1）与同类型优秀机组“热工逻辑”“设计图纸”相互比对，发现差异并分析差异原因。

（2）对照专业标准、规范、反措等，检查现场设备安装、选型是否符合要求。

（3）根据设备说明书，检查设备安装、使用是否与厂家要求一致。

（4）同类型优秀机组“设备选型对标”，找出异同并分析原因。

（5）事故案例暴露问题对标。根据实践经验来看，生产现场发生的设备事故，总是能在其他电厂事故中看到影子。对事故案例穷尽搜索，把所有能收集到的事故案例进行分门别类学习，查看现场是否存在同样的问题。通过事故暴露出的隐患，举一反三排查纠正现场埋藏的隐患。

通过以上五条工作方法，深度发现依靠专业水平无法发现的问题，极大夯实设备本质安全水平，防止机组、设备发生“黑天鹅”事件。

五、优化和改进设备性能，提高工作效率

1. 设备优化改造，大幅减轻人员劳动量

近些年，公司进行了大量设备优化改造工作，极大减少了现场工作量。如将现场的金卤灯更换为 LED 灯具，并优化减少数量，平均每个灯具维修周期由 1 年提升为 5—6 年。对等离子控制室、空压机房、辅冷变频室、循泵房等热源进行外引，大幅降低了运行夏季设备环境温度，减轻了维护人员迎峰度夏压力。对公司地磅进行无人值守改造，释放了 5 名值守人员。对锅炉升降平台进行改造，使其能够提升至屏过第一个夹屏管处，提升高度增加 7 米，减少脚手架搭拆时间 6 天，极大缓解了 C 修工期紧张问题。对锅炉省煤器出口烟道碳化硅、耐磨胶泥防磨处理，使易磨损区域挖补工作量大幅降低。通过采用性能优良的弯头，脱硫浆液系统、吹灰系统大幅延长了更换周期等。大量的设备优化提升工作，对扭转维护人员工作量大、重复性工作多的局面起着至关重要的作用，也是工作越干越轻松的核心要义所在。

2. 优化运行方式，降低设备老化速度

根据锅炉实际工况，对水冷壁区域吹灰压力进行优化，每年换管量大幅减少。主辅机间冷塔在冬季满足冷却要求前提下，退出 2–4 组运行，既满足冷却要求，又降低冻坏、漏水维护成本。磨煤机石子煤量大时采取空甩、投风、再空甩方式减少检修人员进入磨内部清理积沙的工作量等。

3. 加强智慧化项目建设，提高工作效率

近些年，集团公司对科技研发、智慧电厂建设推动力度明显加强。部门利用该有利时机，结合现场痛点，部门策划了 15 项智慧化建设项目，有助于在提升效率、降低工作强度方面取得突破性进展。

策划输煤巡检机器人，有助于解决 1 号皮带（2km）巡检体力强度大的问题；策划输煤冲洗机器人、输煤桥架自动吹扫、充电机器人，减少工人清理积粉劳动量；打焦机器人可以解决锅炉冷灰斗打焦体力劳动力大、风险大的问题；间冷、辅冷为了提高冷端换热效率，每年 6—8 月需要安排 4 人，对换热面进行轮回冲洗，受制设备问题，冲洗也不能彻底，冲洗机器人的开发，有利于降低人工冲洗风险，提高冲洗频次，提高换热效率，大幅释放劳动力；磨煤机石子煤斗叉运机器人、尿素车间转运、卸料机器人等，均有很大的开发价值。随着各类机器人的有效落地，将大大减少人员的劳动力，为公司进一步减少维护人员奠定良好基础。

中煤哈密发电公司设备维护部把提高效率、释放员工精力作为出发点，作出一系列的安排与部署，经过 3 年的实践与努力，取得了明显成效。设备稳定性逐年提升，员工工作量大幅降低，职工队伍稳定，幸福指数显著提高。

主要创造人：乔世强

基于设备系列化的长协和集采在降本增效中的良好实践

海洋石油工程股份有限公司

一、简介

根据集团公司统一部署，按照公司 7/2/1 的供应链管理目标，积极推动公司品类管理战略落地，大力推进系列化长协和集采进而实现降本增效的要求，设计院机械部持续推进高效能供应链建设，积极推进设备长协和集中采办工作，正在推动和已经完成了 23 类设备的系列化及后续的长协和集中采办。

在推进基于设备系列化的长协和集采的过程中，机械设计部充分发挥设计引领作用，以降本增效为目标，以满足标准和功能需求为基本准则，以设备系列化、材料等级优化、关键参数优化、成橇模式优化、技术要求精准化和备品备件合理化 6 个方面为切入点，对技术细节进行深耕细挖，完成了技术招标文件的升级重构，增强了招标文件的专属性和准确性，从而大幅度降低了设备采办成本，缩短了采办周期，提升了采办效率。据估算，已开展的 14 个长协采办包中完成和预计节约采办成本 20% 以上。

二、背景

常规油气平台的设计属于定制化设计，不同平台之间的工艺参数差异较大，导致对设备规格和参数要求千差万别。平台上设备种类和规格的多元化导致设备采办频率高、规格多而单次采办数量少，机械专业作为平台设备的采办大户，造成机械专业在设备采办方面投入大量的精力且设备单价偏高。为此公司逐步开展平台的标准化工作，降低设计工作量，为匹配适应公司标准化策略，对设备规格进行系列化。基于系列化而实现长协和集中采办，实现订单制和集中采办，减少采办频次和规格，提高采办量，从本质上实现降本增效的目的。

三、具体做法

1. 设备规格系列化降低设计周期和采办费用

由于平台规模、环境、物流等参数不同，导致设备参数的多样化。在以往的项目中，均需要采购定制化的设备来匹配项目需求。由于厂家的常规产品与项目需求存在不同程度的偏差，厂家需调整设计来匹配需求，这大幅度增加了设备的设计和制造成本。在长协设备推进过程中，机械部首要切入点就是考虑设备规格的系列化，以减少规格，采用市场标准产品的方式达到降本增效的目的。

以暖通设备风机为例，经统计，以往项目采办过的风机，轴流风机有 108 种规格，离心风机有 133 种规格，防爆离心风机有 131 种规格。在推进长协的过程中，经过梳理统计，并对数据进行多维度分析，对流量、风压等关键参数进行科学归档划分，最终成功将轴流风机规格简化为 40 档，离心风机规格简化为 21 档，防爆离心风机规格简化为 25 档，且简化后的规格采用了厂家的标准产品，大幅度降低了厂家的设计和生产成本，同时也降低了对备件种类的要求。

2. 材料优化降低设备价格和缩短供货周期

历史经验表明，决定设备采办成本的另一直接因素是材料，材料等级的高低直接决定了设备的价格。在推行长协的过程中，机械部组织技术人员针对不同类型的设备，逐项分析设备各个部件的功能和材质的匹配性，对于选用高配置材料的部件的必要性进行重新评估，挤掉设备材料设置中的“水分”，力求达到“只买对的，不买贵的”的目标。经过评估和调研交流，部分设备的部件材料实现了等效替换，材料的价格大幅度降低，供货期缩短，实现了降本增效。

以台风发电机橇为例，以往的标准设计中橇块罩壳材料采用 SS316L 材质。经过分析发现，罩壳的功能跟房间的墙皮类似，采用 SS316L 不锈钢材质过于高端，属于过度设计，且不锈钢加工焊接难度大，大幅度增加了设备成本。经过评估后，在长协文件中将台风发电机罩壳材质替换为碳钢加海洋防腐涂层，仅此一项优化就降低设备采办成本 20% 以上。

在推进次氯酸钠发生器长协采办过程中，研究发现橇内部分管线及阀门采用了铜镍合金材质，铜镍合金属于贵重金属而言，其成本和制造难度大，加工工期长，往往是制约设备成本和供货期的关键因素。经过研究发现该部分管线阀门压力等级低，且介质为无害的海水，而目前市场上的 CPVC 材质已经完成适用该工况，且使用寿命满足平台需求。经过技术委员会评估确定采用 CPVC 材质替换铜镍合金。该项优化在满足原有功能需求的同时实现了大幅度降低设备采办成本和采办周期。

3. 关键参数优化调整降低设备成本。

一台机械设备参数往往多达数十个，而影响设备价格的往往只是其中的一个或者几个。机械部在推行长协过程中也从设备的关键参数切入，以标准规范为准则，通过分析关键参数调整的可行性方面进行优化，达到降本增效的目的。通过对标准体系的细致研究和解读，对部分设备的关键参数进行了合理化调整，从而实现了降本增效。

以压井泵、往复泵为例，研究发现柱塞的数量、速度和直径对价格的影响较大。对比项目历史数据发现，往复泵柱塞的线速度设计过于保守，远低于 API 规范的上限要求。经过咨询和调研，提高了柱塞泵柱塞的线速度上限，该项优化既能满足规范要求，又降低了柱塞泵的规格和尺寸。

以柴油分油机为例，目前市场主流产品的出口压力低于 3 公斤，而以往项目中多次出现 3.5 公斤的压力需求。为满足压力需求，此厂家只能在橇内增加缓冲罐和增压泵，这不仅增加了设备成本，也增大了设备尺寸。通过分析，采用调整设备布置位置的方式成功将出口压力调整为 2.5 公斤，这就可以采用厂家的标准化产品，单台设备成本节省 5 万余元，从而实现了降本增效。

4. 技术指标精细化消除供货商报价盲区

消除设备报价的盲区是机械部在长协设备优化方面的又一重要切入点。在分析供应商分项报价表过程中，发现供货商设备附件和散料的报价存在盲区，由于技术标书中没有明确一些技术指标和数量，厂家为了保障自身利益，往往在报价时选用了高规格和含较多富余量的物资，导致设备采办价格过高。在编制长协标书时，梳理了模棱两可的技术要求和指标，然后经过数据分析和梳理总结，把这些指标和具体要求进行了细化和明确。最终实现了长协采办文件中所有技术要求的准确客观性，招投标双方均对报价分项能够清晰掌握，消除了供应商在报价方面的盲区，从而一定程度上降低了厂家报价。

以空调设备为例，招标文件中对单套空调制冷剂管线、电缆、冷凝水管线的具体长度进行了明确，同时对空调制冷剂铜管的壁厚进行了分档限定，而不是和以往一样笼统地要求所有铜管一个壁厚，而且对空调室内机的循环风量进行了限定，避免了以往风量选取过大造成厂家设备选型过大的问题。通用以上三项措施就避免了厂家过度报价的问题，因而大幅度降低了设备采办成本。

5. 设备成橇模式优化实现降本增效

设备成橇模式的重构也是机械设备降本增效的一个切入点。机械设备大多是成橇供货，成橇模式对橇内供货和设备成本有很大的影响。推进设备长协时，针对设备的成橇范围和橇内配置开展专题研究。特别是对橇内备用部件的相互关联性进行评估，通过采用橇块合并和优化部件备用关系的措施，降低了橇内设备的配置需求，从而实现了降本增效。

以海水淡化装置为例，按照以往项目常规做法，通常为两个撬块（一用一备），每个撬块内包含一个序列，两个撬块需要包含 2 套化学清洗系统和 2 套膜组（即 100% 的备用模组）。通过分析原成橇模式的必要性，经过评估后本次长协技术文件要求厂家按照两个序列放置到同一撬块上执行，从而节省 1 套化学清洗系统和部分膜组以及橇内管线和底座型钢若干。通过该项优化，单台设备可节省费用数十万元。

6. 备品备件合理化降低设备价格

备品备件是设备报价的重要组成部分，因此对备品备件的合理性优化是实现降本增效的重要切入点。首先梳理了不同类设备备品备件的类别、属性和需求量之间的关系，经过分析发现以往部分备品备件设置不合理，比如，部分备件的保质期低于备件的更换周期，有的备件更换周期较长，在整个设备周期内几乎不需更换。这种情况下备件的数量和必要性就需要调整，要求厂家降低备件数量和报价，从而实现降本目的。

以空调和泵类设备为例，根据备件的属性和更换周期，掌握了实际的需求数量，并在技术标书文件中进行明确。较常规项目相比，滑油油脂、制冷剂、滤芯等损耗品的备件数量平均减少 30% 以上，达到了降本增效的目的。

四、实施成效

截至目前，机械部正在推进和已经完成的长协物资有 23 项。在整个推进设备物资长协过程中，机械设计部充分发挥设计引领作用，对技术细节深耕细挖，以满足标准和功能需求为准则，以设备系列优化、材料等级优化、关键参数优化、成橇模式优化、技术要求精准化和备品备件合理化 6 个方面为切入点，完成对技术招标文件的升级，增强了招标文件的专属性和准确性，使采办文件更加精简、直观和清晰，大幅度降低了设备采办成本，缩短了采办周期，提升了采办效率。据估算，截至目前，在统计的 13 个长协采办包中已完成和预计节约资本 20% 以上，其中仅渤海集 5 个项目（渤中 19–4，渤中 26–3，旅大 29–1，岸电项目，秦皇岛 32–6 扩容）开展的化学注入橇、往复泵、散泵、风机、空调、冷库、电加热器 7 个采办包的集中采办就节省了成本 753 万余元。

在实现降本增效的同时，机械部还以品类化 / 长协采办为契机，推进“品类专家”建设和培养，力求人人都是专家，人人争当专家，初步实现了一人一设备，人人是专家，形成了系列化、层次化的人才队伍。

主要创造人：辛　顺

参与创造人：高　鹏、马邦勇

提高输变电工程造价精准率的管理实践

内蒙古电力（集团）有限责任公司
内蒙古电力经济技术研究院分公司

一、企业概况

1. 企业简介

内蒙古电力（集团）有限责任公司内蒙古电力经济技术研究院分公司（以下简称内蒙古电力经研院）自2015年6月成立以来，始终坚守国企之本，坚持质量提升立场，坚定落实我国质量提升的方针政策，书写了深入贯彻落实“四个革命、一个合作”能源安全新战略的一段佳话。

2. 企业质量管理理念与战略

内蒙古电力经研院在质量管理活动中突出时代特征和电网特色形成热爱质量交流、重视质量突破的良好局面，为实现“一流经研智库”目标擘绘新篇章，全面服务内蒙古电力公司1469战略建设发展，以接续不断的质量管理创新和发展助力内蒙古电力公司建设生态优先、绿色发展为导向的世界一流现代化能源服务企业，为中国质量管理事业贡献内蒙古力量。

3. 企业质量管理事业建设与发展

近年来，内蒙古电力经研院以党的二十大精神为指导，深入学习贯彻习近平新时代中国特色社会主义思想，自觉践行社会主义核心价值观，高度重视质量管理和质量创新，抢抓质量管理事业发展机遇，持续倡导管理创新、质量安全与诚信管理，持续激发管理创新活力，在全院上下营造了良好的质量提升氛围，持续激励和引导员工运用质量管理工具方法，推动群众性质量管理活动深入开展。2017年至今，先后获得内蒙古电力集团公司级质量管理成果奖项超15项、省级质量奖12项、国家级质量协会质量奖16项，2019年院内质量管理小组荣获“全国优秀质量管理小组”称号，2023年首获国际质量管理金奖1项。

二、案例概况

1. 小组简介

本次申报案例所属小组为内蒙古电力经研院擎技QC小组，小组全员90%具有硕士学历，80%具有中高级职称，是一支勇于挑战、积极向上的团队，曾获得国际质量管理小组会议（ICQCC）金奖、中国质量协会、中国水利电力质量协会、中国电力建设企业协会、内蒙古电力公司和所在单位的QC成果奖项9项，小组积极参与行业、公司、所在单位的标准体系建设与创新管理工作，突破了多项标准空白，形成了注重质量发展、创新管理和人才培养的可持续发展机制。

2. 案例简介

新形势下电力企业面临绿色低碳转型发展的关口和造价精准管控的新任务，造价精准率对企业生产、经营、管理、发展影响均较大，擎技QC小组发现内蒙古电力公司输变电工程造价精准率为81.30%，未达到上级要求的90%，通过查找症结和现场评估将活动目标值设定为91%，确认“造价资料中工程量裕度大”“造价编制规则统一度低”“价格测算时间滞后”三条要因，制定“规范造价材料中工程量裕度”“形成统一的造价编制规则”“缩短价格测算滞后时间”三条对策并合理实施，成功将内蒙古电力公司输变电工程造价精准率提升至92.20%，活动取得了良好的经济效益和社会效益，增强了内蒙古地区各有关单位的造价质量意识、提升了企业的资金使用效率、有效防控了投资风险，全员受益匪浅。

三、案例取得的重大突破

1. 首创通用造价系列成果，弥补电网“三通一标”空白

重大突破一：编制完成《内蒙古电力公司通用造价》（35kV、110kV、220kV、500kV）成果8册，成果历时数月完成，主要框架覆盖：总论、通用造价编制依据及编制内容、公司所辖各地区典型工程参考造价一览、工程典型方案及造价一览、不同电压等级工程通用造价、通用造价使用说明及工程示例。

结合公司“三通一标”的总体要求，汲取国网通用造价编制和应用的成熟、有效经验，考虑内蒙古电网实际创新和实用需求，基于内蒙古电网通用设计，本成果成功分析典型方案适用性，结合八个盟市和九个供电局（电业局）220kV和500kV输变电工程特点，系统化考虑了区域通用造价一般性和特殊性影响因素，该成果具有区域内广泛适用性和参考价值。

《内蒙古电力公司通用造价》成果属内蒙古地区首创，为内蒙古电力公司所辖各单位提供了合理造价、缩小工程裕度等方面的重要指导，弥补了内蒙古电力行业“三通一标”的空白，同时对于工程各项费用取值提供了客观可靠依据，为各基层单位规范造价、合理投资提供了宝贵参考，为公司工程建设管理提供有力决策支撑，推动公司造价精准管控、降低投资风险，如图1所示。

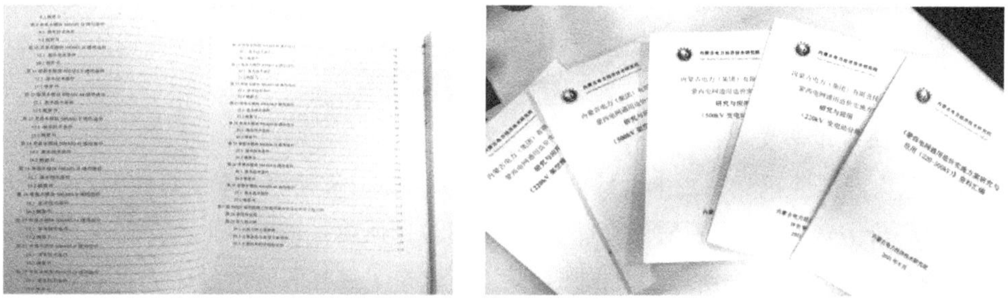

图1　通用造价封面及目录

2. 首创工程造价编制手册，形成成熟的造价编制指导体系

重大突破二：编制完成《内蒙古电力公司输变电工程造价编制手册》。手册框架：总则、编制原则、文件汇编、技经成品文件要求（图2）。手册基于内蒙古电力公司实际，首次提出了从输变电工程造价材料从收集、整理到提交过程需遵循的各项原则，覆盖了各电压等级输变电工程和各主要指导文件，弥补了内蒙古电力公司造价编制规则的空白。手册高效解决了造价编制规则统一度低这一问题，为内蒙古电网各单位提供了科学、可靠、滚动更新的造价编制指导服务。此外，以造价编制手册不断提升造价编制规则统一度，进而提升对造价编制诚信度的监督和管理，为构建区域诚信造价生态做出重要贡献。

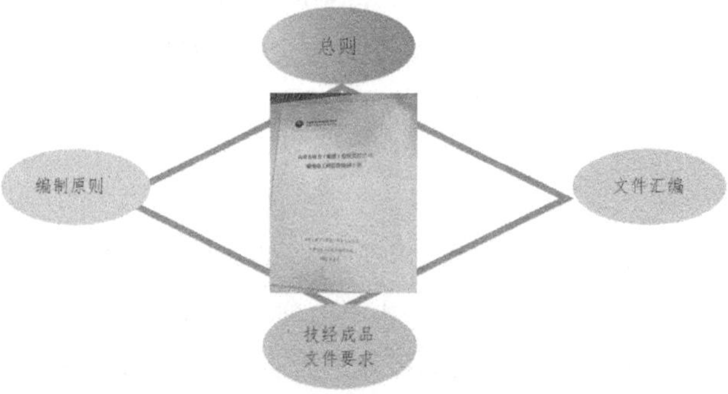

图2　造价编制手册框架图

3. 创新价格测算绩效评分机制，优化造价管理考评机制

案例基于国家人力资源部统一评分标准，并根据实际工作需要进行调整，形成价格测算绩效评分机制作为缩短价格测算滞后时间的业绩考核制度。该评分主要由当期业绩构成。在本措施中，当期业绩主要考查设计单位报送人员在规定期间内的工作结果，即主要以提报资料的时间和质量为考核指标。结构如下：

设计单位报送人员最终考核得分 = 当期业绩考核得分

当期业绩：由上月造价材料价格资料和本月造价材料价格变化资料两类组成，其具体打分由这两项资料报送时间和质量决定。其中上月造价材料价格资料占 70%、本月造价材料价格变化资料占 30%，如图 3 所示。

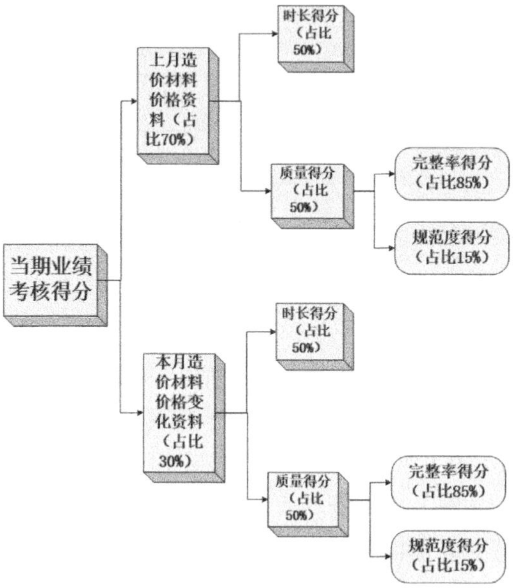

图 3　价格测算绩效评分机制示意图

上述成果深度规范了内蒙古各电力设计单位按照《输变电工程造价材料价格资料报送时限表》和《业绩考核打分卡》进行造价资料报送体系，“两步走”创新形成造价资料申报诚信模型，改善了造价资料报送质效，提升了造价编制效率和质量。由于价格测算时间往往大幅度受价格资料报送时效影响，通过解决造价资料上报质效问题，进一步减少了价格测算时间滞后的情况，进一步优化了国有能源企业工程造价信息报送与价格测算发布质效同步为重大目标的诚信机制。

四、案例取得的巨大效益

1. 经济效益

通过对 2021 年 8 月至 11 月对策实施后，对四个月的 110 项输变电工程造价进行经济效益分析（图 4），得出以下结论。

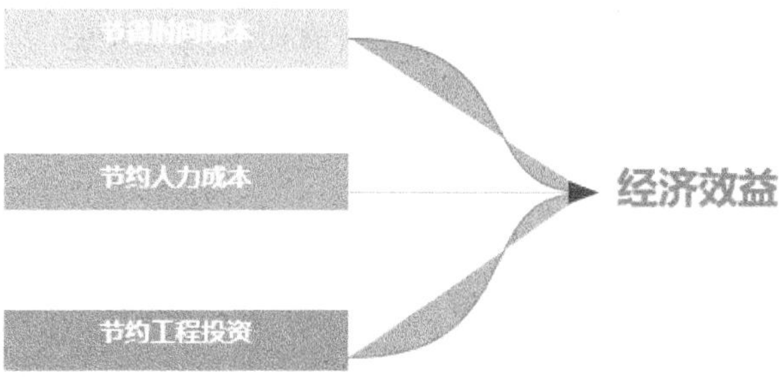

图 4　经济效益示意图

（1）节省时间成本

输变电工程造价精准率计算工作一般由收集资料到测算四个阶段组成。如表1所示，传统工作模式下该系列工作约消耗87天。通过小组编制发布的《输变电工程造价材料价格资料报送时限表》及配套业绩考核打分卡，实现了有效缩短设计单位报送资料时长和材料价格测算滞后时间，并将该系列工作总时长缩短约58.5天。

表1 输变电工程造价工作主要环节时长统计表

编号	工作名称	小组活动前持续天数	小组活动后持续天数
1	设计单位编制工程造价	20	13
2	设计单位修改提交各项资料	12	7
3	经研院收集整理上述资料	3	0.5
4	经研院测算造价材料价格	51	7
5	经研院测算工程造价精准率	1	1
总计		87	28.5

（2）节约人力成本

在小组活动前，由于没有统一的造价编制规则，为得到可靠精准的造价材料价格资料，经研院技经人员分摊公司直属的十余家设计单位等相关单位，多次与各单位各环节人员沟通，反复检查和规范各项报送资料，消耗了大量人力。通过本次小组活动编制发布《内蒙古电力公司通用造价》《内蒙古电力公司输变电工程造价编制手册》等，相关单位履责清晰、提交资料效率和规范程度提高。由表2可知，小组活动后减少外聘人员总计4人，按照每人每天180元补助以及缩短的58.5个工作日进行计算可知：对策有效节约人力成本 = 4 × 180 × 58.5=42120元。

表2 输变电工程造价工作主要环节需用人数统计表

编号	工作名称	案例活动前需用外聘人数	案例活动后需用外聘人数
1	设计单位编制工程造价	2	1
2	设计单位修改提交各项资料	1	1
3	经研院收集整理上述资料	2	1
4	经研院测算造价材料价格	3	2
5	经研院测算工程造价精准率	2	1
总计		10	6

（3）节约工程投资

最大的经济效益是合理节约工程投资，根据表3、表4计算可知。

表3 输变电工程审减投资情况实施前调查表

实施前					
指标	指标时间				
	2020年11月	2020年12月	2021年1月	2021年2月	合计
工程数量（项）	210	249	305	196	960
审减投资金额（万元）	285	301	298	344	1228

表 4　输变电工程审减投资情况实施后调查表

实施后					
指标	指标时间				
	2021 年 8 月	2021 年 9 月	2021 年 10 月	2021 年 11 月	合计
工程数量（项）	123	105	119	101	448
审减投资金额（万元）	292	330	626	445	1693

2021 年 8 月至 11 月，审减投资合计节约 448 × 2.5=1120 万元。

实施前每项工程平均审减投资约 1.3 万元，实施后每项工程平均审减投资约 3.8 万元，实施前后每项工程约节约投资 2.5 万元，即每项工程节约公司资本金占用和银行贷款 2.5 万元。

综上所述，本案例产生经济效益合计约：4.21 万元 +1120 万元 =1124.21 万元

（4）活动成本

案例活动产生的统计试验成本 0.25 万元，调研成本 3.4 万元，案例成果宣贯培训聘请专家费用 0.86 万元，打印成果资料费用 0.6 万元，成本总计 5.11 万元。

（5）经济效益计算

经济效益 = 节省支出 – 活动成本 =1124.21 万元 –5.11 万元 =1119.1 万元。

2. 社会效益

一方面，本次案例实践积极探索提升内蒙古电力公司输变电工程造价精准率，有利于提高电网输变电工程造价精准化管控水平，助力公司更好地服务企业经济、地区经济、国民经济，构建绿色、共赢生态，保障区域电网输变电工程的绿色、健康、可持续发展。

另一方面，案例对策措施极大地减少输变电工程造价浪费，提高了公司工程投资的效率和资金利用率，在一定程度上减少了公司该领域向银行的贷款额度，即减少了社会资源的占用。

综合来看，本次 QC 活动契合了中央财经委员会提出的着力提高能源利用效能的号召，以实际行动探索践行碳达峰、碳中和战略，产生了良好的社会效益，维护了内蒙古电力公司形象，如图 5 所示。

图 5　社会效益示意图

五、案例产生的示范效应与标准实践

头雁效应，带头提质。企业质量管理优秀实践案例的选拔，不仅要求企业没有重大失信行为，更对企业质量管理案例的综合价值、社会认可度与可推广情况进行多维判断，质量管理案例的可推广性决定了该案例的普适性和社会服务属性深度。

立治有体，施治有序。经研院将不断深化的标准体系建设与发展作为夯实科学管理的重要基石，作为激发企业永续活力的主要抓手，持续构建与发展对标行业先进的标准化体系与合规体系。质量管理方面，内蒙古电力经研院编制并发布企业标准《QC 小组活动管理标准》，并在使用实践中对标准开展深入修订和优化，进一步提升该院质量管理工作的科学化、现代化和专业化水平。

1. 案例产生的示范效应

笔者认为，本次申报的《提高内蒙古电力公司输变电工程造价精准率》案例及其一系列成功开展的质量管

理活动是对中共中央和国务院印发的《关于开展质量提升行动的指导意见》精神的深入贯彻落实，更是对我国质量管理事业发展腾飞的重要实践，在进一步推动群众性质量管理活动深入开展的基础上，注重质量改进和效率提升，成功挑战难度系数高、抽象性强、影响程度大的电力技术经济命题，实现了对质量管理工作的又一次重大突破和创新发展；电力技术经济命题和实效在国内外质量管理小组会议各级别比赛中皆比较少见，因此，本课题不仅解决了内蒙古电力公司输变电工程造价精准率低的问题，也为同行业开展电力行业技术经济质量管理研究和实践提供了优质典范。

2. 案例衍生的标准实践

为保持成果的有效性和持续性，QC 小组对活动措施开展标准化工作，编写《输变电工程造价管理标准》，将三种有效措施纳入管理标准的章节，由内蒙古电力公司审核并发布（标准编号为：Q/ND205040103—2021），如图 6 和表 5 所示。

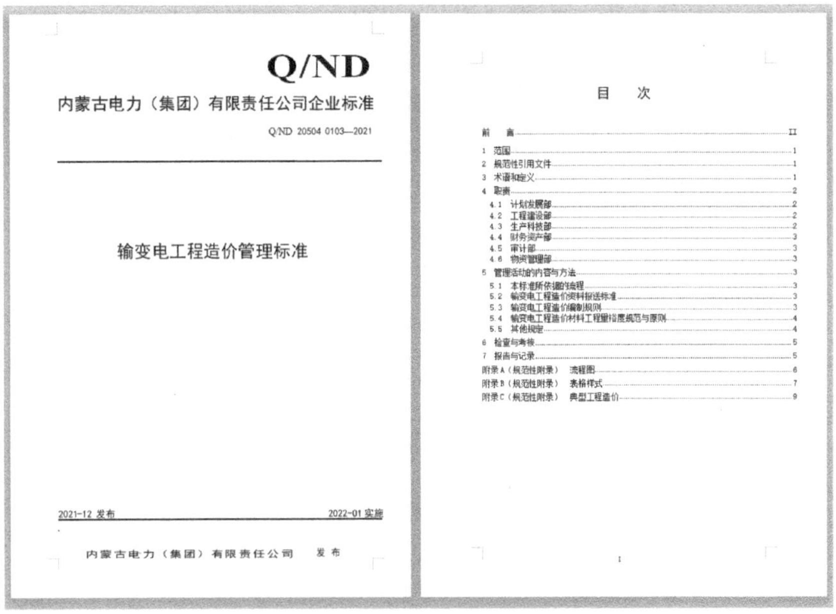
Q/ND

内蒙古电力（集团）有限责任公司企业标准

Q/ND 20504 0103—2021

输变电工程造价管理标准

2021-12 发布　　2022-01 实施

内蒙古电力（集团）有限责任公司　发布

目　次

I

图 6 《输变电工程造价管理标准》封面与目次

表 5　有效措施标准化情况统计表

序号	有效措施	具体措施	标准文件	标准化章节
1	缩短价格测算时间	项目单位在报送时限内上报工程造价资料	《输变电工程造价管理标准》Q/ND20504 0103—2021	第五章第二节第一条
		经研院负责材料价格的收集、复核和测算		第五章第二节第二条
		公司各部门根据价格测算绩效评分机制对项目单位和经研院进行绩效考核		第五章第二节第三条
2	形成统一的造价编制规则	经研院制定标准化造价编制规则和要求		第五章第三节第一条
		评审单位对造价编制规则审查和复核		第五章第三节第二条
		设计单位对造价编制规则执行和反馈		第五章第三节第三条
3	规范造价材料中工程量裕度	经研院编制典型工程造价，将造价材料的工程量裕度规范化		第五章第四节第一条
		评审单位审核典型工程造价		第五章第四节第二条
		设计单位按照典型工程造价设置项目工程量裕度		第五章第四节第三条

六、结语

2023 年，中共中央、国务院印发《质量强国建设纲要》并发出通知，要求各地区各部门结合实际认真贯彻落实。作为国有企业，有义务承担更多的社会责任、以过硬的质量应对新形势下的新挑战，服务好国家和区域发展大局，本次案例实践充分体现了内蒙古电力经研院立足本职工作、扎根专业特色、深剖现存问题、创新解决问题的质量管理和实践能力，升华了 QC 活动的宗旨，培养了广大干部职工"能作为、肯担当、优服务、高质效"的拼搏奋斗精神。内蒙古电力经研院该质量管理成果无论从企业质量改进和效率提升管理创新、诚信担当等多维度多层面均取得较大突破和显著成果，受到国内外质量管理专家评委的认可和好评，也受到同行业的高度关注，引发了良好的推广和示范效应，同时首次在 ICQCC 国际舞台上展现了蒙电经研人的积极向上、矢志奋斗的良好精神风貌，以电力技术经济质量成果进一步丰富了国际质量发展交流内容，为中国质量管理事业蓬勃发展再添新力。

主要创造人：太玉鑫

参与创造人：杨文生、于兴媛、李　欣、王雁宇

塔拉 500kV 变电站标杆班组建设

内蒙古电力（集团）有限责任公司　锡林郭勒超高压供电分公司

塔拉 500kV 变电站立于草原深处，是锡林郭勒超高压供电公司的窗口站，承担着向西乌旗、东乌旗的重要电力输送任务。远期规划连接苏尼特左旗、苏尼特右旗，建成北通道后，塔拉将同时连接锡林郭勒地区“两横”电力输送通道：南通道是汗海—白音高勒—灰腾梁—塔拉到宝拉格，北通道将是察右中—锡西—东苏—塔拉到宝拉格，塔拉站的安全稳定运行保障了锡林浩特及以东地区供电需求。

锡林郭勒超高压供电公司塔拉 500kV 变电站积极推进标准化作业，加强制度文化和信息文化建设，以“打造标杆班组，推进班组建设”为核心任务，利用新思维、新理论，探索班组管理新模式，总结发展经验，形成了“一个愿景、两大理念、三种精神”文化体系，提升文化认同，打造质量信得过班组。

近年来，塔拉班组先后荣获内蒙古电力（集团）有限责任公司“一强四化”优胜班组、民族团结进步模范班组、“青年安全示范岗”、锡林郭勒超高压供电公司“青春榜样集体”，连续五年荣获锡林郭勒超高压供电公司“先进集体”荣誉称号，内蒙古自治区 2023 年度“质量信得过班组”。

一、打造标杆班组，推进班组建设

班组是企业生产最基本的组织，是提升管理水平、促进发展的基础，加强班组管理是事关未来发展的战略任务。为了提升人员技能水平与企业发展速度适应，塔拉站大力建设班组文化，为推进标准化作业、制度化管理、信息化建设，以新思维、新理论，探索班组管理新模式，总结发展经验，塔拉站形成了“123”文化体系：通过“一个愿景、两大理念、三种精神”提升文化认同，打造质量信得过班组。

1. 完善制度，促进班组建设

塔拉站以加强动态管控为抓手，健全完善班组建设标准，严格落实标准规范，确保管理责任落到实处。

为有效提升班组成员责任意识，严格执行《班组安全管理办法》，巩固班组建设成果。站内推行设备主人制，为站内设备与班组成员相匹配，做好“人人有设备，设备有主人”的双向机制，站内通过设备主人对负责设备信息进行收集，按照内蒙古版变电细则相关要求中相应设备变电评价管理规定评价细则进行收集，留存电子版设备信息。日常设备巡视、查阅资料、询问对应检修负责人多种方式，对设备运行工况进行实时跟踪，不断完善电子版设备信息。出现设备运行工况不可控或拿不准的情况，通过查阅资料和填写工作联系单的方式，辅助准确判断设备运行工况，一旦确定时间节点，继续填写电子版设备信息，按照时间节点要求进行检查。设备出现运行工况不稳定，设备主人应提出进行人为干预，反馈至站长处，包含但不限于特巡、加固等多种方式维持设备稳定运行。设备主人制提高设备维护水平，细化完善设备运行主体，同时以设备为中心，建立设备主人制“健康管理”模式，充分发挥设备主人对设备管理作用，打造设备主人健康师，做到设备精益化。

2. 从有到优，科学评价，完善班组考核机制

制定班组建设考评办法，科学设计考核指标，引导班组工作从优，科学评价班组建设。塔拉站内制定安全规则制度，不仅包括安全层面，也包括日常行为层面。将是与非，对与错纳入考核范围，让成员能随时“照镜子”。在工作绩效方面，按照《锡林郭勒超高压供电公司员工绩效管理方案》要求，参照《变电管理处员工绩效考核细则》制定成员绩效考核管理细则。岗位绩效管理主要评价员工工作“干好干坏”，体现“奖勤罚懒，奖优罚劣”的薪酬分配原则。业务绩效考核评价主要用于对员工在考核周期内完成的工作任务量进行的考核评价，主要考

核员工“干多干少”，分为“全定量工分制”和“业务积分制”两种评价方式，对在工作中表现优秀的员工及时给予表扬和激励，给予加分，对违反制度文化公约的成员及时进行警告与考核。站内实施标准化绩效考核方式，定置管理措施，大大促进班组工作过程管理规范，强化绩效管理，实现工作任务与绩效考核到岗到人到事，推动班组管理业务流程和工作协同的扁平化，实现层级更少、环节更短、协同更优、效率更高，更加公平。

二、以质量为中心，QC 活动解难题

塔拉站重视创新驱动，用科技提升安全。将“技术创新”“效率变革”“设备升级”全方位结合，班组成员全员参与，聚沙成塔，利用互联网 + 平台，做好安全生产发展的长效机制。“人人都参与，不让任何一个人掉队”班组成员在创新工作上齐心协力，建言献策。借助“员动力”创新工作室，将一系列创新成果落地转化。班组发挥个人专业特长和团队优势，创新成果从实用型研制到创新型研发，从问题解决到实践应用，从创新成效发挥到科技成果转化。班组取得多项国家级实用型专利成果，为班组成员积蓄了前进动力。

创新工作室设于塔拉变电站班组，一方面更加贴近工作现场，另一方面可以激发班组员工对创新工作的热情。

塔拉变电站共有两个创新小组，几年来共有 21 项研发成果，其中荣获国家级荣誉 2 项，自治区级荣誉 11 项，内蒙古电力（集团）有限责任公司 5 项，锡林郭勒超高压供电公司 12 项，获国家专利 8 个，各项成果在现场设备得到广泛应用，在提升设备可靠性、强化人员技能水平、保证安全生产等方面取得重大成效。塔拉站营造良好的创新氛围，全面提升成员的科学文化素质和创新能力，发挥班组成员首创精神，使班组创新能量充分释放、创新成果不断涌现，极大增强了班组的创造活力。2023 年，塔拉站冠军 QC 小组研制的《变电站智能除草机器人》亮相中国质量协会，并获得“专业级（二等奖）”荣誉。

三、恪守质量诚信、践行社会责任

质量是准则，是忠诚，是责任，是企业的生命。一个真正有生命活力的企业，一定是用质量做保证的。一个企业的质量形象是靠每一位员工精心打造出来的。质量是生产过程的积累，只有注重产品质量，生产过程中做到层层把关，点点控制，把它作为企业的生命来抓，才能保持优质高效，从而为社会服务。

1. 遵守规章制度，严守安全生产底线

塔拉班组深刻认识安全生产的重要性，夯实安全生产基础。将“讲规矩”“知敬畏”“守红线”牢记于心，实践于行。学习宣传《习近平总书记关于安全生产重要论述实施方案》要求，深入学习领会习近平总书记关于安全生产的重要指示精神，通过安全活动的形式，认真学习领会《习近平总书记关于安全生产重要论述和指示批示精神》，站内抓细抓实全员安全责任清单落实，签订四不伤害保证书、安全生产承诺书，实施安全生产“一票否决”。班组按照下发的 2022 年现行有效安全生产法律法规标准制度清单通知，要求班组成员系统性学习安全规章，必备的安全规章制度（例如:《安规》《调规》《运规》《安全生产法》等），烂熟于心，确保现场实际应用。严格要求成员明确岗位职责，做到“知责”“明责”，更要“尽责”。站内落实安全责任清单，做好设备主人制建设，让成员心里有责任，肩上有担当，避免侥幸心理，班组是完成生产任务的前沿阵地，是安全事故的易发地，班组成员必须深刻认识到安全的重要性，确保各项运维工作落实到位。

2. 规范岗位作业行为，爱己、爱人、爱企

塔拉班组提升运行安全思想意识，决不允许任何危险发生，将四不伤害牢记于心。打造“一站一家园，一班一特色”班组“家文化”，开展“零距离”亲情互动，依托“安全警示教育室”，对班组员工进行“感同身受”的安全教育，切实增强个人安全意识。注重以人为本，及时掌握员工身心状态，定期举办接地气的班组文化活动，班组聚餐、徒步、爬山运动等活动广受欢迎。还开展班组娱乐竞技活动、征集安全警示寄语和班组谈心谈话等，

在各个节日，为站内上班不能回家的成员在站内开展六一亲子活动、传统端午和读书分享活动，为班组成员在站过生日等，积极营造健康向上、温馨和谐的班组氛围，用温情的方式进行安全思想教育，在不断加强制度刚性执行的同时，用亲情筑牢安全防线，潜移默化培养出日益浓厚的安全生产和谐环境，站内成员之间不仅在工作上是好搭档，在生活上更是好朋友，整体让班组更加团结有力量。

四、班组建设成效与启示

1. 强化齐抓共管，提高管理能力

塔拉站结合工作实际开展班组建设。提高了成员的管理能力，努力践行班组建设目标，结合工作实际做好创新工作，通过创新提高管理效率，综合部班组要求每名员工每季度至少要向部门提出合理化建议 1 条，并利用部门每月、季度工作总结时机，组织员工针对工作中存在、发现的问题进行广泛讨论与交流，解决问题，有效地提高了大家的管理能力。

2. 夯实安全基础，提高管控水平

塔拉站把"以人为本和生命至上"作为班组安全行为新常态，配强班组安全员，加强安全教育和考核，增强职工安全意识和履职能力；深入开展"班组安全日"及无违章班组创建活动，建立隐患排查治理闭环管理、作业现场风险管控和反违章纠察常态机制，加大奖惩力度，树立激励导向，提升班组安全制度的执行力和安全保障水平。

3. 应用"互联网 +"，提高信息化水平

塔拉站紧跟集团公司"数字蒙电"的步伐，积极探索"互联网 + 班组"模式，开展智能化班组试点实践，优化信息系统建设，注重提升工作效率，完善功能设计，加强共享融合，推进新技术的创新应用，增强班组技术融合、业务集成和创新引领能力。推广智能化现场作业，应用移动互联、智能可穿戴等新技术，结合班组工作特点开发班组作业移动终端，实现无纸化作业，提高班组作业安全性、便捷性和准确性。

4. 深化创新应用，发挥成果链式效应

未来继续发挥创新优势，开发职工技术成果展示平台，开辟创客空间，打通线上线下交流互动。加强成果共享和应用，提高创新成果利用率，探索班组科技成果产业化运行模式。完善激励机制，完善职工技术创新成果评价、奖励、保护、应用等闭环管理，推动职工技术创新可持续发展。

主要创造人：王春节

参与创造人：郭晓宇、刘缘缘、刘志杰、刘志勇、郭昕宇

喷射引流技术提升油气田群老区块降压生产设施利用率和采收率的方法与应用

海洋石油工程股份有限公司

一、概述

春晓气田群包括春晓、天外天、残雪、断桥四个区块，在TWT处设置了一个中央处理平台。

由于断桥区块没有投产，TWTCEP上已有的段塞流捕集器目前用于接收来自HY1-1CEP的干气和凝析油，经气液分离后分别进入TWTCEP的气体和凝析油处理系统。由于近年来已建项目开发后动用储量变化，春晓气田群老区块随着地层能量的衰减，开采效率降低，开采成本升高。

二、背景

由于近年来已建项目开发后动用储量变化，油气田群老区块随着地层能量的衰减，需进行降压生产（增压外输 / 进入处理流程），以进一步提高设施利用率和采收率。

目前采用的方案：一是增加湿气压缩机，将天然气增压后，再进行分离、脱水和外输；二是应用喷射引流技术。

考虑到开发成本、投入周期等因素需要就这两个方案进行对比，选取最合适的。

三、实施方案选择

平台通常采用压缩机增压技术，虽然前期投资较大，平台改造工作量大，后期操作维护成本较高，适应性较差，但该技术应用成熟，可选择的压缩机形式也很多。喷射装置提高流体的压力而不直接消耗机械能是射流增压装置的根本特点。所以在有富裕高压天然气的条件下，采用它比采用机械增压设备（如压缩机）流程简单、成本低（表1）。而且平台上压缩机一般设置有备用系列，系统复杂，需消耗较多的燃气或者电能。

表1　射流增压装置与压缩机对比表

项目	射流增压装置	压缩机
投资	投资小（约为压缩机项目的1/3~1/4），回报周期短	投资较大，回报周期长
体积	占地面积小，属于流程管线改造范畴	占地面积大
工作量	改造工作量小，主要是管线改造及控制回路优化变更	改造工作量大，附属设备多（压缩机橇、过滤分离器等较大装备）
自动控制	可实现	可实现
运行维护	静设备，无须专人操作和后期维护，喷嘴寿命可达十年以上	动设备，操作维护成本高

续表

项目	射流增压装置	压缩机
安全性	属于压力管道范畴，安全性高，对平台消防安全设计没有影响	压缩机为旋转、用电设备，过滤分离器为压力容器，安全风险相对较高，对平台原有安全消防设备有影响
能耗	回收高压气能量，节能降耗	用电设备，增加能量消耗

综合对比，选取喷射引流技术（即射流增压装置）更佳。

四、喷射引流技术

1. 技术原理

喷射引流技术基于文丘里效应原理，高压气体经高速喷嘴后在吸入室形成高速低压区，从而将低压气吸入，在混合腔低压气与高压气充分混合，形成具有一定速度的混合气流，在扩压段内完成升压后外输，如图 1、图 2 所示。

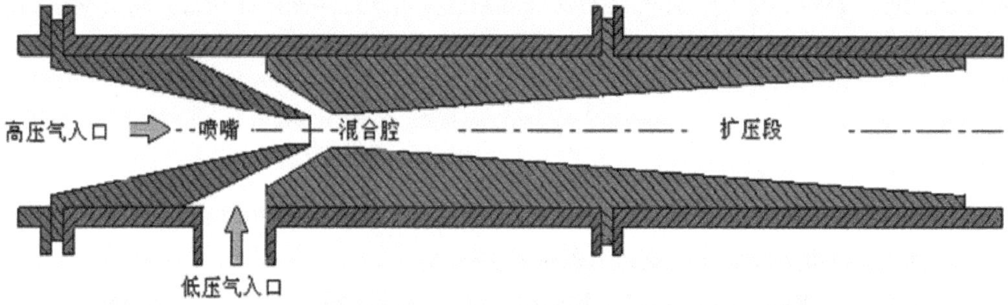

图 1　射流装置简图

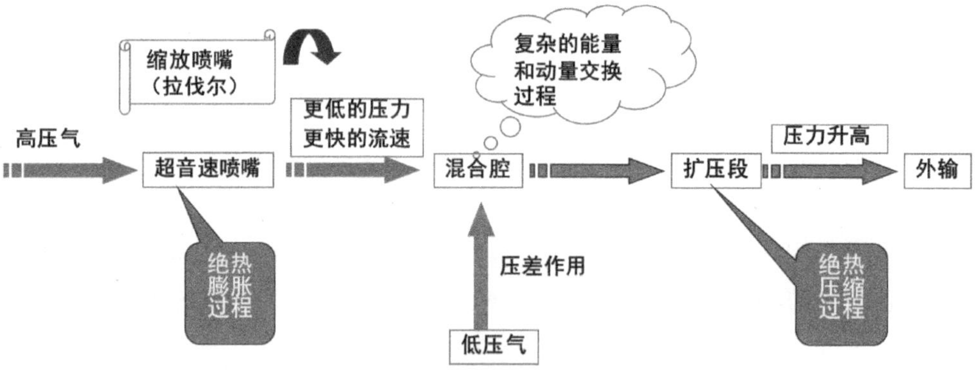

图 2　射流装置工作示意图

从上图可看出，虽然射流装置较压缩机具有比较明显的优势，但是，射流增压装置在海上平台应用也有其局限性。

第一，射流增压装置的效率较压缩机低，它更适用于用富裕的高压气引射需要增产或者回收的低压气，应用有其局限，而不是完全代替压缩机。

第二，需要工况相对稳定。虽然厂家研制出了可调节工况的构件，比如，通过气动执行机构，带动针型阀杆实现调整喷嘴的有效流通面积，达到调整高压气体流量的目的，理论上可以调节 0~100% 设计流量。但是其对压力变化的适应性仍然有限，尤其是对低压侧和混合侧压力需要变化范围大的情况适应性差，不能像压缩机一样适应更宽的流量和压力工况。

第三，引射率（某一工况下低压气流量与高压气流量之比）一般要达到 0.1 以上装置才有使用的意义，这需要根据具体工况和需求确定。

第四，低压天然气增压能力受限，即升压比——射流增压后混合气体压力与低压天然气压力的比值。

喷射引流装置试验研究的相关文献表明，喷射引流装置设计参数存在如下规律。

（1）低压气流量与高压气压力非单调关系，随着高压气压力增加，低压气流量先增加后减小。现场应用并不是高压气压力越高越好，需要选择合适的高压气工作压力。

（2）在高压气压力一定的情况下，低压气流量与低压气压力呈线性关系。

（3）引射率（某一工况下低压气流量与高压气流量之比）变化规律与低压气流量变化规律一致，引射率与低压气压力近似直线关系，且随着高压气压力减小，斜率增大。因此，根据如上所述的局限性，主要克服压力和工况问题。

2. 方案实施

利用高压气源引射低压气源井口平台来气，提高井口平台气井产量，理论上低压气源的压力降得越低越好，高压气压力越高越好，高压气源、低压气和混合后出口的最主要两个参数压力和流量，均需高度匹配，但是海上平台由于平台自身能力和与之相关联的平台或海底管道条件限制，要想既不突破现有条件，又能达到降低井口压力提高产量的目的绝非易事。

（1）高压气源、混合气压力和低压气参数确定

取海管外输压力 7000kPaA 作为高压气源压力进行后续研究。喷射引流装置的高压气量确定需从两个方面考虑：①不能大于海管的外输气量，即 710~928 × 10^4Sm^3/d；②高压气和被引射的低压气连同其他产气最终需进入三甘醇脱水系统和干气压缩机系统。三甘醇脱水塔原设计操作压力为 6100~8450kPaG，干气压缩机原设计入口操作压力为 4300~6000kPaG，出口操作压力为 5150~10000kPaG。三甘醇脱水系统和干气压缩机系统单系列原设计处理能力为 400 × 10^4Sm^3/d。混合气压力参数要受到 TEG 脱水塔和干气压缩机入口操作压力的限制。喷射引流设备出口混合气压力不能低于 3500kPaG。此压力下三甘醇脱水塔和干气压缩机的处理能力将降低，根据厂家资料估算，当操作压力降低至 2800~3500kPaG 时，处理能力约为 300~330 × 10^4Sm^3/d。

综合上述两方面因素，确定本阶段按照高压气量为 100~200 × 10^4Sm^3/d 进行研究。

理论上高压气压力和混合气压力均确定的情况下，低压气的压力越高，可吸入的低压气流量就越大。目前 TWTWHPC 来气在段塞流捕集器处的压力为 3750kPaG，为了进一步使得 TWTWHPC 井口稳产或增产，需尽可能地降低井口的操作压力，也就是降低段塞流捕集器的操作压力。然而降低到一定值时，有可能混合气的压力达不到 3000kPaG 或者 3500kPaG 的要求。因此需要确定一个合适的低压气操作压力。初步确定低压气压力为 2000kPaG、1500kPaG、1000kPaG 三种情况。温度按照 TWTWHPC 至 TWT-CEP 海管出口最低温度 5℃。

（2）工况设置

工况，设备在和其动作有直接关系的条件下的工作状态。本研究项目经过大量的研究比选确定了 3 个主要方案，即设计选型工况、校核工况和参考工况，如表 2 所示。

设计工况（远期区域高产量和高压力）：高压气操作压力 7000kPaA 的情况，此时混合气的压力需要达到 3500kPaG。

校核工况（当前生产实际可能的工况）：高压气操作压力 6000kPaG 的情况，此时混合气的压力只需要达到 3000kPaG 即可满足进干气压缩机。

参考工况（后期区域生产情况可以调整的工况）：高压气操作压力 6000~7000kPaG 的情况，低压气降低到 500kPaG。

表 2　各工况模拟参数

工况	高压气参数		低压气参数		混合气参数	
	压力（kPaG）	流量（$10^4Sm^3/d$）	压力（kPaG）	流量（$10^4Sm^3/d$）	压力（kPaG）	流量（$10^4Sm^3/d$）
设计选型工况	6900	100~200	2000	25~50	3500	125~250
			1500	12~24		112~224
			1000	3.5~7		103.5~207
校核工况	6000	100~200	2000	40~80	3000	140~280
			1500	3.8~7.6		103.8~207.6
			1000	0		100~200
参考工况	7000	100~200	600	6.8~13.6	2800	106.8~213.6
	6500	100~200	600	6.4~12.8		106.4~212.8
	6000	100~200	600	0.4~0.8		100.4~200.8

从表中的数据可以看出，当高压气参数（压力和流量）不变时，低压气压力越低可引射的气量越少，引射比太低时不建议使用喷射引流装置。因此建议：设计选项工况及校核工况下，低压气压力最低为 2000kPaG；校核工况低压气压力太低，可吸入的低压气量很小，达不到降压增产的目的，不适合使用喷射引流装置。

此计算结果可供油藏专业参考制定更加合理、有经济效益的井口配产规划，达到增产增效的目的。

五、实施成效

研究分析可以看出，通过喷射引流技术将井口平台低压气由目前运行压力 3750kPaG 降低至 2000kPaG，尤其是当高压气源的压力和气量充足，更加适合使用喷射引流装置，井口平台累产可增加天然气约 0.88 亿立方米，增加产值约 2 亿元，降压生产方案可行，经济效益可观，如图 3、图 4 所示。

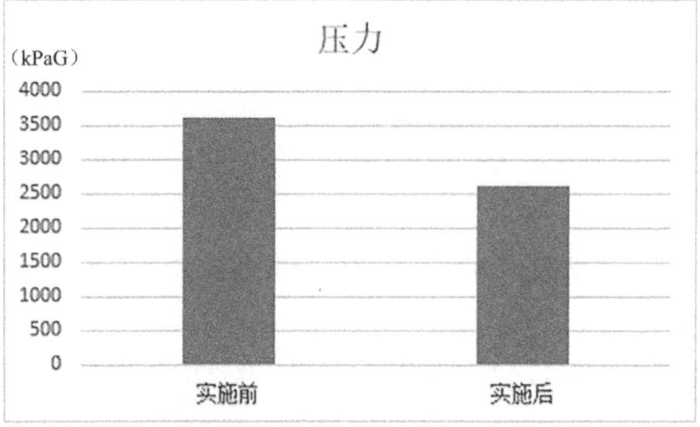

图 3　实施前后压力变化

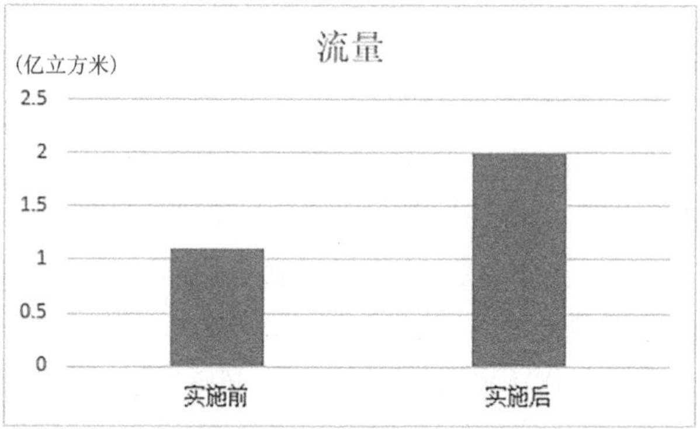

图 4　实施前后流量变化

该技术获得了中国石油和化学工业联合会的行业优秀成果证书，如图 5 所示。目前也已经在东海某平台成功应用，经现场反馈，该技术操作维护简单、安全性高，也无须放空天然气，不失为一种低成本的降压生产工艺。该项技术的成功应用对东海地区老旧油田的后阶段开采有着重要的指导和参考意义，为平台的降本增效做出了积极贡献，也为地方油气资源的保障和稳定奠定更好的基础。

行业优秀成果证书

奖项级别：三级

成果名称：应用喷射引流技术降压生产

获奖单位：海洋石油工程股份有限公司

小组名称：“开拓者”QC小组

主要完成人：李玲，赵明，彭爱平，高秀敏，王彦瑞，齐蕾，李建贵，张振兴，叶雷，阳利军

证书编号：CPCIFQC-2019-488

扫描二维码查询证书信息

二〇一九年七月

图 5　喷射引流技术获得荣誉证书

主要创造人：李　季

参与创造人：彭爱平、王彦瑞

基于方针目标的检修全面质量管理实践

中煤防城港电力有限公司

一、企业概况

中煤防城港电力有限公司是按照现代企业制度组建的新型发电企业，成立于2005年5月。现股权比例：中煤电力有限公司70%、中国能源建设集团投资有限公司30%。公司注册资本24.9385亿元，注册地为广西壮族自治区防城港市，是广西北部湾经济区大型火电厂之一，承载该区域的供电、保供任务。公司所属一期工程2×630MW超临界机组，分别于2007年、2008年投产发电；二期工程2×660MW超临界燃煤发电机组，均于2016年投产发电。公司装机容量2580MW位列区内燃煤电厂第二位，占区内统调火电总装机容量近15%，是广西保障电力供应的主力电厂之一。配套建设两个10万吨级煤炭专用码头，厂内煤场最大堆存能力50万吨。工程总投资93.9亿元，先后荣获“南方电网金牌机组”“广西五一劳动奖章”“全国工人先锋号”等多项荣誉。

中煤愿景：建设具有较强国际竞争力的清洁能源供应商和能源综合服务商。

中煤使命：提供优质能源，引领行业发展，创造美好生活。

中煤精神：敬业、求实、创新、争先。

中煤核心价值观：科学发展、安全高效、和谐共赢。

二、方针目标管理的含义

方针目标管理是组织为实现以质量为核心的中长期和年度经营方针目标，充分调动员工的积极性，通过个体与群体的自我控制与协调，保证实现个人目标和组织目标的科学管理方法，也是一种以全面质量管理为核心、全员参与的综合管理方法。方针目标管理强调系统管理，按PDCA循环原理开展工作，重视整体策划，进行综合管理。

三、主要做法

推行方针目标管理理念和方法，目的是对机组主要设备进行有计划、全面的解体检查和修理，以恢复或提高设备性能，全面提升机组主、辅设备安全可靠性、运行经济性和环保性能，确保机组能够安全稳定长周期运行。

本文以中煤防城港电厂4号机组A级检修为例，介绍方针目标管理方法在检修过程中的应用与实践。

防城港电厂应用的方针目标管理方法，遵循PDCA循环，即包括方针目标的制定、实施、检查、实施效果评价四个环节。

1. 策划

防城港电厂#4机组A级检修得到了公司领导的高度重视。在机组检修前，专门成立了#4机组A级检修组织架构。组织架构包括：领导小组、检修指挥部、检修实施协调组、进度控制组、质量控制组、质量监督组、安健环监察组、隔离试运组、计划合同组、物资供应组、安全保卫组、后勤服务组、宣传报道组等11个小组。各小组根据检修任务细化了分工、明确了各自的职责。

成立检修组织架构后，在检修领导小组的带领下，根据公司下达的2023年工作目标，结合机组检修前对设备状况进行的可靠性分析、效能分析和设备健康状况分析，制定了本次检修工作必须贯彻“质量第一、修必修好”的方针，并将年度工作目标分解到检修管理的五个方面：安健环目标、检修目标、经济指标、技术指标、经营指标。

为了实施检修管理目标，各小组编写了检修过程的策划文件、控制文件和管理程序等，并对过程中使用的表格进行规范和统一。最后，装订成《检修管理手册》，方便大家了解和查阅。

2. 实施

在实施阶段，根据《检修管理手册》编写的安健环控制措施、质量控制措施、进度控制措施、费用控制措施和信息沟通措施等对安健环、质量、进度和费用等进行控制。比如：检修过程质量管理有以下几方面。

（1）开工前准备工作

检修工作开工前，需要：①检查材料和备品配件是否已准备齐全，检修队伍是否按要求进场，现场隔离措施是否已完善。②检查施工机具、安全用具，并试验合格。测试仪器、仪表应具备有效的合格证和检验证书。③编制机组检修实施计划，绘制检修进度网络图和控制表。④根据检修项目和工序管理的重要程度，制定质量管理、质量验收和质量考核等管理制度，明确检修单位和质检部门职责。⑤编写作业指导书，检修文件应明确质量要求和作业流程，设置H点和W点。⑥制定特殊项目的工艺方法、质量标准、技术措施、组织措施和安全措施（三措两案）并进行宣贯。

（2）检修过程管理

设备解体后，需做好清理工作，测量各项修前数据（签字确认），并对设备进行全面检查，掌握设备技术状况，鉴定以往重要检修项目和技术改造项目的效果。对于已掌握的设备缺陷应重点检查，分析原因。

设备经过修理，符合工艺要求和质量标准，缺陷确已消除，必须由质量验收人员按工艺要求进行检查并认可签字后，检修工作才能继续往下进行。

检修过程中发现的不符合项，需填写《不符合项处理单》，并按不符合项管理程序处理。

检修完毕后，检修项目负责人确认检修质量管控文件已经全部关闭；各级验收人员已经按程序对检修工序中各验收点进行验收，方可将检修工作票全部交回并办妥检修工作票手续的全部内容。

（3）设备试运行管理

需要试运的单体设备，需要认真填写《试运申请单》，检修工作负责人应留在现场跟踪并配合试运工作。对出现不符合的检修项目，应填写《不符合项目处理单》。

分系统试运前，检修项目负责人应准备《分系统工程、设备整体静态验收表》，经生技术部专工组织承包商、质量控制组及隔离试运组人员联合验收，并提出整改要求（如有）；验收合格后，验收各方签署最终验收合格意见后交付试运。

分部试运全部结束，试运情况良好后进行冷态验收。重点对检修项目完成情况和质量状况及分部试运行（包括单体、分系统）和检修技术资料进行核查，并进行现场检查。

冷态验收合格、保护传动合格可全部投运、现场检查已完成、设备铭牌和标识正确齐全、设备异动报告和运行注意事项已全部交给运行部门、试运大纲审批完毕、运行人员做好运行准备后，机组进入整体试运行。

机组经过整体试运行，并经现场全面检查，确认正常后，经指挥部批准，向电网调度报复役。

机组复役后，需及时对检修中的安全、质量、项目、工时、材料和备品配件、技术监督、费用以及机组试运行情况等进行总结并做出技术经济评价。

设备检修技术记录、试验报告、质检报告、设备异动报告、检修质量文件、质量监督验收单、检修管理程序或检修文件等技术资料应归档。

（4）检修质量验收管理

现场质量验收采取检修文件包形式对质量进行控制，并设质检点W点与H点，实行三级验收与质检点验收相结合方式。其验收程序是：首先检修单位进行自检，点检员进行一级验收；合格后申请二级验收，验收由专业技术人员验收；二级验收合格后再申请三级验收，验收由生产技术部专工验收。

（5）检修质量监督管理

检修期间，质量监督人员采取巡查、抽查、见证、旁站和质检点验收等质量监督方式，加强现场质量检查和监督，重点做好以下工作。

①加强现场巡查，发现问题及时通报

质量监督组在检修过程中深入检修现场，对4号机组A级检修工作开展了全过程质量监督检查，对检修各责任主体的质量行为和检修质量进行了监督检查。要求承包商和设备管理部做到：严格执行作业指导书质量验收标准，不得越点检修，质量验收签证表及数据记录人签字做到可追溯性，如有不按要求执行，将严肃追责。严格执行三级质量验收及质量验收签证制度，每一级验收合格都要及时办理签证，未经验收合格不得转入下道工序施工。

②做好锅炉“四管泄漏”专项检查

对于火力发电厂的锅炉来说，其受热面是较为重要的组成部分，由于其长期处在较为恶劣的环境中，所以存在着严重的受热面管泄漏隐患。为了提高火电厂运行的安全性，需要加强对锅炉四管的安全检查。通过排查，发现存在的安全隐患，并采取预防措施，保证火电厂锅炉运行的安全性。因此，检修期间须成立专门的“防磨防爆”检查小组，重点对水冷壁、过热器、省煤器以及承重吊挂管等进行专项检查。

③建立奖惩制度，加大考核力度

前期策划制定了《2023年#4机组A级检修质量监督验收管理规定》，规定中明确了奖惩的依据、标准和程序，使奖惩做到公开、公平和公正，并更好地规范员工和承包商的行为，维护正常的生产秩序和工作秩序，鼓励和鞭策广大员工积极参与质量管理。在奖励上针对员工对公司所做贡献的大小，采用不同形式的奖励；对违反公司规章制度，给检修造成经济损失和不良影响的员工，也给予严肃处罚。

④采取曝光方式

检修期间，在现场设立安全和质量曝光看板，对于现场巡查发现的质量问题，也会在质量曝光栏上及时进行曝光，以示警醒。

一是检查。为掌握方针目标的实际情况，检修期间采取定期召开协调会和里程碑节点方式进行检查。协调会上跟进的主要工作有：检修进度、人员安排和消缺情况，并及时通报现场存在问题及工作亮点，确保检修工作安全有序、质量可控。

二是实施效果评价。本次检修取得的成效有：原计划工期60天，实际工期59天，实际工期比计划工期提前1天，超预期实现了整个A级检修进度目标；检修过程中共发现质量问题154项，完成闭环154项，完成率100%；本次检修共有W点2083个，完成验收2083个，验收完成率100%；H点997个，完成验收997个，验收完成率100%；锅炉点火、汽轮机冲转、发电机并网一次成功，仪表正确率、自动投入正确率、保护投入正确率均为100%；机组净效率、热效率、漏风、真空严密性、汽机轴振和瓦振、发电机漏氢率等各项经济指标和技术指标均优于修前；检修策划制定的目标全部按要求完成（表1）。

表1　检修目标与实际完成情况对比表

序号	指标	单位	目标	完成情况
一、安键环目标				
1	人身轻伤及以上事故	起	0	0
2	设备损坏事故、电力安全事故（事件）	起	0	0
3	检修现场火灾事故	起	0	0
4	严重人身未遂事故	起	0	0

续表

序号	指标	单位	目标	完成情况
5	无票作业	起	0	0
6	一类障碍	起	0	0
7	环境污染事件	起	0	0
8	工作票、操作票合格率	%	100	100
9	安全性评价问题整改计划完成率	%	100	100
二、检修目标				
10	检修工期	天	按内部控制工期完成，网络图进度得到完全执行	提前 1 天完成
11	重大技改及修理项目完成率	%	100	100
12	技术监督项目完成率	%	100	100
13	机组缺陷消除计划完成率	%	100	100
14	修后试验一次成功率	%	100	100
15	修后系统试运一次成功率	%	100	100
16	机组整套启动一次成功率	%	100	100
17	检修项目验收优良率	%	≥ 98	99.5
18	修后主设备完好率	%	100	100
19	所有仪表装置指示正确率	%	100	100
20	保护装置投入动作正确率	%	100	100
21	自动装置投入动作正确率	%	100	100
22	机、电、炉主保护投入率	%	100	100
23	机组修后外表工艺		保温、油漆、标牌、介质流向清晰美观	完成
24	修后机组达到“四无”		主、辅设备、系统无影响机组正常运行方式和正常运行参数的设备缺陷；无主、辅设备、系统的安全隐患；无 24 小时不可消除的一般性缺陷；整套机组达到无渗漏标准	完成
25	修后无非计划停运连续运行	天	≥ 200	截至 10 月 20 日，已连续运行 45 天
三、经济指标（额定工况或其他可比工况）				
26	机组净效率	%	修前 41.75	41.86，高于修前
27	汽轮机热效率	%	修前 47.1	47.3，高于修前
28	锅炉热效率	%	修前 93.33%	93.4，高于修前
29	二类修正后热耗	kJ/kW · h	修前 7641.94，降低 110 以上	7516，降低 126
30	厂用电率	%	低于修前 4.24	4.21，低于修前
31	供电煤耗	g/kW · h	修前 294.19，降低 4.5 以上	289.54，降低 4.65
32	高加投入率	%	≥ 99	100

续表

序号	指标	单位	目标	完成情况
33	凝汽器端差温度月平均	℃	≯6	5.1
34	真空严密性	kPa/min	优于修前：低压侧 0.292KPa/min，高压侧 0.145KPa/min	低压侧 0.076KPa/min，高压侧 0.03KPa/min，结果为“优”
35	空预器漏风率	%	低于 5	4.8
36	锅炉排烟温度	℃	低于修前 136.7	133.5，低于修前
37	电除尘效率	%	高于修前 99	99.3，高于修前
38	脱硫系统效率	%	高于修前 98.5	98.8，高于修前
四、技术指标				
39	汽轮发电机组振动	μm	低于修前或任一瓦轴振均达到优秀值	#7 轴瓦振动增大 13μm，其他轴瓦振动均低于修前
40	润滑油等级		不高于 MOOG 标准 4 级	3 级
41	抗燃油等级		不高于 MOOG 标准 2 级	2 级
42	发电机漏氢率	m^3/D	≯11	8.9

四、结论

防城港电厂 4 号机 A 级检修工作取得圆满成功。通过实施方针目标管理，增强了大家对全面质量管理的认识，规范了检修各方的行为，提高了全面质量管理的水平，也充分调动了大家参与全面质量管理的积极性。实践过程遇到的问题，仍需吸取经验教训，并在今后的工作实践中通过 PDCA 循环不断加以改进。

主要创造人：张卫军

参与创造人：梁法华、李春桂

实验室分析化验数据自动化采集的质量管理

中海油能源发展股份有限公司工程技术分公司

一、企业简介

中海油能源发展股份有限公司工程技术分公司中海油实验中心渤海实验中心（以下简称渤海实验中心）成立于1975年。渤海实验中心是一个综合性实验室，其下设置地质实验室、开发实验室、化学实验室及综合管理组。工作场所近5000平方米，拥有专业技术人员116人，固定资产近6000万元，国内外仪器设备二百余套，主要从事生物地层、储层地化、岩石矿物、岩心分析、储层流体等多方面的实验研究工作。

近47年来，渤海实验中心坚持为石油勘探开发和油气生产服务、为科研生产服务。以客户为关注焦点的宗旨，牢固树立“科学、公正、准确、满意”的指导思想，重视结合分析检测工作开展基础性课题及实用技术研究，先后取得了近百项科研成果，多次获得总公司和渤海公司科技进步奖。

二、工作方针与长远规划

渤海实验中心以集团公司“七年行动计划”为指引，立足勘探开发生产需求，紧贴科研和生产一线，以“规范标准、优质高效、精湛创新”为理念，加强“实验分析＋应用研究”的能力，创建数字化油田信息技术，聚焦实验新发展，建设实验新能力，创新数字化实验转型，建设专业化重点实验室，努力成为工程技术公司产业发展的内驱“发动机”。

渤海实验中心坚持勘探开发实验分析研究产业定位，采用自主开发与协同共建相结合的方式，发展八项主要业务（生物地层实验、成岩成储实验、生烃成藏实验、渗流驱替实验、岩石物理实验、流体相态实验、流动保障实验、现场评价实验），以PDCA管理方法为手段，将设备、人员、实验研究过程、结果报告等环节管理与质量管理相融合，做好“计划、实施、验证、评审、分析”全过程质量活动，促进“自主设计＋应用研究的研究型实验室、检验检测＋监测预警的现场型实验室、现代化＋科学化的智慧型实验室”的均衡发展。

渤海实验中心将以质量管理承托核心技术发展，建成烃源岩生排烃模拟实验技术、古生物及岩石薄片智能识别技术、优质储层成因微区原位分析技术、数字岩心分析技术等22项核心及特色实验技术，核心技术发展包括：国际领先2项：微区原位岩石成因分析技术、离子探针超微区精细矿物成因分析技术；国际先进7项：碳酸盐矿物构造期次分析技术、团簇同位素古温度恢复技术、古生物及岩石薄片智能识别技术、凝析气藏相变传质多相渗流规律实验技术、微流控驱替实验技术、岩心微纳米CT扫描及模拟技术、稠杂环化合物定性定量分析技术；国内领先5项：成岩物理模拟实验技术、岩石多相渗流实验技术、油气混相及扩散接触可视化评价技术、数字岩心库建设与大数据分析方法研究、数字岩心多尺度流动数值模拟方法研究；国内先进8项：生烃热模拟技术、高含水油藏流场重构的井网调整实验技术、地层条件岩电一厢渗联测技术、岩石孔隙“三水”识别实验技术、流动障药剂有效性评价技术、生产增效现场检测评价技术、采出液精细描述实验技术、采出液处理优化方法。通过加强人员能力、质量风险、标准物质等质量过程的管控支撑核心技术发展，持续支持渤海稠油油田开发中后期稳产、深层－超深层潜山储层、天然气勘探开发等领域，为打造国内一流实验室奠定坚实的技术基础。力争“十四五”末完成公司级以上科研项目8项，公司级以上科技进步奖10项，发表SCI、EI专业论文8篇，专利 20 项，制定行业标准 10 项。

三、背景目的

中海油实验中心渤海实验中心作为唯一一家中海油在勘探开发专业取得 CNAS 和 CMA 双认证实验中心，是中海油勘探开发实验行业的领军团队，合理应用信息技术能提升中海油实验室信息技术水平。

为实现实验数据、信息等资源及时、高效的集中共享，建立“平台化”思维，通过自动化、数字化、智能化串联产品、生产优化的全过程，引导实验产业与业务板块数字技术的融合发展，形成“数字生态圈”的运营模式，实现数字技术商业模式的突破，开展分析化验数据源头自动化采集项目成为必要途径。

分析化验数据源头自动化采集项目的工作原则：数据为本，质量优先，一次采集，全局复用。分析化验数据源头自动化采集项目的工作目标：保障增量数据质量，推动分析化验数据源头自动化采集试点先走一步、快走一步，为集团公司数据治理做出贡献。

四、具体实践

为响应中海油集团公司数字化转型的要求，通过升级改造网络基础设施硬件和软件，统一检测标准和检测报告模板，搭建贯通的信息化网络，培养一支数据化团队，提升勘探开发化分析化验数据数字化战略保障能力。

一是统一勘探开发分析化验业务标准。统一分析化验项目所采用的标准方法，形成中海油勘探分析化验业务标准使用指南。梳理因设备、检测对象、适用范围原因等造成的采纳标准不一致的情况，组织研讨存在采标异议标准的必要性，并纳入中海油勘探分析化验业务标准使用指南，形成标准流程管理文件。

二是统一勘探开发分析化验业务报告模板。统计、梳理勘探开发分析化验业务中不同实验项目的报告模板，制定统一勘探开发分析化验业务报告模板原则，规定模板，在此基础上讨论、制定各分析项目的报告模板，组织研讨存在模板异议的检测项目报告，最终实现勘探开发分析化验业务报告模板统一化的目标。统一业务标准的检测项目名称，并形成文件和目录，同时修订作业指导书，完成文件编制管理。

三是完成对接智慧实验室信息系统。梳理专业范围，形成了古生物分析、岩石矿物分析、地球化学分析等六类 191 项专业数据，根据数据源头分为“中心自检测数据”“外委检测数据”和“历史报告数据”三个维度，以“求同存异、集中研发”为原则，采用需求调研、研发改造、试运行求变等方式，完成智慧实验室信息系统的对接。系统中搭建应用、技术、部署、安全、数据等架构，通过总体设计将各实验项目模块与数据采集、技术标准、质控管理、安全防护、环境要求等有效融合。

四是勘探开发分析化验业务数据自动入湖。对地区构造信息、样品类型规范、井号信息等同步数据进行统一规范：在接收样品管理上同步生成样品信息，达到主数据控制的目的；通过系统实现检测任务信息自动产生流转，达到任务数据生产的目的；在实验项目完成数据录入工作时同步形成“报告文档、分析数据表、原始数据”等成果数据，达到成果数据自动入库的目的。

五、实施效果

一是实验流程规范及自动化。通过系统将检测业务各项工作规范化、信息化管理，有效提高检测效率和质量，减去多项检测生产的工作，由系统承担数据上报等工作，使分析人员可专注于实验和科研，提高检测工作效率 30%，提高实验数据质量 20%，实现数据采集率 100%。

二是改变了服务方式和服务内容。实验中心需按客户需求提供样品委托情况、样品分析进度、报告查阅、合同费用使用情况等服务，完成由电话邮件咨询、员工查找搜集等方式转变为系统线上查阅，满足客户基本服务全面线上化。从提供实验分析报告转化为提供实验分析数据、整理实验数据、初步应用实验数据，提升对客户的服务能力。

三是部分模块实现图形展示。通过对生物地层研究、储层特性研究和有机地化特征研究等35个模块的研发，基于系统中大量的基础数据，通过初步数据整理，基本实现图形展示，为勘探开发分析提供更强有力的实验技术支持。

主要创造人：于建雨

参与创造人：唐　磊、宋婉宁、赵小亮